衿山法學 제5호

러시아민법전

(제1부 · 제2부 · 제3부)

申榮鎬 역

세창출판사

러시아민법전 / 申榮鎬 역. -- 서울 : 세창출판사, 2010
p. ; cm

ISBN 978-89-8411-323-7 93360 : ₩38000

민법[民法]
러시아(국명)[Russia]

365.029-KDC5
346.47-DDC21 CIP2010004427

◦머리말◦

이 책은 2010년 7월 현재의 러시아연방 민법전 제1부, 제2부, 제3부를 번역한 것이다. 수교 20년이 지난 현재까지도 한 · 러 관계의 비중에 비하여 국내에서의 러시아법 소개는 그렇게 많지 아니하다. 소비에트시대의 법은 사회주의법의 전형으로서 북한법이나 중국법의 이해를 위하여 소수의 학자들에 의하여 연구되어 왔으나, 체제전환 이후 새로 제정되기 시작한 러시아연방의 주요 입법에 대한 연구는 지지부진한 감이 없지 않다. 법제처 홈페이지 세계법제정보센터 각국 법제정보 러시아편에 소개되어 있는 것들이 전부라 해도 과언이 아니다. 최근에 발간된 명순구 · 이제우 『러시아법입문』(세창출판사, 2009.11)을 통하여 러시아법에 대한 갈증을 다소 해결하고 있는 형편이다.

러시아연방의 신민법전은 체제전환의 성과물이다.

1970년대 후반 구소련경제는 극도로 정체되는 상황을 맞이한다. 이를 극복하기 위하여 1985년 3월 소련공산당 서기장으로 취임한 고르바초프(Mikhail Gorbachev)는 페레스토로이카(Perestroika)로 일컫는 대규모 개혁정책을 주창하고 사회주의 시스템의 개선을 추구하기 시작한다. 지령적 · 행정적 경제관리 시스템의 불합리성을 극복하기 위해 부업으로서의 개인경영을 인정하고(1986년 11월의 개인적 노동활동[개인]영업법), 국유기업의 독립채산제와 자기자금조달제를 도입하며 불량기업을 도산시키는 조치(1987년 6월 국유기업법)가 취해졌다. 1988년 5월에는 협동조합법을 제정하여 사기업의 활동을 사실상 허용하고, 1989년 11월 아렌다[Аре́нда 임대차] 기본법을 통하여 국유기업과 농지 등을 노동집단이나 가족이 임차하여 자주적으로 경영할 수 있는 토대를 마련하였다.

1988년과 1989년 사이에 전개된 정치개혁을 둘러싼 개혁파와 보수파의 대립이 이어지는 가운데 1989년 가을 동유럽의 시민혁명은 소련에서의 체제전환을 촉발케 하는 계기로 작용하였다. 1990년 3월 14일 소연방헌법개정을 통하여 「시민소유」라는 개념을 도입하여 사실상의 사적 소유를 인정하게 되고, 동년 10월 소연방최고회의는 「시장경제이행의 기본방침」이라는 결정을 통하여 계획경제체제에 종지부를 찍는다. 제반 경제개혁조치는 1991년 5월 31일 제정된 「소연방 및 공화국 민사입법 기본원리」[1]로 집약된다.

이 민사입법기본원리(전 170개조)는 시장경제를 전제로 한 민법으로서 종래 사회주의 체제 하의 1961년 민사입법기본원리와의 연속성은 약하다. 특히 사적 소유권을 시민소유권(제51조)과 법인소유권(제52조)의 형태로 인정하고, 개인과 기업의 자유로운 영업활동을 보장하는 점에서 그러하다. 그러나 이 기본원리에는 사회주의체제와 계획경제적 요소가 남아 있었다. 법인은 토지에 대한 완전한 소유권이 아니라 점유권과 사용권만을 가지며(제49조 제2항), 국가소유재산에 대하여 국유기업이 가졌던 운용관리권(업무적 관리권 право опера тивного управлния)(1964년 러시아공화국민법전 제94조 제2항)을 국가 또는 타인 소유의 재산에 대한 「완전경영관리권」과 「운용관리권」으로 변경하여 존치시켰다(제47조 및 제48조). 이 기본원리는 1992년 1월 1일부터 시행될 예정이었으나, 1991년 12월 21일 이른바 민스크조약에 의해 소연방이 붕괴됨에 따라 소연방 법률로서의 효력은 발생할 수 없었다. 그러나 이 기본원리는 시장경제를 그 전제로 하고 있었기 때문에 소연방 붕괴 후에도 그 유용성을 잃지 않았고, "러시아연방의 신민법전이 제정될 때까지 1991년 민사입법기본원리는, 민사입법에 관한 소연방의 권능을 정하는 규정을 제외하고 러시아연방헌법 및 1990년 6월 12일 이후 제정된 러시아연방법령에 반하지 아니하는 한 러시아연방 내에서 적용"(러시아연방 최고회회의의 1992년 7월 14일 결정)되었다.[2]

소연방의 입장과는 달리 급진적인 시장경제화를 추구하기로 한 러시아에서는

---

1) 1991년의 「소연방 및 공화국민사입법기본원리 Osnovy grazhdanskogo zakonodatel'stva Soiuza SSR I respublik」는 「소연방인민대표자대회 및 소연방최고회의통보 Vedomosti S"ezda narodnykh deputatov SSSR I Verkhovonogo Soveta SSSR」 1991, No.26, item 733에 공표되었다. 조문의 인용은 伊藤知義 訳, 「ペレストロイカの新民法」(『札幌学院法学』 9巻 2号)을 참고하였다

2) 그 후 이 기본원리는 「러시아연방민법전 제1부 시행에 관한 연방법률」 제3조에 의해 1995년 1월 1일부터 제1편 「총칙」, 제2편 「소유권 및 그 밖의 물권」 및 제3편 「채무법」 제8장 「채무총칙」, 「러

1991년 6월 대통령으로 선출된 옐친(Boris Yeltsin)의 주도 하에 「대량사유화」정책을 실천하게 된다. 그 성과는 1993년 12월 21일 러시아연방 신헌법의 채택과 1994년 10월 21일 러시아연방 신민법전 제1부의 제정으로 귀결된다. 신민법전의 제정 경위는 다음과 같다.

러시아연방 신민법전의 초안작성은 「러시아연방대통령기관부속사법연구센터-Private Law Research Center Attached to the Office of the President of the Russian Federation」에서 이루어졌으나, 1991년 민사입법기본원리의 기초작업을 지도하였던 모스크바사법연구소장 마코프스키(A. L. Makovskii) 교수를 비롯한 러시아민법학자를 중심으로 1992년부터 그 기초작업은 시삭되었다. 신민법전의 기초작업에 투자를 한 것은 주로 러시아 정부, 세계은행(특히 CIS모델민법전의 기초), 미국의 USAID(United States Agency for International Development) 및 독일의 IRZ기금(독일 법적 협력기금) 등이었다.

기초위원들이 신민법전을 기초하기 위하여 참조하고 주된 연구대상으로 삼았던 것은 ① 1991년 민사입법기본원리, ② CIS모델민법전, ③ 서구의 민법전과 상법전(민법전의 구조와 구성 등에 관하여는 민상법통일주의를 취하고 있는 스위스, 이탈리아, 네덜란드의 민법전을 참조하고, 규정의 내용에 관하여는 독일 · 프랑스의 민법전과 상법전을 참고하였다), ④ 그 밖의 외국 또는 국제적 민사 · 상사에 관한 규범들(예컨대, 상사사항에 대하여는 미국의 통일상법전이 연구되고, 계약법 분야는 UN통일매매조약의 영향을 받았으며 그 밖의 국제상사에 관한 통일적 규범과 모델법이 참고되었다), ⑤ 소비에트민법(1922년과 1964년 러시아공화국민법전), ⑥ 1993년의 러시아연방헌법(옐친헌법) 등이다.

민법전 초안은 3부로 나누어서 기초하는 것으로 기획되었다. 이와 같은 부분적 기초작업은 제정러시아시대의 역사적 경험과 CIS모델민법전의 제정과정에서도 있었던 예이기도 하지만, 소련 붕괴 후 전환기에 놓여 있는 시장경제를 규제하기 위하

시아연방민법전 제2부 시행에 관한 연방법률」 제3조에 의해 1996년 3월 1일부터 제3편의 「채무법」의 나머지 부분(계약법, 불법행위법 및 부당이득법), 「러시아연방민법전 제3부 시행에 관한 연방법률」 제3조에 의해 2002년 3월 1일부터 제6편 상속법과 제7편 국제사법, 최종적으로 「러시아연방민법전 제4부 시행에 관한 연방법률」 제3조에 의해 2008년 1월 1일부터 지적재산에 관한 제4편과 제5편이 각각 러시아연방 내에서는 적용되지 않게 되었다.

여 필요불가결한 통일적 규범을 가능한 한 빨리 마련해야 할 사정에 기인한 것이라고도 할 수 있다. 그리하여 민법총칙, 소유권 및 그 밖의 물권 및 채무법 총칙으로 구성되는 민법전 제1부의 초안을 먼저 작성하게 된 것이다. 1993년 12월경에 완성된 민법전 제1부 초안이 정부와 대통령에게 제출되고, 옐친대통령은 이를 국가의회(Duma 러시아연방의회의 하원)에 제출하였다. 공산당과 농민당의 저항으로 몇몇 타협을 거쳐, 러시아연방 민법전 제1초안은 1994년 10월 21일 국가의회에서 민법전 제1부로 채택되고 연방의회의 승인을 받았으며,[3] 1994년 11월 30일 대통령이 서명하였다. 그리고 시행이 잠시 유보된 일부를 제외하고 1995년 1월 1일부터 시행된 것이다. 민법전 제2부 초안도 거의 유사한 과정을 거쳐 1995년 12월 22일에 민법전 제2부로 제정되어 1996년 1월 26일에 대통령이 서명하고, 1996년 3월 1일부터 시행되었다. 민법전 제3부 초안에는 지적재산권법, 상속법 및 국제사법이 포함되는 것이었으나, 2001년 11월 26일 제정된 민법전 제3부는 그 중 상속법과 국제사법만을 포함하게 되었으며 2002년 3월 1일부터 시행되고 있다. 마지막으로 지적재산권법으로 구성된 민법전 제4부가 2006년 12월 18일 제정되어 2008년 1월 1일부터 시행에 들어감으로써 10여 년에 걸친 민법전 제정이 완료되기에 이른다. 먼저 물권법, 계약법 등 분야별로 나누어 개별입법을 하고 그 후 일괄하여 「민법」이라는 하나의 법전으로 모으고자 하는 중국의 예도 있으나, 파트를 나누어 순차로 민법전을 제정해 나가는 입법방식을 취한 것이다.

러시아연방헌법에는 과거 소련헌법이 규정하던 헌법적 법률이라는 개념이 유지되고 있다(러시아연방헌법 제108조). 헌법과 사회 및 국가구조의 주요문제를 다루는 것과 연결된 기본법이다. 민법전 제3조 제2항은 민사입법(Civil Legislation)이 민법전과 제2조 제1항과 제2항에서 정하는 민사관계를 규율하는 그 밖의 연방법률로 구성되며, 다른 법률에 포함되는 민법입법에 관한 규정은 민법전과 일치되어야 함을 규정하고 있다. 물론 러시아연방대통령령, 러시아연방정부결정 및 러시아연방 각 부와 그 밖의 연방권력집행기관의 명령에도 민법규정이 포함될 수 있으나(동조 제3항, 제4항, 제7항) 이것들은 민사입법에 위반되어서는 안 된다(동조 제5항). 민법전 제

3) 국가의회에서 채택된 민법전 제1부가 연방의회에 제출되었으나 승인 결의를 얻거나 부결된 것도 아니다. 다만, 국가의회에서 채택된 연방법률을 이송받은 연방의회에서 14일 동안 심의를 하지 아니하면 연방의회를 통과한 것으로 본다는 러시아연방헌법 제105조 제4항에 따라 승인된 것이다.

3조 제2항을 문리대로 이해한다면 민법전은 기본법, 즉 헌법적 법률로서의 지위를 갖는다고 할 수 있다. 이런 의미에서 민법전은 사법의 주된 지위를 차지하는 「경제헌법」 곧 「준헌법성」(qusai-constitutional status)을 지닌다. 그렇다고 하여 민법전이 lex posterior derogat priori와 lex specialis derogat generali라는 일반원칙을 뛰어넘을 수 있을 것인가는 의문이다. 왜냐하면 민법전은 헌법 제108조에서 말하는 「헌법적 연방법」(Federal Constitutional Statute)은 아니며, 단순한 「연방법」(Federal Statute)으로 제정되어 그 밖의 연방법률에 우선하는 헌법상 근거는 없기 때문이다.

러시아연방의 신민법전의 특색으로는 여러 가지가 언급될 수 있다. 그 주요한 점을 요약하면 아래와 같다.

첫째, 법계수의 다양성과 소비에트민법의 영향이다. 러시아는 대륙법계 국가에 속하므로 민사법분야에는 독일법, 프랑스법, 스위스법 등으로부터의 법계수가 많았다. 전술한 바와 같이 신민법전을 제정하는 과정에서도 사회주의시대의 민사입법과 CIS모델민법전 외에도 서구의 민법전과 상법전, 미국의 통일상사법전, UN통일매매조약 등을 참고하였기 때문에, 사법의 사상과 이데올로기에 관하여는 서구의 대륙법과 영미법의 영향을 받았다. 다만, 법기술적 측면에서는 소비에트법과의 연속성이 강하다. 특히 신민법전에 사용되고 있는 문언과 개념, 규정의 서술방식 등에서 그러하다.

민법전의 구조와 체계에서는 민상법통일주의를 취하고 있는 이탈리아와 네덜란드의 민법전의 영향을 엿볼 수 있다. 그러나 이는 1964년 민법에서도 마찬가지였다. 이처럼 신민법전이 시장경제체제에 적합한 구조와 내용을 지닌 새로운 민법전이라 할지라도, 신민법전에 미친 1964년 민법의 영향은 크다. 신민법전이 가족법편을 두고 있지 아니하며, 물권편에 국가소유재산에 관한 경영관리권과 운용관리권을 존치시키고 있는 것 등이 그 구체적 예에 속한다. 이는 체제전환기의 러시아의 복잡한 사회적 · 정치적 상황을 반영하고 있는 현상이기도 하나, 신민법전이 그 이전의 사회주의민법과의 단질을 도모하려고 하기보다는 구법과의 연속성을 지닌 보다 진보된 법전임을 말해주는 사실이기도 하다.

둘째, 규제범위의 광범위성과 민법전의 복합성이다. 신민법전의 또 하나의 총괄적인 특색으로는 그 규제하는 관계와 사항이 매우 광범위하다는 점을 들 수 있다. 규제범위가 광범위하게 설정됨에 따라 민법전의 성격 또한 복합적이다.

전술한 바와 같이 신민법전은 민상통일법적 구조이다. 신민법전에는 전통적인 대륙법계국가의 민법전이 규제하는 여러 관계에 관한 규정을 두고 있을 뿐만 아니라, 이들 국가에서는 상법전이 규제하는 사항에 대하여도 규정을 두고 있다. 예컨대 회사(제4장 제2절), 유가증권(제7장), 운송(제40장), 운송주선(제41장), 결제(제46장), 상품창고에서의 임치(제47장 제2절), 보험(제48장), 위탁(제51장), 대리상(제52장), 상업이권(제54장) 등이 민법전에 포함되어 있는 것이다.

뿐만 아니라 신민법전은 행정법적 관계를 규제대상에 포함시키고 있다. 대륙법계국가에서 볼 때 공법상의 특별법인에 속하는 국영 및 공영의 단일기업(제113조-제115조), 시설(제120조)이라는 법인 형태가 민사관계의 주체로 인정되고 또한 동 법인에 속하는 경영관리권과 운용관리권(제19장) 등에 관한 규정도 민법체계에 편입되었다. 뿐만 아니라 러시아연방, 러시아연방구성체 및 지방자치단체의 민사관계에의 참가에 관한 기본규정(제5장)을 두고 있다. 과거 64년 민법이 국영기업 상호관계를 그 규제대상에 포함시키고 있었던 경험이 이어지고 있는 것이다. 민법전의 기본적 속성에 큰 변화가 없다고도 할 수 있다.

규제범위의 광범위성은 민법전의 잦은 개정을 초래하며, 구체적인 내용을 파악하기 위해서는 관련 법률을 참고해야 할 필요를 낳고 있다. 역자의 처음 계획으로는 이들 관련 법률의 내용을 각주 형태로 소개하려고 하였으나, 이 작업은 후일로 미루게 되었다. 독자들의 양해를 구하고자 한다.

셋째, 신민법전은 독점금지 내지 경쟁제한, 소비자보호 등 경제법적 성격을 지니고 있다. 신민법전은 계약자유의 원칙을 기본원칙으로 선언하고 있으면서도(제1조 및 제421조), 권리남용과 경쟁제한금지에 관한 규정(제10조 제1항)을 비롯하여 계약의 자유를 제한하는 여러 규정을 두고 있다. 신민법전의 경제법적 성격은 「공개계약」(제426조)과 「부합계약」(제428조)에 관한 규정에서도 엿볼 수 있으나, 매매법에서 규정하고 있는 특수매매, 즉 「소매매매」(제492조-제505조), 「공급」(제506조-제524조), 「국가 및 지방자치단체수요를 위한 공급」(제525조-제534조), 「농산물수매」(제535조-제538조), 「전력공급」(제539조-제548조)에서 두드러진다. 공급계약, 국가필수품공급계약 및 농산물수매계약은 계획경제체제하에서도 인정되던 전형계약의 일종이었다.

번역 작업에는 William E. Butler, CIVIL CODE OF THE RUSSIAN FEDERATION Parts One, Two, and Three(OXFORD UNIVERSITY PRESS,

2003); 崔達坤, 「러시아共和國民法典」, 『北韓法律行政論叢』 第3輯(高麗大學校 法律行政研究所, 1979); 日本国際問題研究所, 『ロシアの立法動向(4) ロシヌ研究別冊4』(1995); 黃道秀 · 李永军 · 鄢一美 译, 『俄罗斯联邦民法典』(中国大百科全书出版社, 1999)를 참고하였으며, 원문은

http://base.consultant.ru/cons/cgi/online.cgireq=doc;base=LAW;n=95574.url(제1부)

http://base.consultant.ru/cons/cgi/online.cgireq=doc;base=LAW;n=89528.url(제2부)

http://base.consultant.ru/cons/cgi/online.cgireq=doc;base=LAW;n=78016.url (제3부)

에서 검색하였다. 원문 검색과 대조 및 번역에는 李濟宇 법학석사(민법전공)와 고려대학교 대학원 석사과정(민법전공)에 재학 중인 申光 군의 도움이 매우 컸다. 李濟宇 군은 러시아에서 중 · 고등학교를 마치고, 고려대학교 대학원에서 "러시아 불법행위법의 체계와 과책"이라는 주제로 법학석사학위를 취득한 후 금년 9월 국비유학생으로 러시아 상트페테르부르그 국립대학교[Saint-Petersburg State University, Санкт- Петербургский государственный университет(СпбГУ)] 박사과정에 진학하였다. 申光 군은 러시아 아스트라한 국립대학교[Astrakhan State University, Астраханский государственный университет(АГУ)]에서 법학사를 취득하고 모국으로 유학을 온 특이한 학력을 소지하고 있다. 이 두 사람의 헌신적인 노력이 없었다면 번역 작업의 마무리는 물론 수많은 오류를 피할 수 없었다고 본다. 두 사람의 학문적 대성을 기원하며 고마운 마음을 전한다.

출판 사정이 어렵고 힘든 가운데 시판성을 거의 갖추지 못한 이 번역서를 『衿山法學』 제5호로 만들어 준 세창출판사 李邦源 사장과 林吉男 상무의 배려에는 감사하다는 말 외에는 전할 말이 없다. 이 번역서가 러시아민법연구에 기초자료로 활용되어 이 두 분의 노고와 후의에 조금이나마 보답하게 되기를 기대해 본다.

2010년 11월

역자 씀

∘ 차 례 ∘

제1부(제정 1994. 10. 21. 시행 1995. 1. 1.)

제2부(제정 1995. 12. 22. 시행 1996. 3. 1.)

제3부(제정 2001. 11. 26. 시행 2002. 3. 1.)

제1부

(제정 1994. 10. 21. 시행 1995. 1. 1.)

개정 1996. 2. 20. 연방법률 제18호
1996. 8. 12. 연방법률 제111호
1999. 7. 8. 연방법률 제138호
2001. 4. 16. 연방법률 제45호
2001. 5. 15. 연방법률 제54호
2002. 3. 21. 연방법률 제31호
2002. 11. 14. 연방법률 제161호
2002. 11. 26. 연방법률 제152호
2003. 1. 10. 연방법률 제15호
2003. 12. 23. 연방법률 제182호
2004. 6. 29. 연방법률 제58호
2004. 7. 29. 연방법률 제97호
2004. 12. 29. 연방법률 제192호
2004. 12. 30. 연방법률 제213호
2004. 12. 30. 연방법률 제217호
2005. 7. 2. 연방법률 제83호
2005. 7. 21. 연방법률 제109호
2006. 1. 3. 연방법률 제6호
2006. 1. 10. 연방법률 제18호
2006. 6. 3. 연방법률 제73호
2006. 6. 30. 연방법률 제93호
2006. 7. 27. 연방법률 제138호
2006. 11. 3. 연방법률 제175호
2006. 12. 4. 연방법률 제201호
2006. 12. 18. 연방법률 제231호
2006. 12. 18. 연방법률 제232호
2006. 12. 29. 연방법률 제258호
2007. 2. 5. 연방법률 제13호
2007. 6. 26. 연방법률 제118호
2007. 7. 19. 연방법률 제197호
2007. 10. 2. 연방법률 제225호
2007. 12. 1. 연방법률 제318호
2007. 12. 6. 연방법률 제333호
2008. 4. 24. 연방법률 제49호
2008. 5. 13. 연방법률 제68호
2008. 7. 14. 연방법률 제118호
2008. 7. 22. 연방법률 제141호
2008. 7. 23. 연방법률 제160호
2008. 12. 30. 연방법률 제306호
2008. 12. 30. 연방법률 제311호
2008. 12. 30. 연방법률 제312호
2008. 12. 30. 연방법률 제315호
2009. 2. 9. 연방법률 제7호
2009. 6. 29. 연방법률 제132호
2009. 7. 17. 연방법률 제145호
2009. 12. 27. 연방법률 제352호
2010. 5. 8. 연방법률 제83호

제1편 일반규정

제1분편 일반규정

제1장 민사입법

제1조【민사입법의 기본원칙】 ① 민사입법은 이에 따라 규율되는 관계에 참가하는 자의 평등, 소유의 불가침, 계약의 자유, 사적 사무에 대한 타인의 자의적 간섭의 금지, 민사상 권리의 자유로운 행사의 필요성, 침해된 권리의 회복의 보장, 사법에 의한 이들 권리의 보호의 인정에 기초한다.

② 시민(자연인)과 법인은 자기의 의사에 따라 자기의 이익을 위하여 자기의 민사상 권리를 취득하고 행사한다. 시민(자연인)과 법인은 계약에 따라 자기의 권리의무를 자유로이 설정하고, 입법에 반하지 아니하는 어떠한 계약조항도 자유로이 정할 수 있다.

민사상 권리는 연방법에 근거하고 헌법체계의 기본원칙, 윤리, 공중위생, 타인의 권리와 법익을 보호하고 국방과 국가의 안전을 보장하기 위하여 필요한 한도에서만 이를 제한할 수 있다.

③ 상품, 서비스와 금융자금은 러시아연방의 전 영역에서 자유로이 이동된다.

상품과 서비스의 이동은 안전보장, 사람의 생명과 건강의 보호, 자연과 문화재의 보호를 위하여 필요한 경우 연방법에 따라 이를 제한할 수 있다.

제2조【민사입법이 규율하는 관계】 ① 민사입법은 민사거래참가자의 법적 지위, 소유권과 그 밖의 물권, 지적 활동의 성과에 대한 배타적 권리(지적 소유권)의 발생 근거와 그 행사 절차를 정하고, 계약상의 채권채무관계 그 밖의 채권채무관계를 규율하며 또한 참가자의 평등, 의사자치와 재산적 자주성에 근거한 재산관계와 이와 관련되는 인격적 비재산관계를 규율한다.(개정 2006. 12. 18. 연방법률 제231호)

시민과 법인은 민사입법이 규율하는 관계의 참가자가 된다. 또한 러시아연방, 러시아연방구성체와 지방자치단체도 민사입법이 규율하는 관계(제124조)에 참가할 수 있다.

민사입법은 법정절차에 따라 기업활동을 할 수 있는 자격을 등록한 자가 재산의 이용, 상품의 판매, 업무의 수행 또는 서비스의 제공에 따라 이익을 체계적으로 취득하기 위하여 자기의 위험부담으로 하는 자주적 활동이라는 원칙에 따라 기업활동을 하는 자 사이의 관계 또는 그 자가 참여하는 관계를 규율한다.

민사입법이 정하는 규정은 연방법에 다른 규정이 있는 경우를 제외하고는 외국인, 무국적자 및 외국법인이 참여하는 관계에 적용한다.

② 민사입법은 인간의 불가침의 권리와 자유, 그 밖의 비물질적 이익을 보호한다. 다만, 당해 비물질적 이익의 본질로부터 달리 볼 수 있는 경우에는 그러하지 아니하다.

③ 민사입법은 입법에 다른 규정이 있는 경우를 제외하고는 조세관계 그 밖의 재정과 행정관계를 포함하여 당사자 일방에 대한 타방 당사자의 행정적 또는 그 밖의 권력적 종속관계에 근거한 재산관계에는 적용하지 아니한다.

제3조【민사입법과 민법 규범을 포함하는 그 밖의 법령】 ① 민사입법은 러시아연방헌법에 따라 러시아연방을 관할로 한다.

② 민사입법은 이 법전과 이에 따라 채택된 이 법전 제2조 제1항과 제2항이 규정하는 관계를 규율하는 연방법(아래에서는 '법률'이라 한다)으로 구성된다.

다른 법률에 포함되는 민사입법에 관한 규정은 이 법전과 일치하여야 한다.

③ 이 법전 제2조 제1항과 제2항이 규정하는 관계는 이 법전과 그 밖의 법률에 반하는 경우를 제외하고는 러시아연방대통령령으로도 규율할 수 있다.

④ 이 법전과 그 밖의 법률, 러시아연방대통령령에 근거하고 또한 이를 집행하기 위하여 러시아연방정부는 민법규범을 포함하는 결정을 채택할 수 있다.

⑤ 러시아연방대통령령 또는 러시아연방정부결정이 이 법전 또는 그 밖의 법률에 반할 경우에는 이 법전 또는 해당 법률을 적용한다.

⑥ 러시아연방대통령령과 러시아연방정부결정(아래에서는 '그 밖의 법령'이라 한다)에 포함되는 민법규범의 효력과 적용에 대하여는 이 법전 제1장의 규정에 따라 확정한다.

⑦ 러시아연방 각 부와 그 밖의 연방권력집행기관은 이 법전, 그 밖의 법률과 그 밖의 법령이 규정하는 정황과 범위 내에서 민법규범을 포함하는 명령을 공포할 수 있다.

제4조【민사입법의 시간적 효력】 ① 민사입법은 소급효를 가지지 아니하며, 그 효력발생 후에 발생한 관계에 적용한다.

법률의 효력은 법률이 이에 대하여 명시적으로 규정하고 있는 경우에 한하여 그 효력발생 전에 발생한 관계에 확대 적용할 수 있다.

② 민사입법은 그 효력발생 전에 발생한 관계에 대하여는 효력발생 후에 발생한 권리의무에 적용한다. 민사입법의 효력발생 전에 체결한 계약에 근거한 당사자 사이의 관계에 대하여는 이 법전 제422조에 따라 규율한다.

제5조【거래관습】 ① 거래관습이라 함은 기업활동영역에서 형성되어 널리 적용되는 행위규칙이며, 그 행위규칙이 어떠한 서류에 규정되어 있는지와 관계없이 입법으로 규정되지 아니한 것을 말한다.

② 당해 관계에 참가하는 자에게 적용되어야 하는 입법의 규정 또는 계약에 반하는 거래관습은 적용하지 아니한다.

제6조【민사입법의 유추적용】 ① 이 법전 제2조 제1항과 제2항이 규정하는 관계가 법령 또는 당사자 사이의 합의에 따라 명시적으로 규율되지 아니하며, 이에 적용되는 거래관습이 없는 경우에는 이들 관계에는 그 본질에 반하는 경우를 제외하고는 유사관계를 규율하는 민사입법을 적용한다.(법률의 유추)

② 법률의 유추를 적용할 수 없는 경우에는 당사자의 권리의무는 민사입법의 일반원칙과 정신 및 선의, 합리성과 공정성의 요구에 따라 확정한다.(법의 유추)

제7조【민사입법과 국제법 규범】 ① 일반적으로 승인된 국제법의 원칙과 규범 및 러시아연방이 체결한 국제조약은 러시아연방헌법에 따라 러시아연방 법체계의 구성부분이다.

② 러시아연방이 체결한 국제조약은 이 법전 제2조 제1항과 제2항이 규정하는 관계에 직접 적용한다. 다만 국제조약이 그 적용을 위하여 국내법의 공포를 요구하는 경우에는 그러하지 아니하다.

러시아연방이 체결한 국제조약이 민사입법의 규정과 다른 규정을 정한 경우에는 국제조약의 규정을 적용한다.

제2장 민사상 권리의무의 발생과 민사상 권리의 행사와 보호

제8조【민사상 권리의무의 발생 근거】 ① 민사상 권리의무는 법률과 그 밖의 법령이 규정하는 근거에 따라 발생하며 또한 법률과 그 밖의 법령에 규정되어 있지 아니한 경우에는 민사입법의 일반원칙과 정신에 따라 민사상 권리의무를 발생하게 하는 시민과 법인의 행위에 의하여 발생한다.

이에 따라 민사상 권리의무는 다음 각호의 1의 근거에 따라 발생한다.

1. 법률에 규정된 계약과 그 밖의 법률행위, 법률에 규정되어 있지 아니한 경우에는 법률에 반하지 아니하는 계약과 그 밖의 법률행위

2. 민사상 권리의무의 발생 근거로서 법률에 규정된 국가기관과 지방자치기관의 행위
3. 민사상 권리의무를 정한 법원의 판결
4. 법률이 인정하는 근거에 따른 재산의 취득
5. 과학, 문학과 예술작품의 창작, 발명과 그 밖의 지적 활동
6. 타인에 대한 가해
7. 부당이득
8. 시민과 법인의 그 밖의 행위
9. 법률 또는 그 밖의 법령이 민사법상의 효과 발생을 규정하는 사건

② 국가등기를 필요로 하는 재산에 대한 권리는 법률에 다른 규정이 있는 경우를 제외하고는 당해 권리를 등기한 때로부터 발생한다.

제9조【민사상 권리의 행사】 ① 시민과 법인은 자기의 판단에 따라 자기에게 속하는 민사상 권리를 행사한다.

② 시민과 법인이 자기에게 속하는 권리의 행사를 포기할 경우에도 당해 권리는 소멸하지 아니한다. 다만, 법률에 다른 규정이 있는 경우에는 그러하지 아니하다.

제10조【민사상 권리행사의 한계】 ① 오로지 타인에게 손해를 가할 목적으로 하는 시민과 법인의 행위, 그 밖의 형태의 권리남용은 허용되지 아니한다.

경쟁제한을 목적으로 하는 민사상 권리의 이용, 시장에서의 지배적 지위의 남용도 또한 허용되지 아니한다.

② 이 조 제1항이 규정하는 요건을 준수하지 아니할 경우에는 법원, 국가중재기관(arbitrazh) 또는 중재법원은 그 자에게 속하는 권리의 보호 청구를 거부할 수 있다.

③ 민사상 권리가 합리적으로 또한 선의로 행사되었는지의 여부에 따라 법률이 그 권리를 보호할 경우에는 민사법률관계참가자의 행위의 합리성과 선의는 추정된다.

제11조【민사상 권리의 사법적 보호】 ① 법원, 국가중재기관 또는 중재법원(아래에서는 법원이라 한다)은 소송법령이 정하는 사건의 관할에 따라 침해되거나 또는 계쟁 중의 민사상 권리에 대하여 보호한다.

② 행정절차에 따른 민사상 권리의 보호는 법령이 규정한 경우에만 실행된다. 행정절차에서 채택 결정한 사항에 관하여는 법원에 제소할 수 있다.(개정 2006. 12. 18. 연방법률 제231호)

제12조【민사상 권리보호의 방법】 ① 민사상 권리의 보호는 다음의 방법에 따라 실행된다.

권리의 승인
권리가 침해되기 전 상태로의 원상회복과 권리침해행위 또는 권리침해를 일으킬 우려 가 있는 행위의 저지
취소 가능한 법률행위의 무효 인정과 그 무효 효과의 적용, 당연무효인 법률행위의 무효 효과의 적용
국가기관 또는 지방자치기관의 행위의 무효 인정
권리의 자력구제
현물에 의한 채무이행의 판결
손해배상
위약금의 징수
정신적 손해의 보상
법률관계의 소멸 또는 변경
법률에 반하는 국가기관 또는 지방자치기관의 법령의 법원에 의한 부적용
법률이 규정하는 그 밖의 방법

제13조【국가기관 또는 지방자치기관의 행위에 대한 무효 인정】 법률이 규정하고 있는 경우의 국가기관 또는 지방자치기관의 비규범적 행위 및 법률 또는 그 밖의 법령과 상응하지 아니하며 시민 또는 법인의 민사상 권리와 법률에 따라 보호되는 이익을 침해하는 국가기관 또는 지방자치기관의 규범적 행위는 법원이 이를 무효로 인정할 수 있다.

법원이 위의 행위를 무효로 인정하였을 때에는 침해된 권리는 회복되거나 또는 이 법전 제12조에 규정하는 방법에 따라 보호되어야 한다.

제14조【민사상 권리의 자력구제】 민사상 권리의 자력구제는 이를 허용한다.

자력구제의 방법은 침해에 상응하여야 하며, 침해 저지를 위하여 필요한 행위의 한계를 넘어서는 아니된다.

제15조【손해배상】 ① 권리침해를 입은 자는 법률 또는 계약에 보다 적은 액수의 손해배상이 규정되어 있는 경우를 제외하고는 입은 손해 전부에 대하여 배상을 청구할 수 있다.

② 손해라 함은 권리침해를 입은 자가 침해된 권리를 회복하기 위하여 지출한 비용 또는 지출하여야 하는 비용, 그 재산의 멸실 또는 훼손(실제의 손해) 및 권리가 침해되지 아니하였을 경우에 그 자가 통상적인 민사상의 거래에서 얻었을 소득(일실이익)을 말한다.

권리를 침해한 자가 그에 따라 이익을 얻었을 경우에는 권리침해를 입은 자는 그 밖의 손해와 함께 그 이익을 초과하는 액수의 일실이익의 배상을 청구할 수 있다.

第16조【국가권력기관과 지방자치기관이 일으킨 손해의 배상】 법률 또는 그 밖의 법령에 상응하지 아니하는 국가권력기관 또는 지방자치단체의 법령의 공포를 포함하여 국가권력기관, 지방자치단체 또는 이들 기관의 공무원의 위법행위(부작위)의 결과로서 시민 또는 법인이 입은 손해는 러시아연방, 당해 러시아연방구성체 또는 지방자치단체가 배상하여야 한다.

제2분편 인(人)

제3장 시민(자연인)

第17조【시민의 권리능력】 ① 민사상 권리를 가지고 의무를 지는 능력(민사상의 권리능력)은 모든 시민에 대하여 평등하게 인정된다.

② 시민의 권리능력은 출생에서 시작하여 사망에 의하여 종료한다.

第18조【시민의 권리능력의 내용】 시민은 재산에 대한 소유권을 가질 수 있고 재산을 상속하고 유증할 수 있으며 기업활동과 법에 반하지 아니하는 어떠한 활동도 할 수 있다. 시민은 법인을 독자적으로 설립하거나 다른 시민 또는 법인과 공동으로 설립할 수 있다. 시민은 법에 반하지 아니하는 어떠한 법률행위도 할 수 있고 채권채무관계에 참여할 수 있다. 시민은 주소를 선택할 수 있다. 시민은 과학, 문학 및 예술활동과 발명 및 그 밖에 법이 보호하는 지적 활동의 성과에 대하여 창작자로서의 권리를 가질 수 있다. 시민은 그 밖의 다른 재산권과 인격적 비재산권을 가질 수 있다.

第19조【시민의 성명】 ① 시민은 법이나 민족적 관습이 달리 정하는 경우를 제외하고는 성(姓), 명(名) 및 부칭(父稱)을 포함하는 자기 자신의 성명으로 권리의무를 취득하고 행사한다.

시민은 법이 규정한 경우와 절차에 따라 필명(가명)을 사용할 수 있다.

② 시민은 법이 정한 절차에 따라 자기의 성명을 변경하는 권리를 갖는다. 시민에 의한 성명의 변경은 종래의 성명으로 취득한 자기의 권리의무를 소멸시키거나 또는 변경

하는 사유가 되지 아니한다.

시민은 자기 성명의 변경에 대하여 채무자와 채권자에게 통지하기 위하여 필요한 조치를 취하여야 하고, 그 변경을 알리지 아니함으로써 발생한 결과에 대하여 책임을 져야 한다.

성명을 변경한 시민은 자기의 비용으로 종래의 성명으로 작성된 서류에서 상응하는 변경을 청구할 권리를 갖는다.

③ 시민이 출생과 성명변경을 통하여 얻은 성명은 신분등록법령에 소정된 절차에 따라 등록하여야 한다.

④ 타인의 성명으로 권리의무를 취득하는 것은 허용되지 아니한다.

⑤ 성명을 부당하게 사용함으로써 시민이 입은 손해는 이 법전에 따라 배상된다.

시민의 명예, 존엄 또는 사업상의 평가에 관한 방법 또는 행태를 통하여 그의 성명이 왜곡되거나 사용된 경우에는 이 법전 제152조를 적용한다.

제20조【시민의 주소】 ① 시민이 계속적으로 또는 주로 거주하는 장소를 주소로 본다.

② 14세 미만의 미성년자나 후견하에 있는 시민의 주소는 그들의 법정대리인—부모, 양친 또는 후견인—의 주소로 한다.

제21조【시민의 행위능력】 ① 시민이 자기 자신의 행위를 통하여 민사상의 권리를 취득·행사하고 독자적으로 의무를 설정·이행하는 능력(민사상의 행위능력)은 성년의 도달 즉 18세에 달함으로써 완전히 발생한다.

② 18세에 달하지 아니하였으나 법에 따라 혼인이 허용된 때에는 18세 미만인 자는 혼인성립시에 완전한 민사상의 행위능력을 취득한다.

혼인체결의 효과로 취득된 행위능력은 18세 미만인 자가 혼인을 해소한 경우에도 완전히 보유된다.

혼인이 무효로 된 때에는 법원은 그 결정을 내린 때부터 미성년인 배우자의 완전행위능력의 상실에 관한 결정을 내릴 수 있다.

제22조【시민의 권리능력과 행위능력의 박탈과 제한의 금지】 ① 법이 정한 경우와 절차에 따르지 아니하고는 누구든지 권리능력과 행위능력을 제한할 수 없다.

② 법이 정한 조건과 절차를 따르지 아니하고 시민의 행위능력, 기업활동 또는 그 밖의 활동에 종사하는 권리를 제한하는 경우 국가 또는 그 밖의 기관의 당해 제한행위는 무효로 된다.

③ 시민에 의한 권리능력 또는 행위능력의 전부나 일부의 포기와 권리능력 또는 행위능력의 제한을 목적으로 하는 법률행위는 그 법률행위가 법에 따라 허용된 경우를 제외하고는 무효로 된다.

제23조【시민의 기업활동】 ① 시민은 법인설립을 하지 아니하고도 등록을 한 때로부터 개인기업자로서 기업활동에 종사하는 권리를 갖는다.

② 법인을 설립하지 아니하고 활동을 하는 농가(또는 농장)의 장(長: 제257조)은 농가(또는 농장)를 등록한 때부터 기업자로 본다.

③ 영리기관인 법인의 활동을 규율하는 이 법전의 여러 규정은 법인을 설립하지 아니하고 하는 시민의 기업활동에 각각 적용된다. 다만 법률, 그 밖의 법령 또는 법률관계의 본질상 달리 볼 수 있는 경우에는 그러하지 아니하다.

④ 법인설립을 하지 아니하고 기업활동을 하는 시민이 이 조 제1항의 규정을 위반할 경우에는, 자기가 체결한 법률행위에 대하여 자기는 기업자가 아니라는 사실을 원용(援用)하는 권리를 가지지 아니한다. 법원은 그 법률행위에 대하여 기업활동과 관련된 채무에 관한 이 법전의 여러 규정을 적용할 수 있다.

제24조【시민의 재산적 책임】 시민은 법이 압류를 금지하는 재산을 제외하고 자기의 모든 재산으로써 자기채무에 대하여 책임을 진다.

압류가 금지되는 시민의 재산목록은 민사절차법이 정한다.

제25조【개인기업자의 지급불능〈파산〉】 ① 개인기업자는 자기가 한 기업활동과 관련된 채권자의 청구를 만족시킬 수 없는 상태가 된 경우에는, 법원의 결정에 따라 지급불능자(파산자)로 될 수 있다. 이러한 결정이 내려진 때로부터 그의 개인기업자 등기는 효력을 상실한다.

② 개인기업자를 파산자로 보는 절차가 행하여지는 때에는 그의 기업활동실행과 관련되지 아니한 채무에 관한 채권자도 자기의 채권을 신고할 권리를 갖는다. 위의 채권자가 이 절차에 따라 신고하지 아니한 당해 채권은 개인기업자의 파산절차종료 후에도 효력을 보유한다.

③ 개인기업자가 파산자로 되는 경우 채권자의 청구는 개인기업자의 재산에서 지급불능(또는 파산)에 관한 법률이 규정하는 순위에 따라 배당을 받는다.(개정 2006. 1. 3. 연방법률 제6호)

④ 채권자에 대한 청산이 완료된 뒤에는 파산자로 된 개인기업자는 자기의 기업활동과 관계되는 잔여채무의 이행과 기업자가 파산자로 된 때에 이행이 요청되고 계상되었

던 그 밖의 청구는 이행이 면제된다.

시민의 생명 또는 건강에 입힌 손해에 대하여 책임을 지게 된 파산선고를 받은 자에 대하여 가지고 있는 시민의 청구와 인격상의 그 밖의 권리는 효력을 보유한다.

⑤ 개인기업자에 대한 법원의 파산선고 또는 개인기업자의 자기 파산의 선언에 대한 사유와 절차는 지급불능(또는 파산)에 관한 법률로 정한다.

제26조【14세 이상 18세 미만인 미성년자의 행위능력】 ① 14세 이상 18세 미만인 미성년자는 이 조 제2항에 열거된 법률행위를 제외하고는 법정대리인 — 부모, 양부모 또는 보좌인 — 의 서면동의를 얻어 법률행위를 할 수 있다.

위의 미성년자가 한 법률행위는 그 부모, 양친 또는 보좌인의 사후 서면동의가 있는 때에도 유효하다.

② 14세 이상 18세 미만인 미성년자는 부모, 양친 및 보좌인의 동의 없이 다음 각호의 1의 행위를 단독으로 하는 권리를 갖는다.

1. 자기의 임금, 장학금 및 그 밖의 소득의 처분
2. 과학, 문학 또는 예술작품의 저작자의 권리, 발명자의 권리 또는 법이 보호하는 그 밖의 지적 활동의 성과에 대한 권리의 행사
3. 법에 따라 금융기관에 예금을 하고 이를 처분하는 행위
4. 이 법전 제28조 제2항이 규정하는 사소한 일상적 법률행위와 그 밖의 법률행위의 실행

16세에 달한 미성년자는 또한 협동조합법에 따라 협동조합의 조합원이 될 권리를 갖는다.

③ 14세 이상 18세 미만의 미성년자는 이 조 제1항과 제2항에 따라 한 법률행위에 대하여 독자적으로 재산적 책임을 진다. 이러한 미성년자는 자기들이 일으킨 손해에 대하여 이 법전에 따라 책임을 진다.

④ 충분한 근거가 있을 때에는 법원은 부모, 양친, 보좌인 또는 후견 및 보좌기관의 청구에 따라 14세 이상 18세 미만의 미성년자로부터 자기의 임금, 장학금 또는 그 밖의 소득을 독자적으로 처분하는 권리를 제한 또는 박탈할 수 있다. 다만, 이들 미성년자가 이 법전 제21조 제2항 또는 제27조에 따라 완전히 행위능력을 취득하고 있는 경우에는 그러하지 아니하다.

제27조【성년선고】 ① 16세에 달한 미성년자가 노동계약을 포함한 그 밖의 계약에 의하거나 또는 부모, 양친 또는 보좌인의 동의를 얻어 기업활동에 종사하고 있는 경우

에는 완전한 행위능력을 갖는다고 선언될 수 있다.

미성년자의 완전행위능력은 부모, 양친 또는 보좌인의 동의를 얻어 후견 및 보좌기관의 결정으로 선언될 수 있으며(성년선고), 이러한 동의가 없는 때에는 법원의 결정으로 한다.

② 부모, 양친 및 보좌인은 성년선고된 미성년자의 채무, 특히 그가 일으킨 손해의 결과로 발생된 채무에 대하여 책임을 지지 아니한다.

제28조【어린이의 행위능력】 ① 부모, 양친 또는 후견인은 14세에 달하지 아니한 미성년자(어린이)를 위하여 그들의 이름으로 법률행위를 할 수 있다. 다만 이 조 제2항이 규정하는 법률행위는 그러하지 아니하다.

이 법전 제37조 제2항 및 제3항의 규정은 재산을 가지는 미성년자의 법정대리인의 법률행위에 적용한다.

② 6세 이상 14세 미만의 어린이는 다음 각호의 1의 행위를 단독으로 하는 권리를 갖는다.

1. 사소한 일상적 법률행위
2. 공증 또는 국가등기를 필요로 하지 아니하고 무상으로 이익을 취득할 목적으로 하는 법률행위
3. 특정목적 또는 자유로운 처분을 위하여 법정대리인 또는 그의 동의를 얻은 제3자가 제공한 자산을 처분하는 것과 관련된 법률행위

③ 부모, 양친 또는 보좌인은 의무위반에 대하여 과실이 없었음을 증명한 경우를 제외하고는 어린이가 단독으로 한 법률행위를 포함하여 그의 법률행위에 대하여 재산적 책임을 진다. 이들은 법률에 따라 어린이가 일으킨 손해에 대하여도 책임을 진다.

제29조【시민에 대한 행위무능력선고】 ① 정신적 장애로 말미암아 자기행위의 뜻을 이해할 수 없거나 그 행위를 제어할 수 없는 시민에 대하여는 법원은 민사절차입법이 정한 절차에 따라 행위무능력을 선고할 수 있다. 그에 대하여는 후견이 설정된다.

② 행위무능력이 선고된 시민 본인 명의의 법률행위는 그의 후견인이 한다.

③ 시민의 행위무능력 선고의 사유가 소멸한 경우에는 법원은 그의 행위능력 취득을 선고한다. 그에게 설정된 후견은 법원의 결정에 따라 종료된다.

제30조【시민의 행위능력의 제한】 ① 알코올음료 또는 마약류의 남용으로 그의 가족의 경제적 지위를 심히 어렵게 하고 있는 시민에 대하여는 법원은 민사절차입법이 정한 절차에 따라 행위능력을 제한할 수 있다. 그에 대하여는 보좌가 설정된다.

그는 사소한 일상적 법률행위를 단독으로 하는 권리를 갖는다.

그는 보좌인의 동의를 얻어 그 밖의 법률행위를 할 수 있으며 또한 임금, 연금 및 그 밖의 소득을 수령하고 이를 처분할 수 있다. 그러나 이들 시민은 자기가 한 법률행위와 자기가 일으킨 손해에 대하여 독자적으로 재산적 책임을 진다.

② 시민의 행위능력을 제한한 사유가 소멸한 때에는 그의 행위능력의 제한을 취소한다. 그 시민에게 설정된 보좌는 법원의 결정에 따라 종료된다.

제31조【후견 및 보좌】 ① 후견 및 보좌는 행위무능력인 시민 또는 완전한 행위능력을 가지지 아니하는 시민의 권리와 이익을 보호하기 위하여 설정된다. 미성년인 시민에 대한 후견과 보좌는 그들을 양육하기 위하여도 설정된다. 후견인과 보좌인의 이에 관련된 권리의무는 가족법이 정한다.(개정 2008. 4. 24. 연방법률 제49호)

② 후견인과 보좌인은 특별한 권한을 부여받지 아니하고도 재판상은 물론이고 모든 사람에 대하여 피후견인과 피보좌인의 권리와 이익을 보호한다.

③ 미성년자에 대한 후견과 보좌는 부모 또는 양친이 없는 경우, 법원이 부모의 친권을 박탈한 경우, 이들 미성년자가 그 밖의 이유로 부모의 보살핌 없이 방치되어 있는 경우 및 특히 부모가 그들의 양육을 거절하거나 또는 그들의 권리와 이익의 보호를 거절하고 있는 경우에 설정된다.

④ 이 법전이 규율하지 아니하는 후견 및 보좌의 설정, 실행, 종료와 관련하여 발생하는 관계에 대하여는 후견 및 보좌에 관한 연방법률과 이 연방법률에 따라 제정된 러시아연방의 그 밖의 법규범을 적용한다.(추가 2008. 4. 24. 연방법률 제49호)

제32조【후견】 ① 후견은 어린이에 대하여 설정되며 또한 정신적 장애로 말미암아 법원이 행위무능력자로 선고한 시민에 대하여도 설정된다.

② 후견인은 법에 따라 피후견인의 대리인으로 되며, 피후견인의 이름으로 또한 피후견인의 이익에 따라 필요한 모든 법률행위를 한다.

제33조【보좌】 ① 보좌는 14세 이상 18세 이하의 미성년자에 대하여 설정되며, 알코올음료나 마약류의 남용으로 법원이 그 행위능력을 제한한 시민에 대하여도 설정된다.

② 보좌인은 보좌하에 있는 시민이 단독으로 할 수 없는 법률행위를 하는 데 대하여 동의를 부여한다.

미성년자의 보좌인은 피보좌인이 자기의 권리를 행사하고 의무를 이행하는 것을 도와주며, 제3자가 하는 악용으로부터 그들을 보호한다.(개정 2008. 4. 24. 연방법률 제49호)

제34조【후견 및 보좌기관】 ① 후견 및 보좌기관은 러시아연방구성체의 집행권력

기관으로 한다.(개정 2006. 12. 29. 연방법률 제258호)

피후견인에 대한 후견 및 보좌기관의 권한은 후견 및 보좌를 설정한 기관에 부여된다. 피후견인의 주소가 변경될 경우 후견 및 보좌기관의 권한은 피후견인의 새 주소에 따라 해당 후견 및 보좌기관에 후견 및 보좌에 관한 연방법률이 정하는 절차에 따라 부과된다.(추가 2008. 4. 24. 연방법률 제49호)

② 법원은 시민의 행위무능력 또는 제한행위능력에 관한 결정이 효력을 가진 때로부터 3일 이내에 그에 대한 후견 또는 보좌를 설정하기 위하여 그 시민의 주소지를 관할하는 후견 및 보좌기관에게 통지하여야 한다.

③ 피후견인 또는 피보좌인의 주소지의 후견 및 보좌기관은 그의 후견인 또는 보좌인의 행위를 감독한다.

제35조【후견인 및 보좌인】 ① 후견인 또는 보좌인은 후견 또는 보좌를 필요로 하는 자의 주소지의 후견 및 보좌기관이 당해 시민에 대한 후견 또는 보좌의 설정이 필요하다고 인정된 때로부터 1개월 이내에 선임한다. 특별한 사정이 있는 경우에는 후견인(또는 보좌인)의 주소지의 후견 및 보좌기관이 후견인 또는 보좌인을 선임할 수 있다. 후견 또는 보좌를 필요로 하는 자를 위하여 1개월 이내에 후견인이나 보좌인이 선임되지 아니하는 경우에는 후견인 또는 보좌인의 의무의 이행은 후견기관 또는 보좌기관이 한다.

이해관계인은 후견인 또는 보좌인의 선임에 대하여 법원에 제소할 수 있다.(개정 2006. 12. 18. 연방법률 제231호)

② 성년에 달하고 행위능력을 가진 시민이어야 후견인과 보좌인으로 선임될 수 있다. 친권이 박탈된 시민과 후견인 또는 보좌인 선임 당시 시민의 생명이나 신체에 대한 고의에 의한 범죄로 형의 선고를 받은 자는 후견인과 보좌인으로 선임될 수 없다.(개정 2008. 4. 24. 연방법률 제49호)

③ 후견인 또는 보좌인은 그의 동의가 있어야 선임될 수 있다. 후견인 또는 보좌인을 선임함에는 그의 도덕적 및 그 밖의 인격적 품성, 후견인 또는 보좌인으로서의 직무수행능력, 그와 후견 또는 보좌를 필요로 하는 자와의 사이에 존재하는 여러 관계 및 가능한 경우에는 피후견인 또는 피보좌인의 희망을 고려하여야 한다.

④ 교육시설, 의료기관, 주민사회보호기관 또는 고아 및 부모의 보살핌 없이 방치된 자녀를 위한 기관에서 양육되고 있는 행위무능력자 또는 제한행위무능력자에 대하여는 후견인과 보좌인을 선임하지 아니한다. 후견인 또는 보좌인의 의무는 당해 시설의 집행기관이 진다.(개정 2008. 4. 24. 연방법률 제49호)

제36조【후견인 및 보좌인에 의한 자기 직무의 수행】 ① 후견 및 보좌에 관한 직무의 수행은 법이 특별히 규정하는 경우 외에는 무상으로 한다.

② 미성년자의 후견인과 보좌인은 그 미성년자와 동거하여야 한다. 보좌인과 16세에 달한 피보좌인의 별거는 이것이 피보좌인의 양육과 권익보호에 불리한 영향을 주지 아니하는 경우에 한하여 후견 및 보좌기관이 허락하여야 한다.

후견인 및 보좌인은 거주장소의 변경에 관하여 후견 및 보좌기관에 통지하여야 한다.

③ 후견인과 보좌인은 자기의 피후견인 또는 피보좌인의 부양에 대하여 배려하여야 하며, 그들을 돌보고 그들의 권익을 보호하여야 한다. 미성년자의 후견인과 보좌인은 미성년자의 교육과 양육에 대하여 배려하여야 한다.

④ 이 조 제3항에 명시된 의무는 성년에 달한 시민과 법원에 의하여 행위능력이 제한된 시민의 보좌인에게는 부과되지 아니한다.

⑤ 알코올음료 또는 마약류의 남용으로 행위능력이 상실 또는 제한된 시민에게 그 사유가 소멸된 경우에는, 후견인 또는 보좌인은 피후견인 또는 피보좌인이 행위능력을 가지게 된 것과 그들의 후견 또는 보좌를 종료시켜 줄 것을 법원에 신청하여야 한다.

제37조【피후견인 및 피보좌인의 재산에 대한 처분】 ① 부양료, 연금, 부조료와 피후견인을 위한 그 밖의 사회적 지급 및 피후견인이 단독으로 처분할 수 있는 권리를 가진 소득을 제외한 그 밖의 재산을 운용함으로써 얻은 소득은 후견인 또는 보좌인이 후견·보좌하에 있는 시민에게 이익이 될 때와 후견 및 보좌기관의 사전허락이 있는 때에는 후견인 또는 보좌인이 그 소득을 사용할 수 있다.(개정 2008. 4. 24. 연방법률 제49호)

② 후견인은 후견 및 보좌기관의 사전허락 없이 피후견인의 재산의 교환 또는 증여를 포함한 양도, 임대차(또는 리스), 사용대차 또는 담보에 관한 법률행위 또는 피후견인에게 속하는 권리를 포기하는 법률행위, 그 재산의 분할 또는 지분의 분배를 위한 법률행위 및 피후견인의 재산의 감소를 가져오는 그 밖의 어떠한 법률행위를 할 권한을 가지지 아니하며, 보좌인은 이들 법률행위에 동의를 부여하는 권한을 가지지 아니한다.

후견인 또는 보좌인이 피후견인 또는 피보좌인의 재산을 운용하는 절차는 후견 및 보좌에 관한 법률로 정한다.(개정 2008. 4. 24. 연방법률 제49호)

③ 후견인 및 보좌인, 그들의 배우자와 근친자는 증여 또는 사용대차로 피후견인 또는 피보좌인에게 재산을 이전하는 경우 외에는 그들과 법률행위를 할 수 없고, 그들과 후견인 또는 보좌인의 배우자 및 근친자가 법률행위를 하거나 또는 소송을 하는 때에는 그들을 대표할 수 없다.

제38조【피후견인 또는 피보좌인 재산의 위탁관리】 ① 피후견인 또는 피보좌인의 부동산과 고가의 동산을 상시(常時) 관리할 필요가 있는 때에는, 후견 및 보좌기관은 당해 기관이 정한 관리인과 이들 재산의 위탁관리에 관한 계약을 체결한다. 이 경우 후견인 또는 보좌인은 위탁관리에 넘어가지 아니한 피후견인 또는 피보좌인의 재산에 관한 자기의 권한을 보유한다.

관리인이 피후견인 또는 피보좌인의 재산의 관리권을 행사하는 경우에는 제37조 제2항 및 제3항의 규정을 관리인에게 적용한다.

② 피후견인 또는 피보좌인 재산의 위탁관리는 재산위탁관리계약 종료에 관하여 법이 규정한 사유에 따라 또한 후견 및 보좌가 종료하는 경우에 따라 종료된다.

제39조【후견인 및 보좌인의 해임과 정직】 ① 후견 및 보좌기관은 미성년자가 부모에게 되돌려지거나 또는 입양될 경우에는 후견인 또는 보좌인을 해임한다.

피후견인 또는 피보좌인이 관련 교육시설, 의료기관, 주민사회보호기관 또는 그 밖의 유사시설에 수용되는 때에는, 후견 및 보좌기관은 피후견인 또는 피보좌인의 이익에 반하는 경우를 제외하고는 전에 선임한 후견인 또는 보좌인을 해임한다.(개정 2008. 4. 24. 연방법률 제49호)

② 후견인 또는 보좌인은 스스로의 요청에 따라 그 직무를 사임할 수 있다.

피후견인과 후견인 또는 보좌인 사이에 이해의 충돌이 발생할 경우에는 후견 및 보좌기관은 후견인 또는 보좌인의 직무를 종료시킬 수 있다. 일시적인 이해충돌의 경우에도 같다.(개정 2008. 4. 24. 연방법률 제49호)

③ 후견인 또는 보좌인이 사리(私利)를 도모할 목적으로 후견 또는 보좌를 하거나 또는 감독과 필요한 지원 없이 피후견인 또는 피보좌인을 방치하는 일을 포함하여 후견인 또는 보좌인의 직무를 부적절하게 한 경우에는, 후견 및 보좌기관은 후견인 또는 보좌인을 의무이행에서 해임하거나 또는 유책시민에게 법률이 정하는 책임을 묻게 하는 필요한 조치를 취할 수 있다.

제40조【후견 및 보좌의 종료】 ① 성년에 달한 시민에게 설정된 후견 및 보좌는 후견인, 보좌인 또는 후견 및 보좌기관의 신청에 따라 법원이 피후견인 또는 피보좌인의 행위능력을 인정하는 판결을 내리거나 또는 그의 행위능력제한을 취소하는 판결을 내리는 경우에 종료된다.

② 어린이에게 설정된 후견은 그가 14세에 달하면 소멸하고, 후견의 직무를 하는 시민은 추가적인 결정 없이 그 미성년자의 보좌인으로 된다.

③ 미성년자에게 설정된 보좌는 그가 18세에 달한 경우 또한 그가 혼인을 한 경우와 그가 성년자가 되기 전에 완전한 행위능력을 취득하는 그 밖의 경우(제21조 제2항 및 제27조)에 특별한 결정 없이 종료한다.

제41조【행위능력을 가지는 시민에 대한 성년후견】 ① 성년에 달하고 행위능력을 가지고 있으나 건강상태를 이유로 단독으로 자기의 권리를 행사·보호할 수 없고 의무를 이행할 수 없는 자에 대하여 성년후견을 설정할 수 있다.

② 성년에 달하고 행위능력을 가지고 있으나 건강상태를 이유로 단독으로 자기의 권리를 행사·보호할 수 없고 의무를 이행할 수 없는 자에 대하여는, 후견 및 보좌기관은 그러한 사유가 있음이 판명된 날로부터 1개월 내에 후견인을 지정한다. 성년후견이 설정되는 시민과 후견인으로 지정된 자의 서면 동의하에 후견인이 지정될 수 있다. 성년후견의 설정이 필요한 성년에 달하고 행위능력을 가지는 자에게 사회봉사를 제공하는 기관의 직원은 당해 시민의 후견인으로 지정될 수 없다.

③ 성년에 달하고 행위능력을 가지는 자의 후견인은 성년후견이 설정된 시민과 체결한 위임계약, 재산위탁관리계약 그 밖의 계약에 따라 그 시민을 위하여 행위를 한다.

④ 후견 및 보좌기관은 성년에 달하고 행위능력을 가지는 시민의 후견인의 후견직무 수행에 대하여 감독하여야 하며, 성년후견이 설정된 시민과 후견인 사이에 체결된 계약의 종료원인으로 되는 후견인의 계약위반에 대하여 성년후견이 설정된 시민에게 통지하여야 한다.

⑤ 성년에 달하고 행위능력 있는 시민에 대하여 이 조 제1항에 따라 설정된 성년후견은 법률 또는 계약의 규정에 따라 위임계약, 재산위탁관리계약 그 밖의 계약의 종료에 따라 종료된다.(전문 개정 2008. 4. 24. 연방법률 제49호)

제42조【시민에 대한 실종선고】 시민이 자기 주소지에서 1년 동안 행방불명인 경우에는 법원은 이해관계인의 청구에 따라 그 시민의 실종을 선고할 수 있다.

부재자에 관한 최후의 음신(音信)을 접한 날을 확정할 수 없는 경우에는 최후의 음신이 있은 월의 다음 월의 초일을, 그 월을 확정할 수 없는 경우에는 다음 해의 1월 1일을 실종선고를 위한 기간계산의 기산일로 한다.

제43조【시민에 대한 실종선고의 효과】 ① 실종선고를 받은 시민의 재산은 그 장기적인 관리가 필요한 경우에는, 후견 및 보좌기관이 결정한 자에게 법원의 결정에 따라 이전되며 또한 이 기관과 체결한 위탁관리계약에 따라 운용한다.

실종자가 부양하여야 하는 시민에 대한 부양은 당해 재산으로 하고, 실종자의 그 밖의 채무에 관하여도 당해 재산에서 지급한다.

② 후견 및 보좌기관은 실종시민의 소재에 관한 음신이 있은 날로부터 1년이 지나지 아니하더라도 그의 재산관리인을 선임할 수 있다.

③ 이 조가 규정하지 아니하는 실종선고의 효과에 대하여는 법률로 정한다.

제44조【시민에 대한 실종선고결정의 취소】 실종선고를 받은 시민이 출현하거나 또는 그 소재지가 밝혀진 경우에는 법원은 그에 대한 실종선고를 취소한다. 당해 시민의 재산관리는 법원의 결정에 따라 취소된다.

제45조【시민에 대한 사망선고】 ① 시민이 주소지에서 그 행방이 5년간 불명한 경우 및 빈사(瀕死)의 상황하에서 또는 특별사고로 사망이 상정되는 사유가 있는 상황하에서 6개월간 불명한 경우에는 법원은 그 시민의 사망을 선고할 수 있다.

② 군사활동과 관련되어 행방불명이 된 군인 또는 그 밖의 시민에 대하여는 군사활동이 종지된 날로부터 2년이 경과한 뒤 법원은 사망을 선고할 수 있다.

③ 사망한 것으로 선언된 시민의 사망일은 법원의 사망선고가 법적 효력을 발생한 날로 한다. 빈사의 상황하에서 또는 특별사고로 사망이 상정되는 사유가 있는 상황하에서 사망한 것으로 선고된 경우에는 법원은 사망이 추정되는 날을 그의 사망일로 인정할 수 있다.

제46조【사망선고를 받은 시민이 출현한 때의 효과】 ① 사망선고를 받은 시민이 출현하거나 또는 소재지가 밝혀진 경우에는 법원은 그의 사망선고를 취소한다.

② 시민은 출현 시기 여하를 불구하고 이 법전 제302조 제3항이 규정하는 경우를 제외하고는, 자기가 사망한 것으로 선언된 뒤 무상으로 이전받은 자가 보관하고 있는 자기 재산에 대하여 그 반환을 청구할 수 있다.

사망선고된 자의 재산을 유상행위로 취득한 자는 재산취득시 사망선고된 자가 생존하고 있었음을 알았다는 사실이 증명된 경우에는 당해 재산을 반환하여야 한다. 당해 재산을 현물로 반환할 수 없는 경우에는 그 가액을 보상하여야 한다.

제47조【신분사항의 등록】 ① 다음 각호의 1의 신분사항은 이를 등록하여야 한다.

1. 출생
2. 혼인의 체결
3. 혼인의 해소
4. 입양
5. 부성(父性)의 확정

6. 성명의 변경
7. 시민의 사망

② 신분사항의 등록은 신분등록기관이 신분등록부(대장)에 당해 사항을 기재하고, 이에 근거하여 시민에게 증명서를 교부하는 것으로 한다.

③ 신분사항 기재의 정정과 변경은 충분한 근거가 있고 이해관계자 사이에 다툼이 없는 경우에 한하여 신분등록기관이 한다.

이해관계자 사이에 다툼이 있거나 신분등록기관이 정정 또는 변경을 거절하는 때에는 그 분쟁은 법원이 해결한다.

신분사항 기재의 말소와 회복은 법원의 결정에 근거하여 신분등록기관이 한다.

④ 신분등록을 하는 기관, 이러한 사항을 등록하는 절차, 신분등록사항기재의 변경 · 회복 · 말소에 대한 절차, 대장 및 증명서의 양식, 대장보존의 절차와 기간은 신분사항에 관한 법률로 정한다.

제4장 법 인

제1절 일반규정

제48조【법인의 개념】 ① 법인이라 함은 소유, 경영관리 또는 운용관리에서 독립된 재산을 보유하고 그 재산으로 자기채무에 책임을 지며, 자기의 이름으로 재산권 및 인격적 비재산권을 취득 · 행사하고 의무를 지며, 재판에서 원고와 피고로 될 수 있는 기관을 말한다.

법인은 독립된 대차대조표 및(또는) 예산을 가져야 한다.(개정 2010. 5. 8 연방법률 제83호, 시행 2011. 1. 1.)

② 법인재산 형성에 참가함으로써 그 설립자(구성원)는 당해 법인에 대하여 채권을 가지거나 또는 그 재산에 대하여 물권을 가질 수 있다.

구성원이 그 법인에 대하여 채권을 가지는 법인에는 회사, 생산협동조합과 소비협동조합이 있다.

설립자가 그 법인재산에 대하여 소유권 또는 그 밖의 물권을 가지는 법인에는 국영 및 공영의 단일기업이 자금을 제공하는 시설이 있다.(개정 2002. 11. 14. 연방법률 제161호,

2006. 11. 3. 연방법률 제175호)

③ 설립자(구성원)가 그 법인에 대하여 재산권을 가지지 아니하는 법인에는 사회단체, 종교단체(협회), 자선재단과 그 밖의 재단, 법인의 결합체(협회와 연합회)가 있다.

제49조【법인의 권리능력】 ① 법인은 그 설립서면이 규정하는 활동목적에 부합하는 민사상 권리를 가지며 그 활동에 대한 의무를 진다.

영리단체는 법률이 금지하고 있지 아니한 모든 종류의 활동을 하기 위하여 필요한 민사상 권리를 가지며 의무를 진다. 다만, 단일기업과 법률이 규정하는 그 밖의 단체는 그러하지 아니하다.

법인은 특별한 허가(면허)에 근거하여서만 법률이 정하는 특정활동, 개별 종류의 활동을 할 수 있다.

② 법인은 법률이 규정하는 경우와 절차에 따라서만 권리를 제한받을 수 있다. 법인은 권리의 제한에 관한 결정에 대하여 법원에 제소할 수 있다.(개정 2006. 12. 18. 연방법률 제231호)

③ 법인의 권리능력은 그 설립시에 발생하고, 통일법인국가등기부에서 말소된 때에 소멸한다.(개정 2005. 7. 2. 연방법률 제83호)

면허의 취득을 필요로 하는 활동을 하는 법인의 권리는 법률 또는 그 밖의 법령에 다른 규정이 있는 경우를 제외하고는 면허의 취득시 또는 면허에 기재된 때에 발생하고, 그 유효기간이 만료된 때에 소멸한다.

제50조【영리단체와 비영리단체】 ① 이익의 취득을 주된 활동목적으로 하는 단체(영리단체) 또는 이익의 취득을 주된 활동목적으로 하지 아니하며 취득한 이익을 구성원에게 분배하지 아니하는 단체(비영리단체)는 법인이 될 수 있다.

② 영리단체인 법인은 회사, 생산협동조합, 국영 또는 공영의 단일기업의 형태로 설립될 수 있다.

③ 비영리단체인 법인은 소비협동조합, 사회단체, 종교단체, 시설, 자선단체와 그 밖의 재단, 법률이 규정하는 그 밖의 형태로 설립될 수 있다.(개정 2006. 11. 3. 연방법률 제175호)

비영리단체는 설립목적의 달성을 위하여 그 목적에 부합하는 경우에 한하여 기업활동을 할 수 있다.

④ 영리단체와(또는) 비영리단체는 협회 또는 연합회의 형태로 결합체를 설립할 수 있다.

제51조【법인의 국가등기】 ① 법인은 법인의 국가등기에 관한 법률이 정하는 절차에 따라 수권된 국가기관에 등기를 하여야 한다. 국가등기사항은 통일법인국가등기부에 기재되어 일반열람에 제공된다.

국가등기의 거절은 법률이 규정하는 경우에만 허용된다.

법인의 국가등기의 거절과 회피에 대하여는 법원에 제소할 수 있다(개정 2006. 12. 18. 연방법률 제231호)

② 법인은 통일법인국가등기부에 설립에 관한 기재가 이루어진 때로부터 설립된 것으로 본다.(전문 개정 2002. 3. 21. 연방법률 제31호)

제52조【법인의 설립서면】 ① 법인은 정관, 설립계약과 정관 또는 설립계약에 근거하여서만 활동한다. 법률이 규정하는 경우에는 영리단체가 아닌 법인은 당해 형태의 단체에 관한 일반규정에 근거하여 활동할 수 있다.

법인설립계약체결과 정관의 승인은 그 설립자(구성원)가 한다.

이 법전에 따라 1인의 설립자에 의하여 설립된 법인은 설립자가 승인한 정관에 근거하여 활동한다.

② 법인의 설립서면에는 법인의 명칭, 그 소재지, 법인활동의 관리절차를 규정하고, 당해 형태의 법인을 위하여 법률이 규정하는 그 밖의 사항을 기재하여야 한다. 비영리단체와 단일기업의 설립서면 및 법률이 규정하는 경우의 그 밖의 영리단체의 설립서면에는 법인활동의 목표와 목적을 기재하여야 한다. 영리단체의 활동목표와 특정목적은 법률로 강제하지 아니하는 경우에도 설립서면에 규정할 수 있다.

설립자는 설립계약에 따라 법인을 설립할 의무를 지며, 설립에 관한 공동활동절차, 자기 재산을 법인에게 양도하는 요건과 법인활동에의 참가조건을 정하여야 한다. 구성원 사이의 이익과 손실의 분배조건과 절차, 법인활동의 관리와 설립자(구성원)의 법인에서의 탈퇴조건과 절차도 계약으로 정한다.

③ 설립서면의 변경은 그것이 국가등기된 때부터 제3자에 대하여 효력이 발생하고, 법률이 규정하는 경우에는 국가등기를 하는 기관이 변경에 관한 통지를 한 때부터 효력이 발생한다. 다만, 법인과 그 설립자(구성원)는 당해 변경을 고려하여 행위를 한 제3자와의 관계에서 당해 변경등기가 행하여지지 아니하였음을 원용할 수 없다.

제53조【법인의 기관】 ① 법인은 법률, 그 밖의 법령과 설립서면에 따라 활동하는 자기의 기관을 통하여 민사상 권리를 취득하고 민사상의 의무를 진다.

법인기관의 임명 또는 선출절차는 법률과 설립서면으로 정한다.

② 법률이 규정하는 경우에는 법인은 자기의 구성원을 통하여 민사상 권리를 취득하고 민사상의 의무를 질 수 있다.

③ 법률 또는 법인의 설립서면에 따라 법인명의로 활동하는 자는 그 자가 대표하는 법인의 이익을 위하여 성실하고 합리적으로 활동하여야 한다. 또한 법률 또는 계약에 다른 규정이 있는 경우를 제외하고는 법인의 설립자(구성원)의 청구에 따라 그 자가 법인에게 입힌 손해를 배상하여야 한다.

제54조【법인의 명칭과 소재지】 ① 법인은 그 조직법적 형태를 나타내는 각기의 명칭을 갖는다. 비영리단체와 법률이 규정하는 경우의 영리단체의 명칭에는 법인활동의 성격이 적시되어야 한다.(개정 2002. 11. 14. 연방법률 제161호)

② 법인의 소재지는 그 국가등기지로 한다. 법인의 국가등기는 상시 활동하는 법인의 집행기관의 소재지에서 하며, 상시 활동하는 집행기관이 없는 경우에는 대리권 없이 법인 이름으로 활동을 하는 권한을 가진 그 밖의 기관 또는 사람의 소재지에서 한다.(개정 2002. 3. 21. 연방법률 제31호)

③ 법인의 명칭과 소재지는 그 설립서면에 기재한다.

④ 영리단체인 법인은 상호를 가져야 한다.

상호에 관한 요건은 이 법전과 그 밖의 법률로 규정한다. 상호권은 이 법전 제7편의 규정에 따라 규정된다.(개정 2006. 12. 18. 연방법률 제231호)(제3문과 제4문 2008. 1. 1. 효력상실)

제55조【대표부와 지점】 ① 대표부라 함은 법인의 소재지 외에 있는 법인의 독립한 단위로서 법인의 이익을 대표하고 보호하는 것을 말한다.

② 지점이라 함은 법인의 소재지 외에 있는 법인의 독립한 단위로서 대리의 기능을 포함하여 법인의 기능 전부 또는 일부를 수행하는 것을 말한다.

③ 대표부와 지점은 법인은 아니다. 대표부와 지점은 이를 설립한 법인에서 재산을 분여받아 법인이 승인한 규정(規程)에 근거하여 활동한다.

대표부와 지점의 장은 법인이 임명하며, 법인의 위임에 근거하여 활동한다.

대표부와 지점은 이를 설립한 법인의 설립서면에 기재되어야 한다.

제56조【법인의 책임】 ① 법인은 시설을 제외하고는 자기에게 속하는 모든 재산으로 자기채무에 대하여 책임을 진다.(개정 2006. 11. 3. 연방법률 제175호)

② 국고기업과 시설은 이 법전 제113조 제5항, 제115조와 제120조가 정하는 절차와 요건에 따라 자기채무에 대하여 책임을 진다.(개정 2006. 11. 3. 연방법률 제175호)

③ 법인의 설립자(구성원) 또는 법인재산의 소유자는 법인의 채무에 대하여 책임을 지지 아니하며, 법인은 설립자(구성원) 또는 소유자의 채무에 대하여 책임을 지지 아니한다. 다만, 이 법전 또는 법인의 설립서면이 규정하는 경우에는 그러하지 아니하다.

법인의 설립자(구성원), 법인재산의 소유자 또는 법인을 구속하는 지시를 할 권한을 가지거나 또는 그 밖의 방법으로 법인의 활동을 결정할 수 있는 자에 의하여 법인이 지급불능(파산)된 경우에는, 법인재산이 부족한 때에는 이러한 자에 대하여 법인의 채무에 대하여 보충책임을 부과할 수 있다.

第57条【법인의 조직변경】 ① 법인의 조직변경(합병, 흡수합병, 분할, 분리, 조직개조)은 법인의 설립자(구성원) 또는 설립서면에 따라 그 권한이 주어진 법인기관의 결정에 따라 할 수 있다.

② 법률이 정하는 경우에는 법인의 분할 또는 법인에서 하나 또는 수 개의 법인이 분할 또는 분리하는 형식에 의한 법인의 조직변경은 권한이 있는 국가기관 또는 법원의 결정에 따라 한다.

법인의 설립자(구성원), 그 수권기관 또는 법인의 설립서면으로 조직변경의 권한이 주어진 법인의 기관이 권한 있는 국가기관의 결정으로 명시된 기간 내에 법인의 조직변경을 하지 아니하는 경우에는, 법원은 당해 국가기관의 청구에 따라 법인의 외부관리인을 임명하고 그 자에게 법인의 조직변경을 위임한다. 외부관리인이 임명된 때부터 법인을 관리하는 권한은 외부관리인에게 이전된다. 외부관리인은 재판상 법인의 이름으로 행위를 하며, 분할대차대조표를 작성하고, 법인의 조직변경에 따른 설립서면과 함께 법원에 제출하여 심사를 받는다. 법원에서 승인된 이들 서류는 새로 설립되는 법인의 국가등기의 근거로 된다.

③ 법률이 정하는 경우에는 합병, 흡수합병 또는 조직개조의 형식에 의한 법인의 조직변경은 권한이 있는 국가기관의 동의를 얻은 경우에 한하여 할 수 있다.

④ 법인은 새로 설립된 법인이 국가등기된 때부터 조직변경된 것으로 본다. 다만, 흡수합병의 형식에 의한 조직변경의 경우에는 그러하지 아니하다.

다른 법인을 흡수합병하는 형식으로 법인을 조직변경할 경우에는 흡수되는 법인의 활동 정지에 관한 사항이 통일법인국가등기부에 기재된 때부터 법인은 조직변경된 것으로 본다.

第58条【법인의 조직변경시의 권리의무의 승계】 ① 법인을 합병할 때에는 각 법인의 권리의무는 이전서에 따라 새로 설립하는 법인으로 이전한다.

② 법인이 다른 법인에 흡수합병될 때에는 흡수되는 법인의 권리의무는 이전서에 따라 흡수하는 법인으로 이전한다.

③ 법인을 분할할 때에는 법인의 권리의무는 분할대차대조표에 따라 새로 설립하는 법인으로 이전한다.

④ 법인에서 하나 또는 수 개의 법인이 분리될 때에는 조직변경되는 법인의 권리의무는 분할대차대조표에 따라 각 법인으로 이전한다.

⑤ 법인을 다른 형태의 법인으로 조직개조(조직법적 형태의 변경)할 때에는 조직변경되는 법인의 권리의무는 이전서에 따라 새로 설립하는 법인으로 이전한다.

제59조【이전서와 분할대차대조표】 ① 이전서와 분할대차대조표에는 조직변경되는 법인의 계쟁 중의 채권채무를 포함하여, 모든 채권자와 채무자의 채권채무관계의 승계에 관한 규정이 포함되어야 한다.

② 이전서와 분할대차대조표는 법인의 설립자(구성원) 또는 법인의 조직변경에 대하여 결정을 한 기관이 승인하고, 새로 설립하는 법인의 국가등기 또는 존속하는 법인의 설립서면의 변경등기를 위하여 설립서면과 함께 제출되어야 한다.

설립서면과 함께 이전서 또는 분할대차대조표가 각각 제출되지 아니할 경우 및 이들 서면에 조직변경되는 법인의 채권채무관계의 승계에 관한 규정이 없는 경우에는 새로 설립하는 법인의 국가등기는 거절된다.

제60조【조직변경의 경우 법인채권자의 권리에 대한 보장】 ① 법인은 조직변경에 관한 결정을 한 후 제3근로일 내에 그 형태를 명시하여 조직변경절차의 개시에 대하여 법인의 국가등기를 수행하는 기관에 서면으로 통지하여야 한다. 2개 또는 그 이상의 법인이 조직변경에 참여하는 경우에는 이러한 통지는 조직변경에 대한 결정을 최후에 정하였거나 조직변경에 대한 변경에서 정한 법인이 한다. 이러한 통지에 근거하여 법인의 국가등기를 수행하는 기관은 법인(법인들)이 조직변경을 진행 중에 있음을 통일국가법인등기부에 기재한다.

조직변경 중인 법인은 통일법인국가등기부에 조직변경절차의 개시에 대한 기재가 된 후 한 달에 한 번 간격으로 두 번 언론매체에 국가등기에 관한 사항과 조직변경의 통지에 대하여 공표하여야 한다.

두 개 또는 그 이상의 법인이 조직변경에 참여할 경우 조직변경에 대한 공표는 조직변경에 대한 결정을 최후에 정하였거나 조직변경에 대한 변경에서 정한 법인이 한다. 조직변경에 대한 통지에는 조직변경에 참여하는 모든 법인에 대한 정보, 조직변경의 결과에 따라 설립되는(또는 활동을 계속하는) 법인, 조직변경의 형태, 채권자의 채권청구의 절차와 조건에 대한 설명 및 법률이 정한 그 밖의 사항을 명시한다.

② 법인의 채권자는 채권이 법인의 조직변경에 대한 공표 이전에 채권이 성립한 경우에는 채무자에 의한 해당 채무의 기한 전의 이행을 청구할 권리를 가지며, 기한 전의 이행이 불가능한 경우에는 채무의 소멸 및 법률이 규정하는 경우를 제외하고는 채무의 종료와 관련된 손해의 배상을 청구할 권리를 갖는다.

③ 합병, 흡수합병 또는 조직개조의 형태로 조직변경되는 공개형 주식회사인 법인의 채권자는 법인의 조직변경에 대한 공표 전에 성립한 채권에 대하여는 사법적 절차에 따라 그 채무의 채무자인 법인에 대하여 기한 전 이행을 청구하거나 또는 조직변경하는 법인, 그 참여자 또는 제3자가 당해 채무의 충분한 이행의 보장을 제공하지 아니할 경우에는 채무의 소멸 및 손해의 배상을 청구할 수 있다.

이 항에 규정되어 있는 채권은 법인의 조직변경에 대한 통지의 최후의 공표가 있은 날로부터 30일 이내에 채권자가 청구할 수 있다.

채권자가 청구한 채권은 조직변경과 관련된 행위의 정지를 초래하지 아니한다.

④ 기한 전 이행 또는 채무의 소멸 및 손해배상에 대한 청구가 조직변경이 완료된 이후에 변제될 경우에는, 조직변경의 결과로 새로 설립된(또는 활동을 계속하는) 법인들이 조직변경된 법인의 채무에 대하여 연대책임을 진다.

⑤ 조직변경한 법인의 채무변제는 이 법전이 규정하는 절차에 따라 채권자들에게 보장된다.

조직변경한 법인인 채무자의 채권자에 대한 채무가 담보로 보장된 경우에는 이러한 채권자들은 추가 담보의 제공을 요구할 수 없다.

⑥ 국가등기를 수행하는 기관에 대한 통지 절차, 신용기관의 조직변경절차의 개시, 조직변경하는 신용기관의 채권자에 대한 통지 절차, 채권자에 의한 기한 전 이행 또는 당해 채권의 소멸 및 손해배상에 대한 청구 절차를 비롯하여 조직변경하는 신용기관의 재정-경제활동에 대한 정보의 공개 절차를 포함하여 조직변경하는 신용기관의 특수성은 신용기관의 활동을 규율하는 법률로 규정한다. 이 경우 이 조 제1항부터 제5항은 신용기관에 대하여는 적용하지 아니한다.(전문 개정 2008. 12. 30. 연방법률 제315호)

제61조【법인의 해산】 ① 법인이 해산할 경우에는 권리의무의 승계절차에 따른 연방법률이 정하는 경우를 제외하고는 타인으로의 권리의무의 이전 없이 법인은 소멸한다.(개정 2010. 5. 8. 연방법률 제83호, 시행 2011. 1. 1.)

② 법인은 다음의 결정에 따라 해산될 수 있다.

법인의 설립기간이 만료한 때 및 법인의 설립목적이 달성된 때를 포함하여 법인의 설립자(구성원) 또는 설립서면으로 권한이 주어진 법인의 기관에 의한 결정(개정 2002. 3. 21. 연방법률 제31호)

설립을 승인한 법률을 심하게 위반하고 그 위반이 근절될 수 없는 경우, 일정한 허가(면허) 없이 활동을 하거나 또는 법률로 허용되지 아니하는 활동을 하였을 경우, 법률 또는 그 밖의 법령을 반복적으로 위반 또는 중대한 위반을 하였을 경우, 비영리법인인 사회단체 또는 종교단체(또는 협회), 자선재단 또는 그 밖의 재단이 설립목적에 반하는 활동을 조직적으로 한 경우 또는 이 법전이 규정하는 그 밖의 경우에 법원이 내리는 결정(개정 2006. 1. 10. 연방법률 제18호)

③ 이 조 제2항에 명시된 사유에 따른 법인의 해산청구는 법률에 따라 청구권이 있는 국가기관 또는 지방자치기관이 법원에 제소할 수 있다.(개정 2006. 12. 18. 연방법률 제231호)

법인의 해산에 관한 법원의 결정에 따라 법인의 설립자(구성원) 또는 법인의 설립서면으로 법인의 해산에 관한 권한이 주어진 기관에 대하여 법인해산의 집행에 관한 의무를 부과할 수 있다.

④ 시설, 국고기업, 정당과 종교단체 외의 법인은 지급불능(파산)의 선고를 받은 경우에는 이 법전 제65조에 따라 해산한다. 그 설립을 규정하는 연방법률에 따라 허용될 경우에는 공영기업은 지급불능(파산)의 선고에 따라 해산한다. 설립 및 운영을 규정하는 법률이 규정할 경우에는 재단은 지급불능(파산)의 선고를 받지 아니한다.(개정 2006. 1. 3. 연방법률 제6호, 2007. 12. 1. 연방법률 제318호, 2008. 5. 13. 연방법률 제68호, 2009. 7. 17. 연방법률 제145호, 2010. 5. 8 연방법률 제83호, 시행 2011. 1. 1.)

당해 법인재산의 가액이 채권자에 대한 채무변제에 부족할 경우에는 법인은 이 법전 제65조에 규정하는 절차에 따라서만 해산할 수 있다.(개정 2009. 7. 17. 연방법률 제145호)

제62조【법인의 해산에 관한 결정을 한 자의 의무】 ① 법인의 해산에 관한 결정을 한 법인의 설립자(구성원) 또는 기관은 당해 법인이 해산절차에 있음을 통일법인국가등기부에 기재하기 위하여 권한이 있는 국가기관에 서면으로 이 취지에 대하여 즉시 통지하여야 한다.(개정 2002. 3. 21. 연방법률 제31호)

② 법인의 해산에 관한 결정을 한 법인의 설립자(구성원) 또는 기관은 이 법전과 그 밖의 법률에 따라 청산위원회(청산인)를 임명하고, 해산절차와 기간을 정한다.(개정 2002.

3. 21. 연방법률 제31호)

③ 청산위원회가 임명된 때부터 법인의 업무를 관리하는 권한은 청산위원회로 이전된다. 청산위원회는 재판상 해산한 법인의 이름으로 행동한다.

제63조 【법인의 해산절차】 ① 청산위원회는 법인의 국가등기에 관한 자료를 공표하는 출판물에 법인의 해산과 법인의 채권자에 의한 채권의 신고절차와 그 기간을 공고한다. 그 기간은 해산공고시부터 2개월 이상이어야 한다.

청산위원회는 채권자를 명확히 하고, 채무자의 채무를 변제받기 위한 조치를 강구하며 또한 법인의 해산에 대하여 채권자에게 서면으로 통지한다.

② 채권자에 의한 채권신고기간이 만료한 후 청산위원회는 해산하는 법인의 재산구성과 채권자가 제출한 채권일람, 그 채권의 심사결과에 관한 자료를 포함하는 중간청산대차대조표를 작성한다.

중간청산대차대조표는 법인의 해산에 관한 결정을 한 법인의 설립자(구성원) 또는 기관이 승인한다. 법률이 정하는 경우에는 중간청산대차대조표는 권한 있는 국가기관의 동의를 얻어 승인된다.(개정 2002. 3. 21. 연방법률 제31호)

③ 해산하는 법인(시설을 제외한다)이 보유하는 자금이 채권자에 대한 채무변제에 부족한 경우에는, 청산위원회는 법원의 결정을 집행하기 위하여 정하여진 절차에 따라 공매에 의하여 법인재산을 매각한다.

④ 해산하는 법인의 채권자에 대한 금액의 지급은 청산위원회가 중간청산대차대조표에 따라 그것이 승인된 날로부터 이 법전 제64조가 정하는 순위에 따라 한다. 다만, 중간청산대차대조표가 승인된 날로부터 1월이 경과한 후에 지급되는 제3순위 및 제4순위의 채권자는 제외된다.(개정 2006. 1. 3. 연방법률 제6호)

⑤ 채권자에 대한 배당이 완료한 후 청산위원회는 청산대차대조표를 작성하고, 법인의 해산에 관한 결정을 한 법인의 설립자(구성원) 또는 기관이 이를 승인한다. 법률이 정하는 경우에는 청산대차대조표는 권한 있는 국가기관의 동의를 얻어 승인된다.(개정 2002. 3. 21. 연방법률 제31호)

⑥ 해산하는 국고기업, 해산하는 시설이 보유하는 자금이 채권자에 대한 채무변제에 부족한 경우에는 채권자는 당해 기업 또는 시설의 재산소유자의 비용부담에 의하여 나머지 채무의 변제에 관한 청구를 법원에 제소할 수 있다.

⑦ 법률, 그 밖의 법령 또는 법인의 설립서면에 다른 규정이 있는 경우를 제외하고는 채권자에 대한 채무변제 종료 후의 법인의 잔여재산은 당해 재산에 대하여 물권 또는

채권을 가지는 법인 설립자(구성원)에게 이전된다.

⑧ 통일법인국가등기부에 해산에 대하여 기재된 후 법인의 해산은 완료되고, 법인은 소멸된 것으로 본다.

제64조【채권자의 청구에 대한 변제】 ① 법인이 해산되는 때에는 그 채권자의 청구는 다음 순위로 변제된다.

제1순위; 생명 또는 건강에 입힌 손해에 대하여 해산하는 법인이 책임지는 시민의 청구로서 정기급부할 금액을 일시지급으로 현가계상한 금액. 정신적 손해의 배상에 대한 시민의 청구의 경우에도 같다.

제2순위; 노동계약에 근거하여 노무를 제공하거나 또는 제공한 자에 대한 퇴직수당과 급여의 지급 및 지적 활동성과물의 저작권자에 대한 보수의 지급

제3순위; 국가예산 및 국가예산 외 기금에 대한 의무적 지급에 관한 채권

제4순위; 법률에 따라 그 밖의 채권자에게 지급할 청산액

자연인의 자금을 끌어 모으는 은행이 해산한 때에는 은행예금계약과(또는) 은행계좌계약에 따른 은행의 채권자인 자연인의 청구는 제1순위로 변제하고(일실이익형태의 손해에 대한 자연인의 청구, 금전적 제재금의 지급에 대한 청구, 법인을 설립하지 아니하고 기업활동을 실행하는 자연인의 청구 및 법률이 규정하는 기업 또는 전문적 활동을 수행하기 위하여 계좌를 개설한 경우의 변호사와 공증인의 청구를 제외한다), 자연인의 은행예금보험에 관한 법률에 따른 예금의 보상지급에 대하여 예금의 강제보험의 기능을 담당하는 단체의 청구 및 자연인에 대한 은행의 예금지급수행과 관련한 러시아중앙은행에서의 자연인의 예금과 보험에 관한 법률에 따라 예금의 강제보험의 기능을 담당하는 단체의 청구에 대하여 변제를 한다.(전문 개정 2006. 1. 3. 연방법률 제6호)

② 해산하는 법인재산에 대한 저당권에 의하여 담보되어 있는 채권자의 청구를 제외하고는, 각 순위의 채권은 선순위의 채무변제가 완전히 이루어진 후 변제된다.

담보계약체결 전에 발생한 제1항의 제1순위와 제2순위의 채권자의 청구를 제외하고는, 해산하는 법인재산에 대한 저당권에 의하여 담보되어 있는 채권자의 청구는 저당목적물의 환가대금에서 다른 채권자보다 우선하여 변제된다.

해산하는 법인재산에 대한 저당권에 의하여 담보되어 있는 채권자의 청구가 환가대금에서 변제되지 아니할 경우에는 제1항의 제4순위의 채권자의 청구와 같은 순위로 변제된다.(전문 개정 2006. 1. 3. 연방법률 제6호)

③ 해산하는 법인재산이 부족한 경우에는 법률에 다른 규정이 있는 경우를 제외하고

는 재산은 채무변제의 대상이 되는 채권의 액에 따라 당해 순위의 채권자 사이에 분배된다.

④ 청산위원회가 채권자에 대한 채무변제를 거부 또는 그 심사를 회피하는 경우에는 채권자는 법인의 청산대차대조표가 승인되기 전에 청산위원회에 대한 청구를 법원에 제소할 수 있다. 법원의 결정에 따라 채권자의 청구는 해산하는 법인의 잔여재산에서 변제될 수 있다.

⑤ 청산위원회가 정한 신고기간의 만료 후에 신고된 채권자의 청구는 기간 내에 신고한 채권자에 대한 채무변제가 행하여진 후 법인의 잔여재산으로부터 변제된다.

⑥ 해산하는 법인재산의 부족으로 변제되지 아니하는 채권자의 청구는 지급된 것으로 본다. 청산위원회가 승인하지 아니한 채권자의 청구에 대하여 채권자가 법원에 제소하지 아니하는 경우 및 법원이 채권자에 대한 변제를 거절하는 결정을 하였을 경우에는 그 또한 지급된 것으로 본다.

第65조 【법인의 지급불능〈파산〉】 ① 국고기업, 시설, 정당과 종교단체를 제외한 법인은 법원의 결정에 따라 지급불능(파산)으로 선고될 수 있다. 그 설립을 규정하는 연방법률에 따라 허용될 경우에는 공영기업은 법원의 결정에 따라 지급불능(파산)으로 선고될 수 있다. 설립 및 운영을 규정하는 법률이 규정할 경우에는 재단은 지급불능(판산)의 선고를 받지 아니한다.(개정 2006. 1. 3. 연방법률 제6호, 2007. 12. 1. 연방법률 제318호, 2008. 5. 13. 연방법률 제68호, 2009. 7. 17. 연방법률 제145호)

법원에 의하여 법인의 파산이 선고된 경우에는 법인은 해산한다.

② (효력상실)(2006. 1. 3. 연방법률 제6호)

③ 법원에 의한 법인의 지급불능(파산)선고의 사유와 이들 법인의 청산절차 및 채권자의 청구에 대한 변제순위는 지급불능(파산)에 관한 법률로 정한다.(개정 2006. 1. 3. 연방법률 제6호)

제2절 회사(인적 회사, 물직 회사)

제1관 일반규정

第66조 【회사에 관한 일반규정】 ① 회사라 함은 설립자(구성원)의 지분(출자)으로 구성되는 정관자본(공동출자금)을 가지는 영리단체를 말한다. 설립자(구성원)의 출자에 따라 형성된 재산과 회사가 그 활동에 의하여 생산하고 취득한 재산은 소유권에 근거하여 회사에 귀속된다.

이 법전이 규정하는 경우에는 물적 회사는 한 사람에 의하여도 설립될 수 있고, 그 한 사람이 유일한 구성원으로 된다.

② 인적 회사는 합명회사와 합자회사의 형식으로 설립될 수 있다.

③ 물적 회사는 주식회사, 유한회사 또는 보충책임회사의 형식으로 설립될 수 있다.

④ 개인사업자와(또는) 영리단체는 합명회사와 합자회사의 구성원으로 될 수 있다.

시민과 법인은 물적 회사의 구성원과 합자회사의 출자자로 될 수 있다.

법률에 다른 규정이 있는 경우를 제외하고는 국가기관과 지방자치기관은 물적 회사의 구성원과 합자회사의 출자자로 될 수 없다.

법률에 다른 규정이 있는 경우를 제외하고는 시설은 소유자의 허가를 얻어 물적 회사의 구성원과 합자회사의 출자자로 될 수 있다.(개정 2006. 11. 3. 연방법률 제175호)

시민이 개인단위로 회사에 참가하는 것은 법률에 따라 금지 또는 제한될 수 있다. 다만 공개형주식회사인 경우에는 그러하지 아니하다.

⑤ 회사는 다른 회사의 설립자(구성원)로 될 수 있다. 다만, 이 법전과 다른 법률이 규정하는 경우에는 그러하지 아니하다.

⑥ 회사에 대한 출자로 되는 것은 금전, 유가증권, 그 밖의 물건 또는 재산권, 금전적 가치를 가지는 그 밖의 권리이다.

물적 회사의 구성원이 출자한 것에 대한 금전적 평가는 회사의 출자자(구성원) 사이의 합의에 따라 하며, 법률이 규정하는 경우에는 독립한 전문가의 감정에 의한다.

⑦ 인적 회사, 유한회사와 보충책임회사는 주식을 발행할 수 없다.

제67조【회사의 구성원의 권리의무】 ① 회사의 구성원은 다음 각호의 1의 권리를 갖는다.

회사의 업무관리에 참가하는 것. 다만, 이 법전 제84조 제2항과 주식회사에 관한 법률이 규정하는 경우에는 그러하지 아니하다.

회사의 활동에 관한 정보를 취득하고, 설립서면이 정하는 절차에 따라 장부와 그 밖의 서류를 열람하는 것

이익의 분배에 참가하는 것

회사가 해산할 경우 채권자에 대한 배당이 종료된 후 잔여재산의 일부 또는 그 가액을 취득하는 것

회사의 구성원은 이 법전, 회사에 관한 법률과 회사의 설립서면이 규정하는 그 밖의 권리를 가질 수 있다.

② 회사의 구성원은 다음 각호의 1의 의무를 진다.

설립서면이 규정하는 절차와 방법에 따라 그 정하는 기한 내에 소정의 액수를 출자납입하는 것

회사의 활동에 관한 비밀준수의 의무를 준수하는 것

회사의 구성원은 설립서면이 규정하는 그 밖의 의무를 진다.

제68조【회사의 조직변경】 ① 회사는 이 법전이 정하는 절차에 따른 구성원 총회의 결정에 따라 다른 형태의 회사 또는 생산협동조합으로 조직변경할 수 있다.

② 인적 회사를 물적 회사로 조직변경할 경우에는 물적 회사의 설립자(주주)로 되는 모든 구성원은 2년 동안 인적 회사에서 물적 회사로 이전한 채무에 대하여 자기의 전 재산으로 보충책임을 진다. 인적 회사의 구성원이 자기에게 속하였던 지분(주식)을 양도한 경우에도 이 책임을 면할 수 없다. 이 항에 정하여진 규정은 인적 회사를 생산협동조합으로 조직변경할 경우에도 적용한다.

제2관 합명회사

제69조【합명회사에 관한 일반규정】 ① 합명회사라 함은 그 구성원(무한책임사원)이 구성원 사이에 체결한 계약에 따라 회사의 이름으로 기업활동을 하고, 자기에게 속하는 재산으로 회사채무에 대하여 책임을 지는 회사를 말한다.

② 한 사람은 하나의 합명회사에 한하여 그 구성원으로 될 수 있다.

③ 합명회사의 상호에는 그 구성원 전원의 성명(명칭)과 「합명회사」라는 문자 또는 「& Co.」의 문자를 붙인 1인 또는 수인의 구성원의 성명(명칭)과 「합명회사」라는 문자가 포함되어야 한다.

제70조【합명회사의 설립계약】 ① 합명회사는 설립계약에 따라 설립하고 활동을 한다. 설립계약에는 모든 구성원이 서명한다.

② 합명회사의 설립계약에는 이 법전 제52조 제2항에 명시된 사항 외에 공동출자금액과 구성, 공동출자에서의 각 구성원의 지분액과 그 변경절차, 출자액 · 구성 · 기간과 절차 및 출자에 관한 의무위반에 대한 구성원의 책임이 포함되어야 한다.

제71조【합명회사의 관리】 ① 합명회사의 업무관리는 모든 구성원의 전원일치에

의한다. 합명회사의 설립계약에 참가자의 다수결로 결정을 채택할 수 있는 경우를 규정할 수 있다.

② 합명회사의 각 구성원은 1표의 의결권을 가진다. 다만 설립계약에서 구성원의 의결수를 정하기 위한 다른 절차가 설립계약에 규정되어 있는 경우에는 그러하지 아니하다.

③ 합명회사의 각 구성원은 회사의 업무집행권의 유무와 관계없이 업무집행에 관한 모든 서류를 열람할 수 있다. 이 권리의 포기 또는 제한은 회사의 구성원에 의한 합의를 얻은 경우에도 무효이다.

제72조【합명회사의 업무집행】 ① 합명회사의 각 구성원은 회사의 이름으로 활동할 수 있다. 다만, 설립계약에 모든 구성원이 공동으로 업무를 집행하거나 또는 특정한 구성원에게 업무집행을 위임하도록 정하여진 경우에는 그러하지 아니하다.

합명회사의 구성원이 공동으로 업무를 집행하는 경우에 개개의 법률행위를 하기 위하여는 회사의 모든 구성원의 동의가 필요하다.

합명회사의 업무집행이 1인 또는 수인의 구성원에게 위임되어 있는 경우에 나머지 구성원이 회사의 이름으로 법률행위를 하기 위하여는 회사의 업무집행을 수임한 구성원으로부터 위임장을 받아야 한다.

합명회사는 제3자와의 관계에서 회사의 구성원의 권한을 제한하는 설립계약의 규정을 원용할 수 없다. 다만, 제3자가 법률행위를 할 때에 구성원에게 회사의 이름으로 활동하는 권한이 없음을 알았거나 또는 명백하게 알 수 있었음을 회사가 증명하는 경우에는 그러하지 아니하다.

② 1인 또는 수인의 구성원에게 수권된 업무집행권은 특히 그 자가 자기의 직무를 현저하게 위반하거나 또는 합리적으로 업무를 집행할 수 없는 것과 같은 중대한 사유가 있는 때에는 다른 구성원의 청구에 따라 법원이 해지할 수 있다. 법원의 결정에 근거하여 회사의 설립계약에 필요한 변경이 가하여진다.

제73조【합명회사의 구성원의 의무】 ① 합명회사의 구성원은 설립계약의 규정에 따라 그 활동에 참가하여야 한다.

② 합명회사의 구성원은 회사가 등기될 때까지 자기 출자의 반액 이상을 회사의 공동출자금으로 납입하여야 한다. 구성원은 설립계약이 정하는 기간 내에 나머지 액수를 납입하여야 한다. 이 의무를 이행하지 아니할 경우에는 설립계약에 다른 규정이 있는 경우를 제외하고는 구성원은 출자의 미지급분과 함께 연리 10%의 이자를 회사에 지급하고 입힌 손해를 배상하여야 한다.

③ 합명회사의 구성원은 다른 구성원의 동의 없이 자기 또는 제3자의 이익을 위하여 회사의 활동 대상과 같은 종류의 법률행위를 자기의 이름으로 할 수 없다.

이 규정을 위반할 경우에는 합명회사는 회사가 입은 손해의 배상 또는 당해 법률행위에 의하여 취득한 모든 이익을 회사에 이전하여야 할 것 중 어느 하나를 선택하여 구성원에게 청구할 수 있다.

제74조【합명회사의 이익과 손실의 분배】 ① 설립계약 또는 구성원 사이의 그 밖의 합의에 다른 규정이 있는 경우를 제외하고는 합명회사의 이익과 손실은 공동출자금 중 지분에 따라 구성원 사이에 분배된다. 특정 구성원에 대하여 이익 또는 손실의 분배에의 참여를 배제하는 합의는 허용되지 아니한다.

② 합명회사가 입은 손실에 의하여 합명회사의 순자산액이 공동출자금액을 밑돌 경우에는 순자산액이 공동출자금액을 넘을 때까지 합명회사가 얻은 이익을 구성원 사이에 분배하지 아니한다.

제75조【합명회사의 구성원의 회사채무에 대한 책임】 ① 합명회사의 구성원은 회사채무에 대하여 자기 재산으로 연대하여 보충책임을 진다.

② 설립자는 아니더라도 합명회사의 구성원은 회사가입 이전에 발생한 채무에 대하여도 다른 구성원과 동등한 책임을 진다.

회사에서 탈퇴한 구성원은 탈퇴할 때까지 발생한 채무에 대하여 탈퇴한 연도의 회사의 활동 보고가 승인된 날로부터 2년 동안 다른 구성원과 동등한 책임을 진다.

③ 이 조가 규정하는 책임을 제한 또는 면제하는 합명회사의 구성원 사이의 합의는 무효이다.

제76조【합명회사의 구성원의 변경】 ① 합명회사의 구성원인 자가 탈퇴 또는 사망한 경우, 구성원 중 1인이 실종선고, 행위무능력 또는 제한행위능력의 선고 또는 지급불능(파산)선고를 받은 경우, 법원의 결정에 따라 구성원의 1인에 대한 조직변경절차가 개시된 경우, 구성원인 법인이 해산된 경우 또는 구성원의 1인에 대하여 공동출자금 중 그 지분에 상응하는 재산의 일부에 대하여 채권자로부터 압류의 청구가 있는 경우에 회사의 설립계약 또는 그 밖의 구성원 사이의 합의에 활동의 계속을 규정하고 있는 경우에는 회사는 활동을 계속할 수 있다.

② 합명회사의 구성원은 특히 구성원인 자에게 자기의 의무에 중대한 위반을 하거나 또는 합리적으로 업무를 집행할 수 없는 등의 심각한 사유가 발생한 때에는, 나머지 구성원의 전원일치의 결정에 따라 그 자를 회사에서 제명할 것을 사법절차에 따라 청구할

수 있다.

제77조【구성원의 합명회사로부터의 탈퇴】 ① 합명회사의 구성원은 회사참가에 대한 거부를 고지하고 회사에서 탈퇴할 수 있다.

존속기한이 없이 설립된 합명회사로부터 탈퇴할 경우에는 구성원은 실제로 탈퇴하는 날로부터 6개월 전까지 고지하여야 한다. 존속기한을 정하여 설립된 합명회사로부터 기간만료 전에 탈퇴하는 것은 정당한 이유가 있는 경우에 한하여 허용된다.

② 합명회사로부터 탈퇴하는 권리의 포기에 관한 구성원 사이의 합의는 무효이다.

제78조【구성원의 합명회사탈퇴 후의 효과】 ① 설립계약에 다른 규정이 있는 경우를 제외하고는 합명회사로부터 탈퇴한 구성원에게는 공동출자금에서 구성원의 지분에 상응하는 회사재산 일부의 가액이 지급된다. 탈퇴한 구성원과의 합의에 따라 재산의 가액지급을 현물재산의 지급으로 대체할 수 있다.

탈퇴하는 구성원에게 지급되는 회사재산의 일부 또는 그 가액은 구성원의 탈퇴시에 작성되는 대차대조표에 근거하여 정한다. 다만, 이 법전 제80조에 규정된 경우에는 그러하지 아니하다.

② 합명회사의 구성원이 사망한 경우에는 그 상속인은 다른 구성원의 동의를 얻었을 때에 한하여 합명회사에 가입할 수 있다.

합명회사의 설립계약에 다른 규정이 있는 경우를 제외하고는 합명회사의 구성원이었던 법인이 조직변경되고 조직변경된 법인이 권리승계인일 경우에는 그 법인은 다른 구성원의 동의를 얻어 회사에 가입할 수 있다.

회사에 가입하지 아니하는 상속인(권리승계인)에 대한 청산은 이 조 제1항에 따라 한다. 합명회사의 구성원의 상속인(권리승계인)은 이 법전 제75조 제2항에 따라 탈퇴한 구성원이 책임을 지는 채무에 근거하여 탈퇴한 회사 구성원에게 이전된 재산의 범위 내에서 제3자에 대한 회사의 채무에 대하여 책임을 진다.

③ 설립서면 또는 구성원 사이의 합의에 다른 규정이 있는 경우를 제외하고는 회사에서 구성원의 1인이 탈퇴할 경우에는 공동출자금 중 그 나머지 구성원의 지분은 증가된다.

제79조【합명회사의 공동출자금 중 구성원 지분의 양도】 합명회사의 구성원은 다른 구성원의 동의를 얻어 공동출자금 중 자기의 지분 또는 그 일부를 다른 구성원 또는 제3자에게 양도할 수 있다.

타인에게 지분(지분의 일부)을 양도할 경우에는 지분(지분의 일부)을 양도한 구성원에게 귀속하고 있는 권리의 전부 또는 일부는 양도받은 자에게 이전된다. 지분(지분의 일부)을 양도받은 자는 이 법전 제75조 제2항 제1문이 정하는 절차에 따라 회사채무에 대하여 책임을 진다.

합명회사의 구성원이 지분을 모두 타인에게 양도한 경우에는 회사에의 참가가 종료되고, 이 법전 제75조 제2항이 규정하는 효과가 발생한다.

제80조【합명회사의 공동출자금 중 구성원의 지분에 대한 압류】 합명회사의 구성원의 자기의 채무로 인한 공동출자금 중 구성원의 지분에 대한 압류는 그 구성원의 다른 재산이 채무변제에 부족한 경우에 한하여 허용된다. 구성원의 채권자는 합명회사에 대하여 재산의 압류를 위하여 공동출자금 중 채무자의 지분에 상응하는 회사재산 일부의 분할을 청구할 수 있다. 분할의 대상이 되는 회사재산의 일부 또는 그 가액은 채권자가 분할을 청구하였을 때에 작성한 대차대조표에 근거하여 정한다.

합명회사의 공동출자금 중 구성원의 지분에 상응하는 재산의 압류가 있는 경우에는 구성원의 회사에의 참가가 종료되고, 이 법전 제75조 제2항이 규정하는 효과가 발생한다.

제81조【합명회사의 해산】 합명회사는 이 법전 제65조에 명시된 사유에 근거하여 또한 회사의 구성원이 1인으로 된 경우에 해산한다. 최후의 구성원은 구성원이 유일한 1인으로 된 때로부터 6개월 이내에 이 법전이 정하는 절차에 따라 인적 회사를 물적 회사로 조직변경할 수 있다.

합명회사는 이 법전 제76조 제1항에 명시된 경우에도 합명회사의 설립계약 또는 구성원 사이의 합의에 활동의 계속이 규정되어 있지 아니한 경우에는 해산한다.

제3관 합자회사

제82조【합자회사에 관한 일반규정】 ① 합자회사라 함은 회사의 이름으로 기업활동을 하고 자기 재산으로 회사채무에 대하여 책임 있는 구성원(무한책임사원)과 함께 납입한 출자액의 범위 내에서 회사의 활동에 관한 손실의 위험을 부담하고 회사의 기업활동에는 참가하지 아니하는 1인 또는 수인의 출자자인 구성원(유한책임사원)을 두는 회사를 말한다.

② 합자회사에 참가하는 무한책임사원의 지위와 회사채무에 관한 책임은 이 법전의 합명회사의 구성원에 관한 규정에 따라 정한다.

③ 한 개인은 합자회사 한 회사에 한하여 그 무한책임사원이 될 수 있다.

합명회사의 구성원은 합자회사의 무한책임사원이 될 수 없다.

합자회사의 무한책임구성원은 합명회사의 구성원이 될 수 없다.

④ 합자회사의 상호에는 그 무한책임사원 전원의 성명(명칭)과 「합자회사」라는 문자 또는 「& Co.」의 문자를 붙인 1인 또는 수인의 무한책임사원의 성명(명칭)과 「합자회사」라는 문자가 포함되어야 한다.

합자회사의 상호에 출자자의 성명이 기재된 경우에는 그 출자자는 무한책임사원으로 된다.

⑤ 이 법전의 합자회사에 관한 규정에 반하는 경우를 제외하고는 합자회사에는 이 법전의 합명회사에 관한 규정을 적용한다.

제83조【합자회사의 설립계약】 ① 합자회사는 설립계약에 따라 설립되고 활동한다. 설립계약에는 모든 무한책임사원이 서명하여야 한다.

② 합자회사의 설립계약에는 이 법전 제52조 제2항에 명시된 사항 외에 회사의 공동출자금액과 구성, 공동출자금 중 각 무한책임사원의 지분액과 변경절차, 출자액·구성·기간과 변경절차, 무한책임사원의 출자의무위반에 대한 책임, 출자자가 납입하는 출자총액이 포함되어야 한다.

제84조【합자회사의 관리와 업무집행】 ① 합자회사의 업무관리는 무한책임사원이 한다. 무한책임사원에 의한 회사의 관리와 업무집행절차는 이 법전의 합명회사에 관한 규정에 따라 무한책임사원이 정한다.

② 출자자는 위임장이 있는 경우를 제외하고는 합자회사의 관리와 업무집행에 참가하고 회사의 이름으로 활동할 수 없다. 출자자는 회사의 관리와 업무집행에 대하여 무한책임사원의 행위에 대하여 이의를 제기할 수 없다.

제85조【합자회사의 출자자의 권리의무】 ① 합자회사의 출자자는 공동출자금에 출자하여야 한다. 출자의 증명은 회사가 출자자에게 교부하는 가입에 관한 증명서에 의한다.

② 합자회사의 출자자는 다음 각호의 1의 권리를 갖는다.

1. 설립계약이 규정하는 절차에 따라 공동출자금 중 지분에 따라 지급되는 회사의 이익의 일부를 수령하는 것

2. 회사의 연차보고서와 대차대조표를 열람하는 것

3. 회계연도의 종료 후 회사를 탈퇴하고 설립계약이 규정하는 절차에 따라 자기의 출자를 수령하는 것

4. 공동출자금 중 자기의 지분 또는 그 일부를 다른 출자자 또는 제3자에게 양도하는

것. 출자자는 이 법전 제93조 제2항이 규정하는 요건과 절차에 따라 제3자에게 우선하여 지분(그 일부)을 매수하는 권리를 갖는다. 출자자가 타인에게 모든 지분을 양도한 경우에는 출자자의 회사에의 참가는 종료된다.

합자회사의 설립계약에는 출자자의 그 밖의 권리를 규정할 수도 있다.

제86조【합자회사의 해산】 ① 합자회사는 회사에 가입한 출자자 모두가 탈퇴한 경우에는 해산된다. 다만, 무한책임사원은 해산에 갈음하여 합자회사를 합명회사로 조직변경할 수 있다.

합자회사는 합명회사의 해산사유(제81조)에 근거하여서도 해산한다. 다만, 적어도 무한책임사원 1인과 출자자 1인이 남을 경우에는 합자회사는 존속한다.

② 파산의 경우를 포함하여 합자회사가 해산할 경우에는 출자자는 회사채권자에 대한 배당 후의 잔여재산으로부터 무한책임사원에 우선하여 출자를 받을 권리를 갖는다.

설립계약 또는 무한책임사원과 출자자 사이의 합의에 다른 절차가 정하여지지 아니한 경우에는 그 후의 회사의 잔여재산은 무한책임사원과 출자자의 사이에 공동출자금 중 지분에 따라 분배된다.

제4관 유한회사

제87조【유한회사에 관한 일반규정】 ① 유한회사라 함은 그 정관자본이 지분으로 구성되는 회사를 말한다. 유한회사의 구성원은 회사채무에 대하여 책임을 지지 아니하며, 각자의 지분액 범위 내에서 회사의 활동에 따른 손실의 위험에 대하여 책임을 진다.

자기 지분 전액을 납입하지 아니한 구성원은 지분의 미납부분의 범위 내에서 회사채무에 대하여 연대하여 책임을 진다.(전문 개정 2008. 12. 30. 연방법률 제312호)

② 유한회사의 상호에는 회사의 명칭과 「유한책임」이라는 문자가 포함되어야 한다.

③ 유한회사의 법적 지위, 구성원의 권리의무는 이 법전과 유한회사에 관한 법률로 정한다.

유한회사의 형식으로 설립된 금융기관의 특수성과 그 구성원의 권리의무는 금융기관을 규율하는 법률로 정한다.(개정 1999. 7. 8. 연방법률 제138호)

제88조【유한회사의 구성원】 ① 유한회사의 구성원의 수는 유한회사에 관한 법률에 정하여진 상한을 넘어서는 아니된다. 이에 위반할 경우에는 유한회사는 1년 이내에 주식회사로 조직변경을 하여야 하며, 이 기간이 경과하고 법률이 정하는 수까지 구성원

이 감소하지 아니하는 경우에는 사법절차에 따라 해산하여야 한다.

② 유한회사는 1인에 의하여 설립되거나 조직변경의 결과에 따른 설립을 포함하여 1인으로 구성될 수 있다.(추가 2008. 12. 30. 연방법률 제312호)

유한회사는 1인으로 구성되는 다른 물적 회사를 그 유일한 구성원으로 할 수는 없다.

第89条【유한회사의 설립과 그 설립서면】 ① 유한회사 설립자는 유한회사설립에 관한 공동활동의 이행절차, 유한회사의 정관자본액, 각자의 지분액, 유한회사법이 규정하는 그 밖의 요건을 정하는 유한회사설립에 관한 계약을 체결한다.

유한회사설립계약은 서면방식으로 체결한다.

② 유한회사 설립자는 설립에 관한 채무와 설립등기 전에 발생한 채무에 대하여 연대하여 책임을 진다.

유한회사는 설립과 관련된 설립자의 채무에 대하여 사원총회에서 설립자의 행위가 추인될 경우에만 책임을 진다. 유한회사법에 따라 유한회사 설립자의 채무에 대한 유한회사의 책임은 제한될 수 있다.

③ 유한회사의 설립서면은 정관으로 된다.

유한회사의 설립서면에는 이 법전 제52조 제2항에 명시된 사항 외에 회사의 정관자본액, 회사의 관리기관의 구성과 권한, 관리기관의 결정 절차(전원일치 또는 특별다수에 의한 의결사항을 포함한다) 및 유한회사에 관한 법률이 정하는 그 밖의 정보가 포함되어야 한다.

④ 유한회사설립에 대한 그 밖의 행위의 실행절차는 유한회사법으로 규정한다.(전문개정 2008. 12. 30. 연방법률 제312호)

第90条【유한회사의 정관자본】 ① 유한회사의 정관자본은 그 구성원이 취득하는 지분액에 따라 구성된다.(개정 2008. 12. 30. 연방법률 제312호)

정관자본은 회사채권자의 이익을 보장하는 회사재산의 최저액으로 한다. 회사의 정관자본은 유한회사에 관한 법률이 정하는 액수를 밑돌아서는 아니된다.

② 유한회사의 구성원은 회사의 정관자본으로의 지분납입의무를 면제받지 아니한다.

유한회사법이 규정하고 있는 경우에는 정관자본의 증액에서 구성원의 회사정관자본으로의 납입은 구성원의 회사에 대한 청구와 상계될 수 있다.(개정 2009. 12. 27. 연방법률 제352호)

③ 유한회사의 정관자본은 회사가 등기될 때까지 구성원이 그 반액 이상을 납입하여야 한다. 구성원은 회사의 사업개시 초년도 내에 회사의 정관자본의 미납입분을 납입하

여야 한다. 이러한 의무 위반에 대한 효과는 유한회사법으로 규정한다.(개정 2008. 12. 30. 연방법률 제312호)

④ 제2회계연도 이후의 각 회계연도의 종료시에 유한회사의 순자산 가액이 정관자본액을 밑도는 것으로 밝혀진 경우에는 유한회사는 정관자본의 감액을 공고하고 소정의 절차에 따라 감액을 등기하여야 한다. 회사의 순자산액이 법률에 정하여진 정관자본의 최저액에 미달하는 경우에는 회사는 해산되어야 한다.

⑤ 유한회사의 성관지본의 감액은 그 채권자 모두에게 통지한 후 허용된다. 이 경우 채권자는 회사채무의 소멸 또는 기한 전 이행과 회사에 내힌 손해배상을 청구할 수 있다.

유한회사의 형식으로 설립된 금융기관 채권자의 권리의무는 금융기관의 활동을 규율하는 법률에 의하여서도 정하여진다.(개정 1999. 7. 8. 연방법률 제138호)

⑥ 회사의 정관자본의 증액은 회사의 구성원 전원이 지분액 전액을 납입한 후 허용된다.(개정 2008. 12. 30. 연방법률 제312호)

제91조【유한회사의 관리】 ① 유한회사의 최고기관은 구성원 총회이다.

유한회사에는 회사의 활동을 일상적으로 지휘하고 구성원 총회에 대하여 보고의무가 있는 집행기관(합의제 및〈또는〉 독임제)을 둔다. 회사의 독임제 관리기관은 구성원 외에서도 선임될 수 있다.

② 회사의 관리기관의 권한과 그에 의한 결정절차, 회사의 이름으로 활동하는 절차는 이 법전에 따라 유한회사에 관한 법률과 회사의 정관으로 정한다.

③ 유한회사의 구성원 총회의 권한에 속하는 것은 다음 각호의 1과 같다.(개정 2008. 12. 30. 연방법률 제312호)

1. 회사의 정관변경과 정관자본액의 변경

2. 회사집행기관의 설치와 임기만료 전의 그 권한의 폐지 및 회사의 정관에 따라 이사회(감독위원회)의 권한에 속하지 아니하는 경우의 회사경영인에 대한 단독업무집행기관의 권한 양도에 관한 결의, 경영인의 확정과 그와 체결하는 계약조건의 결정(개정 2008. 12. 30. 연방법률 제312호)

3. 회사의 연차보고서와 대차대조표의 승인, 이익과 손실의 분배

4. 회사의 조직변경 또는 해산에 관한 결정

5. 회사의 감사위원회(감사)의 선출

그 밖의 사항의 결정에 관하여도 유한회사에 관한 법률에 따라 구성원 총회의 권한으로 할 수 있다.(개정 2008. 12. 30. 연방법률 제312호)

구성원 총회의 권한에 속하는 사항은 회사집행기관의 결정으로 넘길 수 없다.(개정 2008. 12. 30. 연방법률 제312호)

④ 유한회사의 연차보고서의 감사와 승인을 위하여 회사는 매년 회사 또는 그 구성원(사내감사)과 재산상의 이해관계를 가지지 아니하는 전문회계감사인(사외회계감사인)을 선임할 수 있다. 회사의 연차보고서에 대한 회계감사인에 의한 감사는 회사의 구성원의 청구에 의하여서도 실시될 수 있다.

회계감사인에 의한 회사 활동에 대한 감사절차는 법률과 회사의 정관으로 정한다.

⑤ 회사에 의한 업무집행의 결과에 관한 정보의 공개(공개보고)는 요구되지 아니한다. 다만, 유한회사에 관한 법률이 규정하는 경우에는 그러하지 아니하다.

제92조【유한회사의 조직변경과 해산】 ① 유한회사는 구성원의 전원일치의 의결에 따라 임의로 조직변경 또는 해산할 수 있다.

회사의 조직변경과 해산의 그 밖의 사유와 회사의 조직변경과 해산절차는 이 법전과 다른 법률로 정한다.

② 유한회사는 다른 종류의 물적 회사, 인적 회사 또는 생산협동조합으로 조직변경할 수 있다.(개정 2008. 12. 30. 연방법률 제312호)

제93조【유한회사의 정관자본 중 지분의 타인으로의 이전】 ① 회사의 정관자본 중 구성원의 지분 또는 그 일부는 이 법전과 유한회사에 관한 법률이 규정하는 특성을 고려하여 법률행위, 권리승계 또는 그 밖의 법적 원인에 근거하여 타인에게 이전될 수 있다.

② 회사의 정관에 금지규정이 없는 경우에는 유한회사에 관한 법률이 규정하는 요건에 따라 회사의 정관자본 중 구성원의 지분 또는 그 일부를 매각 또는 그 밖의 방법으로 처분할 수 있다.

회사의 구성원은 구성원의 지분 또는 그 일부에 대하여 우선매수권을 갖는다. 우선매수권의 행사절차와 회사의 구성원이 그 권리를 행사할 수 있는 기간은 유한회사에 관한 법률과 회사 정관으로 정한다. 다른 구성원이 회사 정관자본의 지분 또는 그 일부에 대한 우선매수권을 행사하지 아니할 경우 회사가 그 지분 또는 그 일부를 우선매수할 수 있음을 회사 정관에 명시할 수 있다.

③ 유한회사의 정관에 따라 구성원의 지분 또는 그 일부의 제3자에 대한 처분이 금지되어 있으며 또한 다른 구성원이 이에 대한 매수를 거부한 경우 또는 회사 정관에 그 밖의 구성원이나 제3자에 대한 지분 또는 그 일부의 처분에 대하여 동의의 필요성이 규정

되어 있으나 동의를 얻지 못한 경우에는, 회사는 구성원에게 그 실제 가액을 지급하거나 또는 그 가액에 상응하는 재산을 현물로 지급하여야 한다.

④ 유한회사의 구성원의 지분은 전액이 납입될 때까지는 이미 납입된 부분만 이를 양도할 수 있다.

⑤ 유한회사가 그 구성원의 지분 또는 그 일부를 매수한 경우에는 당해 회사는 유한회사에 관한 법률과 회사 정관이 정하는 기간 내에 그것이 정한 절차에 따라 다른 구성원 또는 제3자에게 그 지분 또는 그 일부를 매각하거나 또는 이 법전 제90조 제4항과 제5항에 따라 정관자본을 감액하여야 한다.

⑥ 유한회사의 정관자본 중 지분은 회사 정관에 달리 규정되어 있는 경우를 제외하고는 회사의 구성원인 시민의 상속인과 회사의 구성원인 법인의 권리승계인에게 이전된다. 지분의 이전에 대하여 동의를 얻지 못한 경우에는 회사는 유한회사에 관한 법률과 회사 정관이 규정하는 절차와 조건에 따라 위의 자에 대하여 지분의 실제 가액을 지급하거나 또는 그 가액의 재산을 현물로 지급하여야 한다. 회사의 구성원인 시민의 상속인과 회사의 구성원인 법인의 권리승계인에 대한 정관자본 중 지분의 이전 및 해산된 법인재산에 대한 물권적 권리 또는 해산된 법인에 대한 채권적 권리를 가지고 있는 당해 법인의 설립자(구성원)에 대한 해산된 법인 소유의 지분이전에는 회사의 그 밖의 구성원의 동의가 있어야 함을 정관으로 규정할 수 있다.

⑦ 타인으로의 회사의 구성원의 지분이전에 따라 회사에 대한 참가는 종료된다.(전문개정 2008. 12. 30. 연방법률 제312호)

제94조 【구성원의 유한회사로부터의 탈퇴】 ① 회사 정관에 규정되어 있는 경우에는 유한회사의 구성원은 다른 구성원의 동의 여부와 관계없이 정관자본 중 자기 지분을 회사에 처분하는 방법으로 회사에서 탈퇴할 수 있다.

② 유한회사로부터 그 구성원이 탈퇴하는 경우 유한회사에 관한 법률과 회사 정관이 규정하는 절차와 방법에 따라 그 정하는 기간 내에 회사정관자본 중 구성원 지분의 실제 가액을 구성원에게 지급하거나 또는 그 가액에 상응하는 재산을 현물로 지급하여야 한다.(전문 개정 2008. 12. 30. 연방법률 제312호)

제5관 보충책임회사

제95조 【보충책임회사에 관한 일반규정】 ① 보충책임회사라 함은 그 정관자본이

지분으로 분할된 회사를 말한다. 보충책임회사의 구성원은 회사의 설립서면이 규정하는 모든 구성원의 지분가치와 같은 배수의 액수에 따라 자기 재산으로 회사채무에 대하여 연대하여 보충책임을 진다. 구성원의 1인이 파산한 경우에는 당해 구성원의 회사 채무에 관한 책임은 회사의 설립서면에 책임의 분배절차에 대하여 다른 규정이 있는 경우를 제외하고는 지분에 따라 다른 구성원 사이에 분배된다.(개정 2008. 12. 30. 연방법률 제312호)

② 보충책임회사의 상호에는 회사의 명칭과 「보충책임」이라는 문자가 포함되어야 한다.

③ 보충책임회사에 대하여는 이 조에 다른 규정이 있는 경우를 제외하고는 이 법전의 유한회사에 관한 규정 및 유한회사에 관한 법률을 적용한다.(개정 2008. 12. 30. 연방법률 제312호)

제6관 주식회사

제96조【주식회사에 관한 일반규정】 ① 주식회사라 함은 정관자본이 특정한 주식의 수로 구성되고, 주식회사의 구성원(주주)이 회사채무에 대하여 책임을 지지 아니하며 구성원(주주)이 가지는 주식의 가액범위 내에서 회사의 활동에 관한 손실에 대한 위험을 부담하는 것을 말한다.

주금(株金)을 전액 납입하지 아니한 주주는 주식의 미납입부분의 가액범위 내에서 주식회사채무에 대하여 연대하여 책임을 진다.

② 주식회사의 상호에는 그 명칭과 회사가 주식회사인 것이 포함되어야 한다.

③ 주식회사의 법적 지위와 주주의 권리의무는 이 법전과 주식회사법으로 정한다.

국영과 공영기업의 민영화에 따라 설립된 주식회사의 법적 지위의 특수성은 이들 기업의 민영화에 관한 법률과 그 밖의 법령으로도 정하여진다.

주식회사의 형식으로 설립된 금융기관의 특수성과 그 주주의 권리의무는 금융기관을 규율하는 법률에 의하여서도 정하여진다.(개정 1999. 7. 8. 연방법률 제138호)

제97조【공개형주식회사와 폐쇄형주식회사】 ① 공개형주식회사라 함은 주식회사 중 그 구성원이 자기의 주식을 다른 주주의 동의를 얻지 아니하고 양도할 수 있는 것을 말한다. 공개형주식회사는 법률과 그 밖의 법령이 정하는 조건에 따라 당해 회사가 발행하는 주식을 공모하고 이를 자유로이 매각할 수 있다.

공개형주식회사는 매년 연차보고서, 회계대차대조표와 손익계산서를 공고하여야 한다.

② 폐쇄형주식회사라 함은 주식회사 중 그 주식이 회사의 설립자 또는 미리 정하여진 그 밖의 자에게만 분배되는 것을 한다. 폐쇄형주식회사는 당해 회사가 발행하는 주식을 공모하거나 또는 그 밖의 방법으로 불특정인에게 매각을 위하여 주식을 제공할 수 없다.

폐쇄형주식회사의 주주는 당해 회사의 다른 주주가 매각하는 주식을 우선적으로 매수하는 권리를 갖는다.

폐쇄형주식회사의 구성원의 수는 주식회사에 관한 법률에 정하여진 수를 넘어서는 아니된다. 이에 위빈할 경우에는 당해 회사는 1년 이내에 공개형주식회사로 조직변경을 하여야 한다. 이 기간이 경과하고 구성원의 수가 법률이 규정하는 상한까지 감소하지 아니하는 경우에는 사법절차에 따라 해산하여야 한다.

주식회사에 관한 법률이 규정하는 경우에는 폐쇄형주식회사는 이 조 제1항에 정한 서류를 공람을 위하여 공고하여야 한다.

제98조【주식회사의 설립】 ① 주식회사의 설립자는 설립자 사이에 회사의 설립에 관한 공동활동의 절차, 회사의 정관자본액, 발행하는 주식의 종류와 모집절차 및 주식회사에 관한 법률이 규정하는 그 밖의 사항을 정한 계약을 체결한다.

주식회사의 설립에 관한 계약은 서면으로 작성하여야 한다.

② 주식회사의 설립자는 회사가 등기될 때까지 발생한 채무에 대하여 연대하여 책임을 진다.

회사는 주주총회에서 설립행위에 대한 사후승인이 있는 경우에 한하여서만 설립과 관계 있는 설립자의 채무에 대하여 책임을 진다.

③ 주식회사의 설립서면은 설립자가 승인한 정관이다.

주식회사의 정관에는 이 법전 제52조 제2항에 명시된 사항 외에 회사가 발행하는 주식의 종류, 그 액면가격과 발행수, 회사의 정관자본액, 주주의 권리, 회사의 관리기관의 구성과 권한, 전원일치 또는 특별다수에 의한 의결사항을 포함하는 관리기관의 결정절차가 포함되어야 한다. 주식회사의 정관에는 또한 주식회사에 관한 법률이 정하는 그 밖의 정보도 포함되어야 한다.

④ 설립총회의 권한을 포함하여 주식회사의 설립에 관한 그 밖의 행위의 집행질차는 주식회사법으로 정한다.

⑤ 국영과 공영기업의 민영화에 따른 주식회사설립의 특수성은 이들 기업의 민영화에 관한 법률과 그 밖의 법령으로 정한다.

⑥ 주식회사는 법률이 달리 규정하고 있는 경우를 제외하고는 1인에 의하여 설립될

수 있고, 1인이 회사의 모든 주식을 취득한 경우에는 1인으로 구성할 수 있다. 이에 관한 정보는 회사의 정관에 포함되고 등기되며 공람을 위하여 공고되어야 한다.

주식회사는 법률이 달리 규정하고 있는 경우를 제외하고는 1인으로 구성되는 다른 물적 회사를 그 유일한 구성원으로 할 수 없다.(개정 2007. 2. 5. 연방법률 제13호)

제99조【주식회사의 정관자본】 ① 주식회사의 정관자본은 주주가 취득한 회사의 주식의 액면가액으로 구성된다.

회사의 정관자본은 채권자의 이익을 보장하는 회사재산의 최저액으로 한다. 그 액수는 주식회사에 관한 법률이 규정하는 액수를 밑돌아서는 아니된다.

② 주주는 회사에 대한 회사의 주금납입의무를 면제받을 수 없다.

주식회사법이 규정하는 경우에는 회사가 발행하는 추가 주식에 대한 납입의무는 회사에 대한 청구와의 상계를 통하여 면제받을 수 없다.(전문 개정 2009. 12. 27. 연방법률 제352호)

③ 주식회사의 주식공모는 정관자본이 전액 납입될 때까지 허용되지 아니한다. 주식회사를 설립할 경우에는 회사의 모든 주식은 설립자에게 분배되어야 한다.

④ 제2회계연도 이후의 각 회계연도의 종료시에 회사의 순자산 가액이 정관자본액을 밑도는 것으로 밝혀진 경우에는 주식회사법이 규정하는 조치를 취하여야 한다.(개정 2009. 12. 27. 연방법률 제352호)

⑤ 주식의 수, 그 액면가격의 총액 또는 1인의 주주에게 속하는 의결권의 최대수는 법률 또는 회사의 정관으로 제한할 수 있다.

제100조【주식회사의 정관자본의 증액】 ① 주식회사는 주주총회의 결정에 따라 주식의 액면가격의 증액 또는 추가의 주식의 발행에 의하여 정관자본을 증액할 수 있다.

② 주식회사의 정관자본의 증액은 정관자본이 전액 납입된 후에 허용된다.(개정 2009. 12. 27. 연방법률 제352호)

③ 주식회사법이 규정하는 경우에는 회사의 정관으로 통상적인 의결권 또는 그 밖의 의결권을 갖는 주식을 보유하는 주주가 회사에서 추가로 발행한 주식을 우선적으로 매수할 권리를 정할 수 있다.

제101조【주식회사의 정관자본의 감액】 ① 주식회사는 주주총회의 결정에 따라 주식의 액면가격을 감액하거나 또는 주식의 총수를 삭감하기 위하여 주식의 일부를 매수하는 방법으로 정관자본을 감액할 수 있다.

정관자본의 감액은 주식회사법이 정하는 절차에 따라 회사의 모든 채권자에게 통지한 후에 허용된다. 정관자본의 감액 또는 순자산의 감소의 경우 채권자의 권리는 주식회사법이 규정한다.(개정 2009. 12. 27. 연방법률 제352호)

주식회사의 형식으로 설립된 금융기관의 채권자의 권리의무는 금융기관을 규율하는 법률에 의하여서도 정하여진다.(추가 1999. 7. 8. 연방법률 제138호)

② 회사의 정관에 규정이 있는 경우에는 주식의 일부 매수와 소각에 의하여 주식회사의 정관자본을 감액하는 것이 허용된다.

제102조【주식회사의 유가증권의 발행과 배당지급의 제한】 ① 주식회사의 정관자본의 총액 중 우선주의 비율은 25%를 넘어서는 아니된다.

② 주식회사는 정관자본의 전액이 납입된 후에만 사채를 발행할 수 있다. 주식회사가 발행하는 사채의 명목가액은 정관자본액과(또는) 제3자가 사채발행을 위하여 회사에 제공한 담보액을 넘을 수 없다. 제3자가 제공하는 담보가 없는 경우에는 사채의 발행은 회사설립으로부터 2년 이상 경과하고 이미 마감된 재무회계연도의 2년 동안의 회사의 연차대차대조표가 승인된 경우에 허용된다.

위의 제한은 회사가 발행하는 저당권담보부사채의 경우와 유가증권에 관한 법률이 규정하는 그 밖의 경우에는 적용되지 아니한다.(전문 개정 2006. 7. 27. 연방법률 제138호)

③ 주식회사는 다음 각호의 1의 경우에는 배당을 공고 및 지급할 수 없다.

정관자본 전액이 납입되어 있지 아니한 경우

주식회사의 순자산 가액이 정관자본과 준비적립금을 밑돌거나 또는 배당지급의 결과 이들 액수를 밑돌 경우

제103조【주식회사의 관리】 ① 주식회사의 최고관리기관은 주주총회이다.

다음 각호의 1의 사항은 주주총회의 전속적 권한에 속한다.

1. 정관자본액의 변경을 포함한 회사의 정관변경

2. 회사의 이사회(감독위원회)와 감사회(감사)의 임원의 선임과 이들 임원의 임기만료 전의 권한의 폐지

3. 회사집행기관의 설치와 그 임기만료 전의 권한의 폐지. 다만, 회사의 정관에 이에 관한 결정이 이사회(감독위원회)의 권한으로 되어 있는 경우에는 그러하지 아니하다.

4. 연차보고서, 회계대차대조표와 손익계산서의 승인 및 이익과 손실의 분배

5. 회사의 조직변경 또는 해산에 관한 결정

그 밖의 사항의 결정에 관하여도 주식회사법에 따라 주주총회의 전속적 권한으로 할 수 있다.

② 50인 이상의 주주가 있는 회사에서는 이사회(감독위원회)를 둔다.

이사회(감독위원회)를 둘 경우에는 주식회사법에 따라 회사의 정관에 그 전속적 권한을 정하여야 한다. 정관에 이사회(감독위원회)의 전속적 권한으로 한 사항은 회사집행기관의 결정으로 넘길 수 없다.

③ 회사의 집행기관은 합의제(이사회, 중역회) 및(또는) 독임제(사장, 회장)의 기관으로 할 수 있다. 집행기관은 회사의 활동을 일상적으로 지휘하고 이사회(감독위원회)와 주주총회에 보고할 의무를 진다.

법률 또는 회사의 정관이 규정하는 회사의 그 밖의 관리기관의 전속적 권한에 속하지 아니하는 모든 사항에 관한 결정은 회사집행기관의 권한에 속한다.

주주총회의 결정에 따라 회사집행기관의 권한은 계약에 따라 다른 영리단체 또는 개인사업자(관리인)에게 넘길 수 있다.

④ 주식회사의 관리기관의 권한과 그에 의한 결정절차 및 회사의 이름으로 활동하는 절차는 이 법전에 따라 주식회사법과 회사의 정관으로 정한다.

⑤ 이 법전 또는 주식회사법에 따라 이 법전 제97조 제1항에 명시된 서류를 공람을 위하여 공고할 의무를 지는 주식회사는 연차회계보고서의 정확성에 대한 검사와 승인을 위하여 매년 회사 또는 그 구성원과 재산상의 이해관계를 가지지 아니하는 전문회계감사인을 불러야 한다.

이들 서류의 공람을 위한 공고의무를 지지 아니하는 회사를 포함하여 주식회사의 활동에 대한 회계감사인에 의한 검사는 정관자본의 10% 이상의 지분을 가지는 주주의 청구에 따라 언제든지 실시하여야 한다.

회계감사인에 의한 주식회사의 활동에 대한 검사절차는 법률과 회사의 정관으로 정한다.

제104조【주식회사의 조직변경과 해산】 ① 주식회사는 주주총회의 결정에 따라 조직변경 또는 해산할 수 있다.

주식회사의 조직변경과 해산에 관한 그 밖의 사유와 절차는 이 법전과 다른 법률로 정한다.

② 주식회사는 법률에 따라 유한회사 또는 생산협동조합, 비영리단체로 조직변경할 수 있다.(개정 1999. 7. 8. 연방법률 제138호)

제7관 자회사와 종속회사

제105조 【자회사】 ① 자회사라 함은 다른 물적 회사 또는 조합(모회사)이 정관자본에 다수의 지위로 참여하거나 또는 이들 사이에 체결된 계약 또는 그 밖의 방법에 따라 당해 물적 회사가 채택할 결정을 모회사가 확정할 수 있는 물적 회사를 말한다.

② 자회사는 모회사(조합)의 채무에 대하여 책임을 지지 아니한다.

자회사와의 계약에 따른 지시를 포함하여 구속력이 있는 지시를 하는 권리가 있는 모회사는 그 지시를 실행하기 위하여 자회사가 체결한 법률행위에 대하여 자회사와 연대하여 책임을 진다.

모회사(조합)의 과실에 의하여 자회사가 지급불능(파산)이 된 경우에는 모회사는 자회사의 채무에 대하여 보충책임을 진다.

③ 회사에 관한 법률에 달리 정하고 있는 경우를 제외하고는 자회사의 구성원은 모회사의 과실에 의하여 입은 손해의 배상을 모회사에 청구할 수 있다.

제106조 【종속회사】 ① 종속회사라 함은 다른 회사(지배회사 또는 참여회사)가 주식회사의 의결권이 있는 주식의 20% 이상 또는 유한회사의 정관자본의 20% 이상을 가지는 물적 회사를 말한다.

② 주식회사의 의결권이 있는 주식의 20% 이상 또는 유한회사의 정관자본의 20% 이상을 취득한 회사는 물적 회사에 관한 법률이 규정하는 절차에 따라 관련 자료를 즉시 공고하여야 한다.

③ 물적 회사가 정관자본에 서로 참여할 수 있는 최대액 및 이들 물적 회사가 다른 물적 회사의 구성원 총회 또는 주주총회에서 행사할 수 있는 의결권의 수는 법률로 정한다.

제3절 생산협동조합

제107조 【생산협동조합의 개념】 ① 생산협동조합(또는 노동조합〈artel〉)이라 함은 공동생산 또는 그 밖의 경제활동(생산, 가공, 공산품 및 농업생산물과 그 밖의 생산물의 판매, 업무의 수행, 상업, 생활서비스, 그 밖의 서비스의 제공)을 목적으로 하여 시민에 의하여 구성되는 임의단체로서, 시민의 노동참여와 그 밖의 참여 및 조합원(구성원)이 납입한 출자금의 결합에 근거한 것을 말한다. 법률과 생산협동조합의 설립서면으로 법인이 그 활동에 참여하는 것을 규정할 수 있다. 생산협동조합은 영리단체이다.

② 생산협동조합의 조합원은 생산협동조합법과 생산협동조합의 정관이 규정하는 액수와 절차에 따라 협동조합채무에 대하여 보충책임을 진다.

③ 협동조합의 상호에는 그 명칭과 「생산협동조합」 또는 「노동조합」의 문자가 포함되어야 한다.

④ 생산협동조합의 법적 지위와 그 조합원의 권리의무는 이 법전에 따라 생산협동조합법으로 정한다.

제108조【생산협동조합의 설립】 ① 생산협동조합의 설립서면은 조합원총회가 승인한 정관이다.

② 생산협동조합의 설립서면에는 이 법전 제52조 제2항에 명시된 사항 외에 협동조합 조합원의 출자금액, 조합원의 출자금의 구성과 절차, 출자금납입의무위반에 대한 조합원의 책임, 조합원의 협동조합의 활동 중 노동참여의 성격과 절차, 노동참여 의무위반에 대한 조합원의 책임, 협동조합의 이익과 손실의 분배절차, 협동조합채무에 대한 조합원의 보충책임의 액수와 조건, 협동조합관리기관의 구성과 권한, 전원일치 또는 특별다수에 의한 의결사항을 포함하는 관리기관의 결정절차가 포함되어야 한다.

③ 협동조합의 조합원수는 5인 이상이어야 한다.

제109조【생산협동조합의 재산】 ① 생산협동조합이 소유하는 재산은 협동조합의 정관에 따라 그 조합원의 출자금으로 이루어진다.

협동조합의 정관으로 협동조합에 속하는 재산의 일정부분에 대하여 정관이 정하는 목적을 위하여 사용되는 불가분기금(펀드)을 설정할 수 있다.

불가분기금(펀드)의 설정에 관한 결정은 협동조합의 정관에 다른 규정이 있는 경우를 제외하고는 조합원의 전원일치에 의하여 채택된다.

② 협동조합의 조합원은 협동조합이 등기될 때까지 출자금의 10% 이상을 납입하고, 나머지의 부분은 등기 후 1년 이내에 납입하여야 한다.

③ 협동조합은 주식을 발행할 수 없다.

④ 협동조합의 이익은 법률과 협동조합의 정관에 다른 절차가 규정되어 있는 경우를 제외하고는 조합원 사이에 그 노동참여에 따라 분배한다.

협동조합의 해산과 그 채권자에 대하여 배당한 후의 잔여재산에 관하여도 같은 절차에 따라 분배한다.

제110조【생산협동조합의 관리】 ① 협동조합의 최고관리기관은 조합원총회이다.

50인이 넘는 조합원을 둔 협동조합은 협동조합의 집행기관의 활동을 감독하는 감독위원회를 둘 수 있다.

협동조합의 집행기관은 이사회와(또는) 조합장이다. 이들은 협동조합의 활동을 일상적으로 지휘하고, 감독위원회와 조합원총회에 보고할 의무를 진다.

협동조합원만이 협동조합의 감독위원회의 위원, 이사 및 조합장이 될 수 있다. 협동조합의 조합원은 동시에 감사와 이사 또는 조합장이 될 수 없다.

② 협동조합관리기관의 권한과 그 결정절차는 법률과 협동조합의 정관으로 정한다.

③ 다음 각호의 1의 사항은 협동조합의 조합원총회의 전속적 권한에 속한다.

1. 협동조합의 정관변경

2. 감독위원회의 설치와 감독위원회 위원의 권한의 폐지, 협동조합의 집행기관의 설치와 그 권한의 폐지. 다만, 협동조합의 정관에서 그 권한이 감독위원회에 이전되어 있는 경우에는 그러하지 아니하다.

3. 협동조합의 조합원의 가입과 제명

4. 협동조합의 연차보고서와 회계대차대조표의 승인 및 협동조합의 이익과 손실의 분배

5. 협동조합의 조직변경과 해산에 관한 결정

그 밖의 사항에 관하여도 생산협동조합법과 협동조합의 정관에서 총회의 전속적 권한으로 할 수 있다.

협동조합의 총회 또는 감독위원회의 전속적 권한에 속하는 사항은 협동조합의 집행기관의 결정에 넘길 수 없다.

④ 협동조합의 조합원은 총회의 결의시 1표의 의결권을 가진다.

제111조【생산협동조합의 조합원자격의 상실과 출자금의 이전】 ① 협동조합의 조합원은 자기의 의사에 따라 협동조합을 탈퇴할 수 있다. 이 경우에는 당해 조합원에게 출자금의 가액을 지급하거나, 그 출자금에 상응하는 재산을 인도하거나 또는 협동조합의 정관이 규정하는 그 밖의 지급을 하여야 한다.

탈퇴하는 조합원에 대한 출자금의 가액의 지급 또는 그 밖의 재산의 인도는 협동조합의 정관에 다른 규정이 있는 경우를 제외하고는 회계연도종료 후 협동조합의 회계대차대조표가 승인된 후에 이루어진다.

② 협동조합의 조합원이 협동조합의 정관에 따라 부과된 의무를 이행하지 아니한 경우 또는 불완전이행을 한 경우 및 법률과 협동조합의 정관이 규정하는 그 밖의 경우에는 총회의 결정에 따라 협동조합에서 제명될 수 있다.

감독위원회 또는 집행기관의 구성원이 유사 종류의 협동조합의 조합원으로 된 경우에

는 총회의 결정에 따라 협동조합에서 제명될 수 있다.

협동조합에서 제명된 조합원은 이 조 제1항에 따라 협동조합의 정관이 규정하는 출자금과 그 밖의 지급을 받을 수 있다.

③ 협동조합의 조합원은 법률과 협동조합의 정관에 다른 규정이 있는 경우를 제외하고는 협동조합의 다른 조합원에게 자기의 출자금 또는 그 일부를 양도하는 권리를 갖는다.

협동조합의 조합원이 아닌 시민으로의 출자금(그 일부)의 양도는 조합원의 동의를 얻은 경우에 한하여 허용된다. 이 경우 다른 조합원은 당해 출자금(그 일부)을 우선적으로 매수하는 권리를 갖는다.

④ 생산협동조합의 조합원이 사망한 경우에는 협동조합의 정관에 다른 규정이 있는 경우를 제외하고는 그 상속인이 협동조합의 조합원으로 될 수 있다. 상속인이 조합원으로 될 수 없는 경우에는 협동조합은 사망한 조합원의 출자금의 가액을 상속인에게 지급한다.

⑤ 생산협동조합의 조합원의 개인 채무로 인한 당해 조합원의 출자금에 대한 압류는 당해 조합원의 그 밖의 재산이 채무변제에 부족한 경우에 한하여 법률과 협동조합정관이 규정하는 절차에 따라 할 수 있다. 협동조합의 조합원의 채무로 인한 압류는 협동조합의 불가분기금(펀드)에 대하여 할 수는 없다.

제112조【생산협동조합의 조직변경과 해산】 ① 생산협동조합은 조합원총회의 결정에 따라 조직변경 또는 해산할 수 있다.

협동조합의 조직변경 또는 해산의 그 밖의 사유와 절차는 이 법전 또는 다른 법률로 정한다.

② 생산협동조합은 조합원의 전원일치의 결정에 따라 회사로 조직변경할 수 있다.

제4절 국영 및 공영의 단일기업

제113조【단일기업】 ① 단일기업이라 함은 소유자에 의하여 제공된 재산에 대한 소유권을 가지지 아니하는 영리단체를 말한다. 단일기업의 재산은 불가분이며, 기업의 종업원을 포함하여 출자(지분, 출자금)에 따라 분배할 수 없다.

국고기업 외의 단일기업의 정관에는 이 법전 제52조 제2항에 명시된 사항 외에 기업활동의 대상, 목적, 기업의 정관기금(펀드)액, 그 형성절차와 재원에 관한 사항이 포함되어야 한다.(개정 2002. 11. 14. 연방법률 제161호)

단일기업의 형태를 설립할 수 있는 것은 국영과 공영기업만이다.

② 국영 또는 공영단일기업의 재산은 국가 또는 지방공공단체의 소유이며, 경영관리권 또는 운용관리권에 근거하여 이들 기업에 귀속한다.

③ 단일기업의 상호에는 그 재산의 소유자가 기재되어야 한다.

④ 단일기업의 기관은 소유자 또는 소유자가 수권한 기관에 의하여 임명되고 또한 그에 대하여 보고할 의무를 지는 기업의 장이다.

⑤ 단일기업은 자기채무에 대하여 기업에 속하는 모든 재산으로 책임을 진다.

단일기업은 그 재산소유자의 채무에 대하여 책임을 지지 아니한다.

⑥ 국영 및 공영의 단일기업의 법적 지위는 이 법전과 국영 및 공영의 단일기업에 관한 법률로 정한다.

제114조【경영관리권에 근거한 단일기업】 ① 경영관리권에 근거한 단일기업은 권한이 있는 국가기관 또는 지방공공단체의 결정에 따라 설립한다.

② 경영관리권에 근거한 기업의 설립서면은 권한이 있는 국가기관 또는 지방공공단체가 승인한 정관이다.

③ 경영관리권에 근거한 기업의 정관기금(펀드)액수는 국영 및 공영의 단일기업에 관한 법률이 정하는 액수를 밑돌아서는 아니된다.

④ 경영관리권 또는 운용관리권에 근거한 기업의 정관기금(펀드)의 설치절차는 국영 및 공영의 단일기업에 관한 법률로 정한다.(개정 2002. 11. 14. 연방법률 제161호)

⑤ 회계연도의 종료시에 경영관리권에 근거한 기업의 순자산 가액이 정관기금(펀드)액수를 밑돌 경우에는 당해 기업의 설립에 대하여 권한이 있는 기관은 소정의 절차에 따라 정관기금(펀드)을 감액하여야 한다. 순자산의 가액이 법률에 정하여진 액수를 밑돌 경우에는 법원의 결정에 따라 기업을 해산할 수 있다.

⑥ 정관기금(펀드)액수를 감액하는 결정이 내려진 경우에는 기업은 자기의 채권자에게 그 취지를 서면으로 통지하여야 한다.

기업의 채권자는 기업채무의 소멸 또는 기한 전의 이행과 손해의 배상을 청구할 수 있다.(개정 2002. 11. 14. 연방법률 제161호)

⑦ 경영관리권에 근거한 기업의 재산소유자는 기업의 채무에 대하여 책임을 지지 아니한다. 다만, 이 법전 제56조 제3항이 규정하는 경우에는 그러하지 아니하다. 이 규정은 자회사를 설립한 기업의 자회사채무에 관한 책임에 적용한다.(개정 2002. 11. 14. 연방법률 제161호)

제115조【운용관리권에 근거한 단일기업】 ① 국영 및 공영의 단일기업에 관한 법률이 규정하는 경우에는 그 정하는 절차에 따라 국가 또는 지방공공단체의 재산을 기초로 하여 운용관리권에 근거한 단일기업(국고기업)을 설립할 수 있다.

② 국고기업의 설립서면은 권한이 있는 국가기관 또는 지방공공단체가 승인한 정관이다.

③ 운용관리권에 근거한 단일기업의 상호에는 당해 기업이 국고(기업)라는 표지가 포함되어야 한다.

④ 국고기업에 제공된 재산에 대한 당해 기업의 권리는 이 법전 제296조와 제297조, 국영 및 공영의 단일기업에 관한 법률로 정한다.

⑤ 국고기업의 재산소유자는 당해 기업의 재산이 부족한 경우에는 기업의 채무에 대하여 보충책임을 진다.

⑥ 국고기업은 국영 및 공영의 단일기업에 관한 법률에 따라 조직변경 또는 해산할 수 있다.(전문 개정 2002. 11. 14. 연방법률 제161호)

제5절 비영리단체

제116조【소비협동조합】 ① 소비협동조합이라 함은 물질적 수요와 그 밖의 수요를 충족하기 위하여 시민과 법인을 구성원으로 하는 임의단체로서, 그 구성원의 재산적 출자금의 결합에 따라 설립된 것을 말한다.

② 소비협동조합의 정관에는 이 법전 제52조 제2항에 명시된 사항 외에 협동조합의 조합원의 출자금액, 조합원의 출자의 구성과 절차, 출자금의 납입의무위반에 대한 조합원의 책임, 협동조합관리기관의 구성과 권한, 전원일치 또는 특별다수에 의한 의결의 사항을 포함하는 관리기관의 결정절차, 협동조합이 일으킨 손실을 조합원이 보충하는 절차에 관한 사항이 포함되어야 한다.

③ 소비협동조합의 명칭에는 그 주된 활동목적에 관한 표시와 「협동조합」, 「소비자연합」 또는 「소비자단체」 중 어느 하나의 문자가 포함되어야 한다.

④ 소비협동조합의 조합원은 연차대차대조표가 승인된 후 3개월 이내에 추가출자에 의하여 이미 발생한 손실을 전보하여야 한다. 이 의무를 이행하지 아니할 경우에는 채권자의 청구에 따라 사법절차에 따라 협동조합을 해산할 수 있다.

소비협동조합의 조합원은 추가출자를 하지 아니하는 범위 내에서 협동조합채무에 대하여 연대하여 보충책임을 진다.

⑤ 소비협동조합이 법률과 정관에 근거하여 실행한 기업활동에 따라 취득한 수입은 조합원 사이에 분배된다.

⑥ 소비협동조합의 법적 지위, 그 조합원의 권리의무는 이 법전과 소비협동조합에 관한 법률로 정한다.

제117조【사회단체와 종교단체〈협회〉】 ① 사회단체와 종교단체(협회)라 함은 정신적 수요 또는 그 밖의 비물질적 수요를 충족시키고자 하는 공통의 이익에 근거하여 법률이 정하는 절차에 따라 결합된 시민의 임의단체를 말한다.

사회단체와 종교단체는 비영리단체이다. 이들 단체는 그 설립목적을 달성하기 위하여 또한 그 상응하는 목적범위 내에서만 기업활동을 할 수 있다.

② 사회단체와 종교단체의 구성원(회원)은 회비를 포함하여 이들 단체에 양도한 재산에 대한 소유권을 상실한다. 구성원은 회원으로서 참가하는 사회단체와 종교단체의 채무에 대하여 책임을 지지 아니하며, 이들 단체는 회원의 채무에 대하여 책임을 지지 아니한다.

③ 이 법전이 규율하는 관계에 참가하는 당사자로서의 사회단체와 종교단체의 법적 지위의 특수성은 법률로 규정한다.

제118조【재단】 ① 이 법전에서 재단이라 함은 구성원을 두지 아니하는 비영리단체로서, 임의의 재산적 출연을 기초로 하여 시민과(또는) 법인에 의하여 설립되어 사회적, 자선적, 문화적, 교육적 목적 또는 그 밖의 사회적으로 유익한 목적을 추구하는 것을 말한다.

재단설립자가 재단에 양도한 재산은 재단의 재산으로 된다. 설립자는 설립한 재단의 채무에 대하여 책임을 지지 아니하며, 재단은 그 설립자의 채무에 대하여 책임을 지지 아니한다.

② 재단은 그 정관이 정한 목적에 따라 재산을 운용하여야 한다. 재단은 그 설립목적인 사회적으로 유익한 목적을 달성하기 위하여 또한 그에 상응하는 목적범위 내에서 기업활동을 할 수 있다. 재단은 기업활동을 하기 위하여 물적 회사를 설립하거나 또는 이에 참가할 수 있다.

재단은 매년 그 재산의 운용에 관한 보고를 공고하여야 한다.

③ 재단의 운영절차와 기관의 설치절차는 설립자가 승인한 정관으로 정한다.

④ 재단의 정관에는 이 법전 제52조 제2항에 명시된 사항 외에 「재단」이라는 문자를

사용한 재단의 명칭, 재단의 목적, 재단의 활동을 감독하는 기금관리위원회를 포함한 재단의 기관, 재단 직원의 임면절차, 재단의 소재지, 재단해산시의 재산의 귀속에 관한 사항이 포함되어야 한다.

제119조【재단의 정관변경과 해산】 ① 재단의 정관은 정관에 재단의 기관에 의하여 변경될 수 있음을 규정하고 있는 경우에는 재단의 기관이 변경할 수 있다.

정관의 불변경 형식을 취함에 따라 재단 설립시에 예견할 수 없었던 결과가 발생하였음에도 정관에 그 변경이 규정되어 있지 아니한 때 또는 권한 있는 자에 의한 정관변경이 되지 아니한 때에는 재단의 기관 또는 재단의 활동을 감독하는 권한을 가지는 기관의 신청에 따라 정관변경의 권한은 법원에 속한다.

② 재단의 해산에 관한 결정은 이해관계자의 신청에 따라 법원만이 할 수 있다.

재단은 다음 각호의 1의 경우에는 해산될 수 있다.

1. 재단의 재산이 재단목적 수행을 위하여 불충분하며 또한 필요한 재산을 취득할 전망이 없는 경우

2. 재단의 목적을 달성할 수 없고 재단의 목적에 대하여 필요한 변경을 할 수 없는 경우

3. 재단의 활동이 정관에서 정한 목적을 벗어난 경우

4. 법률이 규정하는 그 밖의 경우

③ 재단이 해산한 경우에는 채권자에 대한 청구를 변제하고 남은 재산은 재단의 정관에 명시된 목적에 따라 사용되어야 한다.

제120조【시설】 ① 시설이라 함은 관리적, 사회·문화적 또는 그 밖의 비영리적인 기능을 수행하기 위하여 소유자가 설립한 비영리법인을 말한다.

소유자가 제공한 재산과 시설이 취득한 재산에 대한 시설의 권리는 이 법전 제296조에 따라 정한다.(전문 개정 2006. 11. 3. 연방법률 제175호)

② 시설은 시민이나 법인(사적 시설) 또는 러시아연방, 러시아연방구성체 및 지방자치단체(국가 또는 지방공공시설)에 의하여 설립될 수 있다.

국가 또는 지방공공시설에는 예산제시설과 독립채산제시설 또는 국고시설이 있다.(개정 2010. 5. 8 연방법률 제83호, 시행 2011. 1. 1.)

사적 시설은 그 재산의 소유자로부터 자금의 전부 또는 일부를 제공받을 수 있다. 국가 또는 지방공공시설의 활동을 위한 자금조달절차는 법률로 규정한다.

사적 또는 국고시설은 자기가 처분할 수 있는 자금으로 자기채무에 대하여 책임을 진다. 자금이 부족한 때에는 당해 재산의 소유자가 자기 시설의 채무에 대하여 보충책임

을 진다.(개정 2010. 5. 8 연방법률 제83호, 시행 2011. 1. 1.)

독립채산제시설은 운용관리권에 근거한 자기의 모든 재산으로 자기채무에 대하여 책임을 진다. 다만, 그 소유자가 제공하였거나 또는 소유자가 제공한 자금으로 당해 시설이 취득한 부동산과 고가의 동산은 제외된다. 독립채산제시설의 재산소유자는 독립채산제시설의 채무에 대하여 책임을 지지 아니한다.(전문 개정 2006. 11. 3. 연방법률 제175호)

예산제시설은 운용관리권에 근거하여 소유자가 예산제시설에 제공한 재산과 수입을 창출하는 활동으로부터 얻은 수입으로 취득한 자기의 모든 재산으로 자기채무에 대하여 책임을 진다. 다만, 소유자가 제공하였거나 또는 소유자가 제공한 예산제시설의 자금으로 당해 시설이 취득한 특별 고가의 동산과 부동산은 제외된다. 예산제시설의 재산소유자는 예산제시설의 채무에 대하여 책임을 지지 아니한다.(추가 2010. 5. 8 연방법률 제83호, 시행 2011. 1. 1.)

③ 개별 유형의 국가시설과 그 밖의 시설에 대한 법적 지위에 관한 특수성은 법률과 그 밖의 법령으로 정한다.

제121조【법인의 결합체〈협회와 연합회〉】 ① 영리단체는 그 기업활동을 조정하기 위하여 또한 공통되는 재산상의 이익을 대표하고 보호하기 위하여 당사자 사이의 계약에 따라 비영리단체인 협회 또는 연합회의 형식으로 결합체를 창설할 수 있다.

구성원의 결정에 따라 협회(연합회)가 기업활동을 할 경우에는 협회(연합회)는 이 법전이 규정하는 절차에 따라 협회(연합회)를 회사로 조직변경하거나 또는 기업활동을 하기 위하여 물적 회사를 설립하거나 또는 이에 참가하여야 한다.

② 시설을 포함하는 사회단체와 그 밖의 비영리단체는 이들 단체의 협회(연합회)에 임의로 가입할 수 있다.

비영리단체의 협회(연합회)는 비영리단체이다.

③ 협회(연합회)의 구성원은 각자 법인으로서의 자주성과 권리를 보유한다.

④ 협회(연합회)는 그 구성원의 채무에 대하여 책임을 지지 아니한다. 협회(연합회)의 구성원은 협회(연합회)의 채무에 대하여 협회의 설립서면이 규정하는 액수와 절차에 따라 보충책임을 진다.

⑤ 협회(연합회)의 명칭에는 그 구성원의 주된 활동 대상을 나타내는 표시와 「협회」 또는 「연합회」라는 문자가 포함되어야 한다.

제122조【협회와 연합회의 설립서면】 ① 협회와 연합회의 설립서면은 그 구성원이 서명한 설립계약과 구성원이 승인한 정관이다.

② 협회(연합회)의 설립서면에는 이 법전 제52조 제2항에 명시된 사항 외에 협회(연합회)의 관리기관의 구성과 권한, 협회(연합회) 구성원의 전원일치 또는 특별다수에 의한 의결사항을 포함하는 관리기관의 결정절차, 협회(연합회) 해산 후 잔여재산의 분배절차에 관한 사항이 포함되어야 한다.

제123조【협회와 연합회의 권리의무】 ① 협회(연합회)의 구성원은 협회(연합회)가 제공하는 서비스를 무상으로 받을 수 있다.

② 협회(연합회)의 구성원은 회계연도의 종료시에 자기의 의사에 따라 협회(연합회)로부터 탈퇴할 수 있다. 이 경우 그 구성원은 협회(연합회)의 채무에 대하여 탈퇴시부터 2년 동안 그 분담금의 비율에 따라 보충책임을 진다.

협회(연합회)의 구성원은 협회(연합회)의 설립서면이 정한 경우에는 그 규정하는 절차에 따라 그 나머지 구성원의 결정에 따라 제명될 수 있다. 협회(연합회)로부터 제명된 구성원의 책임에 대하여는 협회(연합회)로부터의 탈퇴에 관한 규정을 적용한다.

③ 협회(연합회)의 구성원의 동의가 있는 경우에는 새로운 구성원이 가입할 수 있다. 협회(연합회)에 새로 가입한 구성원에 대하여는 그 가입 이전에 발생한 협회(연합회)의 채무에 대하여 보충책임을 지게 할 수 있다.

제5장 민사입법이 규율하는 관계에 대한 러시아연방, 러시아연방구성체 및 지방자치단체의 참가

제124조【민사입법의 주체로 되는 러시아연방, 러시아연방구성체 및 지방자치단체】 ① 러시아연방, 러시아연방구성체 즉 공화국, 변구(邊區), 주(州), 연방직할시, 자치주, 자치관할구 및 시와 촌 및 그 밖의 자치단체는 민사입법이 규율하는 여러 관계에서 이들 관계의 그 밖의 참가자, 즉 시민 및 법인과 평등원칙에 따라 참가한다.

② 법률 또는 특정주체의 특수성으로부터 달리 볼 수 있는 경우가 아닌 한 법인이 민사입법에 따라 규율되는 관계에 참가하는 것을 정하는 규정은 이 조 제1항이 규정하는 민사입법의 주체에 적용한다.

제125조【러시아연방, 러시아연방구성체 및 지방자치단체가 민사입법이 규율하는 관계에 참가하는 절차】 ① 국가권력기관은 자기들의 지위를 정하여주는 법령이 정하는 권한의 범위 내에서 러시아연방과 러시아연방구성체의 명의로 스스로의 행위를 통하

여 재산상 · 인격적 비재산상 권리의무를 취득 · 행사할 수 있고 재판상의 활동을 할 수 있다.

② 지방자치기관은 자기들의 지위를 정하여주는 법령이 정하는 권한의 범위 내에서 지방자치단체의 명의로 스스로의 행위를 통하여 이 조 제1항에 명시된 권리의무를 취득 · 행사할 수 있다.

③ 국가기관, 지방자치기관, 법인 및 시민은 연방법률, 러시아연방대통령령, 러시아연방정부 결정과 러시아연방구성체 및 지방자치단체의 규범적 명령으로 규정하는 경우와 절차에 따라 이들의 특별위임에 근거하여 이들의 이름으로 활동할 수 있다.

제126조【러시아연방, 러시아연방구성체 및 지방자치단체의 채무에 대한 책임】

① 러시아연방, 러시아연방구성체 및 지방자치단체는 자기채무를 위하여 소유권을 가지고 있는 재산으로 책임을 진다. 다만, 그들이 설립한 법인에 대하여 경영권 또는 관리권을 가지고 있는 재산, 국유 또는 지방자치단체소유로만 될 수 있는 재산으로는 책임을 지지 아니한다.

국유 또는 지방자치단체소유인 토지와 그 밖의 자연자원의 압류는 법률이 규정하는 경우에 한하여 허용된다.

② 러시아연방, 러시아연방구성체 또는 자치단체가 설립한 법인은 그 설립자의 채무에 대하여 책임을 지지 아니한다.

③ 러시아연방, 러시아연방구성체 또는 지방자치단체는 법률이 규정하는 경우를 제외하고는 그들이 설립한 법인의 채무에 대하여 책임을 지지 아니한다.

④ 러시아연방은 연방구성체와 지방자치단체의 채무에 대하여 책임을 지지 아니한다.

⑤ 러시아연방구성체와 자치단체는 각자의 채무에 대하여 서로 책임을 지지 아니하며, 러시아연방의 채무에 대하여도 책임을 지지 아니한다.

⑥ 이 조 제2항부터 제5항의 규정은 러시아연방이 러시아연방구성체, 지방자치단체 또는 법인의 채무를 보증한 경우와 이들이 러시아연방의 채무를 보증한 경우에는 적용하지 아니한다.

제127조【외국, 외국법인 및 외국인이 참가하는 경우 민사입법이 규율하는 관계에서의 러시아연방 및 러시아연방구성체의 책임에 관한 특칙】 외국, 외국법인 및 외국인이 참가하는 경우 민사입법이 규율하는 관계에서의 러시아연방 및 러시아연방구성체의 책임의 특칙에 대하여는 국가의 특권과 그 소유에 관한 법률로 정한다.

제3분편 민사상 권리의 객체

제6장 일반규정

제128조【민사상 권리의 객체의 종류】 민사상 권리의 객체에 속하는 것은 금전과 유가증권을 포함하는 물건 및 재산권, 업무와 서비스, 보호의 대상으로 되는 지적 활동의 성과와 그에 상응하는 개별화수단(지적 재산권), 비물질적 이익을 포함하는 그 밖의 재산이다.(개정 2006. 12. 18. 연방법률 제231호)

제129조【민사상 권리의 객체의 거래 가능성】 ① 민사상 권리의 객체는 그 거래가 금지되거나 제한되어 있지 아니할 경우에는 권리의 포괄적 승계(상속, 법인의 조직변경)의 절차 또는 그 밖의 방법에 따라 타인에게 자유로이 양도 또는 이전될 수 있다.

② 거래가 허용되지 아니하는 민사상 권리의 객체의 종류(거래가 금지되는 객체)는 법률에 명백하게 명시되어야 한다.

특정한 거래의 참가자만이 소유할 수 있거나 또는 특별한 허가에 근거하여 거래가 허용되는 민사상 권리의 객체의 종류(거래 가능성이 제한되는 객체)는 법률이 정하는 절차에 따라 정한다.

③ 토지와 그 밖의 자연자원은 토지와 그 밖의 자연자원에 관한 법률이 허용하는 거래 범위 내에서 그 밖의 방법에 따라 타인에게 양도 또는 이전할 수 있다.

④ 지적 활동의 성과와 그에 상응하는 개별화수단은 처분 또는 그 밖의 방법으로 양도할 수 없다. 다만, 지적 활동의 성과와 그에 상응하는 개별화수단에 대한 권리와 이를 표현하는 물질적 매개체는 이 법전이 규정하는 경우와 절차에 따라 처분 또는 그 밖의 방법으로 타인에게 양도할 수 있다.(추가 2006. 12. 18. 연방법률 제231호)

제130조【부동산과 동산】 ① 부동산이라 함은 토지, 지하자원 및 토지에 고착되어 있는 모든 물건, 즉 건물, 건조물과 건설 중인 건축물을 포함하여 그 용도에 손상을 입히지 아니하고는 이동할 수 없는 물체를 말한다.(개정 2004. 12. 30. 연방법률 제213호, 2006. 6. 3. 연방법률 제73호, 2006. 12. 4. 연방법률 제201호)

부동산에는 국가등기를 필요로 하는 항공기, 외해 · 내해 · 내하운항선박과 우주비행체도 포함된다. 그 밖의 재산도 법률에 따라 부동산으로 규율될 수 있다.

② 금전과 유가증권 등 부동산이 아닌 물건은 동산이다. 법률에 명시된 경우를 제외하

고는 동산에 관한 권리는 등기를 필요로 하지 아니한다.

제131조【부동산의 국가등기】 ① 부동산에 대한 소유권과 그 밖의 물권, 이들 권리의 제한, 발생, 이전과 소멸은 부동산에 대한 권리와 그 법률행위의 국가등기를 하는 기관에 의하여 통일국가등기부에 등기되어야 한다. 등기를 하여야 하는 권리는 소유권, 경영관리권, 운용관리권, 상속가능종신점유권, 영구이용권, 저당권, 지역권 및 이 법전과 그 밖의 법률이 규정하는 경우에서의 그 밖의 권리이다.(개정 2004. 6. 29. 연방법률 제58호)

② 법률이 규정하는 경우에는 특정 종류의 부동산의 특별등기 또는 등록이 국가등기와 함께 실행될 수 있다.

③ 부동산에 대한 권리와 그 법률행위의 국가등기를 하는 기관은 권리보유자의 신청에 따라 등기한 권리 또는 법률행위에 관한 서류를 교부하거나 또는 등기를 위하여 제출된 서류에 기재함으로써 등기를 증명하여야 한다.

④ 부동산에 대한 권리와 그 법률행위의 국가등기를 하는 기관은 등기와 등기된 권리에 관한 정보를 누구에게나 제공하여야 한다.

이 정보는 등기를 이행하는 장소와 관계없이 부동산등기를 하는 모든 기관에서 제공될 수 있다.

⑤ 부동산에 대한 권리 또는 그 법률행위의 국가등기의 각하 또는 당해 기관의 등기기피에 대하여는 법원에 제소할 수 있다.(개정 2006. 12. 18. 연방법률 제231호)

⑥ 국가등기의 절차와 등기 각하의 사유는 이 법전에 따라 부동산에 대한 권리와 그 법률행위의 등기에 관한 법률로 정한다.

제132조【기업】 ① 권리의 객체로서의 기업이라 함은 기업활동을 하기 위하여 사용하는 재산적 집합체를 말한다.

재산적 집합체로서의 기업은 전체로서 하나의 부동산으로 본다.

② 기업의 전체 또는 그 일부는 매매, 담보, 임대차와 물권의 설정·변경과 소멸에 관한 그 밖의 법률행위의 객체가 될 수 있다.

법률 또는 계약에 다른 규정이 있는 경우를 제외하고는 재산적 집합체로서의 기업을 구성하는 것은 토지, 건물, 건조물, 설비, 비품, 원료, 생산물, 채권, 채무를 포함하여 기업활동을 하기 위한 모든 종류의 재산 또는 기업, 그 생산물, 업무와 서비스를 특화(特化)하는 문자에 대한 권리(상호, 상표, 서비스 마크)와 그 밖의 전속적 권리이다.(개정 2006. 12. 18. 연방법률 제231호)

제133조【불가분물】 용도를 변경하지 아니하고 현물을 분할할 수 없는 물건은 불가분물이다.

불가분물에 대한 소유권에서의 지분분할의 특수성은 이 법전 제252조와 제258조의 규정으로 정한다.

제134조【합성물】 다른 종류의 물건이 같은 용도로 사용되는 단일체를 형성할 경우에는 이를 하나의 물건(합성물)으로 본다.

합성물에 관하여 체결된 법률행위의 효력은 계약에 다른 규정이 있는 경우를 제외하고는 그 구성부분 전부에 미친다.

제135조【주물과 종물】 주물에 이바지되고 주물과 같은 용도를 지니는 물건(종물)은 계약에 다른 규정이 있는 경우를 제외하고는 주물의 처분에 따른다.

제136조【과실, 생산물 및 수익】 재산의 사용에 의하여 취득하는 물건(과실, 생산물, 수익)은 법률과 그 밖의 법령 또는 당해 재산의 이용에 관한 계약에 다른 규정이 있는 경우를 제외하고는 그 재산을 합법적으로 이용하는 자에게 귀속한다.

제137조【동물】 법률 또는 그 밖의 법령이 정하고 있는 경우를 제외하고는 동물에 대하여는 재산에 관한 일반규정을 적용한다.

권리를 행사할 때에는 박애의 원칙에 반하여 동물을 잔혹하게 취급하여서는 아니된다.

제138조【효력상실 2006. 12. 18. 연방법률 제231호】

제139조【효력상실 2006. 12. 18. 연방법률 제231호】

제140조【통화〈화폐〉】 ① 루블은 러시아연방 전 영역에서 액면가액으로 수령하여야 하는 법정지급수단이다.

러시아연방의 영역에서의 지급은 현금 또는 비현금결제에 의한다.

② 러시아연방의 영역에서 외국화폐를 사용할 경우에는 그 절차와 요건은 법률 또는 법률이 정하는 절차에 따라 규정한다.

제141조【외국통화】 외국통화로 인정되는 재산의 종류와 외국통화로 거래하는 법률행위의 실행절차는 외국환조정법과 외국환관리법으로 정한다.

외국통화에 대한 소유권은 러시아연방의 일반규칙에 따라 보호된다.

제7장 유가증권

제142조 【유가증권】 ① 유가증권이라 함은 소정의 방식에 따라 법정필요적 기재사항을 기재한 재산권을 표창하는 서면으로서, 이를 제시하는 경우에 한하여 그 재산권이 행사 또는 양도되는 것을 말한다.

유가증권의 양도에 따라 그에 의하여 표창되는 권리 또한 모두 이전한다.

② 법률이 규정하는 경우 또는 법률이 정하는 절차에 따라 유가증권에 의하여 표창되는 권리를 행사 또는 양도하기 위하여는 특별등록부(일반적인 또는 컴퓨터화된 등록부)에 이를 기재하여 증명함으로써 족하다.

제143조 【유가증권의 종류】 유가증권에는 국채, 채권(債券), 어음, 수표, 예금증서와 저금증서, 지참인출급은행예금통장, 선하증권, 주식, 민영화 유가증권, 유가증권에 관한 법률 또는 이 법률이 정하는 절차에 따라 유가증권으로 분류된 그 밖의 서면이 포함된다.

제144조 【유가증권의 요건】 ① 유가증권에 의하여 표창되는 권리의 종류, 유가증권의 법정필요적 기재사항, 유가증권의 방식과 그 밖의 필요한 요건은 유가증권에 관한 법률 또는 그 법률이 정하는 절차에 따라 확정한다.

② 유가증권에 법정필요적 기재사항의 기재가 없는 경우 또는 유가증권이 소정의 방식을 따르지 아니하는 경우에는 당해 유가증권은 무효로 한다.

제145조 【유가증권에 의하여 표창되는 권리의 객체】 ① 유가증권에 의하여 표창되는 권리는 다음 각호의 1의 자에게 귀속한다.

1. 유가증권의 소지인(지참인출급유가증권)
2. 유가증권상의 명의인(기명유가증권)
3. 유가증권상의 명의인으로서 이들 권리를 독자적으로 행사할 수 있는 자 또는 자신의 지시로 다른 권리자를 지정할 수 있는 자(지시유가증권)

② 특성종류의 유가증권은 법률에 따라 기명유가증권, 지시유가증권 또는 지참인출급유가증권으로 발행될 수 없다.

제146조 【유가증권에 근거한 권리의 양도】 ① 지참인출급유가증권에 의하여 표창되는 권리를 타인에게 양도하기 위하여는 그 자에게 유가증권을 교부함으로써 족하다.

② 기명유가증권에 의하여 표창되는 권리는 청구권양도(채권양도)를 위하여 정하여진 절차에 따라 양도한다. 이 법전 제390조에 따라 유가증권에 근거한 권리를 양도하는

자는 당해 청구권의 무효에 대하여 책임을 지며, 그 이행에 대하여는 책임을 지지 아니한다.

③ 지시유가증권에 근거한 권리는 그 증권에 이서 즉 배서함으로써 양도된다. 배서인은 그 권리의 존부만이 아니라 당해 권리의 실현에 대하여도 책임을 진다.

유가증권에 의하여 표창되는 모든 권리는 유가증권상의 배서에 따라 유가증권에 근거하여 권리를 양수하는 자 또는 그 자가 지시하는 자, 즉 피배서인에게 이전된다.

배서는 백지배서(피배서인의 기재가 없는 것) 또는 지시배서(피배서인의 기재가 있는 것)로 한다.

배서는 유가증권에 의하여 표창되는 권리를 피배서인에게 양도하지 아니하고 권리행사를 위한 위임으로만 한정할 수도 있다.(위임배서) 이 경우에는 피배서인이 증권소지인으로 된다.

제147조【유가증권에 근거한 채무의 이행】 ① 유가증권을 발행한 자 및 이에 배서한 모든 자는 그 합법적인 소지인에 대하여 연대하여 책임을 진다. 유가증권에 근거한 채무를 부담하는 자 중 1인 또는 수인이 유가증권의 합법적인 소지자의 유가증권상 표창되는 채무이행의 청구에 대하여 이를 이행한 경우에는, 이러한 자는 유가증권에 근거한 채무를 지는 그 밖의 자에 대하여 구상청구권을 취득한다.

② 유가증권에 의하여 표창되는 채무의 이행의 거절은 채무원인의 부존재 또는 채무의 무효를 원용하는 경우에도 허용되지 아니한다.

유가증권의 위조 또는 변조를 발견한 유가증권 소지자는 그 유가증권을 양도한 자에 대하여 유가증권에 의하여 표창되는 채무의 이행과 손해의 배상을 청구할 수 있다.

제148조【유가증권에 근거한 권리의 회복】 유실된 지참인출급유가증권 또는 지시유가증권에 근거한 권리의 회복은 소송법령이 규정하는 절차에 따라 법원이 한다.

제149조【비서면유가증권】 ① 법률이 정하는 경우 또는 법률이 정하는 절차에 따라 특별면허를 취득한 자는 기명유가증권 또는 지시유가증권이 표창하는 권리를 비서면방식(컴퓨터 기술 등의 수단을 이용하여)으로 인증할 수 있다. 이러한 방식의 권리 인증에 대하여는 유가증권에 관한 규정을 적용한다. 다만, 인증의 특수성에 따라 다른 결과가 발생할 수 있는 경우에는 그러하지 아니하다.

비서면방식으로 권리를 인증한 자는 권리보유자의 청구에 따라 그 권리를 증명하는 서면을 그에게 발급하여야 한다.

위의 방식에 따라 인증되는 권리, 권리와 권리보유자에게 하는 공식인증절차, 서면형식에 의한 인증사항 확인절차 및 비서면유가증권의 거래실행절차는 법률 또는 법률이 정하는 절차에 따라 정한다.

② 비서면유가증권의 거래업무는 권리인증을 공식적으로 수행하고 있는 자에 대하여 청구가 있은 경우에 한하여 할 수 있다. 권리의 양도, 위임과 제한은 공식등록의 보전, 등록 내용의 비밀보지, 그 기록에 관한 정확한 정보의 제공과 이루어진 거래에 관한 공식등록에 책임 있는 자가 공식적으로 인증을 하여야 한다.

제8장 비재산적 이익과 그 보호

제150조【비재산적 이익】 ① 생명과 건강, 개인의 존엄, 인신의 불가침, 명예와 명성, 사회적 평가, 사생활의 불가침, 개인과 가족의 비밀, 이전의 자유, 거소와 주소를 선택하는 권리, 성명권, 저작권, 그 밖의 인격적 비재산권과 출생 또는 법률에 따라 시민에게 속하는 그 밖의 비재산적 이익은 양도할 수 없으며, 다른 어떠한 방법으로도 이전될 수 없다. 법률이 규정하는 경우와 절차에 따라 사망한 사람에게 귀속되어 있는 인격적 비재산권과 그 밖의 비재산적 이익은 권리보유자의 상속인을 포함하여 타인이 행사하고 보호할 수 있다.

② 이 법전과 다른 법률이 규정하는 경우와 절차에 따라 또한 침해된 비재산권의 본질과 당해 침해 결과의 성질에 따라 발생하는 민사상 권리보호의 방법(제12조)을 이용할 경우에는 그 범위 내에서 비재산적 이익은 이 법전과 다른 법률에 따라 보호된다.

제151조【정신적 손해의 배상】 인격적 비재산권을 침해하거나 또는 시민에게 속하는 그 밖의 비물질적 이익을 침해하는 행위에 의하여 시민이 정신적 손해(육체적 또는 정신적 고통)를 입은 경우 및 법률이 규정하는 그 밖의 경우에는 법원은 가해자에게 그 손해를 금전으로 배상할 의무를 부과할 수 있다.

정신적 손해의 배상액을 확정할 때에는 법원은 가해자의 과실의 정도와 주의하여야 할 그 밖의 상황을 고려하여야 한다. 또한 법원은 피해자의 개인적 특성과 관련되는 육체적 및 정신적 고통의 정도도 고려하여야 한다.

제152조【명예, 존엄 및 업무상의 사회적 평가의 보호】 ① 시민은 그 명예, 존엄 또는 업무상의 사회적 평가를 훼손하는 정보에 대하여 당해 정보를 전파한 자가 그 정보가 사실과 부합함을 증명하지 못할 경우에는 법원에 그 취소를 청구할 수 있다.

시민의 명예와 존엄은 그 사망 후에도 이해관계자의 청구에 따라 보호된다.

② 시민의 명예, 존엄 또는 업무상의 사회적 평가를 훼손하는 정보가 매스미디어에서 전파된 경우에는 그 정보는 당해 매스미디어에서 취소되어야 한다.

위의 정보가 조직체의 서류 속에 나타나고 있는 경우에는 그 서류는 대체되거나 또는 회수되어야 한다.

그 밖의 경우에서의 취소절차는 법원이 정한다.

③ 매스미디어가 시민의 권리 또는 법률상의 이익을 침해하는 정보를 공표한 경우에는, 그와 관계 있는 시민은 당해 매스미디어에서 자기의 반론을 공표하는 권리를 갖는다.

④ 법원의 판결이 집행되지 아니할 경우에는 법원은 소송법령이 규정하는 액수와 절차에 따라 가해자에게 벌금을 부과하고 이를 러시아연방의 수입으로 할 수 있다. 가해자는 벌금을 납부한 후에도 법원의 판결에 규정된 행위를 이행하여야 할 의무를 면할 수 없다.

⑤ 명예, 존엄 또는 업무상의 사회적 평가와 관계있는 정보에 훼손을 입은 시민은 정보의 취소 외에 이러한 정보의 전파에 의하여 입은 손해와 정신적 손해의 배상을 청구할 수 있다.

⑥ 시민의 명예, 존엄 또는 업무상의 사회적 평가를 훼손하는 정보를 전파한 자를 특정할 수 없는 경우에는, 당해 정보의 전파와 관계있는 자는 전파된 정보가 사실과 부합하지 아니함을 확인하는 청구를 법원에 제기할 수 있다.

⑦ 시민의 업무상의 사회적 평가의 보호에 관한 이 조의 규정은 법인의 업무상의 사회적 평가의 보호에 관하여도 적용한다.

제152-1조【시민의 초상권 보호】 시민 초상(사진과 영상자료 또는 그가 등장하는 시각예술작품을 포함한다)의 공표와 공표 이후의 계속적 사용은 본인의 동의가 있는 경우에만 허용된다. 사망한 후에는 그의 자녀와 생존배우자의 동의가 필요하고, 이들이 없는 경우에는 부모의 동의가 있는 때에만 그 초상을 사용할 수 있다. 다음 각호의 1의 경우에는 동의를 필요로 하지 아니한다.

1. 국가, 사회 그 밖의 공공의 이익을 위하여 초상을 사용할 경우

2. 자유로운 방문을 위하여 개방된 장소 또는 공공행사(집회, 대회, 회의, 공연, 전시, 운동경기 및 이와 유사한 행사)에서 이루어진 촬영을 통하여 얻은 시민의 초상인 경우. 다만, 당해 초상이 그 사용의 주된 객체로 될 경우에는 그러하지 아니하다.

3. 시민이 유상으로 촬영에 응한 경우(추가 2006. 12. 18. 연방법률 제231호)

제4분편 법률행위와 대리

제9장 법률행위

제1절 법률행위의 개념, 종류 및 방식

第153조【법률행위의 개념】 민사상 권리의무의 설정, 변경 및 소멸을 목적으로 하는 시민과 법인의 행위를 법률행위라 한다.

第154조【계약과 단독행위】 ① 법률행위는 2인 또는 다수당사자 사이의 행위(계약)와 단독행위이다.

② 단독행위라 함은 법률행위의 실행을 위하여 법률 또는 그 밖의 법령 또는 당사자의 합의에 따라 일방 당사자의 의사의 표시만을 필요로 하고 또한 그것으로 충분한 법률행위를 말한다.

③ 계약체결을 위하여는 2인의 당사자 또는 3인 이상의 당사자의 합치된 의사표시(2당사자 사이의 법률행위 또는 다수당사자 사이의 법률행위)를 필요로 한다.

第155조【단독행위와 관련되는 의무】 단독행위는 법률행위를 한 자에게 의무를 설정한다. 단독행위는 법률이 규정하는 경우 또는 타인의 동의가 있는 경우에 한하여 타인에게 의무를 설정할 수 있다.

第156조【단독행위에 대한 법적 규제】 채무 및 계약의 일반규정은 법률 또는 단독행위적 성격 및 법률행위의 본질에 반하는 경우를 제외하고는 단독행위에 적용한다.

第157조【조건부 법률행위】 ① 당사자가 권리의무의 발생에 관하여 성취 여부를 알 수 없는 사정에 의거하게 한 경우에는 그 법률행위는 정지조건부로 이루어진 것으로 본다.

② 당사자가 권리의무의 소멸에 관한 성취 여부를 알 수 없는 사정에 의거하게 한 경우에는 그 법률행위는 해제조건부로 이루어진 것으로 본다.

③ 조건의 성취로 불이익을 받을 당사자가 고의로 조건의 성취를 방해한 경우에는 그 조건은 성취된 것으로 본다.

조건의 성취로 이익을 받을 당사자가 고의로 조건의 성취를 촉진시킨 경우에는 그 조건은 성취되지 아니한 것으로 본다.

제158조【법률행위의 방식】 ① 법률행위는 말 또는 서면(단순방식 또는 공증방식)으로 한다.

② 말로 할 수 있는 법률행위는 그 자의 행태에 의하여 법률행위를 하는 의사가 명백한 경우에도 이루어진 것으로 본다.

③ 법률이 규정하는 경우 또는 당사자의 합의가 있는 경우에는 침묵은 법률행위를 하는 의사표시로 본다.

제159조【말로 하는 법률행위】 ① 법률 또는 당사자의 합의에 따라 서면방식(단순방식 또는 공증방식)이 정하여져 있지 아니한 법률행위는 말로 할 수 있다.

② 당사자 스스로의 실행만으로써 이루어지는 모든 법률행위는 당사자의 합의에 따라 달리 정한 경우를 제외하고는 말로 할 수 있다. 다만, 공증방식이 정하여져 있는 법률행위와 단순서면방식이 정하여져 있고 이에 위반하면 무효로 되는 법률행위의 경우에는 그러하지 아니하다.

③ 서면으로 체결한 계약을 이행하기 위하여 하는 법률행위는 법률 또는 그 밖의 법령 및 계약에 반하는 경우를 제외하고는 당사자의 합의에 따라 말로 할 수 있다.

제160조【서면방식인 법률행위】 ① 서면방식에 의한 법률행위는 그 내용을 표시하고 법률행위를 한 자 또는 그 자로부터 적법하게 수임한 자가 서명한 문서를 작성하는 방법으로 한다.

2 당사자 간(또는 다수당사자 간)의 법률행위는 이 법전 제434조 제2항 및 제3항이 정한 방법으로 할 수 있다.

법률행위의 방식에 대한 추가적 요건(일정 서식에의 기재, 인지의 첨부 등)과 이러한 요건에 위반한 효과에 대하여는 법률, 그 밖의 법령 및 당사자의 합의에 따라 정할 수 있다. 이러한 효과에 대하여 규정하고 있지 아니하는 경우에는 법률행위의 단순서면방식에 위반한 때의 효과에 관한 규정(제162조 제1항)을 적용한다.

② 법률, 그 밖의 법령에 규정되거나 또는 당사자의 합의가 있는 경우와 절차에 따라 법률행위를 할 때에 복사기 또는 그 밖의 복사수단의 조력에 의한 서명의 복사, 전자서명 또는 자필서명에 갈음하는 그 밖의 유사물의 사용은 허용된다.

③ 시민이 신체상의 장애, 질병 또는 문맹으로 자필서명을 할 수 없는 경우에는 그의 의뢰에 따라 다른 시민이 그 법률행위에 서명할 수 있다. 후자에 의한 서명에 대하여는 공증인 또는 공증을 하는 권한을 갖는 그 밖의 공무원이 법률행위를 하는 자가 자필 서명할 수 없는 이유를 명시하고 인증하여야 한다.

그러나 이 법전 제185조 제4항에 명시된 법률행위를 하며 또한 법률행위를 할 것을 위임할 때에는, 법률행위에 서명하는 자의 서명은 자필 서명할 수 없는 시민이 일하고 있는 조직체나 또는 보살핌을 받고 있는 의료기관의 관리부가 인증할 수 있다.

제161조【단순서면방식에 의한 법률행위】 ① 다음 각호의 1의 법률행위는 공증을 필요로 하는 것을 제외하고는 단순서면방식으로 하여야 한다.

1. 법인과 시민을 상대로 하는 법인의 법률행위
2. 금액이 최저노동임금액의 10배를 넘는 시민 사이의 법률행위 및 법률행위의 액면과 관계없이 법률로 규정하는 경우

② 이 법전 제159조에 따라 말로 하는 법률행위에 대하여는 단순서면방식으로 작성할 필요가 없다.

제162조【법률행위의 단순서면방식 위반의 효과】 ① 법률행위의 단순서면방식을 위반할 경우에는 당사자는 분쟁시 법률행위 및 그 조건을 증명하기 위하여 증언을 원용할 수 없다. 그러나 서면증거 및 그 밖의 증거를 제출하는 것은 그러하지 아니하다.

② 법률 또는 당사자의 합의에 명확하게 명시된 경우에는 단순서면방식을 위반한 법률행위는 무효이다.

③ 단순서면방식을 위반한 대외경제거래행위는 무효이다.

제163조【공증된 법률행위】 ① 법률행위의 공증은 공증인 또는 공증행위를 할 수 있는 그 밖의 공무원이 이 법전 제160조의 요건에 따라 서류에 인증문을 붙이는 방법으로 한다.

② 다음 각호의 1의 경우에는 법률행위는 공증을 받아야 한다.

1. 법률이 규정하는 경우
2. 특정유형의 법률행위에 대하여 법률이 공증을 요구하지 아니하나 당사자의 합의가 이를 요구하는 경우

제164조【법률행위의 국가등기】 ① 이 법전 제131조와 부동산권 및 부동산에 관한 법률행위의 등기에 관한 법률이 규정하는 경우와 절차에 따라 토지와 그 밖의 부동산에 관한 법률행위는 국가등기를 하여야 한다.

② 법률은 특정종류의 동산에 관한 법률행위에 대하여 국가등기를 하여야 할 것을 정할 수 있다.

제165조【법률행위의 공증방식 위반의 효과와 법률행위의 등기를 하지 아니한 때의 효과】 ① 공증방식을 위반한 법률행위 및 법률이 규정하고 있는 경우에 국가등기의

요구를 위반한 법률행위는 무효이다. 이러한 법률행위는 당연무효인 것으로 본다.

② 당사자 일방이 공증을 필요로 하는 법률행위를 전부 또는 일부 이행하고, 상대방 당사자가 이 법률행위의 공증을 게을리하는 경우에는 법원은 법률행위를 이행한 당사자의 청구에 따라 그 법률행위를 유효한 것으로 할 수 있다. 이 경우 법률행위의 사후 공증은 필요로 하지 아니한다.

③ 국가등기를 필요로 하는 법률행위가 상응하는 방식에 따라 이루어졌으나, 당사자 중의 일방이 등기를 게을리하고 있는 경우에는 법원은 타방 당사자의 청구에 따라 법률행위 등기에 관한 결정을 내릴 수 있다. 이 경우에는 그 법률행위는 법원의 결정에 따라 등기된다.

④ 이 조 제2항 및 제3항이 규정하는 경우에는 법률행위의 공증 또는 등기를 부당하게 게을리하는 당사자는 타방 당사자에 대하여 법률행위의 실행 또는 등기를 지연시킨데 따른 손해를 배상하여야 한다.

제2절 법률행위의 무효

제166조【취소할 수 있는 법률행위와 무효인 법률행위】 ① 법률행위는 이 법전이 정하는 사유에 따라 법원에 의하여 무효로 되거나(취소할 수 있는 법률행위) 또는 그 인정의 유무와 관계없이 무효로 된다.(당연무효인 법률행위)

② 취소할 수 있는 법률행위의 무효확인에 관한 청구는 이 법전에 명시된 자가 제기할 수 있다.

무효인 법률행위의 무효효과 원용에 관한 청구는 모든 이해관계인이 제기할 수 있다. 법원은 직권으로 그 효과를 원용할 수 있다.

제167조【법률행위 무효의 효과에 관한 일반규정】 ① 무효인 법률행위는 그 무효와 관련되는 것을 제외하고는 법적 효과를 발생하지 아니하며 그 행위시부터 무효이다.

② 법률행위가 무효인 경우에는 당사자 일방은 그 법률행위에 의하여 취득한 모든 것을 상대방에게 반환하여야 하며, 취득한 것을 현물로 반환할 수 없는 경우(취득한 것이 재산의 이용, 노무의 제공 또는 서비스의 제공인 때를 포함한다)에는 법률행위무효의 그 밖의 효과를 법률이 규정하고 있는 경우를 제외하고는 그 가액을 금전으로 배상하여야 한다.

③ 취소할 수 있는 법률행위의 내용으로부터 그 법률행위가 장래를 향하여서만 해소되는 것으로 볼 수 있는 경우에는, 법원은 법률행위를 무효로 하면서 그 효력을 장래에

향하여 실효하게 한다.

제168조【법률 또는 그 밖의 법령과 부합하지 아니하는 법률행위의 무효】 법률 또는 그 밖의 법령과 부합하지 아니하는 법률행위는 법률이 이러한 법률행위가 취소할 수 있는 것으로 하거나 또는 위반에 대한 그 밖의 효과를 정하고 있는 경우를 제외하고는 무효이다.

제169조【법질서의 기본원칙 및 도덕에 반하는 목적으로 한 법률행위의 무효】 고의로 법질서의 기본원칙 또는 도덕에 반하는 목적으로 한 법률행위는 무효이다.

이러한 법률행위의 당사자 쌍방에게 고의가 있는 때에는, 당사자 쌍방이 법률행위를 이행한 경우에는 당사자 쌍방이 당해 법률행위에 근거하여 얻은 소득 전부를 추징하여 러시아연방의 수입으로 환수하며, 당사자 일방이 이행한 경우에는 상대방이 취득한 소득 전부와 상대방이 법률행위를 이행한 당사자에게 급부할 것의 대가로 보상되는 모든 것을 추징하여 러시아연방의 수입으로 환수하여야 한다.

당사자 일방에게만 이러한 법률행위에 대하여 고의가 있을 때에는 당해 법률행위를 통하여 취득한 것 전부를 상대방에게 반환하여야 하며, 이행의 대가로서 상대방이 취득한 것 또는 이행된 부분의 보상으로 상대방이 급부하여야 할 것 모든 것을 대가로 추징하여 러시아연방의 수입으로 환수하여야 한다.

제170조【허위 및 가장법률행위의 무효】 ① 허위의 법률행위, 즉 법률행위에 따른 법률효과를 발생시키고자 하는 의도 없이 형식적으로만 행한 법률행위는 무효이다.

② 가장법률행위, 즉 다른 법률행위를 감추고자 하는 목적으로 행한 법률행위는 무효이다. 당사자 쌍방이 실제로 예견한 법률행위에 대하여는 그 법률행위의 본질을 고려하여 그 법률행위에 대한 규정을 적용한다.

제171조【행위무능력이 선고된 시민이 한 법률행위의 무효】 ① 정신상의 장애로 행위무능력이 선고된 시민이 한 법률행위는 무효이다.

이러한 법률행위의 각 당사자는 취득한 모든 것을 당사자에게 현물로 반환하여야 하며, 취득한 것을 현물로 반환할 수 없는 경우에는 그 가액을 금전으로 보상하여야 한다.

행위능력이 있는 당사자는 상대방의 행위무능력을 알았거나 알 수 있었던 경우에는 그가 입힌 실제의 손해를 상대방에게 배상하여야 한다.

② 정신상의 장애로 행위무능력이 선고된 시민의 이익으로 되고 그가 한 법률행위가 본인에게 유리한 경우에는 후견인의 청구에 따라 법원에 의하여 유효한 것으로 선고될 수 있다.

제172조【14세 미만의 미성년자가 한 법률행위의 무효】 ① 14세 미만의 미성년자(어린이)가 한 법률행위는 무효이다. 이러한 법률행위에 대하여는 이 법전 제171조 제1항 제2문 및 제3문의 규정을 적용한다.

② 어린이를 위하여 그가 한 법률행위가 그의 이익을 위하여 행하여진 경우에는 그의 부모, 양친 또는 후견인의 청구에 따라 법원에 의하여 유효한 것으로 선고될 수 있다.

③ 이 조의 규정은 어린이가 이 법전 제28조에 따라 단독으로 할 수 있는 사소한 일상생활 및 그 밖의 법률행위에는 적용하지 아니한다.

제173조【권리능력의 범위를 넘은 법인의 법률행위의 무효】 설립서면이 명백히 한정하고 있는 활동목적에 반하여 한 법인의 법률행위 또는 당해 활동을 하는 데 면허를 가지지 아니한 법인이 한 법률행위는 상대방이 그 법률행위의 위법성을 알았거나 또는 명백하게 알 수 있었음이 증명된 경우에는, 법원은 당해 법인, 법인 설립자(또는 참가자) 또는 법인의 활동에 대하여 국가감독을 하는 국가기관의 청구에 따라 무효로 선고할 수 있다.

제174조【법률행위를 하는 권한제한의 효과】 당사자가 법률행위를 할 권한이 계약에 따라 제한되거나 법인기관의 권한이 설립서면에 따라 제한되어 있으며, 그 권한이 위임장 또는 법률에 따라 제한되는 것으로 규정되거나 또는 법률행위가 행하여진 상황으로부터 이러한 제한이 명백한 것으로 볼 수 있음에도 법률행위 당시에 당사자 또는 법인의 기관이 이러한 제한을 넘어 법률행위를 한 경우에는, 법률행위의 상대방이 이러한 제한을 알았거나 알 수 있었음을 명백히 증명하는 경우에 한하여 법률행위는 그 제한을 받고 있는 자의 이익을 위하여 그 자의 청구에 따라 법원이 무효로 선고할 수 있다.

제175조【14세 이상 18세 미만의 미성년자가 한 법률행위의 무효】 ① 이 법전 제26조에 따라 부모, 양친(養親) 또는 후견인의 동의가 필요한 경우에 이들의 동의 없이 한 14세 이상 18세 미만의 미성년자의 법률행위는 부모, 양친 또는 후견인의 청구에 따라 법원이 무효로 선고할 수 있다.

이러한 법률행위가 무효로 된 때에는 이 법전 제171조 제1항 제2문 및 제3문의 규정을 적용한다.

② 이 조의 규정은 완전한 행위능력을 취득한 미성년자의 법률행위에는 적용하지 아니한다.

제176조【법원에 의하여 행위능력이 제한된 시민이 한 법률행위의 무효】 ① 알코올음료 또는 마약의 남용으로 법원에 의하여 행위능력이 제한된 시민이 후견인의 동의

없이 한 재산의 처분과 관련되는 법률행위는 보좌인의 청구에 따라 법원이 무효로 선고할 수 있다.

② 이 조의 규정은 행위능력이 제한된 시민이 이 법전 제30조에 따라 단독으로 할 수 있는 사소한 일상적 법률행위에는 적용하지 아니한다.

제177조【자기행위의 의미를 이해할 수 없거나 또는 자기행위를 제어할 수 없는 시민이 한 법률행위의 무효】 ① 행위능력은 가지고 있으나 행위시에 자기행위의 의미를 이해할 수 없거나 사기행위를 제어할 수 없는 시민이 한 법률행위는 그 시민 또는 그 행위에 의하여 권리 또는 법익이 침해된 그 밖의 자의 청구에 따라 법원이 무효로 할 수 있다.

② 법률행위를 한 뒤에 비로소 행위무능력으로 선고된 시민이 한 법률행위는 그가 법률행위시 자기행위의 의미를 이해할 수 없었거나 자기행위를 제어할 수 없었음을 증명하는 경우에는 그의 후견인의 청구에 따라 법원이 무효로 선고할 수 있다.

③ 법률행위가 이 조의 규정에 따라 무효로 될 경우에는 이 법전 제171조 제1항 제2문 및 제3문이 규정하는 규정을 각각 적용한다.

제178조【착오로 인한 법률행위의 무효】 ① 중대한 착오로 인한 법률행위는 착오에 의하여 영향을 받은 당사자의 청구에 따라 법원이 무효로 선고할 수 있다.

법률행위의 성질에 대한 착오, 목적물의 동일성과 용도에 따른 사용가치를 현저히 떨어뜨릴 가능성이 있는 목적물의 성질에 대한 착오는 중대한 착오이다. 법률행위의 동기에 대한 착오는 중대한 착오가 아니다.

② 법률행위가 착오로 인하여 행하여지고 그 법률행위가 무효로 될 경우에는 이 법전 제167조 제2항이 정하는 규정을 적용한다.

이 외에 법률행위의 무효 확인을 청구한 당사자는 상대방의 과실에 의하여 착오가 발생하였음을 증명하는 경우에는 착오로 인한 실손해를 상대방에 대하여 청구할 권리를 갖는다. 이를 증명할 수 없고 심지어 착오가 착오를 일으킨 당사자의 의사와 관계없는 사정에 의하여 발생한 경우에도, 법률행위의 무효확인을 청구한 당사자는 상대방의 청구에 따라 상대방이 입은 실손해를 배상하여야 한다.

제179조【사기, 강제, 강박 또는 일방당사자의 대리인과 상대방과의 통정에 의한 법률행위 또는 가혹한 사정하에서 한 법률행위의 무효】 ① 사기, 강제, 강박 또는 일방당사자의 대리인과 상대방과의 통정에 의한 법률행위 및 자기에게는 극도로 불리하고 상대방에게는 이익이 되는 가혹한 사정하에서 강제로 행하여진 법률행위(불공정법률행

위)는 피해자의 청구에 따라 법원이 무효로 선고할 수 있다.

② 이 조 제1항에 명시된 사유 중의 하나로 인하여 법률행위가 무효로 될 경우에는 상대방은 피해자에 대하여 그 법률행위에 의하여 자기가 취득한 모든 것을 반환하여야 하며, 취득한 모든 것을 현물로 반환할 수 없는 경우에는 그 가액을 금전으로 배상하여야 한다. 당해 법률행위에 근거하여 피해자가 상대방으로부터 취득한 재산과 상대방에게 인도된 대가로서 피해자에게 급부되어야 하는 재산은 이를 추징하여 러시아연방의 수입으로 하여야 한다. 현물로 그 재산을 국가수입으로 이전할 수 없는 경우에는 그 가액으로 환수된다. 이 외에 상대방은 피해자에게 입힌 실손해를 배상하여야 한다.

제180조【법률행위의 일부무효의 효과】 법률행위의 일부무효의 효과는 그 무효부분을 포함하지 아니하더라도 그 법률행위를 하였을 것으로 여겨질 경우에는 그 법률행위의 그 밖의 부분을 무효로 하지 아니한다.

제181조【무효인 법률행위에 관한 소송시효】 ① 무효인 법률행위의 무효효과의 적용에 관한 청구의 소송시효는 3년으로 한다. 위 소송시효는 그 법률행위의 이행이 개시된 날로부터 기산한다.

② 취소할 수 있는 법률행위의 무효확인에 대한 청구와 그 무효효과의 적용에 관한 청구의 소송시효는 1년으로 한다. 위의 소송시효는 강제 또는 강박에 의하여 법률행위(제179조 제1항)가 행하여진 때에는 그 강제 또는 강박이 그친 날로부터 또는 원고가 법률행위의 무효사유가 되는 그 밖의 사정을 알았거나 알 수 있는 날로부터 기산한다.(전문 개정 2005. 7. 21. 연방법률 제109호)

제10장 대리 · 위임장

제182조【대리】 ① 위임장, 법률의 규정 또는 수권된 국가기관 또는 지방자치기관의 행위에 근거하여 어떤 자(대리인)가 다른 사람(본인)의 이름으로 하는 법률행위는 직접 본인의 민사상 권리의무를 발생, 변경 및 소멸시킨다.

대리인이 행위하고 있는 상황(소매상의 점원, 출납원 등)으로부터도 당해 권한이 존재함을 인정할 수 있다.

② 다른 사람의 이익을 위하더라도 자기 자신의 이름으로 행위를 하는 자(상사중개인, 파산관재인, 상속의 경우 유언집행인 등)와 장래의 법률행위와 관련하여 그 교섭권이 부여

받은 자는 대리인이 아니다.

③ 대리인은 본인의 이름으로써 자기 자신과 법률행위를 할 수 없다. 대리인은 상사대리의 경우를 제외하고는 스스로가 동시에 대리인으로 되어 있는 다른 자를 상대로 하는 법률행위도 할 수 없다.

④ 그 성격상 본인만이 할 수 있는 법률행위는 법률에 명시된 그 밖의 법률행위와 마찬가지로 대리인을 통하여 할 수 없다.

제183조【무권대리인의 법률행위】 ① 타인의 이름으로 행위하는 권한이 없는 경우 또는 그 권한을 넘은 경우에는, 그 법률행위는 그 뒤 타인(본인)이 명백히 추인한 경우를 제외하고는 이를 행한 자의 이름으로 또한 그의 이익을 위하여 행하여진 것으로 본다.

② 본인에 의한 법률행위의 사후추인은 본인을 위하여 그 법률행위에 관한 민사상의 권리의무가 그 행위시로부터 발생, 변경 및 소멸하게 한다.

제184조【상사대리】 ① 기업활동분야에서 계약을 체결할 때에 기업자의 이름으로 계속적 및 독립적으로 대리행위를 하는 자를 상사대리인이라 한다.

② 법률행위에서 여러 당사자의 상사대리를 동시에 하는 것은 그 당사자의 동의가 있는 때와 법률이 규정하는 그 밖의 경우에 허용된다. 이 경우 상사대리인은 일반적인 기업인의 주의로써 자기에게 주어진 위탁업무를 수행하여야 한다.

상사대리인은 당사자 사이의 협의로 달리 규정하고 있는 경우를 제외하고는 소정의 보수의 지급 및 위탁업무를 수행할 때 자기에게 발생한 비용의 상환을 동등한 비율로 당사자에게 청구할 수 있다.

③ 상사대리는 서면계약으로써 행하여지며, 대리인의 권한을 기재한 계약에 따라 행하여지고 이러한 기재가 없는 경우에는 위임장에 근거하여 한다.

상사대리인은 자기에게 주어진 위탁업무를 수행한 뒤에도 상사거래에 관하여 자기가 알게 된 정보의 비밀을 지켜야 한다.

④ 기업활동의 특정분야에서의 상사대리에 관한 특칙은 법률 또는 그 밖의 법령으로 정한다.

제185조【위임장】 ① 위임장이라 함은 제3자에 대한 대리행위를 하기 위하여 어떤 자가 다른 자에게 교부한 위임서면을 말한다. 대리인이 법률행위를 하기 위한 위임서면은 본인이 그 제3자에 대하여 직접 제시할 수 있다.

② 공증방식을 필요로 하는 법률행위를 하기 위한 위임장은 법률이 규정하는 경우를 제외하고는 공증을 받아야 한다.

③ 다음 각호의 1의 경우에는 공증된 위임장과 같은 것으로 본다.

1. 군병원, 요양원 그 밖의 군의료시설에서 요양 중인 군복무자 및 그 밖의 자의 위임장으로서 그 시설의 장, 의무부원장, 주임의사 또는 당직의사가 인증한 것

2. 군복무자, 국가공증소 그 밖의 공증사무를 처리하는 기관이 없는 부대 · 편대 · 군시설 및 군사교육시설의 주둔지에 있는 노동자, 근무자 및 이들 가족의 위임장으로서 이들 부대 · 편대 · 군시설 또는 군사교육시설의 지휘관(장)이 인증한 것

3. 자유가 박탈된 장소에 있는 자의 위임장으로서 그 곳의 장이 인증한 것

4. 주민사회보호시설에 있는 성년자이며 행위능력이 있는 시민의 위임장으로서 그 시설의 관리부 또는 그 시설의 당해 기관의 장(또는 차장)이 인증한 것

④ 임금 및 노동관계에 관련된 그 밖의 지급금의 수령을 위한 위임장, 작가 및 발명자의 보수, 연금, 은전금, 장학금 및 시민의 은행예치금의 수령을 위한 위임장과 금전 및 소포를 포함한 통신물을 수령하기 위한 위임장은 본인이 근무하거나 또는 배우고 있는 조직, 그의 주소지의 건물관리기관 및 본인이 요양 중에 있는 환자요양시설의 관리부도 인증할 수 있다.

은행예치금, 은행계좌로부터의 금원, 통신기관으로부터 배달된 통신물을 수령하기 위한 시민의 대리로서의 위임장과 또한 이 항 제1문에 명시된 시민명의의 그 밖의 법률행위를 하기 위한 위임장은 당해 은행이나 통신기관이 인증할 수 있다. 이러한 위임장은 무료로 인증된다.(추가 1996. 8. 12. 연방법률 제111호)

⑤ 법인 명의의 위임장은 그 장이나 또는 설립서면에서 그 사항에 대하여 수권된 그 밖의 자가 이 조직의 인장을 찍어 교부한다.

국가 또는 지방자치단체소유인 법인 명의의 위임장이 금전 및 그 밖의 유가물의 수령 또는 인도를 목적으로 하는 것은 이 조직의 경리주임(또는 부 · 과장)의 서명도 받아야 한다.

제186조 【위임장의 기간】 ① 위임장의 유효기간은 3년을 넘을 수 없다. 위임장에 그 기간이 명시되어 있지 아니한 경우에는 위임장 시행일로부터 1년간 유효하다.

위임장 작성일이 명시되어 있지 아니한 위임장은 무효이다.

② 공증인에 의하여 공증된 위임장으로서 그것이 외국에서 행사될 것이 예정되고 또한 유효기간이 기재되지 아니한 것은 그 위임장 교부인이 해지할 때까지 유효하다.

제187조 【복임】 ① 위임장을 교부받은 자는 수권된 행위를 독자적으로 하여야 한다. 수임자는 위임장에 복임권이 부여되어 있거나 또는 위임장 교부자의 이익을 보호하

기 위하여 부득이한 사정이 있는 경우에는 수권된 행위를 타인이 실행하도록 위임할 수 있다.

② 타인에게 복임을 한 자는 위임장 교부자에게 통지를 하여야 하며, 복임된 자에 관한 필요한 정보를 교부자에게 알려야 한다. 이 의무를 이행하지 아니할 경우에는 수임자는 복임자의 행위에 대하여 자기가 한 행위에 대한 것과 같은 책임을 진다.

③ 복임방법으로 발행된 위임장은 이 법전 제185조 제4항이 규정한 경우를 제외하고는 공증되어야 한다.

④ 복임방법으로 발행된 위임장의 유효기간은 원위임장의 유효기산을 넘을 수 없다.

第188조【위임장의 실효】 ① 다음 각호의 1의 사유가 있는 경우에는 위임장은 실효한다.

1. 위임장의 기간만료
2. 위임장 발행인에 의한 위임의 해지
3. 위임장을 교부받은 자에 의한 위임의 해지
4. 위임장 발행명의자로서 위임장을 발행한 법인의 해산
5. 위임장이 교부된 법인의 해산
6. 위임장을 발행한 그 시민의 사망과 행위무능력, 제한행위능력 또는 실종의 선고
7. 위임장을 교부받은 그 시민의 사망과 행위무능력, 제한행위능력 또는 실종의 선고

② 위임장을 발행한 자는 언제든지 위임 또는 복임을 해지할 수 있으며, 위임장을 교부받은 자도 언제든지 위임을 해지할 수 있다. 이들 권리를 포기하는 합의는 무효이다.

③ 복임은 위임장의 실효에 따라 효력을 상실한다.

第189조【위임장 실효의 효과】 ① 위임장을 발행하고 그 뒤에 위임장을 철회한 자는 수임인 및 위임인이 알고 있는 위임장을 교부받은 제3자에게 그 철회의 사실을 통지하여야 한다. 이 법전 제188조 제1항 제4호 및 제6호에 규정하는 사유에 따라 위임장이 실효한 경우에는 위임인의 권리승계인도 이 항의 통지의무를 부담하여야 한다.

② 수임인이 그 위임장의 실효를 알았거나 또는 알 수 있기 진에 한 행위에 따라 발생한 권리의무는 제3자와의 관계에서는 위임장 발행인 및 그 권리승계인에 대하여는 여전히 유효하다. 제3자가 위임장의 실효를 알았거나 알 수 있었던 경우에는 이 규정은 적용하지 아니한다.

③ 위임장이 실효된 후에는 수임인 또는 그 권리승계인은 위임장을 곧바로 반환하여야 한다.

제5분편 기간, 소송시효

제11장 기간의 계산

제190조【기간의 산정】 법률, 그 밖의 법령, 법률행위로써 정하는 기간 또는 법원이 정하는 기간은 달력의 날짜로 산정하거나 또는 연, 월, 일 또는 시로써 계산되는 시점의 종료로써 산정한다.

기간은 반드시 발생하는 사건을 지정함으로써도 산정할 수 있다.

제191조【시점(時點)으로써 산정되는 기간의 기산점】 시점으로써 산정되는 기간의 진행은 달력상 날짜의 다음날 또는 그 개시가 정하여진 사건발생의 다음날부터 기산한다.

제192조【시점으로써 산정되는 기간의 만료점】 ① 연으로써 계산하는 기간은 기간 최후의 연의 당해 월, 일에 만료한다.

월로써 계산하는 기간에 관한 규정은 반년으로 계산하는 기간에 적용한다.

② 분기로써 계산하는 기간에 대하여도 월로써 계산하는 기간의 규정을 적용한다. 분기는 3개월과 동등하며, 분기는 그 해의 개시로부터 계산한다.

③ 월로써 계산하는 기간은 기간 최후의 월의 당해 일에 만료한다.

반월로 산정되는 기간은 일로써 계산되는 기간으로 보고 15일과 동등한 것으로 본다.

월로써 계산하는 기간의 만료가 당해 일이 없는 월인 경우에는 그 월의 마지막 날에 기간이 만료한다.

④ 주로써 계산하는 기간은 그 기간의 마지막 주의 당해 일에 만료한다.

제193조【휴일인 경우의 기간의 만료】 기간의 마지막 날이 휴일인 경우에는 다음 근로일을 기간의 만료일로 한다.

제194조【기간 만료일에 실시할 행위의 절차】 ① 어떤 행위를 실행하기 위한 기간이 정하여져 있는 경우에는 기간 최후의 날의 24시까지 할 수 있다.

그러나 그 행위를 조직체에서 하여야 하는 경우에는 그 기간은 이 조직체에서 당해 업무가 규정된 규칙에 따라 끝나는 시간에 만료된다.

② 기간의 최종일 24시 전에 통신기관에 제출된 서면청약서와 통지서는 그 기간 내에 행하여진 것으로 본다.

제12장 소송시효

제195조【소송시효의 개념】 소송시효라 함은 권리가 침해된 자의 소송상의 권리를 보호하기 위한 기간을 말한다.

제196조【일반소송시효】 일반소송시효는 3년으로 한다.

제197조【특별소송시효】 ① 특정유형의 청구에 대하여는 법률이 특별소송시효로 일반소송시효보다 짧게 또는 길게 정할 수 있다.

② 이 법전 제195조와 제198조부터 제207조의 규정은 법률이 달리 정한 경우를 제외하고는 특별소송시효에도 적용한다.

제198조【소송시효변경에 대한 합의의 무효】 소송시효와 그 계산방법은 당사자의 합의로 변경할 수 없다.

소송시효 진행의 정지 및 중단사유는 이 법전 및 그 밖의 법령으로 정한다.

제199조【소송시효의 적용】 ① 침해된 권리보호에 관한 청구는 소송시효의 만료와 관계없이 법원이 수리하여야 한다.

② 법원은 분쟁당사자 일방이 법원의 판결이 있기 전에 제출한 신청에 근거하여서만 소송시효를 적용한다.

분쟁당사자 일방이 그 적용을 신청한 소송시효의 만료는 법원이 소송청구를 각하하는 판결의 근거가 된다.

제200조【소송시효계산의 기산점】 ① 소송시효의 진행은 당사자가 자기의 권리의 침해를 알았거나 알 수 있는 날부터 기산한다. 이 규정에 관한 특칙은 이 법전 및 그 밖의 법령으로 정한다.

② 특정한 이행기가 있는 채무에 관하여는 소송시효의 진행은 그 이행기가 종료한 때로부터 기산한다.

이행기가 정하여져 있지 아니하거나 청구시가 이행기로 되어 있는 채무에 관하여는 소송시효의 진행은 채권자에게 채무이행의 청구권이 발생한 때가 기산점으로 되며, 채무자에게 채무이행을 위한 특별기간이 부여되어 있지 아니한 경우에는 소송시효는 그 기간이 만료한 때부터 기산한다.

③ 구상채무에 관하여는 소송시효는 주채무의 이행시로부터 기산한다.

제201조【채무관계에서의 당사자 변경시의 소송시효】 채무관계에서의 당사자 변경은 소송시효 및 계산방법의 변경을 가져오지 아니한다.

제202조【소송시효진행의 정지】 ① 다음 각호의 1의 경우에는 소송시효의 진행은 정지된다.

1. 특정조건하에서의 비상한 그리고 불가피한 사태(불가항력)에 의하여 소의 제기가 방해된 경우
2. 원고 또는 피고가 전쟁 상태의 군대에 소속하고 있는 경우
3. 러시아연방정부가 법률에 따라 채무의 이행연기(모라토리움)를 한 경우
4. 당해 관계를 규율하는 법률 또는 그 밖의 법령의 효력이 정지된 경우

② 이 조에 명시된 사태가 소송시효 최후의 6개월 동안에 발생하거나 또는 계속되고 있는 조건하에서는 소송시효의 진행은 정지되며, 이 기간이 6개월 또는 그 이하인 경우에는 소송시효 중 그 기간의 진행이 정지된다.

③ 소송시효의 진행은 그 소송시효정지의 사유였던 사태가 종료한 날부터 계속된다. 소송시효의 나머지 부분은 6개월까지 연장되며, 소송시효가 6개월 또는 그 이하인 경우에는 나머지 부분은 그 기간까지로 한다.

제203조【소송시효진행의 중단】 소송시효의 진행은 소정 절차에 따른 소의 제기 및 의무자에 의한 채무승인을 증명하는 행위에 의하여 중단된다.

중단 후 소송시효의 진행은 다시 시작되며, 중단시까지 경과한 기간은 새로운 기간에 산입하지 아니한다.

제204조【소가 각하된 경우의 소송시효의 진행】 소가 법원에 의하여 각하된 경우에는 소 제기시까지 진행되었던 소송시효의 진행은 통상의 방법에 따라 계속된다.

형사사건으로 제기된 소가 법원에 의하여 각하된 경우에는 소 제기시까지 진행한 소송시효는 소를 각하하는 판결의 효력이 확정될 때까지 그 진행을 정지한다. 소송시효가 정지된 기간은 소송시효에 산입하지 아니한다. 이 경우 소송시효의 나머지 부분이 6개월 미만인 때에는 6개월까지로 연장한다.

제205조【소송시효의 연장】 원고의 인신과 관련되는 사정(중병, 무력상태, 문맹 등)에 의한 소송시효 경과이유에 대하여 법원이 이를 정당하다고 인정하는 특별한 경우에는 시민의 침해된 권리는 보호되어야 한다. 소송시효 경과의 이유가 소송시효 최후의 6개월 내에 발생한 경우 및 소송시효가 6개월 이하인 경우에 그 기간 중에 그 이유가 발생한 경우에는 그 이유는 정당한 것으로 본다.

제206조【소송시효 경과 후의 의무의 이행】 소송시효가 만료된 후 의무를 이행한 채무자 또는 그 밖의 의무자는 의무이행시 소송시효의 만료를 알지 못한 경우에도 이행

한 것의 반환을 청구할 수 없다.

제207조【부가적 청구에 대한 소송시효의 적용】 부가적 청구(위약금, 담보, 보증 등)에 관한 소송시효는 주된 청구에 관한 소송시효의 만료에 따라 만료된다.

제208조【소송시효가 적용되지 아니하는 청구】 소송시효는 다음 각호의 1의 청구에는 적용하지 아니한다.

인격적 비재산권 및 그 밖의 물질적 이익의 보호에 관한 청구. 다만, 법률이 규정하는 경우에는 그러하지 아니하다.

은행에 대한 예금자의 예금반환의 청구

시민의 생명과 건강에 대하여 발생한 손해배상에 관한 청구. 그러나 이러한 손해배상권이 발생한 때로부터 3년이 경과한 후 제기된 청구에 대하여는 소 제기로부터 소급하여 경과된 3년 사이에 한하여 인정된다.

소유자 또는 그 밖의 침해자의 모든 권리침해 제거를 위한 청구. 그 침해가 점유침탈(제304조)과 관련되지 아니한 경우에도 또한 같다.

법률이 규정하는 그 밖의 청구

제2편 소유권과 그 밖의 물권

제13장 일반규정

제209조【소유권의 내용】 ① 소유자는 자기 재산을 점유, 사용 및 처분하는 권리를 갖는다.

② 소유자는 자기의 판단에 따라 자기에게 속하는 재산에 대하여 법률과 그 밖의 법령에 반하지 아니하고, 법률에 따라 보호되는 타인의 권리와 이익을 침해하지 아니하는 어떠한 행위를 할 권리를 가지며, 여기에는 자기 재산의 소유권을 타인에게 양도하고 재산을 소유자가 보유하면서 재산의 점유권, 사용권 및 처분권을 타인에게 양도하며, 자기 재산을 담보에 제공하고 그 밖의 방법으로 재산에 부담을 설정하고, 그 밖의 방법으로 재산을 처분하는 것이 포함된다.

③ 토지와 그 밖의 자연자원의 점유, 사용 및 처분은 법률(제129조)이 허용하는 범위 내에서 그 소유자가 자유로이 할 수 있다. 다만, 환경에 손해를 가하고, 타인의 권리와 법익을 침해하여서는 아니된다.

④ 소유자는 자기 재산을 타인(위탁관리인)에게 이전하고 위임관리를 하게 할 수 있다. 재산의 위임관리는 위탁관리인으로의 소유권 이전을 수반하지 아니하며, 위탁관리인은 소유자 또는 소유자가 지정하는 제3자의 이익을 위하여 재산을 관리하여야 한다.

제210조【재산관리의 부담】 소유자는 법률 또는 계약에 다른 규정이 있는 경우를 제외하고는 자기에게 속하는 재산관리에 대한 부담을 진다.

제211조【의외의 재산 멸실의 위험】 의외의 재산 멸실 또는 의외의 재산 손괴의 위험은 법률 또는 계약에 다른 규정이 있는 경우를 제외하고는 그 소유자가 진다.

제212조【소유권의 주체】 ① 러시아연방에서는 사적 소유, 국유, 지방자치단체소유와 그 밖의 형태의 소유가 인정된다.

② 재산은 시민과 법인의 소유 및 러시아연방 · 러시아연방구성체와 지방자치단체의 소유로 할 수 있다.

③ 재산에 대한 소유권, 점유권, 사용권과 처분권의 취득과 소멸의 특수성은 재산이 시민 또는 법인의 소유, 러시아연방 · 러시아연방구성체 또는 지방자치단체의 소유인가의 여부에 따라 법률로만 정할 수 있다.

국유 또는 지방자치단체소유로만 될 수 있는 재산의 종류는 법률로 정한다.

④ 모든 소유자의 권리는 평등하게 보호된다.

제213조 【시민과 법인의 소유권】 ① 시민과 법인은 어떠한 재산이라도 소유할 수 있다. 다만, 법률에 따라 시민 또는 법인에게 귀속될 수 없는 특정종류의 재산은 그러하지 아니하다.

② 시민과 법인이 소유하는 재산의 수량과 가액은 제한되지 아니한다. 다만, 이 법전 제1조 제2항이 규정하는 목적을 위하여 법률에 따라 제한이 정하여져 있는 경우에는 그러하지 아니하다.

③ 영리단체와 비영리단체는 국영 및 공영기업과 시설을 제외하고는 그 설립자(참가자, 구성원)가 출자금(분담금)으로 인도한 재산과 그 밖의 사유에 따라 이들 법인이 취득한 재산의 소유자로 된다.(개정 2006. 11. 3. 연방법률 제175호)

④ 사회단체와 종교단체(협회), 자선단체와 그 밖의 재단은 취득한 재산의 소유자로 되고, 설립서면에 규정된 목적을 달성하기 위하여서만 그 재산을 사용할 수 있다. 당해 단체의 설립자(참가자, 구성원)는 당해 단체에 인도된 자기 재산에 대한 권리를 상실한다. 당해 단체가 해산하는 경우에는 채권자에 대한 채무를 변제하고 남은 재산은 그 설립서면에 명시된 목적에 따라 사용하여야 한다.

제214조 【국가소유권】 ① 러시아연방에서 국가소유로 되는 것은 러시아연방의 소유(연방소유)에 속하는 재산, 러시아연방구성체, 즉 공화국, 변구, 주, 연방직할시, 자치주와 자치관할구(러시아연방구성체소유)에 속하는 재산이다.

② 시민, 법인 또는 지방자치단체의 소유가 아닌 토지와 그 밖의 자연자원은 국유재산이다.

③ 이 법전 제125조에 명시된 기관과 사람은 러시아연방과 러시아연방구성체의 이름으로 소유권을 행사한다.

④ 국가소유재산은 이 법전(제294조와 제296조)에 따라 국영기업과 시설에 그 점유, 사용 및 처분의 권리가 귀속된다.

예산자금 및 국영기업과 시설에 속하지 아니하는 그 밖의 국유재산은 러시아연방의 국유재산, 러시아연방을 구성하는 공화국의 국유재산, 변구 · 주 · 연방직할시 · 자치주와 자치관할구의 자치단체소유재산으로 한다.

⑤ 국유재산의 연방소유와 러시아연방구성체소유로의 이관은 법률이 정하는 절차에 따라 한다.

제215조【지방자치단체소유권】 ① 도시와 농촌 및 그 밖의 지방자치단체소유권에 속하는 재산은 공유(公有)재산이다.

② 지방자치단체의 기관과 이 법전 제125조에 명시된 사람은 지방자치단체의 이름으로 소유권을 행사한다.

③ 공유(公有)재산은 이 법전(제294조와 제296조)에 따라 공영기업과 시설에 그 점유, 사용 및 처분의 권리가 귀속한다.

지방예산자금 및 공영기업과 시설에 속하지 아니하는 그 밖의 공유(公有)재산은 당해 도시와 농촌 또는 그 밖의 지방자치단체의 공유(公有)자산으로 한다.

제216조【소유자 아닌 자의 물권】 ① 소유권과 함께 물권으로 되는 것은 다음의 것이다.

상속가능종신토지점유권(제265조)

토지의 영구(무기한)이용권(제268조)

지역권(제274조, 제277조)

재산의 경영관리권(제294조)과 운용관리권(제296조)

② 재산에 대한 물권은 그 재산의 소유자 아닌 자에게 귀속하게 할 수 있다.

③ 재산에 대한 소유권의 타인으로의 이전은 그 재산에 대한 다른 물권의 소멸사유로 되지 아니한다.

④ 소유자 아닌 자의 물권은 이 법전 제350조에 규정하는 절차에 따라 어떠한 자의 침해로부터도 보호된다.

제217조【국유와 공유(公有)재산의 민영화】 국유 또는 공유(公有)재산은 그 소유자에 의하여 국유와 공유(公有)재산의 민영화에 관한 법률이 규정하는 절차에 따라 시민과 법인의 소유로 이전할 수 있다.

국유와 공유(公有)재산을 민영화할 때에는 민영화에 관한 법률에 다른 규정이 있는 경우를 제외하고는 이 법전이 규정하는 소유권의 취득과 소멸에 대한 절차를 규율하는 규정을 적용한다.

제14장 소유권의 취득

제218조【소유권의 취득사유】 ① 사람이 자기를 위하여 법률과 그 밖의 법령을 준

수하여 제조 또는 창작한 새로운 물건에 대한 소유권은 그 자가 취득한다.

재산의 이용에 따라 취득한 과실, 생산물과 수익에 대한 소유권은 이 법전 제136조에 규정하는 사유에 근거하여 취득한다.

② 소유자가 가지는 재산에 대한 소유권은 매매계약, 교환계약과 증여계약 또는 재산 양도에 관한 그 밖의 법률행위에 근거하여 타인이 취득할 수 있다.

시민이 사망한 경우에는 그 자에게 속하였던 재산에 대한 소유권은 유언 또는 법률에 따라 상속에 근거하여 타인에게 이전한다.

법인을 조직변경하는 경우에는 그 법인에게 속하였던 재산에 대한 소유권은 조직변경되는 법인의 권리승계인으로 되는 법인으로 이전한다.

③ 이 법전이 규정하는 경우와 절차에 따라 사람은 소유자 없는 재산, 소유자 불명의 재산, 소유자가 포기하거나 또는 법률이 규정하는 그 밖의 사유에 따라 소유권을 상실한 재산에 대한 소유권을 취득할 수 있다.

④ 주택협동조합, 주택건설협동조합, 별장협동조합, 차고협동조합 또는 그 밖의 소비협동조합의 조합원과 협동조합이 제공한 주거, 별장, 차고 그 밖의 건물에 대한 자기의 출자금 전액을 납입하고 협동조합의 출자적립금에 대한 권리를 가지는 그 밖의 사람은 이들 재산에 대한 소유권을 취득한다.

제219조【신설부동산에 대한 소유권의 발생】 건물, 건조물과 국가등기의 대상이 되는 그 밖의 신설부동산에 대한 소유권은 등기시에 발생한다.

제220조【가공】 ① 사람이 자기에게 속하지 아니하는 재료를 가공하여 제조한 새로운 동산에 대한 소유권은 계약에 다른 규정이 있는 경우를 제외하고는 재료의 소유자가 취득한다.

그러나 가공의 가액이 재료의 가액을 현저하게 넘을 경우에는 새로운 물건에 대한 소유권은 선의로 행동하고 자기를 위하여 가공을 한 자가 취득한다.

② 재료의 소유자로서 그 재료로 제조된 물건에 대한 소유권을 취득하는 자는 계약에 다른 규정이 있는 경우를 제외하고는 가공을 한 자에게 그 가액을 보상하여야 하며, 가공을 한 자가 새로운 물건에 대한 소유권을 취득하는 경우에는 가공을 한 자가 재료의 소유자에게 그 가액을 보상하여야 한다.

③ 가공을 한 자의 악의의 행위 결과로 재료를 상실한 재료의 소유자는 새로운 물건에 대한 소유권의 양도와 입은 손해의 배상을 청구할 수 있다.

제221조【쉽게 채취할 수 있는 물건의 소유】 법률, 소유자의 일반적인 허용 또는

지방관습에 따라 일정한 지역에서 딸기류의 채취, 물고기와 그 밖의 수중생물자원의 채취(포획) 또는 쉽게 채취할 수 있는 그 밖의 물건 및 동물의 채취와 포획이 인정될 경우에는 이들 물건에 대한 소유권은 채취 또는 포획을 한 자가 취득한다.(개정 2006. 6. 3. 연방법률 제73호, 2006. 12. 4. 연방법률 제201호, 2007. 12. 6. 연방법률 제333호)

제222조【무허가건축물】 ① 무허가건축물이라 함은 법률과 그 밖의 법령이 정하는 절차에 따라 사용목적이 적합하지 아니한 토지에 건축되거나, 필요한 허가를 얻지 아니하거나 또는 도시계획과 건축기준 및 규칙에 현저하게 위반하여 건축된 주택, 그 밖의 건물, 건조물 또는 그 밖의 부동산을 말한다.

② 무허가건축을 한 자는 그 건축물에 대한 소유권을 취득하지 못한다. 또한 무허가건축을 한 자는 그 건축물을 처분하는 것, 즉 매도, 증여, 임대, 그 밖의 법률행위를 할 수 없다.

무허가건축물은 무허가건축을 한 자가 직접 또는 자기부담으로 철거하여야 한다. 다만, 이 조 제3항이 규정하는 경우에는 그러하지 아니하다.

③ 건축이 이루어진 토지의 소유권, 상속가능종신점유권, 영구(무기한)이용권을 가지는 자에 대하여 법원 또는 법률이 규정하는 경우에 당해 법률이 규정하는 그 밖의 절차에 따라 무허가 건출물에 대한 소유권이 인정될 수 있다. 이 경우 건축물에 대한 소유권을 인정받은 자는 건축을 한 자에 대하여 법원이 정하는 액수의 건축비용을 보상한다.(개정 2006. 6. 30. 연방법률 제93호)

무허가건축물의 보존이 타인의 권리와 법률에 따라 보호되는 이익을 침해하거나 또는 시민의 생명과 건강을 위협할 경우에는 무허가건축물에 대한 위의 자의 소유권은 허용되지 아니한다.

제223조【계약에 따라 물건을 취득한 자의 소유권 발생시기】 ① 계약에 따라 물건을 취득한 자의 소유권은 법률 또는 계약에 다른 규정이 있는 경우를 제외하고는 그 인도시에 발생한다.

② 재산의 양도에 대하여 국가등기를 하여야 할 경우에는 취득자의 소유권은 법률에 다른 규정이 있는 경우를 제외하고는 국가등기시에 발생한다.

선의취득자(제302조 제1항)의 부동산소유권취득은 국가등기시에 발생한다. 다만, 이 법전 제302조에서 규정하는 경우 즉 선의취득자로부터 당해 부동산의 반환을 청구할 수 있는 경우에는 그러하지 아니하다.(전문 개정 2004. 12. 30. 연방법률 제217호)

제224조【물건의 인도】 ① 인도라 함은 취득자에게 물건을 넘겨주는 것을 말하고,

송달의무가 없는 경우에는 취득자에게 발송하기 위하여 운송인 또는 통신기관에 물건을 넘겨주는 것을 포함한다.

물건은 실제로 취득자 또는 취득자가 지정한 자의 점유가 된 때에는 취득자에게 인도된 것으로 본다.

② 물건의 양도에 관한 계약을 체결하기 전에 물건이 이미 취득자의 점유로 되어 있는 경우에는 그 물건은 계약체결시에 인도된 것으로 본다.

③ 선하증권 또는 그 밖의 물품증권의 인도는 물건의 인도와 동등한 것으로 본다.

第225条【무주물】 ① 무주물이라 함은 소유자 없는 물건, 소유자가 불분명한 물건 또는 법률이 달리 규정하지 아니하는 경우 소유자가 그 소유권을 포기한 물건을 말한다.(개정 2008. 7. 22. 연방법률 제141호)

② 무주물에 대한 소유권은 소유자가 포기한 물건에 대한 소유권의 취득(제226조), 습득(제227조와 제228조), 방치된 동물(제230조와 제231조), 매장물(제233조)에 관한 이 법전의 규정에 예외가 없는 경우에는 취득시효에 의하여 취득할 수 있다.

③ 무주의 부동산은 그 소재지 지방자치단체기관의 신청에 따라 부동산에 대한 권리와 그 법률행위에 대하여 국가등기를 하는 기관이 등록한다.

무주의 부동산을 등록한 후 1년이 경과한 때에는 공유(公有)재산에 대한 관리권한을 가지는 기관은 그 물건에 대한 지방자치단체소유권의 인정을 법원에 청구할 수 있다.

법원의 결정에 따라 지방자치단체소유권으로 인정되지 아니한 무주의 부동산은 이를 방치한 소유자가 새로 점유, 사용 및 처분하거나 또는 취득시효에 의하여 소유권을 취득할 수 있다.

④ 모스크바와 상트페테르부르그 연방직할시 영역 내에 소재하는 무주인 부동산은 당해 도시의 수권된 국가기관의 신청에 따라 부동산에 대한 권리와 그 법률행위에 관한 국가등기를 하는 기관에 등록된다.(추가 2009. 2. 9. 연방법률 제7호)

第226条【소유자가 포기한 동산】 ① 소유자가 폐기하거나 또는 소유권을 포기할 목적으로 다른 방법으로 방치한 동산(폐기물)은 이 조 제2항이 규정하는 절차에 따라 그 밖의 사람이 자기의 소유로 할 수 있다.

② 가액이 명백히 최저임금의 5배액에 밑도는 폐기물 또는 폐기된 금속쓰레기, 불량제품, 뗏목운송시 가라앉은 재목, 광물의 채굴시에 발생한 광물찌꺼기와 폐수, 산업폐기물과 그 밖의 폐기물이 있는 토지, 수체(水体) 또는 다른 시설을 소유, 점유 또는 사용하고 있는 자는 이들 물건의 이용을 개시하거나 또는 이들 물건의 소유를 증명하는 행

위를 함으로써 자기 소유로 하는 권리를 갖는다.(개정 2006. 6. 3. 연방법률 제73호)

그 밖의 폐기물은 점유하는 자의 신청에 따라 법원이 이를 무주물로 인정할 경우에는 그 자의 소유로 귀속다.

제227조【습득물】 ① 유실물을 습득한 자는 이를 유실한 자 또는 소유자, 자신이 알고 있는 수령권을 가지고 있는 자에게 곧바로 통지하고 습득물을 반환하여야 한다.

건물 또는 교통기관 내에서 물건을 습득한 경우에는 당해 건물 또는 교통기관의 점유자를 대표하는 자에게 인도하여야 한다. 이 경우 습득물을 인도받은 자는 즉시 습득자의 권리를 취득하고 그 의무를 부담한다.

② 습득물의 반환을 청구하는 권리를 가지는 자 또는 그 자의 주소지가 불분명할 경우에는 습득물은 경찰 또는 지방자치단체기관에 습득에 관한 신고를 하여야 한다.

③ 물건의 습득자는 습득물을 자신이 보관하거나 또는 경찰, 지방자치단체기관 또는 이들 기관이 지정하는 자에게 인도하여 보관하게 할 수 있다.

부패하기 쉬운 물건 또는 그 보관비용이 가액에 비하여 현저하게 높을 경우에는 그 매각액을 증명하는 문서를 수령하고 습득자가 현금화할 수 있다. 습득물의 현금화에 의하여 취득한 금전은 이 수령에 대하여 권한을 가지는 자에게 반환하여야 한다.

④ 물건의 습득자는 고의 또는 중대한 과실이 있는 경우에 한하여 물건의 가액범위 내에서 물건의 멸실 또는 훼손에 대하여 책임을 진다.

제228조【습득물에 대한 소유권의 취득】 ① 경찰 또는 지방자치단체기관(제227조 제2항)에 습득에 관한 신고를 한 때로부터 6개월 이내에 습득물을 수령할 권한을 가지는 자가 특정되지 아니하거나 또는 그 자 스스로가 습득자, 경찰 또는 지방자치단체기관에 습득물에 대한 자기의 권리를 신고하지 아니하는 경우에는 습득자는 바로 그에 대한 소유권을 취득한다.

② 습득자가 습득물의 수령을 거부할 경우에는 습득물은 지방자치단체의 소유로 된다.

제229조【취득에 관한 지출의 보상과 습득자에 대한 사례】 ① 취득자가 습득물의 수령에 대하여 권한을 가지는 자에게 습득물을 반환하고, 그 자로부터 물건의 소유가 지방자치단체로 이전된 경우에는, 해당 지방자치단체기관으로부터 습득물의 보관, 인도 또는 현금화에 관한 필요비의 보상과 습득물을 수령하는 권한을 가지는 자의 발견에 필요로 하는 비용의 보상을 받을 수 있다.

② 습득자는 습득물의 수령의 권한을 가지는 자에 대하여 습득물 가액의 20% 이내의 금액의 습득에 대한 사례를 청구할 수 있다. 습득물이 습득물의 수령권을 가지는 자에

게만 가치가 있는 경우에는 사례의 액수는 그 자와의 합의에 의하여 정한다.

습득자가 습득물에 관한 신고를 하지 아니하거나 또는 이를 은닉하려고 한 경우에는 사례에 대한 권리는 발생하지 아니한다.

第230條【방치된 동물】 ① 방치되거나 또는 도주한 가축, 그 밖의 방치된 사양(飼養)동물을 포획한 자는 그 소유자에게 반환하여야 하고, 동물의 소유자 또는 그 주소지가 불분명할 경우에는 포획으로부터 3일 이내에 경찰 또는 지방자치단체기관에 동물의 발견에 대하여 신고하여야 하며, 경찰 또는 지방자치단체기관은 소유자를 수색하기 위한 조치를 취하여야 한다.

② 동물 소유자를 수색하는 동안에는 그 포획자는 동물을 독자적으로 사양, 이용하거나 또는 필요한 요건을 갖춘 타인에게 인도하여 사양, 이용하게 할 수 있다. 방치된 동물을 포획한 자의 청구에 따라 경찰 또는 지방자치단체기관은 동물 사양에 필요한 요건을 갖춘 자를 찾아 그 자에게 동물을 인도한다.

③ 방치된 동물을 포획한 자와 동물의 인도를 받아 이를 사양, 이용하는 자는 적절하게 보관하여야 하고, 과실이 있는 경우에는 동물의 멸실과 훼손에 대하여 그 가액범위 내에서 책임을 진다.

第231條【방치된 동물에 대한 소유권의 취득】 ① 방치된 사양동물의 포획에 관한 신고로부터 6개월 이내에 그 소유자가 발견되지 아니하거나 또는 소유자 단독으로 동물에 대한 권리에 대하여 신고하지 아니하는 경우에는 동물을 사양, 이용하는 자는 당해 동물에 대한 소유권을 취득할 수 있다.

그 자가 사양하고 있는 동물에 대한 소유권의 취득을 거부할 경우에는 당해 동물은 자치단체의 소유로 되고, 지방자치단체기관이 정하는 절차에 따라 이용된다.

② 동물의 소유권이 그 밖의 사람에게 이전된 후 원래의 소유자가 나타날 경우에는 동물이 원래의 소유자에 대한 애착을 보유하고 있는 것 또는 새로운 소유자가 동물을 학대 또는 그 밖에 부적절한 취급을 하고 있음을 증명하는 상황이 있는 경우에는, 원래의 소유자는 새로운 소유자와의 합의에 따라 정한 조건으로, 합의가 이루어지지 아니하는 경우에는 법원이 정하는 조건에 따라 동물의 반환을 청구할 권리를 갖는다.

第232條【방치된 동물의 사양비용의 보상과 사례】 방치된 사양동물을 소유자에게 반환할 경우에는 동물을 포획한 자와 동물을 사양하고 이용한 자는 동물 소유자에게 동물의 사양에 관한 필요비의 보상을 요구하는 권리를 갖는다. 다만, 동물을 이용하여 얻은 이익과 상계하여야 한다.

방치된 사양동물을 포획한 자는 이 법전 제229조 제2항에 따라 사례를 받을 권리를 갖는다.

제233조【매장물】 ① 매장물 즉 땅 속에 묻혀 있거나 또는 그 밖의 방법으로 은닉된 금전 또는 가치가 있는 물건으로 소유자가 특정되지 아니하거나 또는 법률에 따라 바로 그에 대한 권리가 상실되는 물건인 경우에는, 매장물이 은닉된 재산(토지, 건물 등)을 소유하는 자와 매장물을 발견한 자가 절반하여 소유권을 취득한다. 다만, 양자 사이의 협의로 달리 정할 경우에는 그러하지 아니하다.

매장물이 은닉되어 있는 토지 또는 그 밖의 재산소유자의 동의 없이 고가인 물품의 발굴 또는 탐색을 한 자가 매장물을 발견한 경우에는, 매장물이 발견된 토지 또는 그 밖의 재산소유자에게 매장물을 인도하여야 한다.

② 역사적 또는 문화적 기념물에 속하는 물건을 포함하는 매장물을 발견한 경우에는 국가소유로 이전하여야 한다. 이 경우 매장물이 은닉되어 있는 토지 또는 그 밖의 재산소유자와 매장물을 발견한 자는 공동으로 매장물 가액의 50% 금액의 사례를 받을 권리를 갖는다. 사례는 양자 사이의 합의로 달리 정하고 있는 경우를 제외하고는 양자가 절반씩 취득한다.

매장물이 은닉되어 있는 재산소유자의 동의 없이 고가인 물품의 발굴 또는 탐색을 한 자가 매장물을 발견한 경우에는 사례는 그 자에게 지급되지 아니하며, 사례 전액은 소유자에게 지급되어야 한다.

③ 이 조의 규정은 매장물의 발견을 위한 발굴과 탐색의 실시가 노동의무 또는 직무로 되어 있는 자에 대하여는 적용하지 아니한다.

제234조【취득시효】 ① 재산의 소유자는 아니나 시민 또는 법인이 선의로 공연하게 계속하여 부동산에 관하여는 15년간, 그 밖의 재산에 관하여는 5년간 자기 재산으로 점유한 경우에는 그 재산에 대한 소유권을 취득한다.(취득시효)

국가등기를 하여야 하는 부동산과 그 밖의 재산인 경우에는 취득시효에 의하여 재산을 취득하는 자는 국가등기를 한 때로부터 그 재산의 소유권을 취득한다.

② 재산을 자기의 소유로 점유하는 자는 취득시효에 의하여 당해 재산에 대한 소유권을 취득하기 전까지는 그 재산의 소유자가 아닌 제3자와 법률 또는 계약이 규정하는 그 밖의 사유에 따라 점유권을 가지지 아니하는 제3자에 대하여 자기의 점유에 대한 보호를 받을 권리를 갖는다.

③ 점유의 시효를 원용하는 자는 자기에게 권리를 승계한 자가 재산을 점유한 기간을

자기의 점유기간에 가산할 수 있다.

④ 이 법전 제301조와 제305조에 따라 점유자에 대하여 점유의 반환을 청구할 수 있는 경우에는 취득시효 기간계산의 진행은 당해 청구에 관한 소송시효가 만료한 때부터 기산한다.

第15장 소유권의 소멸

第235조 【소유권의 소멸사유】 ① 소유자가 자기 재산을 타인에게 양도한 경우, 소유권을 포기한 경우, 재산이 멸실 또는 훼손된 경우 및 법률이 재산에 대한 소유권 상실을 규정한 그 밖의 경우에는 소유권은 소멸한다.

② 소유자 재산의 강제적인 수용은 허용되지 아니한다. 다만, 법률이 규정하는 사유에 근거한 다음 각호의 1의 경우에는 그러하지 아니하다.

1. 채무에 근거한 재산의 강제집행(제237조)
2. 법률에 따라 특정인에게 귀속될 수 없는 재산의 수용(제238조)
3. 토지수용에 따른 부동산의 수용(제239조)
4. 관리불량의 문화재와 사양동물의 매수(제240조와 제241조)
5. 징발(제242조)
6. 몰수(제243조)
7. 이 법전 제252조 제4항, 제272조 제2항, 제282조, 제285조, 제293조와 제1252조 제4항과 제5항이 규정하는 경우에서의 재산의 수용(개정 2006. 12. 18. 연방법률 제231호)

국유 또는 공유(公有)재산은 소유자의 결정에 따라 민영화에 관한 법률이 규정하는 절차에 따라 시민과 법인의 소유로 양도된다.

시민과 법인이 소유하는 재산은 법률에 근거하여 국유로 변경(국유화)되며, 이 법전 제306조가 정하는 절차에 따라 당해 재산의 가액과 그 밖의 손해가 보상된다.

第236조 【소유권의 포기】 시민 또는 법인은 자기에게 속하는 재산에 대한 소유권의 포기를 선인하기나 또는 재산에 대한 어떠한 권리의 유보 의사 없이 재산을 점유, 사용 및 처분하는 권리를 포기하는 것을 명확하게 증명하는 그 밖의 행위를 함으로써 자기에게 속하는 재산에 대한 소유권을 포기할 수 있다.

소유권을 포기하여도 그 재산에 대한 소유권을 타인이 취득할 때까지 당해 재산에 대한 소유자의 권리의무는 소멸하지 아니한다.

제237조【소유자의 채무에 근거한 재산의 강제집행】 ① 소유자의 채무에 근거한 재산의 강제집행에 따른 재산의 수용은 법률 또는 계약에 다른 강제집행에 관한 규정이 없는 경우에는 법원의 결정에 따라 하여야 한다.

② 강제집행되는 재산에 대한 소유권은 당해 재산이 이전되는 자에게 소유권이 발생한 때에 원래의 소유자로부터 소멸한다.

제238조【귀속될 수 없는 재산에 대한 소유권의 소멸】 ① 법률이 인정하는 사유에 근거하여 법률에 의하여 귀속될 수 없는 재산을 소유할 경우 소유자는 법률이 기간에 관하여 달리 규정하고 있는 아니한 경우에는 당해 재산에 대한 소유권의 발생으로부터 1년 이내에 이를 포기하여야 한다.

② 이 조 제1항에 명시된 기간 내에 소유자가 재산을 포기하지 아니하는 경우에는 당해 재산은 그 성질과 용도를 고려하고 국가기관 또는 지방자치기관의 신청에 근거하여 법원의 결정에 따라 강제매각하여 취득한 대금을 원래의 소유자에게 교부하거나 또는 원래의 소유자에게 법원이 정한 재산의 가액을 보상하고 국유 또는 공유(公有)재산으로 이전하여야 한다. 이 경우 재산의 수용에 소요되는 비용은 상계한다.

③ 시민 또는 법인이 법률이 인정하는 사유에 근거하여 취득에 특별한 허가가 필요한 물건을 소유하고 그 원래의 소유자로의 인도를 거부할 경우에는, 당해 소유자에게 귀속될 수 없는 재산에 대하여는 소정절차에 따라 이를 포기하여야 한다.

제239조【부동산이 소재하는 토지수용에 따른 부동산의 수용】 ① 국가 또는 지방자치단체의 필요를 위하여 또는 토지의 부적절한 사용을 원인으로 하는 토지수용이 그 토지에 소재하는 건물, 건조물 또는 그 밖의 부동산에 대한 소유권을 소멸시키지 아니하면 불가능할 경우에는, 당해 부동산은 각각 이 법전 제279조부터 제282조 및 제284조부터 제286조에 규정하는 절차에 따라 국가에 의한 매수 또는 공매(公賣)에 의하여 소유자로부터 수용할 수 있다.

부동산의 수용에 관한 청구는 법원에 청구를 한 국가 또는 지방자치단체기관이 수용을 필요로 하는 토지의 사용이 당해 부동산에 대한 소유권을 소멸시키지 아니하고는 불가능함을 증명하지 못할 경우에는 인용되지 아니한다.

② 이 조의 규정은 부동산이 소재하는 광구, 수체(水体)와 구별되어 있는 자연물과 그 밖의 토지수용에 따르는 부동산에 대한 소유권의 소멸의 경우에도 적용한다.(개정 2008. 7. 14. 연방법률 제118호)

제240조【관리불량 문화재의 매수】 법률에 따라 특히 귀중하고 또한 국가의 보호를 받아야 하는 문화재의 소유자가 이를 불량하게 관리하여 그 의의가 상실될 우려가 있는 경우에는, 당해 문화재는 법원의 결정에 따라 국가에 의한 매수 또는 공매에 의하여 소유자로부터 수용할 수 있다.

문화재를 매수할 경우에는 당사자 사이의 합의로 정한 가액을 보상하고, 가액에 다툼이 있는 경우에는 법원이 정한다. 공매로 매각한 경우에는 매각대금은 공매에 소요된 비용을 공제하고 소유자에게 인도된다.

제241조【사양동물이 학대될 때의 매수】 사양동물의 소유자가 법률에 따라 정하여진 규칙과 일반적으로 인정되고 있는 동물에 대한 인도적 대우에 관한 규범에 명백히 반하여 동물을 다루고 있는 때에는, 법원에 상응하는 청구를 한 자가 이를 매수함으로써 소유자로부터 동물을 빼앗을 수 있다. 매수가액은 당사자 사이의 합의에 따라 정하며, 가액에 다툼이 있는 경우에는 법원이 정한다.

제242조【징발】 ① 자연재해, 사고, 전염병, 동물전염병과 비상사태적인 성격을 가지는 그 밖의 상황이 발생할 경우에는, 재산은 공익을 위하여 국가기관의 결정에 근거하여 법률이 정하는 절차와 조건에 따라 소유자에게 재산의 가액을 지급하고 소유자로부터 수용할 수 있다.(징발)

② 징발하는 재산의 가액을 소유자에게 보상할 때의 재산의 평가에 대하여는 법원에 이의를 제기할 수 있다.

③ 재산을 징발당한 자는 징발사유로 된 상황이 소멸한 때에는 보관되어 있는 재산의 반환을 재판으로 청구할 수 있다.

제243조【몰수】 ① 법률이 규정하는 경우에는 재산은 범죄 또는 그 밖의 법률위반에 대한 제재로서 법원의 결정에 따라 소유자로부터 무상으로 몰수할 수 있다.(몰수)

② 법률이 규정하는 경우에는 몰수는 행정절차에 따라 할 수 있다. 행정절차에 따라 이루어진 몰수에 관한 결정에 대하여는 법원에 제소할 수 있다.(개정 2006. 12. 18. 연방법률 제231호)

제16장 공동소유

제244조【공동소유의 개념과 발생사유】 ① 2인 또는 수인이 소유하는 재산은 공

동소유권으로 이러한 자에게 귀속된다.

② 재산은 소유권에서의 각 소유자의 지분을 정한 공유(공유) 또는 지분을 정하지 아니하는 공유(합유)로 할 수 있다.

③ 재산의 공동소유는 법률에 따라 당해 재산이 합유로 규정될 경우를 제외하고는 공유이다.

④ 공동소유는 용도의 변경 없이 분할할 수 없는 재산(불가분물) 또는 법률에 따라 분할하여서는 안되는 재산을 2인 또는 수인이 소유할 경우에 발생한다.

가분물에서의 공동소유는 법률 또는 계약이 규정하는 경우에 발생한다.

⑤ 합유자의 합유재산 중의 지분은 합유자 사이의 합의에 따라, 합의되지 아니할 경우에는 법원의 결정에 따라 확정될 수 있다.

제245조【공유권에서의 지분의 확정】 ① 공유자의 지분이 법률에 근거하여 확정될 수 없으며, 공유자 전원의 합의에 의하여서도 확정될 수 없는 경우에는 지분은 동등한 것으로 본다.

② 공유자 전원의 합의에 따라 공유재산의 형성과 증대에 대한 각 공유자의 기여에 근거하여 지분의 확정과 변경절차를 정할 수 있다.

③ 공유자가 자기의 부담으로 공유재산의 사용에 대한 소정의 절차를 준수하여 당해 재산의 불가분적 개량을 한 경우에는 그 자는 공유재산권 중 자기의 지분을 증가할 권리를 갖는다.

공유재산의 가분적 개량은 공유자 사이에 다른 합의가 있는 경우를 제외하고는 공유자 중 개량을 한 자의 소유로 되어야 한다.

제246조【공유재산의 처분】 ① 공유재산의 처분은 공유자 전원의 동의에 근거하여 한다.

② 공유자는 자기의 판단에 따라 자기의 지분을 매매, 증여, 유증, 담보 또는 그 밖의 방식으로 처분할 수 있고, 이를 유상양도할 때에는 이 법전 제250조가 정하는 규정을 준수하여야 한다.

제247조【공유재산의 점유와 사용】 ① 공유재산의 점유와 사용은 공유자 전원의 합의에 따라, 합의가 이루어지지 아니하는 경우에는 법원이 정하는 절차에 따라 한다.

② 공유자는 그 지분에 상응하는 공유재산의 일부를 점유, 사용하는 권리를 가지며, 이것이 불가능한 경우에는 자기의 지분에 상응하는 재산을 점유, 사용하고 있는 그 밖의 공유자에 대하여 상응하는 보상을 청구할 수 있다.

제248조【공유재산의 이용에 따른 과실, 생산물과 수익】 공유재산의 이용에 따른 과실, 생산물과 수익은 공유자 사이에 다른 합의가 있는 경우를 제외하고는 공유재산의 일부로 되며, 공유자 사이에 그 지분에 비례하여 분배된다.

제249조【공유재산의 유지관리에 관한 비용】 각 공유자는 자기의 지분에 따라 공유재산에 관한 조세와 부담금 그 밖의 비용의 지급 및 유지관리에 관한 비용의 지급에 참여하여야 한다.

제250조【우선매수권】 ① 공유재산권에서의 지분이 공유자 외의 자에게 매각될 경우에는 다른 공유자는 매각대금과 그 밖의 동등한 조건에 따라 매각되는 지분을 우선적으로 매수하는 권리를 갖는다. 다만, 공매에 의한 매각의 경우에는 그러하지 아니하다.

공유권에서의 지분을 매각하기 위한 공매는 공유자 전원의 동의가 없는 때에도 이 법전 제255조 제2문에 규정하는 경우 및 법률이 규정하는 그 밖의 경우에 할 수 있다.

② 지분의 매도인은 자기의 지분을 공유자 외의 자에게 매각한다는 의사를 서면방식으로 통지하고, 매각대금과 그 밖의 조건을 설명하여야 한다. 다른 공유자가 매수를 거절하거나 또는 부동산에 대한 소유권에 관하여는 통지일로부터 1개월 이내, 동산에 대한 소유권에 관하여는 10일 이내에 매각되는 지분을 취득하지 아니할 경우에는 매도인은 임의의 자에게 자기의 지분을 매각할 수 있다.

③ 우선매수권을 침해하여 지분을 매각한 경우에는 다른 공유자는 누구든지 3개월 이내에 재판절차에 따라 매수인의 권리의무를 자기에게 이전할 것을 청구하는 권리를 갖는다.

④ 지분의 우선매수권은 이를 양도할 수 없다.

⑤ 이 조의 규정은 교환계약에 따라 지분을 양도하는 경우에도 적용한다.

제251조【공동소유권에서의 지분이 계약에 따라 취득자에게 이전되는 시기】 공동소유권에서의 지분은 계약체결시에 취득자에게 이전한다. 다만, 당사자 사이에 다른 합의가 있는 경우에는 그러하지 아니하다.

국가등기를 하여야 하는 공동소유권에서의 지분이 취득자에게 이전되는 시기는 이 법전 제223조 제2항에 따라 확정한다.

제252조【공유재산의 분할과 지분의 분할】 ① 공유재산은 공유자 사이의 합의에 따라 공유자 사이에 분할할 수 있다.

② 공유자는 공유재산으로부터 자기 지분의 분할을 청구할 수 있다.

③ 공유재산의 분할 또는 공유자의 지분분할의 방법과 조건에 대하여 공유자 사이에

합의가 이루어지지 아니하는 경우에는, 공유자는 재판절차에 따라 공유재산 중 자기 지분의 현물분할을 청구할 수 있다.

지분의 현물분할이 법률에 따라 허용되지 아니하는 경우 또는 공유재산에 상당한 손해를 가하지 아니하고는 현물로 분할할 수 없는 경우에는, 분할을 청구하는 자는 재판절차를 통하여 다른 공유자에게 자기 지분의 가액의 지급을 요구하는 권리를 갖는다.

④ 이 조에 따라 공유자에게 현물로 분할되는 재산과 그 지분과의 사이에 차액이 발생할 경우에는 그에 상응하는 금액 또는 그 밖의 보상을 하여야 한다.

지분의 현물분할에 갈음하여 나머지 공유자의 보상에 의한 공유지분의 분할에 대한 지급은 본인의 동의하에 허용된다. 공유자의 지분이 근소하여 실제로 분할할 수 없으며 그 공유자에게 공유재산의 이용에 중대한 이해관계가 없는 경우에는, 법원은 당해 공유자의 동의가 없는 경우에도 다른 공유자가 당해 공유자에게 보상할 것을 의무지울 수 있다.

⑤ 이 조 제3항과 제4항에 따라 보상금을 수령한 경우에는 공유자는 공유재산에서의 지분권을 상실한다.

제253조【합유재산의 점유, 사용 및 처분】 ① 합유자는 합유자 사이에 다른 합의가 없는 경우에는 합유재산을 공동으로 점유, 사용한다.

② 합유재산의 처분은 합유자 중 누가 재산처분의 법률행위를 하는가와 관계없이 합유자 전원의 동의를 얻어야 한다.

③ 합유자 전원의 합의로부터 달리 볼 수 있는 경우가 아닌 한 각 합유자는 합유재산의 처분에 관한 법률행위를 할 수 있다. 1인의 합유자가 한 합유재산의 처분에 관한 법률행위는 법률행위의 상대방이 법률행위를 한 자에게 필요한 권한이 없었음을 알았거나 또는 알 수 있었음을 증명할 경우에 한하여, 이를 근거로 하여 나머지 합유자의 청구에 따라 무효로 될 수 있다.

④ 이 조의 규정은 이 법전 또는 다른 법률에 다른 규정이 있는 경우를 제외하고는 개별유형의 합유에 적용한다.

제254조【합유재산의 분할과 지분의 분할】 ① 합유자 사이에서의 합유재산의 분할과 그 지분의 분할은 합유권에서의 각 합유자의 지분을 사전에 확정한 후에 할 수 있다.

② 합유재산의 분할과 그 지분을 분할할 경우에는 법률 또는 합유자 사이의 합의에 다른 규정이 있는 경우를 제외하고는 그 지분은 동등한 것으로 한다.

③ 합유재산의 분할과 그 지분분할의 사유와 절차는 이 법전 제252조의 규정에 따라

정한다. 다만, 개별유형의 합유에 대하여 이 법전과 다른 법률에 다른 규정이 있고, 합유자 사이의 관계의 본질로부터 달리 볼 수 있는 경우에는 그러하지 아니하다.

제255조【공동재산에서의 지분에 대한 강제집행】 공유자 또는 합유자의 채권자는 이러한 자의 다른 재산이 부족한 경우에는 강제집행을 위하여 공동재산에서의 채무자의 지분분할을 청구할 수 있다.

이 경우 지분의 현물분할이 불가능하거나 또는 다른 공유자 또는 합유자가 이에 대하여 반대할 때에는, 채권자는 채무자가 자기의 지분을 시장가치에 상응하는 가격으로 다른 공동소유자에게 매각하고, 그 매각대금으로 채무를 변제할 것을 청구할 수 있다.

나머지 공동소유자가 채무자의 지분 취득을 거절할 경우에는 채권자는 재판절차에 따라 당해 지분을 공매로 매각함으로써 공동소유권에서의 채무자의 지분의 강제집행을 청구할 수 있다.

제256조【부부의 공동소유】 ① 혼인 중 부부가 취득한 재산은 당해 재산에 대한 다른 재산규칙이 부부 사이의 계약으로 정하여져 있는 경우를 제외하고는 부부의 합유이다.

② 혼인 전부터 부부의 일방에게 귀속하고 있던 재산과 혼인 중 부부 일방이 증여 또는 유증의 절차에 따라 취득한 재산은 각자의 소유로 한다.

개인이 사용하는 물건(의류, 구두 등)은 혼인 중 부부의 공동자산으로 취득한 경우에도 이를 사용하는 자의 소유로 한다. 다만, 고급품과 그 밖의 사치품은 그러하지 아니하다.

부부 일방의 재산은 혼인 중 부부의 공동재산 또는 일방의 개인재산의 부담으로 당해 재산의 가액을 현저하게 증가시키는 자금투자(대규모수리, 개축, 설비의 갱신 등)를 한 것을 증명할 경우에는 부부의 공동소유재산으로 본다. 이 규정은 부부 사이의 계약에 다른 규정이 있는 경우에는 적용하지 아니한다.

지적 활동의 성과에 대한 저작자로서의 배타적 권리는 부부의 합유재산에 속하지 아니한다. 다만, 이러한 성과의 사용으로부터 얻는 소득은 부부 사이의 계약에 달리 정하고 있는 경우를 제외하고는 부부의 합유로 한다.(추가 2006. 12. 18. 연방법률 제231호)

③ 부부 일방의 채무로 인한 강제집행은 그 자가 소유하는 재산과 부부공동재산의 분할시에 그 자가 받아야 할 지분에 대하여서만 할 수 있다.

④ 공동재산을 분할할 때의 부부의 지분을 확정하는 규정과 분할절차는 가족에 관한 입법으로 정한다.(개정 2008. 4. 24. 연방법률 제49호)

제257조【농가〈농장〉경영의 소유】 ① 농가(농장)경영의 재산은 합유권에 따라 그 구성원에게 귀속한다. 다만, 법률 또는 구성원 사이의 계약에 다른 규정이 있는 경우에

는 그러하지 아니한다.

② 농가(농장)경영 구성원의 합유에 속하는 것은 당해 경영의 소유에 제공되었거나 또는 취득한 토지, 경영용 및 그 밖의 건축물, 토지개량용 및 그 밖의 건조물, 축산용 가축과 역축(役畜), 가금(家禽), 농업용 및 그 밖의 기계, 설비, 운송수단, 농기구와 구성원이 공동자금에 의하여 경영을 위하여 취득한 그 밖의 재산이다.(개정 2006. 12. 4. 연방법률 제201호)

③ 농가(농장)경영의 활동에 의하여 취득한 과실, 생산물과 수익은 농가(농장)경영 구성원의 공동재산이며, 구성원 사이의 합의에 따라 사용한다.

제258조 【농가〈농장〉경영 재산의 분할】 ① 구성원 전원의 탈퇴 또는 그 밖의 사유에 따라 농가(농장)경영을 해산할 경우에는, 공동재산은 이 법전 제252조와 제254조가 정하는 규정에 따라 분할하여야 한다.

이 경우 토지는 이 법전과 토지입법이 정하는 규정에 따라 분할한다.

② 농가(농장)경영에 속하는 토지와 생산수단은 경영에서 구성원 1인이 탈퇴하는 경우에는 분할하지 아니한다. 경영에서 탈퇴하는 자는 당해 재산의 공동소유에서의 자기의 지분에 상응하는 금전보상을 취득하는 권리를 갖는다.

③ 이 조에 규정하는 경우에는 농가(농장)경영의 재산에 대한 합유권에서의 구성원의 지분은 동등한 것으로 본다. 다만, 구성원 사이에 다른 합의가 있는 경우에는 그러하지 아니하다.

제259조 【농가〈농장〉경영의 재산을 기초로 설립된 물적 회사 또는 협동조합의 소유】 ① 농가(농장)경영의 구성원은 경영재산을 기초로 물적 회사 또는 협동조합을 설립할 수 있다. 당해 회사 또는 협동조합은 법인으로서 농장경영 구성원에 의한 출자금과 그 밖의 분담금으로 인도된 재산과 회사 또는 협동조합의 활동결과 및 그 밖의 법률이 인정하는 사유에 따라 취득한 재산에 대하여 소유권을 가진다.

② 농가(농장)경영의 재산을 기초로 설립된 물적 회사 또는 협동조합의 구성원의 출자금액은 이 법전 제258조 제3항에 따라 정하여지는 경영재산의 합유권에서의 이들 지분에 따라 정한다.

第17장 토지에 대한 소유권과 그 밖의 물권 (개정 2001. 4. 16. 연방법률 제45호)

第260조【토지에 대한 소유권에 관한 일반규정】 ① 토지를 소유하는 자는 이를 매도, 증여, 담보의 제공 또는 임대 그 밖의 방법으로 처분할 수 있다.(제209조) 다만, 당해 토지가 법률에 따라 거래로부터 배제되거나 또는 거래가 제한될 경우에는 그러하지 아니하다.

② 다른 목적으로 사용하는 것이 인정되지 아니하거나 또는 제한되는 농업용지와 그 밖의 용도로 지정되는 토지는 법률에 근거하여 그에 정하여진 절차에 따라 정한다. 이들 토지의 사용은 그 정하여진 용도의 범위 내에서 할 수 있다.(개정 2007. 6. 26. 연방법률 제118호)

第261조【소유권의 객체로서의 토지】 ① (효력상실)(2001. 4. 16. 연방법률 제45호)

② 토지에 대한 소유권은 법률이 달리 정하고 있는 경우를 제외하고는 토지의 경계 내에 있는 표층(토양층), 수체(水体), 토지 위에 있는 삼림과 식물에 미친다.(개정 2006. 6. 3. 연방법률 제73호, 2006. 12. 4. 연방법률 제201호)

③ 토지소유자는 자기의 판단에 따라 그 토지의 지상과 지하에 있는 모든 물건을 이용할 수 있다. 다만, 지하자원, 공간의 사용에 관한 법률과 그 밖의 법률에 다른 규정이 있는 경우 및 타인의 권리를 침해하는 경우에는 그러하지 아니하다.

第262조【공동사용지. 토지에의 출입】 ① 시민은 어떠한 허가 없이도 일반출입이 개방되어 있는 국유지 또는 지방자치단체소유지에 자유로이 출입하고, 법률과 그 밖의 법령, 당해 토지소유자가 허가하는 범위 내에서 당해 토지에 있는 자연물을 이용하는 권리를 갖는다.

② 토지에 울타리가 둘러져 있지 아니하거나 또는 소유자가 그 밖의 방법으로 허가 없이 토지에 출입하는 것을 금지하는 명확한 표시를 하지 아니하고 있는 경우에는, 소유자에게 손해 또는 폐를 끼지지 아니하는 조건에서 누구든지 당해 토지를 통행할 수 있다.

第263조【토지의 건축권】 ① 토지소유자는 그 토지상에 건물과 건조물을 건축하며 그 개축 또는 철거를 하고 타인에 자기 토지에서의 건축을 허가할 수 있다. 이들 권리는 도시계획과 건축기준 및 토지의 지정용도에 관한 요구(제260조 제2항)를 준수할 것을 조건으로 하여 행사된다.(개정 2007. 6. 26. 연방법률 제118호)

② 토지소유자는 법률 또는 계약에 다른 규정이 있는 경우를 제외하고는 자기에게 속

하는 토지에 자신을 위하여 건축한 건물, 건조물과 그 밖의 부동산에 대한 소유권을 취득한다.

소유자가 자기에게 속하는 토지상에 한 무허가건축의 처리는 이 법전 제222조로 정한다.

제264조【토지소유자 아닌 자의 토지에 대한 권리】 ① 토지소유자는 그 토지를 민사입법과 토지입법이 규정하는 조건과 절차에 따라 타인에게 제공할 수 있다.(개정 2007. 6. 26. 연방법률 제118호)

② 토지소유자 아닌 자는 법률 또는 소유자와의 계약이 정하는 조건과 그 범위 내에서 자기에게 속하는 토지의 점유권과 사용권을 행사한다.

③ 소유자 아닌 토지점유자는 법률에 다른 규정이 있는 경우를 제외하고는 그 토지를 처분할 수 없다.(개정 2007. 6. 26. 연방법률 제118호)

제265조【상속가능종신토지점유권의 취득사유】 시민은 국유지 또는 지방자치단체 소유지의 상속가능종신토지점유권을 토지입법이 규정하는 사유와 그 정하는 절차에 따라 취득할 수 있다.

제266조【상속가능종신토지점유권에 근거한 토지의 점유와 사용】 ① 상속가능종신토지점유권을 가지는 공민(토지점유자)은 상속에 따라 이전되는 토지의 점유권과 사용권을 가진다.

② 토지의 점유자는 그 토지상에 건물과 건조물을 건축하고 그 밖의 부동산을 건설하며, 그에 대한 소유권을 취득할 수 있다. 다만, 법률이 정한 토지의 사용조건에 다른 규정이 있는 경우에는 그러하지 아니하다.

제267조【상속가능종신토지점유 하에 있는 토지의 처분】 상속가능종신토지점유 하에 있는 토지의 처분은 토지에 대한 권리가 상속에 따라 이전되는 경우를 제외하고는 허용되지 아니한다.(개정 2007. 6. 26. 연방법률 제118호)

제268조【토지의 영구〈무기한〉사용권의 취득사유】 ① 국가 또는 지방자치단체의 시설, 국고기업, 국가권력기관 또는 지방자치기관은 국유지 또는 지방자치단체소유지의 영구(무기한)사용권을 토지의 당해 사용을 제공하는 권한이 있는 국가기관 또는 지방자치기관의 결정에 따라 취득할 수 있다.(개정 2006. 12. 4. 연방법률 제201호, 2007. 6. 26. 연방법률 제118호)

② (효력상실) (2007. 6. 26. 연방법률 제118호)

③ 법인을 조직변경할 경우에는 당해 법인에 귀속하고 있는 토지의 영구(무기한)사용

권은 권리승계의 절차에 따라 이전된다.(개정 2007. 6. 26. 연방법률 제118호)

제269조 【영구〈무기한〉사용권에서의 토지의 점유와 사용】 ① 토지의 영구(무기한) 사용권을 부여받은 자는 법률, 그 밖의 법령과 토지사용권증서에서 정하는 범위 내에서 토지를 점유 및 사용한다.

② 토지의 영구(무기한)사용권을 부여받은 자는 법률에 다른 규정이 있는 경우를 제외하고는 토지가 제공된 목적에 따라 사용할 권리를 가지며, 그 권리에는 토지상에 건물, 건조물과 그 밖의 부동산을 건축하는 것이 포함된다. 그 자가 자기를 위하여 건축한 건물, 건조물과 그 밖의 부동산은 그 자의 소유물로 된다.(전문 개정 2007. 6. 26. 연방법률 제118호)

제270조 【영구〈무기한〉사용토지에 대한 처분】 (효력상실)(2006. 12. 4. 연방법률 제201호)

제271조 【부동산소유자의 토지사용권】 ① 타인에게 속하는 토지에 있는 건물, 건조물 또는 그 밖의 부동산소유자는 당해 부동산을 위하여 제공된 토지를 사용하는 권리를 갖는다.(개정 2007. 6. 26. 연방법률 제118호)

*제2단락(효력상실)(2007. 6. 26. 연방법률 제118호)

② 타인의 토지에 있는 부동산에 대한 소유권을 타인에게 이전한 때에는 소유권취득자는 원래의 부동산소유자와 동일한 조건과 범위 내에서 관계있는 토지에 대하여 영구사용권을 취득한다.(개정 2007. 6. 26. 연방법률 제118호)

토지소유권의 이전은 부동산소유자가 향유하는 당해 토지사용권의 소멸 또는 변경의 사유로 되지 아니한다.

③ 타인의 토지에 있는 부동산소유자는 법률 또는 계약이 정하는 토지의 사용조건에 반하는 경우를 제외하고는 자기의 판단에 따라 건물과 건조물의 철거를 포함하여 당해 부동산을 점유, 사용 및 처분하는 권리를 갖는다.

제272조 【부동산소유자의 토지사용권상실에 따른 효과】 ① 부동산소유자에게 제공된 당해 부동산이 있는 토지의 사용권이 소멸한 경우(제271조)에는, 그 토지상의 소유자의 부동산에 대한 권리는 토지소유자와 부동산소유자 사이의 합의에 따라 정한다.

② 이 조 제1항에 명시된 합의가 없는 경우 또는 합의가 이루어지지 아니할 경우에는 토지사용권의 소멸에 따른 효과는 토지소유자 또는 부동산소유자의 청구에 따라 법원이 정한다.

토지소유자는 부동산소유자가 토지사용권의 소멸 후 토지상의 부동산을 철거하고 토지를 원상에 회복할 것을 요구하는 청구를 법원에 제기하는 권리를 갖는다.

토지상의 건물 또는 건조물의 철거가 법률 또는 그 밖의 법령에 따라 금지되거나(주택, 역사적 · 문화적 기념물 등) 건물 또는 건조물의 가액이 그 점유지의 가액보다 명백히 높아 철거할 수 없는 경우, 토지사용권의 소멸사유를 고려하고 당사자가 제기한 상응하는 청구에 따라 법원은 다음의 결정을 할 수 있다.

부동산소유자가 부동산소재지의 소유권을 취득하는 권리 또는 토지소유자가 토지상의 부동산을 취득하는 권리를 인정하는 것

또는 부동산소유자에게 새로운 기간의 토지사용권의 조건을 정하는 것

③ 이 조의 규정은 국가 또는 지방자치단체의 필요를 위하여 토지를 수용할 경우(제283조) 및 부적절한 사용에 의하여 토지에 대한 권리가 소멸하는 경우(제286조)에는 적용하지 아니한다.

제273조【토지상의 건물 또는 건조물의 양도시 토지에 대한 권리의 이전】 건물 또는 건조물이 있는 토지의 소유자에게 속한 건물 또는 건조물에 대한 소유권이 이전될 경우에는, 건물 또는 건조물의 양도에 관한 계약에 다른 규정이 있는 경우를 제외하고는 건물(건조물)이 점용하며 그 이용을 위하여 필수적인 토지에 대한 소유권은 건물(건조물)의 취득자에게 이전된다.(개정 2007. 6. 26. 연방법률 제118호)

제274조【타인의 토지에 대한 제한사용권〈지역권〉】 ① 부동산(토지, 그 밖의 부동산)의 소유자는 인접하는 토지소유자에게 필요한 때에는 다른 토지(인접지)의 소유자에 대하여 인접지의 제한사용권(지역권)의 제공을 청구하는 권리를 갖는다.

지역권은 인접지의 도보와 차량에 의한 통행, 전력공급선 · 통신선과 배관의 부설과 이용, 급수와 토지개량의 보장, 지역권의 설정 없이 보장할 수 없는 부동산소유자의 그 밖의 필요를 위하여 설정할 수 있다.

② 토지에 대한 지역권의 설정은 토지소유자의 토지의 점유, 사용 및 처분의 권리를 소멸하게 하지 아니한다.

③ 지역권은 지역권의 설정을 요구하는 자와 인접지의 소유자와의 사이의 합의에 따라 설정하고, 부동산에 대한 권리의 등기의 소정절차에 따라 등기하여야 한다. 지역권의 설정 또는 그 조건에 대하여 합의가 이루어지지 아니하는 경우에는 지역권의 설정을 요구하는 자의 청구에 따라 법원이 해결한다.

④ 지역권은 이 조 제1항과 제3항이 규정하는 조건과 절차에 따라 상속가능종신토지점유권 또는 영구(무기한)사용권이 부여되어 있는 자의 이익을 위하여 그 자의 청구 또는

연방법률이 규정하는 경우의 그 밖의 자의 청구에 따라 설정할 수 있다.(개정 2007. 6. 26. 연방법률 제118호, 2008. 12. 30. 연방법률 제311호)

⑤ 법률에 다른 규정이 있는 경우를 제외하고는 지역권이 설정된 토지에 부담이 있는 때에는 토지소유자는 그 이익을 위하여 지역권을 설정한 자에 대하여 상응하는 토지사용료의 지급을 청구하는 권리를 갖는다.

제275조【토지에 대한 권리의 이전시 지역권의 존속】 ① 지역권 설정의 부담이 있는 토지에 대한 권리가 타인에게 이전될 때에는 당해 지역권은 그대로 존속된다.

② 부동산의 이용을 보장하기 위하여 설정된 지역권은 매매와 저당의 독립한 객체가 될 수 없으며, 어떠한 방법으로도 부동산소유자가 아닌 자에게 이전될 수 없다.

제276조【지역권의 소멸】 ① 지역권은 지역권이 설정된 토지소유자의 청구에 따라 지역권의 설정사유의 해소에 의하여 소멸될 수 있다.

② 시민 또는 법인에게 속하는 토지가 지역권 설정의 부담에 의하여 토지의 지정용도에 따른 사용을 할 수 없는 때에는 토지소유자는 법원에 지역권의 소멸을 청구하는 권리를 갖는다.(개정 2007. 6. 26. 연방법률 제118호)

제277조【건물과 건조물에 대한 역권】 건물, 건조물과 그 밖의 부동산의 제한적 사용과 토지의 사용이 관련 없는 때에는 이 법전 제274조부터 제278조의 규정을 참조하여 역권을 설정할 수 있다.

제278조【토지에 대한 강제집행】 소유자의 채무로 인한 토지의 강제집행은 법원의 판결에 근거하여서만 허용된다.

제279조【국가와 지방자치단체의 필요를 위한 토지의 매수】 ① 국가 또는 지방자치단체의 필요를 위하여 매수의 방식을 통하여 소유자로부터 토지를 수용할 수 있다.

어느 쪽의 필요를 위하여 토지를 수용하는가에 따라 매수는 각각 러시아연방, 상응하는 러시아연방구성체 또는 지방자치단체가 실시한다.

② 국가 또는 지방자치단체의 필요를 위하여 하는 토지수용에 관한 결정은 연방권력집행기관과 러시아연방구성체의 권력집행기관 및 지방자치단체의 기관이 한다.(개정 2006. 12. 18. 연방법률 제232호)

국가 또는 지방자치단체의 필요를 위하여 하는 토지수용에 관한 결정을 채택하는 권한이 있는 연방권력집행기관, 러시아연방구성체의 행정기관 및 지방자치단체의 기관과 당해 결정의 준비와 채택절차는 연방토지입법으로 정한다.(개정 2006. 12. 18. 연방법률 제232호)

③ 토지수용에 관한 결정을 한 기관은 적어도 수용 1년 전까지 토지소유자에게 그 취지를 서면으로 통지하여야 한다. 토지소유자가 통지를 받은 날로부터 1년 이내에 하는 토지의 매수는 소유자의 동의를 얻은 경우에 한하여 허용된다.

④ 국가 또는 지방자치단체의 필요를 위하여 하는 토지수용에 관한 연방권력집행기관, 러시아연방구성체의 행정기관 및 지방자치단체의 기관의 결정은 토지에 대한 권리의 등기를 실행하는 기관에 국가등기를 하여야 한다. 토지소유자에 대하여는 등기 일자를 명시하여 실시한 등기 내용을 통지하여야 한다.(개정 2006. 12. 18. 연방법률 제232호)

⑤ (효력상실)(2007. 6. 26. 연방법률 제118호)

第280条【국가 또는 지방자치단체의 필요를 위한 토지수용시 토지소유자의 권리】 국가 또는 지방자치단체의 필요를 위하여 토지가 수용되는 때에는, 토지수용에 관한 결정에 대한 국가등기시부터 토지의 매수에 관한 합의가 이루어질 때까지 또는 법원이 매수 재정(裁定)을 할 때까지 토지소유자는 자기의 판단에 따라 토지를 점유, 이용 및 처분하고 토지의 지정용도에 따라 이를 사용하기 위하여 필요한 비용을 지출하는 권리를 갖는다. 다만, 토지소유자는 토지의 매수가격이 확정될 때(제281조)에는 위 기간 내에 토지상의 건물과 건조물의 신축, 확장과 개축에 관계되는 비용과 손실의 위험을 부담하여야 한다.(개정 2007. 6. 26. 연방법률 제118호)

第281条【국가 또는 지방자치단체의 필요를 위한 토지수용시 토지의 매수가격】
① 국가 또는 지방자치단체의 필요를 위하여 수용되는 토지에 대하여 지급되어야 할 대금(매수가격), 매수의 시기와 그 밖의 조건은 토지소유자와의 합의로 정한다. 당해 합의에는 러시아연방, 러시아연방구성체 또는 지방자치단체가 수용하는 토지의 매수가격을 지급할 의무가 포함되어야 한다.

② 매수가격을 정할 때에는 토지와 그 토지상의 부동산의 시장가치, 일실이익을 포함하는 제3자에 대한 자기채무의 기한 전의 소멸로 인하여 토지소유자가 입은 손해를 포함하여 토지수용에 의하여 토지소유자가 입은 모든 손해를 포함시켜야 한다.

③ 국가 또는 지방자치단체의 필요를 위하여 수용되는 토지에 갈음하여 소유자와의 합의에 따라 매수가격에서 대체제공되는 토지의 가액을 상계하여 다른 토지를 제공할 수 있다.

第282条【법원의 결정에 따라 국가 또는 지방자치단체의 필요를 위하여 하는 토지의 매수】 소유자가 국가 또는 지방자치단체의 필요를 위한 자기 토지수용에 관한 결정에 동의하지 아니하거나 또는 소유자와의 사이에 매수가격 또는 그 밖의 조건에 대하

여 합의가 이루어지지 아니하는 경우에는, 당해 결정을 한 국가기관은 토지매수에 관한 소를 법원에 제기할 수 있다. 국가 또는 지방자치단체의 필요를 위하여 하는 토지의 매수에 관한 소는 이 법전 제279조 제3항에 명시된 통지를 토지소유자에게 발송한 때로부터 3년 이내에 제기할 수 있다.(개정 2006. 12. 18. 연방법률 제232호, 2007. 6. 26. 연방법률 제118호)

제283조【국가 또는 지방자치단체의 필요를 위한 토지수용시 토지점유권과 사용권의 소멸】 국가 또는 지방자치단체의 필요를 위하여 수용되는 토지가 상속가능종신점유권 또는 영구(무기한)사용권에 따라 점유 및 사용되고 있는 경우, 이들 권리의 소멸은 이 법전 제279조부터 제282조가 규정하는 규정에 따라 이루어진다.(개정 2007. 6. 26. 연방법률 제118호)

제284조【지정용도에 따라 사용되지 아니하는 토지의 수용】 농업생산용, 주택용 또는 그 밖의 건축용으로 지정된 토지가 3년 동안 상응하는 용도에 따라 사용되고 있지 아니하는 경우에는, 법률이 보다 장기간으로 정하고 있는 경우를 제외하고는 토지소유자로부터 토지를 수용할 수 있다. 이 기간에는 토지개발에 필수적인 시간 및 자연재해 또는 그 지정용도에 따라 토지를 사용할 수 없게 하는 그 밖의 상황에 의하여 토지를 사용할 수 없었던 기간은 포함되지 아니한다.(개정 2007. 6. 26. 연방법률 제118호)

제285조【법령에 반하는 사용에 따른 토지수용】 토지의 사용이 토지입법이 정하는 토지의 합리적 이용에 관한 규정에 엄중하게 반하여 이루어질 경우, 특히 토지의 지정용도에 따라 토지를 사용하지 아니하거나 또는 토지의 사용이 농업용지의 비옥도를 현저히 저하시키거나 또는 생태환경을 현저히 악화시킬 경우에는 토지소유자의 토지를 수용할 수 있다.

제286조【부적절한 토지사용에 따른 토지수용절차】 ① 이 법전 제284조와 제285조에 규정하는 사유에 근거하여 토지수용에 관한 결정에 대하여 권한이 있는 국가기관 또는 지방자치기관 및 토지소유자의 위법행위에 관한 강제력 있는 사전경고를 하는 절차는 토지입법으로 정한다.

② 토지소유자가 토지수용에 관한 결정을 한 기관에 대하여 서면방식으로 통지하고 당해 결정의 집행에 동의를 한 경우에는 토지는 공매에 의하여 매각하여야 한다.

③ 토지소유자가 토지수용에 관한 결정에 동의하지 아니하는 경우에는 토지수용에 관한 결정을 한 기관은 토지의 매도를 청구하는 소를 법원에 제기할 수 있다.

제287조【소유자 아닌 자에게 속하는 토지에 대한 권리의 소멸】 토지의 임차인

및 그 밖의 소유자 아닌 자의 부적절한 토지사용으로 인하여 이들에게 속하는 토지에 대한 권리의 소멸은 토지입법이 정하는 사유와 절차에 따라 이루어질 수 있다.

第18장 주거에 대한 소유권과 그 밖의 물권

第288조【주거에 대한 소유권】 ① 소유자는 자기에게 속하는 주거를 그 용도에 따라 점유, 사용 및 처분하는 권리를 행사한다.

② 주거라 함은 시민의 거주용도로 지정된 것을 말한다.

주거의 소유자인 시민은 자신과 그 가족의 거주를 위하여 주거를 이용할 수 있다.

주거는 그 소유자가 계약에 따라 거주를 위하여 타인에게 제공할 수 있다.

③ 주거에 공업생산시설을 배치하는 것은 허용되지 아니한다.

소유자가 자기에게 속하는 주거에 기업, 시설과 기관을 배치하는 것은 당해 주거를 비거주용 주거로 변경한 경우에 한하여 허용된다. 거주용에서 비거주용으로의 건물의 용도 변경은 주택법령이 정하는 절차에 따라 한다.

第289조【소유권의 객체로서의 아파트】 집합주택의 아파트 소유자에게는 그 자에게 속하는 아파트가 차지하는 건물부분과 함께 집합주택의 공동재산에 대한 소유권에서의 지분이 귀속된다.(제290조)

第290조【집합주택에서의 아파트 소유자의 공동재산】 ① 집합주택에서의 아파트 소유자에게는 아파트의 외부 또는 내부에 있으며, 2 이상의 아파트에 제공되는 건물의 구조를 유지하는 공용부분, 기계, 전기, 환경위생과 그 밖의 설비의 공유권이 귀속된다.

② 아파트의 소유자는 집합주택의 공동재산에 대한 소유권에서의 자기의 지분을 양도하고, 아파트에 대한 소유권으로부터 독립하여 지분의 이전을 가져오는 그 밖의 행위를 할 수 없다.

第291조【주택소유자조합】 ① 아파트의 소유자는 집합주택의 관리, 아파트와 공동재산의 이용을 보장하기 위하여 아파트(주거)소유자조합을 설립한다.

② 주택소유자조합은 비영리단체이며, 주택소유자조합법에 따라 설립되고 활동한다.

第292조【주거소유자의 가족의 권리】 ① 주거소유자의 가족이 소유자에게 속하는 주거에 거주할 경우에는 그 가족은 주택법령이 규정하는 조건에 따라 주거를 이용하는 권리를 갖는다.

행위능력 있는 주거소유자의 가족과 법원에 의하여 행위능력이 제한된 가족이 소유자에게 속하는 주거에 거주할 경우에는, 그 가족은 주거의 이용으로부터 생기는 채무에 대하여 소유자와 연대하여 책임을 진다.(추가 2001. 5. 15. 연방법률 제54호,개정 2008. 4. 24. 연방법률 제49호)

② 주택 또는 아파트 소유권의 타인으로의 이전은 법률에 달리 정하고 있는 경우를 제외하고는 원래의 소유자의 가족이 주거를 이용하는 권리를 소멸시키는 사유로 된다.(개정 2001. 5. 15. 연방법률 제54호, 2004. 12. 30. 연방법률 제213호)

③ 주거소유자의 가족은 주거소유자를 포함하는 어떠한 자로부터의 주거에 대한 권리의 침해의 배제를 청구할 수 있다.

④ 소유자의 후견 및 보좌하에 있는 가족, 부모의 보살핌 없이 방치된 미성년의 가족이 거주하는(후견 및 보좌기관이 이를 알고 있는 경우) 주거의 양도는 이러한 자의 권리 또는 법률에 따라 보호되는 이익에 저촉될 경우에는 후견 및 보좌기관의 동의를 얻은 후에 허용된다.(개정 2004. 12. 30. 연방법률 제213호)

제293조【관리불량주거에 대한 소유권의 소멸】 주거의 소유자가 이를 용도에 따르지 아니하고 이용하고, 이웃의 권리와 이익을 상습적으로 침해하거나 또는 주거를 불량하게 취급하여 파손을 초래하고 있는 경우에는, 지방자치단체기관은 주거소유자에게 침해행위를 배제하여야 할 것을 경고할 수 있고, 주거의 파손을 초래하는 경우에는 주거의 수리를 위하여 상당한 기간을 주거소유자에게 지정할 수 있다.

경고 후에도 주거소유자가 이웃의 권리와 이익을 계속하여 침해하거나, 용도에 따르지 아니하는 이용을 계속하거나 또는 정당한 이유 없이 필요한 수리를 하지 아니하는 경우에는, 지방자치단체기관의 청구에 따라 법원은 당해 주거를 공매에 의하여 매각하고, 그 매각대금에서 법원판결집행에 소요된 비용을 공제한 후 그 나머지를 소유자에게 지급하는 결정을 할 수 있다.

제19장 경영관리권, 운용관리권

제294조【경영관리권】 경영관리권에 의하여 재산이 귀속되는 국영 또는 공영의 단일기업은 이 법전에 따라 정하여진 범위 내에서 당해 재산을 점유, 사용 및 처분한다.

제295조【경영관리하에 있는 재산에 대한 소유자의 권리】 ① 경영관리하에 있는

재산의 소유자는 법률에 따라 기업의 설립, 그 활동의 대상과 목적의 특정, 기업의 조직변경과 해산에 대하여 결정하고, 기업의 대표자를 임명하며, 기업에 속하는 재산의 용도에 따른 이용과 보전에 대한 감독을 한다.

소유자는 경영관리하에 있는 재산의 이용에 따라 얻은 이익의 일부를 취득하는 권리를 갖는다.

② 기업은 경영관리권에 의하여 기업에 귀속된 부동산을 소유자의 동의를 얻지 아니하고 매각, 임대, 저당에 제공하고 회사의 정관자본(공동출자)의 출자금으로 납입하거나 또는 그 밖의 방법으로 재산을 처분할 수 없다.

기업에 귀속된 그 밖의 재산에 대하여는 기업은 자주적으로 처분할 수 있다. 다만, 법률 또는 그 밖의 법령에 정하여진 경우에는 그러하지 아니하다.

제296조【운용관리권】 ① 운용관리권에 의하여 재산이 귀속되는 시설과 국고기업은 자기에게 귀속된 재산에 대하여 법률이 정한 범위 내에서 자기의 활동목적과 재산의 용도에 따라 점유, 사용하는 권리를 행사하며, 법률이 달리 규정하고 있는 경우를 제외하고는 소유자의 동의를 얻어 이 재산을 처분한다.(개정 2010. 5. 8 연방법률 제83호, 시행 2011. 1. 1.)

② 재산의 소유자는 여분의 재산, 사용하고 있지 아니하거나 용도에 따라 사용되고 있지 하니하며 소유자가 시설 또는 국고기업에 제공한 재산 또는 재산취득을 위하여 소유자가 분배한 자금으로 취득한 재산을 회수할 권리를 가진다. 시설 또는 국고기업으로부터 회수된 재산은 이 재산의 소유자가 자기의 판단에 따라 처분할 수 있다.(전문 개정 2006. 11. 3. 연방법률 제175호).(개정 2010. 5. 8 연방법률 제83호, 시행 2011. 1. 1.)

제297조【국고기업의 재산의 처분】 ① 국고기업은 재산소유자의 동의를 얻은 경우에 한하여 자기에게 귀속된 재산을 양도하거나 또는 그 밖의 방법으로 처분할 수 있다.

② 국고기업의 수익의 분배절차는 재산소유자가 정한다.

제298조【시설의 재산의 처분】 ① 사적 시설은 소유자가 제공한 재산 또는 소유자가 재산취득을 위하여 분배한 자금으로 당해 시설이 취득한 재산을 양도하거나 또는 그 밖의 방법으로 처분할 수 없다.(개정 2010. 5. 8 연방법률 제83호, 시행 2011. 1. 1.)

사적 시설은 설립문서에 그 근거가 규정된 경우에만 수익을 창출하는 활동을 할 수 있다. 이 경우 이러한 활동으로부터 얻은 수익과 이러한 수익으로 취득한 재산은 사적 시설의 독립적 처분권에 속한다.(추가 2010. 5. 8 연방법률 제83호, 시행 2011. 1. 1.)

② 독립채산제시설은 운용관리권에 기하여 자기 소유자의 동의 없이 소유자가 제공하

거나 소유자가 재산취득을 위하여 분배한 자금으로 당해 시설이 취득한 부동산과 특별고가의 동산을 처분할 수 없다. 독립채산제시설은 그 밖의 재산에 대하여 법률이 달리 규정하고 있는 경우를 제외하고는 독자적으로 처분할 수 있다.(전문 개정 2006. 11. 3. 연방법률 제175호)(개정 2010. 5. 8 연방법률 제83호, 시행 2011. 1. 1.)

독립채산제시설은 당해 시설의 설립목적 달성을 위한 범위 내에서 이러한 목적에 부합하고, 이러한 활동이 설립서면에 명시되어 있는 경우에 수익을 창출하는 활동을 수행할 수 있다. 이러한 활동으로부터 얻은 수익과 이러한 수익으로 취득한 재산은 독립채산제시설의 독립적 처분권에 속한다.(추가 2010. 5. 8 연방법률 제83호, 시행 2011. 1. 1.)

③ 예산제시설은 부동산과 소유자의 동의 없이 소유자가 제공하거나 소유자가 재산취득을 위하여 분배한 자금으로 당해 시설이 취득한 특별고가의 동산을 처분할 수 없다. 예산제시설은 그 밖의 재산에 대하여 법률이 달리 규정하고 있는 경우를 제외하고는 독자적으로 처분할 수 있다.

예산제시설은 당해 시설의 설립목적 달성을 위한 범위 내에서 이러한 목적에 부합하고, 이러한 활동이 설립서면에 명시되어 있는 경우에 수익을 창출하는 활동을 수행할 수 있다. 이러한 활동으로부터 얻은 수익과 이러한 수익으로 취득한 재산은 예산제시설의 독립적 처분권에 속한다.(추가 2010. 5. 8 연방법률 제83호, 시행 2011. 1. 1.)

④ 국고기업은 재산소유자의 동의 없이 재산을 양도 또는 그 밖의 방식으로 처분할 수 없다.

국고기업은 설립서면에 따라 수익을 창출하는 활동을 수행할 수 있다.

이러한 활동으로부터 얻은 수익은 러시아연방의 예산체제의 해당 예산으로 귀속된다.(추가 2010. 5. 8 연방법률 제83호, 시행 2011. 1. 1.)

제299조【경영관리권과 운용관리권의 취득과 소멸】 ① 재산소유자가 단일기업 또는 시설에 귀속시키는 것으로 결정한 재산에 대한 경영관리권 또는 운용관리권은 당해 기업 또는 시설에 재산이 인도된 때에 발생한다. 다만, 법률과 그 밖의 법령 또는 소유자의 결정에 달리 정하여진 경우에는 그리하지 아니하다.

② 단일기업 또는 시설의 경영관리 또는 운용관리하에 있는 재산의 이용에 따라 얻은 과실, 생산물과 수익과 단일기업 또는 시설이 계약 또는 그 밖의 사유에 따라 취득한 재산은 이 법전, 그 밖의 법률과 소유권취득에 관한 그 밖의 법령이 정한 절차에 따라 기업 또는 시설의 경영관리 또는 운용관리하에 둔다.(개정 2010. 5. 8 연방법률 제83호, 시행 2011. 1. 1.)

③ 재산에 대한 경영관리권과 운용관리권은 이 법전, 그 밖의 법률과 소유권소멸에 관한 그 밖의 법령이 규정하는 사유와 절차에 따라 또한 소유자가 그 결정에 따라 기업 또는 시설로부터 재산을 합법적으로 회수한 경우에는 소멸한다.

제300조【기업 또는 시설의 다른 소유자로의 이전시 재산에 대한 권리의 유보】

① 재산복합체로서의 국영 또는 공영기업에 대한 소유권이 다른 국유 또는 공유(公有) 재산의 소유자에게 이전되는 경우에는, 당해 기업은 자기에게 귀속된 재산에 대한 경영관리권과 운용관리권을 보유한다.(개정 2002. 11. 14. 연방법률 제161호)

② 시설에 대한 소유권이 이전되는 경우에는 당해 시설은 자기에게 속하는 재산에 대한 운용관리권을 보유한다.

제20장 소유권과 그 밖의 물권의 보호

제301조【타인의 불법점유에 대한 재산의 반환청구】 소유자는 타인의 불법점유로부터 자기 재산의 반환을 청구할 수 있다.

제302조【선의취득자에 대한 재산의 반환청구】 ① 재산을 양도할 권리가 없는 자로부터 유상으로 재산을 취득하고, 취득자가 이에 대하여 알지 못하였거나 알 수 없었던 경우에는(선의취득자), 소유자 또는 소유자로부터 재산의 점유를 이전받은 자가 재산을 유실하거나 또는 그들로부터 절도되거나 또는 이러한 자의 의사에 반하여 그 밖의 방법으로 점유를 상실한 때에는 소유자는 취득자에 대하여 당해 재산의 반환을 청구할 수 있다.

② 재산을 양도할 권리가 없는 자로부터 무상으로 재산을 취득한 경우에는 소유자는 어떠한 경우에도 당해 재산의 반환을 청구할 수 있다.

③ 금전과 무기명의 유가증권은 선의취득자에 대하여 반환을 청구할 수 없다.

제303조【불법점유로부터의 재산반환시의 결제】 타인의 불법점유로부터 재산의 반환청구를 할 경우에는, 소유자는 이 점유가 불법이었음을 알았거나 또는 알 수 있었던 자(악의의 점유자)에 대하여 당해 점유자가 점유의 전 기간 동안에 취득하거나 또는 취득하여야 하였던 모든 수익의 반환 또는 배상을 청구할 수 있다. 선의의 점유자에 대하여는 당해 점유자가 불법점유에 대하여 알았거나 알 수 있었을 때 또는 소유자의 재산반환에 관한 소에 따른 소환장을 받은 때부터 취득하거나 또는 취득하여야 하였던 모든

수익의 반환 또는 배상을 청구할 수 있다.

선의와 악의의 점유자는 소유자가 재산으로부터 수익을 얻어야 하였던 때부터 재산에 지출된 필요비의 배상을 소유자에게 청구할 수 있다.

선의의 점유자는 재산에 대하여 한 개량을 재산의 훼손 없이 분리할 수 없는 경우에는 이를 자기에게 유보할 수 있다. 개량의 분리가 불가능할 경우에는 선의의 점유자는 개량을 위하여 지출한 비용의 배상을 청구할 수 있다. 다만, 재산의 가액을 초과할 수 없다.

제304조【점유침탈에 이르지 아니하는 침해에 대한 소유자 권리의 보호】 소유자는 침해가 점유의 침탈에 이르지 아니하는 경우에도 자기의 권리에 대한 모든 침해의 배제를 청구할 수 있다.

제305조【소유자 아닌 점유자 권리의 보호】 이 법전 제301조부터 제304조에 규정하는 권리는 소유자는 아니나 상속가능종신점유권, 경영관리권, 운용관리권 또는 그 밖의 사유에 근거하여 재산을 점유하는 자에게도 귀속된다. 이들은 소유자에 대하여도 자기의 점유의 보호를 받을 권리를 갖는다.

제306조【법률에 근거한 소유권 소멸의 효과】 러시아연방이 소유권을 소멸시키는 법률을 채택한 경우에는, 당해 법률 채택의 결과로 소유자가 입은 손실은 재산의 가액을 포함하여 국가가 보상한다. 손실보상에 관한 다툼은 법원이 해결한다.

제3편 채권법 총칙

제1분편 채권에 관한 일반규정

제21장 채권채무관계의 개념과 당사자

제307조【채권채무관계의 개념과 그 발생 근거】 ① 채권채무관계에 따라 당사자 일방(채무자)은 상대방 당사자(채권자)를 위하여 재산의 인도, 업무의 수행, 금전의 지급 등 일정한 행위를 하는 의무 또는 일정한 행위를 하지 아니할 의무를 지고, 채권자는 채무자에 대하여 그 의무의 이행을 청구하는 권리를 갖는다.

② 채권채무관계는 계약, 가해행위의 결과와 이 법전에 명시된 그 밖의 사유에 따라 발생한다.

제308조【채권채무관계의 당사자】 ① 채권채무관계에는 그 당사자가 각각 채권자 또는 채무자로서 1인 또는 동시에 수인이 참가할 수 있다.

채무자로서 채권채무관계에 참가하는 복수의 자 1인에 대한 채권자의 청구의 무효와 그 자에 대한 청구의 소멸시효의 완성은 다른 채무자에 대한 청구에 영향을 미치지 아니한다.

② 각 당사자 일방이 계약에 따라 상대방 당사자를 위하여 의무를 질 경우에는 이 당사자는 상대방 당사자를 위하여 행위를 할 의무를 지는 부분에서 상대방 당사자의 채무자로 보고, 동시에 상대방 당사자에 대하여 청구를 하는 권리를 가지는 부분에서는 채권자로 본다.

③ 채권채무관계는 당사자 아닌 자(제3자)에 대하여 의무를 부과하지 아니한다.

법률과 그 밖의 법령 또는 당사자 사이의 합의에 규정이 있는 경우에는 채권채무관계의 당사자 일방 또는 쌍방에 대한 제3자의 권리를 채권채무관계에 따라 설정할 수 있다.

제22장 채무의 이행

제309조【일반규정】 채무는 채무의 조항, 법률과 그 밖의 법령의 요건에 따라, 당

해 조항과 요건이 없는 경우에는 거래관습 또는 통상 제시되는 그 밖의 요건에 따라 정확하게 이행하여야 한다.

제310조【채무이행의 일방적 거절의 금지】 채무이행의 일방적인 거절과 채무조항의 일방적인 변경은 법률이 규정하는 경우를 제외하고는 허용되지 아니한다. 당사자가 수행하는 기업활동에 관한 채무이행의 일방적인 거절과 채무조항의 일방적인 변경은 계약이 규정하는 경우에는 허용된다. 다만, 법률 또는 채무의 본질로부터 달리 볼 수 있는 경우에는 그러하지 아니하다.

제311조【채무의 일부이행】 채권자는 채무의 일부이행의 수령을 거절할 수 있다. 다만, 법률과 그 밖의 법령, 채무조항에 다른 규정이 있는 경우 및 거래관습 또는 채무의 본질로부터 달리 볼 수 있는 경우에는 그러하지 아니하다.

제312조【권한을 가지는 자에 대한 채무이행】 당사자 사이의 합의에 다른 규정이 없으며 거래관습과 채무의 본질로부터 달리 볼 수 있는 경우를 제외하고는, 채무자는 채무이행시에 채권자 자신 또는 채권자로부터 권한을 부여받은 자가 이행을 수령한 것에 관한 증명을 청구하는 권리를 가지며, 그 청구를 하지 아니할 경우의 위험을 부담한다.

제313조【제3자에 의한 채무이행】 ① 법률과 그 밖의 법령, 채무조항 또는 채무의 본질에 따라 채무자 스스로가 채무를 이행할 의무를 지는 것으로 볼 수 있는 경우가 아닌 한, 채무자는 채무의 이행을 제3자에게 맡길 수 있다. 이 경우 채권자는 채무자를 갈음하여 제3자가 제공한 이행을 수령하여야 한다.

② 채권자에 의한 재산에 대한 강제집행의 결과 채무자의 재산에 대한 자기의 권리(임차권, 담보권 등)를 상실할 위험이 있는 제3자는 채무자의 동의 없이 자기의 부담으로 채권자에 대한 채무를 변제할 수 있다. 이 경우 채무에 대한 채권자의 권리는 이 법전 제382조부터 제387조에 따라 제3자에게 이전된다.

제314조【채무의 이행기】 ① 채권채무관계에서 이행일 또는 이행되어야 할 기간이 규정되거나 또는 그 확정이 가능할 경우에는 채무는 이행일 또는 그 이행기 내의 임의의 시기에 이행하여야 한다.

② 채무의 이행기가 규정되어 있지 아니한 때 또는 이행기를 확정할 수 있는 조항이 없는 때에는 채무는 그 발생 후 합리적 기간 내에 이행하여야 한다.

합리적인 기간 내에 이행되지 아니하는 채무와 이행기를 청구시로 하는 채무인 경우에는 채무자는 채권자가 이행을 청구한 날로부터 7일 이내에 이행하여야 한다. 다만, 법률과 그 밖의 법령, 채무조항, 거래관습 또는 채무의 본질로부터 다른 시기에 이행할 의무가 있는 것으로 볼 수 있는 경우에는 그러하지 아니하다.

제315조【기한 전의 채무이행】 채무자는 법률과 그 밖의 법령, 채무조항에 다른 규정이 있는 경우 또는 채무의 본질로부터 달리 볼 수 있는 경우를 제외하고는 기한 전에 채무를 이행할 수 있다. 당사자가 수행하는 기업활동에 관한 채무의 기한 전의 이행에 대하여는 법률과 그 밖의 법령, 채무조항에 기한 전의 채무이행에 대하여 규정하는 경우 및 거래관습 또는 채무의 본질로부터 그것이 가능한 경우에 한하여 허용된다.

제316조【채무의 이행지】 법률과 그 밖의 법령 또는 계약에 채무의 이행지가 정하여지지 아니한 경우 및 거래관습 또는 채무의 본질로부터 이행지가 명확하지 아니하는 경우에는 채무는 다음 장소에서 이행하여야 한다.

토지, 건물, 건조물 또는 그 밖의 부동산의 인도채무에 대하여는 당해 부동산의 소재지

운송이 예정되는 상품 또는 그 밖의 재산의 인도채무에 대하여는 채권자에게 송달하기 위하여 최초의 운송인에게 재산을 인도하는 장소

상품 또는 그 밖의 재산의 인도에 관한 기업자의 그 밖의 채무에 대하여는 채무발생시에 채권자가 그 장소를 알고 있는 경우에는 재산의 제조지 또는 보관지

금전채무에 대하여는 채무발생시의 채권자의 주소지, 채권자가 법인의 때에는 채무발생시의 법인소재지, 채권자가 채무의 이행시까지 주소지 또는 거소지를 변경하고 채무자에게 통지한 때에는 채권자의 새로운 주소지 또는 거소지. 다만, 이행지 변경에 따르는 비용은 채권자가 부담한다.

그 밖의 채무에 대하여는 채무자의 주소지, 채무자가 법인인 때에는 그 소재지

제317조【금전채무의 통화】 ① 금전채무는 루블로 표시되어야 한다.(제140조)

② 금전채무에서는 외국통화 또는 사전협정된 통화단위(유럽통화단위[에큐〈ecu〉], 특별인출권 등)의 일정액과 동등한 금액의 루블로 지급하여야 할 것을 규정할 수 있다. 이 경우에는 루블로 지급되어야 할 액수는 지급일의 당해 외국통화 또는 사전협정된 통화단위의 공정환율에 따라 정한다. 다만, 법률 또는 당사자 사이의 합의에 다른 환율 또는 다른 확정일이 정하여져 있는 경우에는 그러하지 아니하다.

③ 러시아연방 영역 내에서 채무에 관하여 결제를 할 때에 외국통화와 외국통화의 지급증서를 사용하는 것은 법률이 정하는 경우와 조건에 따라 또는 법률이 정하는 절차에 따라 허용된다.

제318조【시민의 생활 유지를 위하여 지급되는 금전의 증액】 생명 또는 건강에 대하여 입힌 손해의 배상, 종신부양계약과 그 밖의 금전채무로서 시민의 생활유지를 위

하여 직접 지급되는 금액은 법률이 규정하는 경우와 절차에 따라 인플레이션의 정도를 고려하여 산정한다.(개정 2002. 11. 26. 연방법률 제152호)

제319조【금전채무에 관한 청구의 변제순위】 지급된 금액이 금전채무 전액의 변제에 부족한 경우에는 다른 합의가 있는 경우를 제외하고는 채권자의 이행 수령에 관계되는 비용, 이자의 순으로 변제하고 잔액을 채무의 원본에 충당한다.

제320조【선택채무의 이행】 채무자가 재산을 선택하여 채권자에게 이전하거나 또는 복수의 행위 중 하나의 행위를 선택하여 이행할 의무를 질 경우에는, 법률과 그 밖의 법령 또는 채무조항으로부터 달리 볼 수 있는 경우가 아닌 한 선택권은 채무자에게 속한다.

제321조【복수의 채권자 또는 복수의 채무자가 당사자인 채무의 이행】 복수의 채권자 또는 복수의 채무자가 당사자인 채무의 경우에는 각 채권자는 이행을 청구하는 권리를 가지며, 각 채무자는 다른 채무자와 평등한 비율로 채무를 이행할 의무를 진다. 다만, 법률과 그 밖의 법령 또는 채무조항으로부터 달리 볼 수 있는 경우에는 그러하지 아니하다.

제322조【연대채권채무관계】 ① 연대채무(또는 책임) 또는 연대채권은 채무 또는 채권의 연대성이 계약 또는 법률에 정하여질 경우 특히 채무의 목적이 불가분인 때에 발생한다.

② 기업활동과 관련 있는 복수의 채무자의 채무 또는 복수의 채권자의 채권은 연대채무 또는 연대채권으로 된다. 다만, 법률과 그 밖의 법령 또는 채무조항으로부터 달리 볼 수 있는 경우에는 그러하지 아니하다.

제323조【연대채무에서의 채권자의 권리】 ① 채무자가 연대채무를 질 경우에는 채권자는 채무자 전원에 대하여 동시에 또는 채무자 중 어느 1인에 대하여 개별적으로 채무의 전부 또는 일부의 이행을 청구할 수 있다.

② 연대채무자의 1인으로부터 완전한 이행을 받지 못한 채권자는 다른 연대채무자에 대하여 받지 못한 부분을 청구하는 권리를 갖는다.

연대채무자는 채무가 완전하게 이행될 때까지 채무를 면할 수 없다.

제324조【연대채무에서 채권자의 청구에 대한 항변】 연대채무인 경우에는 채무자는 당해 채무자로 참가하지 아니한 그 밖의 채무자와 채권자와의 관계에 근거하여 채권자의 청구에 대한 항변을 주장할 수 없다.

제325조【연대채무자의 1인에 의한 채무이행】 ① 연대채무자의 1인이 채무를 완

전하게 이행한 경우에는 다른 채무자는 채권자에 대한 이행을 면한다.

② 연대채무자 사이에 다른 규정이 있는 경우를 제외하고는

1. 연대채무를 이행한 자는 자기의 부담부분을 공제하고 다른 채무자와 동등한 비율로 구상하는 권리를 갖는다.

2. 연대채무를 이행한 채무자에 대한 연대채무자 1인의 미지급 부분은 이행한 채무자와 다른 채무자의 평등한 비율로 부담한다.

③ 이 조의 규정은 연대채무자 1인의 반대채권과의 상계에 의하여 연대채무가 소멸한 경우에 적용한다.

제326조【연대채권】 ① 연대채권에서의 채권자는 모두 채무자에 대하여 완전한 이행을 청구할 수 있다.

연대채권자 중 어느 1인이 청구할 때까지 채무자는 자기의 판단에 따라 채권자 중 어느 1인에 대하여도 채무를 이행할 수 있다.

② 채무자는 연대채권자의 어느 1인의 청구에 대하여 당해 채권자로 되지 아니한 그 밖의 채권자와 채무자의 관계에 근거하여 채권자의 청구에 대한 항변을 주장할 수 없다.

③ 채무자가 연대채권자의 1인에 대하여 채무를 완전하게 이행한 경우에는 채무자는 다른 채권자에 대한 이행을 면한다.

④ 채무자로부터 이행을 받은 연대채권자는 다른 채권자에 대하여 평등한 비율로 상환하여야 한다. 다만, 연대채권자 사이의 관계로부터 달리 볼 수 있는 경우에는 그러하지 아니하다.

제327조【공탁에 의한 채무이행】 ① 다음 각호의 1의 원인에 의하여 채무자가 채무를 이행할 수 없는 경우에는 채무자는 지급하여야 할 금전 또는 유가증권을 공증인에게 또는 법률이 정하는 경우에는 법원에 공탁할 수 있다.

1. 채권자 또는 채권자로부터 이행수령의 권한을 부여받은 자가 채무이행지에 없는 경우

2. 채권자에게 행위능력이 없고 그 대리인도 없는 경우

3. 채권자가 명확하지 아니한 경우. 특히 채권자와 타인과의 사이에 이에 대하여 다툼이 있는 경우

4. 채권자가 이행의 수령을 거절하거나 또는 그 밖의 수령지체에 있는 경우

② 공증인 또는 법원에 대한 금전 또는 유가증권의 공탁은 채무의 이행으로 본다.

금전 또는 유가증권의 공탁을 받은 공증인 또는 법원은 채권자에게 이 취지를 통지하

여야 한다.

제328조【동시이행】 ① 동시이행이라 함은 계약에 따라 당사자 일방에 의한 채무이행이 상대방 당사자에 의한 채무이행의 전제조건으로 되어 있는 것을 말한다.

② 당사자 일방이 계약에 따라 전제조건으로 되어 있는 채무의 이행을 제공하지 아니하는 경우 또는 소정기간 내에 채무가 이행되지 아니함을 확실하게 증명하는 상황이 존재하는 경우에는, 동시이행을 할 상대방 당사자는 자기채무의 이행을 유보하거나 또는 당해 채무의 이행을 거절하고 손해배상을 청구할 수 있다.

계약에 따라 전제조건으로 되어 있는 채무가 불완전하게 이행된 때에는 동시이행을 할 상대방 당사자는 자기채무의 이행을 유보하거나 또는 미제공의 이행에 상응하는 부분에 대하여 자기채무의 이행을 거절할 수 있다.

③ 당사자 일방이 계약에 따라 전제조건으로 되어 있는 자기채무의 이행을 제공하지 아니하였음에도 불구하고 동시이행채무가 이행된 경우에는 그 당사자 일방은 자기채무의 이행을 제공하여야 한다.

④ 이 조 제2항과 제3항이 정하는 규정은 계약 또는 법률에 달리 규정되어 있지 아니하는 한 적용한다.

제23장 채무이행의 담보

제1절 일반규정

제329조【채무이행의 담보방법】 ① 채무의 이행은 위약금, 담보권, 채무자 재산의 유치권, 보증, 은행보증, 보증금과 법률 또는 계약이 규정하는 그 밖의 방법에 의하여 담보될 수 있다.

② 채무이행의 담보에 관한 합의의 무효는 당해 채무(주채무)의 무효를 가져오지 아니한다.

③ 법률에 달리 정하고 있는 경우를 제외하고는 주채무의 무효는 그를 담보하는 채무의 무효를 가져온다.

제2절 위약금

제330조【위약금의 개념】 ① 위약금(또는 위약벌, 지연이자)이라 함은 법률 또는 계약에 따라 정하여진 금액으로, 채무의 불이행 또는 불완전이행 특히 이행지체의 경우에 채무자가 채권자에게 지급하여야 하는 것을 말한다.

위약금의 지급을 청구할 경우에는 채권자는 자신이 입은 손해를 증명할 의무를 지지 아니한다.

② 채무의 불이행 또는 불완전이행에 대하여 채무자에게 책임이 없는 경우에는 채권자는 위약금의 지급을 청구할 수 없다.

제331조【위약금에 관한 합의의 형식】 위약금에 관한 합의는 주채무의 형식을 막론하고 서면방식으로 작성하여야 한다.

서면방식을 준수하지 아니할 경우에는 위약금에 관한 합의는 무효이다.

제332조【법정위약금】 ① 당사자 사이의 합의에 따른 위약금의 지급의무에 관한 규정의 유무에 관계없이 채권자는 법률에 명시된 위약금(법정위약금)의 지급을 청구할 수 있다.

② 법정위약금의 액수는 법률에 금지되어 있지 아니한 경우에는 당사자 사이의 합의에 따라 증액할 수 있다.

제333조【위약금의 감액】 지급되어야 할 위약금의 액수가 채무의 침해의 결과에 비하여 명백히 균형을 잃은 경우에는 법원은 위약금을 감액할 수 있다.

이 조의 규정은 이 법전 제404조에 따라 채무자의 책임감액에 대한 채무자의 권리와 이 법전 제394조에 규정하는 채권자의 손해배상에 대한 권리를 방해하지 아니한다.

제3절 담보권

제334조【담보권의 개념과 발생근거】 ① 채무자가 피담보채권에 대한 채무를 이행하지 아니하는 경우에는, 채권자(담보권자)는 재산이 속하는 자(담보권설정자)의 다른 채권자보다 우선하여 담보재산의 가액으로부터 변제를 받는 권리를 갖는다. 다만, 법률에 다른 규정이 있는 경우에는 그러하지 아니하다. 법률이 규정하는 경우와 절차에 따라 피담보채권의 채권자(담보권자)에 대한 채무변제는 담보목적물을 담보권자의 소유로 인도하는 방법으로 할 수 있다.(개정 2008. 12. 30. 연방법률 제306호)

담보권자는 담보재산이 어느 누구를 수익자로 하여 보험의 목적으로 되어 있는가와 관계없이 당해 재산의 멸실 또는 훼손에 대한 보험보상금으로부터 변제를 받는 권리를 갖는다. 다만, 멸실 또는 훼손이 담보권자의 귀책사유에 의하지 아니하고 발생한 경우에 한정된다.

② 토지, 기업, 건물, 건조물, 아파트와 그 밖의 부동산에 대한 담보권(저당권)은 저당권법이 규율한다. 이 법전에 포함된 담보권에 관한 일반규정은 저당권에 적용한다. 다만, 이 법전 또는 저당권법에 다른 규정이 있는 경우에는 그러하지 아니하다.

③ 담보권은 계약에 따라 발생한다. 어떠한 재산이 어떠한 채무의 이행을 위한 담보가 되는가에 대하여 법률에 규정이 있는 경우에는 담보권은 법률이 규정하는 그러한 상황이 발생한 때에 법률에 근거하여서도 발생한다.

계약에 따라 발생하는 담보권에 관한 이 법전의 규정은 법률에 다른 규정이 있는 경우를 제외하고는 법률에 따라 발생하는 담보권에 적용한다.

제335조【담보권설정자】 ① 채무자 본인과 제3자는 담보권설정자로 될 수 있다.

② 물건의 소유자 또는 그에 대한 경영관리권을 가지는 자는 물건을 목적으로 하는 담보권설정자로 될 수 있다.

물건의 경영관리권을 가지는 자는 이 법전 제295조 제2항이 규정하는 경우에는 소유자의 동의 없이 이를 담보에 제공할 수 있다.

③ 권리를 목적으로 하는 담보권설정자로 될 수 있는 자는 당해 권리를 가지는 자이다.

타인의 물건에 대한 임차권 또는 그 밖의 권리는 그 소유자 또는 그에 대한 경영관리권을 가지는 자의 동의를 얻지 아니하고는 담보로 제공될 수 없다. 다만, 법률 또는 계약에 따라 이러한 자의 동의 없이 당해 권리의 양도가 금지되지 아니하는 경우에는 그러하지 아니하다.

제336조【담보권의 목적물】 ① 담보권의 목적물로 될 수 있는 것은 물건과 재산권(청구권)을 포함하는 모든 재산이다. 다만, 거래가 허용되지 아니하는 재산, 채권자 개인과 불가분으로 결합되어 있는 청구권, 특히 부양료청구권, 생명 또는 건강에 입은 손해의 배상청구권과 법률에 따라 타인으로의 양도가 금지된 그 밖의 권리는 그러하지 아니하다.

② 개별유형의 재산, 특히 강제집행이 금지되는 시민의 재산에 대한 담보권은 법률에 따라 금지 또는 제한될 수 있다.

제337조【피담보채권】 계약에 다른 규정이 있는 경우를 제외하고는 담보권은 피담

보채권의 변제시의 청구액 특히 이자, 위약금, 이행지체에 따른 손해배상, 담보물의 보관을 위하여 담보권자가 지출한 필요비의 상환과 강제집행의 비용을 포함하여 담보한다.

제338조【담보권자에게 담보물을 인도하지 아니하는 담보권과 인도하는 담보권】 ① 담보재산은 계약에 다른 규정이 있는 경우를 제외하고는 담보권설정자가 점유한다.

저당권이 설정된 재산과 유통담보상품은 담보권자에게 점유가 이전되지 아니한다.

② 담보권의 목적물은 담보권자가 자물쇠를 채워 봉인하여 담보권설정자의 점유하에 둘 수 있다.

담보권의 목적물은 담보권에 대하여 증명하는 표시를 붙여 담보권설정자의 점유하에 둘 수 있다.(고정담보)

③ 일시적인 점유 또는 사용을 위하여 담보권설정자가 제3자에게 이전한 담보권의 목적물은 담보권설정자의 점유하에 있는 것으로 본다.

④ 유가증권에 의하여 표창되는 재산권을 목적으로 하는 담보권의 경우에는 유가증권은 담보권자에게 인도되거나 또는 공증인에게 임치된다. 다만, 계약에 다른 규정이 있는 경우에는 그러하지 아니하다.

제339조【담보권계약 · 계약방식과 등기】 ① 담보권계약에는 담보권의 목적물, 그 평가액, 피담보채권의 성질, 액수와 이행기가 명시되어야 한다. 담보재산을 당사자 중 어느 일방의 점유하에 둘 것인지에 관하여도 계약에 기재하여야 한다.

② 담보권계약은 서면방식으로 체결하여야 한다.

동산 또는 재산권을 목적으로 하는 담보권계약으로서 공증을 필요로 하는 계약에 따라 채권을 담보하는 것은 공증을 받아야 한다.(개정 2004. 12. 30. 연방법률 제213호)

③ 저당권설정계약은 당해 재산에 관한 법률행위의 등기를 위한 소정절차에 따라 등기하여야 한다.

④ 이 조 제2항과 제3항의 규정을 준수하지 아니하는 경우에는 담보권계약은 무효이다.

⑤ 개별 유형의 동산에 관한 법률에 따라 담보권계약과 담보권에 대한 등록과(또는) 등기를 법률로 규정할 수 있다.(추가 2008. 12. 30. 연방법률 제306호)

제340조【담보권자의 권리가 미치는 재산】 ① 담보권의 목적물에 대한 담보권자의 권리(담보권)는 계약에 다른 규정이 있는 경우를 제외하고는 그 종물에도 미친다.

담보재산의 이용에 따라 취득한 과실, 생산물, 수익은 계약에 다른 규정이 있는 경우를 제외하고는 담보권이 미친다.

② 기업 또는 그 밖의 재산복합체 전체에 저당권을 설정한 경우에는 담보권은 저당권 존속기간 동안 취득한 것을 포함하여 동산, 부동산, 청구권, 배타적 권리 등 모든 구성재산에 미친다. 다만, 법률 또는 계약에 다른 규정이 있는 경우에는 그러하지 아니하다.

③ 건물 또는 건조물에 대한 저당권은 당해 건물 또는 건조물이 있는 토지, 그 토지에 대하여 저당권설정자에게 속하는 임차권을 동일한 계약으로 동시에 저당권을 설정하는 경우에 한하여 허용된다.(개정 2007. 6. 26. 연방법률 제118호)

④ 토지에 저당권을 설정할 경우에는 저당권은 당해 토지상에 있거나 또는 건설되는 저당권설정자의 건물 또는 건조물에 미친다. 다만, 계약에 다른 조항이 있는 경우에는 그러하지 아니하다.(개정 2004. 12. 30. 연방법률 제213호)

계약에 그러한 조항이 있을 때 저당권이 설정된 토지에 대한 강제집행이 행하여질 경우에는 지정용도에 따라 건물 또는 건조물을 사용하기 위하여 필요한 부분의 토지에 대한 제한사용권(지역권)은 저당권자에게 유보된다. 토지의 당해 부분의 사용조건은 저당권설정자와 저당권자와의 합의에 따라 정하며, 다툼이 있는 경우에는 법원이 정한다.(개정 2004. 12. 30. 연방법률 제213호, 2007. 6. 26. 연방법률 제118호)

⑤ 저당권설정자가 아닌 타인에게 속하는 건물 또는 건조물이 있는 토지에 저당권이 설정되고, 저당권자가 그 토지에 대한 강제집행을 하여 공매에 의하여 토지가 매각된 경우에는 저당권설정자가 소유자에 대하여 가지고 있는 권리의무는 토지의 취득자에게 이전한다.

⑥ 법률에 근거하여 법률에 따라 발생하는 담보권에 관하여는 담보권계약으로 담보권설정자가 장래 취득할 물건과 재산권에 대한 담보권을 규정할 수 있다.

제341조【담보권의 발생】 ① 담보권계약에 다른 규정이 있는 경우를 제외하고는 담보권은 담보권계약을 체결한 때에 발생하며, 담보권자에게 인도하여야 할 재산의 담보권은 당해 재산의 인도시에 발생한다.

② 유통상품에 대한 담보권은 이 법전 제357조 제2항의 규정에 따라 발생한다.

제342조【후순위담보권】 ① 담보권이 설정된 재산이 또 다른 채권의 담보권의 목적물로 된 경우(후순위담보)에는, 후순위담보권자의 채권은 선순위담보권자에 대한 채무변제가 종료된 후 당해 재산의 가액으로부터 변제된다.

② 후순위담보권은 선순위담보권에 관한 계약에 금지되어 있지 아니한 경우에 허용된다.

③ 담보권설정자는 이 법전 제339조 제1항에 규정된 재산에 존재하는 모든 담보권에

관한 정보를 각 후순위담보권자에게 통지하여야 하며, 이 의무를 이행하지 아니하여 담보권자에게 입힌 손해에 대하여 책임을 진다.

④ 후순위담보로 담보된 채권에 따라 피담보재산에 대하여 강제집행이 행하여질 경우, 동시에 피담보채무의 기한 전 이행이 청구될 수 있으며, 당해 피담보재산에 대한 강제집행은 선순위담보로 담보된 채권에 따라 강제집행기간이 도래하지 아니한 경우에도 행하여질 수 있다. 선순위의 담보권계약에 따라 담보권자가 이러한 권리를 행사하지 아니할 경우에는, 후순위담보로 담보된 채권에 따라 강제집행되는 재산은 그 취득자에게 선순위담보가 설정된 상태로 이전된다.(추가 2008. 12. 30. 연방법률 제306호)

제343조【담보재산의 관리와 보존】 ① 담보권설정자 또는 담보권자는 담보재산이 어느 일방의 점유하에 있는지에 따라(제338조) 법률 또는 계약에 다른 규정이 있는 경우를 제외하고는 다음 각호의 1의 의무를 진다.

1. 담보재산의 멸실 또는 훼손의 위험에 대하여 담보권설정자의 부담에 의하여 담보재산의 전 가액에 대하여 보험을 드는 것. 담보재산의 전 가액이 피담보채권액을 넘는 경우에는 채권액을 밑돌지 아니하는 액수의 보험으로 한다.

2. 제3자로부터의 침해행위와 청구로부터 담보재산을 보호하는 것을 포함하여 담보재산의 보존을 위하여 필요한 조치를 강구하는 것

3. 담보재산의 멸실 또는 훼손의 우려가 발생할 경우에는 상대방 당사자에게 곧바로 통지하는 것

② 담보권자와 담보권설정자는 상대방 당사자의 점유하에 있는 담보재산의 존재, 양, 상태 및 보존상황을 서면으로 검사할 수 있다.

③ 담보권자가 이 조 제1항의 의무에 현저하게 위반하여 담보재산의 멸실 또는 훼손의 우려가 발생할 경우에는 담보권설정자는 담보권의 기한 전의 소멸을 청구할 수 있다.

제344조【담보재산의 멸실 또는 훼손의 효과】 ① 담보권설정자는 담보권계약에 다른 규정이 있는 경우를 제외하고는 담보재산의 의외의 멸실 또는 훼손의 위험을 부담한다.

② 담보권자는 이 법전 제401조에 따라 면책됨을 증명한 경우를 제외하고는 자기가 인도받은 담보권의 목적물의 멸실 또는 훼손의 전부 또는 일부에 대하여 책임을 진다.

담보권자는 담보재산이 멸실한 경우에는 그 실세 가액, 훼손한 경우에는 저하한 가액에 대하여 담보권자가 인도를 받은 때의 담보권으로부터 목적물의 평가액과 관계없이 책임을 진다.

담보권의 목적물의 훼손에 의하여 정상적인 용도에 따른 사용을 할 수 없을 정도로 변형된 경우에는 담보권설정자는 담보물의 접수를 거절하고 그에 따른 손해배상을 청구하는 권리를 갖는다.

담보권의 목적물의 멸실 또는 훼손으로부터 생기는 그 밖의 손해에 대하여 담보권자가 담보권설정자에게 배상할 의무는 계약으로 규정할 수 있다.

피담보채권의 채무자인 담보권설정자는 담보권의 목적물의 멸실 또는 훼손에 의하여 발생한 담보권자에 대한 손해배상청구권을 피담보채권의 변제와 상계할 수 있다.

제345조【담보권의 목적물의 대체와 복원】 ① 담보권의 목적물은 법률 또는 계약에 다른 규정이 있는 경우를 제외하고는 담보권자의 동의를 얻어 대체될 수 있다.

② 담보권의 목적물이 멸실·훼손되거나 또는 담보권의 목적물에 대한 소유권 또는 경영관리권이 법률이 규정하는 사유에 기초하여 소멸될 경우에는, 담보권설정자는 합리적인 기간 내에 담보권의 목적물을 복원하거나 또는 동등한 가치가 있는 그 밖의 재산과 대체할 수 있다. 다만, 계약에 다른 규정이 있는 경우에는 그러하지 아니하다.

제346조【담보권의 목적물의 사용 및 처분】 ① 담보권설정자는 계약에 다른 규정이 있는 경우 또는 담보권의 본질로부터 달리 볼 수 있는 경우를 제외하고는 담보권의 목적물을 그 용도에 따라 사용하고 과실과 수익을 취득할 권리를 갖는다.

② 계약에 다른 규정이 있는 경우 또는 담보의 본질로부터 달리 볼 수 있는 경우를 제외하고는 담보권설정자는 담보의 목적물을 타인에게 양도하거나 임대 또는 무상사용에 제공하거나 또는 담보권자의 동의를 얻은 경우에 한하여 그 밖의 방법으로 처분할 수 있다.

담보권설정자가 유증으로 담보재산을 처분하는 권리를 제한하는 합의는 무효이다.

③ 담보권자는 계약에 규정이 있는 경우에 한하여 인도를 받은 담보권의 목적물을 사용할 수 있다. 다만, 정기적으로 담보권설정자에게 사용에 대하여 보고하여야 한다. 계약에 따라 주채무의 소멸 또는 담보권설정자의 이익을 위하여 담보권의 목적물로부터 과실과 수익을 수취할 의무를 담보권자에게 부과할 수 있다.

제347조【담보권의 목적물에 대한 담보권자 권리의 보호】 ① 담보권의 목적물을 점유하거나 또는 점유하여야 할 담보권자는 담보권설정자를 포함하여 타인의 불법점유로부터 담보권의 목적물의 인도를 청구할 수 있다.(제301조, 제302조, 제305조)

② 계약조항에 근거하여 인도를 받은 담보권의 목적물의 사용권이 담보권자에게 제공된 경우에는, 담보권자는 담보권설정자를 포함하여 타인에 대하여 자기의 권리에 대한

모든 침해의 배제를 그 침해가 점유의 박탈과 연계되어 있지 아니한 경우에도 청구할 수 있다.(제304조, 제305조)

第348조【담보재산에 대한 강제집행의 사유】 ① 담보권자(채권자)에 대한 채무변제를 목적으로 하는 담보재산에 대한 강제집행은 채무자가 피담보채권을 자기의 귀책사유로 이행하지 아니하거나 또는 불완전이행을 한 경우에 가능하다.

담보권자는 담보채무가 이행기 도래까지 채무가 이행되지 아니할 경우에는, 담보목적물에 대한 강제집행의 권리를 취득한다. 다만, 법률 또는 계약에 따라 이러한 권리가 이행기 후에 발생하거나 또는 법률에 따라 강제집행이 그 이전에 행하여지는 경우에는 그러하지 아니하다.(추가 2008. 12. 30. 연방법률 제306호)

② 채무자의 피담보채권에 대한 위반이 지극히 근소하여 담보권자의 청구액이 담보재산의 가액과 명백히 균형을 잃은 경우에는 담보재산에 대한 강제집행은 각하될 수 있다.

다른 반증이 있는 경우를 제외하고는 피담보채권에 대한 위반이 지극히 근소하여 담보권자의 청구액이 담보재산의 가액과 명백히 균형을 잃었음은 이와 동시에 다음 각호의 1의 요건을 갖출 경우에는 추정된다.

1. 이행되지 아니한 채무의 총액이 담보권계약에 따라 평가된 담보목적물가액의 5%보다 클 경우

2. 담보권에 의하여 담보된 채무의 이행기가 3개월 이상 경과된 경우(추가 2008. 12. 30. 연방법률 제306호)

③ 담보권계약이 달리 정하고 있는 경우를 제외하고는 정기금지급으로 변제되는 채권의 보장을 위하여 담보된 재산에 대한 강제이행은 이러한 정기금지급의 반복적인 위반 즉 정기금지급기간 12개월 동안 3번 이상 위반할 경우 당해 위반이 근소할지라도 이런 위반이 있을 경우에 적용된다.(추가 2008. 12. 30. 연방법률 제306호)

第349조【담보재산에 대한 강제집행절차】 ① 담보권자(채권자)의 채권은 법원의 결정에 따라 담보된 재산의 가액으로부터 변제된다.

② 담보권자의 채권은 법률이 달리 규정하는 경우를 제외하고는, 담보권설정자와 체결한 합의에 따라 법원에 신청하지 아니하고 담보재산으로부터 채무변제를 받을 수 있다.

담보권자의 채권은 법률이 달리 규정하는 경우를 제외하고는, 저당권에 관한 법률이 정하는 절차에 따라 법원에 신청하지 아니하고 담보부동산으로부터 채무변제를 받을 수 있다.

법원에 신청하지 아니한 담보된 재산의 강제집행절차에 관한 합의는 임의의 시기에

이루어질 수 있다.

법원에 신청하지 아니한 담보재산의 강제집행절차에 관한 합의는 담보권계약에 포함될 수 있다.

이러한 합의는 이로 인하여 권리의 침해를 받은 자의 청구에 따라 법원이 효력이 없는 것으로 인정할 수 있다.

③ 담보권자와 담보권설정자의 합의에 다른 규정이 있는 경우를 제외하고는, 담보권자는 법원의 결정에 따라 담보동산의 가액에서 변제를 받는다. 다만, 담보권자에게 인도된 목적물에 대한 강제집행은 법률에 다른 절차에 관한 규정이 없는 경우에는 담보권계약이 정하는 절차에 따라 이루어진다.

④ 담보권설정자가 자연인인 경우, 법원에 신청을 하지 아니한 담보동산의 강제집행절차에 대한 합의는 공증을 거친 담보권설정자의 동의가 있는 때에만 이루어진다.

⑤ 법원에 신청하지 아니한 담보재산의 강제집행에 관한 합의를 담보권설정자가 이행하지 아니할 경우, 법원에 신청을 하지 아니한 담보재산의 강제집행은 법률이 달리 규정하고 있는 경우를 제외하고는 공증인의 집행승인문에 근거하여 집행소송절차에 관한 입법이 정하는 절차에 따라 이루어질 수 있다.

⑥ 다음 각호의 1의 경우에는 담보권의 목적물에 대한 강제집행은 법원의 결정에 근거하여서만 실행된다.

1. 자연인의 재산에 관한 담보권계약체결에 타인 또는 기관의 동의나 허가가 필요한 경우
2. 담보권의 목적물이 사회적으로 중요한 역사적, 예술적 또는 다른 문화적 가치를 가지는 경우
3. 담보권설정자가 부재이고 그 소재지를 특별히 지정할 수 없는 경우
4. 저당권의 목적물이 자연인의 소유에 속하는 주거일 경우
5. 저당권계약 또는 저당권설정자와 담보권자 사이의 합의로 담보동산에 대한 강제집행절차가 규정되지 아니하였거나 당사자가 규정한 절차에 따른 강제집행이 불가능한 경우
6. 법률이 규정하는 그 밖의 경우(전문 개정 2008. 12. 30. 연방법률 제306호)

제350조【담보재산의 환가】 ① 이 법전 제349조에 따라 강제집행되는 담보부동산의 환가(매각)는 저당권에 관한 법률이 규정하는 절차에 따라 이루어진다. 다만, 법률에 다른 절차가 정하여져 있는 경우에는 그러하지 아니하다.

② 이 법전 제349조에 따라 강제집행되는 담보동산의 환가(매각)는 담보권에 관한 법률이 규정하는 절차에 따라 이루어진다. 다만, 법률에 다른 절차가 정하여져 있는 경우에는 그러하지 아니하다.

③ 담보재산의 환가시의 매각액이 담보권자에 대한 채무변제에 부족한 경우에는, 법률 또는 계약에 다른 규정이 있는 경우를 제외하고는 담보권자는 채무자의 다른 재산으로부터 부족액을 취득하는 권리를 갖는다. 다만, 담보권에 근거한 우선권을 행사할 수는 없다.

④ 담보재산의 환가시의 매각액이 담보권자의 피담보채권액을 넘는 경우에는 차액은 담보권설정자에게 반환한다.

⑤ 채무자와 제3자인 담보권설정자는 담보권의 목적물이 매각되기 전에는 언제든지 피담보채무를 이행하거나 또는 이행지체에 빠져 있는 부분을 이행하여 담보권의 목적물에 대한 강제집행과 그 환가를 중지하게 할 수 있다. 이 권리를 제한하는 합의는 무효이다.

⑥ 경매의 불성립이 선언된 때에는 담보권자는 담보권설정자와의 합의에 따라 담보재산을 취득하고, 매각대금으로 자기의 피담보채권과 상계할 수 있다. 이 합의에는 매매계약에 관한 규정을 적용한다.(전문 개정 2008. 12. 30. 연방법률 제306호)

재경매의 불성립이 선언된 때에는 담보권자는 재경매개시매각가격보다 10%를 넘지 아니하는 액수보다 낮은 평가액으로 담보권의 목적물을 보유하는 권리를 갖는다.

재경매의 불성립이 선언된 날로부터 1개월 이내에 담보권자가 담보권의 목적물을 자기의 물건으로 보유하는 권리를 행사하지 아니하는 경우에는 담보권계약은 소멸한다.

제351조【피담보채권의 기한 전의 이행과 담보재산에 대한 강제집행】 ① 담보권자는 다음 각호의 1의 경우에는 피담보채권의 기한 전의 이행을 청구할 수 있다.

1. 담보권의 목적물을 점유하고 있는 담보권설정자가 담보권계약조항을 따르지 아니하고 그 점유로부터 일탈한 경우

2. 담보권설정자가 담보권의 목적물의 대체에 관한 규정을 위반한 경우(제345조)

3. 담보권자의 귀책사유에 의하지 아니한 상황에 의하여 담보권의 목적물이 멸실된 경우. 다만, 담보권설정자가 이 법전 제345조 제2항이 규정하는 권리를 행사한 경우에는 그러하지 아니하다.

4. 후순위 담보권으로 담보된 채무에 따른 담보재산에 대한 강제집행의 경우(추가 2008. 12. 30. 연방법률 제306호)

② 담보권자는 다음 각호의 1의 경우에는 피담보채권의 기한 전의 이행을 청구할 수 있고, 채무변제를 받을 수 없는 경우에는 담보권의 목적물에 대한 강제집행을 할 수 있다.

1. 담보권설정자가 후순위담보에 관한 규정을 위반한 경우(제342조)

2. 담보권설정자가 이 법전 제343조 제1항 제1호와 제2호 및 제2항이 규정하는 의무를 이행하지 아니하는 경우

3. 담보권설정자가 담보재산의 처분에 관한 규정을 위반한 경우(제346조 제2항)

제352조【담보권의 소멸】 ① 담보권은 다음 각호의 1의 경우에는 소멸한다.

1. 피담보채권이 소멸한 경우

2. 이 법전 제343조 제3항이 규정하는 사유가 있어 담보권설정자의 청구가 있는 경우

3. 담보물이 멸실되거나 또는 담보권이 소멸한 경우에 담보권설정자가 이 법전 제345조 제2항이 규정하는 권리를 행사하지 아니하는 경우

4. 담보재산이 담보권설정자의 채무변제를 위하여 법률이 규정한 절차에 따라 환가(매각)된 경우 및 환가가 불가능한 것으로 된 경우(개정 2008. 12. 30. 연방법률 제306호)

② 저당권의 소멸은 저당권설정계약이 등기되어 있는 등기부에 기재하여야 한다.

③ 피담보채권에 대한 변제를 받은 결과 또는 담보권설정자의 청구에 따라 담보가 소멸한 경우(제343조 제3항)에는 담보재산을 점유하는 담보권자는 지체 없이 이를 담보권설정자에게 반환하여야 한다.

제353조【담보재산에 대한 권리의 제3자로의 이전시 담보권의 존속】 ① 담보재산의 유상 또는 무상에 의한 양도의 결과(담보권설정자의 채무변제를 위하여 법률이 규정하는 절차에 따라 재산이 환가된 경우는 제외한다) 또는 포괄적인 권리승계절차에 따라 담보재산에 대한 소유권 또는 경영관리권이나 운용관리권이 담보권설정자로부터 타인에게 이전되는 경우에는 담보권은 그 효력을 유지한다.(개정 2008. 12. 30. 연방법률 제306호)

담보권설정자의 권리승계인은 담보권자와의 합의에 다른 규정이 있는 경우를 제외하고는 담보권설정자의 지위를 승계하고 담보권설정자의 모든 의무를 진다.

② 담보권의 목적물인 담보권설정자의 재산이 권리승계의 절차에 따라 수인에게 이전되는 경우에는 각 권리승계인(재산의 취득자)은 당해 재산의 이전을 받은 부분에 따라 피담보채권의 불이행의 결과로 발생하는 책임을 진다. 다만, 담보권의 목적물이 불가분이거나 또는 그 밖의 사유에 따라 권리승계인의 공동소유로 되는 경우에는 권리승계인은 연대담보권설정자로 된다.

제354조【담보재산의 강제수용의 효과】 ① 법률이 정하는 사유와 정하는 절차에

따라 국가 또는 지방자치단체의 필요를 위한 수용(매수), 징발 또는 국유화의 결과로 담보권의 목적물인 재산에 대한 담보권설정자의 소유권이 소멸하고, 담보권설정자에게 다른 재산이 제공되거나 또는 그에 상응하는 보상이 행하여졌을 경우에는, 담보권은 제공된 대체재산에 미치거나 또는 담보권자는 담보권설정자에게 지급되어야 할 보상액으로부터 우선변제를 받을 권리를 취득한다. 담보권자는 피담보채권의 기한 전의 이행을 청구할 수도 있다.

② 담보권의 목적물로 된 재산의 실제 소유자가 다른 사람인 것을 이유로(제301조) 또는 범죄 또는 그 밖의 위법행위에 대한 제재로(제243조) 법률이 정하는 절차에 따라 당해 재산이 담보권설정자로부터 몰수된 경우에는 당해 재산에 대한 담보권은 소멸한다. 이 경우에는 담보권자는 피담보채권의 기한 전의 이행을 청구할 수 있다.

제355조【담보권계약에 근거한 권리의 양도】 담보권자는 채권양도에 따른 채권자 권리의 이전에 관한 규정(제382조부터 제390조)에 따라 담보권계약에 근거한 자기의 권리를 타인에게 이전할 수 있다.

담보권자가 담보권계약에 근거한 자기의 권리를 타인에게 유효하게 양도하기 위하여는 주된 피담보채권에 근거한 채무자에 대한 청구권도 동시에 양도하여야 한다.

저당권설정계약에 근거한 권리를 양도한 경우에는 반증이 있는 경우를 제외하고는 피저당채권에 대한 권리도 양도된 것으로 본다.

제356조【피담보채권에 근거한 채무의 이전】 피담보채권에 근거한 채무를 타인에게 이전할 경우에는 담보권설정자가 채권자에 대하여 신채무자의 책임부담에 대한 동의를 표시한 경우를 제외하고는 담보권은 소멸한다.

제357조【유통상품의 담보권】 ① 유통상품담보권이라 함은 담보권설정자가 점유를 하면서 담보재산(상품재고, 원료, 자재, 반제품, 완성품 등)의 구성과 현상을 변경하는 권리를 가지며 또한 재산의 총가액이 담보권계약에 규정된 액수를 밑돌아서는 안되는 상품담보를 말한다.

유통상품담보의 가액의 감액은 계약에 다른 규정이 있는 경우를 제외하고는 피담보채권의 기이행 부분에 따라 할 수 있다.

② 담보권설정자가 양도한 유통상품은 그 소유권, 경영관리권 또는 운용관리권이 취득자에게 이전된 때로부터 담보권의 목적물로 되지 아니하며, 담보권계약이 정하는 상품을 담보권설정자가 취득한 경우에는 담보권설정자에게 그 소유권 또는 경영관리권이 발생한 때로부터 담보권의 목적물로 된다.

③ 유통상품담보권의 설정자는 담보권기록부를 두어야 하며, 최후거래일에서의 상품의 담보권 상황, 재가공을 포함하는 담보상품의 구성 또는 현상의 변화를 수반하는 모든 거래에 대하여 기재하여야 한다.

④ 담보권설정자가 유통상품담보권 조항을 위반할 경우에는 담보권자는 담보상품에 자기의 표시와 봉인을 하여 위반이 제거될 때까지 담보상품의 거래를 정지하게 할 수 있다.

第358条【전당포에서의 물건의 담보권】 ① 특수한 조직인 전당포는 기업활동으로서 단기금전소비대차의 담보를 위하여 시민으로부터 개인소비용의 동산을 인수할 수 있다.(개정 2003. 1. 10. 연방법률 제15호, 2007. 7. 19. 연방법률 제197호)

② 전당포금전소비대차계약은 전당포가 전당표를 교부함으로써 성립한다.(개정 2007. 7. 19. 연방법률 제197호)

③ 질물은 전당포에 인도된다.

전당포는 질물인수시 상거래에서 통상 정하여지는 당해 종류와 품질의 물건 가격에 따라 정하여지는 평가액 전액에 대하여 인수한 질물에 대하여 질권설정자를 위하여 자기의 비용으로 보험을 들어야 한다.

전당포는 질물을 사용 및 처분할 권리를 가지지 아니한다.

④ 전당포는 질물의 멸실 또는 훼손에 대하여 그것이 불가항력으로 발생하였음을 증명하지 못하는 한 책임을 진다.

⑤ 질권이 붙은 차용액이 소정의 기한 내에 반환되지 아니하는 경우에는 전당포는 공증인의 집행승인문에 근거하여 1개월의 유예기간이 만료된 후 전당포에 관한 법률이 정하는 절차에 따라 당해 재산을 매각할 수 있다. 이후에는 질물의 환가에 따라 얻은 금액이 완전한 채무변제에 부족한 경우에도 질권설정자(채무자)에 대한 전당포의 청구권은 소멸한다.(개정 2007. 7. 19. 연방법률 제197호)

⑥ 시민이 자기에게 속하는 물건을 담보로 하여 전당포에서 융자를 받는 규정은 이 법전에 따라 전당포에 관한 법률로 정한다.(개정 2007. 7. 19. 연방법률 제197호)

⑦ 이 법전과 그 밖의 법률에 따라 질권설정자에게 제공되는 권리보다 질권설정자의 권리를 제한하는 금전소비대차계약조항은 무효이다. 그러한 상황에서는 상응하는 법률의 규정을 적용한다.(개정 2007. 7. 19. 연방법률 제197호)

제4절 유치권

제359조【유치권의 근거】 ① 채무자 또는 채무자가 지정하는 자에게 인도하여야 할 물건을 점유하고 있는 채권자는 채무자가 기한 내에 그 물건에 관한 지급의무 또는 물건과 관계있는 비용의 채권자에 대한 상환의무와 그 밖의 손해배상의무를 이행하지 아니하는 경우에는 당해 채무가 이행될 때까지 그 물건을 유치할 수 있다.

청구권이 물건의 지급 또는 비용의 상환과 그 밖의 손해배상과 관계없는 경우에도 당사자가 기업가로서 활동하는 채권채무관계로부터 발생한 경우에는 청구권은 물건의 유치권에 의하여 담보될 수 있다.

② 채권자가 물건을 점유하에 둔 후 그에 대한 권리를 제3자가 취득한 경우에도 채권자는 그 점유하에 있는 물건을 유치할 수 있다.

③ 이 조의 규정은 계약에 다른 규정이 없는 경우에 한하여 적용한다.

제360조【유치재산에 의한 채무변제】 물건을 유치하는 채권자의 청구권은 피담보채권에 대한 변제를 위하여 규정된 액수와 절차에 따라 유치물의 가액으로부터 채무변제를 받는다.

제5절 보 증

제361조【보증계약】 보증계약에 따라 보증인은 타인의 채무의 전부 또는 일부의 이행에 대하여 채권자에 대하여 책임을 져야 한다.

보증계약은 장래에 발생하는 채무를 보증하기 위하여도 체결할 수 있다.

제362조【보증계약의 방식】 보증계약은 서면방식으로 체결되어야 한다. 서면방식을 준수하지 아니하는 경우에는 보증계약은 무효로 된다.

제363조【보증인의 책임】 ① 채무자가 보증채무의 불이행 또는 불완전이행을 한 경우에는 보증인과 채무자는 채권자에 대하여 연대하여 책임을 진다. 다만, 법률 또는 보증계약에 보증인의 보충책임에 관한 규정이 있는 경우에는 그러하지 아니하다.

② 보증인은 이자의 지급, 채무의 강제집행에 관한 재판비용의 상환과 채무자에 의한 채무의 불이행 또는 불완전이행에 의하여 발생한 손해의 배상을 포함하여 채무자와 같은 범위에서 채권자에 대하여 책임을 진다. 다만, 보증계약에 다른 규정이 있는 경우에는 그러하지 아니하다.

③ 공동보증인은 보증계약에 다른 규정이 있는 경우를 제외하고는 채권자에 대하여 연대하여 책임을 진다.

제364조【보증인의 채권자의 청구에 대한 항변권】 보증인은 보증계약에 다른 규정이 있는 경우를 제외하고는 채무자가 제기할 수 있는 채권자의 청구에 대한 항변을 주장할 수 있다.

보증인은 채무자가 항변권을 포기하거나 또는 자기채무를 인정한 경우에도 당해 항변권을 상실하지 아니한다.

제365조【채무를 이행한 보증인의 권리】 ① 채무를 이행한 보증인에게는 보증인이 한 채권자에 대한 채무변제의 범위 내에서 당해 채무에 대한 채권자의 권리와 담보권자로서 채권자에게 귀속하고 있는 권리가 이전된다.

② 보증인이 채무를 이행한 경우에는 채권자는 채무자에 대한 채권을 증명하는 서류를 보증인에게 인도하고, 그 채권에 대한 담보권을 이전하여야 한다.

③ 이 조에 규정하는 규정은 법률과 그 밖의 법령 또는 채무자와의 보증계약에 다른 규정이 없는 경우 또는 보증인과 채무자와의 관계로부터 달리 보게 될 경우를 제외하고는 이를 적용한다.

제366조【채무자의 채무이행에 관한 보증인에 대한 통지】 보증채무를 이행한 채무자는 그 취지를 곧바로 보증인에게 통지하여야 한다. 통지가 없는 경우에는 채무를 이행한 보증인은 채권자로부터 부당이득의 반환을 받거나 또는 채무자에게 구상을 청구하는 권리를 갖는다. 구상청구의 경우에는 채무자는 채권자로부터 부당이득의 반환만을 청구하는 권리를 갖는다.

제367조【보증의 소멸】 ① 보증은 보증채무의 소멸에 따라 소멸하며, 보증인의 동의 없이 채무의 책임을 증가시키거나 또는 그 밖에 보증인에게 불리한 결과를 초래하는 보증채무의 변경이 발생한 경우에도 소멸한다.

② 보증은 보증채무가 타인에게 이전한 경우에는 소멸한다. 다만, 보증인이 채권자에 대하여 신채무자의 책임부담에 동의한 경우에는 그러하지 아니하다.

③ 보증은 채권자가 채무자 또는 보증인이 제공한 적절한 채무이행의 수령을 거절하는 경우에는 소멸한다.

④ 보증은 보증계약에 명시된 기간의 만료에 의하여 소멸한다. 보증계약에 구체적인 기간을 정하고 있지 아니한 경우에는 채권자가 보증채무의 이행기가 만료한 날로부터 1년 이내에 보증인에 대하여 소를 제기하지 아니하는 경우에 소멸한다. 주채무의 이행기

가 명시되지 아니하고 이행기를 정할 수 없거나 또는 청구시에 정하여질 때에는 채권자가 보증계약을 체결한 날로부터 2년 이내에 보증인에 대하여 소를 제기하지 아니하는 경우에는 보증은 소멸한다.

제6절 은행보증

제368조【은행보증의 개념】 은행보증에 근거하여 은행, 그 밖의 금융기관 또는 보험기관(보증인)은 타인(채무자)의 요청에 따라 채권자(수익자)가 제시하는 서면에 의한 지급청구에 근거하여 보증인이 제시하는 채무의 조건에 따라 금전을 지급하는 것을 기록한 채무증서를 채무자의 채권자(수익자)에게 교부한다.

제369조【은행보증에 의한 채무자의 채무보증】 ① 은행보증은 수익자에 대한 채무(주채무)를 채무자가 적절하게 이행하는 것을 보증한다.

② 은행보증의 교부에 대하여 채무자는 보증인에게 보수를 지급한다.

제370조【주채무로부터의 은행보증의 독립성】 은행보증에 규정된 수익자에 대한 보증인의 은행보증채무는 은행보증에 주채무의 언급이 있는 경우에도 그러한 자의 사이에 은행보증에 의하여 이행이 보증된 주채무로부터 독립된 것으로 한다.

제371조【은행보증의 철회불가성】 보증인은 은행보증에 다른 규정이 있는 경우를 제외하고는 은행보증을 철회할 수 없다.

제372조【은행보증에 의한 권리의 비양도성】 은행보증에 근거하여 수익자에게 속하는 보증인에 대한 청구권은 은행보증에 다른 규정이 있는 경우를 제외하고는 타인에게 양도할 수 없다.

제373조【은행보증의 효력발생】 은행보증은 은행보증에 다른 규정이 있는 경우를 제외하고는 그 교부일부터 효력을 발생한다.

제374조【은행보증에 의한 청구의 제출】 ① 은행보증에 근거하여 수익자가 하는 금전의 지급청구는 보증문서에 정한 서류를 첨부하여 서면방식으로 제출하여야 한다.

수익자는 청구서 또는 그 첨부서류에 은행보증의 교부에 의하여 보증된 주채무를 채무자가 위반한 사실을 명시하여야 한다.

② 수익자는 은행보증에 명시된 보증기간 만료시까지 보증인에게 청구를 하여야 한다.

제375조【수익자의 청구에 대한 보증인의 심사의무】 ① 수익자로부터 청구를 수령한 때에는 보증인은 지체 없이 그 취지를 채무자에게 통지하고, 청구와 그에 관한 모

든 서류의 사본을 채무자에게 인도하여야 한다.

② 보증인은 수익자의 청구와 그 첨부서류를 합리적인 기간 내에 심사하고, 당해 청구와 그 첨부서류가 보증요건에 부합하고 있는지의 여부를 확정하기 위하여 합리적인 관심을 표명하여야 한다.

第376条【보증인에 의한 수익자 청구에 대한 거절】 ① 보증인은 수익자의 청구 또는 그 첨부서류가 보증요건에 부합하지 아니하고 있는 경우 또는 청구가 보증기간만료 후에 보증인에게 제출된 경우에는 수익자의 청구의 이행을 거절할 수 있다.

보증인은 수익자의 청구를 거절하는 취지를 곧바로 수익자에게 통지하여야 한다.

② 수익자의 청구를 이행하기 전에 은행보증에 의하여 보증된 주채무의 전부 또는 일부가 이미 이행된 사실 또는 채무가 그 밖의 사유에 따라 소멸 또는 무효로 된 사실을 보증인이 알았을 경우에는 보증인은 곧바로 그 취지를 수익자와 채무자에게 통지하여야 한다.

이 통지 후에 보증인이 다시 수익자로부터의 청구를 수령한 경우에는 보증인은 이를 이행하여야 한다.

第377条【보증채무의 범위】 ① 은행보증이 규정하는 수익자에 대한 보증인의 채무는 은행보증액에 한정된다.

② 보증인이 보증채무를 이행하지 아니하거나 또는 불완전이행을 한 경우에 보증인이 수익자에 대하여 지는 책임은 은행보증에 다른 규정이 있는 경우를 제외하고는 보증액에 한정되지 아니한다.

第378条【은행보증의 소멸】 ① 수익자에 대한 보증인의 은행보증채무는 다음 각호의 1의 경우에 소멸한다.

1. 은행보증에 정하여진 금액을 수익자에게 지급한 경우

2. 은행보증에 명시된 보증기간이 만료된 경우

3. 수익자가 은행보증에 근거하여 자기의 권리를 포기하고 보증인에게 이를 반환한 경우

4. 수익자가 보증인의 채무를 면제하는 서면청약에 따라 은행보증에 근거하여 자기의 권리를 포기한 경우

이 항 제1호, 제2호와 제4호의 사유에 따른 보증채무의 소멸은 보증인에 대한 보증서의 반환 유무를 묻지 아니한다.

② 보증인은 은행보증의 소멸에 대하여 알았을 경우에는 그 취지를 지체 없이 채무자

에게 통지하여야 한다.

제379조【채무자에 대한 보증인의 구상권】 ① 은행보증에 근거하여 수익자에게 지급한 금액의 상환을 구상절차에 따라 채무자에게 청구하는 보증인의 권리는 보증인과 은행보증을 이행하는 채무자 사이의 합의에 따라 정한다.

보증인은 보증조항을 따르지 아니하거나 또는 수익자에 대한 보증채무에 위반하여 수익자에게 지급한 금액을 채무자에게 청구할 수 없다. 다만, 보증인과 채무자와의 합의에 다른 규정이 있는 경우에는 그러하지 아니하다.

제7절 보증금

제380조【보증금의 개념, 보증금에 관한 합의의 형식】 ① 보증금이라 함은 계약당사자 일방이 계약에 따라 계약체결을 증명하고, 그 이행을 보증하기 위하여 상대방 당사자에게 교부하는 일정한 액수의 금전을 말한다.

② 보증금에 관한 합의는 그 금액에 관계없이 서면방식으로 체결되어야 한다.

③ 계약에 따라 일방이 지급한 일정액수의 금전이 보증금인가 아닌가에 대하여 의문이 있는 경우에는, 특히 이 조 제2항의 규정을 준수하지 아니하여 의문이 발생한 경우에는 반증이 있는 경우를 제외하고는 당해 금액은 선급금으로 지급한 것으로 본다.

제381조【보증금에 의하여 보증된 채무의 소멸과 불이행의 효과】 ① 채무의 이행을 개시할 때까지 당사자의 합의에 따라 또는 이행불능으로 채무가 소멸한 경우(제416조)에는 보증금은 반환되어야 한다.

② 보증금을 교부한 당사자 일방에게 계약불이행의 책임이 있는 경우에는 보증금은 상대방 당사자가 취득한다.

보증금을 받은 당사자 일방에게 계약불이행의 책임이 있는 경우에는 이 자는 상대방 당사자에게 보증금의 2배의 액수를 지급하여야 한다.

계약불이행에 책임이 있는 당사자 일방은 계약에 다른 규정이 있는 경우를 제외하고는 상대방 당사자에게 손해를 배상하여야 한다. 다만, 보증금의 액수를 공제하여야 한다.

제24장 채권채무관계에서 주체의 변경

제1절 채권자 권리의 타인으로의 이전

제382조【채권자 권리의 타인으로의 이전사유와 절차】 ① 채권채무관계에 근거하여 채권자에게 속하는 권리(채권)는 법률행위(채권양도)에 의하여 타인에게 이전하거나 또는 법률에 따라 타인에게 이전될 수 있다.

채권자 권리의 타인으로의 이전에 관한 규정은 구상권에는 적용하지 아니한다.

② 채권자의 권리를 타인에게 이전할 경우에는 법률 또는 계약에 다른 규정이 있는 경우를 제외하고는 채무자의 동의는 필요하지 아니하다.

③ 채권자의 권리가 타인에게 이전한 것에 대하여 채무자에게 서면의 통지가 없었을 경우에는 신채권자는 이에 따라 자기에게 발생하는 불리한 결과에 대한 위험을 부담한다. 이 경우 구채권자에 대한 채무의 이행은 당해 채권자에 대한 이행으로 본다.

제383조【타인에게 이전할 수 없는 권리】 채권자 개인과 불가분적으로 연관되어 있는 권리, 특히 부양료와 생명 또는 건강에 입은 손해의 배상에 관한 채권은 이를 타인에게 이전할 수 없다.

제384조【타인에게 이전하는 채권자 권리의 범위】 법률 또는 계약에 다른 규정이 있는 경우를 제외하고는 구채권자의 권리는 권리의 이전시 존재하였던 범위 내의 액수와 조건으로 신채권자에게 이전된다. 특히 신채권자에게는 채무의 이행을 담보하는 권리와 미지급이자에 대한 권리를 포함하여 채권과 관련 있는 그 밖의 권리가 이전된다.

제385조【신채권자 권리의 증명】 ① 채무자는 신채권자로의 채권이전에 관한 증명이 제시될 때까지 신채권자에 대한 채무를 이행하지 아니할 수 있다.

② 타인에게 권리를 양도한 채권자는 채권을 증명하는 서류를 신채권자에게 교부하고, 채권의 실행을 위하여 의의를 가지는 정보를 채무자에게 제공하여야 한다.

제386조【신채권자의 청구에 대한 채무자의 항변】 채무자는 채권채무관계에 근거하여 권리가 신채권자에게 이전된 것에 관한 통지를 수령할 때까지 채무자가 구채권자에 대하여 가지고 있는 항변을 신채권자의 청구에 대하여 주장할 수 있다.

제387조【법률에 따른 채권의 타인으로의 이전】 채권채무관계에 근거하여 채권자의 권리는 법률과 법률이 규정하는 다음 상황의 발생에 따라 타인에게 이전된다.

채권자 권리의 포괄적 권리승계

법률에 이전 가능성에 관한 규정이 있을 때의 채권자 권리의 타인으로의 이전에 관한 법원의 결정

당해 채권채무관계의 채무자가 아닌 보증인 또는 저당권설정자에 의한 채무자의 채무 이행

보험사고의 발생에 책임 있는 채무자에 대한 채권자 권리의 보험자에 의한 대위

법률이 규정하는 그 밖의 경우

第388조【채권양도의 요건】 ① 채권자에 의한 타인으로의 채권의 양도는 법률과 그 밖의 법령 또는 계약에 반하는 경우를 제외하고는 허용된다.

② 채권자 개인이 채무자에 대하여 본질적인 의의를 가지는 채권채무관계에서의 채권 양도는 채무자의 동의 없이는 허용되지 아니한다.

第389조【채권양도의 방식】 ① 단순서면방식 또는 공증방식으로 체결된 법률행위에 근거하여 발생한 채권의 양도는 그에 상응하는 서면방식으로 체결되어야 한다.

② 국가등기를 필요로 하는 법률행위에 근거하여 발생한 채권의 양도는 법률에 다른 규정이 있는 경우를 제외하고는 당해 법률행위의 등기를 위한 소정절차에 따라 등기하여야 한다.

③ 지시유가증권에 근거한 채권의 양도는 당해 유가증권에 대한 배서의 방식으로 한다.(제146조 제3항)

第390조【채권을 양도한 채권자의 책임】 채권을 양도한 구채권자는 신채권자에 대하여 신채권자에게 이전한 채권의 무효에 대하여 책임을 지나, 채무자에 의한 당해 채권에 대한 채무불이행에 대하여는 책임을 지지 아니한다. 다만, 구채권자가 신채권자에 대하여 채무자의 보증을 선 경우에는 그러하지 아니하다.

제2절 채무이전

第391조【채무이전의 요건과 방식】 ① 채무자에 의한 자기채무의 타인으로의 이전은 채권자의 동의가 있는 경우에 한하여 허용된다.

② 채무이전의 방식에 대하여는 이 법전 제389조 제1항과 제2항의 규정을 적용한다.

第392조【채권자의 청구에 대한 신채무자의 항변】 신채무자는 채권자의 청구에 대하여 채권자와 구채무자와의 관계에 근거한 항변을 주장할 수 있다.

제25장 채무위반의 책임

제393조【채무자의 손해배상의무】 ① 채무자는 채무의 불이행 또는 불완전이행에 의하여 발생한 손해를 채권자에게 배상하여야 한다.

② 손해는 이 법전 제15조의 규정에 따라 확정한다.

③ 법률과 그 밖의 법령 또는 계약에 다른 규정이 있는 경우를 제외하고는 손해를 확정할 때에는 채무자가 채권자의 채권에 대하여 임의로 변제하는 날, 임의로 변제되지 아니할 경우에는 제소하는 날 채무를 이행하여야 하였던 장소에서의 가격을 고려한다. 법원은 상황에 따라 결정일에서의 가격을 고려하여 손해배상에 관한 청구를 인정할 수 있다.

④ 일실이익을 확정하는 때에는 이를 취득하기 위하여 채권자가 강구한 조치와 이를 위하여 한 준비를 고려한다.

제394조【손해와 위약금】 ① 채무의 불이행 또는 불완전이행에 대한 위약금이 정하여져 있는 경우에는 위약금으로 전보되지 아니하는 부분에 대하여서만 배상을 한다.

법률 또는 계약에 의하여 다음의 경우를 규정할 수 있다.

위약금만의 청구를 인정하고 손해배상의 청구는 인정하지 아니하는 경우

위약금의 액수를 넘는 손해 전액의 청구를 인정하는 경우

채권자의 선택에 따라 위약금 또는 손해 중 어느 하나의 청구를 인정하는 경우

② 채무의 불이행 또는 불완전이행에 대한 제한책임이 정하여져 있는 경우(제400조)에는 위약금으로 전보되지 아니하는 부분에 대하여 위약금을 초과하여 배상하여야 할 손해 또는 위약금에 갈음하여 배상하여야 할 손해는 당해 제한에 따라 정하여진 범위 내에서 청구할 수 있다.

제395조【금전채무의 불이행책임】 ① 타인 자금의 위법한 보유, 그 반환의 거부, 그 밖의 지급지체 또는 타인 부담에 의한 부당한 자금취득 또는 저축에 의하여 타인의 금전을 이용한 경우에는 그 금액에 대한 이자를 지급하여야 한다. 이자의 액수는 금전채무의 이행일 또는 그에 상응하는 부분의 이행일에서의 채권자의 수소지, 채권자가 법인의 경우에는 소재지의 은행이자 어음할인율에 따라 정한다. 재판절차에 따른 채무이행의 청구인 경우에는 법원은 제소일 또는 결정일의 은행이자 어음할인율에 따라 채권자의 청구를 인정할 수 있다. 이 규정은 법률 또는 계약에 다른 이자액에 관한 규정이 없는 경우에 적용한다.

② 채권자 자금의 위법 이용에 의하여 채권자가 입은 손해가 이 조 제1항에 근거하여 채권자에게 지급되어야 할 이자의 액수를 넘는 경우에는 채권자는 초과분의 손해배상을 채무자에게 청구할 수 있다.

③ 타인 자금의 이용에 대한 이자는 당해 자금이 채권자에게 지급되는 날까지 청구한다. 다만, 법률과 그 밖의 법령 또는 계약이 보다 단기의 이자산정기간을 정하고 있는 경우에는 그러하지 아니하다.

第396條【책임과 현물에 의한 채무의 이행】 ① 불완전이행에 대한 위약금의 지급과 손해배상을 한 경우에도 법률 또는 계약에 다른 규정이 있는 경우를 제외하고는 채무자는 현물에 의한 채무이행의 의무를 면하지 못한다.

② 채무의 불이행에 대한 손해배상과 위약금을 지급한 경우에는 법률 또는 계약에 다른 규정이 있는 경우를 제외하고는 채무자는 현물에 의한 채무이행의 의무를 면한다.

③ 이행지체로 인하여 채권자에게 이익으로 되지 아니하는 이행의 수령을 채권자가 거절하고(제405조 제2항), 또한 해약금으로 소정의 위약금을 지급한 경우(제409조)에는 채무자는 현물에 의한 채무이행의 의무를 면한다.

第397條【채무자의 부담에 의한 채무의 이행】 채무자가 물건을 제조하고 이를 소유, 경영관리 또는 운용관리를 위하여 채권자에게 인도하는 채무 또는 채권자의 이용을 위하여 물건을 인도하는 채무, 채권자를 위하여 일정한 업무를 수행하거나 또는 채권자에게 서비스를 제공하는 채무를 이행하지 아니하는 경우에는, 채권자는 합리적인 기간 내에 채무의 이행을 제3자에게 상당한 가액으로 위임하거나 또는 스스로 이행하고 채무자에게 필요비와 그 밖의 손해배상을 청구할 수 있다. 다만, 법률과 그 밖의 법령, 계약 또는 채무의 본질로부터 달리 볼 수 있는 경우에는 그러하지 아니하다.

第398條【특정물인도채무의 불이행의 효과】 소유, 경영관리, 운용관리를 위하여 또는 유상사용을 위하여 채무자가 특정물을 채권자에게 인도하는 채무를 이행하지 아니하는 경우에는, 채권자는 당해 특정물을 채무자로부터 수취하여 이를 채무조항에 따라 채권자에게 인도할 것을 청구할 수 있다. 이미 당해 특정물이 소유권, 경영관리권 또는 운용관리권을 가지는 제3자에게 인도된 경우에는 채권자의 이 권리는 소멸한다. 특정물이 아직 인도되지 아니한 경우에는 가장 먼저 발생한 채권의 채권자가 우선권을 가지며, 이를 확정할 수 없는 경우에는 소를 먼저 제기한 자가 우선권을 가진다.

채권자는 채무의 목적인 물건의 인도청구에 갈음하여 손해배상을 청구할 수 있다.

第399條【보충책임】 ① 채권자는 법률과 그 밖의 법령 또는 채무조항에 따라 주채

무자인 타인의 책임에 대하여 보충적으로 책임(보충책임)을 지는 자에 대하여 청구권을 제시하기 전에 주채무자에게 청구를 제기하여야 한다.

주채무자가 채권자에 대한 채무변제를 거절하거나 또는 채권자가 제기한 청구에 대하여 합리적인 기간 내에 채무자로부터 회답을 받지 못한 경우에는 채권자는 보충책임 있는 자에 대하여 당해 청구를 제기할 수 있다.

② 채권자는 자기의 채권을 주채무자에 대한 반대채권과의 상계 또는 주채무자로부터의 항변을 인정하지 아니하는 추심방법에 따라 변제하게 할 수 있는 경우에는 주채무자에 대한 자기 채권의 변제를 보충책임 있는 자에게 청구할 수 없다.

③ 보충책임을 지는 자는 채권자가 제기한 청구에 대한 변제를 하기 전에 주채무자에게 그 취지를 통지하여야 하며, 소가 제기된 경우에는 주채무자를 소송에 참가시켜야 한다. 그러하지 아니할 경우에는 주채무자는 보충책임 있는 자의 구상에 대하여 주채무자가 채권자에 대하여 가지고 있었던 항변을 제기하는 권리를 갖는다.

제400조 【채무책임의 범위 제한】 ① 특정종류채무와 특정종류의 활동과 관계있는 채무에 대하여는 법률로 손해의 완전배상권을 제한할 수 있다.(제한책임)

② 소비자로서 시민이 채권자로 되는 부합계약 또는 그 밖의 계약에 따라 채무자의 책임범위를 제한하는 합의는 당해 종류의 채무책임의 범위 또는 당해 위반에 대한 책임이 법률에 따라 정하여져 있는 경우 및 그 합의가 채무의 불이행 또는 불완전이행을 초래하는 상황이 발생하기 전에 체결된 경우에는 무효이다.

제401조 【채무위반에 대한 주된 책임】 ① 채무를 이행하지 아니하거나 또는 불완전하게 채무이행을 한 자는 법률 또는 계약에 다른 책임사유가 규정된 경우를 제외하고는 과책(고의 또는 과실)이 있는 경우에 책임을 진다.

채무의 성질과 거래의 요건에 따라 요구되는 정도의 배려와 주의를 하여 채무의 내용에 좇은 이행을 위하여 필요한 모든 조치를 강구한 자는 과책이 없는 것으로 본다.

② 과책의 부존재는 채무를 위반한 자가 이를 증명한다.

③ 법률 또는 계약에 다른 규정이 있는 경우를 제외하고는 기업활동을 하면서 채무를 이행하지 아니하거나 또는 불완전이행을 한 자는 불가항력, 즉 당해 상황하에서는 비상 또한 예방불가능한 사태로 말미암아 이행할 수 없었음을 증명할 수 없는 경우에는 책임을 져야 한다. 당해 사태에는 특히 채무자의 거래상대방측의 의무위반, 이행에 필요한 상품의 시장에서의 결핍, 채무자측의 필요한 자금의 결여는 배제된다.

④ 고의의 채무위반에 대한 책임의 면제 또는 제한에 관한 사전합의는 무효이다.

제402조【자기의 종업원에 대한 채무자의 책임】 채무자의 채무이행에 관한 채무자의 종업원의 행위는 채무자의 행위로 본다. 채무자는 자기 종업원이 채무의 불이행 또는 불완전이행을 한 경우에는 그 행위에 대하여 책임을 진다.

제403조【제3자의 행위에 대한 채무자의 책임】 채무자는 이행을 위임한 제3자의 채무의 불이행 또는 불완전이행에 대하여 책임을 진다. 다만, 법률이 직접적인 이행자인 제3자가 책임을 지는 것으로 정하고 있는 경우에는 그러하지 아니하다.

제404조【채권자의 과책】 ① 채무의 불이행 또는 불완전이행이 쌍방 당사자의 과책에 의하여 발생한 경우에는 법원은 채무자의 책임을 상당액 경감한다. 법원은 불이행 또는 불완전이행에 의하여 발생한 손해의 증가에 채권자가 고의 또는 부주의로 기여한 경우 또는 그 감소를 위하여 채권자가 합리적인 조치를 강구하지 아니하는 경우에는 채무자의 책임을 경감할 수 있다.

② 이 조 제1항의 규정은 법률 또는 계약에 따라 채무자가 자기의 과책과 관계없는 채무의 불이행 또는 불완전이행에 대하여 책임을 질 경우에도 적용한다.

제405조【채무자의 지체】 ① 이행을 지체한 채무자는 지체에 의하여 발생한 손해와 지체 중에 발생한 의외의 이행불능의 결과에 대하여 채권자에게 책임을 진다.

② 채무자의 지체로 채무이행에 따른 채권자의 이익이 소멸된 경우에는 채권자는 이행의 수령을 거절하고 손해배상을 청구할 수 있다.

③ 채권자의 지체로 채무를 이행할 수 없게 경우에는 채무자가 지체된 것으로 보지 아니한다.

제406조【채권자의 지체】 ① 채권자는 채무자가 제공한 이행의 수령을 거절할 경우 또는 법률과 그 밖의 법령 또는 계약에 규정되거나 또는 거래관습 또는 채무의 본질로부터 필요한 채권자의 행위로서 그것이 실행될 때까지는 채무자가 자기채무를 이행할 수 없는 행위를 채권자가 하지 아니할 경우에는 채권자지체로 된다.

채권자는 이 법전 제408조 제2항에 명시된 경우에도 지체된 것으로 본다.

② 채권자의 지체가 있는 경우에는 채무자는 지체에 의하여 발생한 손해의 배상청구권을 취득한다. 다만, 지체가 채권자 자신 또는 법률과 그 밖의 법령 또는 채권자의 위임에 따라 이행의 수령을 위임받은 자의 귀책사유에 의하여 발생하지 아니하였음을 증명할 경우에는 그러하지 아니하다.

③ 금전채무에 대하여 채권자의 지체 중 채무자는 이자를 지급할 의무를 지지 아니한다.

제26장 채무의 소멸

제407조【채무의 소멸사유】 ① 채무는 이 법전, 그 밖의 법률과 법령 또는 계약이 규정하는 사유에 의하여 전부 또는 일부가 소멸한다.

② 당사자 일방의 청구에 따른 채무의 소멸은 법률 또는 계약이 규정하는 경우에 한하여 허용된다.

제408조【이행에 의한 채무의 소멸】 ① 채무는 채무의 내용에 좇은 이행에 따라 소멸한다.

② 채권자는 이행을 수령할 경우에는 채무자의 청구에 따라 전부 또는 일부의 이행을 받은 것에 관한 영수증을 채무자에게 교부하여야 한다.

채무자가 채무를 증명하는 채무증서를 채권자에게 교부한 경우에는 채권자는 이행을 수령한 후에는 이 증서를 반환하여야 하고, 반환이 불가능한 경우에는 채권자가 교부하는 영수증에 그 취지를 기재하여야 한다. 영수증은 반환되는 채무증서상의 서명으로 갈음할 수 있다. 채무증서가 채무자에게 있음은 반증이 있는 경우를 제외하고는 채무의 소멸을 증명한다.

채권자가 영수증의 교부, 채무증서의 반환 또는 채무증서의 반환이 불가능한 취지를 영수증에 기재하는 것을 거절할 경우에는 채무자는 이행을 유보할 수 있다. 이 경우에는 채권자지체로 본다.

제409조【해약금】 당사자 사이의 합의에 따라 이행에 갈음하여 해약금을 지급함으로써(금전의 지급, 재산의 인도 등) 채무를 소멸하게 할 수 있다. 해약금의 액수, 지급의 시기와 절차는 당사자가 정한다.

제410조【상계에 의한 채무의 소멸】 채무는 이행기가 도래하거나 또는 이행기의 정함이 없거나 청구시로 하는 같은 종류의 반대채권과의 상계에 따라 전부 또는 그 일부가 소멸한다. 상계는 당사자 일방의 의사표시로 족하다.

제411조【상계가 인정되지 아니하는 경우】 다음 채권의 상계는 허용되지 아니한다.

타방 당사자의 원용에 따라 소송시효가 적용되고 그 기간이 만료된 경우

생명 또는 건강에 대하여 입힌 손해의 배상

부양료의 청구

종신부양

법률 또는 계약이 규정하는 그 밖의 경우

제412조【채권양도시의 상계】 채권양도의 경우에는 채무자는 신채권자의 채권을 구채권자에 대한 자기의 반대채권과 상계할 수 있다.

상계는 채무자가 채권양도에 관한 통지를 수령한 때까지 존속한 사유에 근거하여 발생하고, 채권양도의 통지를 받을 때까지 이행기가 도래하거나 또는 이행기가 정하여져 있지 아니하거나 청구시로 되어 있는 경우에 한다.

제413조【채권자와 채무자의 혼동에 의한 채무의 소멸】 채무는 채무자와 채권자가 동일인으로 혼동됨에 따라 소멸한다.

제414조【경개에 의한 채무의 소멸】 ① 채무는 당사자 사이에 존재한 구채무를 동일 당사자 사이에 목적물을 달리 정하거나 또는 이행방법을 다르게 정한 다른 채무로 대체함으로써(경개) 소멸한다.

② 생명 또는 건강에 입은 손해의 배상채무와 부양료의 지급채무에 대하여는 경개는 허용되지 아니한다.

③ 당사자 사이의 합의에 다른 규정이 있는 경우를 제외하고는 구채무에 관한 부수채무는 경개에 따라 소멸한다.

제415조【채무의 면제】 채무는 채권자가 채무자의 채무를 면제함으로써 소멸한다. 다만, 채권자의 재산에 관한 타인의 권리를 침해하여서는 아니된다.

제416조【이행불능에 의한 채무의 소멸】 ① 이행불능이 당사자 어느 일방의 귀책으로 돌릴 수 없는 상황에 의하여 발생한 경우에는 채무는 이행불능에 의하여 소멸한다.

② 채무자에 의한 채무의 이행불능이 채권자의 귀책행위에 의하여 발생한 경우에는 채권자는 채무에 근거하여 스스로 이행한 것의 반환을 청구할 수 없다.

제417조【국가기관의 행위에 근거한 채무의 소멸】 ① 국가기관의 행위의 결과로 채무의 전부 또는 일부가 이행불능으로 된 경우에는 채무는 전부 또는 그에 상응하는 부분에서 소멸한다. 그 결과 손해를 입은 당사자는 이 법전 제13조와 제16조에 따라 그 손해의 배상을 청구할 수 있다.

② 채무소멸사유로 되었된 국가기관의 행위가 소정절차에 따라 무효로 인정된 경우에는 채무는 부활한다. 다만, 당사자 사이의 합의 또는 채무의 본질로부터 달리 볼 수 있는 경우 및 채권자에 대한 이행이익이 상실된 경우에는 그러하지 아니하다.

제418조【시민의 사망에 의한 채무의 소멸】 ① 채무자 개인의 관여 없이는 이행할 수 없는 채무 또는 그 밖의 원인으로 그 이행이 채무자 개인과 불가분으로 결합되어 있는 채무는 채무자의 사망에 의하여 소멸한다.

② 채무의 이행이 사전에 채권자 개인을 위한 것으로 특정되어 있거나 또는 그 밖의 원인으로 그 이행이 채권자 개인과 불가분으로 결합되어 있는 채무는 채권자의 사망에 의하여 소멸한다.

제419조【법인의 해산에 의한 채무의 소멸】 채무는 법인(채무자 또는 채권자)의 해산으로 소멸한다. 다만, 법률 또는 그 밖의 법령에 따라 해산한 법인의 채무이행이 타인에게 부과되어 있는 경우에는 그러하지 아니하다.(생명 또는 건강에 대하여 입힌 손해의 배상청구 등)

제2분편 계약에 관한 일반규정

제27장 계약의 개념과 조항

제420조【계약의 개념】 ① 계약이라 함은 민사상의 권리의무의 설정, 변경 또는 소멸에 관한 2인 또는 수인의 합의를 말한다.

② 계약에는 이 법전 제9장에 규정하는 양 당사자 및 다수당사자 사이의 법률행위에 관한 규정을 적용한다.

③ 계약으로부터 발생한 채무에 대하여는 채권에 관한 일반규정(제307조부터 제419조)을 적용한다. 다만, 이 장의 규정과 이 법전의 개별 유형의 계약에 관한 규정에 다른 규정이 있는 경우에는 그러하지 아니하다.

④ 3인 이상의 당사자가 체결하는 계약에 대하여는 계약의 다수당사자적 성질에 반하는 경우를 제외하고는 계약에 관한 일반규정을 적용한다.

제421조【계약의 자유】 ① 시민과 법인은 계약체결에서 자유이다.

계약체결을 강제하는 것은 허용되지 아니한다. 다만, 계약체결의 의무가 이 법전과 다른 법률 또는 자발적으로 받아들인 채무에 규정되어 있는 경우에는 그러하지 아니하다.

② 계약당사자는 법률 또는 그 밖의 법령에 규정이 있는 계약 또는 규정되어 있지 아니하는 계약을 체결할 수 있다.

③ 계약당사자는 법률 또는 그 밖의 법령에 규정된 종류가 다른 복수의 계약요소를 포함하는 계약(혼합계약)을 체결할 수 있다. 혼합계약에 근거한 당사자 사이의 관계에 대하여는 혼합계약에 포함된 계약요소에 따라 그에 상응하여 해당 계약의 규정을 적용한다.

다만, 당사자 사이의 합의 또는 혼합계약의 본질로부터 달리 볼 수 있는 경우에는 그러하지 아니하다.

④ 계약조항은 당사자의 판단에 근거하여 정한다. 다만, 법률 또는 그 밖의 법령에 상응하는 조항의 내용에 대하여 지시가 있는 경우에는 그러하지 아니하다.(제422조)

계약당사자 사이의 합의에 달리 정하지 아니하는 경우에 한하여 적용되는 규정(임의규정)에 계약조항을 규정하고 있는 경우에는, 당사자 사이의 합의에 따라 임의규정의 적용을 배제하거나 또는 임의규정과 다른 조항을 정할 수 있다. 그와 같은 합의가 없는 경우에는 계약조항은 임의규정에 따라 확정된다.

⑤ 계약조항이 당사자 또는 임의규정에 의하여 확정되지 아니할 경우에는 당해 계약조항은 당사자 사이의 관계에 적용되는 거래관습에 따라 확정된다.

第422條【계약과 법률〈закон〉】 ① 계약은 당사자에게 구속력이 있으며, 계약체결시에 유효한 법률과 그 밖의 법령에 정하여진 규정(강행규정)에 적합하여야 한다.

② 계약체결 후 계약체결시에 유효한 규정과 다르며, 당사자에게 구속력이 있는 규정을 정한 법률이 채택된 경우에는 체결된 계약조항은 효력을 보유한다. 다만, 법률채택 이전에 체결된 계약으로부터 발생하는 관계에도 그 효력이 미치는 것으로 규정한 때에는 그러하지 아니하다.

第423條【유상계약과 무상계약】 ① 계약당사자가 자기채무의 이행에 대하여 지급 또는 그 밖의 반대급부를 받아야 하는 계약은 유상계약이다.

② 무상계약이라 함은 계약에 근거하여 계약당사자 일방이 상대방 당사자로부터 지급 또는 그 밖의 반대급부를 받지 아니하고, 상대방 당사자에게 어떠한 것을 제공할 의무를 지게 되는 것을 말한다.

③ 계약은 법률과 그 밖의 법령, 계약의 내용 또는 본질로부터 달리 볼 수 있는 경우를 제외하고는 유상계약으로 추정한다.

第424條【가격】 ① 계약의 이행은 당사자 사이의 합의로 정한 가격에 따라 지급된다.

법률에 규정이 있는 경우에는 권한이 있는 국가기관과(또는) 지방자치기관이 규정하거나 또는 규율하는 가격(또는 요금표, 표준가격, 정률요금 등)을 적용한다.(개정 2009. 6. 29. 연방법률 제132호)

② 계약체결 후의 가격의 변경은 계약, 법률이 규정하는 경우와 조건에 따라 또는 법률이 정하는 절차에 따라 허용된다.

③ 유상계약에서 가격이 규정되어 있지 아니하며 계약조항으로 확정할 수 없는 경우에는 계약의 이행은 같은 상황에서의 같은 종류의 상품, 업무 또는 서비스에 대하여 통상적으로 청구되는 가격으로 지급되어야 한다.

제425조【계약의 효력】 ① 계약은 계약체결시에 효력이 발생하고, 당사자에 대하여 구속력을 가진다.

② 계약당사자는 체결한 계약조항으로 계약체결 이전에 발생한 당사자 사이의 관계에 이를 적용하는 것을 정할 수 있다.

③ 법률 또는 계약으로 계약의 유효기간의 종료에 따라 계약에 근거한 당사지의 채권채무관계가 소멸하는 것을 규정할 수 있다.

그와 같은 조항이 없는 계약은 당사자가 계약으로 정한 채무이행기간이 종료할 때까지 효력을 가지는 것으로 본다.

④ 계약당사자는 계약의 유효기간이 만료된 경우에도 계약위반의 책임을 면할 수 없다.

제426조【공공계약】 ① 공공계약이라 함은 영리단체가 체결하는 계약으로서 영리단체가 자기활동(소매업, 공공수송기관에 의한 운송, 통신서비스, 에너지공급, 의료서비스, 호텔서비스 등)의 성질에 근거하여 영리단체에 청약을 하는 모든 자에게 이행하여야 하는 상품의 판매, 업무의 수행 또는 서비스의 제공에 관한 영리단체의 의무를 정하는 계약을 말한다.

영리단체는 법률과 그 밖의 법령에 규정이 있는 경우를 제외하고는 공공계약체결에서 어떤 자를 그 밖의 자에 비하여 우선시킬 수 없다.

② 상품, 업무 및 서비스의 가격과 공공계약의 그 밖의 조항은 모든 소비자를 위하여 동등하게 정한다. 다만, 법률과 그 밖의 법령이 개별 종류의 소비자에 대한 특혜제공을 인정하고 있는 경우에는 그러하지 아니하다.

③ 소비자에게 상응하는 상품 또는 서비스를 제공하고 소비자를 위하여 상응하는 업무를 수행할 수 있는 때에는 영리단체는 공공계약체결을 거절할 수 없다.

영리단체가 정당한 이유 없이 공공계약체결을 거절할 경우에는 이 법전 제445조 제4항의 규정을 적용한다.

④ 러시아연방정부와 러시아연방정부로부터 수권받은 연방권력집행기관은 법률이 규정하는 경우에는 공공계약의 체결과 이행을 할 때에 당사자에게 구속력을 가지는 규칙(표준계약, 규정 등)을 규정할 수 있다.(개정 2008. 7. 23. 연방법률 제160호)

⑤ 이 조 제2항과 제4항에 정하여진 요건에 부합하지 아니하는 공공계약조항은 무효

이다.

제427조【계약의 모범조항】 ① 계약에는 계약의 개별조항을 당해 종류의 계약을 위하여 작성되어 간행물에 공표된 모범조항에 따라 정할 것을 규정할 수 있다.

② 계약에 모범조항의 원용규정이 없는 경우에는 모범조항은 이 법전 제5조와 제421조 제5항이 정하는 요건을 충족할 때에는 거래관습으로서 당사자 사이의 관계에 적용된다.

③ 모범조항은 모범계약의 방식 또는 이 조항을 포함하는 그 밖의 문서형식으로 기술될 수 있다.

제428조【부합계약】 ① 부합계약이라 함은 계약당사자 일방이 계약조항을 표준문 또는 그 밖의 표준형식으로 정하고, 상대방 당사자가 당해 계약조항을 계약에 전체로서 부합하는 방법으로만 승인할 수 있는 계약을 말한다.

② 부합계약이 법률과 그 밖의 법령에 위반하지 아니하는 경우에도 같은 종류의 계약에 따라 통상 제공되는 권리를 계약에 부합된 당사자로부터 박탈하고 상대방 당사자의 채무위반의 책임을 면제 또는 제한하거나, 계약에 부합된 당사자에게 명백히 과중한 그 밖의 조항을 포함하여 그 당사자가 계약조항의 확정에 참가할 기회가 있었던 경우에는, 합리적으로 판단하는 자기의 이익에 기초하여 이를 승인하지 아니하였을 조항에 대하여는 계약에 부합된 당사자는 계약의 해제 또는 변경을 청구할 수 있다.

③ 이 조 제2항의 상황이 있는 때에도 자기의 기업활동의 수행과 관련하여 계약에 부합된 당사자가 제기한 계약의 해제 또는 변경에 관한 청구는 부합된 당사자가 어떠한 상황에서 계약이 체결되는 것을 알았거나 또는 알 수 있었던 경우에는 허용되지 아니한다.

제429조【예약】 ① 예약당사자는 예약이 규정하는 조항에 근거하여 재산의 인도, 업무의 수행 또는 서비스의 제공에 관한 계약(본계약)을 장래에 체결할 의무를 진다.

② 예약은 본계약에 대하여 규정된 형식으로 체결한다. 본계약의 방식이 규정되어 있지 아니한 경우에는 서면으로 체결한다. 예약의 형식에 관한 규정을 따르지 아니한 경우에는 예약은 무효로 된다.

③ 예약은 본계약의 목적을 결정할 수 있게 하는 조항 및 본계약에 관한 그 밖의 본질적인 조항을 포함하고 있어야 한다.

④ 예약은 당사자가 본계약을 체결하여야 할 시기를 정하고 있어야 한다.

예약에 그 시기가 정하여지지 아니한 경우에는 본계약은 예약체결시로부터 1년 이내에 체결하여야 한다.

⑤ 예약을 체결한 당사자 일방이 본계약의 체결을 거절할 경우에는 이 법전 제445조

제4항의 규정을 적용한다.

⑥ 당사자가 본계약을 체결하여야 할 기간이 만료할 때까지 본계약이 체결되지 아니하거나 또는 당사자 일방이 당해 계약체결에 관한 청약을 하지 아니하는 경우에는 예약이 규정하는 채권채무관계는 소멸한다.

제430조【제3자를 위한 계약】 ① 제3자를 위한 계약이라 함은 채무자가 채권자에 대하여서가 아니라 자기의 이익을 위하여 채무자에게 채무이행을 청구하는 권리를 갖는 계약에 지정된 제3자 또는 지정되지 아니한 제3자에 대하여 이행하여야 할 것을 당사자가 정한 계약을 말한다.

② 법률과 그 밖의 법령 또는 계약에 다른 규정이 있는 경우를 제외하고는 제3자가 계약에 따라 자기의 권리를 행사하는 의사를 채무자에 대하여 표시한 때부터 당사자는 제3자의 동의 없이 체결한 계약을 해제 또는 변경할 수 없다.

③ 채무자는 제3자의 청구에 대하여 채권자에게 제기할 수 있는 항변을 주장할 수 있다.

④ 제3자가 계약에 따라 부여된 권리를 포기한 때에는 채권자는 법률, 그 밖의 법령과 계약에 반하는 경우를 제외하고는 이 권리를 행사할 수 있다.

제431조【계약의 해석】 계약조항을 해석할 경우에는 법원은 계약에 포함된 문자와 표현의 문자적 의미를 고려하여야 한다. 계약조항의 문자적 의미가 명확하지 아니하는 경우에는 다른 조항과 계약 전체의 의미를 비교함으로써 계약조항의 의미를 확정하여야 한다.

이 조 제1문의 규정에 따라 계약의 내용을 확정할 수 없는 경우에는 계약의 목적을 고려하여 당사자의 진정한 공통의사를 밝혀 해석하여야 한다. 이 경우 계약에 앞서 이루어진 협의, 교환문서, 당사자 상호 간의 관계에서 정착된 관행 · 거래관습, 당사자의 사후의 행동을 포함하는 모든 상황을 고려하여야 한다.

제28장 계약의 체결

제432조【계약체결에 관한 일반규정】 ① 계약은 당사자가 각 경우에 요구되는 방식에 따라 계약의 모든 본질적 조항에 대하여 합의에 달한 때에는 체결된 것으로 본다.

본질적 조항이라 함은 계약의 목적에 관한 조항, 법률 또는 그 밖의 법령에 기재된 특정 종류의 계약에서의 본질적 또는 필수적 조항 및 당사자 일방의 의사표시에 따라 합의에 달하여야 하는 모든 조항을 말한다.

② 계약은 당사자 일방이 청약(계약체결의 제안)을 하고, 상대방 당사자가 이를 승낙(제안의 수락)함으로써 체결된다.

제433조【계약체결의 시기】 ① 계약은 청약자가 승낙을 받은 때에 체결된 것으로 본다.

② 법률에 따라 계약체결을 위하여 재산의 인도가 필요한 경우에는 계약은 재산의 인도시에 체결된 것으로 본다.(제224조)

③ 국가등기를 필요로 하는 계약은 법률에 달리 정한 경우를 제외하고는 등기시에 체결된 것으로 본다.

제434조【계약의 방식】 ① 계약은 법률행위를 하기 위하여 규정된 임의의 방식으로 체결할 수 있다. 다만, 법률이 당해 종류의 계약에 대하여 일정한 방식을 정하고 있는 경우에는 그러하지 아니하다.

법률이 당해 종류의 계약에 대하여 일정한 방식을 요구하고 있지 아니하는 경우에도 당사자가 일정한 방식에 따라 계약을 체결할 것을 합의한 경우에는 계약은 소정의 방식을 갖추어야 체결된 것으로 본다.

② 서면방식의 계약은 당사자가 서명한 하나의 문서를 작성함으로써 또한 계약당사자 일방으로부터 발송된 것을 확실하게 확인할 수 있는 우편, 전보, 텔레타이프라이터, 전화통신, 전자통신 또는 그 밖의 통신수단으로 문서를 교환함으로써 체결할 수 있다.

③ 계약체결에 관한 서면청약이 이 법전 제438조 제3항이 규정하는 절차에 따라 승낙된 경우에는 계약의 서면방식은 준수된 것으로 본다.

제435조【청약】 ① 청약이라 함은 1인 또는 수인의 특정인에 대한 제안으로서 충분히 명확하며, 제안을 한 자가 제안을 받은 상대방과 계약을 체결할 것을 스스로 인정하는 의사표시를 한 제안을 말한다.

청약은 계약의 본질적인 조항을 포함하고 있어야 한다.

② 청약은 상대방이 이를 받은 때부터 청약자를 구속한다.

청약의 철회에 관한 통지가 청약보다 먼저 또는 청약과 동시에 도달한 경우에는 청약은 수령되지 아니한 것으로 본다.

제436조【청약의 철회금지】 상대방이 수령한 청약은 승낙을 위하여 정하여진 기간동안은 이를 철회하지 못한다. 다만, 청약 자체에 달리 규정하고 있거나 또는 청약의 본질 또는 청약이 이루어진 상황으로부터 달리 볼 수 있는 경우에는 그러하지 아니하다.

제437조【청약의 유인, 공개청약】 ① 불특정인에 대한 광고와 그 밖의 제안은 제안에 직접 다른 지시를 한 경우를 제외하고는 청약의 유인으로 본다.

② 계약의 모든 본질적인 조항을 포함하는 제안으로서 제안을 한 자가 그에 응하는 어떠한 자와도 제안에서 정한 조항으로 계약을 체결하려는 의사가 있는 것으로 인정되는 제안은 청약으로 본다.(공개청약)

제438조【승낙】 ① 승낙이라 함은 청약의 상대방이 행하는 청약을 수락하는 취지의 회답을 말한다.

승낙은 전면적 · 무조건적이어야 한다.

② 침묵은 승낙으로 보지 아니한다. 다만, 법률, 거래관습 또는 당사자 사이의 종전의 실무관계에 따라 달리 볼 수 있는 경우에는 그러하지 아니하다.

③ 청약의 승낙을 위하여 정하여진 기간 내에 청약을 받은 자가 한 청약에 규정된 계약조항을 이행하는 것(상품의 출하, 서비스의 제공, 업무의 수행, 상응하는 금액의 지급 등)은 승낙으로 본다. 다만, 법률과 그 밖의 법령에 다른 규정이 있거나 또는 청약에 달리 명시된 경우에는 그러하지 아니하다.

제439조【승낙의 철회】 승낙의 철회에 관한 통지가 승낙보다 먼저 또는 승낙과 동시에 청약자에게 도달한 경우에는 승낙은 도달되지 아니한 것으로 한다.

제440조【승낙기간을 정하고 있는 청약에 근거한 계약의 체결】 청약에 승낙기간이 정하여져 있는 경우에는 청약에 명시된 기간 내에 청약자가 승낙을 받은 때에는 계약은 체결된 것으로 본다.

제441조【승낙기간을 정하고 있지 아니한 청약에 근거한 계약의 체결】 ① 서면에 의한 청약에서 승낙기간이 정하여지지 아니한 경우에는 청약자가 법률 또는 그 밖의 법령에 정하여진 기간이 만료하기까지 승낙을 받은 때에는 계약은 체결된 것으로 보고, 이 기간이 규정되어 있지 아니한 경우에는 도달에 통상 필요한 기간 내에 계약은 체결된 것으로 본다.

② 승낙기간을 정하지 아니하고 말로 청약을 한 때에는 상대방이 곧바로 승낙의 의사표시를 한 경우에 계약은 체결된 것으로 본다.

제442조【연착된 승낙】 적시에 발송된 승낙에 관한 통지가 연착된 경우에는 청약자가 그 승낙의 연착에 대하여 상대방에게 곧바로 통지하지 아니하는 때에는 승낙은 연착되지 아니한 것으로 본다.

청약자가 승낙의 도달이 연착되었음을 상대방에 곧바로 통지한 경우에는 계약은 체결된 것으로 본다.

제443조【다른 조항을 붙인 승낙】 청약에서 제안된 조항과 다른 조항으로 계약을 체결하는 것에 동의하는 취지의 회답은 승낙으로 보지 아니한다.

그와 같은 회답은 승낙의 거절과 동시에 새로 청약한 것으로 본다.

제444조【계약체결지】 계약에 체결지가 명시되어 있지 아니한 경우에는 계약은 청약을 한 시민의 주소지 또는 법인의 소재지에서 체결된 것으로 본다.

제445조【체결의무가 붙은 계약】 ① 이 법전 또는 그 밖의 법률에 따라 청약(또는 계약초안)을 받은 당사자에게 계약체결이 의무적인 경우에는, 그 당사자는 상대방에 대하여 청약을 받은 날로부터 30일 이내에 승낙이나 승낙의 거절 또는 그 밖의 조항을 붙인 승낙(계약초안에 대한 이의서)에 관한 통지를 하여야 한다.

청약을 하고 계약체결이 의무적인 당사자로부터 그 밖의 조항을 붙인 승낙(계약초안에 대한 이의서)에 관한 통지를 받은 당사자는 그 통지를 받은 날 또는 승낙기간 만료시부터 30일 이내에 계약을 체결할 때에 발생한 이의를 법원의 심리에 넘길 수 있다.

② 이 법전 또는 그 밖의 법률에 따라 청약(계약초안)을 한 당사자에게 계약체결이 의무적이고 그 당사자에게 30일 이내에 계약초안에 대한 이의서가 송부된 경우에는, 그 당사자는 계약초안에 대한 이의서를 받은 날로부터 30일 이내에 당해 초안대로 계약을 받아들이거나 또는 이의서를 거절하는 취지를 상대방에게 통지하여야 한다.

이의서가 거절된 경우 또는 소정기간 내에 이의서의 검토 결과에 관한 통지를 받지 못한 경우에는 이의서를 송부한 당사자는 계약을 체결할 때에 발생한 이의를 법원의 심리에 넘길 수 있다.

③ 이 조 제1항과 제2항의 기간에 관한 규정은 법률과 그 밖의 법령에 다른 규정이 없는 경우 및 당사자 사이에 합의가 없는 경우에 적용한다.

④ 이 법전 또는 그 밖의 법률에 따라 계약체결이 의무적인 당사자가 계약체결을 게을리한 경우에는 상대방은 법원에 계약의 강제체결을 청구할 수 있다.

정당한 이유 없이 계약체결을 게을리한 당사자는 이에 따라 상대방이 입은 손해를 배상하여야 한다.

제446조【계약체결상의 분쟁】 계약체결시에 발생한 이의가 이 법전 제445조 또는 당사자 사이의 합의에 따라 법원의 심리에 넘겨진 경우에는, 당사자 사이에 이의가 있는 계약조항은 법원의 결정에 따라 확정한다.

제447조【공매를 통한 계약의 체결】 ① 계약은 계약의 본질로부터 달리 볼 수 있

는 경우를 제외하고는 공매를 통하여 체결할 수 있다. 계약은 낙찰자와 체결한다.

② 물건의 소유자 또는 그 밖의 재산권의 보유자는 공매의 주최자로서 행위할 수 있다. 법률이 달리 규정하고 있는 경우를 제외하고는 물건의 소유자 또는 그 밖의 재산권의 보유자와의 계약에 따라 활동하고, 그러한 자를 대표하거나 또는 자기 이름으로 행위를 하는 특수조직 또는 그 밖의 자도 공매주최자로 될 수 있다.(개정 2008. 12. 30. 연방법률 제306호)

③ 이 법전 또는 다른 법률이 명시하는 경우에는 물건 또는 재산권의 매각계약은 공매에 의하여서만 체결할 수 있다.

④ 공매는 경매(옥션) 또는 입찰(콩클) 방식으로 한다.

경매에서 경락인으로 되는 자는 최고가격을 제시한 자이며, 입찰에서 낙찰자로 되는 자는 사전에 공매 주최자가 임명한 입찰위원회의 판단에 따라 가장 유리한 조건을 제시한 것으로 인정되는 자이다.

공매의 방식은 법률에 그 밖의 규정이 있는 경우를 제외하고는 매각되는 물건의 소유자 또는 재산권의 보유자가 정한다.

⑤ 1인만이 참가한 경매와 입찰은 성립되지 아니한 것으로 본다.

⑥ 이 법전 제448조와 제449조의 규정은 소송법령에 다른 규정이 있는 경우를 제외하고는 재판결정의 집행절차에 따라 실시되는 공매에 적용한다.

제448조【공매의 실시와 절차】 ① 경매와 입찰은 공개 및 비공개로 할 수 있다.

공개의 경매와 공개의 입찰에는 누구든지 참가할 수 있다.

비공개 경매와 비공개 입찰에는 이를 위하여 특별히 초청된 자만이 참가한다.

② 법률에 다른 규정이 있는 경우를 제외하고는 공매의 주최자는 공매실시 30일 전까지 공매에 실시에 관한 통지를 하여야 한다. 통지에는 공매에 참가하는 절차와 매수인의 확정방법을 포함하여 공매실시의 일시, 장소, 공매의 방식, 공매의 대상과 공매의 실시절차 및 공매개시가격에 관한 정보가 포함되어야 한다.

공매의 대상이 계약체결권만일 경우에는 공매에 관한 통지에는 계약체결을 위하여 주어지는 기간이 명시되어야 한다.

③ 법률 또는 공매실시에 관한 통지에 다른 규정이 있는 경우를 제외하고는 공매의 통지를 한 주최자는 경매에 관하여는 경매실시 3일 전, 입찰에 관하여는 입찰실시 30일 전까지 언제든지 그 실시를 정지할 수 있다.

공개 공매의 주최자가 제1문의 기간에 위반하여 실시를 정지하였을 경우에는 주최자는 참가자가 입은 실제의 손해를 배상하여야 한다.

비공개 경매 또는 비공개 입찰의 주최자는 경매실시에 관한 통지를 한 후 언제 그 실시를 정지하였는가와 관계없이 초청된 참가자가 입은 실제의 손해를 배상하여야 한다.

④ 공매 참가자는 공매실시에 관한 통지에 명시된 액수, 기간과 절차에 따라 보증금을 납부한다. 공매가 성립하지 아니하는 경우에는 보증금은 이를 반환한다. 보증금은 공매에 참가하였으나 매수인으로 되지 못한 자에 대하여도 반환한다.

매수인과 계약을 체결할 때에는 매수인이 납부한 보증금은 체결된 계약에 따라 채무의 변제에 충당된다.

⑤ 공매의 매수인과 경매주최자는 경매 또는 입찰 실시일에 계약의 효력을 가지는 공매 결과에 관한 조서에 서명한다. 매수인이 조서에 서명을 거부할 경우에는 매수인은 납부한 보증금을 상실한다. 공매 주최자가 조서에 서명을 거부할 경우에는 주최자는 보증금의 배액을 반환하고, 매수인에 대하여 공매참가에 따라 입은 손해 중 보증금의 액수를 초과하는 부분에 대하여 배상하여야 한다.

공매의 대상이 계약체결권만일 경우에는 공매가 종료되고 조서를 작성한 후 20일 이내에 또는 통지에 따로 규정된 기간 내에 당사자는 계약에 서명하여야 한다. 당사자 일방이 계약체결을 거절할 경우에는 상대방 당사자는 계약의 강제체결과 계약체결의 거절에 의하여 입은 손해배상의 청구를 법원에 제기할 수 있다.

제449조【공매실시 규칙위반의 효과】 ① 법률이 정하는 규정에 위반하여 실시된 공매는 이해관계자의 청구에 따라 법원이 무효로 인정할 수 있다.

② 공매가 무효로 인정될 경우에는 매수인과 체결된 계약은 무효로 된다.

제29장 계약의 변경과 해제

제450조【계약의 변경과 해제의 사유】 ① 계약의 변경과 해제는 이 법전과 그 밖의 법률 또는 계약에 다른 규정이 있는 경우를 제외하고는 당사자 사이의 합의에 따라 한다.

② 계약당사자 일방의 청구에 따른 계약의 변경 또는 해제는 법원의 결정에 따라 다음 각호의 1의 경우에만 할 수 있다.

1. 상대방 당사자에게 본질적인 계약위반이 있는 경우

2. 이 법전과 그 밖의 법률 또는 계약이 규정하는 그 밖의 경우

본질적인 계약위반이라 함은 당사자 일방에 의한 상대방 당사자에게 손해를 입히는 위반으로서, 그에 따라 상대방 당사자가 계약체결시에 기대하였던 이익을 현저하게 상실한 것을 말한다.

③ 계약의 전부 또는 일부 이행의 일방적인 거절인 경우에는 이 거절이 법률 또는 당사자 사이의 합의에 따라 인정되는 때에는 계약은 그에 상응하여 해제 또는 변경된 것으로 본다.

제451조【상황의 본질적 변경에 따른 계약의 변경과 해제】 ① 계약당사자가 계약체결시에 근거로 삼은 상황에 본질적인 변경이 발생한 경우에는 그것은 계약의 변경 또는 해제의 사유가 된다. 다만, 계약에 다른 규정이 있는 경우 또는 계약의 본질로부터 달리 볼 수 있는 경우에는 그러하지 아니하다.

본질적인 상황의 변경이라 함은 계약당사자가 합리적으로 예상할 수 있었던 경우에는 계약을 체결하지 아니하거나 또는 현저하게 다른 조항으로 체결하였을 것으로 여겨지는 변경을 말한다.

② 계약당사자가 상황의 본질적인 변경에 따른 계약의 변경 또는 해제에 관한 합의가 이루어지지 아니하는 경우에는 당사자는 계약을 해제할 수 있고, 다음 각호의 1의 요건이 동시에 존재할 때에는 법원은 이 조 제4항이 규정하는 사유에 근거하여 이해관계를 가지는 당사자의 청구에 따라 당해 계약을 변경할 수 있다.

1. 계약체결시에 당사자가 당해 상황의 변경이 발생하지 아니할 것으로 전제하고 있었을 것

2. 상황의 변경이 계약의 성질과 거래의 조건으로부터 이해관계를 가지는 당사자에게 요청되는 정도의 배려와 주의가 있었더라도, 그것이 발생한 후에는 당해 당사자가 극복할 수 없는 원인에 의하여 발생하였을 것

3. 계약조항을 변경하지 아니하고 이행할 경우에는 계약에 따른 당사자 사이의 재산상의 상호 이해관계를 파괴하고, 이해관계를 가지는 당사자 일방이 계약체결시에 기대할 수 있었던 이익에 대하여 현저히 손상시키는 손해를 입힐 것

4. 거래관습 또는 계약의 본질로부터 상황변경의 위험을 이해관계를 가지는 당사자 일방이 부담하는 것으로 볼 수 없을 것

③ 본질적인 상황의 변경에 따라 계약을 해제할 경우에는 법원은 당사자 중 어느 일방의 청구에 따라 계약이행과 관련하여 발생한 비용을 당사자 사이에 공정하게 배분할 필

요성에 입각하여 계약해제의 효과를 정한다.

④ 본질적인 상황의 변경에 따른 계약의 변경은 계약의 해제가 공공의 이익에 반하거나 또는 법원이 변경한 조항에 따른 계약의 이행을 위하여 필요한 비용을 현저히 초과하는 손해를 당사자 쌍방에게 입히는 예외적인 경우에는 법원의 결정에 따라 허용된다.

제452조【계약의 변경과 해제의 절차】 ① 계약의 변경 또는 해제에 관한 합의는 계약과 같은 방식으로 한다. 다만, 법률과 그 밖의 법령, 계약 또는 거래관습으로부터 달리 볼 수 있는 경우에는 그러하지 아니하다.

② 계약의 변경 또는 해제에 관한 청구는 당사자 일방이 계약의 변경 또는 해제의 제안에 대하여 상대방 당사자로부터 거부를 받은 후 또는 제안에 명시된 기간 내, 법률 또는 계약이 정하는 기간 내에, 기간의 정함이 없는 경우에는 30일 내에 회답을 받지 못하는 경우에 한하여 법원에 제기할 수 있다.

제453조【계약의 변경과 해제의 효과】 ① 계약이 변경된 경우에는 당사자의 채권채무관계는 변경된 형식으로 존속한다.

② 계약이 해제된 경우에는 당사자의 채권채무관계는 소멸한다.

③ 계약이 변경 또는 해제된 경우에는 채권채무관계는 계약의 변경 또는 해제에 대하여 당사자가 합의를 한 때에 변경 또는 소멸한 것으로 본다. 다만, 합의 또는 계약 변경의 성질로부터 달리 볼 수 있는 경우에는 그러하지 아니하다. 재판절차에 따라 계약이 변경 또는 해제된 경우에는 채권채무관계는 계약의 변경 또는 해제에 관한 결정이 법적 효력을 발생할 때에 변경 또는 소멸한 것으로 본다.

④ 계약당사자는 계약이 변경 또는 해제될 때까지 채권채무관계에 근거하여 당사자가 한 이행의 반환을 청구할 수 없다. 다만, 법률 또는 당사자 사이의 합의에 달리 정한 경우에는 그러하지 아니하다.

⑤ 계약의 변경 또는 해제의 사유가 당사자 일방의 본질적인 계약위반에 근거할 경우에는 상대방 당사자는 계약의 변경 또는 해제에 따라 입은 손해를 청구할 수 있다.

제2부

(제정 1995. 12. 22. 시행 1996. 3. 1.)

개정 1996. 8. 12. 연방법률 제110호
1997. 10. 24. 연방법률 제133호
1999. 12. 17. 연방법률 제213호
2002. 11. 26. 연방법률 제152호
2003. 1. 10. 연방법률 제8호
2003. 1. 10. 연방법률 제15호
2003. 3. 26. 연방법률 제37호
2003. 11. 11. 연방법률 제138호
2003. 12. 23. 연방법률 제182호
2004. 12. 29. 연방법률 제189호
2004. 12. 30. 연방법률 제219호
2005. 3. 21. 연방법률 제22호
2005. 5. 9. 연방법률 제45호
2005. 7. 18. 연방법률 제89호
2006. 2. 2. 연방법률 제19호
2006. 12. 18. 연방법률 제231호
2006. 12. 30. 연방법률 제276호
2007. 1. 26. 연방법률 제5호
2007. 4. 20. 연방법률 제53호
2007. 6. 26. 연방법률 제118호
2007. 7. 19. 연방법률 제197호
2007. 7. 24. 연방법률 제218호
2007. 10. 2. 연방법률 제225호
2007. 10. 25. 연방법률 제234호
2007. 11. 4. 연방법률 제251호
2007. 11. 29. 연방법률 제287호
2007. 12. 6. 연방법률 제334호
2008. 4. 24. 연방법률 제49호
2008. 7. 14. 연방법률 제118호
2008. 12. 25. 연방법률 제280호
2008. 12. 30. 연방법률 제308호
2009. 4. 9. 연방법률 제56호
2009. 7. 17. 연방법률 제145호
2010. 5. 8. 연방법률 제83호

제4편 채무의 개별종류

제30장 매 매

제1절 매매에 관한 일반규정

제454조【매매계약】 ① 매매계약에 따라 일방(매도인)은 상대방(매수인)에게 물선(상품)의 소유를 인도하여야 하고, 매수인은 이 상품을 수령하고 상품의 대가로 일정한 금액(가격)을 지급하여야 한다.

② 유가증권과 외국통화의 매매에는 법률에 특별한 매매규정이 정하여지지 아니한 경우에는 이 절의 규정을 적용한다.

③ 이 법전 또는 그 밖의 법률이 규정하는 경우에는 개별종류의 상품매매에서의 특수성은 법률과 그 밖의 법령으로 정한다.

④ 이 절에 규정된 조항은 재산권의 매각에 적용한다. 다만, 재산권의 내용 또는 성질로부터 달리 볼 수 있는 경우에는 그러하지 아니하다.

⑤ 매매계약(소매매매, 상품공급, 국가수요를 위한 상품공급, 농산물수매, 에너지공급, 부동산매매, 기업매매)의 개별의 종류에 대하여는 이 절에 규정된 조항을 적용한다. 다만, 이 법전의 당해 종류의 계약에 관한 규정에 다른 규정이 있는 경우에는 그러하지 아니하다.

제455조【상품에 관한 계약조항】 ① 매매계약에 따라 상품으로 될 수 있는 것은 이 법전 제129조의 규정에 부합하는 모든 물건이다.

② 매매계약은 계약체결시에 매도인이 가지고 있는 상품과 매도인이 장래 제작 또는 취득하는 상품의 매매에 대하여 체결할 수 있다. 다만, 법률에 달리 정하여진 경우 또는 상품의 성질로부터 달리 볼 수 있는 경우에는 그러하지 아니하다.

③ 상품에 관한 매매계약조항은 계약에 따라 상품의 명칭과 수량을 특정할 수 있는 경우에는 합의에 이른 것으로 본다.

제456조【상품을 인도할 매도인의 의무】 ① 매도인은 매매계약이 규정하는 상품을 매수인에게 인도하여야 한다.

② 매매계약에 다른 규정이 있는 경우를 제외하고는 매도인은 물건의 인도와 동시에 종물을 매수인에게 이전하고 또한 법률과 그 밖의 법령 또는 계약이 규정하는 그 물건

과 관계있는 문서(기술보증서, 품질보증서, 취급설명서 등)를 인도하여야 한다.

제457조【상품을 인도할 의무이행의 기한】 ① 매도인이 매수인에게 상품을 인도할 의무이행기는 매매계약으로 정한다. 계약으로 기한을 특정할 수 없는 경우에는 이 법전 제314조의 규정에 따라 정한다.

② 이행기의 위반으로 인하여 매수인이 계약상의 이익을 상실하는 것이 계약상 명백한 경우에는, 매매계약은 엄격하게 정하여진 기한 내의 이행을 조건으로 하여 체결된 것으로 본다.

매도인은 매수인의 동의를 얻은 경우에 한하여 계약이 정하는 기한 도래 전 또는 기한 경과 후에 계약을 이행할 수 있다.

제458조【매도인의 상품인도의무이행시기】 ① 매매계약에 다른 규정이 있는 경우를 제외하고는, 매도인의 매수인에 대한 상품인도의무는 다음의 시기에 이행된 것으로 본다.

계약에 매도인의 상품송달의무가 규정된 경우에는 매수인 또는 매수인이 지정한 자에게 상품을 인도한 때

매수인 또는 매수인이 지정한 자에게 상품을 상품소재지에서 인도하여야 하는 경우에는 매수인에게 상품의 관리를 일임한 때. 매도인이 계약이 규정하는 기한 내에 인도하여야 하는 장소에서 상품을 인도할 준비를 하고, 매수인이 계약조항에 따라 상품인도의 준비에 관한 통지를 받은 경우에는 매수인에게 그 관리가 일임된 것으로 본다. 상품이 상표 또는 그 밖의 방법에 의하여 계약의 목적을 확인할 수 없는 경우에는 상품인도의 준비가 된 것으로 보지 아니한다.

② 상품송달 또는 상품소재지에서 매수인에게 상품을 인도할 매도인의 의무가 매매계약으로부터 발생하지 아니하는 경우에는, 매도인의 매수인에 대한 상품인도의무는 상품을 운송인에게 인도하였을 때 또는 매수인에게 발송을 위하여 교통조직에 인도한 때에 이행한 것으로 본다. 다만, 계약에 다른 규정이 있는 경우에는 그러하지 아니하다.

제459조【상품의 의외의 멸실 위험의 이전】 ① 매매계약에 다른 규정이 있는 경우를 제외하고는, 상품의 의외의 멸실 또는 의외의 훼손 위험은 법률 또는 계약에 따라 매도인이 매수인에게 상품을 인도할 자기 의무를 이행한 것으로 보게 될 때에 매수인에게 이전한다.

② 운송 중 판매된 상품의 의외의 멸실 또는 의외의 훼손 위험은 매매계약체결시에 매수인에게 이전된다. 다만, 매매계약 또는 거래관습에 다른 규정이 있는 경우에는 그러하지 아니하다.

상품의 의외의 멸실 또는 의외의 훼손 위험이 상품을 최초의 운송인에게 인도한 때에 매수인에게 이전하는 계약조항은 계약체결시에 상품이 이미 멸실 또는 훼손된 것을 매도인이 알았거나 또는 알 수 있었음에도 그 취지를 매수인에게 통지하지 아니한 경우에는 매수인의 청구에 따라 법원이 무효로 인정할 수 있다.

제460조 【제3자의 권리에 구속받지 아니하는 상품을 인도할 매도인의 의무】 ① 매도인은 제3자의 어떠한 권리에도 구속받지 아니하는 상품을 매수인에게 인도하여야 한다. 다만, 매수인이 제3자의 권리에 의한 부담이 있는 상품의 수령에 동의한 경우에는 그러하지 아니하다.

매도인이 당해 의무를 이행하지 아니할 경우에는 매수인은 상품가격의 감액을 청구하는 권리 또는 매매계약을 해제하는 권리를 갖는다. 다만, 매수인이 상품에 대한 제3자의 권리에 대하여 알았거나 또는 알 수 있었음을 증명할 경우에는 그러하지 아니하다.

② 이 조 제1항의 규정은 상품이 매수인에게 인도될 때까지 제3자의 상품에 대한 권리의 주장이 있고, 매도인이 그에 대하여 알고 있었던 경우에 적용한다. 다만, 이 주장이 그 후 소정절차에서 적법한 것으로 인정되는 경우이어야 한다.

제461조 【매수인의 상품회수의 경우 매도인의 책임】 ① 매매계약이행 전에 발생한 사유에 근거하여 제3자가 매수인으로부터 상품을 회수할 경우에는 매도인은 매수인이 입은 손해를 배상하여야 한다. 다만, 매수인이 이 사유에 대하여 알았거나 또는 알 수 있었음을 매도인이 증명할 경우에는 그러하지 아니하다.

② 제3자가 매수인이 취득한 상품의 반환을 청구하는 경우 매도인의 책임 면제 또는 책임에 대한 제한에 관한 합의는 무효이다.

제462조 【상품회수에 관한 소제기에서 매수인과 매도인의 의무】 매매계약이행 전에 발생한 사유에 근거하여 제3자가 매수인에 대하여 상품회수에 관한 소를 제기한 경우에는 매수인은 매도인을 소송에 참가시키는 의무를 지고, 매도인은 매수인측의 입장에서 소송에 참가하여야 한다.

매수인이 매도인을 소송에 참가시키지 아니하는 경우에는 매도인은 매수인에 대한 책임에서 면제된다. 다만, 매도인이 소송에 참가하였다면 판매된 상품이 매수인으로부터 회수되는 것을 막을 수 있었음을 매도인이 증명한 경우이어야 한다.

매수인이 매도인의 소송참가를 요구하였으나 매도인이 소송에 참가하지 아니하는 경우에는 매도인은 매수인의 소송수행상의 부당성을 증명하는 권리를 상실한다.

제463조 【상품인도의무 불이행의 효과】 ① 매도인이 매수인에게 판매한 상품의

인도를 거부하는 경우에는 매수인은 매매계약이행을 거절할 수 있다.

② 매도인이 특정물의 인도를 거부할 경우에는 매수인은 이 법전 제398조가 규정하는 청구를 매도인에게 제기할 수 있다.

第464조【상품 관련 종물과 문서의 인도의무 불이행의 효과】 매도인이 법률과 그 밖의 법령 또는 매매계약에 따라(제456조 제2항) 인도하여야 하는 상품과 관계있는 종물 또는 문서를 매수인에게 인도하지 아니하거나 또는 인도를 거부할 경우에는 매수인은 상품인도를 위한 합리적인 기한을 지정할 수 있다.

매도인이 상품과 관계있는 종물 또는 문서를 지정된 기한 내에 인도하지 아니하는 때에는 매수인은 상품의 수령을 거절할 수 있다. 다만, 계약에 다른 규정이 있는 경우에는 그러하지 아니하다.

第465조【상품의 수량】 ① 매수인에게 인도하여야 할 상품의 수량은 매매계약으로 상응하는 측량단위 또는 금전표시로 규정한다. 상품의 수량에 관한 조항은 계약에 그 특정을 위한 절차를 정함으로써 합의할 수 있다.

② 매매계약에 따라 인도하여야 할 상품의 수량을 특정하는 것이 불가능할 경우에는 계약은 체결된 것으로 보지 아니한다.

第466조【상품의 수량에 관한 조항위반의 효과】 ① 매도인이 매매계약을 위반하고 계약이 정하는 수량보다 적은 상품을 매수인에게 인도한 경우에는, 계약에 다른 규정이 있는 경우를 제외하고는 매수인은 부족한 수량의 상품인도를 청구하거나 또는 이미 인도받은 상품과 그 지급을 거절할 수 있다. 상품대금을 이미 지급한 경우에는 지급한 금액의 반환을 청구할 수 있다.

② 매도인이 계약에 명시된 수량을 넘는 상품을 매수인에게 인도한 경우에는 매수인은 이 법전 제483조 제1항이 규정하는 절차에 따라 매도인에게 이 취지를 통지하여야 한다. 매수인으로부터 통지를 받은 후 합리적인 기간 내에 매도인이 상품의 상응하는 부분을 처분하지 아니한 때에는, 계약에 다른 규정이 있는 경우를 제외하고는 매수인은 상품 전부를 수령할 수 있다.

③ 매수인이 매매계약에 명시된 수량을 넘는 상품을 수령한 경우(이 조 제2항)에는 수량을 넘어 수령한 상품은 쌍방의 합의로 정한 또 다른 가격이 있는 경우를 제외하고는 초과 수령한 상품에 대하여 계약으로 정한 가격에 따라 지급을 한다.

第467조【상품의 품목】 ① 매매계약에 근거하여 일정한 종류, 형태, 크기, 색 또는 그 밖의 표지(품목)로 상품을 인도하여야 할 경우에는 매도인은 쌍방이 합의한 품목의 상품을 매수인에게 인도하여야 한다.

② 매매계약에 상품의 품목이 정하여지지 아니하고 계약에 품목을 특정하는 방법이 정하여지지 아니하였으나, 채무의 본질로 보아 일정한 품목의 상품을 매수인에게 인도하여야 할 경우에는, 매도인은 계약체결시에 매도인이 알고 있었던 매수인의 수요에 근거한 품목의 상품을 매수인에게 인도하거나 또는 계약이행을 거절할 수 있다.

제468조 【상품의 품목에 관한 조항위반의 효과】 ① 매도인이 매매계약의 규정과 부합하지 아니하는 품목의 상품을 인도한 경우에는 매수인은 그 상품의 수령과 지급을 거절할 수 있고, 이미 상품대금의 지급이 있은 경우에는 지급한 금액의 반환을 청구할 수 있다.

② 매도인이 매매계약과 부합하는 품목의 상품과 함께 품목에 관한 조항을 위반한 상품을 매수인에게 인도한 경우에는 매수인은 자기의 선택에 따라 다음의 조치를 취할 수 있다.

품목에 관한 조항과 부합하는 상품을 수령하고, 그 밖의 상품의 수령을 거절하는 것

인도받은 모든 상품의 수령을 거절하는 것

품목에 관한 조항과 부합하지 아니하는 상품을 계약이 규정하는 품목의 상품과의 교환을 청구하는 것

인도받은 모든 상품을 수령하는 것

③ 매매계약조항과 부합하지 아니하는 품목의 상품 수령을 거절한 경우 또는 품목에 관한 조항과 부합하지 아니하는 상품의 교환을 청구한 경우에는 매수인은 이들 상품대금의 지급을 거부할 수 있고, 이미 상품대금의 지급이 있은 경우에는 지급한 금액의 반환을 청구할 수 있다.

④ 품목에 관한 매매계약조항과 부합하지 아니하는 상품은 매수인이 그 수령 후 합리적인 기간 내에 매도인에게 상품의 수령 거부에 대하여 통지하지 아니하는 경우에는 이를 수령한 것으로 본다.

⑤ 매수인이 매매계약과 부합하지 아니하는 품목의 상품 수령을 거절하지 아니하는 경우에는 매수인은 매도인과 합의한 가격으로 상품대금을 지급하여야 한다. 매도인이 합리적인 기간 내에 가격의 합의에 관한 필요한 조치를 취하지 아니하는 때에는, 매수인은 계약체결 당시 비교 가능한 상황하에서 같은 상품에 대하여 통상 지급되는 가격에 따라 상품대금을 지급한다.

⑥ 이 조의 규정은 매매계약에 다른 규정이 있는 경우를 제외하고는 적용한다.

제469조 【상품의 품질】 ① 매도인은 매매계약과 부합하는 품질의 상품을 매수인에게 인도하여야 한다.

② 매매계약에 상품의 품질에 관한 조항이 없는 경우에는 매도인은 같은 종류의 상품이 통상 사용되는 목적에 적합한 상품을 매수인에게 인도하여야 한다.

매도인이 계약을 체결할 때에 매수인으로부터 상품취득의 구체적 목적에 대하여 통고를 받은 경우에는 매도인은 그 목적에 따른 사용에 적합한 상품을 매수인에게 인도하여야 한다.

③ 견본과(또는) 사양에 근거하여 상품을 판매한 경우에는 매도인은 그 견본과(또는) 사양과 일치하는 상품을 매수인에게 인도하여야 한다.

④ 법률 또는 법률이 정하는 절차에 따라 판매상품의 품질에 관한 의무적 요건이 규정된 경우, 기업활동을 하는 매도인은 이 의무적 요건과 일치하는 상품을 매수인에게 인도하여야 한다.(개정 1999. 12. 17. 연방법률 제213호)

매도인과 매수인과의 합의에 따라 법률 또는 법률이 정하는 절차에 따라 규정된 품질에 관한 의무적 요건에 비하여 보다 높은 품질의 요건과 일치하는 상품을 인도할 수 있다.(개정 1999. 12. 17. 연방법률 제213호)

제470조【상품의 품질보증】 ① 매매계약에 상품의 요건 일치의 특정에 관하여 다른 시기가 규정되어 있지 아니한 경우에는, 매도인이 매수인에게 인도하여야 할 상품은 매수인에게 인도할 때에 이 법전 제469조가 규정하는 요건과 일치하여야 하며 또한 당해 상품은 합리적인 기간 범위 내에서 같은 종류의 상품이 통상 사용되는 목적에 적합하여야 한다.

② 매도인에 의한 상품의 품질보증의 제공이 매매계약에 규정되어 있는 때에는 매도인은 계약이 정하는 일정기간(보증기간) 내에 이 법전 제469조가 규정하는 요건과 일치되어야 하는 상품을 매수인에게 인도하여야 한다.

③ 상품의 품질보증은 매매계약에 다른 규정이 있는 경우를 제외하고는 상품을 구성하는 모든 부분에 미친다.(일식〈一式〉제품)

제471조【보증기간의 계산】 ① 매매계약에 다른 규정이 있는 경우를 제외하고는 보증기간은 상품을 매수인에게 인도하였을 때부터 기산한다.(제457조)

② 매도인의 귀책 상황에 의하여 계약으로 정한 보증기간 동안 상품의 사용 가능성을 매수인이 상실하였을 경우에는, 매도인에 의하여 당해 상황이 제거될 때까지 보증기간은 진행하지 아니한다.

계약에 다른 규정이 있는 경우를 제외하고는 이 법전 제483조가 정하는 절차에 따라 상품의 결함에 대하여 매도인에게 통지할 것을 조건으로, 보증기간은 상품에 발견된 결함으로 인하여 상품을 사용할 수 없었던 기간 동안 연장된다.

③ 매매계약에 다른 규정이 있는 경우를 제외하고는 일식제품의 보증기간은 주된 제품에 대한 보증기간과 같은 것으로 보고, 주된 제품의 보증기간과 동시에 진행이 개시된다.

④ 보증기간 동안에 결함이 발견된 상품(일식제품)을 갈음하여 매도인이 인도한 상품(일식제품)에 대하여는 매매계약에 다른 규정이 있는 경우를 제외하고는 교환된 상품과 같은 보증기간을 정한다.(제476조)

제472조 【상품의 유효기간】 ① 법률 또는 법률이 정하는 절차에 따라 일정기간의 만료에 따라 상품이 용도에 따른 사용에 적합하지 아니한 것으로 보는 기간(유효기간)을 정할 의무를 규정할 수 있다.(개정 1999. 12. 17. 연방법률 제213호)

② 유효기간이 정하여진 상품은 계약에 다른 규정이 있는 경우를 제외하고는 매도인은 유효기간이 만료할 때까지 용도에 따라 사용을 할 수 있는 상품을 매수인에게 인도하여야 한다.(개정 1999. 12. 17. 연방법률 제213호)

제473조 【상품의 유효기간의 만료】 상품의 유효기간은 상품의 제조일부터 산정하여 상품이 사용에 적합한 기간으로 또는 상품이 사용에 적합한 기일로 정한다.

제474조 【상품의 품질검사】 ① 상품의 품질검사는 법률과 그 밖의 법령, 국가표준규격의 의무적 요건 또는 매매계약으로 규정할 수 있다.

상품의 품질검사절차는 법률과 그 밖의 법령, 국가표준규격의 의무적 요건 또는 계약으로 정한다. 상품의 품질검사절차가 법률과 그 밖의 법령, 국가표준규격의 의무적 요건으로 정하여진 경우에는 계약으로 정하는 상품의 품질검사절차는 이들 요건과 일치하여야 한다.

② 상품의 품질검사절차가 이 조 제1항에 따라 정하여지지 아니한 경우에는 상품의 품질검사절차는 거래관습 또는 매매계약에 따라 인도하여야 할 상품에 통상 적용되는 그 밖의 검사 조건에 따라 진행한다.

③ 법률과 그 밖의 법령, 국가표준규격의 의무적 요건 또는 매매계약에 매수인에게 인도하는 상품의 품질검사(시험, 분석, 검사 등)를 할 매도인의 의무가 매매계약에 규정된 경우에는 매도인은 상품의 품질검사를 실시한 증명을 매수인에게 제공하여야 한다.

④ 매도인과 매수인이 실시하는 상품의 품질검사절차와 그 밖의 요건은 동일하여야 한다.

제475조 【부적절한 품질의 상품인도의 효과】 ① 매도인이 상품의 하자에 관하여 설명하지 아니하는 경우에는, 부적절한 품질의 상품을 인도받은 매수인은 자신의 선택

에 따라 다음의 조치를 매도인에게 청구할 수 있다.

구입가격에 상응하는 감액

합리적인 기간 내의 상품 하자의 무상제거

자신이 한 상품하자 제거비용의 배상

② 상품의 품질에 대한 요건에 중대한 위반이 있는 경우(제거불능의 하자와 상응하지 아니하는 지출 또는 시간의 낭비 없이 제거가 불가능한 하자가 여러 번 판명되거나 또는 이들 하자의 제거 후에 또 다른 하자가 밝혀질 경우)에는 매수인은 자신의 선택에 따라 다음의 조치를 취할 수 있다.

매매계약이행을 거절하고 상품대금으로 지급한 금액의 반환을 청구하는 것

부적절한 품질의 상품을 계약과 부합하는 상품으로 교환 청구하는 것

③ 이 조 제1항과 제2항에 명시된 상품의 하자 제거와 상품의 교환에 관한 청구는 상품의 성질 또는 채무의 본질로부터 달리 볼 수 있는 경우를 제외하고는 매수인이 제기할 수 있다.

④ 일식상품의 일부에 부적절한 품질이 있는 경우(제479조)에는 매수인은 상품에 대하여 이 조 제1항과 제2항이 규정하는 권리를 행사할 수 있다.

⑤ 이 조의 규정은 이 법전 또는 그 밖의 법률에 달리 정하고 있는 경우를 제외하고는 적용한다.

제476조【매도인이 책임지는 상품의 하자】 ① 매수인이 상품의 하자가 매수인으로의 상품인도 전에 발생하였거나 또는 그 전에 발생한 사유에 근거하였음을 증명할 경우에는 매도인은 상품의 하자에 대한 책임을 진다.

② 매도인이 품질보증을 제공한 상품에 대하여 매도인이 상품의 하자가 매수인에 의한 상품 사용 또는 보관규칙위반에 의하여 또는 제3자의 행위나 불가항력에 의하여 매수인에게 상품 인도 이후에 발생하였음을 증명할 경우를 제외하고는 매도인은 상품의 하자에 대한 책임을 진다.

제477조【인도된 상품의 하자발견기간】 ① 법률 또는 매매계약에 다른 규정이 있는 경우를 제외하고는, 매수인은 이 조가 정하는 기간 내에 상품의 하자를 발견하였음을 조건으로 하여 상품의 하자에 관련되는 청구를 제기할 수 있다.

② 상품에 대하여 보증기간 또는 유효기간이 정하여져 있지 아니한 경우에는 상품의 하자에 관한 청구는 판매된 상품의 하자가 합리적인 기간 내에 발견되었음을 조건으로 하여 매수인이 제기할 수 있다. 다만, 상품이 매수인에게 인도된 날로부터 2년 이내 또

는 법률이나 매매계약에 기간이 정하여진 경우에는 보다 긴 기간 내로 한다. 운송 또는 우송된 상품의 하자발견기간은 상품이 지정장소에 송달된 날로부터 계산한다.

③ 상품에 보증기간이 정하여져 있는 경우에는 매수인은 보증기간 내에 상품의 하자를 발견한 때에는 상품의 하자에 관한 청구를 제기할 수 있다.

매매계약에서 일식제품에 대한 보증기간을 주된 제품보다 단기의 보증기간으로 정한 경우에는, 매수인은 주된 제품의 보증기간 내에 일식제품의 하자를 발견한 때에는 그 하자에 관한 청구를 제기할 수 있다.

매매계약에서 일식제품에 대한 보증기간을 주된 제품보다 장기의 보증기간으로 정한 경우에 매수인은 일식제품의 보증기간 내에 그 하자를 발견한 때에는, 그 주된 제품의 보증기간의 만료와 관계없이 상품의 하자에 관한 청구를 제기할 수 있다.

④ 유효기간이 정하여져 있는 상품에 대하여는 매수인은 유효기간 내에 발견한 상품의 하자에 관한 청구를 제기할 수 있다.

⑤ 계약에 규정된 보증기간이 2년 이내로서 보증기간이 만료된 후이나 상품이 매수인에게 인도된 날로부터 2년 이내에 매수인이 상품의 하자를 발견한 때에는, 매수인이 상품의 하자가 매수인에게 상품 인도 전에 발생하였거나 또는 그 전에 발생한 사유에 근거하였음을 증명할 경우에는 매도인은 책임을 진다.

제478조【상품의 완전성】 ① 매도인은 매매계약의 상품의 완전성에 관한 조항과 부합하는 상품을 매수인에게 인도하여야 한다.

② 매매계약에 상품의 완전성에 관한 규정이 없는 경우에는 매도인은 거래관습 또는 통상 제시되는 그 밖의 요건에 따라 정하여지는 완전성을 갖춘 상품을 매수인에게 인도하여야 한다.

제479조【상품일식〈一式〉】 ① 매매계약에 일정한 조합(세트) 상품(상품일식)을 매수인에게 인도할 매도인의 의무가 규정되어 있는 경우에는, 한 벌을 구성하는 모든 상품을 인도한 때에 채무를 이행한 것으로 본다.

② 매매계약에 다른 규정이 있는 경우 및 채무의 본질로부터 달리 볼 수 있는 경우를 제외하고는, 매도인은 한 벌을 구성하는 모든 상품을 동시에 매수인에게 인도하여야 한다.

제480조【불완전상품인도에 따른 효과】 ① 불완전상품인도의 경우(제478조) 매수인은 자신의 선택에 따라 매도인에게 다음의 청구를 할 수 있다.

구입가격에 상응하는 감액

합리적인 기간 내에의 상품의 보충

② 매도인이 합리적인 기간 내에 매수인의 상품보충에 관한 청구를 이행하지 아니할 경우에는 매수인은 자신의 선택에 따라 다음의 조치를 취할 수 있다.

불완전상품을 일식상품으로 교환 청구하는 것

매매계약이행을 거절하고 이미 지급한 금액의 반환을 청구하는 것

③ 이 조 제1항과 제2항이 규정하는 효과는 매수인에게 상품일식을 인도하는 매도인의 의무위반의 경우에도 적용한다.(제479조) 다만, 매매계약에 다른 규정이 있는 경우와 채무의 본질로부터 달리 볼 수 있는 경우에는 그러하지 아니하다.

제481조【포장과 짐꾸리기】 ① 매매계약에 다른 규정이 있는 경우 및 채무의 본질로부터 달리 볼 수 있는 경우를 제외하고는, 매도인은 포장과(또는) 짐꾸리기한 상품을 매수인에게 인도하여야 한다. 다만, 상품의 성질로부터 포장과(또는) 짐꾸리기가 요구되지 아니하는 상품에 대하여는 그러하지 아니하다.

② 매매계약에 따라 포장과 짐꾸리기의 요구를 특정할 수 없는 경우에는 상품은 같은 상품에 대하여 통상 행하여지는 방법으로 포장과(또는) 짐꾸리기를 하여야 하며, 그와 같은 방법이 없는 경우에는 일반적인 보관과 운송조건에서 같은 종류의 상품보관방법을 따른다.

③ 법률이 정하는 절차에 포장과(또는) 짐꾸리기의 의무적 요건이 규정된 경우에는 기업활동을 하는 매도인은 이 의무적 요건과 일치하는 포장과(또는) 짐꾸리기한 상품을 매수인에게 인도하여야 한다.

제482조【포장과〈또는〉 짐꾸리기가 없는 상품 또는 부적절한 포장과〈또는〉 짐꾸리기한 상품인도의 효과】 ① 포장과(또는) 짐꾸리기하여야 할 상품을 포장과(또는) 짐꾸리기를 하지 아니하거나 또는 부적절한 포장과(또는) 짐꾸리기를 한 상품을 매수인에게 인도한 경우에는, 매수인은 매도인에게 상품을 포장과(또는) 짐꾸리기하게 하거나 또는 부적절한 포장과(또는) 짐꾸리기한 상품을 교환할 것을 청구할 수 있다. 다만, 계약과 채무의 본질 또는 상품의 성질로부터 달리 볼 수 있는 경우에는 그러하지 아니하다.

② 이 조 제1항이 규정하는 경우에는 매수인은 이 항에 규정된 청구를 매도인에게 제기하는 대신에 부적절한 품질의 상품인도(제475조)에 근거하여 청구를 제기할 수 있다.

제483조【매매계약의 불완전이행에 관한 매도인에 대한 통지】 ① 매수인은 상품의 수량, 품목, 품질, 완전성, 포장과(또는) 짐꾸리기에 관한 매매계약조항 위반에 대하여 법률과 그 밖의 법령 또는 계약이 규정하는 기간 내에, 기간이 정하여져 있지 아니한 경우에는 상품의 성질과 용도로부터 계약조항의 위반을 발견할 수 있었던 후의 합리적인 기간 내에 매도인에게 통지하여야 한다.

② 이 조 제1항이 정하는 규정이 이행되지 아니할 경우에는 매도인은 수량이 부족한 상품의 인도, 품질 또는 품목, 상품하자의 제거, 불완전상품의 보충 또는 일식상품과의 교환, 상품의 포장과(또는) 짐꾸리기 또는 부적절한 포장과(또는) 짐꾸리기 상품의 교환에 관한 매매계약조항과 부합하지 아니하는 상품의 교환에 관한 매수인의 청구에 대하여 완전한 또는 부분적인 이행을 거절할 수 있다. 다만, 매수인이 이들 규정을 이행하지 아니하여 매도인이 매수인의 청구를 만족시킬 수 없게 되거나 또는 계약위반에 관한 적시의 통지가 있는 경우에 매도인이 부담한 지출과 비교할 수 없는 지출을 매도인에게 초래하였음을 매도인이 증명한 경우이어야 한다.

③ 매도인이 매수인에게 인도한 상품이 매매계약조항과 부합하지 아니하였음을 알았거나 또는 알 수 있었던 경우에는 매도인은 이 조 제1항과 제2항이 규정하는 조항을 원용할 수 없다.

제484조【매수인의 상품수령의무】 ① 매수인은 인도받은 상품을 수령하여야 한다. 다만, 매수인이 상품의 교환을 청구하는 권리 또는 매매계약이행을 거절하는 권리를 가질 경우에는 그러하지 아니하다.

② 법률과 그 밖의 법령 또는 매매계약에 다른 규정이 있는 경우를 제외하고는, 매수인은 통상 제시되는 요건에 따라 상품인도와 수령을 위하여 매수인측에게 필요한 행동을 하여야 한다.

③ 법률과 그 밖의 법령 또는 매매계약을 위반하고 매수인이 상품을 수령하지 아니하거나 또는 수령을 거절할 경우에는, 매도인은 매수인에게 상품의 수령을 청구하거나 또는 계약이행을 거절할 수 있다.

제485조【상품가격】 ① 매수인은 매매계약이 규정하는 가격에 따라 상품대금을 지급하여야 하고, 가격이 계약에 규정되어 있지 아니한 경우 및 계약조항으로 가격을 정할 수 없는 경우에는 이 법전 제424조 제3항에 따라 정하며, 매수인은 법률과 그 밖의 법령, 계약 또는 통상 제기되는 청구에 따라 지급을 하기 위하여 필요한 행동을 자기부담으로 하여야 한다.

② 가격이 상품의 중량에 따라 정하여지는 때에는 매매계약에 다른 규정이 있는 경우를 제외하고는 가격은 정미의 중량에 따라 정한다.

③ 매매계약에 상품가격을 좌우하는 각종 지표(원가, 경비 등)에 따라 상품가격이 변경되는 것으로 규정되어 있으나 가격개정방법이 정하여지지 아니한 때에는, 가격은 계약체결시 및 상품인도시에서의 이들 지표에 근거하여 정한다. 상품을 인도할 매도인의 의

무가 이행지체될 경우에는 가격은 계약체결시 및 계약이 규정하는 상품인도시에서의 이들 지표에 근거하여 정하며, 계약으로 시기에 관하여 규정하지 아니한 경우에는 이 법전 제314조에 따라 정하여지는 시기로 한다.

이 항이 규정하는 규정은 이 법전, 다른 법률, 그 밖의 법령 또는 계약에 다른 규정이 있는 경우와 채무의 본질로부터 달리 볼 수 있는 경우를 제외하고는 적용한다.

제486조【상품대금의 지급】 ① 이 법전, 다른 법률, 그 밖의 법령 또는 매매계약에 다른 규정이 있는 경우 및 채무의 본질로부터 달리 볼 수 있는 경우를 제외하고는, 매수인은 상품을 인도받기 전 또는 이후에 직접 상품대금을 지급하여야 한다.

② 매매계약에 상품의 분할지급이 규정되어 있는 경우에는 매수인은 완전하게 인도받은 상품의 가격을 매도인에게 지급하여야 한다.

③ 매수인이 매매계약에 따라 인도받은 상품대금을 적시에 지급하지 아니하는 경우에는 매도인은 이 법전 제395조에 따라 상품과 이자의 지급을 청구할 수 있다.

④ 매수인이 매매계약을 위반하여 상품의 수령과 지급을 거절할 경우에는 매도인은 자신의 선택에 따라 상품대금의 지급을 청구하거나 또는 계약이행을 거절할 수 있다.

⑤ 매도인이 매매계약에 따라 매수인이 대금을 지급하지 아니하고 있는 상품과 다른 상품을 매수인에게 인도할 의무를 질 경우에는, 매도인은 이미 인도한 상품의 완전한 대금지급이 종료할 때까지 상품인도를 정지할 수 있다. 다만, 법률과 그 밖의 법령 또는 계약에 다른 규정이 있는 경우에는 그러하지 아니하다.

제487조【상품대금의 선지급】 ① 매매계약에 매도인에 의한 상품인도 전에 상품대금을 완전 또는 부분적으로 지급할 매수인의 의무가 규정되어 있는 경우(선지급)에는, 매수인은 계약이 규정하는 기간 내에 지급을 하여야 하며, 기간에 관한 규정이 계약에 없는 경우에는 이 법전 제314조에 따라 정하여지는 기간 내로 한다.

② 매수인이 선지급의무를 이행하지 아니할 경우에는 이 법전 제328조가 규정하는 규정을 적용한다.

③ 선지급금을 수령한 매도인이 정하여진 기간 내에 상품을 인도할 의무를 이행하지 아니할 경우(제457조)에는, 매수인은 이미 지급한 상품의 인도 또는 인도를 받지 못하고 있는 상품의 선지급금의 반환을 청구할 수 있다.

④ 매도인이 선지급을 받은 상품인도의무를 이행하지 아니하며, 법률 또는 매매계약에 달리 정하고 있는 경우를 제외하고는, 선지급금에는 이 법전 제395조에 따라 계약에 근거하여 상품을 인도하여야 하는 날로부터 매수인에게 상품을 인도하는 날 또는 매수

인이 이미 지급한 선지급금을 매수인에게 반환하는 날까지 이자가 가산된다. 계약으로 선지급금을 매수인으로부터 수령한 날로부터 선지급금에 대한 이자를 지급할 매도인의 의무를 규정할 수 있다.(개정 2007. 10. 25. 연방법률 제234호)

제488조【신용판매상품대금의 지급】 ① 매매계약에 상품이 매수인에게 인도된 후 일정기간이 경과한 후 상품대금의 지급이 규정될 경우(상품의 신용판매)에는, 매수인은 계약이 규정하는 기간 내에 지급을 하여야 하며, 기간에 관한 규정이 계약에 없는 경우에는 이 법전 제314조에 따라 정하여지는 기간 내로 한다.

② 매도인이 상품인도의무를 이행하지 아니할 경우에는 이 법전 제328조가 규정하는 규정을 적용한다.

③ 상품을 수령한 매수인이 매매계약이 정하는 기간 내에 지급을 할 의무를 이행하지 아니할 경우에는, 매도인은 인도한 상품대금의 지급 또는 지급을 받지 못하고 있는 상품의 반환을 청구할 수 있다.

④ 이 법전 또는 매매계약에 다른 규정이 있는 경우를 제외하고는 계약이 정하는 기간 내에 인도받은 상품대금의 지급의무를 매수인이 이행하지 아니할 경우에는, 계약에 따라 지급을 하여야 하는 날로부터 매수인이 상품대금의 지급을 한 날까지 이 법전 제395조에 따른 지연이자를 지급하여야 한다.

계약으로 매도인이 상품을 인도한 날로부터 상품가격에 상응하는 금액의 이자를 지급하는 매수인의 의무를 규정할 수 있다.

⑤ 매매계약에 다른 규정이 있는 경우를 제외하고는 상품을 매수인에게 인도하였을 때부터 매수인에 의한 상품대금의 지급시까지 신용판매상품은 매수인의 상품지급의무 이행을 담보하기 위하여 매도인의 담보권하에 있는 것으로 본다.

제489조【상품의 분할지급】 ① 신용판매상품에 관한 계약으로 상품의 분할지급을 규정할 수 있다.

분할지급에 관한 조항이 있는 신용판매상품에 관한 계약은 매매계약의 다른 본질적인 조항 외에 상품가격, 지급절차, 기한과 액수가 명시된 경우에 체결된 것으로 본다.

② 매수인이 계약이 정하는 기간 내에 인도받은 분할지급 상품대금의 지급을 하지 아니하는 경우에는, 매도인은 계약에 다른 규정이 있는 경우를 제외하고는 계약이행을 거절하고 판매한 상품의 반환을 청구할 수 있다. 다만, 매수인으로부터 수령한 지급액이 상품가격의 반액을 넘는 경우에는 그러하지 아니하다.

③ 분할지급에 관한 조항이 있는 신용판매상품에 관한 계약에는 이 법전 제488조 제

2항, 제4항과 제5항이 정하는 규정을 적용한다.

제490조【상품의 보험】 매매계약으로 상품에 보험을 들 매도인 또는 매수인의 의무를 규정할 수 있다.

상품에 보험을 들 의무를 지는 일방이 계약조항에 따라 보험을 들 수 없는 경우에는, 상대방은 상품에 보험을 들고 의무를 지는 당사자에게 보험비용의 배상을 청구하거나 또는 계약이행을 거절할 수 있다.

제491조【매도인의 소유권유보】 매매계약에 따라 매수인에게 인도된 상품에 대한 소유권이 상품대금의 지급시까지 또는 그 밖의 상황이 발생할 때까지 매도인에게 유보되는 것으로 규정될 경우에는, 매수인은 자기에게 소유권이 이전될 때까지 상품을 양도하거나 또는 그 밖의 방법으로 상품을 처분할 수 없다. 다만, 법률 또는 계약에 다른 규정이 있는 경우 및 상품의 용도와 본질로부터 달리 볼 수 있는 경우에는 그러하지 아니하다.

계약이 규정하는 기간 내에 인도된 상품의 대금을 지급하지 아니할 경우 또는 상품의 소유권이 매수인에게 이전하는 그 밖의 상황이 발생하지 아니할 경우에는, 계약에 다른 규정이 있는 경우를 제외하고는 매도인은 상품의 반환을 매수인에게 청구할 수 있다.

제2절 소매매매

제492조【소매매매계약】 ① 소매매매계약에 따라 상품의 소매판매의 기업활동을 하는 매도인은 개인용품, 가족용품, 자가용품 또는 그 밖에 기업활동과 관계없는 상품을 매수인에게 인도하여야 한다.

② 소매매매계약은 공공계약이다.(제426조)

③ 시민인 매수인이 참가하는 소매매매계약에 근거한 관계 중 이 법전이 규율하지 아니하는 관계에 대하여는 소비자의 권리보호에 관한 법률과 이들 법률에 따라 채택된 그 밖의 법령을 적용한다.

제493조【소매매매계약의 방식】 표준계약 또는 매수인이 부합(附合)한 그 밖의 표준방식의 조항(제428조)을 포함하여 법률 또는 소매매매계약에 다른 규정이 없는 경우에는, 소매매매계약은 매도인이 매수인에게 상품대금의 지급을 증명하는 현금영수증, 상품교환권 또는 그 밖의 문서를 발행하는 때에 상응하는 방식으로 체결된 것으로 본다. 매수인에게 이들 문서가 없는 경우에도 매수인은 계약체결과 계약조항을 확인하는 증인의 진술을 원용할 가능성을 상실하지 아니한다.

제494조【상품의 공개청약】 ① 불특정 다수인에 대한 선전, 상품카탈로그와 설명서에 따른 상품의 제안은 그 제안에 소매매매계약의 본질적인 조항이 모두 포함된 경우에는 공개청약으로 본다.(제437조 제2항)

② 판매장소에서 상품을 전시하는 것(전시선반, 진열케이스 등) 및 판매장소에서 상품 견본을 공개하거나 또는 상품의 정보를 소개하는 것(상품의 설명서, 카탈로그, 사진 등)은 상품가격과 그 밖의 소매매매계약의 본질적인 조항의 제시 여부와 관계없이 공개청약으로 본다. 다만, 매도인이 당해 상품을 판매용이 아닌 것을 명확히 한 경우에는 그러하지 아니하다.

제495조【매수인에 대한 상품정보의 제공】 ① 매도인은 판매상품에 대하여 법률과 그 밖의 법령이 정하고, 소매판매에서 통상 제시되는 상품의 정보제공의 내용과 수단에 대한 요건과 일치하고, 필요하며 확실한 정보를 매수인에게 제공하여야 한다.

② 매수인은 소매매매계약체결까지 매수인의 입회하에 상품 특성의 검사와 사용의 실연 실시를 청구할 수 있다. 다만, 상품의 성질로부터 그것이 불가능할 경우 및 소매판매에서 채용되어 있는 규정에 반할 경우에는 그러하지 아니하다.

③ 매수인이 이 조 제1항과 제2항에 명시된 상품정보를 판매장소에서 곧바로 제공받을 가능성이 없는 경우에는, 매수인은 소매매매계약체결의 부당한 회피에 의하여 입은 손해의 배상을 매도인에게 청구할 수 있다.(제445조 제4항) 계약이 이미 체결된 경우에는 합리적인 기간 내에 계약이행을 거절하고, 이미 지급한 상품대금의 반환과 그 밖의 손해배상을 청구할 수 있다.

④ 매수인에게 상품에 관한 상응하는 정보를 제공받을 가능성을 제공하지 아니한 매도인은 매수인이 정보의 결여에 의하여 하자가 발생하였음을 증명할 경우에는 매수인으로의 상품인도 후에 발생한 상품의 결함에 대하여 책임을 진다.

제496조【일정기간 내의 매수인 수령에 관한 조건부상품의 판매】 소매매매계약은 계약이 정하는 기간 내에 상품을 다른 매수인에게 판매하여서는 안되는 조건을 붙여 체결할 수 있다.

계약에 다른 규정이 있는 경우를 제외하고는 매수인의 부재 또는 매수인이 계약이 정하는 기간 내에 상품을 수령하기 위하여 필요한 그 밖의 행위를 하지 아니한 것은 매도인에게 매수인의 계약이행거절로 판단될 수 있다.

계약이 정하는 기간 내에 매수인에게 상품을 인도하는 것과 관련된 매도인의 추가지출은 법률과 그 밖의 법령 또는 계약에 다른 규정이 있는 경우를 제외하고는 상품가격에 포함된다.

제497조【견본에 의한 상품판매와 원격지방식의 상품판매】 ① 소매매매계약은 매도인이 제안 및 상품판매장소에 전시된 상품견본을 매수인에게 소개함으로써 체결할 수 있다.(견본에 의한 상품판매)

② 소매매매계약은 그 계약체결시에 매수인에게 직접 상품 또는 상품견본을 소개할 가능성이 배제된 채 매도인이 카탈로그, 내용견본, 팜플렛, 사진, 통신수단(TV, 우편, 라디오 등) 또는 그 밖의 방법으로 상품의 묘사를 통하여 제안함으로써 체결할 수 있다.(원격지방식에 의한 상품판매)

③ 법률과 그 밖의 법령 또는 계약에 다른 규정이 있는 경우를 제외하고는 견본에 의하거나 원격지방식에 의한 상품판매를 통하여 체결된 소매매매계약은 계약에 명시된 장소에 상품이 송달된 때에, 계약에 상품인도장소가 특정되지 아니하는 경우에는 매수인인 시민의 주소지 또는 매수인인 법인의 소재지에 매도인이 상품을 송달한 때에 이행된 것으로 본다.

④ 법률이 달리 정하고 있는 경우를 제외하고는, 매수인은 상품인도까지 계약이행에 관한 행위에 따라 발생하는 필요비를 매도인에게 배상하는 조건을 붙여 이 조 제3항에 규정된 계약 중 어떤 소매매매계약의 이행도 거절할 수 있다.(전문 개정 2007. 10. 25. 연방법률 제234호)

제498조【자동판매기를 사용하는 상품의 판매】 ① 상품이 자동판매기를 사용하여 판매될 경우에는 자동판매기의 소유자는 매도인의 명칭(회사명), 소재지, 업무체제에 관한 정보와 상품을 취득하기 위하여 매수인이 하여야 할 행위에 관한 정보를 자동판매기에 게시하거나 또는 그 밖의 방법으로 매수인에게 알려야 한다.

② 자동판매기를 사용한 소매매매계약은 매수인이 상품을 취득하기 위하여 필요한 행위를 한 때에 체결된 것으로 본다.

③ 대금을 지급한 상품이 매수인에게 제공되지 아니하는 경우에는 매도인은 매수인의 청구에 따라 곧바로 매수인에게 상품을 제공하거나 또는 매수인이 지급한 금액을 반환하여야 한다.

④ 자동판매기가 환전, 우표의 취득 또는 외화의 환전에 사용될 경우에는 채무의 본질로부터 달리 볼 수 있는 경우를 제외하고는 소매매매에 관한 규정을 적용한다.

제499조【매수인으로의 송달조건부상품의 판매】 ① 매수인으로의 상품송달조건이 붙은 소매매매계약이 체결된 경우에는, 매도인은 계약이 정하는 기간 내에 매수인이 지정하는 장소에 상품을 송달하여야 한다. 매수인이 상품을 송달될 장소를 지정하지 아

니한 경우에는 매수인인 시민의 주소지 또는 법인의 소재지에 송달한다.

② 소매매매계약은 매수인에게 상품을 교부한 때에 이행된 것으로 본다. 매수인 부재의 경우에는 계약체결 또는 상품송달절차에 대하여 증명하는 영수증 또는 그 밖의 문서를 제시하는 임의의 자에게 교부한다. 다만, 법률과 그 밖의 법령 또는 계약에 다른 규정이 있는 경우 또는 채무의 본질로부터 달리 볼 수 있는 경우에는 그러하지 아니하다.

③ 계약에 상품을 매수인에게 교부하기 위한 상품송달의 시기가 정하여지지 아니한 경우에는 상품은 매수인의 청구가 있은 후 합리적인 기간 내에 송달하여야 한다.

제500조【상품가격과 지급】 ① 매수인은 소매매매계약체결시에 매도인이 제시한 상품가격을 지급하여야 한다. 다만, 법률과 그 밖의 법령에 다른 규정이 있는 경우 또는 채무의 본질로부터 달리 볼 수 있는 경우에는 그러하지 아니하다.

② 소매매매계약에 상품대금의 선지급(제487조)이 규정될 경우에는, 계약이 정하는 기간 내의 매수인에 의한 상품대금의 미지급은 쌍방의 합의에 다른 규정이 있는 경우를 제외하고는 매수인에 의한 계약이행거절로 본다.

③ 매수인에 의한 상품대금의 분할지급을 포함하는 상품신용판매의 소매매매계약에는 이 법전 제488조 제4항 제1문의 규정을 적용하지 아니한다.

매수인은 계약이 정하는 상품대금의 분할지급기간의 범위 내에서 언제든지 상품대금을 지급할 수 있다.

제501조【임대차판매계약】 계약에 따라 매수인에게 상품에 대한 소유권이 이전될 때까지(제491조) 매수인이 인도를 받는 상품의 임차인(차주)인 것을 규정할 수 있다.(임대차판매계약)

계약에 다른 규정이 있는 경우를 제외하고는 매수인은 상품대금의 지급시에 상품의 소유자로 된다.

제502조【상품의 교환】 ① 매도인이 보다 긴 기간을 통고한 경우를 제외하고는 매수인은 식료품 이외의 상품을 인도받은 때로부터 14일 이내에 구입한 상품을 구입한 장소와 매도인이 지정하는 그 밖의 장소에서 다른 규격, 형식, 치수, 스타일, 색깔이 유사한 상품 또는 일식상품과 교환할 권리를 가지며, 가격이 다른 경우에는 매도인과 필요한 결제를 한 후 교환할 수 있다.

매도인이 교환을 위하여 필요한 상품을 소유하고 있지 아니한 경우에는 매수인은 매도인에게 구입한 상품을 반환하고 상품대금으로 지급한 금액을 받을 수 있다.

매수인의 상품교환 또는 반환에 관한 청구는 상품이 미사용이며, 소비재로서의 성질을 보유하고 있고, 매도인이 당해 상품을 구입한 증명이 있는 경우에는 인용되어야 한다.

② 이 조에 명시된 사유에 따라 교환 또는 반환이 인정되지 아니하는 상품의 목록은 법률 또는 그 밖의 법령이 정하는 절차에 따라 확정한다.

제503조【부적절한 품질의 상품판매의 경우 매수인의 권리】 ① 부적절한 품질의 상품을 판매한 매수인은 매도인이 그 하자에 관하여 설명하지 아니하는 경우에는 자신의 선택에 따라 다음의 청구를 할 수 있다.

불량상품을 적절한 품질의 상품으로 교환하는 것

구입가격에 상응하는 감액을 하는 것

신속하게 상품의 하자를 무상으로 제거하는 것

상품의 하자제거에 따르는 지출을 배상하는 것

② 상품의 성질에 의하여 제거가 불가능한 하자를 상품에서 발견한 경우(식료품, 생활필수 화학품 등)에는, 매수인은 자신의 선택에 따라 상품을 적절한 품질의 상품으로 교환 또는 구입가격에 상응하는 감액을 청구할 수 있다.

③ 매수인은 상품의 품질에 대한 요건에 중대한 위반이 있는 경우(제475조 제2항)에는, 기술적으로 복잡한 상품의 교환을 청구하거나 또는 소매매매계약의 이행을 거절할 권리를 가지며, 지급한 대금의 반환을 청구할 수 있다.

④ 이 조 제1항과 제2항에 규정된 청구를 제기하는 대신 매수인은 소매매매계약이행을 거절하고 상품대금으로 지급한 금액의 반환을 청구할 수 있다.

⑤ 매매매계약이행을 거절하고 상품대금으로 지급한 금액의 반환을 청구하는 경우에 매수인은 매도인의 청구에 따라 매도인의 부담으로 수령한 부적절한 품질의 상품을 반환하여야 한다.

매수인에게 상품대금으로 지급한 금액을 반환할 경우에는 매도인은 상품의 전부 또는 일부의 사용, 상품의 외관의 상실 또는 같은 상황에 따른 상품가액의 저하를 반환금액에서 공제할 수 없다.

⑥ 소비자보호에 관한 법률이 달리 규정하고 있는 경우를 제외하고는 이 조의 규정이 적용된다.(전문 개정 2007. 10. 25. 연방법률 제234호)

제504조【상품의 교환, 구입가격의 감액과 부적절한 품질의 상품반환시의 가격차액의 보전】 ① 불량상품을 소매매매계약에 부합하는 적절한 품질의 상품으로 교환할 경우에는, 매도인은 계약이 정하는 상품가격과 상품의 교환시 또는 법원이 상품의 교환에 관한 결정을 한 때의 상품가격과의 차액에 대한 보전을 청구할 수 없다.

② 불량상품을 같은 상품이나 다른 치수, 스타일, 종류 또는 다른 특징의 상품과 교환할 경우에는, 적절한 품질의 상품에 대하여는 교환하는 상품의 교환시에서의 가격과 부적절한 품질의 상품에 갈음하여 인도되는 상품가격과의 차액을 보전하여야 한다.

매수인의 청구를 매도인이 이행하지 아니할 경우 교환하는 상품가격과 그에 갈음하여 인도되는 상품가격은 법원이 상품의 교환에 관한 결정을 한 때의 가격으로 정한다.

③ 상품의 구입가격에 상응하는 감액에 관한 청구가 제기된 경우 결제에는 감액청구가 제기된 때의 상품가격을 적용한다. 다만, 매수인의 청구가 자발적으로 이행되지 아니하는 경우에는 법원이 가격에 상응한 감액에 관한 결정을 한 때의 가격으로 한다.

④ 부적절한 품질의 상품을 매도인에게 반환할 경우에는 매수인은 소매매매계약이 규정하는 상품가격과 청구의 자발적인 이행시의 상품가격과의 차액의 보전을 청구할 수 있다. 다만, 청구가 자발적으로 이행되지 아니하는 경우에는 법원이 결정을 한 때의 가격으로 한다.

제505조【매도인의 책임과 현물에 의한 채무이행】 매도인이 소매매매계약에 따라 채무를 이행하지 아니할 경우에는 매도인이 손해의 보상과 위약금을 지급하여도 매도인은 현물에 의한 채무이행을 면하지 아니한다.

제3절 상품의 공급

제506조【공급계약】 공급계약에 따라 기업활동을 하는 공급자(매도인)는 규정된 기간 내 또는 기한 내에 공급자가 제조 또는 구입한 상품을 기업활동의 사용을 위하여 또는 개인용품, 가족용품, 자가용품 및 그 밖의 유사한 사용과 관계없는 그 밖의 목적으로 사용하기 위하여 매수인에게 인도하여야 한다.

제507조【공급계약체결시에서의 의견불일치의 조정】 ① 공급계약을 체결할 때에 쌍방 간에 개개의 계약조항에 의견의 불일치가 발생하였을 경우에는, 계약체결을 제안하고 상대방으로부터 조항의 조정에 관한 제안을 받은 당사자는 법률 또는 쌍방의 합의에 다른 기한이 정하여진 경우를 제외하고는, 이 제안을 수리한 날로부터 30일 이내에 계약조항의 조정에 관한 조치를 취하거나 또는 계약체결거절에 대하여 상대방에게 서면으로 통지하여야 한다.

② 계약조항에 관한 제안을 수리하고도 계약조항의 조정에 관한 조치를 취하지 아니하며, 이 조 제1항이 규정하는 기간 내에 계약체결거절에 대하여 상대방에게 통지하지

아니한 당사자는 계약조항의 조정 회피에 따라 발생한 손해를 배상하여야 한다.

제508조【상품의 공급기간】 ① 쌍방이 상품의 공급을 공급계약의 유효기간 내에 개개의 묶음으로 규정하고 계약에 개개 묶음별 공급기한(공급기간)이 정하여지지 아니한 경우에는 상품은 매달 균등한 분량의 묶음으로 공급되어야 한다. 다만, 법률과 그 밖의 법령, 채무의 본질 또는 거래관습으로부터 달리 볼 수 있는 경우에는 그러하지 아니하다.

② 공급계약에는 공급기간의 특정과 동시에 상품공급예정표(10일, 1일, 시간 등)를 정할 수 있다.

③ 상품의 기한 전 공급은 매도인의 동의를 얻은 경우에 할 수 있다.

기한 전에 공급되어 매수인이 수령한 상품은 차기(次期) 공급기간에서 공급하여야 할 상품의 수량에 산입한다.

제509조【상품의 공급방법】 ① 상품의 공급은 공급자가 공급계약 당사자 일방인 매수인 또는 계약에 수령인으로 지정된 자에게 상품을 출하하는(인도하는) 방법에 따라 한다.

② 공급계약에 상품의 수령인으로의 출하(인도)에 대하여 공급자에게 지시하는 매수인의 권리가 규정될 경우(공급지시서)에는 상품의 출하(인도)는 공급자가 공급지시서에 지정된 수령인에 대하여 한다.

공급지시서의 내용과 매수인이 지시서를 공급자에게 송부하는 기한은 계약으로 정한다. 공급지시서의 송부기한이 계약에 규정되어 있는 경우를 제외하고는 공급기간이 도래하는 30일 이내에 공급자에게 송부하여야 한다.

③ 소정기간 내에 매수인이 공급지시서를 제시하지 아니하는 경우에는 공급자는 공급계약이행을 거절하는 권리 또는 매수인에게 상품대금의 지급을 청구하는 권리를 취득한다. 아울러 공급자는 공급지시서를 제시하지 아니한 것과 관련하여 입은 손해배상을 청구할 수 있다.

제510조【상품의 송달】 ① 상품의 송달은 공급자가 공급계약이 규정하는 운송기관에 출하하는 방법으로 계약이 정하는 조건으로 실행한다.

계약에 송달을 실행하는 운송기관의 종류 또는 조건이 정하여지지 아니한 경우에는, 법률과 그 밖의 법령, 채무의 본질 또는 거래관습으로부터 달리 볼 수 있는 경우를 제외하고는 운송기관의 종류의 선택 또는 상품의 송달조건을 정하는 권리는 공급자에게 속한다.

② 공급계약에 따라 상품의 매수인(수령인)이 공급자의 소재지에서 상품을 수령할 것을 규정할 수 있다.(상품선택)

계약에 상품선택기한이 규정되어 있는 경우를 제외하고는 매수인(수령인)에 의한 상품

선택은 공급자로부터 상품준비에 관한 통지를 받은 후 합리적인 기간 내에 하여야 한다.

제511조【미공급상품의 보충】 ① 개별 공급기간에 상품을 공급하지 못한 공급자는 계약에 다른 규정이 있는 경우를 제외하고는, 공급계약의 유효기간의 범위 내에서 차기 이후의 공급기간에 미공급된 상품을 보충하여야 한다.

② 공급자가 상품을 공급계약 또는 매수인의 공급지시서에 명시된 수인의 수령인에게 출하할 경우에는, 1인의 수령인에게 계약 또는 공급지시서에 규정된 수량보다 많이 공급한 상품은 계약에 다른 규정이 있는 경우를 제외하고는 다른 수령인에 대한 미공급을 보충하기 위하여 산입하지 아니한다.

③ 공급계약에 다른 규정이 있는 경우를 제외하고는 매수인은 공급자에게 통지한 후 공급기한을 경과한 상품의 수령을 거절할 수 있다. 공급자가 통지를 수리하기까지 공급된 상품은 매수인이 이를 수령하고 대금을 지급하여야 한다.

제512조【미공급보충시의 상품품목】 ① 미공급된 상품을 보충하여야 할 경우 상품품목은 쌍방의 합의에 따라 정한다. 합의가 없는 경우에는 공급자는 미공급이 발생한 공급기간에 정한 상품품목에 따라 미공급된 상품의 수량을 보충하여야 한다.

② 공급계약의 규정보다 많은 수량의 어느 한 명칭의 상품이 공급된 경우에는 같은 품목 범위 내의 그 밖의 명칭의 상품이 미공급된 것을 보충하기 위하여 산입되지 아니하며, 보충되어야 한다. 다만, 매수인의 사전 서면동의를 얻고 그러한 공급이 이루어진 경우에는 그러하지 아니하다.

제513조【매수인에 의한 상품수령】 ① 매수인(수령인)은 공급계약에 따라 공급된 상품의 수령을 보증하기 위하여 필요한 모든 행위를 하여야 한다.

② 매수인(수령인)이 수령한 상품은 법률과 그 밖의 법령, 공급계약 또는 거래관습이 정하는 기간 내에 매수인(수령인)이 검사하여야 한다.

매수인(수령인)은 동일 기간 내에 법률과 그 밖의 법령, 공급계약 또는 거래관습이 정하는 절차에 따라 수령한 상품의 수량과 품질을 검사하고, 상품의 부적합 또는 결함을 발견한 경우에는 곧바로 공급자에게 서면으로 통지하여야 한다.

③ 공급상품을 운송기관에서 수령할 경우에는 매수인(수령인)은 운송문서와 첨부서에 명시된 정보와 상품이 부합하는가를 검사하고, 운송활동을 규율하는 법률과 그 밖의 법령이 규정하는 규정을 준수하고 있는 운송기관에서 상품을 수령하여야 한다.

제514조【매수인이 수령하지 아니하는 상품의 보관책임】 ① 매수인(수령인)이 법률과 그 밖의 법령 또는 공급계약에 따라 공급자로부터 인도된 상품의 수령을 거부할

때에는, 매수인(수령인)은 상품의 보관을 보증하고(상품에 대한 보관책임) 곧바로 공급자에게 통지하여야 한다.

② 공급자는 매수인(수령인)이 보관을 위하여 수령한 상품을 반출하거나 또는 합리적인 기간 내에 상품을 처분하여야 한다.

공급자가 이 기간 내에 상품을 처분하지 아니하는 경우에는 매수인은 상품을 환가하거나 또는 공급자에게 반환할 수 있다.

③ 보관을 위한 상품의 수령, 상품의 환가 또는 상품의 공급자로의 반환에 따라 매수인이 지급한 필요비는 공급자가 배상하여야 한다.

이 경우 상품의 환가에 의한 매각대금은 매수인에게 지급하여야 할 금액에서 공제하기 위하여 공급자에게 교부된다.

④ 매수인이 법률과 그 밖의 법령 또는 계약이 정하는 사유 없이 공급자로부터 상품을 수령하지 아니하는 경우 또는 상품의 수령을 거절할 경우에는 공급자는 매수인에게 상품대금의 지급을 청구할 수 있다.

第515조【상품의 선택】 ① 공급계약에 공급자의 소재지에서 매수인(수령인)이 상품을 선택하는 것으로 규정되어 있는 때(제510조 제2항)에는, 매수인은 상품인도장소에서 인도받은 상품을 검사하여야 한다. 다만, 법률과 그 밖의 법령에 다른 규정이 있는 경우 또는 채무의 본질로부터 달리 볼 수 있는 경우에는 그러하지 아니하다.

② 공급계약이 정하는 기간 내에 매수인(수령인)이 상품을 선택하지 아니하는 경우와 상품준비에 관한 공급자로부터 통지를 수리한 후 합리적인 기간 내에 매수인이 부재인 경우에는, 공급자는 계약이행을 거절하거나 또는 매수인에게 상품대금의 지급을 청구하는 권리를 취득한다.

第516조【공급상품의 결제】 ① 매수인은 공급계약이 규정하는 결제절차와 방식을 준수하여 공급상품대금을 지급한다. 쌍방의 합의에 따라 결제절차와 방식이 정하여지지 아니한 경우에는 결제는 지급의뢰에 따라 한다.

② 공급계약에 상품대금의 지급은 수령인(지급인)이 하는 것으로 규정되고, 지급인이 이유 없이 지급을 거절하거나 또는 계약이 정하는 기간 내에 상품대금의 지급을 하지 아니하는 경우에는 공급자는 매수인에게 공급한 상품대금의 지급을 청구할 수 있다.

③ 공급계약에 일식상품의 개개의 부분으로 공급하는 것이 규정되어 있는 경우에는, 계약에 달리 정하여진 경우를 제외하고는 매수인에 의한 상품대금의 지급은 일식상품의 최후의 부분이 출하(선택)된 후에 한다.

제517조【포장재】 공급계약에 달리 정하여진 경우를 제외하고는 매수인(수령인)은 법률과 그 밖의 법령, 이에 따라 채택된 강제적인 규칙 또는 계약이 정하는 절차와 기간 내에 운송상품에 사용된 순환사용의 포장재와 포장소재를 공급자에게 반환하여야 한다.

그 밖의 상품포장재와 포장소재는 계약에 규정이 있는 경우에 한하여 공급자에게 반환한다.

제518조【부적절한 품질의 상품공급의 효과】 ① 부적절한 품질의 상품을 공급받은 매수인(수령인)은 이 법전 제475조가 규정하는 청구를 공급자에게 제기할 수 있다. 다만, 매수인으로부터 공급상품의 결함에 관한 통지를 받은 공급자가 지체 없이 공급된 상품을 적절한 품질의 상품과 교환한 경우에는 그러하지 아니하다.

② 매수인(수령인)이 공급된 상품을 소매판매한 경우에는 공급계약에 다른 규정이 있는 경우를 제외하고는 소비자로부터 반환된 부적절한 상품을 합리적인 기간 내에 교환할 것을 청구할 수 있다.

제519조【불완전상품공급의 효과】 ① 공급계약조항, 법률과 그 밖의 법령의 요건 또는 상품의 완전성에 대하여 통상 제시되는 요건에 위반한 상품의 공급을 받은 매수인(수령인)은 이 법전 제480조가 규정하는 청구를 공급자에게 제기할 수 있다. 다만, 공급자가 공급한 상품이 불완전한 것에 대하여 매수인으로부터 통지를 받고 곧바로 상품을 보충 또는 일식상품과 교환한 경우에는 그러하지 아니하다.

② 상품을 소매판매하는 매수인(수령인)은 공급계약에 다른 규정이 있는 경우를 제외하고는 소비자가 반환한 불완전상품의 합리적인 기간 내의 교환을 청구할 수 있다.

제520조【상품의 미공급과 상품의 결함제거 또는 상품의 보충에 관한 청구 미이행의 경우 매수인의 권리】 ① 공급자가 공급계약이 규정하는 수량의 상품을 공급하지 아니하거나 또는 불량상품의 교환 또는 소정기간 내의 상품보충에 관한 매수인의 청구를 이행하지 아니할 경우에는, 매수인은 다른 사람으로부터 미공급된 상품을 취득하고 그 취득을 위하여 필요하고 또한 합리적인 모든 지출을 공급자의 부담으로 하는 권리를 갖는다.

공급자에 의한 상품의 미공급, 상품의 결함제거 또는 상품의 보충에 관한 매수인의 청구가 이행되지 아니할 경우에는, 매수인이 타인으로부터 상품을 취득하며 지출한 비용의 산정은 이 법전 제524조 제1항이 정하는 규정에 따라 한다.

② 매수인(수령인)은 부적절한 품질의 상품과 불완전상품대금의 지급을 거절할 수 있다. 다만, 상품대금을 지급한 후에는 상품의 결함제거와 불완전상품의 보충 또는 이들 상품의 교환이 이루어지기까지 이미 지급한 금액의 반환을 청구할 수 있다.

제521조【상품의 미공급 또는 공급지체의 위약금】 법률 또는 공급계약이 정하는 상품의 미공급 또는 공급지체에 대한 위약금은 이후 시기의 공급기간 내에 미공급의 수량을 보충하는 공급자의 의무의 범위 내에서 실제의 채무이행까지 공급자로부터 징수한다. 다만, 법률 또는 계약에 다른 위약금 지급절차를 정한 경우에는 그러하지 아니하다.

제522조【여러 건의 공급계약에 근거한 동종채무의 변제】 ① 공급자가 여러 건의 공급계약에 근거하여 같은 이름의 상품을 동시에 매수인에게 공급하고 공급한 상품의 수량이 모든 계약에 근거한 공급자의 채무변제에 부족한 경우에는, 공급한 상품은 공급을 하는 때 또는 공급 후 지체 없이 공급자가 지정한 계약이행에 충당되어야 한다.

② 매수인이 여러 건의 공급계약에 근거하여 수령한 같은 이름의 상품대금의 지급을 공급자에게 하고, 지급액이 모든 계약에 근거한 매수인의 채무변제에 부족한 경우에는, 지급한 금액은 지급시 또는 지급 후 지체 없이 매수인이 지정한 계약이행에 충당되어야 한다.

③ 공급자 또는 매수인이 이 조 제1항과 제2항에 따라 부여된 권리를 행사하지 아니하는 경우에는, 채무이행은 이행기가 보다 빨리 도래한 계약에 근거한 채무의 변제에 충당한다.

여러 건의 계약에 근거하여 채무의 이행기가 동시에 도래한 경우에는 제공된 채무의 이행은 모든 계약에 근거하여 채무변제에 균등하게 충당한다.

제523조【공급계약이행의 일방적인 거절】 ① 공급계약이행의 일방적인 거절(완전한 거절 또는 부분적 거절) 또는 일방적인 변경은 당사자 일방에 의한 계약의 중대한 위반이 있는 경우에 허용된다.(제450조 제2항 제4문)

② 공급자에 의한 공급계약의 위반은 다음의 경우에 중대한 것으로 본다.

매수인이 허용될 수 있는 기간 내에 제거할 수 없는 결함이 있는 부적절한 품질의 상품공급이 있는 경우

중첩되는 상품의 공급기한 위반이 있는 경우

③ 매수인에 의한 공급계약의 위반은 다음의 경우에 중대한 것으로 본다.

거듭된 상품대금의 지급기한 위반이 있는 경우

거듭된 상품의 미선택이 있는 경우

④ 공급계약은 일방이 상대방으로부터 계약의 완전 또는 부분적인 이행의 일방적 거절에 관한 통지를 받은 때에는 변경 또는 해지된 것으로 본다. 다만, 통지 또는 쌍방의 합의에 계약의 해지 또는 변경에 다른 기한을 정한 경우에는 그러하지 아니하다.

제524조【계약의 해제의 경우 손실의 산정】 ① 매도인의 채무위반에 따른 계약 해

제 후 합리적인 기간 내에 매수인이 계약한 상품에 갈음하여 타인으로부터 약간 고액이나 계약에 규정된 장소에서의 합리적인 가격으로 상품을 구입한 경우에는, 매수인은 매도인에게 계약에 정하여진 가격과 그에 갈음하여 한 거래에 따른 가격과의 차액에 대하여 손해배상을 청구할 수 있다.

② 매수인의 채무위반에 따른 계약해제 후 합리적인 기간 내에 매도인이 타인에게 소액이나 계약에 규정된 장소에서의 가격보다 합리적인 가격으로 상품을 판매한 경우에는, 매도인은 매수인에게 계약에 정하여진 가격과 그에 갈음하여 한 거래에 따른 가격과의 차액에 대하여 손해배상을 청구할 수 있다.

③ 이 조 제1항과 제2항이 규정하는 사유에 따라 계약을 해제한 후 해제한 계약에 갈음하여 거래를 하지 아니하고 당해 상품에 시가가 있는 경우에는, 일방은 계약에 정하여진 가격과 계약해제시의 시가 사이의 차액에 대하여 손해배상을 청구할 수 있다.

시가라 함은 상품이 인도되어야 할 장소에서 같은 상품의 비교가 가능한 상황하에서 통상 징수되는 가격을 말한다. 당해 장소에 시가가 존재하지 아니하는 경우에는 상품의 운송에 관계되는 지출의 차액을 고려하고, 합리적으로 대체 가능한 다른 장소에 적용되는 시가를 사용할 수 있다.

④ 이 조 제1항, 제2항과 제3항이 규정하는 요건을 충족시켰을 경우에도 채무를 이행하지 아니하는 당사자 또는 불완전하게 채무이행을 행한 당사자는 이 법전 제15조에 근거하여 상대방이 입은 그 밖의 손해배상의무에서 면제되지 아니한다.

제4절 국가 또는 지방자치단체의 수요를 위한 상품공급 (개정 2006. 2. 2. 연방법률 제19호)

제525조【국가 또는 지방자치단체의 수요를 위한 상품공급의 근거】 ① 국가 또는 지방자치단체의 수요를 위한 상품공급은 국가 또는 지방자치단체의 수요를 위한 상품공급에 관한 국가계약과 그에 따라 체결하는 국가 또는 지방자치단체의 수요를 위한 상품공급계약(제530조 제2항)에 근거하여 실시한다.(개정 2006. 2. 2. 연방법률 제19호)

② 국가 또는 지방자치단체의 수요를 위한 상품공급에는 이 법전에 다른 규정이 규정되어 있는 경우를 제외하고는 공급계약에 관한 규정(제506조부터 제522조)을 적용한다.(개정 2006. 2. 2. 연방법률 제19호)

이 절이 규율하지 아니하는 부분의 국가 또는 지방자치단체의 수요를 위한 상품공급

에 대하여는 그 밖의 법률을 적용한다.(개정 2006. 2. 2. 연방법률 제19호)

第526条【국가 또는 지방자치단체의 수요를 위한 상품공급에 관한 국가 또는 지방자치단체계약】 국가 또는 지방자치단체의 수요를 위한 상품공급에 관한 국가 또는 지방자치단체계약(아래에서는 국가 또는 지방자치단체계약이라 한다)에 근거하여 공급자(집행자)는 국가 또는 지방자치단체발주자 또는 국가 또는 지방자치단체발주자가 지정하는 그 밖의 자에게 상품을 인도하여야 하고, 국가 또는 지방자치단체발주자는 공급된 상품대금의 지급을 보증하여야 한다.(개정 2006. 2. 2. 연방법률 제19호)

第527条【국가 또는 지방자치단체계약체결근거】 ① 국가 또는 지방자치단체계약은 상품공급, 업무수행, 서비스제공의 발주에 관한 입법이 정한 절차에 따라 국가 또는 지방자치단체의 수요를 위한 상품공급에 관한 국가 또는 지방자치단체발주자의 발주에 근거하여 체결한다.(개정 2006. 2. 2. 연방법률 제19호)

법률이 달리 정하고 있는 경우를 제외하고는 발주를 한 국가 또는 지방자치단체발주자에 대한 국가 또는 지방자치단체계약체결은 강제적이다.(개정 2006. 2. 2. 연방법률 제19호)

② 국가 또는 지방자치단체계약체결은 법률이 정하는 경우 및 국가 또는 지방자치단체계약의 불이행에 따라 공급자(집행자)가 입을 수 있는 모든 손해를 국가 또는 지방자치단체발주자가 배상하는 조건이 있는 경우에만 공급자(집행자)에 대하여 강제적인 것으로 된다.(개정 2006. 2. 2. 연방법률 제19호)

③ 이 조 제2항이 규정하는 손해배상에 관한 조항은 국고기업에는 적용하지 아니한다.

④ 공매낙찰자, 상품에 대한 가격의 표시에 의하여 공급자로 된 자 또는 법률에 따라 국가 또는 지방자치단체계약을 체결하는 자에 대하여는, 이들이 국가 또는 지방자치단체계약의 체결을 회피할 경우 계약에서 정한 가격을 의도적으로 낮출 경우에는, 이 조 제2항이 규정하는 손해배상에 관한 조항을 적용하지 아니한다.(개정 2006. 2. 2. 연방법률 제19호)

第528条【국가 또는 지방자치단체 계약체결절차】 ① 국가 또는 지방자치단체계약의 초안은 국가 또는 지방자치단체발주자가 작성하고, 공급자(집행자)에게 송부한다. 다만, 양자 사이의 합의에 다른 규정이 있는 경우에는 그러하지 아니하다.(개정 2006. 2. 2. 연방법률 제19호)

② 국가 또는 지방자치단체계약의 초안을 수리한 일방은 30일 이내에 국가 또는 지방자치단체계약에 서명하고, 그 1부를 상대방에 반환한다. 국가 또는 지방자치단체계약조항에 의견의 불일치가 있는 경우에는 30일 이내에 의견불일치에 관한 조서를 작성하여 서명된 국가 또는 지방자치단체계약과 함께 상대방에게 송부하거나 또는 국가 또는 지방

자치단체계약체결거절에 관한 통지를 상대방에게 한다.(개정 2006. 2. 2. 연방법률 제19호)

③ 의견불일치에 관한 조서가 첨부된 국가 또는 지방자치단체계약을 수리한 일방은 30일 이내에 의견의 불일치를 심의하여 상대방과 합의를 위한 조치를 취하고, 상대방 문안에서의 국가 또는 지방자치단체계약의 수락 또는 의견불일치에 관한 조서의 거부에 대하여 상대방에게 통지하여야 한다.(개정 2006. 2. 2. 연방법률 제19호)

의견불일치에 관한 조서를 거부하거나 또는 기한이 경과한 경우에는 당사자 일방에 대하여 체결이 강제적인 국가 또는 지방자치단체계약에 관하여 해소되지 아니한 의견불일치는 상대방이 30일 이내에 법원의 심사에 넘길 수 있다.(개정 2006. 2. 2. 연방법률 제19호)

④ 국가 또는 지방자치단체계약이 국가 또는 지방자치단체의 수요를 위한 상품공급의 발주입찰의 결과에 근거하여 체결될 경우에는 국가 또는 지방자치단체계약은 입찰실시일로부터 20일 이내에 체결하여야 한다.(개정 2006. 2. 2. 연방법률 제19호)

⑤ 국가 또는 지방자치단체계약체결이 강제되는 일방이 체결을 거절할 경우에는 상대방은 그의 국가 또는 지방자치단체계약체결강제에 관한 청구를 법원에 제기할 수 있다.(개정 2006. 2. 2. 연방법률 제19호)

제529조【국가 또는 지방자치단체의 수요를 위한 상품공급계약의 체결】 ① 국가 또는 지방자치단체의 수요를 위한 상품공급계약에 근거하여 국가 또는 지방자치단체발주자가 정한 매수인에 대하여 공급자(집행자)가 상품을 공급하는 것으로 국가 또는 지방자치단체계약에 규정된 경우에는, 국가 또는 지방자치단체발주자는 국가 또는 지방자치단체계약을 체결한 날로부터 30일 이내에 매수인으로의 공급자(집행자) 지정에 관하여 공급자(집행자)와 매수인에게 통지를 송부한다.(개정 2006. 2. 2. 연방법률 제19호)

국가 또는 지방자치단체계약에 따라 국가 또는 지방자치단체발주자가 교부하는 매수인으로의 공급자(집행자) 지정에 관한 통지는 국가 또는 지방자치단체의 수요를 위한 상품공급계약체결의 근거로 된다.(개정 2006. 2. 2. 연방법률 제19호)

② 공급자(집행자)는 국가 또는 지방자치단체발주자로부터 지정에 관한 통지를 받은 날로부터 30일 이내에 통지에 규정된 매수인에게 국가 또는 지방자치단체의 수요를 위한 상품공급계약의 초안을 송부하여야 한다. 다만, 계약의 초안준비에 관한 다른 절차가 국가 또는 지방자치단체계약에 규정된 경우 또는 계약의 초안이 매수인에게 제시되지 아니한 경우에는 그러하지 아니하다.(개정 2006. 2. 2. 연방법률 제19호)

③ 국가 또는 지방자치단체의 수요를 위한 상품공급계약의 초안을 수리한 일방은 서명하고 초안을 수리한 날로부터 30일 이내에 그 1부를 상대방에 반환한다. 국가 또는

지방자치단체계약조항에 의견의 불일치가 있는 경우에는, 30일 이내에 의견불일치에 관한 조서를 작성하여 서명된 국가 또는 지방자치단체계약과 함께 상대방에게 송부한다.(개정 2006. 2. 2. 연방법률 제19호)

④ 의견불일치에 관한 조서가 붙은 서명된 국가 또는 지방자치단체의 수요를 위한 상품공급계약의 초안을 수리한 일방은 30일 이내에 의견의 불일치를 심의하여 상대방과 조정을 위한 조치를 취하고, 상대방 문안에서의 국가 또는 지방자치단체계약의 수락 또는 의견불일치에 관한 조서의 거부에 대하여 상대방에게 통지하여야 한다. 30일의 기한 내에 해결되지 아니한 의견의 불일치는 이해관계가 있는 당사자가 법원의 심사에 넘길 수 있다.(개정 2006. 2. 2. 연방법률 제19호)

⑤ 공급자(집행자)가 국가 또는 지방자치단체의 수요를 위한 상품공급계약체결을 거절할 경우에는, 매수인은 매수인이 작성한 계약초안의 조항에 따라 공급자(집행자)에 대하여 계약체결을 강제하는 청구를 법원에 제기할 수 있다.(개정 2006. 2. 2. 연방법률 제19호)

제530조【매수인에 의한 국가 또는 지방자치단체의 수요를 위한 상품공급계약체결의 거절】 ① 매수인은 지정에 관한 통지에 명시된 상품과 이들 공급에 관한 계약체결을 거절할 수 있다.

이 경우 공급자(집행자)는 곧바로 국가 또는 지방자치단체발주자에게 통지하여야 하며 또한 국가 또는 지방자치단체발주자에게 다른 매수인으로의 지정에 관한 통지를 청구할 수 있다.(개정 2006. 2. 2. 연방법률 제19호)

② 국가 또는 지방자치단체발주자는 공급자(집행자)로부터 통지를 받은 날로부터 30일 이내에 다른 매수인으로의 공급자 지정에 관한 통지를 교부하거나, 상품의 수령인을 지정한 공급지시서를 공급자(집행자)에게 송부하거나 또는 상품의 수령과 지급에 대한 자신의 동의를 통지한다.(개정 2006. 2. 2. 연방법률 제19호)

③ 이 조 제2항이 규정한 의무를 국가 또는 지방자치단체발주자가 이행하지 아니할 경우에는 공급자(집행자)는 국가 또는 지방자치단체발주자에게 상품의 수령과 지급을 청구하거나 또는 자기의 판단에 따라 상품을 환가하고 환가에 따르는 합리적인 지출을 국가발주자에게 부담지울 수 있다.(개정 2006. 2. 2. 연방법률 제19호)

제531조【국가 또는 지방자치단체계약이행】 ① 국가 또는 지방자치단체계약조항에 따라 상품의 공급이 국가 또는 지방자치단체발주자에게 직접 이루어지거나 또는 그의 지시(또는 공급지시서)로 지정된 타인(수령인)에게 이루어질 경우에는, 국가 또는 지방자치단체계약이행에 근거하여 쌍방의 관계는 이 법전 제506조부터 제523조가 정하는

규정에 따라 규율한다.(개정 2006. 2. 2. 연방법률 제19호)

② 국가 또는 지방자치단체의 수요를 위한 상품공급이 공급지시서에 명시된 수령인에게 이루어질 경우에는, 국가 또는 지방자치단체계약에 다른 결제절차가 규정되어 있는 경우를 제외하고는 상품대금의 지급은 국가 또는 지방자치단체발주자가 한다.(개정 2006. 2. 2. 연방법률 제19호)

第532조【국가 또는 지방자치단체의 수요를 위한 상품공급계약에 근거한 상품대금의 지급】 국가 또는 지방자치단체의 수요를 위한 상품공급계약에 따라 매수인에게 상품을 공급할 경우에는, 국가 또는 지방자치단체계약에 다른 가격과 결제의 확정절차가 규정되어 있는 경우를 제외하고는 상품대금의 지급은 국가 또는 지방자치단체계약에 근거하여 확정되는 가격에 따라 매수인이 한다.(개정 2006. 2. 2. 연방법률 제19호)

국가 또는 지방자치단체의 수요를 위한 상품공급계약에 따라 매수인이 지급을 할 경우에는, 국가 또는 지방자치단체발주자는 당해 채무에서 매수인의 위탁자로 본다(제361조부터 제367조).(개정 2006. 2. 2. 연방법률 제19호)

第533조【국가 또는 지방자치단체계약이행 또는 해제에 따른 손해배상】 ① 국가 또는 지방자치단체의 수요를 위한 상품공급에 관한 법률 또는 국가 또는 지방자치단체계약에 다른 규정이 있는 경우를 제외하고는, 국가 또는 지방자치단체계약이행에 따라 공급자(집행자)가 입은 손해는(제527조 제2항) 국가 또는 지방자치단체계약에 따라 상품을 인도한 날로부터 30일 이내에 국가 또는 지방자치단체발주자가 배상하여야 한다.(개정 2006. 2. 2. 연방법률 제19호)

② 국가 또는 지방자치단체계약이행에 의하여 공급자(집행자)가 입은 손해가 국가 또는 지방자치단체계약에 따라 배상되지 아니할 경우에는, 공급자(집행자)는 국가 또는 지방자치단체계약이행을 거절하고 국가 또는 지방자치단체계약의 해제에 의하여 입은 손해배상을 청구할 수 있다.(개정 2006. 2. 2. 연방법률 제19호)

③ 이 조 제2항에 명시된 사유에 따라 국가 또는 지방자치단체계약이 해제된 경우에는, 공급자는 국가 또는 지방자치단체의 수요를 위한 상품공급에 관한 계약이행을 거절할 수 있다.(개정 2006. 2. 2. 연방법률 제19호)

공급자의 거절에 의하여 매수인이 입은 손해는 국가 또는 지방자치단체발주자가 배상한다.(개정 2006. 2. 2. 연방법률 제19호)

第534조【국가 또는 지방자치단체계약에 따른 공급상품의 국가 또는 지방자치단체발주자에 의한 거절】 법률이 규정하는 경우에는 국가 또는 지방자치단체발주자는 국가 또는 지방자치단체계약으로 공급이 규정된 상품에 대하여 상품의 거절에 근거하여 공급자가 입은 손해를 배상하는 조건으로 상품의 전부 또는 그 일부를 거절할 수 있다.(개정 2006. 2. 2. 연방법률 제19호)

국가 또는 지방자치단체계약으로 공급이 규정된 상품을 국가 또는 지방자치단체발주자가 거절하고 국가 또는 지방자치단체를 위한 상품공급에 관한 계약의 해소 또는 변경을 일으킨 경우에는, 해소 또는 변경에 의하여 매수인이 입은 손해는 국가 또는 지방자치단체가 배상한다.(개정 2006. 2. 2. 연방법률 제19호)

제5절 농산물수매

제535조【농산물수매계약】 ① 농산물수매계약에 따라 농업생산물의 생산자는 자신이 수확(생산)한 농업생산물을 가공 또는 판매하기 위하여 농업생산물을 수매하는 수매기관에 인도하여야 한다.

② 이 절의 규정이 규율하지 아니하는 농산물수매계약에 근거한 관계에는 공급계약에 관한 규정(제506조부터 제524조) 및 해당될 경우에는 국가 또는 지방자치단체의 수요를 위한 상품공급에 관한 규정(제525조부터 제534조)을 적용한다.

제536조【수매기관의 의무】 ① 농산물수매계약에 다른 규정이 있는 경우를 제외하고는, 수매기관은 생산자의 소재지에서 농업생산물을 수령하고 그 반출을 보증하여야 한다.

② 농업생산물의 수령이 수매기관의 소재지 또는 수매기관이 지정하는 그 밖의 장소에서 이루어질 경우에는, 수매기관은 농산물수매계약조항과 부합하고 계약이 정하는 기간 내에 수매기관에 인도된 농업생산물의 수령을 거절할 수 없다.

③ 농산물수매계약에 따라 농업생산물을 가공하는 수매기관에 대하여 생산자의 요구에 근거하여 농업생산물의 가공에 따르는 잔류물을 계약이 정하는 가격에 따라 생산자에게 반환할 수매기관의 의무를 규정할 수 있다.

제537조【농업생산물 생산자의 의무】 농업생산물 생산자는 수확(생산)한 농업생산물을 농산물수매계약에 규정된 수량과 품목으로 수매기관에 인도하여야 한다.

제538조【농업생산물 생산자의 책임】 채무의 불이행 또는 채무의 불완전이행을 한 농업생산물의 생산자는 과실이 있는 경우에는 책임을 진다.

제6절 에너지공급

제539조【에너지공급계약】 ① 에너지공급계약에 따라 에너지를 공급하는 조직은 이용권자(소비자)에게 접속망을 통하여 에너지를 공급하여야 하고, 이용권자는 수령한 에너지 요금을 지급할 의무를 지며 계약이 규정하는 에너지소비규칙을 준수하고 이용권자의 관리 하에 있는 에너지망 사용의 안전과 이용권자가 사용하는 에너지 소비와 관계있는 기구와 설비의 정비를 보증하여야 한다.

② 에너지공급계약은 소정의 기술적 요건을 충족하며 에너지공급조직의 접속망에 접속된 에너지 수령기구와 그 밖의 필요한 설비가 있고 에너지소비계량기가 확보된 때에 이용권자와 체결된다.

③ 이 법전이 규율하지 아니하는 에너지공급계약에 근거한 관계에는 에너지공급에 관한 법률과 그 밖의 법령, 그에 따라 채택된 구속력이 있는 규정(規程)을 적용한다.

④ 전기에너지공급계약에 근거한 관계에는 법률 또는 그 밖의 법령에 다른 규정이 있는 경우를 제외하고는 이 절을 적용한다.(추가 2003. 3. 26. 연방법률 제37호)

제540조【에너지공급계약의 체결과 연장】 ① 에너지공급계약에 근거한 이용권자가 일상적인 소비를 위하여 에너지를 사용하는 시민인 경우에는, 계약은 이용권자가 규정된 절차에 따라 최초로 접속망에 실제 접속한 때에 체결된 것으로 본다.

쌍방의 합의에 다른 규정이 있는 경우를 제외하고는 이 계약은 무기한으로 계약한 것으로 보고, 이 법전 제546조에 규정하는 사유에 근거하여 변경 또는 해지할 수 있다.

② 일정기간 동안 체결된 에너지공급계약은 계약의 유효기간이 만료할 때까지 당사자 일방이 계약의 해소나 변경 또는 새로운 계약체결에 관한 제안이 없는 경우에는 같은 기간과 같은 조건으로 연장한 것으로 본다.

③ 계약의 유효기간이 만료할 때까지 당사자 일방이 새로운 계약체결에 관한 제안을 한 경우에는 쌍방의 관계는 새로운 계약체결시까지 먼저 체결한 계약에 따라 규율된다.

제541조【에너지의 양】 ① 에너지공급조직은 이용권자에 대하여 쌍방이 합의한 공급규칙을 준수하고, 에너지공급계약이 규정하는 양의 에너지를 접속망을 통하여 공급하여야 한다. 이용권자에게 공급하고 이용권자가 사용한 에너지의 양은 실제의 소비에 관한 계량기의 기록에 따라 확정한다.(개정 2003. 3. 26. 연방법률 제37호)

② 에너지공급계약에 따라 계약이 정하는 이용권자가 수령하는 에너지의 양을 변경할 수 있는 이용권자의 권리를 규정할 수 있다. 다만, 계약에 규정하지 아니하는 양의 에너

지공급에 의하여 에너지공급조직이 입은 지출을 이용권자가 배상할 것을 조건으로 한다.

③ 에너지공급계약에 근거한 이용권자가 일상적인 소비를 위하여 에너지를 사용하는 시민인 경우에는 이용권자는 필요한 양의 에너지를 사용할 수 있다.

제542조【에너지의 품질】 ① 공급하는 에너지의 품질은 국가표준에 정하여진 요건과 그 밖의 구속력이 있는 규칙 또는 에너지공급계약의 규정과 일치하여야 한다.(개정 2003. 3. 26. 연방법률 제37호)

② 에너지공급조직이 에너지의 품질에 대한 요건을 위반할 경우에는 이용권자는 당해 에너지 요금지급을 거절할 수 있다. 이 경우 에너지공급조직은 이용권자에 대하여 당해 에너지의 사용에 의하여 이용권자가 부당하게 절약한 가액의 배상을 청구할 수 있다.

제543조【접속망, 기구와 설비의 유지 및 사용에서의 매수인의 의무】 ① 이용권자는 사용하는 에너지망, 기구와 설비의 적절한 기술상태 및 안전을 보증하고, 규정된 에너지소비규칙을 준수하며 또한 사고, 화재, 에너지산정계량기, 기기의 고장과 에너지 사용시에 발생하는 그 밖의 문제에 대하여 에너지공급조직에 곧바로 통지하여야 한다.

② 에너지공급계약에 근거한 이용권자가 일상적인 소비를 위하여 에너지를 사용하는 시민인 경우에는 에너지망, 에너지소비산출계량기의 적절한 기술상태와 안전을 보증할 의무는 법률 또는 그 밖의 법령에 달리 정하여진 경우를 제외하고는 에너지공급조직이 진다.

③ 에너지망, 기구와 설비의 기술상태 및 사용에 대한 요건과 그 준수를 감독하는 절차는 법률, 그 밖의 법령과 이에 따라 채택된 구속력이 있는 규칙으로 정한다.

제544조【에너지 요금의 지급】 ① 에너지 요금의 지급은 법률과 그 밖의 법령 또는 쌍방의 합의에 다른 규정이 있는 경우를 제외하고는, 에너지산정계량기의 기록에 따라 이용권자가 실제로 수령한 에너지의 양에 근거하여 한다.

② 에너지 요금의 결제절차는 법률과 그 밖의 법령 또는 쌍방의 합의에 따라 정한다.

제545조【2차이용권자】 이용권자는 에너지공급조직의 동의를 얻은 경우에 한하여 에너지공급조직으로부터 수령한 에너지를 접속망을 통하여 타인(2차이용자)에게 넘겨줄 수 있다.

제546조【에너지공급계약의 변경과 해지】 ① 에너지공급계약에 근거한 이용권자가 일상적인 소비를 위하여 에너지를 사용하는 시민인 경우에는 이용권자는 계약을 일방적으로 해지할 수 있다. 다만, 이 취지를 에너지공급조직에게 통지하고 사용한 에너지의 요금지급을 완전하게 할 것을 조건으로 한다.

에너지공급계약에 근거한 이용권자가 법인일 경우에는 에너지공급조직은 이 법전 제

523조가 규정하는 사유에 근거하여 일방적으로 계약이행을 거절할 수 있다. 다만, 법률 또는 그 밖의 법령이 정하는 경우에는 그러하지 아니하다.

② 에너지공급의 중단, 정지 또는 제한은 쌍방의 합의에 따라 허용된다. 다만, 국가에너지 감시기관이 증명한 이용권자의 에너지기기의 불충분한 상태로 인하여 사고의 우려와 시민의 생명과 안전에 대한 위험이 있는 경우에는 그러하지 아니하다.

법인인 이용권자와 조정을 하지 아니한 채 상응하는 사전경고를 하고 에너지의 공급을 정지 또는 제한하는 것은 이용권자가 에너지 요금지급의무에 위반할 경우 법률 또는 그 밖의 법령이 정하는 절차에 따라 허용된다.(이 제2문은 2003년 3월 26일 연방법 제37-FZ호에 의하여 시행)

③ 이용권자와의 조정 및 상응하는 사전경고를 하지 아니하고 에너지공급을 중단, 정지 또는 제한하는 것은 사고의 방지 또는 처리를 위하여 긴급조치를 취할 필요성이 있는 경우에 그 취지를 이용권자에게 곧바로 통지할 것을 조건으로 하여 허용된다.(2003년 3월 26일 연방법 제37-FZ호로 개정)

제547조【에너지공급계약에 근거한 책임】 ① 에너지공급계약에 근거한 채무의 불이행 또는 불완전이행이 있는 경우에는 채무위반을 한 당사자는 이에 따르는 실제의 손해를 배상하여야 한다.(제15조 제2항)

② 법률 또는 그 밖의 법령에 근거하여 시행하는 에너지소비규칙을 규율한 결과에 따라 이용권자에 대한 에너지공급이 중단될 경우에는, 에너지공급조직은 과실이 있는 때에는 계약채무의 불이행 또는 불완전이행에 대한 책임을 진다.

제548조【에너지공급에 관한 규정의 다른 계약에의 적용】 ① 이 법전 제539조부터 제547조의 규정은 법률 또는 그 밖의 법령이 달리 정하고 있는 경우를 제외하고는 접속망을 통한 열에너지의 공급에 관한 관계에 적용한다.

② 접속망을 통한 가스, 석유와 석유제품, 물 및 다른 상품의 공급에 관한 관계에 대하여는 에너지공급계약에 관한 규정(제539조부터 제547조)을 적용한다. 다만, 법률과 그 밖의 법령이 달리 정하고 있는 경우 또는 채무의 본질로부터 달리 볼 수 있는 경우에는 그러하지 아니하다.

제7절 부동산매매

제549조【부동산매매계약】 ① 부동산매매계약(부동산매각계약)에 근거하여 매도인

은 토지, 건물, 건조물, 아파트 또는 그 밖의 부동산을 매수인의 소유로 인도하여야 한다.(제130조)

② 이 절이 정하는 규정은 기업매각계약에 관한 규정에 다른 규정이 있는 경우(제559조부터 제566조)를 제외하고는 기업매각에 적용한다.

제550조【부동산매매계약의 방식】 부동산매매계약은 서면으로 1부 작성하고 쌍방이 서명한다.(제434조 제2항)

부동산매매계약의 방식을 준수하지 아니할 경우에는 계약은 무효로 된다.

제551조【부동산소유권이전의 국가등기】 ① 부동산매매계약에 따라 부동산에 대한 소유권이 매수인에게 이전될 경우에는 국가등기를 하여야 한다.

② 소유권이전의 국가등기 전까지는 부동산매매계약의 쌍방에 의한 이행은 그들과 제3자와의 관계의 변경사유로 되지 아니한다.

③ 당사자 일방이 부동산에 대한 소유권이전의 국가등기를 거절할 경우에는 법원은 상대방의 청구에 따라, 러시아연방집행절차에 관한 법률이 정하는 경우에는 법원집행관의 청구에 따라 소유권이전의 국가등기에 관한 결정을 할 수 있다. 소유권이전의 국가등기를 정당한 이유 없이 거부한 일방은 등기 지체에 따라 발생한 손해를 상대방에게 배상하여야 한다.(개정 2007. 10. 2. 연방법률 제225호)

제552조【건물, 건조물 또는 토지에 소재하는 그 밖의 부동산매매에서의 토지에 대한 권리】 ① 건물, 건조물 또는 그 밖의 부동산매매계약에 따라 부동산에 대한 소유권의 이전과 동시에 당해 부동산이 차지하고 있으며 그 사용을 위하여 필요한 토지에 대한 권리는 매수인에게 이전된다.(개정 2007. 6. 26. 연방법률 제118호)

② 매도인이 매각하는 부동산이 소재하는 토지의 소유자인 경우에는 당해 부동산이 차지하고 있으며 그 사용을 위하여 필요한 토지에 대한 소유권은 법률에 달리 규정하고 있는 경우를 제외하고는 매수인에게 이전된다.(개정 2007. 6. 26. 연방법률 제118호)

*제2단락(효력상실)(2007. 6. 26. 연방법률 제118호)

③ 매도인에게 소유권이 없는 토지에 있는 부동산매매는 법률 또는 계약이 정하는 당해 토지의 사용조건에 반하지 아니할 경우에는 당해 토지소유자의 동의 없이 허용된다.

이러한 부동산매매의 경우 매수인은 부동산의 매도인으로서 동등한 조건에 따라 토지의 사용권을 취득한다.(개정 2007. 6. 26. 연방법률 제118호)

제553조【효력상실】 (2007. 6. 26. 연방법률 제118호)

제554조【부동산매매계약에서 목적물의 결정】 부동산매매계약에는 상응하는 토

지 또는 다른 부동산 구성에서의 위치를 정하는 정보를 포함하여 계약에 따라 매수인에게 인도하여야 할 부동산을 명확하게 특정하는 정보가 명시되어야 한다.

계약에 이들 정보가 없는 경우에는 인도하여야 할 부동산에 관한 조항은 쌍방이 합의에 이르지 아니한 것으로 하여 계약은 체결된 것으로 보지 아니한다.

第555조 【부동산매매계약에서의 가격】 ① 부동산매매계약은 당해 부동산의 가격을 규정하여야 한다.

계약에 쌍방이 합의한 부동산가격에 관한 서면방식의 조항이 없는 경우에는 부동산매매계약은 체결되지 아니한 것으로 본다. 이 경우 이 법전 제424조 제3항이 정하는 가격확정을 위한 규정은 적용하지 아니한다.

② 법률 또는 부동산매매계약에 다른 규정이 있는 경우를 제외하고는 토지에 소재하는 건물, 건조물 또는 그 밖의 부동산에 대하여 계약이 정하는 가격에는 부동산과 함께 인도되는 토지의 상응하는 부분의 가격 또는 그에 대한 권리가 포함된다.

③ 부동산매매계약에 부동산 가격이 부동산의 면적 또는 그 밖의 규모의 지표 단위로 정하여진 경우에는, 지급하여야 할 부동산의 총가격은 매수인에게 이전하는 부동산의 실제의 규모에 근거하여 정한다.

第556조 【부동산의 인도】 ① 부동산 매도인에 의한 인도와 매수인에 의한 부동산의 수령은 쌍방이 서명한 양도증서 또는 인도에 관한 그 밖의 문서에 근거하여 한다.

법률 또는 계약에 다른 규정이 있는 경우를 제외하고는 부동산을 매수인에게 인도하는 매도인의 채무는 매수인에게 당해 부동산을 직접 인도하고, 쌍방이 인도에 관한 문서에 서명한 후에 이행한 것으로 본다.

당사자 일방이 계약이 규정하는 조항에 따른 부동산의 인도에 관한 문서에 서명을 거부할 경우에는, 각각 매도인에게는 부동산인도의무의 이행거절로, 매수인에게는 부동산 수령의무의 이행거절로 본다.

② 부동산인도에 관한 문서에 명시된 그러한 불일치에 관한 단서가 있는 때를 포함하여 부동산매매계약조항과 부합하지 아니한 부동산의 매수인에 의한 수령은 매도인이 계약의 불완전이행의 책임을 면하는 사유로 되지 아니한다.

第557조 【부적절한 품질의 부동산인도의 효과】 매도인이 매수인에게 부동산매매계약조항과 부합하지 아니하는 품질의 부동산을 인도한 경우에는 이 법전 제475조의 규정을 적용한다. 다만, 부적절한 품질의 상품을 계약과 부합하는 상품으로 교환하는 것을 청구하는 매수인의 권리에 관한 규정은 제외한다.

第558条【주거매각의 특수성】 ① 매수인이 주거를 취득한 후에 법률에 따라 주거의 사용권을 보유하는 자가 거주하는 주택, 아파트, 주택 또는 아파트 일부에 대한 매각계약의 본질적 조항으로 되는 것은 매각되는 주거의 사용권을 가지고 있는 자의 목록이다.

② 주택, 아파트, 주택 또는 아파트 일부의 매각계약은 국가등기를 하여야 하며, 계약은 등기시에 체결된 것으로 본다.

제8절 기업매각

第559条【기업매각계약】 ① 기업매각계약에 따라 매도인은 기업을 재산집합체로서 전부 매수인의 소유로 인도하여야 한다.(제132조) 다만, 매도인이 타인에게 양도할 수 없는 권리의무는 그러하지 아니하다.

② 기업, 상품, 매도인의 업무 또는 서비스의 개별화수단(기업의 명칭, 상표, 서비스표)에 대한 배타적 권리와 라이선스계약에 근거한 매도인의 개별화수단에 대한 사용권은 계약에 다른 규정이 있는 경우를 제외하고는 매수인에게 이전한다.(개정 2006. 12. 18. 연방법률 제231호)

③ 상응하는 활동에 종사하는 허가(라이선스)에 근거하여 매도인이 취득한 권리는 법률 또는 그 밖의 법령이 달리 정하고 있는 경우를 제외하고는 기업의 매수인에게 이전하지 아니한다. 매수인에게 허가(라이선스)가 없기 때문에 이행할 수 없는 기업의 채무를 매수인에게 이전한 경우에는 매도인은 채권자에 대한 채무로부터 면제되지 아니한다. 이 채무가 이행되지 아니할 경우 매도인과 매수인은 채권자에 대하여 연대하여 책임을 진다.

第560条【기업매각계약의 방식과 국가등기】 ① 기업매각계약은 서면방식의 문서 1부를 작성하고 쌍방이 그에 서명함으로써 체결되며(제434조 제2항), 이 법전 제561조 제2항에 명시된 문서를 반드시 첨부한다.

② 기업매각계약의 방식을 준수하지 아니하는 경우에는 계약은 무효로 된다.

③ 기업매각계약은 국가등기를 하여야 하며, 등기시에 체결된 것으로 본다.

第561条【매각기업구성의 증명】 ① 매각기업의 구성과 가액은 소정의 재산목록작성규칙에 따라 이루어진 기업의 완전한 재산목록의 작성에 근거하여 기업매각계약에서 정한다.

② 기업매각계약의 서명 전까지 쌍방은 재산목록작성조서, 회계대차대조표, 독립감사인에 의한 기업 구성과 가액에 관한 보고, 채권자와 채권의 성질, 규모와 기한을 명시한

기업 구성에 포함되는 모든 채무목록을 작성하고 심사하여야 한다.

제1단락의 문서에 명시된 재산, 권리와 의무는 매도인이 매수인에게 이를 양도한다. 다만, 이 법전 제559조의 규정으로부터 달리 볼 수 있는 경우 및 쌍방의 합의로 달리 정한 경우에는 그러하지 아니하다.

제562조【기업매각의 경우 채권자의 권리】 ① 매각되는 기업 구성에 포함되는 채무에 관한 채권자에 대하여는 기업이 매수인에게 양도되기 전에 기업매각계약당사자 일방은 기업매각에 대하여 서면으로 통지하여야 한다.

② 채권자가 채무이전에 대한 자기의 동의에 대하여 매도인 또는 매수인에게 서면으로 통지하지 아니할 경우에는, 기업매각에 관한 증명을 수리한 날로부터 3개월 이내에 채무이행의 정지 또는 기한 전 이행과 매도인에 의한 손해배상 또는 기업매각계약의 전부 또는 상응하는 부분의 무효인정을 청구할 수 있다.

③ 이 조 제1항이 규정하는 절차에 따라 기업매각에 관한 통지를 수리하지 아니한 채권자는 매도인이 매수인에게 기업을 양도하는 것에 대하여 알았을 때 또는 알 수 있었을 때로부터 1년 이내에 이 조 제2항이 규정하는 채무변제에 관한 청구를 제기할 수 있다.

④ 기업이 매수인에게 양도된 후 채권자의 동의 없이 매수인에게 양도된 기업 구성에 포함되는 채무에 대하여는 매도인과 매수인이 연대하여 책임을 진다.

제563조【기업의 양도】 ① 매도인에 의한 매수인으로의 기업의 양도는 기업 구성과 기업매각에 관한 채권자에 대한 통지에 관한 정보와 양도재산 중 발견된 하자에 관한 정보 및 매도인이 재산을 상실함에 따라 양도의무를 이행하지 못하는 재산의 목록이 기록된 양도조서에 근거하여 한다.

기업의 양도준비는 양도조서의 작성과 조서에의 서명을 포함하여 매도인의 의무이며, 계약에 다른 규정이 있는 경우를 제외하고는 매도인의 부담으로 한다.

② 기업은 쌍방이 양도조서에 서명한 날에 매수인에게 양도된 것으로 본다.

이 때 기업 구성으로서 양도된 재산의 의외의 멸실 또는 훼손에 대한 위험은 매수인에게 이전한다.

제564조【기업에 대한 소유권의 이전】 ① 기업에 대한 소유권은 소유권의 국가등기시에 매수인에게 이전한다.

② 기업매각계약에 다른 규정이 있는 경우를 제외하고는 기업에 대한 소유권은 매수인에게 이전하고, 매수인으로의 기업양도 후 직접 국가등기를 하여야 한다.(제563조)

③ 매수인에게 양도되는 기업에 대한 소유권이 기업대금의 지급까지 또는 그 밖의 상

황이 발생하기까지 매도인에게 유보되는 것으로 계약에 규정된 경우에는, 매수인은 소유권이 자신에게 이전되기까지 기업을 취득한 목적에 필요한 범위 내에서 양도되는 기업을 구성하는 재산과 권리를 처분할 수 있다.

제565조【하자 있는 기업의 양도와 수령의 효과】 ① 양도되는 재산의 품질을 포함하여 그 구성이 계약에 규정된 기업매각과 일치하지 아니하는 기업의 양도조서에 근거한 매도인의 기업양도와 매수인의 수령효과는 이 법전 제460조부터 제462조, 제466조, 제469조, 제475조, 제479조가 정하는 규정에 근거하여 정한다. 다만, 계약으로부터 달리 볼 수 있는 경우 및 이 조 제2항부터 제4항이 규정하는 경우에는 그러하지 아니하다.

② 기업의 명백한 하자와 상실한 재산에 관한 정보가 명시된 양도조서에 근거하여 기업이 양도되고 수령된 경우(제563조 제1항)에는 매수인은 기업매각가격에 상응하는 감액을 청구할 수 있다. 다만, 기업매각계약이 이 경우에 그 밖의 청구의 제기를 규정하고 있는 경우에는 그러하지 아니하다.

③ 매수인은 기업매각계약 또는 양도조서에 명시되어 있지 아니한 매도인의 채무가 기업 구성으로서 매도인에게 양도된 경우에는 매입가격의 감액을 청구할 수 있다. 다만, 매도인이 계약체결과 기업의 양도시에 당해 채무에 대하여 매수인이 알고 있었음을 증명할 경우에는 그러하지 아니하다.

④ 매도인은 기업 구성으로서 양도하는 재산의 하자에 대하여 매수인이 통지를 받은 경우 또는 인도하여야 할 재산의 특정종류가 당해 구성에 없는 경우에는, 지체 없이 부적절한 품질의 재산을 교환하거나 또는 매수인에게 흠결된 재산을 제공할 수 있다.

⑤ 매도인이 책임질 결함으로 인하여 기업이 매각계약에 기재된 목적에 적합하지 아니하며, 이들 하자가 이 법전, 그 밖의 법률과 그 밖의 법령 또는 계약에 따라 정하여진 조건과 절차에 따라 기한 내에 제거될 수 없거나 또는 당해 하자의 제거가 불가능한 것으로 확정될 경우에는, 매수인은 사법절차에 따라 기업매각계약의 해제 또는 변경과 계약에 따라 쌍방이 이행한 급부의 반환을 청구할 수 있다.

제566조【거래무효의 효과와 계약의 변경 또는 해제에 관한 규정의 기업매각계약에의 적용】 계약에 따라 일방 또는 쌍방으로부터 현물로 수령한 것의 반환 또는 원상회복을 규정하는 이 법전의 거래무효의 효과와 매매계약의 변경 또는 해제에 관한 규정은 기업매각계약에 적용한다. 다만, 당해 효과가 매도인과 매수인의 채권자의 권리와 법률에 따라 보호되는 이익을 본질적으로 침해하며, 공공의 이익에 반할 경우에는 그러하지 아니하다.

제31장 교 환

제567조【교환계약】 ① 교환계약에 따라 각 계약당사자는 상품을 다른 상품과 교환함으로써 상대방의 소유로 인도하여야 한다.

② 교환계약에는 이 장의 규정과 교환의 본질에 반하지 아니할 경우에는 매매에 관한 규정을 각각 적용한다.(제30절) 이 경우 각 계약당사자는 인도하여야 할 상품의 매도인으로 보고, 교환에서 수령하여야 할 상품의 매수인으로 본다.

제568조【교환계약에 따른 가격과 지출】 ① 교환계약으로부터 달리 볼 수 있는 경우를 제외하고는 교환하는 상품은 같은 가격의 것으로 추정하고, 그 인도와 수령을 위한 비용은 당해 채무를 지는 당사자가 각각의 경우에 부담한다.

② 교환계약에 따라 교환하는 상품이 같은 가격이 아닌 것으로 인정될 경우에는 교환에서 제공하는 상품 중 가격이 낮은 상품을 이전하는 당사자는 계약에 지급절차에 관한 다른 규정이 있는 경우를 제외하고는 상품인도의 의무를 이행하기 전 또는 이행 후에 직접 가격의 차액을 지급하여야 한다.

제569조【교환계약에 따른 상품인도의무의 상호이행】 교환계약에 따라 교환하는 상품의 인도기한이 일치하지 아니하고 있는 경우에는, 상대방에 의한 상품인도 후에 상품을 인도하여야 하는 당사자의 채무이행에는 동시이행에 관한 규정(제328조)을 적용한다.

제570조【교환상품에 대한 소유권의 이전】 법률 또는 교환계약에 다른 규정이 있는 경우를 제외하고는 교환하는 상품에 대한 소유권은 쌍방에 의한 상품인도채무의 이행 후 동시에 교환계약에 따라 매수인인 당사자에게 이전한다.

제571조【교환계약에 따라 취득한 상품의 회수에 대한 책임】 교환계약에 따라 취득한 상품을 제3자에게 회수당한 당사자는 이 법전 제461조가 규정하는 사유가 있는 경우에는 상대방이 교환에 의하여 취득한 상품의 반환과 손해의 배상을 상대방에게 청구할 수 있다.

제32장 증 여

제572조【증여계약】 ① 증여계약에 근거하여 일방 당사자(증여자)는 무상으로 상대방 당사자(수증자)에게 자기 소유의 물건 또는 자기나 제3자에 대한 재산권(또는 청구)을

이전하거나 또는 이전할 의무를 지거나, 상대방 당사자의 자기 또는 제3자에 대한 재산상의 의무를 면제하거나 면제하여야 한다.

물건 또는 권리의 반대이전 또는 반대의무가 존재하는 때에는 계약은 증여계약으로 보지 아니한다. 당해 계약에는 이 법전 제172조 제2항이 규정하는 규정을 적용한다.

② 무상으로 누군가에게 어떠한 물건이나 재산권을 이전하거나 재산적 의무를 면제하는 약속(증여의 약속)이 적당한 방식(제574조 제2항)으로 이루어지고 또한 장래 무상으로 특정인에게 재산이나 권리를 이전하거나 재산적 의무를 면제(증여의 약속)하는 명확한 의사표시가 포함되어 있는 경우에는 그 약속은 증여계약으로 보며, 약속자를 구속한다.

물건, 권리 또는 의무면제에 관한 방식으로 구체적인 증여의 객체를 명시하지 아니하고 자기의 전 재산 또는 전 재산의 일부를 증여하기로 하는 약속은 무효이다.

③ 증여자 사후에 수증자에게 증여물을 인도할 것을 규정하는 계약은 무효이다.

그와 같은 종류의 증여에 대하여는 상속에 관한 민사입법의 규정을 적용한다.

제573조【수증자의 증여물 수령의 거절】 ① 수증자는 자기에게 증여물의 인도가 있기 전에는 언제든지 증여물의 수령을 거절할 수 있다. 이 경우 증여계약은 해제된 것으로 본다.

② 증여계약이 서면방식으로 체결된 경우에는 증여물의 수령거절도 서면방식을 따라야 한다. 증여계약이 국가등기(제574조 제3항)된 경우에는 증여물의 수령거절도 국가등기를 하여야 한다.

③ 증여계약이 서면방식으로 체결된 경우에는 증여자는 증여물의 수령거절에 따라 입은 실제의 손해배상을 수증자에게 청구할 수 있다.

제574조【증여계약의 방식】 ① 수증자에 대한 증여물의 인도를 수반하는 증여는 말로 체결할 수 있다. 다만, 이 조 제2항과 제3항이 규정하는 경우에는 그러하지 아니하다.

증여물의 인도는 현실의 인도, 상징적 인도(열쇠의 인도 등) 또는 권리를 규정하는 문서의 교부방법으로 한다.

② 동산증여계약은 다음의 경우에는 서면방식으로 체결하여야 한다.

증여자가 법인이고 증여물의 가액이 3,000루블을 넘는 경우(개정 2008. 12. 25. 연방법률 제280호)

계약에 장래의 증여 약속이 포함되어 있는 경우

이 항이 규정하는 경우에 말로 체결된 증여계약은 무효이다.

③ 부동산증여계약은 국가등기를 하여야 한다.

제575조【증여의 금지】 ① 가액이 3,000루블을 넘지 아니하는 통상적인 선물인 경우를 제외하고 다음 각호의 1의 경우에는 증여를 할 수 없다(개정 2008. 12. 25. 연방법률 제280호)

1. 미성년자와 행위무능력선고를 받은 시민의 법정대리인이 미성년자와 행위무능력선고를 받은 시민의 이름으로 하는 증여

2. 시민이 교육시설, 의료기관, 주민사회보호기관 또는 고아 및 부모의 보살핌 없이 방치된 아동을 위한 시설을 포함한 그 밖의 유사시설에서 치료, 수용 또는 교양을 받고 있는 중에 본인, 그 배우자와 그 밖의 친족이 위의 기관의 직원에 대하여 하는 증여(개정 2008. 4. 24. 연방법률 제49호)

3. 러시아연방, 러시아연방구성체 및 지방자치단체의 공직자, 국가공무원과 지방자치단체의 공무원의 지위 또는 그 직무와 관련있는 증여(개정 2008. 12. 25. 연방법률 제280호)

4. 상업조직 사이의 증여

② 이 조 제1항이 규정하는 러시아연방, 러시아연방구성체 및 지방자치단체의 공직자, 국가공무원과 지방자치단체의 공무원에 대한 증여의 금지는 의전행사, 직무수행을 위한 출장 및 그 밖의 공식행사와 관련된 증여에는 적용하지 아니한다. 러시아연방, 러시아연방구성체 및 지방자치단체의 공직자, 국가공무원과 지방자치단체의 공무원이 받은 그 가액이 3,000루블을 넘는 선물은 각각 연방, 연방구성체 또는 지방자치단체의 소유로 인정되며, 위의 자가 직무를 수행하는 기관으로 이전되어 규정에 따라 그 직원에게 이전된다.(추가 2008. 12. 25. 연방법률 제280호)

제576조【증여의 제한】 ① 물건에 대하여 경영관리권 또는 운용관리권을 가진 법인은 소유자의 동의를 얻어 증여를 할 수 있다. 다만, 법률이 달리 규정하는 경우에는 그러하지 아니하다. 이 제한은 가액이 크지 아니한 통상적인 선물에는 적용하지 아니한다.

② 합유재산의 증여는 이 법전 제253조가 정하는 규정에 따라 합유자 전원의 동의를 얻어야 허용된다.

③ 증여자에게 속하는 제3자에 대한 청구권의 증여는 이 법전 제382조부터 제386조 및 제389조가 정하는 규정에 따라 이루어진다.

④ 수증자의 제3자에 대한 의무를 수증자를 위하여 이행하는 방법으로 하는 증여는 이 법전 제313조 제1항이 정하는 규정에 따라 이루어진다.

수증자의 제3자에 대한 채무를 증여자 자신에게 이전하는 방법으로 하는 증여는 이 법전 제391조와 제392조가 정하는 규정에 따라 이루어진다.

⑤ 증여를 이행할 대리인의 대리권에 수증자가 지명되지 아니하고 증여의 목적물이 지정되지 아니한 경우에는 무효이다.

第577條【증여계약의 이행거절】 ① 계약체결 후 증여자의 재산이나 가족상황 또는 건강상태에 변화가 발생하고, 새로운 조건에 따른 계약이행이 그의 생활수준에 실질적 저하를 초래할 경우에는, 증여자는 장래 수증자에게 물건 또는 권리를 이전하거나 수증자의 재산적 의무를 면제하는 약속이 포함된 증여계약의 이행을 거절할 수 있다.

② 증여자는 자기에게 증여해제권을 부여하는 사유(제578조 제1항)에 근거하여 수증자에게 장래 물건이나 권리를 이전하거나 또는 수증자에 대한 재산적 의무를 면제하는 약속이 포함된 계약이행을 거절할 수 있다.

③ 증여자가 이 조 제1항과 제2항이 규정하는 사유에 따라 증여계약의 이행을 거절할 경우에는 수증자는 손해배상을 청구할 권리를 가지지 아니한다.

第578條【증여의 해제】 ① 수증자가 증여자의 생명, 그 가족구성원과 근친인 그 밖의 친족의 생명에 대한 위해를 기도하거나 고의로 증여자의 신체에 상해를 입힌 경우에는 증여자는 증여를 해제할 수 있다.

수증자가 고의로 증여자의 생명을 침해한 경우에는 법원에 증여의 해제를 청구하는 권리는 증여자의 상속인에게 귀속된다.

② 증여된 물건이 증여자에게 커다란 비재산적 가치를 지니며, 수증자의 사용으로 그 가치구성에 만회할 수 없는 손실을 입힐 위험이 발생할 경우에는 증여자는 사법절차에 따라 증여의 해제를 청구할 수 있다.

③ 개인기업자 또는 법인이 지급불능(파산)으로 선고되기 전 6개월 내에 지급불능(파산)에 관한 법률의 규정을 위반하고, 그 경영활동과 관계있는 방법을 이용하여 재산을 증여한 경우에는 법원은 이해관계인의 청구에 따라 증여를 해제할 수 있다.

④ 증여자가 수증자보다 오래 살 경우에는 증여계약으로 증여자가 증여를 해제하는 권리를 정할 수 있다.

⑤ 증여가 해제되고 증여물이 증여해제시에 현물로 보존되어 있는 경우에는 수증자는 받은 물건을 반환하여야 한다.

第579條【증여계약의 이행거절과 증여의 해제가 불가능한 경우】 증여계약의 이행거절에 관한 규정(제577조)과 증여의 해제에 관한 규정(제578조)은 소액의 통상적인 선물에는 적용하지 아니한다.

第580條【증여물의 하자로 입은 손해의 효과】 수증된 물건의 하자로 수증자인 시

민이 입은 생명, 건강 또는 재산에 대한 손해는 그 하자가 수증자에게 물건이 인도되기 전에 발생하였고 또한 명백하지 아니하며, 증여자가 그 하자를 알고도 그에 대하여 수증자에게 경고하지 아니한 것이 증명될 경우에는, 이 법전 제59장이 정하는 규정에 따라 증여자가 배상하여야 한다.

제581조【증여약속의 경우와 법정상속】 ① 수증자가 증여계약에 근거하여 약속된 증여물에 대하여 취득하는 권리는 그 상속인(또는 권리승계인)에게 이전되지 아니한다. 다만, 증여계약에 다른 규정이 있는 경우에는 그러하지 아니하다.

② 증여를 약속한 증여자의 의무는 그 상속인(또는 권리승계인)에게 이전되지 아니한다. 다만, 증여계약에 다른 규정이 있는 경우에는 그러하지 아니하다.

제582조【기부】 ① 기부라 함은 공익목적을 위하여 물건 또는 권리를 증여하는 것을 말한다.

기부는 시민, 양육 및 치료시설, 사회보호기관과 그 밖의 유사시설, 자선 · 과학 · 교육기관, 재단, 박물관과 그 밖의 문화기구, 사회 · 종교단체, 법률에 근거한 그 밖의 비영리단체 및 국가와 이 법전 제124조에 명시된 민사법률관계의 주체에 대하여 할 수 있다.(개정 2006. 12. 30. 연방법률 제276호)

② 기부의 접수는 어떠한 허가나 동의도 필요로 하지 아니한다.

③ 시민에 대한 재산의 기부는 기부자가 특정용도로 그 재산을 사용할 것을 조건으로 하는 것이어야 하며, 법인에 대하여도 그러한 조건하에 기부할 수 있다. 그러한 조건이 없는 경우에는 시민에 대한 재산의 기부는 일반적인 증여로 보며, 그 밖의 경우 기부된 재산은 수증자가 그 재산의 용도에 따라 사용한다.

기부를 받은 법인이 특정된 지정용도에 따라 당해 재산을 사용할 경우에는 기부된 재산의 사용과 관계있는 모든 업무에 대한 단독등기를 실행하여야 한다.

④ 법률이 다른 절차를 규정하고 있는 경우를 제외하고는, 변화된 상황의 결과로 기부자가 지정한 용도에 따른 기부재산의 사용이 불가능할 경우에는, 기부자의 동의를 얻어야 다른 용도로 사용할 수 있고, 기부자인 시민의 사망 또는 법인의 청산의 경우에는 법원의 결정에 따라 사용한다.(개정 2006. 12. 30. 연방법률 제276호)

⑤ 기부자가 지정한 용도에 따르지 아니하고 기부재산을 사용하거나 이 조 제4항이 정하는 규정을 위반하여 용도를 변경한 경우에는 기부자, 그 상속인 또는 그 밖의 권리승계인은 기부의 해제를 청구할 권리를 갖는다.

⑥ 이 법전 제578조와 제581조의 규정은 기부에는 적용하지 아니한다.

제33장 연금 및 종신부양계약

제1절 연금 및 종신부양계약에 관한 일반규정

제583조【연금계약】 ① 연금계약에 근거하여 당사자 일방(연금수급인)은 자기 소유의 재산을 상대방 당사자(연금지급인)에게 양도하고, 연금지급인은 재산을 양도받고 연금수급인에게 정기적으로 일정액의 금전을 지급하거나 또는 그 밖의 형태로 생계유지를 위한 자산을 제공하여야 한다.

② 연금계약에 근거하여 영구히 연금(영구성 연금)을 지급할 의무를 정할 수 있고, 연금수급인의 종신 동안 연금(종신연금)을 지급할 의무를 정할 수 있다. 종신연금은 피부양 시민의 종신부양비 조항으로 정하여질 수 있다.

제584조【연금계약의 방식】 연금계약은 공증을 받아야 하며, 연금지급에 근거하여 부동산양도를 규정하는 계약은 또한 국가등기를 하여야 한다.

제585조【연금지급에 근거한 재산의 양도】 ① 연금지급에 근거하여 양도된 재산은 연금수급인이 유상 또는 무상으로 연금지급인의 소유로 이전한다.

② 이 장의 규정에 달리 정하여지고 또한 연금계약의 본질에 반하는 경우를 제외하고는, 연금계약이 재산의 양도를 유상으로 규정할 경우에는 재산의 양도와 대가의 지급에 관한 당사자 사이의 관계에 대하여는 매매계약(제30장)에 관한 규정을 적용하고, 당해 재산이 무상으로 양도될 경우에는 증여계약(제32장)에 관한 규정을 적용한다.

제586조【부동산상의 연금부담】 ① 연금은 연금지급에 근거하여 양도된 토지, 건물, 건조물 또는 그 밖의 부동산에 부담을 지운다. 연금지급인이 당해 재산을 양도할 경우에는 연금계약에 근거한 연금지급의무는 그 재산취득자에게 이전한다.

② 연금의 부담 있는 부동산을 양도하여 제3자의 소유로 한 때에는 그 양도인과 제3자는 연금계약위반과 관련하여 발생한 연금수급인의 청구에 대하여 보충책임(제399조)을 진다. 다만, 이 법전, 그 밖의 법률 또는 계약이 이 채무에 대하여 연대책임으로 규정하고 있는 경우에는 그러하지 아니하다.

제587조【연금지급의 담보】 ① 연금지급에 근거하여 토지 또는 그 밖의 부동산을 양도한 경우에는, 연금수급인은 연금지급인의 지급의무를 담보하기 위한 범위 내에서 당해 재산 위에 저당권을 취득한다.

② 연금지급인이 그 의무이행을 위한 담보를 제공할 것을 정하거나(제329조) 또는 이

등 의무이행불능 또는 불완전한 이행으로 발생한 책임 위험에 대하여 연금수급인에게 유리한 내용으로 보험을 드는 조항은 연금지급에 근거하여 금전 또는 그 밖의 동산의 양도를 규정하는 계약의 실질적 조항이다.

③ 연금지급인이 이 조 제2항이 규정하는 의무를 이행하지 아니하고 또한 연금수급인이 책임질 수 없는 상황에서 담보가 멸실되거나 담보조건이 악화된 경우에는, 연금수급인은 연금계약을 해지하고 연금계약해지로 인한 손해의 배상을 요구할 수 있다.

제588조【연금지급지체에 대한 책임】 연금지급인은 연금지급지체에 대하여 이 법전 제395조가 규정하는 이자를 연금수급인에게 지급하여야 한다. 다만, 연금계약으로 이자액을 달리 정한 경우에는 그러하지 아니하다.

제2절 영구성 연금

제589조【영구성 연금의 수급인】 ① 연금수급인으로 되는 것이 법률에 반하고 또한 그 활동목적에 부합하지 아니한 경우를 제외하고는, 시민과 비영리단체만이 영구성 연금의 수급인으로 된다.

② 영구성 연금에 근거하여 연금을 수급하는 권리는 채권양도, 상속 또는 법인의 조직변경의 경우의 권리승계에 따라 이 조 제1항에 명시된 자에게 이전된다. 다만, 법률 또는 계약이 달리 규정하고 있는 경우에는 그러하지 아니하다.

제590조【영구성 연금의 형태와 액수】 ① 영구성 연금은 계약에 정하여진 액수의 금전으로 지급된다.

영구성 연금계약으로 연금의 금전적 가액에 상응하는 재산의 제공, 업무의 완수 또는 서비스 제공의 방법으로 연금지급을 규정할 수 있다.

② 영구성 연금계약이 달리 규정하고 있는 경우를 제외하고는, 연금지급액수는 법정 최저임금액의 증가비례에 따라 증가된다.

제591조【영구성 연금의 지급기한】 영구성 연금계약이 달리 규정하고 있는 경우를 제외하고는 영구성 연금은 달력의 매 분기 말에 지급된다.

제592조【지급인의 영구성 연금 매수권】 ① 영구성 연금지급인은 매수방법으로 장래의 연금지급을 거절하는 권리를 갖는다.

② 그와 같은 거절은 연금지급인이 서면방식으로 연금지급종료 전 3개월 또는 영구성 연금계약이 규정한 그보다 긴 기간 내에 표시할 것을 조건으로 유효하다. 이 경우 연금

수급인이 매수액 전액을 받을 때까지 연금지급에 관한 의무는 소멸하지 아니한다. 다만, 계약에 다른 매수절차가 규정된 경우에는 그러하지 아니하다.

③ 연금지급인의 매수권 배제에 관한 영구성 연금계약조항은 무효이다.

계약으로 연금수급인이 생존하는 동안 또는 계약체결시부터 30년을 넘지 아니하는 또 다른 기간 동안 영구성 연금매수권을 행사하지 아니할 것을 규정할 수 있다.

제593조【연금수급인의 청구에 따른 영구성 연금의 매수】 다음의 경우에는 영구성 연금수급인은 연금지급인으로 하여금 연금을 매수할 것을 청구하는 권리를 갖는다.

연금지급인이 1년 이상 연금지급을 지체한 경우. 다만, 영구성 연금계약이 달리 규정하는 경우에는 그러하지 아니하다.

연금지급인이 연금지급담보에 관한 의무를 위반한 경우(제587조)

연금지급인이 지급능력이 없는 것으로 확인되거나 또는 계약이 정하는 액수와 기간 동안 연금을 지급할 수 없음을 명백히 증명하는 그 밖의 채무가 발생한 경우

연금지급에 근거하여 양도된 부동산이 공유로 되거나 또는 수인 사이에 분할된 경우

계약이 규정하는 그 밖의 경우

제594조【영구성 연금의 매수가】 ① 이 법전 제592조와 제593조가 규정하는 경우에는 영구성 연금의 매수는 영구성 연금계약이 정하는 가격에 따라 이루어진다.

② 영구성 연금지급에 근거하여 유상으로 재산을 양도하기로 한 영구성 연금계약에 매수가에 관한 조항을 두지 아니한 경우에는, 매수는 매년 지급하여야 할 연금액에 상응하는 가격에 따라 실행된다.

③ 영구성 연금지급에 근거하여 무상으로 재산을 양도하기로 한 영구성 연금계약에 매수가에 관한 조항을 두지 아니한 경우에는, 매수가에 이 법전 제424조 제3항이 정하는 규정에 따라 정하여진 양도된 재산의 가격과 매년 지급하여야 할 연금액이 함께 포함된다.

제595조【영구성 연금지급에 근거하여 양도된 재산의 의외의 멸실위험】 ① 영구성 연금지급에 근거하여 무상으로 양도된 재산의 의외의 멸실 또는 훼손 위험은 연금지급인이 부담한다.

② 영구성 연금지급에 근거하여 유상으로 양도된 재산의 의외의 멸실 또는 훼손의 경우에는 지급인은 연금지급에 관한 의무의 종료 또는 지급조건의 변경을 각각 청구하는 권리를 갖는다.

제3절 종신연금

第596條【종신연금의 수급인】 ① 종신연금은 연금지급에 근거하여 재산을 양도한 시민이 생존하는 동안 또는 그가 지정한 그 밖의 시민이 생존하는 동안을 기한으로 하여 정하여진다.

② 수익자를 수인으로 하고 연금수급권에서 그들의 지분을 평등한 것으로 하는 종신연금의 규정은 허용된다. 다만, 종신연금이 달리 규정하는 경우에는 그러하지 아니하다.

연금수급인 중 1인이 사망한 경우 그의 연금수급권에서의 지분은 생존하는 그 밖의 연금수급인에게 이전된다. 다만, 종신연금이 달리 규정하고 있는 경우에는 그러하지 아니하고, 최종 연금수급인이 사망한 경우에는 연금지급의무는 해소된다.

③ 계약체결시에 사망한 시민을 수익자로 하는 종신연금을 정한 계약은 무효이다.

第597條【종신연금액】 ① 종신연금액은 계약으로 정하며, 수급인이 생존하는 동안 정기적으로 지급한다.

② 계약에서 매월 결산하기로 정한 종신연금액은 법정 최저임금액을 밑돌아서는 안 되며, 이 법전 제318조가 규정하는 경우에는 증액하여야 한다.

第598條【종신연금지급기한】 종신연금계약이 달리 규정하고 있는 경우를 제외하고는 종신연금은 달력의 매월 말에 지급된다.

第599條【연금수급인의 청구에 따른 종신연금계약의 해지】 ① 연금지급인이 종신연금계약을 실질적으로 위반하는 경우에는, 연금수급인은 연금지급인에게 이 법전 제594조가 규정하는 조건에 따라 연금의 매수 또는 계약의 해지와 손해배상을 청구하는 권리를 갖는다.

② 종신연금지급에 근거하여 아파트, 주택 또는 그 밖의 재산을 무상으로 양도한 경우에는, 연금수급인은 연금지급인이 연금계약을 실질적으로 위반할 때에는 당해 재산의 반환과 연금매수가에 의한 그 재산가치의 충당을 요구하는 권리를 갖는다.

第600條【종신연금지급에 근거하여 양도된 재산의 의외의 멸실위험】 종신연금지급에 근거하여 양도된 재산의 의외의 멸실 또는 훼손은 연금지급인이 종신연금계약에 규정된 조건에 따라 연금을 지급할 의무를 면하게 하지 아니한다.

제4절 종신부양계약

第601조【종신부양계약】 ① 종신부양계약에 근거하여 연금수급인인 시민은 자기 소유의 주택, 아파트, 토지 또는 그 밖의 부동산을 연금지급인의 소유로 이전하고, 연금지급인은 시민과(또는) 그가 지정한 제3자의 종신부양비를 지급하여야 한다.

② 종신연금에 관한 규정은 종신부양계약에 적용한다. 다만, 이 절의 규정이 달리 정하는 경우에는 그러하지 아니하다.

第602조【부양비 제공의무】 ① 부양비 제공에 관한 연금지급인의 의무는 주거, 식료, 의복의 수요에 대한 보장을 포함하며, 시민의 건강상태가 필요로 하는 경우에는 그를 보살필 의무도 포함된다. 또한 종신부양계약은 연금지급인으로 하여금 종교의식 서비스를 제공할 것을 규정할 수 있다.

② 종신부양계약은 부양비 전액의 가치를 정하여야 한다. 이 경우 매월 부양비 합계액의 가치는 법정 최저임금액의 2배보다 적을 수 없다.

③ 법원은 시민에게 제공되거나 또는 제공되어야 할 부양비 금액에 관한 당사자 사이의 분쟁을 해결할 때에는 선량과 합리성 원칙을 따라야 한다.

第603조【정기금지급에 의한 종신부양의 대체】 종신부양계약은 종신부양비의 지급을 시민이 생존하는 동안의 정기금 지급방법으로 대체할 수 있는 가능성을 규정할 수 있다.

第604조【종신부양을 담보하기 위하여 인도된 재산의 양도와 사용】 연금지급인은 종신부양비 담보로 인도받은 부동산을 양도, 저당 또는 그 밖의 방식에 따른 부담을 설정할 권리를 갖는다. 다만, 연금수급인의 사전 동의를 얻어야 한다.

연금지급인은 종신부양비를 제공하는 기간 동안 위 재산의 사용으로 당해 재산가치의 감소를 가져오지 아니하게 할 필요한 조치를 취하여야 한다.

第605조【종신부양비의 종료】 ① 종신부양비를 지급할 의무는 수급인의 사망으로 종료된다.

② 연금지급인이 자기 의무를 실질적으로 위반하는 경우에는 연금수급인은 종신부양을 담보하기 위하여 양도된 부동산의 반환 또는 이 법전 제594조가 정하는 조건에 따라 그 매수가의 지급을 요구하는 권리를 갖는다. 이 경우 연금지급인은 연금수급인의 부양비와 관련하여 발생한 비용의 배상을 청구할 권리를 가지지 아니한다.

제34장 임 대 차

제1절 임대차에 관한 일반규정

제606조【임대차계약】 임대차계약에 따라 대주(임대인)는 차주(임차인)에게 일시적 점유와 사용 또는 일시적 사용을 위하여 재산을 유상으로 제공하여야 한다.

계약에 따른 임차재산의 사용에 따라 임차인이 취득한 과실, 생산물과 수익은 임차인의 소유로 된다.

제607조【임대차의 객체】 ① 임대차로 인도할 수 있는 것은 토지와 그 밖의 독립한 자연물, 기업과 그 밖의 재산집합체, 건물, 건조물, 설비, 수송기관 및 사용 과정에서 자연적 성질을 상실하지 아니하는 그 밖의 물건(비소비물)이다.

법률로 임대를 금지 또는 제한하는 재산의 종류를 정할 수 있다.

② 법률로 토지와 그 밖의 독립한 자연물의 임대에 관한 특수성을 정할 수 있다.

③ 임대차의 객체로서 임차인에게 인도하여야 할 재산을 명확하게 정할 수 있는 정보는 임대차계약에 명시되어야 한다. 계약에 그러한 정보가 없는 경우에는 임차인에게 인도하여야 할 객체에 관한 조항에 대하여 쌍방이 합의에 이르지 아니한 것으로 하여 계약은 체결된 것으로 보지 아니한다.

제608조【임대인】 재산을 임대에 제공하는 권리는 재산의 소유자에게 속한다. 법률 또는 소유자에 의하여 재산을 임대에 제공할 권한을 부여받은 자도 임대인으로 될 수 있다.

제609조【임대차계약의 방식과 국가등기】 ① 1년 이상의 임대차계약은 계약당사자 일방이 법인일 경우에는 기간을 막론하고 서면방식으로 체결하여야 한다.

② 부동산의 임대차계약은 법률에 달리 정하여진 경우를 제외하고는 국가등기를 하여야 한다.

③ 나중에 재산에 대한 소유권을 임차인에게 이전할 것을 규정하는 재산임대차계약(제624조)은 이러한 재산의 매매계약을 위하여 규정된 방식으로 체결한다.

제610조【임대차계약의 기간】 ① 임대차계약의 유효기간은 계약으로 정한다.

② 계약에 임대차기간에 관한 규정이 없는 경우에는 임대차계약은 무기한으로 체결된 것으로 본다.

이 경우에 계약당사자는 누구든지 1개월 전까지, 부동산 임대차의 경우에는 3개월 전까지 상대방에게 예고한 후 언제든지 계약을 해지할 권리를 갖는다. 법률 또는 계약에 따라 무기한으로 체결한 임대차계약의 해지에 관한 예고를 위하여 다른 기간을 정할 수 있다.

③ 법률에 따라 임대차의 개별종류와 재산의 개별종류의 임대차를 위한 최장(상한의) 계약기간을 정할 수 있다. 이 때 계약에 임대차계약의 기간이 정하여지지 아니하고 어느 일방 당사자도 법률이 정하는 최장기간의 만료 전에 계약을 해지하지 아니할 경우에는 계약은 최장기간의 만료에 따라 종료된다.

법률이 정한 최장기간을 넘어 체결한 계약은 최장기간과 같은 기간으로 체결된 것으로 본다.

第611조【임차인에 대한 재산의 제공】 ① 임대인은 임대차계약조항과 재산의 용도에 부합하는 상태로 재산을 임차인에게 제공하여야 한다.

② 계약에 다른 규정이 있는 경우를 제외하고는 재산은 그 종물과 관계되는 문서(기술보증서, 품질보증서 등) 모두와 함께 임차인에게 제공된다.

종물과 문서가 인도되지 아니하고 이것 없이는 임차인이 용도에 따라 재산을 사용할 수 없거나 또는 계약을 체결할 때에 기대한 이익을 현저한 정도로 상실하였을 경우에는, 임차인은 임대인에게 종물과 문서의 제공을 요구하거나 또는 계약의 해지와 손해배상을 청구할 수 있다.

③ 임대인이 임대차계약에 명시된 기간 내에, 계약에 당해 기간이 명시되어 있지 아니한 때에는 합리적인 기간 내에 임대재산을 임차인에게 제공하지 아니할 경우에는, 임차인은 이 법전 제398조에 따라 임대인에게 재산의 반환청구를 하고, 이행지체에 의하여 입은 손해의 배상 또는 계약의 해지와 계약불이행에 의하여 입은 손해배상을 청구할 수 있다.

第612조【임대재산의 하자에 대한 임대인의 책임】 ① 임대차계약체결시에 임대인이 결함에 대하여 몰랐을 경우에도, 임대인은 임대에 제공한 재산의 사용을 전부 또는 일부 방해하는 하자에 대하여 책임을 진다.

재산의 하자가 발견된 경우에는 임차인은 자기의 선택에 따라 다음의 조치를 취할 수 있다.

임대인에게 재산 하자의 무상제거 또는 임대료에 상응하는 감액 또는 자신이 한 재산의 하자제거에 소요된 비용의 배상을 청구하는 것

임대인에게 사전 통고한 후 임대료에서 하자의 제거에 소요된 비용을 직접 공제하는 것

계약의 기한 전 해지를 청구하는 것

임차인의 청구 또는 임대인의 부담에 의한 하자제거의 의향에 대하여 통고를 받은 임

대인은 지체 없이 임차인에게 제공한 재산을 상응하는 상태에 있는 그 밖의 같은 재산과 교환하거나 또는 무상으로 재산의 하자를 제거할 수 있다.

임차인에 대한 채무변제 또는 임대료로부터의 하자의 제거비용의 공제가 임차인이 입은 손해의 보전에 미달하는 경우에는, 임차인은 전보되지 아니한 손해 부분의 배상을 청구할 수 있다.

② 임대인은 임대차계약을 체결할 때에 설명하거나 임차인이 미리 알고 있었거나 계약체결시 또는 임대재산의 인도시의 재산검사 또는 재산상태의 검사시에 임차인이 발견하였어야 할 임대재산의 하자에 대하여는 책임을 지지 아니한다.

제613조【임대재산에 대한 제3자의 권리】 임대재산의 인도는 제3자의 재산에 대한 권리의 소멸 또는 변경의 사유로 되지 아니한다.

임대차계약을 체결할 때에는 임대인은 임차인에게 임대재산에 대한 제3자의 모든 권리(지역권, 담보권 등)에 대하여 사전 통지하여야 한다. 임대인이 이 의무를 이행하지 아니할 경우에는 임차인은 임대료의 감액 또는 계약의 해지와 손해배상을 청구하는 권리를 갖는다.

제614조【임대료】 ① 임차인은 재산의 사용료(임대료)를 적시에 지급하여야 한다.

임대료의 지급절차, 조건과 기한은 임대차계약으로 정한다. 계약에 이를 정하지 아니하였을 경우에는, 비교가 가능한 상황하에서 같은 재산의 임대차에서 통상 적용되는 절차, 조건과 기한에 따라 정한다.

② 임대료는 모든 임차재산의 전체에 대하여 또는 각 구성부분에 근거하여 개별적으로 다음 각호의 1의 방식으로 정한다.

1. 정기금 또는 일시금으로 지급하는 정액으로 정하여진 지급
2. 임차재산의 사용에 의하여 취득한 생산물, 과실 또는 수익의 소정된 비율
3. 임차인에 의한 일정한 서비스의 제공
4, 임차인이 계약이 정하는 물건을 소유 또는 임대를 위하여 임대인에게 인도하는 것
5. 임차재산의 개량을 위하여 계약이 정하는 지출의 임차인으로의 부과

쌍방은 임대차계약에 위의 임대료 방식의 조합 또는 다른 임대료 지급방식을 규정할 수 있다.

③ 계약에 다른 규정이 있는 경우를 제외하고는 쌍방의 합의에 따라 임대료의 액수는 계약이 규정하는 기간 동안 1년에 1회만 변경할 수 있다. 임대차의 개별종류 및 재산의 개별종류의 임대차에서의 임대료 액수의 개정에 대하여 그 밖의 최단기간을 법률로 규

정할 수 있다.

④ 법률에 다른 규정이 있는 경우를 제외하고는 임차인은 임차인이 책임질 수 없는 상황에 의하여 임대차계약이 규정하는 재산의 사용조건 또는 재산상태가 현저하게 악화된 경우에는 상응하는 임대료의 감액을 청구할 수 있다.

⑤ 임대차계약에 다른 규정이 있는 경우를 제외하고는 임차인이 임대료의 지급기한에 현저하게 위반할 경우에는, 임대인은 임대인이 정한 기간 내의 임대료의 기한 전 지급을 임차인에게 청구할 수 있다. 이 경우 임대인은 연속하여 2기분 이상의 임대료의 기한 전 지급을 청구할 수 없다.

第615조【임차재산의 사용】 ① 임차인은 임대차계약조항에 따라, 계약에 조항이 없는 경우에는 재산의 용도에 따라 임차재산을 사용하여야 한다.

② 임차인은 임대인의 동의를 얻어 임차재산을 전대(轉貸)에 제공하고, 임대차계약에 따라 자기의 권리의무를 타인에게 양도하여(전대차) 임차재산을 무상사용에 제공할 수 있으며, 이 법전과 다른 법률 또는 그 밖의 법령에 달리 정하고 있는 경우를 제외하고는 임차인은 임차권을 담보로 제공하고, 인적 회사와 물적 회사의 정관자본으로의 출자 또는 생산협동조합에 출자금으로 납부하는 권리를 갖는다. 위의 경우 전대차를 제외하고는 임대인에 대한 계약에 근거한 책임은 임차인에게 남는다.

전대차계약은 임대차계약의 기간을 넘는 기간으로 체결할 수 없다.

전대차계약에는 법률 또는 그 밖의 법령에 달리 정하고 있는 경우를 제외하고는 임대차계약에 관한 규정을 적용한다.

③ 임차인이 임대차계약조항 또는 재산의 용도에 따라 재산을 사용하지 아니할 경우에는 임대인은 계약의 해지와 손해배상을 청구할 권리를 갖는다.

第616조【임차재산의 유지에 관한 쌍방의 의무】 ① 법률과 그 밖의 법령 또는 임대차계약에 다른 규정이 있는 경우를 제외하고는, 임대인은 임대를 위하여 인도된 재산의 대규모수선을 자기부담으로 실시하여야 한다.

대규모수선은 계약이 정하는 기간 내에 실시하여야 하고, 계약에 그 정함이 없는 경우 또는 긴급한 필요가 있는 경우에는 합리적인 기간 내에 한다.

임대인이 대규모수선을 실시할 의무를 위반하는 경우 임차인은 자기의 선택에 따라 다음의 권리를 취득한다.

계약에 규정하거나 또는 긴급한 필요에 의하여 대규모수선을 실시하고, 임대인으로부터 수선비용을 징수하거나 또는 이를 임대료의 계산에 포함시키는 것

임대료에 상응하는 감액을 청구하는 것

계약의 해지와 손해배상을 청구하는 것

② 법률 또는 임대차계약에 달리 정하고 있는 경우를 제외하고는 임차인은 재산을 양호한 상태로 유지하고, 자기부담으로 일상수선을 하며 재산의 유지비용을 부담하여야 한다.

제617조【당사자 변경의 경우 임대차계약의 효력유지】 ① 임대에 제공된 재산에 대한 소유권(경영관리권, 운용관리권, 상속가능종신점유권)의 타인으로의 이전은 임대차계약의 변경 또는 해지의 사유로 되지 아니한다.

② 부동산을 임차하는 시민이 사망한 경우에는 임대차계약에 따라 발생한 모든 권리의무는 법률 또는 계약에 다른 규정이 있는 경우를 제외하고는 상속인에게 이전한다.

임대인은 계약의 나머지 유효기간 내에 상속인이 계약에 참가하는 것을 거부할 수 없다. 다만, 계약체결이 임차인의 개인적 성질을 조건으로 붙인 경우에는 그러하지 아니하다.

제618조【임대차계약의 기한 전 해소의 경우 전대차계약의 해소】 ① 임대차계약에 다른 규정이 있는 경우를 제외하고는, 임대차계약을 기한 전에 해소한 경우에는 그에 따라 체결된 전대차계약도 해소된다. 이 경우 전차인은 전대차계약에 따라 사용하고 있는 재산에 대한 임대차계약을 해소된 임대차계약조항과 부합하는 조건으로 전대차의 잔존기간의 범위 내에서 체결하는 권리를 갖는다.

② 임대차계약이 이 법전이 규정하는 사유에 근거하여 무효인 경우에는 이에 따라 체결한 전대차계약도 무효이다.

제619조【임대인의 청구에 따른 계약의 기한 전 해지】 임대인의 청구에 따라 임대차계약은 다음 각호의 1의 경우에는 기한 전에 해지할 수 있다.

1. 임차인이 계약조항 또는 재산의 용도에 현저하게 위반하거나 또는 중첩되는 위반을 하여 재산을 사용하고 있는 경우

2. 임차인이 재산을 현저하게 악화시킨 경우

3. 임차인이 계약이 정하는 기간의 만료 후 연속하여 2회 이상 임대료를 지급하지 아니하는 경우

4. 임차인이 임대차계약이 정하는 기간 내에 대규모수선을 실시하지 아니하는 경우. 계약에 기간에 관한 정함이 없는 때에는 법률과 그 밖의 법령 또는 계약에 따라 대규모수선이 임차인의 의무일 경우의 합리적인 기간 내로 한다.

임대차계약에 근거하여 이 법전 제450조 제2항에 따라 임대인의 청구에 따라 계약의

기한 전 해지의 그 밖의 사유를 정할 수 있다.

임대인은 합리적인 기간 내에 의무를 이행할 필요에 대하여 임차인에게 서면예고를 송부한 후에 한하여 계약의 기한 전 해지를 청구할 수 있다.

第620조【임차인의 청구에 따른 계약의 기한 전 해지】 임차인의 청구에 따라 임대차계약은 다음 각호의 1의 경우에는 기한 전에 해지할 수 있다.

1. 임대인이 임차인에게 재산을 사용에 제공하지 아니하거나 또는 계약조항 또는 재산의 용도에 따른 재산의 사용에 장애를 만들어 낸 경우

2. 임차인에게 인도된 재산에 사용의 장애가 되는 하자가 있고, 그 하자에 대하여 계약체결시에 임대인이 설명하지 아니하여 임차인이 사전에 이를 몰랐으며 계약체결시의 재산의 검사 또는 재산상태의 검사에서 임차인을 발견할 수 없었던 경우

3. 임대인이 임대차계약이 정하는 기간 내에, 계약에 그 정함이 없는 때에는 합리적인 기간 내에 임대인의 의무인 대규모수선을 실시하지 아니한 경우

4. 임차인이 책임질 수 없는 상황에 근거하여 재산이 사용에 적합하지 아니한 상태에 있는 것으로 밝혀진 경우

임대차계약에 근거하여 이 법전 제450조 제2항에 따라 임차인의 청구에 따라 계약의 기한 전 해지의 그 밖의 사유를 정할 수 있다.

第621조【새로운 기간의 임대차계약체결에서의 임차인의 우선권】 ① 법률 또는 임대차계약에 다른 규정이 있는 경우를 제외하고는, 자기의 의무를 적정하게 이행한 임차인은 계약기간이 만료한 때에는 새로운 기간의 임대차계약체결에서 다른 조건이 같으면 타인에 대하여 우선권을 가진다. 임차인은 임대차계약에 명시된 기간 내에, 계약에 당해 기간이 명시되어 있지 아니한 경우에는 계약의 유효기간이 만료하기 전의 합리적인 기간 내에 계약체결의 의향을 임차인에게 서면으로 통지하여야 한다.

새로운 기간으로 임대차계약을 체결할 경우에는 계약조항은 쌍방의 합의에 따라 변경할 수 있다.

임대인이 임차인에게 새로운 기간의 계약체결을 거절하였으나 계약의 유효기간이 만료한 후 1년 이내에 타인과 임대차계약을 체결한 경우에는, 임차인은 자기의 선택에 따라 체결한 계약에 근거하여 권리의무의 임차인으로로의 이전과 임차인과의 임대차계약의 갱신 거절에 의하여 입은 손해배상을 또는 손해배상만을 법원에 청구할 수 있다.

② 임차인이 임대인으로부터의 이의 없이 계약기간만료 후에도 재산의 사용을 계속할 경우에는 계약은 같은 조건으로 무기한 갱신된 것으로 본다.(제610조)

제622조 【임차재산의 임대인으로의 반환】 임대차계약이 해소된 경우에는 임차인은 재산을 일반적인 마모를 고려하고 이를 수령한 상태로 또는 계약이 정하는 상태로 임대인에게 반환하여야 한다.

임차인이 임차재산을 반환하지 아니하거나 또는 적시에 반환하지 아니할 경우에는 임대인은 지체한 전 기간 동안의 임대료의 지급을 청구할 수 있다. 임대료가 임대인이 입은 손해를 전보할 수 없는 경우에는 임대인은 그 배상을 청구할 수 있다.

계약에 임차재산의 실기(失期) 반환에 대한 위약금이 규정된 경우에는, 계약에 다른 규정이 있는 경우를 제외하고는 위약금을 넘는 손해의 전액에 대하여 배상을 청구할 수 있다.

제623조 【임차재산의 개량】 ① 임차인이 실시한 임차재산의 분리 가능한 개량은 임대차계약에 다른 규정이 있는 경우를 제외하고는 임차인의 소유로 된다.

② 임차인이 자기 자금에 의하여 임대인의 동의를 얻어 임차재산의 개량을 실시하고, 그 개량부분이 재산의 손실을 수반하지 아니하고는 분리할 수 없는 경우에는, 임대차계약에 다른 규정이 있는 경우를 제외하고는 임차인은 계약해소 후에 개량가액의 배상을 청구하는 권리를 갖는다.

③ 임차인이 임대인의 동의를 얻지 아니하고 실시한 분리 불가능한 임차재산의 개량의 가액은 법률에 다른 규정이 있는 경우를 제외하고는 배상할 필요가 없다.

④ 임차재산의 개량이 당해 재산의 감가상각비로 실시된 경우에는 분리가 가능 및 불가능하여도 임대인의 재산으로 된다.

제624조 【임차재산의 매수】 ① 법률 또는 임대차계약에 임차재산이 임대차기간만료 후 또는 만료 전에 임차인이 임대차계약이 정하는 환매가격을 전액 지급하는 것을 조건으로 임차재산을 임차인의 소유로 이전하는 것을 규정할 수 있다.

② 임대차계약에 임차재산의 매수에 관한 조항이 규정되지 아니한 경우에는 쌍방의 추가 합의에 따라 이를 정할 수 있고, 이 경우 쌍방은 이미 지급된 임대료를 환매가격에 산입하는 것을 합의할 수 있다.

③ 임차재산의 매수를 금지할 경우를 법률로 규정할 수 있다.

제625조 【임대차의 개별종류와 재산의 개별종류의 특수성】 임대차의 개별종류와 재산의 개별종류의 특수성(렌탈, 수송기관의 임대차, 건물과 건조물의 임대차, 기업임대차, 금융리스)에 대하여는 이 절의 규정을 적용한다. 다만, 이 법전에 이들 계약에 관하여 다른 규정이 정하여져 있는 경우에는 그러하지 아니하다.

제2절 렌 탈

第626조【렌탈계약】 ① 렌탈계약에 따라 항상적인 기업활동으로서 재산의 임대를 하는 임대인은 임차인에게 일시적 점유와 사용을 위하여 유상으로 동산을 제공하여야 한다.

렌탈계약에 따라 제공되는 재산은 계약에 다른 규정이 있는 경우 또는 채무의 본질로부터 달리 볼 수 있는 경우를 제외하고는 소비목적을 위하여 사용된다.

② 렌탈계약은 서면으로 체결한다.

③ 렌탈계약은 공공계약이다.(제426조)

第627조【렌탈계약의 기간】 ① 렌탈계약은 1년 이내의 기간으로 체결한다.

② 임대차계약의 무기한의 갱신과 임대차계약의 갱신에서의 임차인의 우선권에 관한 규정(제628조)은 렌탈계약에 적용하지 아니한다.

③ 임차인은 10일 이내에 자기의 의사에 대하여 서면으로 임대인에게 사전 통지한 후 언제든지 렌탈계약을 거절할 수 있다.

第628조【임차인에 대한 재산제공】 렌탈계약을 체결한 임대인은 임차인의 입회하에 임대에 제공되는 재산상태를 검사하는 동시에 임차인에게 재산의 사용방법을 설명하거나 또는 서면의 재산사용설명서를 임차인에게 교부하여야 한다.

第629조【임대재산의 하자제거】 ① 임차인이 임대에 제공된 재산 사용에서의 완전한 또는 부분적인 장애가 되는 하자를 발견한 경우에는, 임대인은 임차인이 하자에 대하여 신청한 날로부터 렌탈계약에 보다 짧은 기간이 정하여진 경우를 제외하고는 10일 내에 현장에서 무상으로 재산의 하자를 제거하거나 또는 재산을 적절한 상태에 있는 그 밖의 같은 재산으로 교환하여야 한다.

② 임대재산의 하자가 임차인의 재산 사용과 보전에 대한 규칙위반에 의한 경우에는 임차인은 임대인에게 수선과 재산의 운송비용을 지급한다.

第630조【렌탈계약에 따른 임대료】 ① 렌탈계약에 따라 임대료는 정기금 또는 일시금 형태의 지급으로 납부하는 정액에 의한 지급방식으로 정한다.

② 임차인이 기한 전에 재산을 반환할 경우에는 임대인은 수령한 임대료로부터 실제로 재산이 반환된 날로부터 산정한 상응하는 부분을 임차인에게 반환한다.

③ 임차인으로부터의 임대료 지급에 관한 부채의 징수는 공증인의 집행승인문에 근거하여 비송절차에 따라 한다.

第631条【임차재산의 사용】 ① 렌탈계약에 따라 임대에 제공된 재산의 대규모수선과 일상수선은 임대인의 의무이다.

② 렌탈계약에 따라 임차인에게 제공된 재산의 전대, 렌탈계약에 따른 임차인의 권리의무의 타인으로의 이전, 당해 재산의 무상사용을 위한 제공, 임차권의 담보와 인적과 물적 회사로의 재산출자 또는 생산협동조합으로의 출자금으로서의 지급은 허용되지 아니한다.

제3절 수송기관의 임대차

제1관 운전과 기술조업서비스를 제공하는 수송기관의 임대차

第632条【승무원 포함의 수송기관임대차계약】 승무원 포함의 수송기관임대차계약(정기대차〈time-charter〉)에 근거하여 임대인은 임차인에게 일시적 점유와 사용을 위하여 수송기관을 유상으로 제공하고 그 운전과 기술조업서비스를 자기 인력으로 제공한다.

임대차계약의 무기한의 갱신과 새로운 임대차계약체결에서의 임차인의 우선권에 관한 규정(제621조)은 승무원 포함의 수송기관임대차계약에 적용하지 아니한다.

第633条【승무원 포함의 수송기관임대차계약의 방식】 승무원 포함의 수송기관임대차계약의 방식은 계약의 기간을 막론하고 서면방식으로 체결하여야 한다. 이 계약에는 이 법전 제609조 제2항이 정하는 임대차계약의 등기에 관한 규정은 적용하지 아니한다.

第634条【수송기관의 유지에서의 임대인의 의무】 임대인은 승무원 포함의 수송기관임대차계약의 전 기간 동안 일상수선과 대규모수선의 실시와 필요한 부속품의 제공을 포함하여 임대에 제공한 수송기관의 적절한 상태를 유지하여야 한다.

第635条【수송기관의 운전과 기술조업에서의 임대인의 의무】 ① 임대인이 임차인에게 제공하는 수송기관의 운전과 기술조업서비스는 계약에 규정된 임대차의 목적에 따라 그 정상적인 또한 안전한 조업을 보증하여야 한다. 승무원 포함의 수송기관임대차계약에 따라 임차인에게 보다 광범위한 서비스의 제공을 규정할 수 있다.

② 수송기관의 승무원의 구성과 그 기능은 쌍방 당사자 모두에게 강제력 있는 규칙과 계약조항을 충족하고 있어야 하며, 그러한 요건이 쌍방 당사자 모두에게 강제력 있는 규칙과 계약조항에 정하여지지 아니한 경우에는 동종의 수송기관의 일반적인 조업에 대한 요건과 계약조항을 충족하고 있어야 한다.

승무원은 임대인의 종업원이다. 승무원은 운전과 기술조업에 관하여는 임대인의 지시를, 수송기관의 상업적 조업에 관하여는 임차인의 지시를 따른다.

임대차계약에 다른 규정이 있는 경우를 제외하고는 승무원의 서비스료와 유지비용은 임대인이 부담한다.

제636조【수송기관의 상업적 조업과 관계있는 비용을 지급할 임차인의 의무】 승무원 포함의 수송기관임대차계약에 다른 규정이 있는 경우를 제외하고는, 임차인은 연료비와 조업과정에서 소비되는 그 밖의 물자와 세금의 지급을 포함하여 수송기관의 상업적 조업과 관련하여 발생하는 비용을 부담한다.

제637조【수송기관의 보험】 승무원 포함의 수송기관임대차계약에 다른 규정이 있는 경우를 제외하고는, 수송기관을 보험에 들 의무와(또는) 수송기관이 초래할 수 있거나 또는 조업에 따르는 손해에 대한 책임에 대하여 보험을 들 의무는 당해 보험이 법률 또는 계약에서 강제보험으로 규정되어 있는 경우에는 임대인이 진다.

제638조【수송기관 사용에 관한 제3자와의 계약】 ① 승무원 포함의 수송기관임대차계약에 다른 규정이 있는 경우를 제외하고는, 임차인은 임대인의 동의를 얻지 아니하고 수송기관을 전대차에 제공할 수 있다.

② 임차인은 임차한 수송기관의 상업적 조업의 일환으로서 임대인의 동의를 얻지 아니하고 자기의 이름으로 제3자와 수송계약 및 그 밖의 계약을 체결할 수 있다. 다만, 이들 계약이 임대차계약에 명시된 수송기관의 사용목적에 반하고, 사용목적이 정하여지지 아니한 경우에는 수송기관의 용도에 반하는 경우에는 그러하지 아니하다.

제639조【수송기관이 입은 손해에 대한 책임】 임차한 수송기관이 멸실 또는 훼손된 경우 수송기관의 멸실 또는 훼손이 법률 또는 임대차계약에 따라 임차인이 책임질 상황에 의하여 일어난 것을 임대인이 증명할 경우에는 임차인은 임대인에게 손해를 배상하여야 한다.

제640조【수송기관이 일으킨 손해에 대한 책임】 수송기관이 그 장치, 설비, 시설에 의하여 제3자에게 일으킨 손해에 대한 책임은 이 법전 제59조의 규정에 따라 임대인이 진다. 손해가 임차인의 과실에 의하여 발생하였음을 임대인이 증명할 경우에는, 임대인은 제3자에게 이미 지급한 배상액의 반환청구를 임차인에게 제기할 수 있다.

제641조【개별종류의 수송기관의 임대차의 특수성】 운수규칙과 운수법전으로 이 절이 규정하는 것 외에 운전과 기술조업서비스를 제공하는 개별종류의 수송기관의 임대차에 관한 그 밖의 특수성을 정할 수 있다.

제2관 운전과 기술조업서비스를 제공하지 아니하는 수송기관의 임대차

제642조【승무원 불포함의 수송기관임대차계약】 승무원 불포함의 수송기관임대차계약에 따라 임대인은 임차인에게 일시적 점유와 사용을 위하여 승무원 불포함의 수송기관을 유상으로 제공하고 그 운전과 기술조업서비스를 자기 인력으로 제공한다.

임대차계약의 무기한의 갱신과 새로운 임대차계약체결에서의 임차인의 우선권에 관한 규정(제621조)은 승무원 불포함의 수송기관임대차계약에 적용하지 아니한다.

제643조【승무원 불포함의 수송기관임대차계약의 방식】 승무원 불포함의 수송기관임대차계약의 방식은 계약기간을 막론하고 서면방식으로 체결하여야 한다. 이 계약에는 이 법전 제609조 제2항이 규정하는 임대차계약의 등기에 관한 규정은 적용하지 아니한다.

제644조【수송기관의 유지에서의 임차인의 의무】 임차인은 승무원 불포함의 수송기관임대차계약의 전 기간 동안 일상수선과 대규모수선의 실시와 필요한 부속품의 제공을 포함하여 임차한 수송기관의 적절한 상태를 유지하여야 한다.

제645조【수송기관의 운전과 기술조업에서의 임차인의 의무】 임차인은 임차한 수송기관의 운전과 그 상업적 조업과 기술조업을 자기 인력으로 실시한다.

제646조【수송기관의 유지비용의 지급에 관한 임차인의 의무】 승무원 불포함의 수송기관임대차계약에 다른 규정이 있는 경우를 제외하고는, 임차인은 임차한 수송기관의 유지와 수송기관 및 자기의 책임에 대한 보험, 수송기관의 조업과정에서 발생하는 비용을 부담한다.

제647조【수송기관의 사용에 관한 제3자와의 계약】 ① 승무원 불포함의 수송기관임대차계약에 다른 규정이 있는 경우를 제외하고는, 임차인은 임대인의 동의를 얻지 아니하고 승무원 포함의 또는 승무원 불포함의 수송기관임대차계약의 조건에 따라 수송기관을 전대차에 제공할 수 있다.

② 임차인은 임대인의 동의를 얻지 아니하고 자기의 이름으로 제3자와 수송 및 그 밖의 계약을 체결할 수 있다. 다만, 이들 계약이 임대차계약에 명시된 수송기관의 사용목적에 반하고, 사용목적이 정하여지지 아니한 경우에는 수송기관의 용도에 반하는 경우에는 그러하지 아니하다.

제648조【수송기관이 입은 손해에 대한 책임】 제3자가 수송기관, 그 장치, 설비, 시설에 입힌 손해에 대한 책임은 이 법전 제59조의 규정에 따라 임차인이 진다.

第649조【개별종류의 수송기관의 임대차의 특수성】 운수규칙과 운수법전으로 이 절이 규정하는 것 외에 운전과 기술조업서비스를 제공하지 아니하는 개별종류의 수송기관의 임대차에 관한 그 밖의 특수성을 정할 수 있다.

제4절 건물과 건조물의 임대차

第650조【건물과 건조물의 임대차계약】 ① 건물과 건조물의 임대차계약에 따라 임대인은 임차인에게 일시적 점유와 사용 또는 일시적 사용을 위하여 건물 또는 건조물을 유상으로 인도하여야 한다.

② 이 절의 규정은 이 법전의 기업임대차에 관한 규정에 다른 규정이 있는 경우를 제외하고는 기업임대차에 적용한다.

第651조【건물과 건조물의 임대차계약의 방식과 국가등기】 ① 건물과 건조물의 임대차계약은 서면방식으로 작성한 문서 1부에 당사자 쌍방이 서명함으로써 체결된다.(제434조)

건물과 건조물의 임대차계약의 방식을 준수하지 아니하는 경우에는 계약은 무효로 된다.

② 1년 이상 기간의 건물과 건조물의 임대차계약은 국가등기를 하여야 하며, 등기시에 체결된 것으로 본다.

第652조【건물과 건조물의 임대차에서의 토지에 대한 권리】 ① 건물 또는 건조물의 임대차계약에 따라 부동산의 점유 및 사용 권리와 동시에 당해 부동산이 차지하고 있으며 부동산의 사용을 위하여 필요한 토지에 대한 권리는 임차인에게 이전된다.(개정 2007. 6. 26. 연방법률 제118호)

② 임대인이 임대에 제공하는 건물 또는 건조물이 소재하는 토지소유자일 경우에는, 임차권 또는 건물이나 건조물임대차계약이 규정하는 그 밖의 토지에 대한에 대한 권리가 임차인에게 제공된다.(개정 2007. 6. 26. 연방법률 제118호)

임차인에게 양도되는 토지에 대한 권리가 계약에 특정되어 있지 아니한 경우에는, 건물 또는 건조물의 임대차의 기간 동안 건물 또는 건조물이 차지하고 있고 그 용도에 따른 이용을 위하여 필요한 토지의 사용권은 임차인에게 이전된다.(개정 2007. 6. 26. 연방법률 제118호)

③ 임대인에게 소유권이 없는 토지에 소재하는 건물 또는 건조물의 임대차는 법률 또

는 토지소유자와의 계약이 정하는 토지사용조건에 반하는 경우를 제외하고는 토지소유자의 동의 없이 허용된다.

第653조【건물 또는 건조물 매각의 경우 임차인의 토지사용권 보유】 임대에 제공된 건물 또는 건조물이 소재하는 토지가 타인에게 매각될 경우에는, 건물 또는 건조물이 점유하고 또한 사용을 위하여 필요한 토지에 한 사용권은 토지매매가 있기 전에 유효하였던 조건에 따라 당해 건물 또는 건조물의 임차인에게 존속된다.(개정 2007. 6. 26. 연방법률 제118호)

第654조【임대료의 액수】 ① 건물 또는 건조물임대차계약은 임대료의 액수를 규정하여야 한다. 쌍방이 합의한 임대료의 액수에 관한 서면방식의 조항이 없는 경우에는 건물 또는 건조물임대차계약은 체결되지 아니한 것으로 본다. 이 경우 이 법전 제424조 제3항이 규정하는 가격 확정에 관한 규정은 적용하지 아니한다.

② 건물 또는 건조물임대차계약이 정하는 건물 또는 건조물의 사용료에는 법률 또는 계약에 다른 규정이 있는 경우를 제외하고는, 그 소재하는 토지 또는 그와 함께 인도되는 토지의 상응하는 부분의 사용료가 포함된다.

③ 계약으로 건물 또는 건조물의 사용료를 건물(건조물)의 면적 또는 그 규모에 관한 그 밖의 지표 단위로 정한 경우에는, 임대료는 인도되는 건물 또는 건조물의 실제의 크기에 근거하여 정한다.

第655조【건물 또는 건조물의 인도】 ① 건물 또는 건조물의 임대인에 의한 인도와 임차인에 의한 수령은 쌍방이 서명하는 인도조서 또는 그 밖의 인도에 관한 문서에 근거하여 실시한다.

법률이나 건물 또는 건조물임대차계약에 다른 규정이 있는 경우를 제외하고는, 임대인의 건물 또는 건조물을 임차인에게 인도할 의무는 임차인에게 점유 또는 사용을 위하여 건물 또는 건조물을 제공하고 쌍방이 인도에 관한 상응하는 문서에 서명한 후 이행한 것으로 본다.

당사자 일방이 계약이 규정하는 조건에 따른 건물 또는 건조물의 인도에 관한 문서의 서명을 거부할 경우에는, 임대인에 대하여는 재산인도의무를, 임차인에 대하여는 재산수령의무를 거절한 것으로 본다.

② 건물 또는 건조물임대차계약의 해소의 경우에는 임차된 건물 또는 재산은 이 조 제1항의 규정을 준수하여 임대인에게 반환하여야 한다.

제5절 기업임대차

第656条【기업임대차계약】 ① 기업임대차계약에 따라 기업활동수행을 위하여 사용되는 재산집합체로서의 기업 전체에 대하여 임대인은 임차인에게 일시적 점유와 사용을 위하여 토지, 건물, 건조물, 설비와 그 밖의 기업을 구성하는 기본자산을 유상으로 제공하고, 계약이 정하는 조건과 범위에 따라 원료, 연료, 자재의 비축과 그 밖의 유동자산, 토지, 수체(水体) 및 그 밖의 자연자원, 건물, 건조물과 설비의 사용권, 그 밖의 기업과 관계있는 임대인의 재산권, 기업활동을 특정하는 표기에 관한 권리와 그 밖의 배타적 권리를 이전하는 동시에 청구권을 양도하고 기업에 관계되는 채무를 이전하여야 한다. 타인이 소유하는 토지와 그 밖의 자연자원을 포함하는 재산의 점유와 사용권의 양도는 법률과 그 밖의 법령이 규정하는 절차에 따라 한다.(개정 2007. 6. 26. 연방법률 제118호)

② 허가(또는 라이선스)에 근거하여 취득하고 상응하는 활동에 이바지하는 임대인의 권리는 법률 또는 그 밖의 법령에 다른 규정이 있는 경우를 제외하고는 임차인에게 이전되지 아니한다. 임차인이 허가(또는 라이선스)를 가지고 있지 아니하여 이행이 불가능한 채무가 계약에 따라 인도되는 기업 구성에 포함될 경우에는 임대인은 채권자에 대한 상응하는 채무로부터 면제되지 아니한다.

第657条【기업임대차의 경우 채권자의 권리】 ① 기업 구성에 포함되는 채무에 관한 채권자에 대하여 임대인은 임차인에게 기업을 인도하기 전에 기업임대차에 따른 인도에 대하여 서면으로 통지하여야 한다.

② 채무이전에 대한 자기의 동의에 대하여 임대인에게 서면으로 통지하지 아니한 채권자는 기업임대차에 따른 인도에 관한 통지를 받은 날로부터 3개월 이내에 채무의 해소 또는 기한 전의 이행과 그에 의하여 입은 손해배상을 청구할 수 있다.

③ 이 조 제1항이 규정하는 절차에 따라 기업인도에 관한 통지를 받지 못한 채권자는 기업임대차에 따른 인도에 대하여 알았거나 또는 알 수 있었던 날로부터 1년 이내에 이 조 제2항이 규정하는 청구를 충족시키기 위하여 청구를 제기할 수 있다.

④ 기업이 임대차에 의하여 인도된 후 임대인과 임차인은 채권자의 동의 없이 임차인에게 인도한 기업 구성에 포함되는 채무에 대하여 연대하여 책임을 진다.

第658条【기업임대차계약의 방식과 국가등기】 ① 기업임대차계약은 서면방식으로 작성한 문서 1부에 당사자 쌍방이 서명함으로써 체결한다.(제434조 제2항)

② 기업임대차계약은 국가등기를 하여야 하며, 등기시에 체결된 것으로 본다.

③ 기업임대차계약의 방식을 준수하지 아니할 경우에는 계약은 무효로 된다.

第659조【임차기업인도】 임차인에 대한 기업인도는 인도조서에 근거하여 한다.

기업인도의 준비는 인도조서의 작성과 조서에 대한 서명을 포함하여 임대인의 의무로서 기업임대차계약에 다른 규정이 있는 경우를 제외하고는 임대인의 부담으로 한다.

第660조【임차기업의 재산사용】 기업임대차계약에 다른 규정이 있는 경우를 제외하고는, 임차인은 임대인의 동의 없이 임차기업의 재산을 구성하는 물적 재화를 매각, 교환, 일시적 사용 또는 임대에 제공하고, 이를 전대에 제공하며, 임대차계약에 따라 물적 재화에 대한 자기의 권리의무를 기업의 가액 저하를 초래하지 아니하고 또한 기업임대차계약의 그 밖의 규정에 위반하지 아니할 것을 조건으로 타인에게 양도할 수 있다. 위 절차는 토지와 그 밖의 자연자원과 법률이 규정한 그 밖의 경우에는 적용하지 아니한다.

기업임대차계약에 다른 규정이 있는 경우를 제외하고는, 임차인은 임대인의 동의 없이 임차기업 구성에 변경을 가하고 기업의 가액을 증가하는 재건, 확장, 기술혁신을 할 수 있다.

第661조【기업의 유지와 기업의 조업비용 지급에 관한 임차인의 의무】 ① 기업의 임차인은 기업임대차계약의 전 기간 동안 일상수선과 대규모수선의 실시를 포함하여 기업을 적절한 기술상태로 유지하여야 한다.

② 계약에 다른 규정이 있는 경우를 제외하고는, 임차인은 임차기업의 조업과 임차재산의 보험지급과 관계있는 지출을 부담한다.

第662조【임차기업의 임차인에 의한 개량】 기업임대차계약에 다른 규정이 있는 경우를 제외하고는, 기업의 임차인은 임대인의 동의 여부와 관계없이 임대차재산의 분리 불가능한 개량비용의 배상에 대한 권리를 갖는다.

임대인은 개량에 대한 임차인의 지출이 임차재산의 품질과(또는) 조업 성질의 개량에 비하여 상응하지 아니하고, 임차재산의 가액을 넘거나 또는 개량을 할 때에 양심과 합리성의 규칙에 대한 위반이 있음을 증명할 경우에는, 법원은 임대인에 대하여 개량가액을 임차인에게 배상할 의무를 면제할 수 있다.

第663조【거래무효의 효과 · 계약의 변경과 해지에 관한 규정의 기업임대차계약에의 적용】 계약에 따라 일방 또는 쌍방으로부터 현물로 수령하였으나 반환 또는 회수를 규정하고 있는 거래무효의 효과 · 계약의 변경과 해지에 관한 이 법전의 규정은 기업임대차계약에 적용한다. 다만, 이러한 효과가 임대인과 임차인의 채권자 및 그 밖의 자의 권리와 법률이 보호하는 이익에 본질적으로 침해하며 공공의 이익에 반하는 경우에는 그러하지 아니하다.

제664조【임차기업의 반환】 기업임대차계약이 해소된 경우에는 임차된 재산복합체는 이 법전 제656조, 제657조와 제659조의 규정을 준수하여 임대인에게 반환하여야 한다. 임대인에 대한 기업인도의 준비는 인도조서의 작성과 조서에의 서명을 포함하여 임차인의 의무로서 계약에 다른 규정이 있는 경우를 제외하고는 임차인의 부담으로 한다.

제6절 금융리스(파이낸스 리스)

제665조【금융리스계약】 금융리스계약(파이낸스 리스계약)에 근거하여 임대인은 임차인이 명시한 재산을 임차인이 정한 매도인으로부터 취득하고, 당해 재산을 일시적 점유와 사용에 유상으로 임차인에게 제공하여야 한다. 이 경우 임대인은 임대차의 대상과 매도인의 선택에 대하여 책임을 지지 아니한다.(개정 2010. 5. 8. 연방법률 제83호, 시행 2011. 1. 1.)

금융리스계약에 따라 매도인과 취득하는 재산의 선택을 임대인이 하는 것으로 규정할 수 있다.

제666조【금융리스계약의 목적물】 금융리스계약의 목적물로 될 수 있는 것은 기업활동을 위하여 사용되는 모든 비소비물이다. 다만, 토지와 그 밖의 자연물은 제외한다.

제667조【재산 임대에 관한 매도인에 대한 통지】 임대인은 임차인을 위하여 재산을 취득할 경우 재산이 특정인에게 임대로 인도되는 것을 매도인에게 통지하여야 한다.

제668조【금융리스계약 목적물의 임차인에 대한 인도】 ① 금융리스계약에 다른 규정이 있는 경우를 제외하고는, 계약의 목적물인 재산은 임차인의 소재지에서 매도인이 직접 임차인에게 인도한다.

② 금융리스계약의 목적물인 재산이 계약에 명시된 기한 내에, 계약에 기한이 정하여져 있지 아니하는 경우에는 합리적인 기간 내에 임차인에게 인도되지 아니할 경우에는, 지체의 발생이 임대인이 책임질 상황에 의한 때에는 임차인은 계약의 해지와 손해배상을 청구할 수 있다.

제669조【재산의 의외의 멸실 또는 훼손 위험의 임차인으로의 이전】 임차재산의 의외의 멸실 또는 의외의 훼손 위험은 금융리스계약에 다른 규정이 있는 경우를 제외하고는 임차재산이 임차인에게 인도된 때에 임차인에게 이전한다.

제670조【매도인의 책임】 ① 임차인은 금융리스계약의 목적물인 재산의 매도인에

대하여 매도인과 임대인이 체결한 매매계약에 따라 특히 재산의 품질과 완전성, 공급기한에 대하여 매도인에 의한 그 밖의 부적정한 계약이행이 있는 경우 직접 청구를 할 수 있다. 이 경우 임차인은 당해 재산의 매매계약 당사자로 되어 이 법전이 규정하는 매수인을 위한 권리를 취득하며, 취득재산에 대한 지급을 할 의무를 제외한 의무를 부담한다. 그러나 임차인은 임대인의 동의 없이 매도인과의 매매계약을 해제할 수 없다.

임차인과 임대인은 매도인과의 관계에서 연대채권자로서 행동한다.(제326조)

② 금융리스계약에 다른 규정이 있는 경우를 제외하고는, 임대인은 매매계약에 따른 청구에 관한 매도인의 이행에 대하여 임차인에게 책임을 지지 아니한다. 다만, 매도인의 선택에 관한 책임을 임대인이 질 경우에는 그러하지 아니하다. 이 경우 임차인은 자기의 선택에 따라 재산에 관하여 연대책임을 지는 매도인과 임대인에 대하여 매매계약에 따른 청구를 직접 할 수 있다.

제35장 주거임대차

제671조【주거임대차계약】 ① 주거임대차계약에 따라 주거의 소유자 또는 소유자로부터 권한이 주어진 자인 일방(임대인)은 상대방(임차인)에게 거주를 목적으로 하는 일시적 점유와 사용을 위하여 주거를 유상으로 제공하여야 한다.

② 법인에 대하여는 임대차계약 또는 그 밖의 계약에 따라 일시적 점유와(또는) 사용을 위하여 주거를 제공할 수 있다. 법인은 시민의 거주를 위하여서만 주거를 사용할 수 있다.

제672조【국영과 공영사회이용 주택펀드에서의 주거임대차계약】 ① 국영과 공영사회이용 주택펀드의 주거는 주거사회임대차계약에 따라 시민에게 제공된다.

② 주거사회임대차계약에 따라 임차인과 함께 거주하는 그 가족은 주거임대차계약에 따라 임차인과 동등한 모든 권리를 취득하고 모든 의무를 부담한다.

임차인과 그 가족의 청구에 따라 가족의 1인과 계약을 체결할 수 있다. 임차인이 사망 또는 주거로부터 퇴거한 경우에는 계약은 주거에 거주하는 가족의 1인과 체결한다.

③ 주거사회임대차계약은 주택법령이 규정하는 사유, 조항과 절차에 따라 체결한다. 이 계약에는 이 법전 제674조, 제675조, 제678조, 제680조, 제685조 제1항부터 제3항의 규정을 적용한다. 주택법령에 다른 규정이 있는 경우를 제외하고는 이 법전의 다른

규정은 주거사회임대차계약에 적용한다.(개정 2004. 12. 29. 연방법률 제189호)

第673条【주거임대차계약의 목적물】 ① 주거임대차계약의 목적물로 될 수 있는 것은 상주에 적합한 독립된 주거(아파트, 주택, 아파트 또는 주택의 일부)이다.

주거의 거주 적합성은 주택법령이 규정하는 절차에 따라 정한다.

② 집합주택에서의 주거임차인은 주거의 사용과 함께 이 법전 제290조가 규정하는 재산의 사용권을 가진다.

第674条【주거임대차계약의 방식】 주거임대차계약은 서면방식으로 체결한다.

第675条【주거소유권 이전의 경우 주거임대차계약의 효력유지】 주거임대차계약에 따라 점유하는 주거에 대한 소유권이 이전될 경우에는 주거임대차계약은 해지 또는 변경되지 아니한다. 새로운 소유자가 이미 체결한 임대차계약조항에 따른 임대인으로 된다.

第676条【주거임대인의 의무】 ① 임대인은 임차인에게 거주에 적합한 비어 있는 상태의 주거를 인도하여야 한다.

② 임대인은 임대에 제공한 주거가 소재하는 주택의 적절한 관리를 하며, 임차인에게 필요한 생활서비스를 유상으로 제공하고, 집합주택의 공통재산과 주거에 있는 생활서비스의 제공을 위한 기기를 수선하여야 한다.

第677条【임차인 및 임차인과 함께 상주하는 시민】 ① 주거임대차계약에 따른 임차인으로는 시민만이 될 수 있다.

② 계약에는 임차인과 함께 주거에 상주하는 시민을 명시하여야 한다. 계약에 그러한 적시가 없는 경우에는 이들 시민의 입주는 이 법전 제679조의 규정에 따라 한다.

임차인과 공동으로 상주하는 시민은 주거의 사용에서 임차인과 동등한 권리를 갖는다. 임차인과 이러한 자와의 관계는 법률로 정한다.

③ 임차인은 임차인과 공동으로 상주하는 시민의 행동에 대하여 시민이 주거임대차계약조항을 위반할 경우에는 임대인에 대하여 책임을 진다.

④ 임차인과 함께 상주하는 시민은 임대인에게 통고하고, 주거에 상주하는 모든 시민이 임차인과 함께 임대인에 대하여 연대책임을 지는 것에 관한 계약을 임차인과 체결할 수 있다. 이 경우 시민은 연대임차인으로 된다.

第678条【주거임차인의 의무】 임차인은 주거를 거주목적으로만 사용하고 주거의 보전을 보증하며 주거를 적절한 상태로 유지하여야 한다.

임차인은 임대인의 동의 없이 주거의 개축과 재건을 할 수 없다.

임차인은 주거비를 적시에 지급하여야 한다. 계약에 다른 규정이 있는 경우를 제외하고는 임차인은 독자적으로 생활서비스요금을 납부하여야 한다.

제679조【임차인과 상주하는 시민의 입주】 임대인, 임차인 및 임차인과 상주하는 자의 동의를 얻어 다른 시민을 임차인과의 상주자로서 주거에 입주하게 할 수 있다. 미성년자가 입주하는 경우에는 동의는 필요하지 아니한다.

입주는 1인당 주거일반면적에 관한 입법의 요건을 준수할 것을 조건으로 허용된다. 다만, 미성년자의 입주의 경우에는 그러하지 아니하다.(개정 2004. 12. 29. 연방법률 제189호)

제680조【일시거주자】 임차인 및 임차인과 함께 상주하는 시민은 쌍방의 합의에 따라 사전에 임대인에게 통고한 후 주거에 일시거주자(사용자)에 대하여 주거에서의 무상거주를 허가할 수 있다. 임대인은 주거일반면적에 관한 입법의 요건이 준수되지 아니할 경우에는 일시거주자의 거주를 금지할 수 있다. 일시거주자의 거주기간은 6개월을 넘어서는 안 된다.(개정 2004. 12. 29. 연방법률 제189호)

일시거주자는 주거를 사용하는 독립한 권리를 가지지 아니한다. 일시거주자의 임대인에 대한 행위의 책임은 임차인이 진다.

일시거주자는 합의한 기간의 만료 후, 기간에 관한 합의가 없는 경우에는 임차인 또는 임차인과 거주하는 임의의 시민이 청구한 날로부터 7일 이내에 주거를 비워야 한다.

제681조【임대주거의 수선】 ① 임대주거의 일상수선은 주거임대차계약이 달리 정하고 있는 경우를 제외하고는 임차인의 책임으로 한다.

② 임대주거의 대규모수선은 주거임대차계약이 달리 정하고 있는 경우를 제외하고는 임대인의 책임으로 한다.

③ 임대주거가 소재하는 주택의 개축은 그러한 개축이 주거사용조건에 중대한 변경을 초래할 경우에는 임차인의 동의 없이 허용되지 아니한다.

제682조【주거비】 ① 주거비의 액수는 주거임대차계약에서 쌍방의 협의로 정한다. 법률에 따라 주거비의 최고액이 정하여진 경우에는 계약이 정하는 주거비는 이 액수를 넘어서는 아니된다.

② 주거비의 액수의 일방적인 변경은 법률 또는 계약이 규정하는 경우를 제외하고는 허용되지 아니한다.

③ 주거비는 주거임대차계약이 규정하는 기한 내에 임차인이 지급하여야 한다. 계약에 기한이 규정되어 있는 경우를 제외하고는 임차인은 러시아연방 주택법전에서 정하는 절차에 따라 매월 주거비를 납부하여야 한다.

제683조【주거임대차계약의 기간】 ① 주거임대차계약은 5년 이내의 기간으로 체

결한다. 계약에 기간이 정하여지지 아니한 경우에는 계약은 5년의 기간으로 체결된 것으로 본다.

② 계약에 다른 규정이 있는 경우를 제외하고는 1년 이내의 기간(단기임대차)으로 체결한 주거임대차계약에는 이 법전 제677조 제2항, 제680조, 제684조부터 제686조, 제687조 제2항 제4단락의 규정을 적용하지 아니한다.

第684조【새로운 기간의 계약체결에 대한 임차인의 우선권】 주거임대차계약의 기간이 만료된 경우에는 임차인은 새로운 기간의 주거임대차계약체결에 대한 우선권을 가진다.

주거임대차계약의 기간의 만료로부터 3개월 이내에 임대인은 같은 또는 그 밖의 조건에 따른 계약체결을 임차인에게 제안하거나 또는 적어도 1년간 주거를 임대에 제공하지 못하게 하는 결정에 따른 계약 연장의 거절에 대하여 임차인에게 예고하여야 한다. 임대인이 이 의무를 이행하지 아니하며 임차인이 계약의 연장을 거절하지 아니하는 경우에는 계약은 같은 조건과 기간으로 연장된 것으로 본다.

계약조항을 협의한 경우에는 임차인은 주거임대차계약에 따라 임차인과 함께 상주하는 자의 인원수의 증가를 청구할 수 없다.

임대인이 주거를 임대에 제공하지 못하게 하는 결정에 따라 계약의 연장을 거절하였으나 임차인과의 계약기간이 만료한 날로부터 1년 이내에 타인과 주거임대차계약을 체결한 경우에는, 임차인은 이 계약의 무효인정과(또는) 계약갱신의 거절에 따라 입은 손해배상을 청구할 수 있다.

第685조【주거의 전대차】 ① 주거임대차계약에 따라 임차인은 임대인의 동의를 얻어 임대재산의 일부 또는 전부를 사용을 위하여 전차인에게 이전할 수 있다. 전차인은 주거를 사용하는 독립한 권리를 가지지 아니한다. 주거임대차계약에 따른 임대인에 대한 책임은 임차인에게 남는다.

② 주거전대차계약은 1인당 주거일반면적에 관한 입법의 요건을 준수하는 것을 조건으로 하여 체결할 수 있다.(개정 2004. 12. 29. 연방법률 제189호)

③ 주거전대차계약은 유상계약이다.

④ 주거전대차계약의 기간은 주거임대차계약의 기간을 넘어서는 아니된다.

⑤ 주거임대차계약이 기한 전에 해소될 경우에는 그와 동시에 주거전대차계약도 해소된다.

⑥ 주거전대차계약에는 새로운 기간의 계약체결에서의 우선권에 관한 규정은 적용하

지 아니한다.

제686조【주거임대차계약에서 임차인의 교체】 ① 임차인 및 임차인과 상주하는 시민의 청구에 따라 임대인의 동의를 얻어 임차인은 주거임대차계약에서 임차인과 상주하는 성년인 시민 1인과 교체할 수 있다.

② 임차인이 사망 또는 주거로부터 퇴거한 경우에는 계약은 같은 조건으로 계속되고, 이전 임차인과 상주한 시민 1인이 다른 상주자 전원의 동의를 얻어 임차인으로 된다. 동의를 얻지 못하는 경우에는 주거에 상주하는 모든 시민이 연대임차인으로 된다.

제687조【주거임대차계약의 해지】 ① 주거임차인은 임차인과 상주하는 그 밖의 시민의 동의를 얻어 3월 전에 임대인에게 서면으로 예고한 후 언제든지 임대차계약을 해지할 수 있다.

② 주거임대차계약은 다음의 경우에는 임대인의 청구에 따라 재판절차로 해지할 수 있다.

임차인이 계약에 보다 긴 기한이 정하여져 있는 경우를 제외하고는 6개월 간 주거비를 지급하지 아니하는 경우. 단기임대차에서는 계약이 정하는 지급기한의 종료 후 2회 이상에 걸쳐 지급하지 아니하는 경우

임차인 또는 행위에 대하여 임차인이 책임질 그 밖의 시민에 의한 주거의 파괴 또는 손상이 있는 경우

법원의 결정에 따라 주거임대차계약을 해지하는 사유로 되는 위반을 배제하기 위하여 임차인에게 1년까지의 기간을 줄 수 있다. 법원이 정한 기간 내에 임차인이 한 위반을 배제하지 아니하거나 또는 배제를 위하여 필요한 모든 조치를 취하지 아니하는 경우에는, 법원은 임대인의 두 번째의 청구에 따라 주거임대차계약의 해지에 관한 결정을 한다. 이 경우 임차인의 요청에 따라 법원은 주거임대차계약의 해지에 관한 결정의 집행을 1년 이내의 기간 동안 연기할 수 있다.

③ 주거임대차계약은 계약당사자 어느 일방의 청구에 따라 다음의 경우에는 사법절차로 해지할 수 있다.

주거가 상주에 적합하지 아니한 경우 및 주거가 사고를 일으킬지 모르는 상태에 있는 경우

주택법령이 규정하는 그 밖의 경우

④ 주거임차인 또는 행위에 대하여 임차인이 책임질 그 밖의 시민이 용도에 따르지 아니하고 주거를 사용하거나 또는 이웃의 권리와 이익을 상습적으로 침해할 경우에는, 임

대인은 침해 배제의 필요에 대하여 임차인에게 경고할 수 있다.

임차인 또는 행위에 대하여 임차인이 책임질 그 밖의 시민이 경고 후에도 용도에 따르지 아니하는 주거의 사용 또는 이웃의 권리와 이익에 대한 상습적인 침해를 계속할 경우에는, 임대인은 사법절차에 따라 주거임대차계약을 해지할 수 있다. 이 경우 이 조 제2항 제4단락의 규정을 적용한다.

第688条【주거임대차계약의 해지의 효과】 주거임대차계약을 해지한 경우에는 임차인과 주거에 거주하는 그 밖의 시민은 계약의 해지시 법원의 결정에 따라 주거로부터 퇴거하여야 한다.

第36장 무상사용

第689条【무상사용계약】 ① 무상사용(사용대차)계약에 따라 일방(대주)은 상대방(차주)에게 일시적 사용을 위하여 무상으로 물건을 인도하여야 하고, 상대방(차주)은 일반적인 마모를 고려한 후 당해 물건을 수령하였을 때의 상태 또는 계약이 정하는 상태로 반환하여야 한다.

② 무상사용계약에는 이 법전 제607조, 제610조 제1항과 제2항 제1단락, 제615조 제1항과 제3항, 제621조 제2항, 제623조 제1항과 제3항의 규정을 적용한다.

第690条【대주】 ① 무상사용을 위하여 물건을 인도하는 권리는 물건의 소유자와 법률 또는 소유자에 의하여 권한이 주어진 그 밖의 자에게 속한다.

② 영리단체는 그 발기인, 참가인, 이사, 관리 또는 감독기관의 구성원에게 물건을 무상으로 인도할 수 없다.

第691条【무상사용을 위한 물건의 제공】 ① 대주는 무상사용계약조항과 물건의 용도에 부합하는 상태에 있는 물건을 인도하여야 한다.

② 계약에 다른 규정이 있는 경우를 제외하고는 물건은 그 종물과 그에 관계되는 문서(사용설명서, 기술증명서 등)와 함께 무상사용에 제공된다.

종물과 문서가 인도되지 아니하고 그것 없이는 용도에 따른 사용을 할 수 없거나 또는 차주로서의 가치가 현저하게 상실될 경우에는, 차주는 종물과 문서의 제공 또는 계약의 해제와 차주가 입은 실제의 손해배상을 청구할 수 있다.

第692条【물건을 무상사용에 제공하지 아니할 경우의 효과】 대주가 차주에게 물

건을 인도하지 아니할 경우에는 차주는 무상사용계약의 해지와 차주가 입은 실제의 손해배상을 청구할 수 있다.

제693조【무상사용을 위하여 인도된 물건의 하자에 대한 책임】 ① 대주는 무상사용계약체결시에 고의 또는 중대한 과실로 설명하지 아니한 물건의 하자에 대한 책임을 진다.

하자를 발견한 경우에는 차주는 자기의 선택에 따라 대주에 대하여 물건 하자의 무상제거, 자신이 한 물건 하자의 제거비용의 배상 또는 계약의 기한 전 해지와 실제로 입은 손해배상을 청구할 수 있다.

② 대주는 차주의 청구 또는 대주의 부담에 의한 하자 제거의 차주의 의향에 관한 통지를 받은 경우에는, 지체 없이 불량한 물건을 적절한 상태에 있는 그 밖의 같은 물건과 교환할 수 있다.

③ 대주는 계약체결시에 설명한 물건의 하자 또는 차주가 미리 알고 있었거나 계약체결시 또는 물건인도시에 하는 물건의 검사 또는 상태 검사시에 차주가 발견하여야 하였던 물건의 하자에 대하여는 책임을 지지 아니한다.

제694조【무상사용에 인도된 물건에 대한 제3자의 권리】 무상사용을 위한 물건의 인도는 당해 물건에 대한 제3자의 권리의 변경 또는 소멸사유로 되지 아니한다.

무상사용계약을 체결할 때에는 대주는 당해 물건에 대한 제3자의 권리(지역권, 담보권 등) 전부를 차주에게 예고하여야 한다. 이 의무의 불이행이 있는 경우에는 차주는 계약의 해지와 입은 실제의 손해배상을 청구하는 권리를 취득한다.

제695조【물긴 유지에 관한 차주의 의무】 무상사용계약에 다른 규정이 있는 경우를 제외하고는, 차주는 일상수선과 대규모수선의 실시를 포함하여 무상사용을 위하여 수령한 물건을 양호한 상태로 유지하여야 하고, 물건의 유지를 위한 모든 지출을 부담한다.

제696조【물건의 의외의 멸실 또는 훼손 위험】 차주가 물건을 무상사용계약 또는 물건의 용도와 부합하지 아니하게 사용하거나 또는 대주의 동의 없이 제3자에게 물건을 인도함으로써 물건이 멸실 또는 훼손된 경우에는, 차주는 무상사용을 위하여 수령한 물건의 의외의 멸실 또는 의외의 훼손 위험을 진다. 또한 차주는 실제의 상황을 고려하고 자기 물건을 희생함으로써 물건의 멸실 또는 훼손을 막을 수 있었음에도 자기 물건의 보존을 우선하였을 경우에는 물건의 의외의 멸실 또는 의외의 훼손 위험을 진다.

제697조【물건의 사용에 따라 제3자에게 입힌 손해에 대한 책임】 대주는 물건의 사용에 따라 제3자에게 입힌 손해에 대하여 손해가 대주의 동의를 얻어 물건을 점유하

는 자의 고의 또는 중대한 과실에 의한 것을 증명할 경우를 제외하고는 책임을 진다.

제698조【무상사용계약의 기한 전 해지】 ① 대주는 차주에게 다음의 사유가 있는 경우에는 무상사용계약의 기한 전 해지를 청구할 수 있다.

계약 또는 물건의 용도와 부합하지 아니한 사용을 한 경우

물건의 양호한 상태로의 유지 또는 물건의 보전에서의 의무를 이행하지 아니한 경우

대주의 동의를 얻지 아니하고 물건을 제3자에게 인도한 경우

② 차주는 다음의 경우에는 무상사용계약의 기한 전 해지를 청구할 수 있다.

물건의 일반적인 사용을 불가능하게 하거나 또는 사용에 부담이 되는 하자를 발견하고 그 존재를 차주가 계약체결시에 몰랐거나 또는 알 수 없었을 경우

차주가 책임을 지지 아니하는 상황에 의하여 물건이 사용에 적합하지 아니한 상태로 된 경우

계약체결시에 대주가 제공하는 재산에 대한 제3자의 권리에 대하여 차주에게 예고하지 아니한 경우

대주가 물건 또는 종물 및 물건과 관계있는 문서의 인도의무를 이행하지 아니한 경우

제699조【무상사용계약의 거절】 ① 계약당사자 각자는 1개월 전에 상대방에게 통고한 후 언제든지 기한이 명시되지 아니하고 체결된 무상사용계약을 거절할 수 있다. 다만, 계약으로 통지기한을 달리 규정한 경우에는 그러하지 아니하다.

② 계약에 다른 규정이 있는 경우를 제외하고는 차주는 이 조 제1항이 규정하는 절차에 따라 언제든지 기한을 명시하여 체결한 계약을 거절할 수 있다.

제700조【무상사용계약에서 당사자의 변경】 ① 대주는 물건을 제3자에게 양도하거나 또는 제3자에게 유상사용을 위하여 인도할 수 있다. 이 경우 새로운 소유자 또는 사용자에게 먼저 체결한 무상사용계약에 관한 권리가 이전되고, 그 물건에 대한 차주의 권리는 존속된다.

② 대주인 시민이 사망하거나 또는 대주인 법인이 해산한 경우에는 무상사용계약에 근거한 대주의 권리의무는 상속인(권리승계인) 또는 물건에 대한 소유권 또는 물건의 무상사용을 위한 인도의 근거가 된 그 밖의 권리를 이전받은 그 밖의 자에게 이전한다.

차주인 법인이 조직변경된 경우에는 계약에 따른 권리의무는 계약에 다른 규정이 있는 경우를 제외하고는 그 권리승계인인 법인으로 이전한다.

제701조【무상사용계약의 해소】 계약에 다른 규정이 있는 경우를 제외하고는 무상사용계약은 차주인 시민이 사망한 경우 및 차주인 법인이 해산한 경우에는 해소한다.

제37장 도 급

제1절 도급에 관한 일반규정

제702조【도급계약】 ① 도급계약에 따라 일방(수급인)은 상대방(도급인)의 의뢰에 따라 일정한 업무를 완수하고 그 성과를 도급인에게 인도하여야 하고, 도급인은 업무성과를 수령하고 수급인에게 보수를 지급하여야 한다.

② 개별종류(일상생활상의 도급, 건설도급, 설계와 현지조사업무수행의 도급, 국가수요를 위한 도급업무)의 도급계약에 대하여는 이 법전의 당해 종류의 계약에 관한 규정에 다른 규정이 있는 경우를 제외하고는 이 절의 규정을 적용한다.

제703조【도급계약에 따라 수행할 업무】 ① 도급계약은 물건의 제조나 가공 또는 도급인으로의 성과의 인도를 수반하는 그 밖의 업무 수행을 목적으로 하여 체결된다.

② 물건의 제조를 목적으로 하여 체결한 도급계약에 따라 수급인은 도급인에게 물건에 대한 권리를 이전한다.

③ 계약에 다른 규정이 있는 경우를 제외하고는 수급인은 도급인의 의뢰를 수행할 수단을 독자적으로 정한다.

제704조【수급인의 부담에 의한 업무수행】 ① 도급계약에 다른 규정이 있는 경우를 제외하고는 업무는 수급인의 부담(자재, 능력, 자금)에 의하여 수행한다.

② 수급인은 자신이 제공한 자재와 설비의 부적절한 품질에 대하여 책임을 지며 또한 제3자의 권리에 의한 부담이 있는 자재와 설비의 제공에 대하여 책임을 진다.

제705조【당사자 사이의 위험의 배분】 ① 이 법전과 다른 법률 또는 도급계약에 다른 규정이 있는 경우를 제외하고는,

자재, 설비, 가공을 위하여 인도된 물건 또는 계약이행을 위하여 사용하는 그 밖의 재산의 의외의 멸실 또는 의외의 훼손에 대한 위험은 그것을 제공한 당사자가 부담한다.

도급인이 수령하기 이전에 수행된 업무성과의 의외의 멸실 또는 의외의 훼손에 대한 위험은 수급인이 부담한다.

② 업무성과의 인도 또는 수령지체의 경우에는 이 조 제1항이 규정하는 위험은 지체한 당사자가 부담한다.

제706조【원수급인과 하도급인】 ① 법률 또는 도급계약으로부터 계약이 규정하는 업무를 수급인이 직접 수행하여야 할 의무로 볼 수 없는 경우에는, 수급인은 자기채무의

이행에 타인(하도급인)을 참가하게 할 수 있다. 이 경우 수급인은 원수급인으로 된다.

② 도급계약이행에 하도급인을 참가시킨 수급인이 이 조 제1항의 규정 또는 계약을 위반할 경우에는, 하도급인의 계약이행에의 참가에 따라 입은 손해에 대하여 도급인에 대하여 책임을 진다.

③ 원수급인은 이 법전 제313조 제1항과 제403조에 따라 하도급인에 의한 채무불이행 또는 부적절한 이행의 효과에 대하여 도급인에 대하여 책임을 지고, 하도급인에 대하여는 도급인에 의한 도급계약에 따른 채무의 불이행 또는 부적절한 이행에 대하여 책임을 진다.

법률 또는 계약에 다른 규정이 있는 경우를 제외하고는 도급인과 하도급인은 각자가 각각 원수급인과 체결한 계약위반과 관계있는 청구를 서로 제기할 수 없다.

④ 원수급인의 동의를 얻었을 경우에는 도급인은 타인과 개별업무수행을 위한 계약을 체결할 수 있다. 이 경우 타인은 업무의 불이행 또는 부적절한 이행에 대하여 도급인에 대하여 책임을 진다.

제707조【수인의 업무이행에의 참가】 ① 수급인으로서 동시에 2인 이상이 참가하고 채무의 목적이 불가분인 경우에는, 이러한 자는 도급인과의 관계에서 연대채무자 또는 연대채권자로 본다.

② 채무의 목적이 가분인 경우 및 법률과 그 밖의 법령 또는 계약이 규정하는 그 밖의 경우에는, 이 조 제1항에 명시된 각 수급인은 도급인과의 관계에서 자기 지분의 범위 내에서 권리를 취득하고 의무를 부담한다.(제321조)

제708조【업무수행기간】 ① 업무수행의 개시기일과 종료기일은 도급계약에 명시한다. 당사자 사이의 합의에 따라 업무의 개별 단계에서의 완료기일을 계약으로 규정할 수 있다.(중간기일)

법률과 그 밖의 법령이 달리 정하거나 또는 계약에 다른 규정이 있는 경우를 제외하고는, 수급인은 업무수행의 개시와 종료기일, 중간기일의 위반에 대하여 책임을 진다.

② 도급계약에 명시된 업무수행의 개시기일, 종료기일과 중간기일은 계약이 규정하는 경우와 절차에 따라 변경할 수 있다.

③ 이 법전 제405조 제2항에 명시된 이행지체의 효과는 업무수행의 종료기일과 도급계약이 정하는 그 밖의 기일을 위반한 경우에 적용한다.(개정 1999. 12. 17. 연방법률 제213호)

제709조【업무의 가격】 ① 수행하여야 할 업무의 가격 또는 그 확정방법은 도급계약에 명시된다. 그러한 적시가 계약에 없는 경우에는 이 법전 제424조 제3항에 따라 정

한다.

② 도급계약에서의 가격은 수급인의 경비의 보상과 수급인에게 지급하여야 할 보수를 포함한다.

③ 업무의 가격은 견적서의 작성에 의하여 정할 수 있다.

수급인이 작성하는 견적서에 따라 업무가 수행될 경우에는 견적서는 도급인이 이를 승인한 후에 효력을 발생하고 도급계약의 일부로 된다.

④ 업무의 가격(견적)은 개산 또는 정액으로 할 수 있다. 도급계약에 그 밖의 지시가 없는 경우에는 업무의 가격은 정액으로 본다.

⑤ 추가적인 업무를 할 필요가 발생하고 이로 인하여 확정된 개산업무가격이 현저하게 증가될 경우에는, 수급인은 적시에 이 취지를 도급인에게 통고하여야 한다. 도급계약에 명시된 업무가격의 증가에 동의하지 아니하는 도급인은 계약이행을 거절할 수 있다. 이 경우 수급인은 수행한 업무의 일부에 대한 가격의 지급을 도급인에게 청구할 수 있다.

수급인이 계약에 명시된 업무가격의 증가의 필요성에 대하여 적시에 도급인에게 통지하지 아니한 경우에는, 수급인은 계약이 정하는 가격에 근거하여 업무에 대한 보수의 지급에 대한 권리를 보유하고 계약을 이행하여야 한다.

⑥ 수급인은 정액가격의 증액을 청구할 수 없으며, 도급인도 그 감액을 청구할 수 없다. 도급계약체결시에 수행하여야 할 업무의 총량 또는 그를 위하여 필요비의 총액을 규정할 가능성이 배제된 경우에도 같다.

수급인이 제공하는 자재와 설비의 가격 및 계약체결시에 예상할 수 없었던 제3자가 수급인에게 제공하는 서비스가 현저하게 증대한 경우에는, 수급인은 확정된 가격의 증액을 청구하는 권리를 갖는다. 도급인이 이 청구의 이행을 거절할 경우에는 수급인은 이 법전 제451조에 따라 계약을 해제할 수 있다.

제710조【수급인의 비용절약】 ① 수급인의 실제 지출이 업무가격의 확정시에 산정한 액수를 밑도는 것으로 증명된 경우에는, 수급인에 의한 비용절약이 수행된 업무의 품질에 영향을 미쳤음을 도급인이 증명하는 경우를 제외하고는, 수급인은 도급계약이 규정하는 가격에 근거하여 업무에 대한 보수의 지급에 대한 권리를 보유한다.

② 도급계약으로 수급인이 절약한 비용을 당사자 간에 배분하는 것을 규정할 수 있다.

제711조【업무에 대한 보수의 지급절차】 ① 수행된 업무의 선지급 또는 개별 단계의 선지급이 도급계약에 규정되어 있는 경우를 제외하고는, 도급인은 업무성과의 최종적인 인도를 받은 후 업무가 적절한 방법으로 수행된 것을 조건으로 합의한 기한 내에 또는

도급인의 동의를 얻은 경우에는 기한 전에 소정된 가격을 수급인에게 지급하여야 한다.

② 수급인은 법률 또는 도급계약에 명시된 경우에만 그에 정하여진 액수의 선급금 또는 보증금의 지급을 도급인에게 청구할 수 있다.

제712조【수급인의 유치권】 도급인이 소정된 가격 또는 도급계약의 수행과 관련하여 수급인에게 지급하여야 할 그 밖의 금액을 지급할 의무를 이행하지 아니할 경우에는, 수급인은 이 법전 제359조와 제360조에 따라 업무성과, 도급인에게 속하는 설비, 가공을 위하여 인도된 물건, 미사용의 자재, 도급인에 의하여 상응하는 금액이 지급될 때까지 도급인의 수중에 있는 도급인의 그 밖의 재산에 대한 유치권을 가진다.

제713조【도급인의 자재를 사용한 업무수행】 ① 수급인은 도급인이 제공한 자재를 절약하여 신중하게 사용하여야 하고, 업무의 종료 후 도급인에게 자재의 소비에 관한 보고서를 제출하며 또한 남은 자재를 반환하거나 또는 도급인의 동의를 얻어 수급인의 수중에 있는 미사용 자재의 가액을 산정한 후 업무가격을 감액하여야 한다.

② 업무성과를 얻을 수 없거나 또는 도급계약이 규정하는 사용에 적합하지 아니한 하자가 달성된 성과에 있는 것으로 밝혀지고, 도급계약에 상응하는 조항이 없으며 도급인이 제공한 자재의 하자에 의하여 발생한 원인으로 일반적인 사용에 적합하지 아니한 하자가 있는 것이 밝혀졌을 경우에는, 수급인은 자기가 수행한 업무에 대한 보수의 지급을 청구할 수 있다.

③ 수급인은 자재의 하자가 수급인이 자재를 수령할 때에 발견할 수 없었음을 증명한 경우에는 이 조 제2항에 규정된 권리를 행사할 수 있다.

제714조【도급인이 제공한 재산에 대하여 선관의무를 다하지 아니한 수급인의 책임】 수급인은 도급인이 제공한 자재, 설비, 가공을 위하여 인도한 물건 또는 도급계약 이행과 관련하여 수급인에게 점유되어 있는 그 밖의 재산에 대한 선관의무를 다하지 아니한 책임을 진다.

제715조【수급인에 의한 업무수행시 도급인의 권리】 ① 도급인은 도급인의 활동에 개입함이 없이 수급인이 하는 업무의 과정과 품질을 언제든지 검사할 수 있다.

② 수급인이 적시에 도급계약이행에 착수하지 아니할 경우 또는 기한 내의 종료가 명백히 불가능할 만큼 업무가 완만할 경우에는, 도급인은 계약이행을 거절하고 손해배상을 청구할 수 있다.

③ 업무를 수행하는 동안 업무가 적절히 이행되지 아니하고 있는 것으로 밝혀질 경우에는, 도급인은 수급인에게 하자의 제거를 위한 합리적인 기간을 지정하고 수급인이 합

리적인 기간 내에 이 청구를 이행하지 아니하는 때에는, 도급계약을 거절하거나 또는 수급인의 경비부담으로 업무의 수정을 타인에게 의뢰하고 손해배상을 청구할 수 있다.

제716조【수급인이 도급인에게 통고하여야 할 상황】 ① 수급인은 다음의 사유가 발견될 경우에는 도급인에게 곧바로 통고하고 도급인의 지시를 받을 때까지 업무를 정지하여야 한다.

도급인이 제공한 자재, 설비, 기술관계문서 또는 가공을 위하여 인도된 물건의 부적합 또는 규격 외의 품질

도급인의 업무실행방법에 관한 지시의 수행에 따라 발생가능한 도급인에게 불리한 효과

수행하는 업무성과의 적합성 또는 안정성을 위협하거나 또는 기한 내의 완료를 불가능하게 하는 수급인이 통제할 수 없는 그 밖의 상황

② 수급인이 이 조 제1항에 명시된 상황에 대하여 도급인에게 통고하지 아니할 경우 또는 계약에 명시된 기간의 만료를 기다리지 아니하고, 계약에 기간의 정함이 없을 때에는 통고에 대한 회답을 위한 합리적인 기간의 만료를 기다리지 아니하거나 또는 도급인의 업무정지에 관한 적시의 지시에도 불구하고 업무를 계속한 경우에는, 수급인은 도급인에게 청구가 제기된 때 또는 수급인이 도급인에게 상응하는 청구를 제기한 때에는 위의 상황에 대하여 원용할 권리를 가지지 아니한다.

③ 도급인이 이 조 제1항에 명시된 상황에 대하여 수급인으로부터 상당한 근거가 있는 통고를 적시에 받았음에도 불구하고, 합리적인 기간 내에 부적합 또는 규격 외 품질의 자재, 설비, 기술관계문서 또는 가공을 위하여 인도된 물건을 교환하지 아니할 경우 및 업무수행방법에 관한 방법을 변경하지 아니하거나 또는 업무의 적합성을 위협하는 상황을 제거하기 위하여 필요한 그 밖의 조치를 취하지 아니할 경우에는, 수급인은 도급계약이행을 거절하고 계약의 정지에 따라 입은 손해배상을 청구할 수 있다.

제717조【도급인의 도급계약의 이행거절】 도급계약에 다른 규정이 있는 경우를 제외하고는, 도급인은 언제든지 업무성과의 인도를 받기 전에 계약의 이행거절에 관한 도급인의 통고가 수리될 때까지 수급인이 수행한 업무부분에 비례하여 규정된 가격의 일부를 수급인에게 지급하고 계약이행을 거절할 수 있다. 도급인은 도급계약의 정지에 따라 입은 손해를 업무 전체에 정하여진 가격과 수행된 업무에 대하여 지급한 가격 일부와의 사이의 차액 범위 내에서 수급인에게 배상하여야 한다.

제718조【도급인의 협력】 ① 도급인은 도급계약이 규정하는 경우와 그 규정된 양과 절차에 따라 업무수행을 위하여 수급인에게 협력하여야 한다.

도급인이 이 의무를 이행하지 아니할 경우에는 수급인은 업무정지에 따라 제시된 추가비용을 포함하여 입은 손해의 배상 또는 업무수행기간의 연기 또는 계약에 명시된 업무가격의 증액을 청구할 수 있다.

② 도급계약에 따른 업무수행이 도급인의 행위 또는 잘못으로 인하여 불가능한 것으로 된 경우에는, 수급인은 수행한 업무부분을 산정한 후 수급인에게 계약에 명시된 가격의 지급에 대한 권리를 보유한다.

제719조【도급계약에 근거한 반대의무의 도급인에 의한 불이행】 ① 수급인은 도급인에 의한 도급계약에 근거한 의무의 위반 특히 자재, 설비, 기술관계문서 또는 가공하여야 할 물건의 미제공이 수급인에 의한 계약 이행에 장애가 되는 경우 및 이들 의무이행이 소정된 기간 내에 이루어지지 아니한 것을 명확하게 증명하는 상황이 있는 경우(제328조)에는 업무에 착수하지 아니하고 이미 개시된 업무를 정지할 수 있다.

② 도급계약에 다른 규정이 있는 경우를 제외하고는 수급인은 이 조 제1항에 명시된 상황이 있는 때에는 계약이행을 거절하고 손해배상을 청구할 수 있다.

제720조【수급인이 수행한 업무의 도급인에 의한 수령】 ① 도급인은 도급계약이 규정하는 기한 내에 그 정하는 절차에 따라 수급인의 입회 아래 수행된 업무(업무성과)를 검사하고 수령하여야 하고, 업무성과를 악화시키는 계약위반 또는 그 밖의 업무의 하자를 발견한 경우에는 곧바로 이 취지를 수급인에게 통고하여야 한다.

② 도급인이 업무수령시에 당해 업무의 하자를 발견한 경우에는 조서 또는 수령을 증명하는 그 밖의 문서에 하자 또는 하자의 제거에 관한 그 후의 청구의 제기 가능성에 관한 단서가 있을 때에는 도급인은 이에 대하여 원용할 수 있다.

③ 도급계약에 다른 규정이 있는 경우를 제외하고는 도급인이 검사를 하지 아니하고 업무를 수령한 때에는, 일반적인 수령방법에 따라 증명할 수 있는 업무의 하자(명백한 하자)에 대하여 원용하는 권리를 상실한다.

④ 도급인이 업무의 수령 후에 도급계약에 대한 위반 또는 수급인이 고의로 은닉한 하자를 포함하여 일반적인 수령방법에 따라 증명할 수 없었던 업무의 하자(숨겨진 하자)를 발견한 경우에는, 도급인은 발견한 후로부터 합리적인 기간 내에 이 취지를 수급인에게 통고하여야 한다.

⑤ 도급인과 수급인과의 사이에 수행된 업무의 하자에 관한 다툼 또는 업무의 하자를 원인으로 하는 다툼이 발생한 경우에는, 당사자 중 어느 일방의 청구에 따라 감정이 지정되어야 한다. 감정비용은 도급인이 부담한다. 다만, 감정에 의하여 수급인의 도급계약

위반이 없는 것 또는 수급인의 행위와 발견된 하자와의 사이에 인과관계가 없는 것이 증명될 경우에는 그러하지 아니하다. 위의 경우 감정비용은 감정의 지정을 청구한 당사자가 부담하고, 당사자 쌍방의 합의에 따라 지정된 경우에는 쌍방이 균등하게 부담한다.

⑥ 도급계약에 다른 규정이 있는 경우를 제외하고는 도급인이 수행된 업무의 수령을 거절할 때에는, 수급인은 계약에 따라 업무성과를 도급인에게 인도하여야 하는 날로부터 1개월이 경과 후 도급인에 대한 2회에 걸친 예고를 조건으로 하여 업무성과를 매각할 수 있다. 매각대금액은 수급인에게 지급되어야 할 모든 지급을 공제한 후 이 법전 제327조가 규정하는 절차에 따라 도급인 명의로 공탁할 수 있다.

⑦ 도급인이 수행된 업무 수령을 거부하여 업무 인도의 지체를 일으킨 경우에는, 제조(가공)된 물건의 의외의 멸실 위험은 물건의 인도가 실시되어야 하였을 때에 도급인에게 이전된 것으로 본다.

제721조【업무의 품질】 ① 수행된 업무의 품질은 도급계약조항과, 계약에 조항이 없는 경우 또는 불완전한 경우에는 상응하는 종류의 업무에 통상 제시되는 요건과 일치하여야 한다. 법률과 그 밖의 법령 또는 계약에 다른 규정이 있는 경우를 제외하고는 수행된 업무성과는 도급인에게 인도할 때에 계약에 명시된 성질 또는 통상 제시되는 일정한 요건을 갖추고 합리적인 기간 범위 내에서 계약이 정하는 사용에, 사용에 관한 규정이 계약에 없는 경우에는 당해 종류의 업무성과의 일반적인 사용에 적합하여야 한다.

② 법률과 그 밖의 법령 또는 그에 따라 정하여진 절차로 도급계약에 따라 수행되는 업무에 대한 의무적 요건이 규정될 경우에는, 기업가인 수급인은 이 의무적 요건을 준수하여 업무를 수행하여야 한다.

수급인은 당사자 쌍방에게 규정된 의무적 요건에 비하여 보다 질이 높은 요건을 충족시키는 업무를 수행할 의무를 계약에 따라 부담할 수 있다.

제722조【업무의 품질보증】 ① 법률과 그 밖의 법령, 도급계약 또는 거래관습에 업무성과의 보증기간이 규정될 경우에는, 업무성과는 전 보증기간 동안 품질에 관한 계약조항과 일치하여야 한다.(제721조 제1항)

② 도급계약에 다른 규정이 있는 경우를 제외하고는 업무성과의 품질은 업무성과를 구성하는 모든 것에 미친다.

제723조【업무의 부적절한 품질에 대한 수급인의 책임】 ① 수급인이 도급계약을 위반하여 업무를 수행하고 업무성과를 악화시켰을 경우, 계약이 규정하는 사용에 적합하지 아니한 그 밖의 하자가 있는 경우 또는 일반적인 사용에서의 부적합함에 상응하는

조항이 계약에 없는 경우에는, 도급인은 법률 또는 계약에 다른 규정이 있는 경우를 제외하고는 자기의 선택에 따라 수급인에게 다음 사항을 청구할 수 있다.

합리적인 기간 내의 하자의 무상제거

업무에 설정된 가격에 상응하는 감액

도급계약에 도급인의 하자 제거에 대한 권리에 관한 규정이 있는 경우에는 자기가 한 하자의 제거비용의 배상(제397조)

② 수급인은 자기가 책임질 하자의 제거에 갈음하여 도급인에게 이행지체에 의하여 발생한 손해를 배상하고 무상으로 새로 업무를 수행할 수 있다. 이 경우 도급인은 업무의 성질상 반환이 가능할 경우에는 먼저 인도된 업무성과를 수급인에게 반환하여야 한다.

③ 업무에서의 도급계약의 위반 또는 업무성과의 그 밖의 하자가 도급인이 정한 합리적인 기간 내에 제거되지 아니할 경우 또는 하자가 중대하고 또한 제거가 불가능할 경우에는 도급인은 계약이행을 거절하고 입은 손해배상을 청구할 수 있다.

④ 도급계약에 일정한 하자에 대한 수급인의 책임 면제에 관한 조항이 있는 경우에도, 하자가 수급인의 과실행위 또는 부작위에 의하여 발생한 것으로 증명될 경우에는 수급인은 책임을 면할 수 없다.

⑤ 수급인이 업무수행을 위하여 자재를 제공한 경우에는 부적절한 품질의 상품에 대한 매도인의 책임에 관한 규정(제475조)에 근거하여 자재의 품질에 대하여 책임을 진다.

제724조【업무성과의 부적절한 품질의 발견기한】 ① 법률 또는 도급계약이 달리 정하고 있는 경우를 제외하고는, 도급인은 이 조가 정하는 기한 내에 발견될 것을 조건으로 부적절한 품질의 업무성과에 관한 청구를 제기할 수 있다.

② 업무성과에 대하여 보증기간이 정하여지지 아니한 경우에는 업무성과의 하자에 관한 청구는 업무성과가 인도된 날로부터 2년 이내의 합리적인 기간 내에 발견되었음을 조건으로 도급인이 제기할 수 있다. 다만, 법률과 계약 또는 거래관습에 다른 기한이 정하여져 있는 경우에는 그러하지 아니하다.

③ 도급인은 보증기간 내에 발견한 업무성과의 하자에 관한 청구를 제기할 수 있다.

④ 계약이 규정하는 보증기간이 2년 미만이고, 이 조 제5항이 규정한 때로부터 2년 이내이나 보증기간의 만료 후에 업무성과의 결함을 도급인이 발견한 경우에는, 하자가 업무성과를 도급인에게 인도하기 전 또는 그 이전에 발생한 원인에 의하여 발생한 것이 도급인에 의하여 증명될 때에는 수급인은 책임을 진다.

⑤ 도급계약에 다른 규정이 있는 경우를 제외하고는 보증기간(제722조 제1항)의 진행

은 수행된 업무성과가 수령된 때 또는 도급인이 수령하여야 할 때부터 개시된다.

⑥ 도급계약에 따른 보증기간의 산정에는 법률과 그 밖의 법령, 당사자 사이의 합의에 다른 규정이 있는 경우 및 도급계약의 특수성으로부터 달리 볼 수 있는 경우를 제외하고는 이 법전 제471조 제2항과 제4항에 포함된 규정을 적용한다.

제725조【업무의 부적절한 품질에 관한 소멸시효】 ① 도급계약에 따라 수행된 업무의 부적절한 품질에 관하여 제기하는 청구의 소멸시효의 기간은 1년이며, 건물과 건조물에 대하여는 이 법전 제196조의 규정에 따라 정한다.

② 도급계약에 따라 업무성과의 일부를 도급인이 수령한 경우에는 소멸시효의 기간의 진행은 업무성과 전체가 수령된 날부터 진행한다.

③ 법률과 그 밖의 법령 또는 도급계약에 보증기간이 정하여지고, 업무성과의 하자에 관한 신고가 보증기간 내에 행하여졌을 경우에는, 이 조 제1항에 명시된 소멸시효기간의 진행은 하자에 관한 신고가 있는 날부터 진행한다.

제726조【도급인에게 정보를 제공할 수급인의 의무】 정보 제공이 계약에 규정되어 있거나 또는 정보의 성질상 당해 정보 없이는 계약에 명시된 목적을 위하여 업무성과를 사용하는 것이 불가능한 경우에는, 수급인은 업무성과와 함께 도급계약 목적물의 가동 또는 그 밖의 사용과 관계있는 정보를 도급인에게 제공하여야 한다.

제727조【당사자가 수리한 정보의 기밀성】 도급계약에 따른 자기 의무를 이행함으로 인하여 당사자 일방이 상대방으로부터 법률로 보호되지 아니한 것을 포함하여 새로운 해법과 기술지식에 관한 정보, 영업상의 기밀로 볼 수 있는 정보(제139조)를 취득한 경우에는, 정보를 취득한 당사자는 상대방의 동의 없이 제3자에게 이를 알릴 수 없다.

이들 정보를 사용하는 절차와 조건은 당사자 쌍방의 합의에 따라 정한다.

제728조【도급인이 인도한 재산의 수급인에 의한 반환】 이 법전 제715조 제2항 또는 제723조 제3항에 근거하여 도급인이 도급계약을 해제할 경우에는, 수급인은 도급인으로부터 제공받은 자재, 설비, 가공을 위하여 인도된 물건과 그 밖의 재산을 반환하거나 또는 도급인이 지정하는 자에게 인도하여야 한다. 인도가 불가능한 경우에는 자재, 설비와 그 밖의 재산의 가액을 배상하여야 한다.

제729조【업무성과를 수령하기 전의 도급계약해소의 효과】 수급인이 수행한 업무성과를 도급인이 수령하기 전에 법률 또는 계약이 규정하는 사유에 근거하여 도급계약이 해소된 경우(제720조 제1항)에는, 도급인은 이미 지급을 한 비용을 수급인에게 보상하고 완료되지 아니한 업무성과의 인도를 청구할 수 있다.

제2절 일상생활상의 도급

제730조【일상생활상의 도급계약】 ① 일상생활상의 도급계약에 따라 상응하는 기업활동을 수행하는 수급인은 시민(도급인)의 의뢰에 따라 일상생활상 또는 도급인의 개인적 수요를 충족시키는 일정한 업무를 수행하여야 하며, 도급인은 업무를 수령하고 보수를 지급하여야 한다.

② 일상생활상의 도급계약은 공공계약이다.(제426조)

③ 이 법전이 규율하지 아니하는 일상생활상의 도급계약에 근거한 관계에 대하여는 소비자의 권리보호에 관한 법률과 그에 따라 채택된 그 밖의 법령을 적용한다.

제731조【도급인 권리의 보장】 ① 수급인은 일상생활상의 도급계약으로 부가적인 업무 또는 서비스를 추가할 것을 도급인에게 강제할 수 없다. 도급인은 계약에 규정되지 아니한 업무 또는 서비스에 대한 보수지급을 거절할 수 있다.

② 도급인은 업무의 인도를 받기 전에는 언제든지 계약이행거절에 관한 통고 전에 수행된 업무 부분에 비례하는 소정가격의 일부를 수급인에게 지급하고, 이때까지 계약이행을 위하여 이루어진 비용지출이 위의 업무가격의 일부에 포함되어 있지 아니할 경우에는 이를 수급인에게 배상하고 계약이행을 거절할 수 있다. 도급인의 이 권리를 배제하는 계약조항은 무효이다.

제732조【제안된 업무에 관한 정보의 도급인에 대한 제공】 ① 수급인은 도급계약 체결 전에 제안된 업무에 관하여 불가결하고 또한 확실한 정보, 업무의 종류와 특징, 가격과 지급방식에 관한 정보를 도급인에게 제공하고, 도급인의 의뢰에 근거하여 계약과 상응하는 업무와 관계있는 그 밖의 정보를 통지하여야 한다. 업무의 성질상 필요한 경우에는 수급인은 업무를 수행할 구체적인 인물을 도급인에게 지명하여야 한다.

② 도급인이 이 조 제1항에 명시된 업무에 관한 정보를 일상생활상의 도급계약체결지에서 곧바로 받을 가능성이 도급인에게 부여되지 아니할 경우에는, 도급인은 계약체결의 부당한 회피에 따라 입은 손해의 배상을 수급인에게 청구할 수 있다.(제445조 제4항)(개정 1999. 12. 17. 연방법률 제213호)

도급인은 수급인으로부터 받은 불완전 또는 불확실한 정보에 따라 도급인이 예상한 성질을 가지지 아니하는 업무수행계약을 체결한 경우에는, 수행된 업무에 대한 보수의 지급과 손해배상을 하지 아니하고 체결된 일상생활상의 도급계약의 해제를 청구할 수 있다.

수급인은 이 조 제1항에 명시된 업무에 관한 정보를 도급인에게 제공하지 아니할 경우에는, 도급인에게 업무를 인도한 후 그러한 정보의 결여로 발생한 업무의 하자에 대한 책임도 진다.(1999. 12. 17. 법률에 의한 개정)

제733조【수급인의 자재에 의한 업무수행】 ① 일상생활상의 도급계약에 근거하여 수급인의 자재로 업무를 수행한 경우에는, 도급인은 계약체결시에 자재의 전부 또는 계약에 명시된 일부에 대하여 지급을 하고, 도급인이 수급인에 의하여 수행된 업무를 수령할 때에는 최종적인 결제를 한다.

도급인이 자재대금을 분할지급하는 조건을 포함하여 신용지급방식으로 계약에 따라 자재는 수급인이 제공할 수 있다.

② 일상생활상의 도급계약체결 후에 수급인이 제공한 자재의 가격이 변경된 경우에도 재계산은 하지 아니한다.

제734조【도급인의 자재에 의한 업무수행】 일상생활상의 도급계약에 근거하여 도급인의 자재로 업무를 수행한 경우에는, 계약체결시에 수급인이 도급인에게 교부하는 영수증 또는 그 밖의 문서에 자재의 정확한 명칭, 특징과 쌍방의 합의에 따라 정하는 가격이 명시되어야 한다. 영수증 또는 그 밖의 유사한 문서에 의한 자재평가에 대하여는 그 후 도급인이 법원에 이의를 제기할 수 있다.

제735조【업무의 가격과 지급】 일상생활상의 도급계약에서의 업무의 가격은 당사자 쌍방의 합의에 따라 정하여지며, 관계 국가기관이 정하거나 또는 규율하는 가격을 초과할 수 없다. 업무에 대한 보수의 지급은 수급인에 의한 최종적인 업무 인도 후에 도급인이 한다. 업무에 대한 보수의 지급은 도급인의 동의를 얻어 계약체결시에 전액을 지급하거나 또는 선지급의 방법으로 할 수 있다.

제736조【수행된 업무의 사용조건에 관한 도급인에 대한 통고】 수급인은 업무를 도급인에게 인도할 때에는 업무성과의 효과적인 또한 안전한 사용을 위하여 준수할 필요가 있는 요건 및 당해 요건을 준수하지 아니할 경우 도급인과 그 밖의 자에 대하여 가능한 효과를 도급인에게 통고하여야 한다.

제737조【수행된 업무에서의 하자발견의 효과】 ① 업무성과의 수령시 또는 수령 후의 보증기간 내에, 보증기간이 정하여지지 아니한 경우에는 업무성과를 수령한 날로부터 2년 내(부동산에 대하여는 5년 내)의 합리적인 기간 내에 하자를 발견한 경우에는, 도급인은 자기의 선택에 따라 이 법전 제723조가 규정하는 권리 중의 하나, 무상의 업무 재수행의 청구 또는 자기 자금 또는 제3자에 의한 하자의 개량비용의 배상의 청구를 실

행할 수 있다.(개정 1999. 12. 17. 연방법률 제213호)

② 업무성과에 중대한 하자를 발견한 경우에는 도급인은 하자가 업무성과의 수령 전 또는 그 이전에 발생한 이유에 의하여 발생하였음을 증명할 때에는 하자의 무상제거에 관한 청구를 수급인에게 제기할 수 있다. 이들 하자가 도급인이 업무성과를 수령한 날로부터 2년 후(부동산의 경우에는 5년 후)에 발견되었으나 업무성과에 대하여 정하여진 내용(耐用)기간 내이며, 내용기간이 정하여지지 아니한 경우에는 도급인이 업무성과를 수령한 날로부터 10년 이내일 경우에는 도급인은 청구를 제기할 수 있다.(개정 1999. 12. 17. 연방법률 제213호)

③ 이 조 제2항에 명시된 청구를 수급인이 이행하지 아니할 경우에는 도급인은 같은 기간 내에 업무에 대하여 이미 지급한 가격의 일부 반환 또는 도급인 스스로 또는 제3자의 지원을 얻어 한 하자의 제거에 관한 비용의 배상과 입은 손해배상을 청구할 수 있다.(개정 1999. 12. 17. 연방법률 제213호)

第738조【도급인이 업무성과수령에 입회하지 아니할 경우의 효과】 도급인이 수행된 업무성과수령에 입회하지 아니할 경우 또는 그 밖의 도급인에 의한 수령회피의 경우에는, 수급인은 도급인에게 문서로 예고한 후 예고한 날로부터 2개월 후에 업무성과를 합리적인 가격으로 매각할 수 있고, 매각대금액은 수급인에게 지급되어야 할 모든 지급을 공제하고 이 법전 제327조가 규정하는 절차에 따라 공탁한다.

第739조【일상생활상의 도급계약에 따른 업무의 부적절한 수행 또는 불이행에서의 도급인의 권리】 일상생활상의 도급계약에 따른 업무의 부적절한 수행 또는 불이행의 경우에는, 도급인은 이 법전 제503조부터 제505조에 따라 매수인에게 부여되는 권리를 행사할 수 있다.

제3절 건설도급

第740조【건설도급계약】 ① 건설도급계약에 따라 수급인은 계약이 정하는 기간 내에 도급인의 의뢰에 따라 일정한 물건을 건설하거나 또는 그 밖의 건설업무를 수행하여야 하고, 도급인은 업무수행을 위하여 필요한 조건을 수급인에게 제공하고 업무성과를 수령하고 소정된 가격을 지급하여야 한다.

② 건설도급계약은 기업, 주거를 포함하는 건물, 건조물 또는 그 밖의 목적물의 건설과 재건, 조업개시의 조정 및 건설되는 목적물과 불가분의 관계있는 그 밖의 업무수행

을 위하여 체결된다. 건설도급계약에 관한 규정은 계약에 다른 규정이 있는 경우를 제외하고는 건물과 건조물의 대규모수선 업무에도 적용한다.

계약이 규정하는 경우에는 수급인은 물건을 도급인이 수령한 후 계약에 명시된 기간 동안 물건의 가동을 보증하여야 한다.

③ 건설도급계약에 따라 일상생활상의 수요 또는 시민(도급인)의 개인적인 그 밖의 수요를 충족시키기 위한 업무를 수행할 경우에는, 이러한 계약에는 각각 이 장 제2절의 일상생활상의 도급계약에 근거한 도급인의 권리에 관한 규정을 적용한다.

제741조【당사자 사이의 위험의 배분】 ① 건설도급계약의 목적물을 구성하는 건설물의 의외의 멸실 또는 의외의 훼손 위험은 당해 물건을 도급인이 수령하기 전에는 수급인이 부담한다.

② 건설물이 도급인에 의한 수령 전에 도급인이 제공한 자재(부품, 구조) 또는 설비의 불량 또는 도급인의 잘못된 지시에 의하여 멸실 또는 훼손된 경우에는, 수급인은 이 법전 제716조 제1항이 규정하는 의무를 이행할 것을 조건으로 견적서에 규정하는 업무가액 전부의 지급을 청구할 수 있다.

제742조【건설물의 보험】 ① 건설도급계약에 따라 건설물, 자재, 건설시에 사용하는 설비와 그 밖의 재산의 의외의 멸실 또는 의외의 훼손 위험을 부담하는 당사자 또는 건설을 실시할 때에 타인에게 입힌 손해에 대한 책임 있는 당사자에게 상응하는 위험을 보험에 들 의무를 규정할 수 있다.

보험의무를 지는 당사자는 건설도급계약이 규정하는 조건에 따라 보험업자, 보험금의 액수와 보험대상이 되는 위험에 관한 정보와 함께 보험계약을 체결한 증명을 상대방에게 제공하여야 한다.

② 보험은 보험에 든 당사자로부터 보험대상이 되는 사고를 막기 위하여 필요한 조치를 취할 의무를 면제하지 아니한다.

제743조【기술관계문서와 견적서】 ① 수급인은 업무의 양, 내용과 업무에 제시되는 그 밖의 요건을 규정한 기술관계문서와 업무의 가격을 정하는 견적서에 따라 건설과 그와 관계있는 업무를 실시하여야 한다.

건설도급계약에 다른 규정이 없는 경우에는 수급인은 기술관계문서와 견적서에 명시된 모든 업무를 수행할 의무를 지는 것으로 추정한다.

② 건설도급계약에 따라 기술관계문서의 구성과 내용을 정하여야 하며, 당사자 중 누가 어느 정도의 기한 내에 상응하는 문서를 제공할 것인가를 규정하여야 한다.

③ 수급인은 건설과정에서 기술관계문서에 명시되어 있지 아니한 업무와 그와 관련 있는 부가업무 및 견적건설가액을 증액할 필요성이 있음을 발견하였을 경우에는 이를 도급인에게 통고하여야 한다.

법률 또는 건설도급계약에 다른 기간이 규정되어 있는 경우를 제외하고는, 10일 이내에 수급인의 통고에 대하여 도급인으로부터 회답을 받지 못할 경우에는, 수급인은 상응하는 업무를 정지하여야 하며, 정지에 따라 입은 손해는 도급인이 부담한다. 도급인은 부가업무를 할 필요성이 없었음을 증명할 경우에는 손해배상을 면한다.

④ 수급인이 이 조 제3항이 정하는 의무를 이행하지 아니할 경우에는, 도급인의 이익을 위하여 신속한 행위를 할 필요성, 특히 업무의 정지로 건설물의 멸실 또는 훼손이 초래된 사실에 관하여 증명할 경우를 제외하고는, 수급인이 한 부가업무에 대한 보수의 지급과 이에 의하여 입은 손해의 배상을 도급인에게 청구하는 권리를 상실한다.

⑤ 부가업무의 실시와 보수지급에 대한 도급인의 동의가 있는 경우에는, 수급인은 업무가 수급인의 전문적인 활동영역 내에 속하지 아니하는 때 또는 수급인이 통제할 수 없는 원인에 의하여 업무를 수행할 수 없는 때에 한하여 업무수행을 거절할 수 있다.

제744조【기술관계문서의 수정】 ① 도급인은 기술관계문서에 수정을 가할 수 있다. 다만, 이에 따르는 부가업무의 가액이 견적서에 명시된 건설 총가액의 10%를 초과하지 아니하며, 건설도급계약으로 규정하는 업무의 성질을 변경하지 아니할 것을 조건으로 한다.

② 이 조 제1항이 명시하는 범위를 넘는 기술관계문서의 변경은 당사자 쌍방이 합의한 추가견적서에 근거하여 이루어진다.

③ 자기가 통제할 수 없는 원인에 의하여 업무 가액이 견적보다 10% 이상을 초과될 경우에는, 수급인은 이 법전 제450조에 따라 견적서의 재검토를 청구할 수 있다.

④ 수급인은 기술관계문서에서의 결함의 증명과 제거에 관하여 발생한 합리적인 지출의 배상을 청구할 수 있다.

제745조【자재와 설비의 건설에의 공급】 ① 건설도급계약에 도급인이 건설에 대한 공급을 전부 또는 일정부분 실행하는 것으로 규정되어 있는 경우를 제외하고는 부품, 구조 또는 설비를 포함하여 건설에의 자재공급에 관한 의무는 수급인이 부담한다.

② 건설에 대한 공급의무를 지는 당사자는 자신이 제공한 자재 또는 설비를 사용함으로써 수행하는 업무의 품질 악화를 초래하여 사용불능으로 밝혀질 경우, 그 사용불능이 타방 당사자가 책임질 상황에 의하여 발생하였음을 증명할 경우를 제외하고는 사용불능

에 대하여 책임을 진다.

③ 도급인이 제공한 자재 또는 설비의 사용이 업무의 품질 악화를 초래하여 사용불능으로 밝혀지고, 도급인이 교환을 거절할 경우에는, 수급인은 건설도급계약을 거절하고 도급인에게 이미 수행한 업무에 비례하는 계약가격의 지급을 청구할 수 있다.

第746조【업무에 대한 보수의 지급】 ① 수급인이 수행한 업무에 대한 보수의 지급은 도급인에 의하여 견적서에 규정된 액수로 법률 또는 건설도급계약이 정하는 기한과 절차에 따라 이루어진다. 법률 또는 계약에 상응하는 규정이 없는 경우에는 업무에 대한 보수의 지급은 이 법전 제711조에 따라 한다.

② 업무에 대한 보수의 지급을 도급인이 물건을 수령한 후 한 번에 전액 지급하는 것으로 건설도급계약에 규정할 수 있다.

第747조【건설도급계약에 따른 도급인의 추가의무】 ① 도급인은 건설을 위하여 적당한 방법으로 토지를 제공하여야 한다. 제공하는 토지의 면적과 상태는 건설도급계약에 포함된 조항과 부합하여야 한다. 이 조항이 없는 경우에는 도급인은 적당한 업무개시, 정상적인 업무관리와 기한 내의 완료를 보증하여야 한다.

② 도급인은 건설도급계약이 규정하는 경우와 절차에 따라 업무의 실시를 위하여 필요한 건물과 건조물을 수급인의 사용에 인도하고, 그 소재지로의 화물운송, 전기, 수도, 스팀공급망의 일시적 인입과 그 밖의 서비스를 제공하여야 한다.

③ 이 조 제2항에 명시된 도급인이 제공하는 서비스에 대한 지급은 건설도급계약이 규정하는 경우와 조건에 따라 한다.

第748조【건설도급계약에 따른 업무수행의 도급인에 의한 감독과 감시】 ① 도급인은 수행되는 업무의 과정과 품질, 업무의 실행기간(작업예정표)의 준수, 수급인이 제공하는 자재의 품질과 수급인이 도급인의 자재를 적정하게 사용하였는지의 여부에 대한 감독과 감시를 실시할 수 있다. 다만, 이 경우 수급인의 경영상의 활동에 개입하여서는 아니된다.

② 도급인은 업무수행에 대한 감독과 감시를 실시할 때에 업무의 품질 저하를 초래할 수 있는 건설도급계약조항의 위반 또는 그 밖의 하자를 발견한 경우에는 곧바로 그 취지를 수급인에게 통고하여야 한다. 도급인이 통고를 하지 아니할 경우에는 그 후에 발견한 하자에 대하여 원용하는 권리를 상실한다.

③ 수급인은 건설과정에서 받은 도급인의 지시가 건설도급계약조항에 반하지 아니하며 수급인의 경영활동에 개입하지 아니할 경우에는 이를 실행하여야 한다.

④ 업무를 부적절하게 수행한 수급인은 감독과 감시를 실시하는 의무가 법률에 따라 도급인에게 부과된 경우를 제외하고는, 도급인이 업무수행의 감독과 감시를 하지 아니한 것을 원용할 수 없다.

제749조【도급인 권리행사와 의무이행에서의 기술자〈기술조직〉의 참가】 도급인은 건설에 대한 감독과 감시를 실시하고 수급인과의 상호관계에서 도급인의 이름으로 결정을 하기 위하여 수급인의 동의 없이 당해 서비스를 도급인에게 제공하는 계약을 기술자(기술조직)와 독자적으로 체결할 수 있다. 이 경우 수급인을 위하여 실시한 행위의 효과에 관한 당해 기술자(기술조직)의 역할은 건설도급계약으로 정한다.

제750조【건설도급계약에서의 당사자 쌍방의 협력】 ① 건설과 그에 관한 업무를 수행할 때에 건설도급계약의 적정한 이행에 대한 장애가 발견될 경우에는, 각 당사자는 장애를 제거하기 위하여 자기가 취할 수 있는 범위 내에서 합리적인 모든 조치를 취하여야 한다. 이 의무를 이행하지 아니하는 당사자는 당해 장애가 제거되지 아니함으로써 입은 손해의 배상에 대한 권리를 상실한다.

② 이 조 제1항에 명시된 의무이행과 관계있는 당사자 일방의 비용지출은 건설도급계약에 규정이 있는 경우에는 상대방이 배상하여야 한다.

제751조【환경보호와 건설업무의 안전에서의 수급인의 의무】 ① 수급인은 건설과 그에 관한 업무를 할 때에 법률과 환경보호와 건설업무의 안전에 관한 그 밖의 법령의 요건을 준수하여야 한다.

수급인은 이들 요건의 위반에 대하여 책임을 진다.

② 업무수행과정에서 도급인이 제공한 자재와 설비를 사용하거나 도급인의 지시를 따르는 것이 환경의 보호와 건설업무의 안전에 대하여 쌍방에게 의무적인 요건에 대한 위반을 초래할 수 있는 경우에는, 수급인은 당해 자재와 설비를 사용할 수 없으며, 도급인의 지시를 실행할 수 없다.

제752조【건설의 일시정지의 효과】 당사자 쌍방의 지배범위 외의 원인에 의하여 건설도급계약에 따른 업무가 정지되고 건설물의 작업이 일시정지된 경우에는, 도급인은 일시정지시까지 수행된 업무 전부에 대한 보수지급을 수급인에게 하고, 업무정지에 따라 수급인이 취득하거나 또는 취득할 수 있었던 이익을 공제한 후 업무정지와 건설의 일시정지에 따라 발생한 비용지출을 배상하여야 한다.

제753조【업무의 인도와 수령】 ① 도급인은 건설도급계약에 따라 수행한 업무성과를 인도하기 위한 준비에 관한 수급인의 통지 또는 계약이 규정하고 있는 경우에는,

수행한 업무 단계를 인도하기 위한 준비에 관한 수급인의 통지를 받은 경우에는 곧바로 수령하여야 한다.

② 도급인은 건설도급계약에 다른 규정이 있는 경우를 제외하고는 자기부담으로 업무성과의 수령을 조직하고 실행한다.

법률 또는 그 밖의 법령이 규정하는 경우에는 업무성과의 수령에는 국가기관과 지방자치기관의 대표자가 입회하여야 한다.

③ 도급인이 사전에 업무의 일정 단계의 성과를 수령한 경우에는 수급인의 과실에 의하지 아니하고 발생한 업무성과의 멸실 또는 훼손의 효과에 관한 위험을 부담한다.

④ 업무성과의 수급인에 의한 인도와 도급인에 의한 수령은 당사자 쌍방이 서명하는 조서로 작성된다. 당사자 일방이 조서에 서명하는 것을 거절할 경우에는 조서에 이 취지가 기재되고 상대방이 서명한다.

일방에 의한 업무성과의 인도 또는 수령조서는 조서에 대한 서명 거절의 이유가 정당하다고 인정될 경우에만 법원이 무효로 인정할 수 있다.

⑤ 법률 또는 건설도급계약에 규정이 있거나 또는 계약에 따라 수행되는 업무의 성질로 보아 필요한 경우에는, 사전시험은 업무성과의 수령에 앞서 행하여져야 한다. 이 경우 수령은 사전시험이 긍정적인 결과이었을 경우에만 실시할 수 있다.

⑥ 도급인은 건설도급계약에 명시된 목적을 위하여 업무의 성과를 사용할 가능성을 배제하는 하자가 발견되고 수급인 또는 도급인이 이를 제거할 수 없는 경우에는 업무성과의 수령을 거절할 수 있다.

제754조【업무의 품질에 대한 수급인의 책임】 ① 수급인은 기술관계문서와 쌍방에 의무적인 건설규범과 규칙이 규정하는 요건의 위반 및 기술관계문서에 명시된 기업의 생산능력 등을 포함하여 건설물의 지표에 도달하지 못한 것에 대하여 도급인에게 책임을 진다.

건물 또는 건조물의 재건(갱신, 개축, 복구 등)의 경우에는 건물, 건조물 또는 그 일부의 강도, 안정성, 신뢰성의 저하 또는 상실에 대한 책임은 수급인이 진다.

② 건설물의 품질에 영향을 미치지 아니한 것을 증명할 경우에는, 수급인은 도급인의 동의 없이 한 기술관계문서로부터의 사소한 일탈에 대하여 책임을 지지 아니한다.

제755조【건설도급계약에서의 품질보증】 ① 건설도급계약에 다른 규정이 있는 경우를 제외하고는, 수급인은 건설물이 기술관계문서에 명시된 지표에 도달하여야 함을 보증하고 또한 건설도급계약에 따라 전 보증기간 동안 목적물의 사용 가능성을 보증한

다. 법률이 정한 보증기간은 당사자 쌍방의 합의에 따라 연장될 수 있다.

② 수급인은 하자(결함)가 목적물 또는 그 일부의 정상적인 마모에 의하여 발생한 것, 잘못된 사용 또는 도급인 자신 또는 도급인이 위임한 제3자가 작성한 잘못된 사용설명서, 도급인 자신 또는 도급인이 위임한 제3자가 한 목적물의 부적절한 수선에 의하여 발생하였음을 증명할 경우를 제외하고는, 보증기간 내에 발견한 하자(결함)에 대하여 책임을 진다.

③ 보증기간은 수급인이 책임질 하자로 인하여 목적물을 사용할 수 없었던 전 기간 동안 중단된다.

④ 보증기간 내에 이 법전 제754조 제1항에 명시된 하자가 발견될 경우에는, 도급인은 발견으로부터 합리적인 기간 내에 수급인에게 이 취지를 통고하여야 한다.

第756조【건설업무의 부적절한 품질의 발견기간】 건설업무의 부적절한 품질과 관계있는 청구를 제기할 경우에는 이 법전 제724조 제1항부터 제5항의 규정을 적용한다.

이 경우 하자발견의 기한은 이 법전 제724조 제2항과 제4항에 따라 5년이다.

第757조【도급인의 부담에 의한 하자의 제거】 ① 수급인이 책임질 수 없는 하자를 도급인의 청구에 따라 도급인의 부담으로 제거할 수급인의 의무는 건설도급계약에 규정될 수 있다.

② 수급인은 하자의 제거가 계약의 목적물과 직접 관련되지 아니하는 경우 또는 수급인이 통제할 수 없는 원인으로 도급인이 하자를 제거할 수 없는 경우에는, 이 조 제1항에 명시된 의무이행을 거절할 수 있다.

제4절 설계와 현지조사업무수행의 도급

第758조【설계와 현지조사업무수행의 도급】 설계와 현지조사업무수행 도급계약에 따라 수급인(설계업자, 현지조사업자)은 도급인의 의뢰에 따라 기술관계문서를 작성하고 (또는) 현지조사업무를 수행하며, 도급인은 그 성과를 수령하고 보수를 지급하여야 한다.

第759조【설계와 현지조사업무수행을 위한 초기 데이터】 ① 설계와 현지조사업무 실시 도급계약에 따라 도급인은 설계의 과제와 기술관계문서의 작성에 필요한 그 밖의 초기 데이터를 수급인에게 교부하여야 한다. 설계업무의 과제는 도급인의 의뢰에 근거하여 수급인이 준비할 수 있다. 이 경우 과제는 도급인이 승인한 때로부터 쌍방에게 의무적인 것으로 된다.

② 수급인은 과제와 설계 및 현지조사업무수행을 위한 그 밖의 초기 데이터에 포함되는 요건을 준수하여야 하고, 도급인의 동의를 얻은 경우에 한하여 요건을 회피할 수 있다.

제760조【수급인의 의무】 ① 설계와 현지조사업무수행 도급계약에 따라 수급인은 다음의 의무를 부담한다.

설계의 과제 및 그 밖의 초기 데이터와 계약에 따라 업무를 수행하는 것

준비한 기술관계문서를 도급인, 필요한 때에는 도급인과 함께 권한이 있는 국가기관 및 지방자치기관과 조정하는 것

도급인에게 준비한 기술관계문서와 현지조사업무의 성과를 이전하는 것

수급인은 도급인의 동의 없이 기술관계문서를 제3자에게 넘겨줄 수 없다.

② 수급인은 설계와 현지조사업무수행 도급계약에 따라 수급인이 준비한 기술관계문서에 근거하여 업무수행을 저지하거나 또는 제한하는 권리를 제3자가 보유하고 있지 아니함을 도급인에게 보증한다.

제761조【설계와 현지조사업무의 부적절한 수행에 대한 수급인의 책임】 ① 수급인은 설계와 현지조사업무수행 도급계약에 따라 그 후의 건설과정과 기술관계문서 및 현지조사업무 데이터에 근거하여 건설된 목적물의 사용과정에서 발견된 하자를 포함하여 기술관계문서의 작성과 현지조사업무의 부적절한 수행에 대하여 책임을 진다.

② 기술관계문서 또는 현지조사업무에 하자가 발견된 경우에는 법률 또는 설계와 현지조사업무수행 도급계약이 달리 정하고 있는 경우를 제외하고는, 수급인은 도급인의 청구에 따라 무상으로 기술관계문서를 재작성하고, 각기 필요한 추가 현지조사업무를 실시하며 도급인에게 입힌 손해를 배상하여야 한다.

제762조【도급인의 의무】 설계와 현지조사업무수행 도급계약에 따라 도급인은 계약에 다른 규정이 있는 경우를 제외하고는 다음의 의무를 부담한다.

모든 업무종료 후 수급인에게 규정된 가격을 지급하거나 또는 개별 업무단계종료 후에 소정가격을 부분적으로 지급하는 것

수급인으로부터 수리한 기술관계문서를 계약이 규정하는 목적으로만 사용하고 제3자에게 넘겨주지 아니하며, 수급인의 동의 없이 기술관계문서에 포함되는 정보를 누설하지 아니하는 것

설계와 현지조사업무수행에서 계약이 규정하는 범위와 조건에 따라 수급인에게 협력하는 것

수급인과 함께 준비한 기술관계문서가 관계되는 국가기관 및 지방자치기관과의 조정

에 참가하는 것

수급인이 통제할 수 없는 상황에 의하여 제시된 설계와 현지조사업무수행을 위한 초기 데이터의 변경에 따르는 추가지출을 수급인에게 배상하는 것

작성된 기술관계문서 또는 수행된 현지조사업무의 하자와 관련하여 제3자가 도급인에게 제기한 소송에 수급인을 참가시키는 것

제5절 국가 또는 지방자치단체수요를 위한 도급업무 (개정 2006. 2. 2. 연방법률 제19호)

第763조 【국가 또는 지방자치단체수요를 위한 도급업무수행에 대한 국가 또는 지방자치단체계약】 ① 러시아연방 또는 러시아연방구성체의 수요를 만족시키기 위하여 행하여지며, 상응하는 예산과 예산 외의 재원에 의하여 자금이 조달되는 도급건설업무(제740조) 및 설계와 현지조사업무(제758조)는 국가 또는 지방자치단체수요를 위한 도급업무수행에 대한 국가 또는 지방자치단체의 계약에 근거하여 실행된다.(개정 2006. 2. 2. 연방법률 제19호)

② 국가 또는 지방자치단체수요를 위한 도급업무수행에 대한 국가 또는 지방자치단체계약(아래에서는 국가 또는 지방자치단체계약이라 한다)에 근거하여 수급인은 건설업무, 설계업무 및 생산과 비생산시설의 건설 및 수선과 관계있는 그 밖의 업무를 수행하여 국가 또는 지방자치단체발주자에게 인도하여야 하고, 국가 또는 지방자치단체발주자는 수행된 업무를 수령하고 보수의 지급 또는 지급보증을 하여야 한다.(개정 2006. 2. 2. 연방법률 제19호)

第764조 【국가 또는 지방자치단체계약에서의 당사자】 ① 국가 또는 지방자치단체계약에서 수급인으로 되는 자는 법인 또는 자연인이다.

② 국가계약에서 국가발주자로 되는 자는 국가기관(국가권력기관을 포함한다), 국가예산외 자금운용기관, 예산 및 예산외 재원으로 도급업무수행에 대한 주문을 하는 경우의 국고시설, 연방 및 러시아연방구성체예산의 그 밖의 수령자이다.(개정 2007. 4. 20. 연방법률 제53호, 2007. 7. 24. 연방법률 제218호, 2008. 12. 30. 연방법률 제308호)(개정 2010, 5, 8. 연방법률 제83호, 시행 2011. 1. 1.)

③ 지방자치단체계약에서 지방자치단체발주자로 되는 자는 지방자치기관, 지방자치단체예산외 자금운용기관, 예산 및 예산외 재원으로 도급업무수행에 대한 주문을 하는

경우의 예산제시설, 지방자치단체예산의 그 밖의 수령자이다.(개정 2007. 4. 20. 연방법률 제53호, 2007. 7. 24. 연방법률 제218호, 2008. 12. 30. 연방법률 제308호)

제765조【국가 또는 지방자치단체계약체결의 근거와 절차】 국가 또는 지방자치단체계약체결의 근거와 절차는 이 법전 제527조와 제528조의 규정에 따라 정한다.(개정 2006. 2. 2. 연방법률 제19호)

제766조【국가 또는 지방자치단체계약의 내용】 ① 국가 또는 지방자치단체계약에는 수행하여야 할 업무의 양과 가액, 업무의 개시와 종료기한, 업무의 융자 및 보수지급의 액수와 절차, 당사자 쌍방의 의무이행의 보증방법이 포함되어야 한다.(개정 2006. 2. 2. 연방법률 제19호)

② 국가 또는 지방자치단체계약이 국가 또는 지방자치단체수요를 위한 도급업무의 발주를 할당하기 위한 공매 또는 가격의 표시 · 재표시에 의한 결과에 근거하여 체결될 경우에는, 국가 또는 지방자치단체계약조항은 공시된 공매조건과 공매에서 낙찰자로 인정되는 수급인이 제시한 제안에 따라 정하여진다.(개정 2006. 2. 2. 연방법률 제19호)

제767조【국가 또는 지방자치단체계약의 변경】 ① 상응하는 국가 또는 지방자치단체기관에 의하여 도급업무에 대한 자금조달을 위하여 할당되는 예산자금이 정하여진 절차에 따라 감액될 경우에는, 당사자 쌍방은 새로운 기한을 협의하고, 필요한 경우에는 업무수행의 다른 조건을 조정하여야 한다. 수급인은 업무실시기한의 변경에 의하여 입은 손해의 배상을 국가발주자에게 청구할 수 있다.(개정 2006. 2. 2. 연방법률 제19호)

② 법률에 다른 규정이 있는 경우를 제외하고는 이 조 제1항에 명시된 상황과 관련되지 아니한 국가 또는 지방자치단체계약의 변경은 당사자 쌍방의 합의에 따라 한다.(개정 2006. 2. 2. 연방법률 제19호)

제768조【국가 또는 지방자치단체계약의 법적 규율】 국가 또는 지방자치단체수요를 위한 도급업무수행에 대한 국가 또는 지방자치단체계약과 관련 있는 관계 중 이 법전이 규율하지 아니하는 부분에 대하여는 국가 또는 지방자치단체수요를 위한 도급에 관한 법률을 적용한다.(개정 2006. 2. 2. 연방법률 제19호)

제38장 학술연구, 시험설계와 기술연구업무수행

제769조【학술연구, 시험설계와 기술연구업무수행계약】 ① 학술연구업무수행계약

에 따라 집행자는 발주자의 기술과제에 소정된 학술연구를 실시하여야 하고, 시험설계와 기술연구업무수행계약에 따라 신제품의 견본, 그 설계문서 또는 새로운 기술을 연구하여야 하고, 발주자는 업무를 수리하고 보수를 지급하여야 한다.

② 집행자와의 계약은 연구, 개발, 견본제작의 전 공정과 그 개별 단계(구성부분)를 포함할 수 있다.

③ 법률 또는 계약에 다른 규정이 있는 경우를 제외하고는 학술연구, 시험설계와 기술연구업무수행계약의 의외의 이행불능의 위험은 발주자가 부담한다.

④ 학술연구, 시험설계와 기술연구업무수행계약조항은 법률과 배타적 권리(지적재산)에 관한 그 밖의 법령과 일치하여야 한다.

제770조【업무수행】 ① 집행자는 학술연구를 개인적으로 하여야 한다. 집행자는 발주자의 동의를 얻은 경우에 한하여 학술연구업무수행계약이행에 제3자를 참가하게 할 수 있다.

② 시험설계와 기술연구업무수행의 경우에는 집행자는 계약에 다른 규정이 있는 경우를 제외하고는 그 이행에 제3자를 참가하게 할 수 있다. 집행자와 제3자와의 관계에 대하여는 원수급인과 하도급인에 관한 규정(제706조)을 적용한다.

제771조【계약의 목적물을 구성하는 정보의 기밀성】 ① 학술연구, 시험설계와 기술연구업무수행계약에 다른 규정이 있는 경우를 제외하고는, 당사자 쌍방은 계약의 목적물, 그 이행 과정과 수령한 성과에 관한 정보의 기밀성을 준수하여야 한다. 기밀성이 있는 것으로 인정되는 정보의 양은 계약으로 정한다.

② 각 당사자는 상대방의 동의를 얻은 경우에 한하여 업무를 수행하면서 취득한 기밀성이 있는 정보를 공표하여야 한다.

제772조【업무성과에 대한 당사자의 권리】 ① 학술연구, 시험설계와 기술연구업무수행계약에서의 당사자는 업무성과를 계약이 규정하는 범위와 조건에 따라 사용하는 권리를 갖는다.(개정 2006. 12. 18. 연방법률 제231호)

② 계약에 다른 규정이 있는 경우를 제외하고는 발주자는 집행자로부터 이전받은 업무성과를 사용하는 권리를 가지며, 집행자는 자신이 취득한 업무성과를 자기를 위하여 사용할 수 있다.(개정 2006. 12. 18. 연방법률 제231호)

③ 지적 활동의 성과로서의 업무성과에 대한 집행자와 발주자의 권리에 대한 법적 보호는 이 법전 제7편의 규정에 따라 정한다.(추가 2006. 12. 18. 연방법률 제231호)

제773조【집행자의 의무】 집행자는 학술연구, 시험설계와 기술연구업무수행계약

에서 다음의 의무를 부담한다.

발주자와 협의한 기술과제에 따라 업무를 수행하고, 계약이 규정하는 기한 내에 발주자에게 업무성과를 이전하는 것

제3자에게 속하는 보호대상인 지적 활동의 성과를 사용할 필요성과 이들 사용권의 취득에 대하여 발주자와 협의하는 것

기술과제 또는 계약이 규정하는 기술적 · 경제적 규준으로부터의 일탈을 초래할 수 있는 하자로서 집행자의 과실에 의한 수행업무의 하자를 직접 자기부담으로 제거하는 것

기대된 성과의 취득이 불가능한 것으로 밝혀진 경우 및 업무의 계속에 타당성이 없는 경우에는 발주자에게 그 취지를 곧바로 통고하는 것

계약에 따라 취득한 타인의 배타적 권리를 침해하지 아니하는 성과를 발주자에게 이전할 것을 보증하는 것

제774조【발주자의 의무】 ① 발주자는 학술연구, 시험설계와 기술연구업무수행계약에서 다음의 의무를 부담한다.

업무수행을 위하여 필요한 정보를 집행자에게 제공하는 것

수행된 업무성과를 수령하고 보수를 지급하는 것

② 계약에 따라 기술과제를 집행자에게 이전하고, 집행자와 작업계획(기술적 · 경제적 규준) 또는 업무의 주제에 대하여 협의할 발주자의 의무를 규정할 수 있다.

제775조【학술연구업무성과의 달성이 불가능할 경우의 효과】 학술연구업무의 과정에서 집행자가 통제할 수 없는 상황으로 인하여 성과달성이 불가능한 것으로 밝혀졌을 경우에는, 발주자는 학술연구업무수행계약이 규정하는 성과를 얻는 것이 불가능한 것으로 밝혀질 때까지 실시된 업무가액에 대한 지급을 하여야 한다. 다만, 계약에 기재된 업무가격에 상응하는 부분을 초과하여서는 아니된다.

제776조【시험설계와 기술연구업무의 계속이 불가능할 경우의 효과】 시험설계와 기술연구업무의 과정에서 집행자의 과실에 의하지 아니하고 업무계속이 불가능한 것 또는 타당성이 없는 것으로 밝혀졌을 경우에는, 발주자는 집행자가 부담한 비용을 지급하여야 한다.

제777조【계약위반에 대한 집행자의 책임】 ① 집행자는 학술연구업무, 시험설계와 기술연구업무수행계약의 위반에 대하여 위반이 집행자의 과실에 의하지 아니하고 발생하였음을 증명할 경우를 제외하고는(제401조 제1항) 발주자에 대하여 책임을 진다.

② 하자에 대한 배상을 계약에 따른 총 업무가격의 범위 내에서 하여야 하는 것으로

계약에 규정된 경우에는, 집행자는 발주자에게 입힌 손해에 대하여 하자가 발견된 업무의 가액을 한도로 하여 발주자에게 배상하여야 한다. 일실이익은 계약이 규정하는 경우에는 배상되어야 한다.

第778조【학술연구업무, 시험설계와 기술연구업무수행계약의 법적 규율】 업무수행기한과 업무가격, 업무성과수령에 발주자가 입회하지 아니한 경우의 효과에 대하여는 이 법전 제708조, 제709조와 제738조의 상응하는 규정을 적용한다.

국가 또는 지방자치단체수요를 위한 학술연구업무, 시험설계와 기술연구업무수행에 대한 국가 또는 지방자치단체계약에는 이 법전 제763조부터 제768조의 규정을 적용한다.(개정 2006. 2. 2. 연방법률 제19호)

제39장 서비스의 유상제공

第779조【서비스유상제공계약】 ① 서비스유상제공계약에 따라 집행자는 발주자의 의뢰에 따라 서비스를 제공하여야(일정한 행위 또는 일정한 활동을 하여야) 하고, 발주자는 서비스에 대한 보수를 지급하여야 한다.

② 이 장의 규정은 통신서비스, 의료, 수의(獸醫), 회계검사, 컨설턴트, 정보서비스, 교육서비스, 관광서비스와 이 법전 제37장, 제38장, 제40장, 제41장, 제44장, 제45장, 제46장, 제47장, 제49장, 제51장, 제53장에서 규정하는 계약에 따라 제공되는 서비스를 제외한 그 밖의 서비스의 제공계약에 적용한다.

第780조【서비스유상제공계약이행】 서비스유상제공계약에 다른 규정이 있는 경우를 제외하고는 집행자는 직접 서비스를 제공하여야 한다.

第781조【서비스에 대한 보수지급】 ① 발주자는 서비스유상제공계약에 명시된 기한 내에 그 규정하는 절차에 따라 발주자에게 제공된 서비스에 대한 보수를 지급하여야 한다.

② 발주자의 과실에 의하여 계약이행이 불가능하게 된 경우에는, 발주자는 법률 또는 서비스유상제공계약에 다른 규정이 있는 경우를 제외하고는 서비스의 총액에 대한 보수를 지급하여야 한다.

③ 당사자 어느 누구에도 책임지울 수 없는 상황에 의하여 계약이행이 불가능하게 된 경우에는, 발주자는 법률 또는 서비스유상제공계약에 다른 규정이 있는 경우를 제외하

고는 집행자가 실제로 지출한 비용을 배상한다.

제782조【서비스유상제공계약이행의 일방적인 거절】 ① 발주자는 집행자가 실제로 지출한 비용을 지급할 것을 조건으로 서비스유상제공계약의 이행을 거절할 수 있다.

② 집행자는 발주자에게 손해를 모두 배상하는 조건에서만 서비스유상제공계약의 이행을 거절할 수 있다.

제783조【서비스유상제공계약의 법적 규율】 도급에 관한 일반규정(제702조부터 제729조)과 일상생활상의 도급에 관한 규정(제730조부터 제739조)은 이 법전 제779조부터 제782조와 서비스유상제공계약의 목적물의 특수성에 반하는 경우를 제외하고는 서비스유상제공계약에 적용한다.

제40장 운 송

제784조【운송에 관한 일반규정】 ① 화물, 여객과 수화물의 운송은 운송계약에 따라 한다.

② 운송의 일반적 요건은 운수규칙과 운수법전, 다른 법률과 그에 따라 공포된 규칙에 따라 정한다.

개별 수송기관에 의한 화물, 여객과 수화물의 운송의 요건과 이들 운송에 따른 당사자의 책임은 이 법전, 운수규칙과 운수법전, 다른 법률과 그에 따라 공포된 규칙에 달리 정하여진 경우를 제외하고는 당사자의 합의에 따라 정한다.

제785조【화물운송계약】 ① 화물운송계약에 따라 운송인은 송하인에게 수임한 화물을 지정장소에 송달하고 화물의 수령 권한을 부여받은 자(수령인)에게 인도하여야 하며, 송하인은 규정된 화물운송에 대한 요금을 지급하여야 한다.

② 화물운송계약의 체결은 화물운송장(선하증권 또는 상응하는 운수규칙 또는 운수법전이 규정하는 그 밖의 화물에 대한 문서)의 작성과 송하인으로의 화물운송장의 교부에 의하여 확인된다.

제786조【여객운송계약】 ① 여객운송계약에 따라 운송인은 여객을 지정장소에 운송하고 여객으로부터 수화물의 탁송이 있는 경우에는, 이를 지정장소에 송달하고 수화물을 수령할 권한을 부여받은 자(수령인)에게 인도하여야 하며, 여객은 규정된 승차요금과 수화물의 탁송의 경우에는 운반요금을 지급하여야 한다.

② 여객운송계약체결은 승차권에 의하여, 여객에 의한 수화물의 탁송은 수화물보관증에 의하여 확인된다.

승차권과 수화물보관증의 방식은 운수규칙과 운수법전이 규정하는 절차에 따라 정한다.

③ 여객은 상응하는 운수규칙 또는 운수법전이 규정하는 절차에 따라 다음의 권리를 갖는다.

무료 또는 그 밖의 우대조건으로 어린아이를 동반하는 것

무료로 정하여진 규준범위 내의 신변휴대품을 휴대하는 것

요금표에 따라 요금을 지급하고 수화물을 탁송하는 것

제787조【용선계약】 용선계약에 따라 일방(선주)은 화물, 여객과 수화물의 운송을 위하여 1회 또는 수회 항행을 위한 1척 또는 수척의 수송기관의 전부 또는 일부를 유료로 상대방(용선자)에게 제공하여야 한다.

용선계약의 체결절차와 계약의 방식은 운수규칙과 운수법전에 따라 정한다.

제788조【직통연결편】 공통의 운수문서에 근거하여 다양한 형태의 수송기관에 의하여 화물, 여객과 수화물의 운송이 이루어질 경우(직통연결편), 운수조직의 상호관계와 운송을 조직화하는 절차는 직통연결(공동)운송에 관한 법률에 따라 관계되는 운수조직 사이에 체결되는 합의로 정한다.

제789조【공용수송에 따른 운송】 ① 상업조직이 실시하는 운송은 법률과 그 밖의 법령에 따라 당해 조직이 임의의 시민 또는 법인의 의뢰에 근거하여 화물, 여객과 수화물의 운송을 실행하여야 하는 것으로 볼 수 있는 경우에는 공용수송에 따른 운송으로 본다.(개정 2003. 1. 10. 연방법률 제15호)

공용수송에 따른 운송으로 인정을 받는 운송을 하여야 하는 조직의 목록은 소정절차에 따라 공표한다.

② 공용수송에 따른 운송계약은 공공계약(제426조)이다.

제790조【운임】 ① 화물, 여객과 수화물의 운송에 대하여는 당사자 쌍방이 합의로 정한 운임을 징수한다. 다만, 법률 또는 그 밖의 법령에 다른 규정이 있는 경우에는 그러하지 아니하다.

② 일반수송에 따른 화물, 여객과 수화물의 운임은 운수규칙과 운수법전이 정하는 절차에 따라 승인되는 요금표에 근거하여 정한다.

③ 하주의 요청에 따라 운송인이 행하는 업무와 서비스이고 요금표에 규정이 없는 경

우에는 당사자 쌍방의 합의에 따라 요금을 지급한다.

④ 법률과 그 밖의 법령, 운송계약이 달리 정하고 있는 경우 또는 채무의 본질로부터 달리 볼 수 있는 경우를 제외하고는, 운송인은 운송인에게 지급되어야 할 운임과 운송에 따르는 그 밖의 지급을 담보하기 위하여 운송을 위하여 인도 받은 화물과 수화물을 유치하는 권리를 갖는다.(제359조, 제360조)

⑤ 법률 또는 그 밖의 법령에 따라 화물, 여객 및 수화물의 운임에 관한 우대 또는 특전이 정하여진 경우에는, 그에 따르는 비용은 상응하는 예산자금부담으로 운수조직이 보상한다.

제791조【수송기관의 제공, 화물의 적재와 하역】 ① 운송인은 송하인으로부터 수리한 청약(의뢰), 운송계약 또는 운송의 조직화에 관한 계약이 정하는 기한 내에 화물의 운송에 적합한 상태에 있는 수송기관을 적재를 위하여 송하인에게 제공하여야 한다. 화물의 송하인은 제공받은 수송기관이 화물의 운송에 적합하지 아니한 경우에는 이를 거부할 수 있다.

② 화물의 적재(하역)는 운수규칙과 운수법전, 그에 따라 공포된 규칙이 정하는 규정을 준수하고 계약이 규정하는 절차에 따라 운수조직 또는 송하인(수령인)이 한다.

③ 화물의 송하인(수령인) 스스로가 자기 자금에 의하여 하는 화물의 적재(하역)는 운수규칙과 운수법전, 그에 따라 공포된 규칙에 당해 기한이 정하여진 경우를 제외하고는 계약이 규정하는 기한 내에 하여야 한다.

제792조【화물, 여객과 수화물의 송달기한】 운송인은 운수규칙과 운수법전이 규정하는 절차에 따라 정하여진 기한 내에, 당해 기한이 없는 경우에는 합리적인 기한 내에 화물, 여객과 수화물을 지정장소에 송달하여야 한다.

제793조【운송에 근거한 의무위반에 대한 책임】 ① 운송에 근거한 의무의 불이행 또는 불완전이행이 있는 경우에는, 당사자는 이 법전, 운수규칙과 운수법전 및 당사자 쌍방이 합의로 정하는 책임을 진다.

② 법률이 정하는 운송인의 책임을 제한 또는 배제하는 운수조직과 여객 및 하주와의 합의는 무효이다. 다만, 화물운송에서의 당해 합의의 가능성이 운수규칙과 운수법전에 규정될 경우에는 그러하지 아니하다.

제794조【수송기관을 제공하지 아니할 운송인의 책임과 제공된 수송기관을 사용하지 아니한 송하인의 책임】 ① 운송인이 수리한 청약(의뢰) 또는 그 밖의 계약에 따라 화물운송을 위한 수송기관을 제공하지 아니할 경우 및 송하인이 화물을 제공하지 아니

하거나 또는 제공을 받은 수송기관을 그 밖의 이유로 사용하지 아니한 경우에는, 운수규칙과 운수법전 및 당사자 쌍방의 합의로 정하는 책임을 진다.

② 화물의 운송인과 송하인은 수송기관의 미제공 또는 제공을 받은 수송기관의 미사용이 다음의 결과에 의하여 발생하였을 경우에는 책임을 면한다.

불가항력, 재해의 성질(화재, 눈사태, 홍수)을 가지는 현상과 군사행위

상응하는 운수규칙 또는 운수법전이 규정하는 절차로 정하는 일정장소로의 화물운송의 정지 또는 제한

운수규칙과 운수법전이 규정하는 그 밖의 경우

第795条【여객의 출발지연에 대한 운송인의 책임】 ① 여객을 운송하는 수송기관의 출발지연 또는 지정장소에의 도착지연(시내와 교외운송을 제외한다)은, 지연이 불가항력, 여객의 생명과 건강을 위협하는 수송기관의 고장 또는 운송인이 통제할 수 없는 그 밖의 상황에 의하여 일어난 것을 운송인이 증명할 경우를 제외하고는, 운송인은 상응하는 운수규칙 또는 운수법전이 정하는 액수의 지연료를 여객에게 지급한다.

② 수송기관의 출발지연을 이유로 하여 여객이 승차를 거부할 경우에는 운송인은 여객에게 승차요금을 반환하여야 한다.

第796条【화물 또는 수화물의 분실, 부족과 훼손〈손상〉에 대한 운송인의 책임】 ① 운송인은 화물 또는 수화물의 운송을 위한 수령 후 및 수화인, 수화인에 의하여 권한이 주어진 자 또는 수화물을 수령할 권한을 부여받은 자에게 인도하기 전에 발생한 화물 또는 수화물을 보존하지 못한 데 대하여 책임을 진다. 다만, 운송인이 화물 또는 수화물의 분실, 부족 또는 훼손(손상)을 막을 수 없었던 것 및 그 제거가 운송인의 지배 범위를 넘는 것을 증명할 경우에는 그러하지 아니하다.

② 화물 또는 수화물을 운송할 때에 발생한 손해는 다음에 따라 운송인이 배상한다.

화물 또는 수화물이 분실 또는 부족인 경우에는 분실 또는 부족 화물 또는 수화물의 가액으로

화물 또는 수화물이 훼손(손상)인 경우에는 그 가액을 저하시킨 액, 훼손한 화물 또는 수화물의 회복이 불가능할 때에는 그 가액으로

가액을 신고하여 운송에 제공한 화물 또는 수화물의 분실인 경우에는 그 신고한 가액으로

화물 또는 수화물의 가액은 매도인의 청구서에 명시된 가격 또는 계약이 규정하는 가격에 근거하여 정하고, 청구서 또는 가격에 관한 규정이 계약에 없는 경우에는 비교가

가능한 상황하에서 같은 상품에 대하여 통상 수취되는 가격에 근거한다.

③ 운송인은 화물 또는 수화물의 분실, 부족 또는 훼손(손상)에 의하여 입은 손해배상과 함께 송하인(수령인)에게 분실, 부족 또는 훼손한 화물 또는 수화물의 운임이 화물의 가액에 포함되지 아니하는 경우에는 이를 반환한다.

④ 화물 또는 수화물을 보전하지 못한 원인에 관하여 운송인이 일방적으로 작성한 문서(영업조서, 일반 방식의 조서 등)는 화물 또는 수화물의 운송인, 송하인 또는 수령인의 책임의 근거가 될 수 있는 상황을 증명하는 그 밖의 서면과 함께 다툼이 있는 경우 법원의 판단에 회부된다.

제797조【화물운송에 관한 클레임과 소송】 ① 화물운송으로부터 발생하는 소송을 운송인에게 제기하기 전에 상응하는 운수규칙 또는 운수법전이 규정하는 절차에 따라 운송인에게 클레임을 제기하여야 한다.

② 운송인에 대한 소송은 운송인이 클레임의 이행을 거절하거나 또는 운송인으로부터 30일 이내에 회답이 없는 경우 송하인 또는 수화인이 제기할 수 있다.

③ 화물운송으로 발생하는 청구의 소송시효는 운수규칙과 운수법전에 정하여진 때로부터 1년이다.

제798조【운송의 조직화에 관한 계약】 운송인과 하주는 화물운송을 조직적으로 할 필요가 있는 경우에는 운송의 조직화에 관한 장기계약을 체결할 수 있다.

화물운송의 조직화에 관한 계약에 따라 운송인은 소정기한 내에 화물을 수령하고, 하주는 운송을 위하여 소정된 수량의 화물을 제공하여야 한다. 수량, 기간과 수송기관의 제공과 운송을 위한 화물의 제공에 관한 그 밖의 조건, 결제절차와 운송의 조직화에 관한 그 밖의 조건은 화물운송의 조직화에 관한 계약으로 정한다.

제799조【운수조직 사이의 계약】 화물운송의 보증에 관계되는 업무의 조직화에 관한 계약(연계 합의, 화물 등의 집중반입〈또는 반출〉계약)은 다른 유형의 수송기관조직 사이에서 체결될 수 있다.

이러한 계약체결의 절차는 운수규칙과 운수법전, 다른 법률과 그 밖의 법령으로 정한다.

제800조【여객의 생명 또는 건강에 입힌 손해에 대한 운송인의 책임】 여객의 생명 또는 건강에 손해를 입힌 운송인의 책임은 법률 또는 운송계약에 운송인의 가중책임이 규정되어 있는 경우를 제외하고는 이 법전 제59장의 규정에 따라 정한다.

제41장 운송주선

제801조【운송주선계약】 ① 운송주선계약에 따라 일방(운송주선인)은 보수를 받고 상대방(의뢰인인 송하인 또는 수화인)의 부담으로 화물의 운송과 관계있는 주선계약이 정하는 서비스를 이행하거나 또는 이행을 조직하여야 한다.

운송주선인 또는 의뢰인이 선택한 수송기관과 예정 노선에 따른 화물운송을 조직하는 운송주선인의 의무와 화물운송계약을 의뢰인의 이름 또는 자기의 이름으로 체결하고 화물의 발송과 수령을 보증하는 운송주선인의 의무 및 운송과 관계있는 그 밖의 의무는 운송주선계약으로 규정할 수 있다.

운송주선계약으로 부가적인 서비스로서 수출 또는 수입에 요구되는 문서의 수령, 세관과 그 밖의 절차의 이행, 화물의 수량과 상태의 검사, 화물의 적재와 하역, 관세 · 수수료와 의뢰인에게 부과되는 그 밖의 비용의 지급, 화물의 보관, 화물의 지정장소에서의 수령과 계약이 규정하는 그 밖의 업무와 서비스의 이행 등 화물의 송달에 필요한 업무의 실시를 규정할 수 있다.

② 이 장의 규정은 계약에 따라 운송주선인의 의무를 운송인이 이행할 경우에도 적용한다.

③ 운송주선계약의 이행 조항은 운송주선업무에 관한 법률과 다른 법률 또는 그 밖의 법령이 달리 정하고 있는 경우를 제외하고는 당사자의 합의에 따라 정한다.

제802조【운송주선계약의 방식】 ① 운송주선계약은 서면방식으로 체결한다.

② 의뢰인은 의뢰인의 의무를 이행하기 위하여 필요한 경우에는 운송주선인에게 위임장을 교부한다.

제803조【운송주선계약에 따른 운송주선인의 책임】 운송주선계약에 근거한 의무의 불이행 또는 부적절한 이행에 대하여 운송주선인은 이 법전 제25장의 규정에 따라 정하여지는 근거와 액수에 따라 책임을 진다.

의무위반이 운송계약의 부적절한 이행에 의하여 발생하였음을 운송주선인이 증명할 경우에는, 의뢰인에 대한 운송주선인의 책임은 당해 운송인이 운송주선인에 대하여 책임을 지는 규정과 같은 규정에 따라 정한다.

제804조【운송주선인에게 제공하는 문서와 그 밖의 정보】 ① 의뢰인은 운송인에 대하여 화물의 성질, 화물의 운송조건에 관한 문서와 그 밖의 정보 및 운송주선계약이 규정하는 의무를 운송주선인이 이행하기 위하여 필요한 그 밖의 정보를 제공하여야 한다.

② 운송주선인은 수령한 정보에서 발견한 하자에 대하여 의뢰인에게 통고하여야 하고, 정보가 불완전한 경우에는 필요한 추가정보에 대하여 의뢰인에게 조회하여야 한다.

③ 의뢰인이 필요한 정보를 제공하지 아니할 경우에는 운송주선인은 당해 정보가 제공될 때까지 의무이행에 착수하지 아니할 수 있다.

④ 의뢰인은 이 조 제1항에 명시된 정보제공에 관한 의무위반에 의하여 운송주선인에게 입힌 손해에 대하여 책임을 진다.

제805조【제3자에 의한 운송주선인의 의무이행】 운송주선계약으로부터 운송주선인 스스로 자기의 의무를 이행하여야 할 것으로 볼 수 있는 경우를 제외하고는, 운송주선인은 자기의 의무이행에 제3자를 참가하게 할 수 있다.

의무이행을 제3자에게 부담지운 경우에도 운송주선인은 계약이행에 대하여 의뢰인에 대한 책임을 면할 수 없다.

제806조【운송주선계약이행의 일방적 거절】 당사자는 누구나 합리적인 기간 내에 상대방에게 예고한 후 운송주선계약이행을 거절할 수 있다.

계약이행의 일방적인 거절의 경우에는 거절을 선언한 당사자는 계약의 해지로 입은 손해를 상대방에게 배상한다.

제42장 소비대차와 크레딧

제1절 소비대차

제807조【소비대차계약】 ① 소비대차계약에 따라 일방(대주)은 금전 또는 종류적 특성에 의하여 특정되는 그 밖의 물건을 상대방(차주)의 소유로 인도하고, 차주는 같은 액수의 금전(차용금) 또는 수령한 같은 양의 그 밖의 같은 종류 및 같은 품질의 물건을 대주에게 반환하여야 한다.

소비대차계약은 금전 또는 그 밖의 물건을 인도한 때에 체결된 것으로 본다.

② 외화와 외환은 이 법전 제140조, 제141조와 제317조의 규정을 준수하고 러시아연방 영역 내에서 소비대차계약의 목적물로 될 수 있다.

제808조【소비대차계약의 방식】 ① 시민 사이의 소비대차계약은 그 계약금액이 법률로 규정한 최저임금액의 10배 이상인 경우에는 서면방식으로 체결하여야 하고, 대

주가 법인인 경우에는 금액과 관계없이 서면방식으로 체결하여야 한다.

② 소비대차계약과 그 조항의 확인으로 차주의 영수증 또는 대주가 일정한 금액 또는 일정량의 물건을 차주에게 인도한 것을 증명하는 그 밖의 문서가 제출될 수 있다.

제809조【소비대차계약에 따른 이자】 ① 법률 또는 소비대차계약에 다른 규정이 있는 경우를 제외하고는, 대주는 계약이 정하는 액수와 절차에 따라 차용금에 대한 이자를 차주로부터 받을 권리를 갖는다. 계약에 이자액에 관한 조항이 없는 경우에는 차주가 채무액 또는 그에 상응하는 부분을 지급하는 날짜의 대주 주소지에서의, 대주가 법인인 때에는 그 소재지에서의 현행 은행금리(재융자금리)에 따라 확정한다.

② 별도의 합의가 없는 경우에는 이자는 차용금의 반환일까지 매월 지급한다.

③ 소비대차계약은 계약에 명시적인 다른 규정이 있는 경우를 제외하고는, 다음의 경우에는 무이자인 것으로 추정한다.

계약이 시민 사이에 체결되고 법률이 정한 최저임금액의 50배를 초과하지 아니하는 금액이며, 당사자 어느 누구도 기업활동과 관련되지 아니한 경우

계약에 따라 차주에게 인도되는 것이 금전이 아니고, 종류적 특성에 의하여 특정되는 물건인 경우

제810조【차용금 반환에 대한 차주의 의무】 ① 차주는 소비대차계약이 규정하는 기한과 절차에 따라 수령한 차용금을 대주에게 반환하여야 한다.

반환기한이 계약에 정하여지지 아니하거나 또는 청구시에 정하여질 경우에는, 계약에 다른 규정이 있는 경우를 제외하고는 차용금은 대주가 청구를 제기한 날로부터 30일 이내에 차주가 반환하여야 한다.

② 소비대차계약에 다른 규정이 있는 경우를 제외하고는, 차주는 무이자의 차용금을 기한 전에 반환할 수 있다.

이자가 있는 차용금은 대주의 동의를 얻을 경우에는 기한 전에 반환할 수 있다.

③ 소비대차계약에 다른 규정이 있는 경우를 제외하고는, 차용금이 대주에게 교부된 때 또는 대주의 은행계좌에 상응하는 금액의 충당이 있는 때에 차용금은 반환된 것으로 본다.

제811조【차주에 의한 소비대차계약위반의 효과】 ① 법률 또는 소비대차계약에 다른 규정이 있는 경우를 제외하고는, 차주가 기한 내에 차용금을 반환하지 아니하는 경우에는, 차용금이 반환되어야 할 날로부터 차용금이 대주에게 반환된 날까지 이 법전 제809조 제1항이 규정하는 이자의 지급 여부와 관계없이 이 법전 제395조 제1항이 규

정하는 액수의 이자를 지급하여야 한다.

② 소비대차계약에 대출의 부분반환(분할지급)이 규정된 경우에는 다음번 대출의 부분반환에 정하여진 기한을 차주가 위반한 때에는, 대주는 지급되어야 할 이자와 함께 차용금 잔액 전부에 대하여 기한 전의 반환을 청구할 수 있다.

제812조 【소비대차계약에 대한 이의신청】 ① 차주는 대주로부터 금전 또는 그 밖의 물건을 실제로 수령하지 아니하였거나 또는 계약에 명시된 수량보다 적게 수령하였음을 증명할 경우에는 미수령에 근거하여 소비대차계약에 대하여 이의를 신청할 수 있다.

② 소비대차계약이 서면방식으로 체결되어야 할 경우(제808조)에는 증언에 의한 미수령의 이의신청은 허용되지 아니한다. 다만, 계약이 사기, 강요, 강박, 차주의 대리인과 대주 사이의 악의의 합의 또는 곤란한 상황의 중첩에 의하여 체결되었을 경우에는 그러하지 아니하다.

③ 차주에 의한 미수령에 근거한 소비대차계약에 대한 이의신청과정에서 금전 또는 그 밖의 물건이 대주로부터 실제로 수령되지 아니하였음이 증명된 경우에는, 소비대차계약은 체결되지 아니한 것으로 본다. 차주가 대주로부터 실제로 수령한 금전 또는 그 밖의 물건이 계약에 명시된 수량보다 적은 경우에는, 계약은 당해 수량의 금전 또는 물건에 대하여 체결된 것으로 본다.

제813조 【차주의 채무담보소멸의 효과】 차주가 소비대차계약이 규정하는 차용금의 반환을 담보할 의무를 이행하지 아니할 경우 및 대주가 책임질 수 없는 상황에 의하여 담보가 소멸되거나 또는 담보의 상태가 악화된 경우에는, 대주는 계약에 다른 규정이 있는 경우를 제외하고는 차용금의 기한 전의 반환과 지급되어야 할 이자의 지급을 차주에게 청구할 수 있다.

제814조 【특정소비대차】 ① 차주가 수령한 자금을 일정한 목적을 위하여 사용할 것을 조건으로 하여 소비대차계약이 체결된 경우(특정소비대차)에는, 차주는 차용금의 특정사용에 대하여 대주가 감독을 실시하는 것을 보증하여야 한다.

② 차주가 차용금의 특정사용에 관한 소비대차계약조항을 이행하지 아니할 경우 및 이 조 제1항이 규정하는 의무에 위반할 경우에는, 대주는 계약에 다른 규정이 있는 경우를 제외하고는 차용금의 기한 전의 반환과 지급되어야 할 이자의 지급을 차주에게 청구할 수 있다.

제815조 【어음】 당사자 쌍방의 합의에 따라 어음발행인(약속어음) 또는 어음에 기재된 그 밖의 지급인(환어음)이 어음에 규정된 기한이 도래한 때에 무조건 채무금액을 지

급할 의무를 증명하는 어음을 차주가 발행한 경우에는, 어음에 관한 당사자의 관계는 환어음과 약속어음에 관한 법률에 따라 규율된다.

이 절의 규정은 당해 관계가 환어음과 약속어음에 관한 법률에 반하는 경우를 제외하고는 어음이 발행된 때부터 당해 관계에 적용한다.

第816조【채권〈債券〉】 법률 또는 그 밖의 법령이 규정하는 경우에는 소비대차계약은 채권의 발행과 판매의 방법에 따라 체결할 수 있다. 채권은 그 보유자가 채권을 발행한 자로부터 채권에 규정된 기간 동안 채권의 액면가액 또는 그 밖의 등가재산을 취득하는 권리를 증명하는 유가증권으로 본다. 채권에 의하여 그 보유자는 채권의 액면가액으로부터 고정이자 또는 그 밖의 재산권을 취득하는 권리를 갖는다. 채권을 발행한 자와 채권보유자와의 관계에는 법률 또는 법률이 정하는 절차에 다른 규정이 있는 경우를 제외하고는 이 절의 규정을 적용한다.

第817조【국가차용계약】 ① 국가차용계약에 근거하여 차주는 러시아연방과 러시아연방구성체이며, 대주는 시민 또는 법인이다.

② 국가차용은 임의이다.

③ 국가차용계약은 유통대출의 발행조항이 규정하는 기간 내에 대주가 차주에게 빌려준 자금을 받거나 또는 차용조항에 따라 그 밖의 재산과 규정된 이자 또는 그 밖의 재산권을 받는 대주의 권리를 증명하는 발행국채 또는 그 밖의 국가유가증권을 대주가 취득하는 방법에 따라 체결된다.

④ 유통을 위하여 발행된 차용조항의 변경은 허용되지 아니한다.

⑤ 국가차용계약에 관한 규정은 지방자치단체가 발행하는 채권에 적용한다.

第818조【대출채무에서의 채무의 경개】 ① 당사자 쌍방의 합의에 따라 매매, 재산의 임대차 또는 그 밖의 원인에 의하여 발생한 채무는 소비대차채무로 변경할 수 있다.

② 부채의 소비대차채무로의 변경은 경개에 관한 요건(제414조)을 준수하고, 소비대차계약체결에 대하여 규정하는 방식(제808조)으로 한다.

제2절 크레딧

第819조【크레딧계약】 ① 크레딧계약에 따라 은행 또는 그 밖의 금융기관(채권자)은 계약이 규정하는 액수와 조건에 따라 자금(크레딧)을 차주에게 제공하여야 하고, 차주는 수령한 금액을 반환하고 그에 대한 이자를 지급하여야 한다.

② 크레딧계약에 근거한 관계에 대하여는 이 절에 다른 규정이 있는 경우 및 크레딧계약의 본질로부터 달리 볼 수 있는 경우를 제외하고는 이 장 제1절의 규정을 적용한다.

第820조【크레딧계약의 방식】 크레딧계약은 서면방식으로 체결하여야 한다.

서면방식을 준수하지 아니할 경우 크레딧계약은 무효로 된다. 이러한 계약은 완전무효로 본다.

第821조【크레딧의 제공 또는 수령의 거부】 ① 채권자는 차주에게 제공하는 금액이 기한 내에 반환되지 아니할 사실을 명백하게 증명하는 상황이 있는 때에는, 크레딧계약이 규정하는 크레딧의 차주에 대한 제공을 전부 또는 일부 거부할 수 있다.

② 차주는 법률과 그 밖의 법령 또는 크레딧계약에 다른 규정이 있는 경우를 제외하고는, 신용대출의 제공기간이 계약에 따라 정하여지기 전에 채권자에게 통지한 후 크레딧의 수령을 전부 또는 일부 거절할 수 있다.

③ 크레딧계약이 규정하는 크레딧의 특정사용에 관한 의무(제814조)를 차주가 위반할 경우에는, 채권자는 계약에 따라 차주에 대한 그 이상의 크레딧의 제공을 거부할 수 있다.

제3절 상품 및 상업크레딧

第822조【상품크레딧】 당사자 쌍방에 의하여 일방이 상대방에게 종류적 특성에 의하여 특정되는 물건을 제공할 의무를 규정하는 계약을 체결할 수 있다.(상품크레딧) 이 계약에는 이 절에 다른 규정이 있는 경우 및 채무의 본질로부터 달리 볼 수 있는 경우를 제외하고는 이 장 제2절의 규정을 적용한다.

제공하는 물건의 수량, 품목, 완전성, 품질, 포장과(또는) 짐꾸리기에 관한 조항은 상품크레딧계약에 다른 규정이 있는 경우를 제외하고는 매매계약에 관한 규정(제465조부터 제485조)에 따라 이행되어야 한다.

第823조【상업크레딧】 ① 법률이 달리 정하고 있는 경우를 제외하고는 금전 또는 종류적 특성에 의하여 특정되는 그 밖의 물건을 상대방의 소유로 인도하는 것과 관계있는 계약에 따라 상품, 업무 또는 서비스에 대한 지급의 선급금, 사전지급, 연기 및 분할지급의 방식을 포함하는 크레딧의 제공을 규정할 수 있다.(상업크레딧)

② 상응하는 채무를 발생하게 한 계약에 근거한 그 밖의 규정이 없으며 당해 채무의 본질에 반하는 경우를 제외하고는, 이 장이 정하는 규정은 각각 상업크레딧에 적용된다.

第43장 금전청구권의 양도에 근거한 자금조달

第824조【금전청구권의 양도에 근거한 자금조달계약】 ① 금전청구권의 양도에 근거한 자금조달계약에 따라 일방(재정대리인)은 고객(채권자)이 제3자(채무자)에 대한 상품의 제공, 업무수행 또는 서비스의 제공으로 발생한 당해 제3자에 대한 금전청구권의 대가로 타방(고객)에게 금전을 교부하거나 또는 교부하여야 하며, 고객은 당해 금전청구권을 재정대리인에게 양도하거나 또는 양도하여야 한다.

고객은 채무자에 대한 금전청구권을 고객의 재정대리인에 대한 채무이행을 담보하기 위한 목적으로 재정대리인에게 양도한다.

② 금전청구권의 양도에 근거한 자금조달계약에 따른 재정대리인의 의무에는 고객을 위한 회계계산의 진행 및 고객에 대한 양도의 목적인 금전청구권과 관계있는 그 밖의 재정서비스의 제공이 포함된다.

第825조【재정대리인】 영리단체는 재정대리인의 자격으로 금전청구권의 양도에 근거한 자금조달계약을 체결할 수 있다.(개정 2009. 4. 9. 연방법률 제56호)

第826조【자금조달수령을 목적으로 양도된 금전청구권】 ① 지급기가 이미 도래한 금전청구권(현존청구권)과 장래 발생할 금전수령권(장래청구권) 모두 자금조달의 제공을 조건으로 하여 양도의 목적으로 될 수 있다.

양도의 목적으로 되는 금전청구권은 고객과 재정대리인의 계약 중에 현존청구권인 경우에는 그 계약체결시의 청구권과 동일한 것으로 확정되어야 하고, 장래청구권인 경우에는 그 발생시보다 뒤에 확정되어서는 안 된다.

② 장래청구권을 양도할 때에 계약에 규정된 청구권 양도의 목적인 채무자로부터 금전을 수령할 권리가 재정대리인 자신에게 발생한 후에는 당해 청구권은 재정대리인에게 이전된 것으로 본다. 금전청구권의 양도에 일정한 사건이 조건으로 붙여진 경우에는 당해 사건 발생 후에 양도의 효력은 발생한다.

이 경우 금전청구권 양도의 추가처리절차는 요구되지 아니한다.

第827조【재정대리인에 대한 고객의 책임】 ① 금전청구권의 양도에 근거한 자금조달계약이 달리 규정하고 있는 경우를 제외하고는, 고객은 재정대리인에게 양도의 목적인 금전청구권의 유효에 대하여 책임을 진다.

② 고객이 금전청구권을 양도하는 권리를 보유한 경우이고, 당해 청구권 양도시에 채무자가 채무를 이행하지 아니할 권리를 가지고 있음을 알지 못한 상황에서는 양도의 목

적인 금전청구권은 유효한 청구권으로 된다.

③ 재정대리인이 채무자에 대하여 양도의 목적인 청구권의 이행을 제시한 때에는 고객은 채무자에 의한 당해 청구권의 불이행 또는 불완전한 이행에 대하여 책임을 지지 아니한다. 다만, 고객과 재정대리인 사이의 계약이 달리 규정하고 있는 경우에는 그러하지 아니하다.

第828条【금전청구권양도금지의 무효】 ① 고객과 채무자 사이에 청구권양도의 금지 또는 제한에 관한 합의가 존재하는 경우에도 재정대리인에 대한 금전청구권양도는 유효하다.

② 고객이 청구권양도의 금지 또는 제한에 관한 고객과 채무자 사이에 존재하는 합의를 위반할 경우, 이 조 제1항이 정한 규정은 청구권양도와 관계있는 고객의 채무자에 대한 의무와 책임을 면제하지 아니한다.

第829条【금전청구권의 재양도】 금전청구권의 양도에 근거한 자금조달계약이 달리 규정하는 경우를 제외하고는 재정대리인은 금전청구권을 재양도할 수 없다.

계약에서 금전청구권의 재양도를 허용한 때에는 당해 재양도에 대하여는 이 장이 정하는 규정을 각각 적용한다.

第830条【채무자에 의한 재정대리인에 대한 금전청구권의 이행】 ① 채무자가 고객 또는 재정대리인으로부터 특정재정대리인에 대한 금전청구권양도에 관한 서면통지를 받고, 통지 중에 이행하여야 할 금전청구권이 확정되며 또한 지급을 받아야 할 재정대리인이 지정될 것을 조건으로 채무자는 재정대리인에게 지급을 하여야 한다.

② 재정대리인은 채무자의 청구에 따라 금전청구권이 실제로 재정대리인에게 양도된 증명을 제출하여야 한다. 재정대리인이 이 의무를 이행하지 아니할 경우에는 채무자는 고객에 대한 자기채무 이행을 위하여 금전청구권에 근거하여 고객에게 지급할 권리를 갖는다.

③ 채무자가 이 조의 규정에 따라 재정대리인에게 금전청구권을 이행한 경우에는 채무자는 고객에 대하여 상응하는 채무를 면한다.

第831条【채무자로부터 취득한 자금에 대한 재정대리인의 권리】 ① 금전청구권의 양도에 근거한 자금조달계약의 조항에 따라 재정대리인이 고객에 대한 자금조달을 고객으로부터 당해 청구권을 매수하는 방법으로 실현한 경우에는, 재정대리인은 그 청구권의 이행으로 채무자로부터 수령하는 금액 전부에 대한 권리를 취득하며, 재정대리인이 수령한 금액이 고객의 청구권 대가보다 낮은 것으로 증명되어도 고객은 재정대리인에

대하여 책임을 지지 아니한다.

② 고객의 재정대리인에 대한 채무이행을 담보할 목적으로 재정대리인에게 금전청구권을 양도한 경우이며, 금전청구권의 양도에 근거한 자금조달계약이 달리 규정하는 경우를 제외하고는, 재정대리인은 고객에게 보고서를 제출하고, 청구권의 양도에 의하여 담보되는 채무액을 넘는 금액을 고객에게 이전하여야 한다. 재정대리인이 채무자로부터 수령한 금전이 청구권의 양도에 의하여 담보되는 고객의 재정대리인에 대한 채무액보다 적은 것을 증명할 경우에는, 고객은 나머지 부분의 채무에 대하여 재정대리인에게 책임을 진다.

제832조【채무자의 반대청구】 ① 재정대리인이 채무자에게 지급을 청구할 경우에는, 채무자는 재정대리인에 대한 청구권의 양도에 관하여 재정대리인의 통지를 이미 받은 때에는 이 법전 제410조부터 제412조에 따라 고객과의 계약에 근거한 자기 자신의 금전청구권을 상계로 제출할 수 있다

② 채무자가 고객의 청구권양도의 금지 또는 제한에 관한 합의 위반과 관련하여 고객에게 제출할 수 있는 청구는 재정대리인에 대하여는 효력을 발생하지 아니한다.

제833조【재정대리인이 취득한 자금의 채무자로의 반환】 ① 고객이 채무자와 체결한 계약에 근거한 자기의 의무를 위반한 경우로서 채무자가 직접 고객으로부터 당해 금액을 취득할 권리를 가질 경우에는, 채무자는 재정대리인에게 이전된 청구권에 근거하여 이미 재정대리인에게 지급된 금액의 반환을 재정대리인에게 청구할 권리를 가지지 아니한다.

② 재정대리인이 청구권의 양도와 관계있는 고객에게 약정된 지급을 이행할 자기의 의무를 이행하지 아니하거나 또는 청구권 양도와 관계있는 채무자에 대한 지급과 관계된 의무를 고객이 위반한 것에 관하여 알면서 당해 지급을 하였음을 증명할 경우에는, 채무자는 직접 고객으로부터 청구권양도의 결과로 재정대리인에게 지급된 금액을 취득할 권리를 가지며 또한 재정대리인에게 당해 금액의 반환을 청구할 권리를 갖는다.

제44장 은행예금

제834조【은행예금계약】 ① 은행예금(임치)계약에 따라 일방(은행)은 상대방(예금자)으로부터 또는 상대방(예금자)을 위하여 받은 금액(예금)을 수취하였을 경우에는, 예금을

반환하고 계약이 규정하는 조건과 절차에 따라 예금에 대한 이자를 지급하여야 한다.

② 예금자가 시민인 은행예금계약은 공공계약으로 본다.(제426조)

③ 예금이 예입된 은행계좌에 관한 은행과 예금자와의 관계에 대하여는 이 장에 다른 규정이 있는 경우 또는 은행예금계약의 본질로부터 달리 볼 수 있는 경우를 제외하고는 은행계좌에 관한 규정(제45장)을 적용한다.

법인은 예치(임치) 중인 자금을 타인에게 대체(對替)할 수 없다.

④ 은행과 관계있는 이 장이 정하는 규정은 법률에 따라 법인으로부터 예금(임치)을 수취하는 그 밖의 금융기관에 대하여도 적용한다.

제835조【예금으로의 자금유치의 권리】 ① 예금으로 자금을 유치(誘致)하는 권리는 법률에 따라 정하여진 절차에 따라 교부된 허가(라이선스)에 근거하여 당해 권리의 제공을 받은 은행이 가진다.

② 당해 권리를 가지지 아니하는 자 또는 법률이나 법률에 따라 채택된 은행규칙이 정하는 절차에 위반하는 자가 시민으로부터 예금을 받는 경우에는, 예금자는 예금액의 신속한 반환과 이 법전 제395조가 규정하는 예금액에 대한 이자의 지급 및 예금자가 입은 이자액을 넘는 모든 손해배상을 청구할 수 있다.

이러한 자가 법인의 자금을 은행예금계약의 조건에 따라 수취한 경우에는 당해 계약은 무효이다.(제168조)

③ 법률이 달리 정하고 있는 경우를 제외하고는 이 조 제2항이 규정하는 효과는 다음의 경우에도 적용한다.

발행이 위법한 것으로 인정되는 주식과 그 밖의 유가증권의 판매에 의하여 시민과 법인의 자금을 유치할 경우

청구할 때마다 어음 또는 그 밖의 유가증권의 보유자가 예금을 수령하고 이 장에 규정된 그 밖의 권리를 예금자가 행사하는 것을 불가능하게 하는 어음 또는 그 밖의 유가증권과 상환하여 시민의 자금을 예금으로 유치할 경우

제836조【은행예금계약의 방식】 ① 은행예금계약은 서면방식으로 체결하여야 한다.

예금의 예입이 예금통장, 저금 또는 임치증명서 또는 법률과 법률에 따라 정하여진 은행규칙 및 은행실무에서 적용되는 거래관습이 규정하는 요건을 충족하는 은행이 예금자에게 교부하는 그 밖의 문서에 의하여 증명된 경우에는 은행예금계약의 서면방식은 준수된 것으로 본다.

② 은행예금계약의 서면방식이 준수되지 아니하는 경우에는 계약은 무효로 된다. 이

러한 계약은 완전무효이다.

第837조【예금의 종류】 ① 은행예금계약은 청구가 있는 즉시 예금을 지급하는 조건(보통예금)과 계약이 정하는 기간의 만료에 따라 예금을 반환하는 조건(정기예금)으로 체결한다.

법률에 반하지 아니하는 그 밖의 예금반환조건에 따른 예금의 예입을 계약으로 규정할 수 있다.

② 어떤 종류의 은행예금계약에 근거하여도 은행은 예금자로부터 청구가 있는 즉시 예금액 또는 그 부분의 예금액을 지급하여야 한다. 다만, 계약이 규정하는 그 밖의 반환조건에 따라 법인이 예입한 예금은 그러하지 아니하다.

시민의 청구 즉시 예금을 수취할 권리의 포기에 관한 계약조항은 무효이다.

③ 기간의 만료 전 또는 은행예금계약에 명시된 그 밖의 상황이 발생하기 전에 예금자의 청구에 따라 정기예금 또는 보통예금을 제외한 그 밖의 예금이 예금자에게 반환될 경우에는, 계약에 이자에 관한 그 밖의 규정이 있는 경우를 제외하고는 예금이자는 보통예금에 지급되는 이자에 상응하는 액수가 지급된다.

④ 예금자가 기간만료 후에 정기예금의 금액 또는 그 밖의 반환조건으로 하여 예입한 금액의 반환을 청구하지 아니할 경우에는, 계약이 규정하는 상황이 발생할 때에는 계약에 다른 규정이 있는 경우를 제외하고는 계약은 보통예금의 조건에 따라 연장된 것으로 본다.

第838조【예금이자】 ① 은행은 은행예금계약이 정하는 액수의 예금액에 대한 이자를 예금자에게 지급한다.

계약에 지급하는 이자액수에 관한 조항이 없는 경우에는, 은행은 이 법전 제809조 제1항에 따라 정하여지는 액수의 이자를 지급하여야 한다.

② 은행예금계약에 다른 규정이 있는 경우를 제외하고는 은행은 보통예금에 대하여 지급하는 이자액수를 변경할 수 있다.

은행이 이자를 감액할 경우에는 새로운 이자액수는 계약에 다른 규정이 있는 경우를 제외하고는, 이자의 감액에 대하여 예금자에게 통고하기 전에 예입된 예금에 대하여 통지한 때로부터 1개월이 경과한 후에 적용한다.

③ 일정한 기간의 만료 또는 계약에 규정된 상황의 발생에 따라 예금을 지급하는 조건으로 시민이 예입한 예금에 대한 이자로서 은행예금계약에 따라 정하여지는 액수는 법률에 다른 규정이 있는 경우를 제외하고는 은행이 일방적으로 감액할 수 없다. 법률 또

는 계약에 다른 규정이 있는 경우를 제외하고는, 은행이 법인과 체결한 당해 은행예금계약에 근거한 이자액수는 일방적으로 변경되지 아니한다.

제839조【예금이자와 그 지급의 산정절차】 ① 은행예금액에 대한 이자는 은행에 예입한 날의 다음날부터 예금자에게 반환되는 날까지 또는 다른 사유에 의하여 예금을 예금자의 계좌로부터 예금이 인출될 경우에는 인출된 날까지 계산한다.(개정 2005. 3. 21. 연방법률 제22호)

② 은행예금계약에 다른 규정이 있는 경우를 제외하고는 은행예금액에 대한 이자는 예금자의 청구에 따라 4분기의 종료마다 예금액과는 별도로 예금자에게 지급되며, 이 기간 내에 청구되지 아니한 이자는 예금액에 가산되어 이자가 산정된다.

예금이 반환될 경우에는 이때까지 산정된 모든 이자가 지급된다.

제840조【예금반환의 담보】 ① 시민 예금의 반환은 은행에 의하여 법률에 따른 예금강제보험 또는 법률이 규정하는 경우에는 그 밖의 방법으로 보장된다.

은행의 법정자본 중 러시아연방과(또는) 러시아연방구성체 및 지방자치단체가 50% 이상의 주식 또는 참여지분을 가지는 은행에 의한 시민 예금의 반환은 예금자의 은행에 대한 청구에 근거하여 이 법전 제399조가 규정하는 절차에 따라 이들의 보충책임에 의하여 추가적으로 담보된다.(개정 2003. 12. 23. 연방법률 제182호)

② 법인 예금 반환의 은행에 의한 담보방법은 은행예금계약으로 정한다.

③ 은행예금계약을 체결할 경우에는 은행은 예금 반환의 담보에 관한 정보를 예금자에게 제공하여야 한다.

④ 법률 또는 은행예금계약이 규정하는 예금 반환의 담보의무를 은행이 이행하지 아니할 경우 및 담보가 분실되거나 또는 담보상태가 악화된 경우에는, 예금자는 예금액의 신속한 반환, 이 법전 제809조 제1항에 따라 정하여지는 액수에 따른 예금액에 대한 이자의 지급과 입은 손해의 배상을 은행에 청구할 수 있다.

제841조【제3자에 의한 예금자 계좌로의 자금예입】 은행예금계약에 다른 규정이 있는 경우를 제외하고는, 제3자가 예금계좌에 관한 필요한 정보를 표시하면서 자금을 예금자 명의로 은행에 예치하였을 때에는 당해 자금은 예금자의 계좌로 예입된다. 이 경우 예금자는 예금계좌에 관한 필요한 정보를 제3자에게 제공하고 그 자로부터의 자금의 수취에 동의한 것으로 추정된다.

제842조【제3자의 이익을 위한 예금】 ① 예금은 일정한 제3자 명의로 은행에 예입할 수 있다. 은행예금계약에 다른 규정이 있는 경우를 제외하고는, 제3자는 예금자에

대한 권리에 근거하여 최초의 청구를 은행에 제기한 때 또는 그 밖의 방법에 따라 당해 권리를 행사하는 의향을 은행에 표명한 때에는 예금자의 권리를 취득한다.

시민의 이름(제19조) 또는 법인 명칭(제54조)의 표시는 이러한 자의 이익을 위하여 예금이 예입된 경우에는 당해 은행예금계약의 본질적인 조항이 된다.

계약체결시 이미 사망한 시민 또는 체결시에 존재하지 아니하는 법인의 이익을 위한 은행예금계약은 무효이다.

② 제3자가 예금자의 권리를 행사할 의향을 표명하기 전에 은행예금계약을 체결한 자는 예금자에 의하여 예금계좌에 예입된 자금에 대하여 예금자의 권리를 행사할 수 있다.

③ 제3자의 이익을 위한 계약에 관한 규정(제430조)은 이 조의 규정과 은행예금의 본질에 반하는 경우를 제외하고는 제3자의 이익을 위한 은행예금계약에 적용한다.

제843조【예금통장】 ① 당사자 쌍방의 합의에 다른 규정이 있는 경우를 제외하고는, 시민과의 은행예금계약체결 및 시민의 예금계좌로의 자금 예입은 예금통장에 의하여 증명된다. 은행예금계약에 기명예금통장 또는 무기명예금통장의 교부를 규정할 수 있다. 무기명예금통장은 유가증권이다.

예금통장에는 은행의 명칭과 소재지(제54조), 예금이 지점에 예입되는 경우에는 지점의 소재지, 예금계좌번호, 계좌에 예입된 자금 전액, 계좌에서 인출된 자금 전액 및 예금통장을 은행에 제시하였을 때의 계좌자금잔고를 은행이 기재하고 증명하여야 한다.

예금의 다른 상황이 증명되는 경우를 제외하고는, 예금통장에 기재되는 예금에 관한 정보는 은행과 예금자 사이의 예금결제의 사유로 된다.

② 예금의 지급, 예금에 근거한 이자의 지급 및 예금계좌에서 자금을 타인에게 이체하는 예금자의 지시의 집행은 예금통장이 제시된 때에 은행이 한다.

기명예금통장이 분실되거나 또는 제시에 적합하지 아니한 상태로 된 경우에는, 은행은 예금자의 신고에 근거하여 새로운 예금통장을 예금자에게 교부한다.

분실한 무기명예금통장에 관한 권리의 회복은 무기명유가증권에 대하여 규정하는 절차(제148조)에 따라 한다.

제844조【예금〈임치〉증명서】 ① 예금(임치)증명서는 은행에 예입된 예금액을 증명하며, 증명서를 교부한 은행 또는 당해 은행의 임의의 지점에서 정하여진 기간의 만료에 따라 예금액과 증명서에 소정된 이자를 받을 예금자(또는 증명서소지자)의 권리를 증명하는 유가증권이다.

② 예금(임치)증명서는 무기명 또는 기명식으로 할 수 있다.

③ 예금(임치)증명서가 기한 전에 제시된 경우에는 은행은 예금액과 보통예금에 근거하여 지급되는 이자를 지급한다. 다만, 증명서의 조항에 다른 이자액이 정하여진 경우에는 그러하지 아니하다.

제45장 은행계좌

第845조 【은행계좌계약】 ① 은행계좌계약에 따라 은행은 받은 자금을 수취하여 의뢰인(계좌명의인)이 개설한 계좌에 그 자금을 충당하고, 계좌에서의 상당액의 대체와 지급 및 계좌에 관한 그 밖의 업무실시에 관한 의뢰인의 지시를 수행하여야 한다.

② 은행은 의뢰인이 자유로이 자금을 처분하는 권리를 보장할 때에는 계좌에 있는 자금을 사용할 수 있다.

③ 은행은 의뢰인의 자금사용방침에 대하여 결정과 감독을 할 수 없으며, 의뢰인이 자기 의사로 자금을 처분하는 권리에 대하여 법률 또는 은행계좌계약이 규정하지 아니하는 그 밖의 제한을 설정할 수 없다.

④ 은행과 관계있는 이 장의 규정은 취득한 허가(라이선스)에 따라 그 밖의 금융기관이 은행계좌계약을 체결하고 이행할 경우에도 적용한다.

第846조 【은행계좌계약의 체결】 ① 은행계좌계약을 체결한 때에는 의뢰인 또는 의뢰인이 지정한 자에 대하여 당사자 쌍방이 합의한 조건에 따라 은행에 계좌가 개설된다.

② 은행은 법률과 법률에 따라 정하여진 은행규칙이 규정하는 요건과 일치하고, 은행이 당해 종류의 계좌개설을 위하여 공표한 조건에 따라 계좌개설을 의뢰한 의뢰인과 은행계좌계약을 체결하여야 한다.

은행은 계좌개설에서 법률, 은행의 설립서면과 은행에 교부된 허가(라이선스)에 규정된 업무실시를 거절할 수 없다. 다만, 당해 거절이 은행서비스를 수용할 가능성이 은행에 결여되어 발생하였거나 법률 또는 그 밖의 법령이 허용하고 있는 경우에는 그러하지 아니하다.

은행이 은행계좌계약체결을 부당하게 거절할 경우에는, 의뢰인은 이 법전 제445조 제4항이 규정하는 청구를 은행에 제기할 수 있다.

第847조 【계좌자금을 처분하는 권리의 증명】 ① 의뢰인의 이름으로 계좌에서의 자금의 대체와 지급에 관한 지시를 하는 자의 권리는 법률과 법률에 따라 정하여진 은행규칙과 은행계좌계약이 규정하는 문서를 의뢰인이 은행에 제시함으로써 증명된다.

② 의뢰인은 제3자에 대한 자기채무의 이행과 관계있는 청구를 포함하여 제3자의 청구에 따라 계좌에서 자금을 반환하는 지시를 은행에 할 수 있다. 은행은 상응하는 청구가 제기된 때에 청구를 제기할 권리를 가지는 자가 동일인임을 증명할 수 있는 필요한 정보를 서면방식의 지시서에 명시할 것을 조건으로 당해 지시를 수용한다.

③ 전자지급방법과 계좌에 사용된 자필의 유사서명(제160조 제2항), 비밀번호, 패스워드 및 자금을 처분할 권한을 부여받은 자에게 지시되어 있음을 확인하는 그 밖의 방법을 사용한 그 밖의 문서로 계좌에 있는 자금을 처분하는 권리의 인증방식을 계약으로 규정할 수 있다.

제848조【은행이 수행하는 계좌에 관한 업무】 은행은 은행계좌계약에 다른 규정이 있는 경우를 제외하고는 법률, 법률에 따라 정하여진 은행규칙과 은행실무에서 적용되는 거래관습에 따라 의뢰인을 위하여 당해 종류의 계좌에 규정된 업무를 수행하여야 한다.

제849조【계좌업무의 기한】 은행은 은행에 상응하는 지급문서가 접수된 다음날 안으로 의뢰인의 계좌에 접수된 자금을 충당하여야 한다. 다만, 은행계좌계약이 보다 짧은 기한을 규정하고 있는 경우에는 그러하지 아니하다.

은행은 의뢰인의 지시에 근거하여 은행에 지급문서가 접수된 다음날 안으로 의뢰인의 자금을 계좌에서 지급 또는 대체하여야 한다. 다만, 법률, 법률에 따라 공포된 은행규칙 또는 은행계좌계약이 다른 기한을 규정하고 있는 경우에는 그러하지 아니하다.

제850조【계좌대출】 ① 은행계좌계약에 따라 계좌에 자금이 없음에도 불구하고 은행이 계좌에서 지급을 할 경우(계좌대출)에는, 은행은 지급을 한 날로부터 의뢰인에게 상응하는 금액의 대출을 제공한 것으로 본다.

② 계좌대출과 관계있는 당사자 쌍방의 권리의무는 은행계좌계약에 다른 규정이 있는 경우를 제외하고는, 소비대차와 크레딧에 관한 규정(제42장)에 따라 정한다.

제851조【은행에 대한 계좌업무 실시비용의 지급】 ① 은행계좌계약이 규정하는 경우에는, 의뢰인은 계좌에 있는 자금의 업무실시에 관한 은행서비스에 대하여 요금을 지급한다.

② 이 조 제1항이 규정하는 은행서비스에 대한 요금은 은행계좌계약에 다른 규정이 있는 경우를 제외하고는, 계좌에 있는 의뢰인의 자금으로부터 4분기의 종료마다 은행이 징수할 수 있다.

제852조【은행의 계좌자금사용에 대한 이자】 ① 은행계좌계약에 다른 규정이 있는 경우를 제외하고는, 의뢰인의 계좌에 있는 자금의 사용에 대하여 은행은 이자를 지급하고 그 금액은 계좌에 충당된다

이자의 금액은 계약이 규정하는 기한 내에, 그러한 기간에 관한 규정이 계약에 없는 경우에는 4분기의 종료마다 계좌에 충당된다.

② 이 조 제1항에 명시된 이자는 은행계좌계약이 정하는 액수에 따라, 액수에 관한 조항이 계약에 없는 경우에는 보통예금에 근거하여 은행이 통상 지급하는 액수(제838조)에 따라 지급된다.

제853조【은행과 의뢰인의 계좌에 근거한 반대채권의 상계】 계좌대출(제850조)과 은행서비스에 대한 요금지급(제851조)과 관계있는 은행의 의뢰인에 대한 금전채권 및 자금사용에 대한 이자의 지급(제852조)에 관한 의뢰인의 은행에 대한 채권은 은행계좌계약에 다른 규정이 있는 경우를 제외하고는 상계에 의하여 소멸한다.(제410조)

위 채권의 상계는 은행이 한다. 은행은 계약이 규정하는 절차와 기한에 따라 당사자 쌍방이 관계 조항에 합의하고 있지 아니할 경우에는, 관련 계좌에서의 자금 상태에 대하여 의뢰인에 대한 정보제공에 관한 은행실무에서의 일반적인 절차와 기한에 따라 상계가 실시된 것을 의뢰인에게 통고하여야 한다.

제854조【계좌로부터의 자금인출의 사유】 ① 계좌로부터의 자금인출은 의뢰인의 지시에 근거하여 은행이 한다.

② 의뢰인의 지시 없이 계좌에 있는 자금을 인출하는 것은 법원의 결정 및 법률이 정한 경우 또는 은행과 의뢰인과의 계약이 규정하는 경우에 허용된다.

제855조【계좌에서 자금을 인출하는 순위】 ① 계좌에 자금이 있고 계좌에 제기된 모든 청구를 만족시키기 위하여 충분한 때에는, 계좌에서의 자금인출은 법률에 다른 규정이 있는 경우를 제외하고는 의뢰인의 지시 또는 인출에 관한 그 밖의 문서가 수리된 순위에 따라 한다.(날짜순)

② 계좌에 제기된 모든 청구를 만족시키기 위하여 계좌의 자금이 부족한 경우에는 계좌에서의 자금인출은 다음의 순위에 따라 한다.

제1순위로 생명과 건강에 손해를 주는 청구와 부양료의 강제징수에 관한 청구를 만족시키기 위하여 계좌에서 자금을 대체 또는 지급하는 것을 규정하는 집행문서에 근거하여 인출한다.

제2순위로 퇴직수당의 지급과 계약서를 포함하는 노동계약에 따라 근로하는 자에 대

한 급여의 지급, 지적 활동 성과의 저작자에 대한 보수의 지급에 관한 결제를 위한 자금의 대체 또는 지급을 규정하는 집행문서에 근거하여 인출한다.(개정 2006. 12. 18. 연방법률 제231호)

제3순위로 노동계약(계약서)에 근거하여 근로하는 자에 대한 급여의 지급 및 러시아연방 연금기금, 러시아연방 사회보험기금과 강제의료보험기금에 관한 공제에 근거하여 결제를 위한 자금의 대체 또는 지급을 규정하는 지급문서에 근거하여 인출한다.(추가 1996. 8. 12. 연방법률 제110호, 개정 1997. 10. 24. 연방법률 제133호, 2003. 1. 10. 연방법률 제8호)

제4순위로 예산과 제3순위에 규정되지 아니하는 예산 외 기금에 대한 지급을 규정하는 지급문서에 근거하여 인출한다.(개정 1996. 8. 12. 연방법률 제110호)

제5순위로 다른 금전청구를 충족시키는 것을 규정하는 집행문서에 근거하여 인출한다.(개정 1996. 8. 12. 연방법률 제110호)

제6순위로 그 밖의 지급문서에 근거하여 날짜순으로 인출한다.(개정 1996. 8. 12. 연방법률 제110호)

같은 순위에 속하는 청구에 따른 계좌에서의 인출은 문서를 수리한 날짜순으로 한다.

第856條【계좌업무의 부적절한 실시에 대한 은행의 책임】 의뢰인의 계좌에 예입된 자금을 지체하여 충당한 경우 또는 은행이 계좌에서 부당한 인출을 하였을 경우 및 계좌에서의 자금의 대체 또는 계좌에서의 자금의 지급에 관한 의뢰인의 지시를 실행하지 아니하였을 경우에는, 은행은 이 법전 제395조가 규정하는 절차와 액수에 따라 그 금액에 대한 이자를 지급하여야 한다.

第857條【은행비밀】 ① 은행은 은행계좌와 은행예금, 계좌업무와 의뢰인에 관한 정보의 비밀을 보증한다.

② 은행비밀을 구성하는 정보는 의뢰인 자신 또는 그 대리인 및 법률이 규정하는 근거와 절차에 따라 신용조회국에만 제공될 수 있다. 법률이 규정하는 경우와 절차에 따라 예외적으로 이러한 정보는 국가기관과 그 직원에 의하여 제공될 수 있다.(개정 2004. 12. 30. 연방법률 제219호)

③ 은행비밀을 구성하는 정보가 은행에 의하여 누설된 경우에는, 권리가 침해된 의뢰인은 입은 손해를 은행에 청구할 수 있다.

第858條【계좌처분의 제한】 계좌에 있는 자금을 처분하는 의뢰인의 권리에 대한 제한은 계좌에 있는 자금의 압류 또는 법률이 규정하는 경우의 계좌에 관한 업무의 정

지를 제외하고는 허용되지 아니한다.

제859조【은행계좌계약의 해지】 ① 은행계좌계약은 의뢰인의 신청에 근거하여 언제든지 해지할 수 있다.

①-1 계약이 달리 정하고 있는 경우를 제외하고는 2년 동안 의뢰인의 계좌에 자금이 없거나 또는 이 계좌를 통하여 거래가 이루어지지 아니하였을 경우에는, 은행은 의뢰인에게 서면으로 경고한 후 은행계좌에 관한 계약의 이행을 거절할 수 있다. 은행계좌에 관한 계약은 이러한 경고를 발송한 후 2개월 동안 의뢰인의 계좌에 자금이 지급되지 아니하였을 경우에는 해지된 것으로 인정된다.(추가 2005. 7. 18. 연방법률 제89호)

② 은행의 청구에 따라 은행계좌계약은 다음의 경우에는 법원이 해지할 수 있다.

의뢰인의 계좌에 있는 자금액수가 은행규칙 또는 계약이 규정하는 최저액을 밑돌고, 은행의 그에 관한 통지일로부터 1개월 내에 자금액수가 회복되지 아니할 경우

계약에 다른 규정이 있는 경우를 제외하고는 1년 동안 당해 계좌에 관한 업무가 없는 경우

③ 계좌의 자금잔고는 의뢰인에게 지급되거나 또는 의뢰인의 지시에 근거하여 의뢰인의 상응하는 서면신청이 수리된 날로부터 7일 이내에 다른 계좌로 대체(對替)된다.

④ 은행계좌계약의 해지는 의뢰인 계좌의 폐쇄사유로 된다.

제860조【은행계좌】 이 장이 규정하는 규정은 법률과 그 밖의 법령 또는 그에 따라 정하여진 은행규칙에 다른 규정이 있는 경우를 제외하고는, 대리 계좌(correspondent accounts), 대리 부계좌 및 그 밖의 은행계좌에 미친다.

제46장 결 제

제1절 결제에 관한 일반규정

제861조【현금결제와 비현금결제】 ① 시민이 참가하고 시민에 의한 기업활동과 무관한 결제는 금액의 제한 없는 현금결제(제140조) 또는 비현금결제의 절차에 따라 할 수 있다.

② 법인 사이의 결제와 시민이 참가하고 시민에 의한 기업활동과 관계있는 결제는 비현금결제의 절차에 따라 한다. 이러한 자 사이의 결제는 법률이 달리 정하고 있는 경우

를 제외하고는 현금에 의하여서도 할 수 있다.

③ 비현금결제는 법률에 따라 달리 볼 수 있는 경우 및 사용하는 결제방식에 소정되어 있는 경우를 제외하고는, 상응하는 계좌를 개설하고 있는 은행과 다른 금융기관(아래에서는 은행이라 한다)을 통하여 한다.

제862조【비현금결제의 방식】 ① 비현금결제를 할 때에는 지급의뢰, 신용장, 수표에 의한 결제, 위탁징수에 의한 결제, 법률과 법률에 따라 정하여진 은행규칙 및 은행실무에서 적용되는 거래관습이 규정하는 그 밖의 방식에 의한 결제가 허용된다.

② 계약에 근거하여 당사자 쌍방은 이 조 제1항에 명시된 결제방식 중 어느 하나를 선택하여 계약에 정할 수 있다.

제2절 지급의뢰에 의한 결제

제863조【지급의뢰에 의한 결제에 관한 일반규정】 ① 지급의뢰에 따라 결제를 할 때에는 은행은 지급인의 의뢰에 근거하여 지급인의 계좌에 있는 자금에서 일정한 금액을 지급인이 지정하는 자의 당해 은행 또는 다른 은행에 있는 계좌로 법률 또는 법률에 따라 정하여진 기한 내에 송금하여야 한다. 다만, 보다 짧은 기한이 은행계좌계약에 규정되어 있거나 또는 은행실무에서 적용되는 거래관습에 정하여진 경우에는 그러하지 아니하다.

② 이 절의 규정은 당해 은행에 계좌를 가지고 있지 아니한 자에 의한 은행을 통한 자금의 대체와 관계있는 관계에 적용한다. 다만, 법률과 법률에 따라 정하여진 은행규칙에 다른 규정이 있는 경우 또는 이들 관계의 본질로부터 달리 볼 수 있는 경우에는 그러하지 아니하다.

③ 지급의뢰에 의한 결제의 실시절차는 법률과 법률에 따라 정하여진 은행규칙, 은행실무에서 적용되는 거래관습에 따라 규율된다.

제864조【은행에 의한 지급의뢰의 집행조건】 ① 지급의뢰 및 지급의뢰와 함께 제출하는 결제문서의 내용과 이들 방식은 법률과 법률에 따라 정하여진 은행규칙이 규정하는 요건과 일치하여야 한다.

② 이 조 제1항에 명시된 요건과 지급의뢰가 일치하지 아니할 경우에는 은행은 의뢰의 내용을 확인조회할 수 있다. 당해 조회는 의뢰를 접수한 후 곧바로 지급인에게 하여야 한다. 법률 또는 법률에 따라 정하여진 은행규칙이 규정하는 기한 내에 회답을 받지

못할 경우 및 기한에 관한 규정이 없을 때에는 합리적인 기한 내에 회답을 받지 못할 경우에는, 은행은 의뢰를 집행하지 아니하며 이를 지급인에게 반환할 수 있다. 법률과 법률에 따라 정하여진 은행규칙 또는 은행과 지급인과의 계약에 다른 규정이 있는 경우에는 그러하지 아니하다.

③ 은행과 지급인과의 계약에 다른 규정이 있는 경우를 제외하고는, 지급인의 의뢰는 지급인의 계좌에 자금이 있는 경우에는 은행이 집행한다. 의뢰는 계좌에서의 자금인출 순위(제855조)를 준수하여 은행이 집행한다.

제865조【의뢰의 집행】 ① 은행이 지급인의 지급의뢰를 접수한 경우에는 은행은 상응하는 금액을 의뢰에 규정된 자의 계좌에 충당하기 위하여 자금수취인의 은행에 이 법전 제863조 제1항이 정하는 기한 내에 대체하여야 한다.

② 은행은 의뢰인의 의뢰에 명시된 계좌에 자금을 대체하는 데 관한 업무를 수행하기 위하여 다른 은행을 참가하게 할 수 있다.

③ 은행은 지급인의 청구에 따라 의뢰의 실행에 관한 정보를 곧바로 지급인에게 제공하여야 한다. 의뢰의 집행에 관한 통지서의 작성절차와 그 내용에 대한 요건은 법률과 법률에 따라 정하여진 은행규칙 또는 당사자 쌍방의 합의에 따라 규정한다.

제866조【의뢰의 불이행 또는 부적절한 이행에 대한 책임】 ① 의뢰인의 의뢰의 불이행 또는 부적절한 이행이 있는 경우에는, 은행은 이 법전 제25장이 규정하는 사유와 액수에 따라 책임을 진다.

② 의뢰의 불이행 또는 부적절한 이행이 지급인의 의뢰를 이행하기 위하여 집행에 참가한 은행에 의한 결제업무실시규칙의 위반에 의하여 발생하였을 경우에는, 법원은 이 조 제1항이 규정하는 책임을 당해 은행의 부담으로 할 수 있다.

③ 은행에 의한 결제업무실시규칙의 위반이 자금의 위법한 지급거절을 초래할 경우에는, 은행은 이 법전 제395조가 규정하는 절차와 액수에 따라 이자를 지급하여야 한다.

제3절 신용장에 의한 결제

제867조【신용장에 의한 결제에 관한 일반규정】 ① 신용장에 근거한 결제의 경우에는 지급인의 신용장 개설과 관련하여 지급인을 위하여 또한 지급인의 지시에 따라 활동하는 은행(신용장개설은행)은 수취인에게 자금을 지급하거나 또는 환어음을 지급, 인수 또는 할인하거나 또는 다른 은행(집행은행)에 대하여 수취인에게 자금을 지급하거나 또

는 환어음을 지급, 인수 또는 할인할 수 있는 권한을 부여하여야 한다.

집행은행에 관한 규정은 수취인에게 자금을 지급하거나 또는 환어음을 지급, 인수 또는 할인하는 신용장개설은행에 적용한다.

② 지급필(임치)신용장을 개설할 경우에는 신용장개설은행은 그 개설시에 지급인의 부담 또는 신용장개설은행의 채무의 유효기간 중에 집행은행의 관리하에 있으며, 지급인에게 제공된 크레딧에 따라 신용장의 액수를 대체하여야 한다.

미지급(보증)신용장을 개설할 경우에는 집행은행에 대하여 집행은행에 있는 신용장개설은행의 계좌에서 신용장의 전액을 인출하는 권리가 부여된다.

③ 신용장에 근거한 결제실시에 대한 절차는 법률과 법률에 따라 정하여진 은행규칙 및 은행실무에서 적용되는 거래관습에 따라 규율된다.

제868조【취소가능신용장】 ① 자금수취인으로의 사전통지 없이 신용장개설은행에 의하여 변경 또는 취소할 수 있는 신용장은 취소가능신용장으로 인정된다. 신용장이 취소될 경우에는 자금수취인에 대하여 어떠한 채무도 신용장개설은행에는 발생하지 아니한다.

② 지급 또는 그 밖의 업무를 실시할 때까지 신용장의 조건 변경 또는 취소에 관한 통지를 받지 아니한 경우에는, 집행은행은 취소가능신용장에 관한 지급 또는 그 밖의 업무를 실시하여야 한다.

③ 신용장의 조항에 명백하게 달리 정하고 있는 경우를 제외하고는 신용장은 취소가능하다.

제869조【취소불가신용장】 ① 자금수취인의 동의 없이는 취소할 수 없는 신용장은 취소불가신용장으로 인정된다.

② 신용장개설은행의 의뢰에 따라 집행은행이 신용장에 의한 업무 실시에 참가할 경우에는 취소불가신용장을 승인할 수 있다.(승인신용장) 당해 승인은 집행은행이 신용장개설은행의 채무에 대하여 신용장의 조항과 부합하는 지급을 할 부가의무를 의미한다.

집행은행이 승인한 취소불가신용장은 집행은행의 동의 없이 변경 또는 취소될 수 없다.

제870조【신용장의 집행】 ① 신용장의 집행을 위하여 자금수취인은 집행은행에 신용장의 모든 조항의 수행을 확인하는 문서를 제출한다. 그 중 어떤 한 조항의 위반이 있는 경우에는 신용장의 집행은 이루어지지 아니한다.

② 집행은행이 신용장의 조항에 따라 지급하거나 또는 그 밖의 업무를 하였을 경우에는, 신용장개설은행은 발생된 비용에 대하여 집행은행에 보상하여야 한다. 당해 비용과 신용장의 집행과 관계있는 신용장개설은행의 그 밖의 지출은 모두 지급인이 보상한다.

第871条【문서의 접수거절】 ① 집행은행이 외관적 특징으로부터 신용장의 조항과 부합하지 아니한 문서의 접수를 거절할 경우에는, 자금수취인과 신용장개설은행에 대하여 거절의 원인을 적시하여 곧바로 이 취지를 통지하여야 한다.

② 신용장개설은행은 집행은행이 수령한 문서를 접수하고 그것이 외관적 특징으로부터 신용장의 조항과 부합하지 아니하는 것으로 볼 경우에는, 문서의 접수를 거절하고 신용장의 조건을 위반한 자금수취인에게 지급한 금액의 반환을 집행은행에 청구할 수 있고, 미지급신용장의 경우에는 지급된 금액의 보상을 거절할 수 있다.

第872条【신용장의 조항위반에 대한 은행의 책임】 ① 신용장 조항위반의 경우 지급인에 대한 책임은 신용장개설은행이 지고, 신용장개설은행에 대한 책임은 집행은행이 진다. 다만, 이 조가 규정하는 경우에는 그러하지 아니하다.

② 미지급신용장 또는 승인신용장에 근거한 자금 지급을 집행은행이 부당하게 거절할 경우에는, 자금수취인에 대한 책임은 집행은행의 부담으로 할 수 있다.

③ 신용장의 조항위반에 따라 미지급신용장 또는 승인신용장에 근거하여 집행은행이 자금 지급을 잘못하였을 경우에는, 지급인에 대한 책임은 집행은행의 부담으로 할 수 있다.

第873条【신용장의 폐쇄】 ① 신용장은 다음의 경우 집행은행에서 폐쇄된다.

신용장의 기한이 만료한 경우

자금수취인이 신용장의 유효기간만료 전에 신용장의 사용 거절에 관한 신청을 하고, 당해 거절 가능성이 신용장의 조항에 규정된 경우

지급인이 신용장의 전부 또는 일부의 거절에 관한 청구를 하고, 당해 거절이 신용장의 조항에 근거하여 가능한 경우

집행은행은 신용장의 폐쇄에 대하여 신용장개설은행에 통지하여야 한다.

② 지급필 신용장의 미사용액은 신용장의 폐쇄와 동시에 곧바로 신용장개설은행에 반환하여야 한다. 신용장개설은행은 자금을 예치한 지급인의 계좌에 반환된 금액을 충당하여야 한다.

제4절 위탁징수에 의한 결제

第874条【위탁징수에 의한 결제에 관한 일반규정】 ① 위탁징수에 의한 결제의 경우에는 은행(위탁징수은행)은 의뢰인의 의뢰에 따라 의뢰인의 부담으로 지급인으로부터

지급 및(또는) 지급의 인수를 수령하는 행위를 하여야 한다.

② 위탁징수은행이 의뢰인으로부터 의뢰를 받은 경우에는 그 수행을 위하여 다른 은행(대리수납은행)을 참가하게 할 수 있다.

위탁징수에 의한 결제의 실시절차는 법률과 법률에 따라 정하여진 은행규칙 및 은행실무에서 적용되는 거래관습에 따라 규율된다.

③ 의뢰인의 의뢰의 불이행 또는 부적절한 이행이 있는 경우에는 위탁징수은행은 이 법전 제25장이 규정하는 사유에 근거하여 그 규정하는 액수에 따라 의뢰인에 대한 책임을 진다.

의뢰인의 의뢰의 불이행 또는 부적절한 이행이 대리수납은행에 의한 결제업무의 실시규칙위반에 의하여 발생하였을 경우에는, 의뢰인에 대한 책임은 대리수납은행의 부담으로 할 수 있다.

제875조【위탁징수의뢰의 집행】 ① 어떠한 문서도 없는 경우 또는 외관적 특징에 의하여 위탁징수의뢰와의 불일치가 있는 경우에는, 대리수납은행은 위탁징수의뢰를 수령한 자에 대하여 곧바로 이 취지를 통지하여야 한다. 당해 하자가 제거되지 아니할 경우에는 은행은 문서를 집행하지 아니하고 반환할 수 있다.

② 문서는 접수된 방식 그대로 지급인에게 제출된다. 다만, 위탁징수의뢰를 작성하기 위하여 필요한 은행의 표기와 서명은 제외한다.

③ 문서의 제시에 따라 지급하여야 할 경우에는 대리수납은행은 위탁징수의뢰를 수령한 후 곧바로 지급을 위하여 제출하여야 한다.

문서에 지급하여야 할 다른 기한이 있는 경우에는 대리수납은행은 지급인의 인수를 수령하기 위하여 위탁징수의뢰를 수령한 후 곧바로 인수를 위하여 문서를 제출하여야 하고, 지급청구는 문서에 명시된 지급기한 도래일까지 하여야 한다.

④ 은행규칙에 부분지급이 정하여진 경우 또는 위탁징수의뢰에 특별한 허가가 있는 경우에는 부분적인 지급을 수령할 수 있다.

⑤ 수령된(징수된) 금액은 대리수납은행에 의하여 곧바로 위탁징수은행의 관리로 이전하여야 하고, 위탁징수은행은 이 금액을 의뢰인의 계좌에 충당하여야 한다. 대리수납은행은 수납한 금액에서 자기에게 지급되어야 할 보수와 비용의 보상을 공제할 수 있다.

제876조【업무실시에 관한 통지】 ① 지급과(또는) 인수가 수령되지 아니할 경우에는, 대리수납은행은 미지급 또는 인수 거절의 원인에 대하여 곧바로 위탁징수은행에 통지하여야 한다.

위탁징수은행은 이를 의뢰인에게 곧바로 통지하여야 하며, 그 이후의 행위에 관하여 의뢰인으로부터의 지시를 요청하여야 한다.

② 은행규칙이 정하는 기간 내에 그 이후의 행위에 관하여 지시를 받지 아니하고 있는 경우 또는 합리적인 기간 내에 그 지시가 없는 경우에는, 대리수납은행은 문서를 위탁징수은행으로 반환할 수 있다.

제5절 수표에 의한 결제

제877조【수표에 의한 결제에 관한 일반규정】 ① 수표라 함은 수표에 기재된 금액을 수표소지인에게 지급하도록 하는 수표발행인의 은행에 대한 무조건적 지시를 내용으로 하는 유가증권을 말한다.

② 수표에 근거하여 지급인으로 명시될 수 있는 자는 수표발행인이 수표를 발행하는 방법으로 처분할 수 있는 자금을 가지는 은행만이다.

③ 수표의 제시기한 만료 전에 수표를 취소하는 것은 허용되지 아니한다.

④ 수표의 발행은 발행된 수표의 이행을 위한 금전채무를 상환하지 아니한다.

⑤ 지급거래에서의 수표의 사용절차와 조건은 이 법전이 규율하며, 이 법전이 규율하지 아니하는 부분은 그 밖의 법률과 그에 따라 정하여진 은행규칙이 규율한다.

제878조【수표의 요건】 ① 수표는 다음 각호의 1의 내용을 포함하여야 한다.

1. 문서의 본문에 기재된 「수표」의 명칭
2. 지급인에게 일정한 금액을 지급하는 의뢰
3. 지급인의 명칭과 지급이 이루어져야 할 계좌의 표시
4. 지급통화의 표시
5. 수표의 작성일과 작성지의 표시
6. 수표를 발행하는 자(수표발행인)의 서명

문서에 위의 요건 중 어느 하나라도 갖추지 못한 경우에는 수표의 효력을 상실한다.

작성지의 표시가 없는 수표는 수표발행인의 소재지에서 서명된 것으로 추정한다.

이자에 관한 표시는 표기되지 아니한 것으로 본다.

② 수표의 방식과 그 기재절차는 법률과 법률에 따라 정하여진 은행규칙으로 정한다.

제879조【수표의 지급】 ① 수표는 수표발행인의 자금으로 지급된다.

자금이 임치되어 있는 경우에는 수표의 지급을 위한 자금임치의 절차와 조건은 은행

규칙으로 정한다.

② 수표는 법률이 정한 기한 내에 제시되는 것을 조건으로 지급인에 의하여 지급되어야 한다.

③ 수표에 근거하여 지급인은 자기에게 가능한 모든 방법을 통하여 수표의 진정과 수표의 제시자가 지급인에 의하여 권한을 부여받은 자임을 확인하여야 한다.

배서된 수표의 지급의 경우에는 지급인은 배서의 진정을 조사하여야 한다. 다만, 배서인의 서명은 제외한다.

④ 허위, 도난 또는 분실 수표의 지급인에 의한 지급에 의하여 발생한 손해는 어느 일방의 과실에 의하여 손해가 생겼는지에 따라 지급인 또는 수표발행인이 책임을 진다.

⑤ 수표의 지급을 한 자는 지급 영수증에 서명을 한 후 수표의 인도를 청구할 수 있다.

第880조【수표에 근거한 권리의 양도】 ① 수표에 근거한 권리의 양도는 이 법전 제146조가 정하는 절차에 따라 이 조의 규정을 준수하여 한다.

② 기명수표는 양도할 수 없다.

③ 양도가 가능한 수표에서 지급인에 대한 배서는 지급의 수령에 대한 영수증으로서의 효력을 가진다.

지급인이 한 배서는 무효이다.

배서에 따라 수령한 양도가능수표를 보유하는 자는 자기의 권리가 연속된 배서에 근거하고 있는 경우에는 그 법적 점유자로 본다.

第881조【지급의 보증】 ① 수표에 근거한 지급은 어음보증에 의하여 전부 또는 일부를 보증할 수 있다.

수표에 근거한 지급보증(어음보증)은 지급인 외의 임의의 자에게 제공할 수 있다.

② 어음보증은 수표 표면 또는 추가 용지에 「어음보증을 인정한다」라는 문언의 표기와 누구에 의하여 누구에게 제공되었다고 하는 표시로 기재된다.

어음보증은 어음보증인이 서명하며 어음보증인의 주소지와 표기의 실시일을 표시하고, 어음보증인이 법인인 경우에는 그 소재지와 표기의 실시일을 표시한다.

③ 어음보증인은 어음보증을 제공한 자에 대하여도 책임을 진다.

어음보증인의 채무는 어음보증인이 보증한 채무가 방식을 준수하지 아니한 것 이외의 어떠한 사유에 의하여 무효로 증명될 경우에도 유효하다.

④ 수표를 지급한 어음보증인은 어음보증을 제공한 자와 어음보증인에게 의무를 지는 자에게 대항하는 수표로부터 발생하는 권리를 취득한다.

제882조【수표의 지급】 ① 지급을 위하여 수표소지인에게 이바지하는 은행에 지급수령을 위하여 수표가 제출된 경우에는 지급을 위한 수표의 제시로 본다.

수표의 지급은 이 법전 제875조가 정하는 절차에 따라 한다.

② 지급된 수표에 근거하여 자금을 수표소지인 계좌로 충당하는 것은 수표소지인과 은행과의 계약에 다른 규정이 있는 경우를 제외하고는, 지급인으로부터 지급을 수령한 후에 한다.

제883조【수표의 지급거절증명】 ① 수표의 지급거절은 다음 각호의 1의 방법에 따라 증명되어야 한다.

1. 공증인에 의한 거절증서의 실시 또는 법률이 정하는 절차에 따른 그와 동등한 조서의 작성
2. 수표의 지급을 위한 제시일을 표시하여 지급인이 한 지급거절에 관한 수표에의 기입
3. 수표가 적시에 제시되었으나 지급되지 아니한 날짜를 표시하여 한 지급은행의 기입

② 거절증서 또는 그와 동등한 조서는 수표의 제시기한 만료 전에 작성되어야 한다.

수표의 제시가 기한의 최종일에 이루어진 경우에는 거절증서 또는 그와 동등한 조서는 다음 근로일에 작성할 수 있다.

제884조【수표의 미지급에 관한 통지】 수표소지인은 자기의 배서인과 수표발행인에 대하여 거절증서 또는 그와 동등한 조서의 실시일 후 2 근로일 내에 미지급에 대하여 통지하여야 한다.

각 배서인은 통지수리일 후 2 근로일 내에 자기의 배서인에게 통지를 수리한 것을 알려야 한다. 같은 기간 내에 당해 배서인에게 어음보증을 제공한 자에게 통지를 송부한다.

위의 기간 내에 통지를 송부하지 아니한 자는 자기의 권리를 상실하지 아니하나, 수표의 미지급에 대하여 통지하지 아니함으로써 발생한 손해를 배상한다. 배상될 손해액은 수표의 금액을 넘을 수 없다.

제885조【수표의 미지급의 효과】 ① 지급인이 수표의 지급을 거절할 경우에는 수표소지인은 자기의 선택에 따라 1인, 수인 또는 수표에 근거하여 의무를 지는 모든 자(수표발행인, 어음보증인, 배서인)에 대하여 소송을 제기할 수 있고, 이들은 수표소지인에 대하여 연대책임을 진다.

② 수표소지인은 위의 자에 대하여 수표 금액의 지급, 지급을 수령하기 위한 자기의 지출 및 이 법전 제395조 제1항에 따라 이자를 청구할 수 있다.

동일한 권리가 수표를 지급한 후에 수표에 근거하여 의무를 지는 자에게 귀속된다.

③ 이 조 제1항에 명시된 자에 대한 수표소지인의 소송은 수표의 지급을 위한 제시기한이 종료한 날로부터 6개월 이내에 제기할 수 있다. 서로 의무를 지는 자의 소송에 관한 구상권은 상응하는 의무를 지는 자가 채무를 이행한 날 또는 그 자에게 소송이 제기된 날로부터 6월이 경과한 후에 소멸한다.

제47장 임 치

제1절 임치에 관한 일반규정

제886조【임치계약】 ① 임치계약에 따라 일방(수치인)은 상대방(임치인)로부터 인도받은 물건을 보관하고, 당해 물건을 보전된 상태로 반환하여야 한다.

② 자기의 직업활동의 목적 중 하나로 보관을 하는 영리단체 또는 비영리단체(직업수치인)가 수치인인 임치계약에서 계약이 규정하는 기간 내에 임치인으로부터 보관을 위하여 물건을 수령할 수치인의 의무를 규정할 수 있다.

제887조【임치계약의 방식】 ① 임치계약은 이 법전 제161조에 명시된 경우에는 서면방식으로 체결하여야 한다. 이 경우 시민간의 임치계약(제161조 제1항 제2호)에는 보관을 위하여 인도되는 물건의 가액이 법률이 정한 최저임금액의 10배를 넘을 경우에는 서면방식의 준수가 요구된다.

수치인이 물건을 보관하기 위하여 수령할 의무를 규정하는 임치계약은 계약당사자의 구성 및 보관을 위하여 인도되는 물건의 가액에 관계없이 서면방식으로 체결하여야 한다.

비상사태시(화재, 자연재해, 돌발적 질병, 습격의 위협 등)의 물건보관을 위한 인도는 증언에 의하여 증명될 수 있다.

② 일반적인 임치계약의 서면방식은 수치인에 의한 물건보관을 위한 수령이 임치인에게 다음을 교부함으로써 증명될 경우에는 준수된 것으로 본다.

임치증서, 보관증, 증명서 또는 수치인이 서명한 그 밖의 서면

번호교환증(번호표), 물건보관을 위한 수령을 증명하는 그 밖의 표지로서, 물건보관을 위한 수령에서 이들 확인방식이 법률 또는 그 밖의 법령에 규정되거나 또는 당해 종류의 보관에서 관례일 경우

③ 일반적인 보관계약의 서면방식을 준수하지 아니할 경우에는, 보관을 위하여 수령

할 수 있는 물건과 수치인이 반환할 물건의 일치에 관한 다툼에서 당사자는 증언을 원용하는 권리를 박탈당하지 아니한다.

第888조 【보관을 위하여 물건을 수령할 의무이행】 ① 수치인이 임치계약에 따라 물건을 보관하기 위하여 수령할 의무를 지는 경우(제886조 제2항)에는, 당해 물건의 보관으로의 인도를 청구할 수 없다.

그러나 임치인이 계약이 규정하는 기간 내에 물건을 보관을 위하여 인도하지 아니할 경우에는, 법률 또는 임치계약에 다른 규정이 있는 경우를 제외하고는 임치인은 보관불성립에 따라 입은 손해에 대하여 수치인에게 책임을 진다. 임치인이 합리적인 기간 내에 수치인의 서비스를 거부하는 것을 수치인에게 신고할 경우에는 수치인은 이 책임을 면한다.

② 임치계약에 다른 규정이 있는 경우를 제외하고는 계약에 소정된 기간 내에 수치인으로의 물건의 인도가 행하여지지 아니할 경우에는, 수치인은 물건을 보관하기 위하여 수령할 의무를 면한다.

第889조 【보관기간】 ① 수치인은 임치계약에 소정된 기간 동안 물건을 보관하여야 한다.

② 계약에 보관기간이 규정되어 있지 아니한 경우 및 계약조항으로 보관기간을 정할 수 없는 경우에는, 수치인은 임치인의 청구가 있을 때까지 물건을 보관하여야 한다.

③ 보관기한이 임치인의 청구시에 정하여질 경우에는, 수치인은 특정 상황하에서의 물건의 일반적인 보관기간이 경과한 때에 합리적인 기한을 임치인에게 부여하고, 임치인에게 물건의 인수를 청구할 수 있다. 임치인이 이 의무를 이행하지 아니할 경우에는 이 법전 제899조가 규정하는 효과가 발생한다.

第890조 【혼장임치】 임치계약에 직접 규정이 있는 경우에는 보관을 위하여 수령할 수 있는 임치인의 물건이 그 밖의 임치인의 동종 또한 동 품질의 물건과 혼합될 수 있다.(혼장임치) 동종 또한 동 품질의 동량의 물건 또는 당사자 쌍방이 정한 수량의 물건이 임치인에게 반환된다.

第891조 【물건의 보전을 확보할 수치인의 의무】 ① 수치인은 보관을 위하여 인도받은 물건의 보전을 확보하기 위하여 계약이 규정하는 모든 조치를 취하여야 한다.

계약에 조치에 관한 조항이 없는 경우 또는 조항이 불완전할 경우에는, 수치인은 물건의 보관을 위하여 거래관습과 채무의 본질, 보관을 위하여 인도받은 물건의 특성과 일치하는 조치를 취하여야 한다. 다만, 조치를 취하는 것이 계약에 따라 배제되어 있는 경우에는 그러하지 아니하다.

② 수치인은 어떤 경우에도 인도받은 물건의 보관을 위하여 법률과 그 밖의 법령 또는 그에 의하여 정하여진 절차에 따라 의무로 규정되어 있는 조치(소방, 위생, 경비의무 등)를 강구한다.

③ 보관이 무상으로 행하여질 경우에는 수치인은 보관을 맡은 물건에 대하여 자기의 물건과 같은 배려를 하여야 한다.

第892조【보관을 위하여 인도된 물건의 사용】 수치인은 임치인의 동의 없이 보관을 위하여 인도받은 물건을 사용할 수는 없으며, 마찬가지로 제3자에 의한 물건의 사용에 제공할 수 없다. 다만, 보관하고 있는 물건의 사용이 그 보전을 확보하기 위하여 필요하며, 임치계약에 반하지 아니하는 경우에는 그러하지 아니하다.

第893조【보관조건의 변경】 ① 임치계약이 규정하는 물건의 보관조건을 변경할 필요가 있는 경우에는, 수치인은 이 취지를 곧바로 임치인에게 통지하고 그 회답을 기다려야 한다.

물건의 보관조건의 변경은 물건의 분실, 결손 또는 물건의 훼손 위험을 제거하기 위하여 필요한 경우에는, 수치인은 임치인의 회답을 기다리지 아니하고 보관 방법, 장소와 그 밖의 조건을 변경할 수 있다.

② 보관시에 물건 손상의 실제 위협이 발생하였을 경우 또는 물건이 이미 손상되거나 또는 물건의 보전을 확보할 수 없는 상황이 발생하고 임치인의 적당한 조치를 기다릴 수 없는 경우에는, 수치인은 독자적으로 물건 또는 물건의 일부를 보관지의 가격에 따라 매각할 수 있다. 위 상황이 수치인이 책임을 질 수 없는 원인에 의하여 발생한 경우에는, 수치인은 매각가격에서 매각을 위하여 한 자기 지출의 보상에 대한 권리를 갖는다.

第894조【위험한 특성을 지니는 물건의 보관】 ① 임치인이 가연성의 물건, 폭발의 위험성이 있는 물건 또는 그 성질상 일반적으로 위험한 물건을 보관에 맡길 때에 수치인에게 이들 특성에 대하여 경고하지 아니한 경우에는, 수치인은 임치인에 대한 손해의 배상 없이 언제든지 이를 무해화하거나 또는 파괴할 수 있다. 임치인은 이들 물건의 보관에 의하여 수치인 또는 제3자가 입은 손해를 배상하는 책임을 진다.

위험한 특성을 가지는 물건을 직업수치인에게 보관을 위하여 인도하였을 경우에는, 이 항 제1단락이 정하는 규정은 이들 물건이 잘못된 명칭으로 보관에 맡겨진 경우 및 수치인이 물건을 수령하였 때 외관검사에 의하여 물건의 위험한 특성을 확인할 수 없었을 경우에 적용한다.

유상의 보관에서는 이 항이 규정하는 경우에는 물건의 보관을 위하여 이미 지급된 보수는 보상되지 아니하며, 보수가 지급되지 아니한 경우에는 수치인은 보수 전부를 받을 수 있다.

② 수치인에게 사전에 알리고 그 동의를 얻어 보관을 위하여 수령한 이 조 제1항 제1단락에 명시된 물건이 보관조건을 준수하였음에도 불구하고 주위 또는 수치인이나 제3자의 재산에 위험한 상태가 되고, 수치인이 임치인에게 물건의 신속한 인수를 청구할 수 없는 상황이거나 또는 수치인이 이 청구를 하지 아니할 경우에는, 수치인은 이 물건을 무해화하거나 또는 임치인에 대한 손해배상 없이 파괴할 수 있다. 이 경우 임치인은 수치인과 제3자에 대하여 이들 물건의 보관에 의하여 입은 손해에 대하여 책임을 지지 아니한다.

第895조【제3자에 의한 보관을 위한 물건의 인도】 임치계약에 다른 규정이 있는 경우를 제외하고는 수치인은 임치인의 동의 없이 물건을 제3자에 의한 보관을 위하여 인도할 수 없다. 다만, 수치인이 상황에 따라 임치인의 이익을 위하여 불가피한 경우 및 임치인의 동의를 얻을 가능성이 없는 경우에는 그러하지 아니하다.

물건의 제3자에 의한 보관을 위한 인도에 대하여 수치인은 곧바로 임치인에게 통지하여야 한다.

제3자에 의한 보관을 위하여 물건을 인도할 경우에는 임치인과 원래의 수치인과의 계약조항은 효력을 보유하고, 원래의 수치인은 보관을 위하여 물건을 인도받은 제3자의 행위에 대하여 자기의 행위와 같은 책임을 진다.

第896조【보관에 대한 보수】 ① 보관에 대한 보수는 보관의 종료시에 수치인에게 지급하여야 하며, 보관에 대한 보수의 지급이 기간으로 규정되어 있는 경우에는 각 기간의 만료시에 상응하는 부분의 지급을 하여야 한다.

② 보관에 대한 보수를 지급하여야 하는 기간의 1/2 이상 지급이 지체될 경우에는, 수치인은 계약이행을 거절하고 보관에 맡겨진 물건의 신속한 인수를 임치인에게 청구할 수 있다.

③ 수치인이 책임질 수 없는 상황에 따라 소정된 기간의 만료 전에 보관이 중지될 경우에는 수치인은 상응하는 보수의 일부에 대한 권리를 가지며, 이 법전 제894조 제1항이 규정하는 경우에는 보수 전액에 대한 권리를 갖는다.

수치인이 책임질 상황에 따라 소정된 기간의 만료 전에 보관이 중지될 경우에는, 수치인은 보관에 대한 보수를 청구할 수 없다. 보수로 수취한 금액은 임치인에게 반환하여야 한다.

④ 보관기간 만료 후 임치인이 보관에 맡긴 물건을 인수하지 아니할 경우에는, 임치인은 그 이후의 물건 보관에 대하여 상응하는 보수를 수치인에게 지급하여야 한다. 이 규정은 임치인이 보관기간 만료 전에 물건을 인수할 의무를 질 경우에도 적용한다.

⑤ 임치계약에 다른 규정이 있는 경우를 제외하고는 이 조의 규정이 적용된다.

第897条【보관비용의 보상】 ① 임치계약에 다른 규정이 있는 경우를 제외하고는, 물건의 보관에 대한 수치인의 비용은 보관에 대한 보수에 포함된다.

② 무상의 보관의 경우에는 법률 또는 임치계약에 다른 규정이 있는 경우를 제외하고는, 임치인은 수치인이 물건 보관을 위하여 지출한 필요비를 수치인에게 보상하여야 한다.

第898条【보관을 위한 비상지출】 ① 물건 보관을 위한 지출이 동종의 보관에서의 일반적인 지출을 넘고, 당사자 쌍방이 임치계약을 체결할 때에 예상할 수 없었을 때에는(비상지출), 임치인이 당해 지출에 동의하거나 또는 그 후에 이를 승인한 경우 및 법률과 그 밖의 법령 또는 계약이 규정하는 그 밖의 경우에는 수치인에게 보상된다.

② 비상지출을 할 필요가 있는 때에는 수치인은 당해 지출에 대한 임치인의 동의에 대하여 조회하여야 한다. 수치인이 제시한 기간 내 또는 회답을 위하여 통상 필요한 기간 내에 임치인이 자기의 부동의에 대하여 통지하지 아니할 경우에는 임치인은 비상지출에 동의한 것으로 본다.

상황으로 보아 가능하였음에도 불구하고 수치인이 비상지출에 대한 임치인의 사전동의를 얻지 아니하고 지출을 하고 임치인이 사후에 이를 승인하지 아니하였을 경우에는, 수치인은 지출이 없었더라면 물건이 입을 수 있었던 손해의 범위 내에서만 비상지출의 보상을 청구할 수 있다.

③ 임치계약에 다른 규정이 있는 경우를 제외하고는 비상지출은 보관에 대한 보수와는 따로 보상된다.

第899条【임치인의 물건인수의무】 ① 소정된 보관기간 또는 이 법전 제889조 제3항에 근거하여 물건의 인수를 위하여 수치인에게 부여된 기간이 만료한 경우에는, 임치인은 보관을 위하여 인도한 물건을 곧바로 인수할 의무를 부담한다.

② 임치인이 보관을 위하여 인도한 물건의 수령 거부를 포함하여 물건을 인수할 자기 의무를 이행하지 아니할 경우에는, 임치계약에 다른 규정이 있는 경우를 제외하고는 수치인은 임치인에게 문서로 예고한 후 독자적으로 물건을 보관지의 가격에 따라 매각할

수 있다. 평가에 따라 물건의 가액이 법률이 정하는 최저임금액의 100배를 넘는 경우에는, 이 법전 제447조부터 제449조가 규정하는 절차에 따라 경매로 매각할 수 있다.

물건의 매각에 따른 매각대금은 물건의 매각을 위한 비용을 포함하여 수치인에게 지급되어야 할 금액을 공제한 후 임치인에게 이전된다.

제900조 【물건을 반환할 수치인의 의무】 ① 계약이 혼장임치(제890조)로 규정하고 있는 경우를 제외하고는, 수치인은 보관을 위하여 인도받은 물건과 같은 물건을 임치인 또는 임치인이 수치인으로 지정한 자에게 반환하여야 한다.

② 물건은 자연적인 악화, 자연적인 감소 또는 물건의 자연적 특성에 따른 변화를 고려한 후 보관을 위하여 수령할 수 있는 때와 같은 상태로 수치인에 의하여 반환되어야 한다.

③ 임치계약에 다른 규정이 있는 경우를 제외하고는 수치인은 물건의 반환과 동시에 물건의 보관기간 동안 취득한 과실과 수익을 인도하여야 한다.

제901조 【수치인의 책임 사유】 ① 수치인은 이 법전 제401조가 규정하는 사유에 근거하여 보관을 위하여 수령한 물건의 분실, 결손 또는 훼손에 대하여 책임을 진다.

직업수치인은 물건의 분실, 결손 또는 훼손이 불가항력에 의하여 발생한 것 또는 수치인이 보관을 위하여 수령하였을 때에 몰랐거나 또는 알 수 없었던 물건의 특성 또는 임치인의 고의나 중대한 과실에 의하여 발생하였음을 증명할 경우를 제외하고는 물건의 분실, 결손 또는 훼손에 대하여 책임을 진다.

② 물건을 인수할 임치인의 의무가 발생한 후(제899조 제1항)의 물건의 분실, 결손 또는 훼손에 대하여 수치인은 고의 또는 중대한 과실이 수치인측에 있는 때에 한하여 책임을 진다.

제902조 【수치인의 책임액】 ① 물건의 분실, 결손 또는 훼손에 의하여 임치인이 입은 손해는 법률 또는 임치계약에 다른 규정이 있는 경우를 제외하고는 이 법전 제393조에 따라 수치인이 배상한다.

② 무상의 보관인 경우에는 임치인이 입은 물건의 분실, 결손 또는 훼손에 의하여 발생한 손해는 다음 각호 1의 액수에 따라 배상된다.

1. 물건의 분실과 결손에 대하여는 분실 또는 결손한 물건의 가액범위로
2. 물건의 훼손에 대하여는 저하된 물건의 가액범위로

③ 수치인이 책임질 훼손에 의하여 물건의 품질이 당초의 용도에 따라 사용할 수 없을 만큼 변화된 경우에는, 법률 또는 임치계약에 다른 규정이 있는 경우를 제외하고는 임

치인은 물건을 포기하고 물건의 가액과 그 밖의 손해를 수치인에게 청구할 수 있다.

제903조【수치인이 입은 손해의 배상】 임치인은 보관에 맡긴 물건의 특성에 의하여 입은 손해에 대하여 수치인이 물건을 수령하였을 때에 이 특성을 몰랐거나 또는 알 수 없었을 경우에는 수치인에게 배상하여야 한다.

제904조【임치인의 청구에 따른 보관의 중지】 계약이 규정하는 물건의 보관기간이 만료되지 아니한 경우에도, 수치인은 임치인의 청구가 있는 즉시 보관을 위하여 수령한 물건을 반환하여야 한다.

제905조【개별 종류의 보관에서의 임치에 관한 일반규정의 적용】 임치에 관한 일반규정(제886조부터 제904조)은 이 법전 제907조부터 제926조와 다른 법률에 포함되는 개별 종류의 보관에 관한 규정에 다른 규정이 있는 경우를 제외하고는 개별종류의 보관에 적용한다.

제906조【법정임치】 이 절의 규정은 법률이 그 밖의 규정을 정하고 있는 경우를 제외하고는 법률에 따라 발생하는 강제임치에 적용한다.

제2절 상품창고에서의 임치

제907조【창고임치계약】 ① 창고임치계약에 따라 상품창고(수치인)는 상품소유자(임치인)로부터 인도받은 상품을 유상으로 보관하고, 이 상품을 보전된 상태로 반환하여야 한다.

기업활동으로서 상품을 보관하고 보관과 관계있는 서비스를 제공하는 조직은 상품창고로 본다.

② 창고임치계약의 서면방식은 계약체결과 창고로의 상품 수령이 창고문서에 의하여 증명될 경우(제912조)에는 준수된 것으로 본다.

제908조【공용창고에 의한 상품의 보관】 ① 법률과 그 밖의 법령에 따라 상품창고가 임의의 상품소유자로부터 보관을 위하여 상품을 수령하여야 하는 것으로 볼 수 있는 경우에는 상품창고는 공용창고로 본다.(개정 2003. 1. 10. 연방법률 제15호)

② 공용상품창고에 의하여 체결되는 창고임치계약은 공공계약으로 본다.(제426조)

제909조【상품창고에 상품을 수령 및 보관하는 동안의 상품검사】 ① 창고임치계약에 다른 규정이 있는 경우를 제외하고는 상품창고는 보관을 위하여 상품을 수령한 때에는, 자기부담으로 상품을 검사하고 상품의 수량(단위 수량이나 상품 건수 또는 도량단위

- 중량, 용적)과 외관적 상태를 확정하여야 한다.

② 보관기간 동안 상품창고는 상품 또는 상품 견본을 검사할 수 있는 가능성을 상품소유자에게 제공하여야 하고, 보관이 혼장임치일 경우에는 샘플의 제공과 상품 보전을 확보하기 위하여 필요한 조치를 취할 가능성을 제공하여야 한다.

제910조【상품의 보관조건과 상태의 변경】 ① 상품의 보전을 확보하기 위하여 상품의 보관조건을 변경할 필요가 있는 경우에는, 상품창고는 요구되는 조치를 독자적으로 취할 수 있다. 그러나 창고임치계약이 규정하는 상품의 보관조건을 본질적으로 변경하는 것이 필요한 경우에는, 상품창고는 취하게 될 조치에 대하여 상품소유자에게 통지하여야 한다.

② 보관기간 동안 창고임치계약에서 합의한 범위 또는 자연적인 악화의 일반적인 표준을 넘는 상품의 훼손이 발견될 경우에는, 상품창고는 이 건에 관하여 곧바로 조서를 작성하여 작성일에 상품소유자에게 통지하여야 한다.

제911조【상품소유자로의 상품반환의 경우 상품의 수량과 상태의 검사】 ① 상품소유자와 상품창고는 상품을 반환하는 경우 상품을 검사하고, 그 수량을 조사할 것을 각각 청구하는 권리를 갖는다. 이에 따라 발생한 비용의 지출은 상품의 검사 또는 상품의 수량조사를 청구하는 자가 부담한다.

② 창고가 상품을 상품소유자에게 반환할 때에 양자가 공동으로 상품의 검사 또는 조사를 하지 아니할 경우에는, 상품의 부적절한 보관에 따른 상품의 결손 또는 훼손에 관한 신고는 상품을 수령할 때에 문서로 창고에 대하여 하여야 하며, 일반적인 상품의 수령방법으로는 발견할 수 없었던 결손 또는 훼손에 관한 신고는 상품수령일로부터 3일 내에 하여야 한다.

이 항 제1단락에 규정된 신고가 없는 경우에는 그 밖의 증명이 있는 경우를 제외하고는 상품은 창고임치계약조항에 따라 창고에 의하여 반환된 것으로 본다.

제912조【창고문서】 ① 상품창고는 보관을 위한 상품 수령의 확인으로서 다음의 창고문서 중 하나를 교부한다.

복식창고증서

단식창고증서

창고보관증

② 복식창고증서는 2 부분 - 창고증서와 담보증서(창고증권)로 구성되며, 이는 서로 분리될 수 있다.

③ 복식창고증서를 구성하는 두 개의 부분과 단식창고증서는 모두 유가증권이다.

④ 복식창고증서 또는 단식창고증서에 근거하여 보관을 위하여 수령한 상품은 보관기간 동안 관계 증서를 담보에 제공하는 방법에 따라 담보의 목적물로 될 수 있다.

제913조【복식창고증서】 ① 복식창고증서의 각 부분에는 다음 각호의 1의 사항이 동일하게 표시되어야 한다.

1. 보관을 위하여 상품을 수령한 상품창고의 명칭과 소재지
2. 창고등록부에 따른 창고증서의 순위 번호
3. 보관을 위하여 상품을 인도한 법인의 명칭 또는 시민의 성명, 상품소유자의 소재지(주소지)
4. 보관을 위하여 수령한 상품의 명칭과 수량 – 단위 수량과/또는 상품 건수 및/또는 상품의 도량단위(중량, 용적)
5. 보관기간이 정하여져 있는 경우에는 보관을 위하여 상품을 수령하는 기간 또는 청구가 있을 때까지 보관을 위하여 상품을 수령한다는 표시
6. 보관에 대한 보수액 또는 산정기준인 요금표와 보관료의 지급절차
7. 창고증서의 교부일

복식창고증서의 두 부분에는 수권을 받은 자의 동일 서명과 상품창고의 인장이 있어야 한다.

② 이 조의 요건과 부합하지 아니하는 문서는 복식창고증서가 아니다.

제914조【창고증서와 담보증서 보유자의 권리】 ① 창고증서와 담보증서의 보유자는 창고에 보관되어 있는 상품을 모두 처분할 권리를 갖는다.

② 담보증서가 분리된 창고증서의 보유자는 상품을 처분할 수는 있으나, 담보증서에 근거하여 지급된 크레딧이 상환될 때까지 창고에서 상품을 반출할 수 없다.

③ 창고증서의 보유자가 아닌 담보증서의 보유자는 담보증서에 근거하여 지급된 크레딧과 그 이자액에 따라 상품에 대한 담보권을 가진다. 상품을 담보할 경우에는 그에 관한 기재는 창고증서에 이루어진다.

제915조【창고증서와 담보증서의 양도】 창고증서와 담보증서는 동시에 또는 각각 배서에 의하여 양도할 수 있다.

제916조【복식창고증서에 근거한 상품인도】 ① 창고증서와 담보증서(복식창고증서)이 두 증서의 동시 교환에 의하여서만 상품창고는 증서 보유자에게 상품을 인도한다.

② 담보증서를 소지하고 있지 아니하나, 담보증서에 근거하여 채무를 상환한 창고증

서의 보유자에게 상품창고는 창고증서와의 교환 및 담보증서에 근거한 채무 전액의 지급에 관한 영수증을 함께 제시하는 것을 조건으로 하여 상품을 인도한다.

③ 상품창고가 이 조의 요건에 위반하여 담보증서를 소지하고 있지 아니하며, 그에 근거하여 채무를 상환하지 아니하고 있는 창고증서의 보유자에게 상품을 인도한 경우에는, 상품창고는 담보증서의 보유자에게 담보증서에 근거하여 담보된 전액을 지급할 책임을 진다.

④ 창고증서와 담보증서의 보유자는 상품의 일부 인도를 청구할 수 있다. 이 경우 창고에 남아 있는 상품에 대한 새로운 증서가 원래의 증서와 교환하여 증서보유자에게 교부된다.

제917조【단식창고증서】 ① 단식창고증명서는 무기명으로 교부된다.

② 단식창고증서에는 이 법전 제913조 제1항 제1호, 제2호, 제4호부터 제7호까지 및 마지막 단락에 규정하는 정보와 무기명으로 교부된다는 표시가 포함되어야 한다.

③ 이 조의 요건과 부합하지 아니하는 문서는 단식창고증서가 아니다.

제918조【처분권이 있는 물건의 보관】 법률과 그 밖의 법령 또는 계약에 따라 상품창고가 보관에 맡겨진 물건을 처분할 수 있는 것으로 볼 수 있는 경우에는, 당사자 쌍방의 관계에 대하여는 이 법전 제42장의 소비대차에 관한 규정을 적용한다. 다만, 상품의 반환 시기와 장소는 이 장의 규정에 따라 정한다.

제3절 특수유형의 임치

제919조【전당포임치】 ① 시민에게 속하는 물건에 대한 전당포임치계약은 공공계약이다.(제426조)

② 전당포임치계약의 체결은 전당포가 임치인에게 교부하는 기명임치보관증에 의하여 증명된다.

③ 전당포에 보관을 위하여 맡겨지는 물건은 같은 종류 및 같은 품질의 물건에 대하여 보관수령시 및 수령장소의 매매에서 통상 설정되는 가격에 따라 당사자 쌍방의 합의로 평가하여야 한다.

④ 전당포는 보관을 위하여 수령한 물건에 대하여 임치인의 이익을 위하여 이 조 제3항에 따른 평가액 전액에 대하여 자기부담으로 보험에 들어야 한다.

제920조【전당포에 대한 청구가 없는 물건】 ① 전당포에 보관을 위하여 맡긴 물

건을 전당포와의 합의로 정한 기한 내에 임치인이 청구하지 아니할 경우에는, 전당포는 임치계약이 규정하는 요금을 징수하고, 2개월간 당해 물건을 보관하여야 한다. 이 기간이 만료한 후에도 청구되지 아니하는 물건은 이 법전 제358조 제5항이 정하는 절차에 따라 전당포가 매각할 수 있다.

② 청구되지 아니하는 물건의 매각대금에서 물건의 보관 요금이 지급된다. 잔금은 전당포가 임치인에게 반환한다.(개정 2007. 7. 19. 연방법률 제197호)

제921조【귀중품의 은행임치】 ① 은행은 유가증권, 귀금속과 보석, 그 밖의 귀중품과 문서를 포함하는 그 밖의 재화를 보관을 위하여 인수할 수 있다.

② 은행에서의 귀중품 임치계약의 체결은 은행이 임치인에게 교부하는 기명임치문서에 의하여 증명되며, 그 제시는 임치인에 대한 보관재화의 인도 사유로 된다.

제922조【은행개인금고에서의 귀중품 임치】 ① 은행에서의 귀중품임치계약은 은행이 경비하는 은행개인금고(안전금고, 은행의 격리된 방)를 임치인(의뢰인)이 이용하거나 또는 금고를 임치인에게 제공하는 방법으로 귀중품 보관을 규정할 수 있다.

은행개인금고에서의 귀중품임치계약에 근거하여 의뢰인에게 독자적으로 귀중품을 금고에 두고, 금고에서 꺼내는 권리가 부여되며, 이를 위하여 의뢰인에게 금고의 열쇠, 의뢰인을 식별할 수 있는 카드 또는 의뢰인이 금고와 그 내용 물건에 접근하는 권리를 증명하는 그 밖의 표지 또는 문서가 교부되어야 한다.

계약조항에 따라 개인금고에 보관되어 있는 귀중품에 관하여 은행에서 작업을 하는 임치인의 권리가 규정될 수 있다.

② 은행개인금고를 의뢰인이 이용하는 은행에서의 귀중품임치계약에 따라 은행은 금고에 보관하여야 할 귀중품을 의뢰인으로부터 인수하고, 의뢰인이 귀중품을 금고에 넣고, 금고에서 꺼내는 것을 감시하고 꺼낸 후 귀중품을 의뢰인에게 반환한다.

③ 은행개인금고를 의뢰인에게 제공하는 은행에서의 귀중품임치계약에 따라 은행은 은행을 포함하여 누구로부터의 감시를 받지 아니하고 금고에 귀중품을 넣고, 금고에서 꺼낼 수 있는 가능성을 의뢰인에게 보증한다.

은행은 의뢰인에게 제공하는 금고가 소재하는 방으로의 출입을 감시하여야 한다.

은행개인금고를 의뢰인에게 제공하는 은행에서의 귀중품임치계약에 다른 규정이 있는 경우를 제외하고는, 보관조건에 따라 의뢰인의 승인 없이는 누구도 금고에 접근하는 것이 불가능하였던 것 또는 불가항력에 의하여 금고에 접근할 수 있었음을 은행이 증명할 경우에는 은행은 금고의 내용 물건의 보전에 대한 책임을 면한다.

④ 은행이 금고의 내용 물건에 대한 책임을 지지 아니하며, 은행금고를 타인의 사용에 제공하는 계약에는 이 법전의 임대차계약에 관한 규정을 적용한다.

제923조【운수조직의 수화물보관소에서의 임치】 ① 공용운수조직의 관리하에 있는 수화물보관소는 여객과 그 밖의 시민의 물건을 승차권의 유무와 관계없이 보관을 위하여 인수하여야 한다. 운수조직의 수화물보관소에서의 임치계약은 공공계약이다.(제426조)

② 수화물보관소(자동수화물보관소는 제외한다)에서의 물건보관을 위한 수령을 확인하기 위하여 임치인에게 보관증 또는 번호교환증이 교부된다. 보관증 또는 번호교환증을 분실할 경우에는 보관을 위하여 수화물보관소에 맡겨진 물건은 임치인이 당해 물건이 자기에게 속하는 것에 관한 증명의 제시에 따라 인도된다.

③ 수화물보관소가 물건을 보관하여야 할 기간은 당사자 쌍방의 합의에 따라 보다 긴 기간이 정하여진 경우를 제외하고는, 이 법전 제784조 제2항 제2단락의 규정에 따라 정한다. 명시된 기간 내에 청구되지 아니하는 물건은 수화물보관소가 30일간 더 보관하여야 한다. 이 기간의 만료 후에도 청구되지 아니하는 물건은 이 법전 제899조 제2항이 규정하는 절차에 따라 매각할 수 있다.

④ 보관을 위하여 수화물보관소에 맡긴 물건의 분실, 결손 또는 훼손에 따른 임치인의 손해는 보관에 맡겼을 때의 임치인에 의한 평가액을 한도로 손해배상에 관한 청구가 제기된 후 24시간 내에 수치인에 의하여 배상되어야 한다.

제924조【각 조직의 휴대품보관소에서의 임치】 ① 보관에 대한 보수가 약정되어 있지 아니하거나 또는 물건을 보관에 맡겼을 때에 그 밖의 명백한 방법으로 보수가 약정되어 있지 아니한 경우에는, 각 조직의 휴대품보관소에서의 임치는 무상인 것으로 추정한다.

휴대품보관소에 맡겨진 물건의 수치인은 보관이 유상 또는 무상을 막론하고 물건의 보전을 확보하기 위하여 이 법전 제891조 제1항과 제2항이 규정하는 모든 조치를 취하여야 한다.

② 이 조의 규정은 시민이 보관에 맡기지 아니하고 각 조직과 교통기관에 있는 전용의 설치장소에 둔 상의, 모자와 같은 물건의 보관에도 적용한다.

제925조【호텔임치】 ① 호텔은 호텔에 숙박하는 자(숙박객)와의 특별한 합의 없이 숙박자가 호텔에 가지고 들어간 물건의 분실, 결손 또는 훼손에 대하여 수치인으로서의 책임을 진다. 다만, 금전, 그 밖의 외국통화, 유가증권과 그 밖의 귀중품을 제외한다.

호텔의 종업원에게 맡긴 물건 또는 호텔의 객실 또는 객실로 예정된 그 밖의 장소에 둔 물건은 호텔에 임치된 것으로 본다.

② 호텔은 숙박객의 금전, 그 밖의 외국통화, 유가증권과 그 밖의 귀중품을 호텔이 보관을 위하여 수령하였을 경우 또는 숙박객이 호텔에서 제공하는 개인금고에 넣었을 경우에는, 금고가 객실 또는 호텔 내의 다른 장소에 있는 것을 막론하고 물건의 분실에 대한 책임을 진다. 호텔은 보관조건에 따라 숙박객의 승인 없이는 누구도 금고에 접근하는 것이 불가능하였던 것 또는 불가항력에 의하여 금고에 접근할 수 있었음을 증명할 경우에는, 금고의 내용 물건에 대한 보전을 하지 못한 데 대한 책임을 면한다.

③ 숙박객이 자기 물건의 분실, 결손 또는 훼손을 발견할 경우에는 이를 지체 없이 호텔관리인에게 신고하여야 한다. 이 의무를 게을리한 경우에는 호텔은 물건에 대한 보전을 하지 못한 데 대한 책임을 면한다.

④ 호텔이 숙박객의 물건을 보전하지 못한 데 대한 책임을 지지 아니함을 공표한 경우에도 호텔은 책임을 면할 수 없다.

⑤ 이 조의 규정은 모텔, 휴양소, 펜션, 요양소, 대중탕과 그 밖의 유사한 조직에서의 시민의 물건임치에 관하여 적용한다.

제926조【분쟁대상인 물건의 임치〈동결〉】 ① 동결에 관한 계약에 따라 물건에 대한 권리에 관하여 분쟁이 발생한 2인 또는 수인은 분쟁 해결시에 법원의 결정 또는 분쟁당사자 전원의 합의에 따라 물건을 인도받을 자에게 물건을 반환할 의무를 지는 제3자에게 당해 물건을 인도하여 보관하게 한다.(계약에 의한 동결)

② 2인 또는 수인 사이에 분쟁의 대상으로 되어 있는 물건은 법원의 결정에 따라 압류의 방법에 의하여 보관으로 이전될 수 있다.(재판에 의한 동결)

재판에 의한 동결에 근거하여 법원이 지명하는 자 또는 분쟁당사자의 상호 동의로 지정하는 자가 수치인으로 될 수 있다. 법률이 달리 정하고 있는 경우를 제외하고는 두 경우 모두 수치인의 동의가 필요하다.

③ 동산과 부동산 모두 동결방법으로 인도될 수 있다.

④ 동결방법으로 물건의 임치를 하는 수치인은 동결을 정하는 계약 또는 법원의 결정에 다른 규정이 있는 경우를 제외하고는, 분쟁 당사자의 부담에 의한 보수를 받는 권리를 갖는다.

제48장 보 험

제927조【임의보험과 강제보험】 ① 보험은 시민 또는 법인(보험계약자)이 보험조직(보험업자)과 체결하는 손해보험 또는 생명보험계약에 따라 실행된다.

생명보험계약은 공공계약이다.(제426조)

② 법률에 따라 법률에 명시된 자에게 보험계약자로서 타인의 생명, 건강이나 재산 또는 타인에 대한 자기의 민사법상의 책임을 자기부담 또는 이해관계인의 부담으로 보험에 들 의무를 부과할 경우(강제보험)에는, 보험은 이 장의 규정에 따라 계약을 체결하는 방식으로 실행된다. 보험업자에 대하여 보험계약자가 제안한 조건에 따라 체결된 보험계약은 강제보험으로 되지 아니한다.

③ 관계되는 예산에서 제공된 자금으로 시민의 생명, 건강과 재산에 대하여 강제보험에 들 경우를 법률로 규정할 수 있다.(강제국가보험)

제928조【보험이 인정되지 아니하는 이익】 ① 불법이익에 대한 보험은 허용되지 아니한다.

② 도박, 복권과 사행성 경기의 참가에 의한 손해에 대한 보험은 허용되지 아니한다.

③ 인질을 석방하기 위하여 강제될 수 있는 비용에 대한 보험은 허용되지 아니한다.

④ 이 조 제1항부터 제3항에 반하는 보험계약조항은 무효이다.

제929조【손해보험계약】 ① 손해보험계약에 따라 일방(보험업자)은 상대방이 지급한 계약에 소정된 요금(보험료)을 수취하고, 계약이 규정하는 사건(보험사고)이 발생할 경우에는, 상대방(보험계약자) 또는 그의 이익을 위하여 계약이 체결된 타인(보험수익자)에 대하여 당해 사건에 따라 발생한 피보험재산의 손해 또는 그 밖의 재산상의 이익과 관계있는 보험계약자의 손해를 계약이 정하는 금액(보험금) 범위 내에서 지급(보험보상금을 지급)하여야 한다.

② 손해보험계약에 따라 특히 다음 각호의 1의 재산상의 이익을 보험에 들 수 있다.

1. 일정한 재산의 분실(멸실), 결손 또는 훼손 위험(제930조)

2. 타인의 생명, 건강 또는 재산에 손해를 입힌 결과로 발생하는 채무에 대한 책임 및 법률이 규정한 경우에는 계약에 근거한 책임 위험 – 민법상 책임 위험(제931조와 제932조)

3. 경영자의 상대방 당사자의 자기채무위반 또는 기대되는 수익의 미취득 위험을 포함하여 경영자가 통제할 수 없는 사정에 근거하여 기업활동의 조건의 변경에 따른 기업활동손해의 위험 – 기업활동 위험(제933조)

제930조【재산보험】 ① 재산은 법률과 그 밖의 법령 또는 계약에 따라 재산의 보유에 이해관계를 가지는 자(보험계약자 또는 보험수익자)의 이익을 위하여 보험계약에 근거하여 보험에 들 수 있다.

② 보험계약자 또는 보험수익자가 피보험재산의 보유에 이해관계 없이 계약한 재산의 보험계약은 무효이다.

③ 보험수익자의 이익을 위한 재산보험계약은 보험수익자의 성명 또는 명칭(보험은 「누구를 위하여 들어야 하는가」)의 기재 없이 체결될 수 있다.

이러한 보험계약을 체결한 경우에는 무기명의 보험증서가 보험계약자에게 교부된다. 보험계약자 또는 보험수익자가 당해 계약에 따라 권리를 행사할 경우에는 보험업자에게 이 보험증서를 제출할 필요가 있다.

제931조【손해발생책임에 대한 보험】 ① 타인의 생명, 건강 또는 재산에 손해를 입힌 결과로 발생하는 채무에 근거한 책임 위험에 대한 보험계약에 따라, 보험계약자 자신 또는 당해 책임이 부과될 수 있는 타인의 책임 위험을 보험에 들 수 있다.

② 손해발생에 대한 책임 위험의 피보험자는 보험계약에 지명되어야 한다. 이 자가 계약에 지명되어 있지 아니한 경우에는, 보험계약자 자신의 책임 위험을 보험에 든 것으로 본다.

③ 손해발생에 대한 책임 위험에 대한 보험계약은 계약이 보험계약자 또는 손해발생에 책임 있는 자의 이익을 위하여 체결되거나 또는 계약에 누구의 이익을 위하여 계약이 체결된 것이 기재되어 있지 아니한 경우에도, 손해를 입을 수 있는 자(보험수익자)의 이익을 위하여 체결된 것으로 본다.

④ 보험에 드는 것이 강제적인 사실에 근거하여 손해발생에 대한 책임을 보험에 든 경우 및 법률 또는 당해 책임에 대한 보험계약이 규정하는 그 밖의 경우에는, 그의 이익을 위하여 보험계약이 체결되었다고 보게 되는 자는 보험금 범위 내에서 손해배상에 관한 청구를 직접 보험업자에게 제기할 수 있다.

제932조【계약책임보험】 ① 계약위반의 책임 위험에 관한 보험은 법률이 규정하는 경우에 허용된다.

② 계약위반의 책임 위험에 관한 보험계약에 따라 보험계약자 자신의 책임 위험만을 보험에 들 수 있다. 이 요건과 일치하지 아니하는 보험계약은 무효이다.

③ 계약위반에 대한 책임 위험은 보험계약이 그 밖의 자의 이익을 위하여 체결된 경우 또는 누구의 이익을 위하여 계약이 체결된 것이 계약에 기재되어 있지 아니한 경우에

도, 당해 계약조항에 근거하여 보험계약자가 상응하는 책임을 져야 할 자(보험수익자)의 이익을 위하여 체결된 것으로 본다.

제933조【기업활동위험에 대한 보험】 기업활동의 위험에 대한 보험계약에 따라 보험계약자 자신만의 기업활동의 위험을 보험계약자의 이익을 위하여서만 보험에 들 수 있다.

보험계약자 아닌 자의 기업활동의 위험에 대한 보험계약은 무효이다.

보험계약자 아닌 자의 이익을 위한 기업활동의 위험에 대한 보험계약은 보험계약자의 이익을 위하여 체결된 것으로 본다.

제934조【생명보험계약】 ① 생명보험계약에 따라 일방(보험업자)은 상대방(보험계약자)이 지급한 계약에 소정된 요금(보험료)을 수취하고, 보험계약자 자신 또는 계약에 지명된 그 밖의 시민(피보험자)의 생명 또는 건강에 대한 손해가 발생하였을 경우 및 이러한 자가 일정한 연령에 달한 경우 또는 이러한 자의 생활에 계약이 규정하는 다른 사건(보험사고)이 발생할 경우에는, 계약에 소정된 금액(보험금)을 일시 또는 정기적으로 지급하여야 한다.

보험금을 수취하는 권리는 그 이익을 위하여 계약이 체결된 자에게 속한다.

② 계약에 보험수익자로서 그 밖의 자가 지명되어 있지 아니한 경우에는 생명보험계약은 피보험자의 이익을 위하여 체결된 것으로 본다. 피보험자가 사망한 경우 계약에 다른 보험수익자가 지명되어 있는 경우를 제외하고는, 계약에 따라 보험수익자로 인정될 수 있는 자는 피보험자의 상속인이다.

피보험자 아닌 자의 이익을 위한 생명보험계약은 보험계약자의 피보험자 아닌 자의 이익을 위한 보험을 포함하여 피보험자의 문서에 의한 동의를 얻은 경우에 한하여 체결될 수 있다. 동의가 없는 경우에는 계약은 피보험자의 청구에 따라, 피보험자가 사망한 경우에는 그 상속인의 청구에 따라 무효로 인정될 수 있다.

제935조【강제보험】 ① 법률로 법률에 명시된 자에게 다음 사항에 대하여 보험에 들 의무를 부과할 수 있다.

법률이 정하는 타인의 생명, 건강 또는 재산에 손해가 생길 경우를 대비한 그 자의 생명, 건강 또는 재산

타인의 생명, 건강 또는 재산에 손해가 발생한 결과 또는 타인과의 계약위반에 의하여 발생할 수 있는 자기의 민사법상의 책임 위험

② 자기의 생명 또는 건강을 보험에 들 의무는 법률에 따라 시민에게 부과할 수 없다.

③ 법률이 규정하는 경우 또는 법률이 정하는 절차에 따라 국가 또는 지방자치단체의 소유인 재산을 경영 또는 운용관리하는 법인에 대하여 재산을 보험에 들 의무를 부과할 수 있다.

④ 재산보험의무를 포함하여 보험의무가 법률에 근거하지 아니하고 재산점유자와의 계약 또는 재산소유자인 법인의 설립서면에 근거하여 발생할 경우에는, 당해 보험은 이 조의 의미에서는 강제보험이 아니며, 이 법전 제937조가 규정하는 효과도 발생하지 아니한다.

제936조【강제보험의 실행】 ① 강제보험은 보험의무를 부과받은 자(보험계약자)가 보험업자와 보험계약을 체결함으로써 실행된다.

② 법률이 규정하는 경우 여객의 부담으로 실행할 수 있는 여객강제보험을 제외하고는, 강제보험은 보험계약자의 부담으로 실행된다.

③ 강제보험의 대상, 보험에 들어야 할 위험과 보험금의 최저액은 법률로 정하며, 이 법전 제935조 제3항이 규정하는 경우에는 법률 또는 법률로 정하는 절차에 따라 정한다.

제937조【강제보험에 관한 규정 위반의 효과】 ① 그 이익을 위하여 법률에 따라 강제보험이 실행되어야 할 자는 보험이 실행되지 아니하였음을 알았을 경우에는, 재판절차에 따라 보험의무가 부과된 자에 의한 보험의 실행을 청구할 수 있다.

② 보험의무가 부과된 자가 당해 의무를 이행하지 아니하거나 또는 법률이 정한 조건에 비하여 보험수익자의 상황을 악화시키는 조건으로 보험계약을 체결한 경우에는, 보험사고가 발생할 경우 적정한 보험에 따라 지급되어야 할 보험보상금과 동등한 조건으로 보험수익자에 대하여 책임을 진다.

③ 보험의무가 부과된 자가 당해 의무를 이행하지 아니하거나 또는 부적정한 방법으로 이행함으로써 부당하게 보호된 금액은 국가보험감시기관의 청구에 따라 러시아연방의 수입으로 징수되며, 이 법전 제395조에 따라 이 금액에 대한 이자가 가산된다.

제938조【보험업자】 상응하는 종류의 보험 실행에 대한 허가(라이선스)를 가지는 법인은 보험업자로서 보험계약을 체결할 수 있다.

보험조직이 충족하여야 할 요건, 활동라이선스를 취득하는 절차 및 당해 활동에 대한 국가감시를 실시하는 절차는 보험에 관한 법률로 정한다.

제939조【보험계약자와 보험수익자에 의한 보험계약에 따른 의무이행】 ① 보험수익자가 피보험자인 때를 포함하여 보험수익자의 이익을 위하여 보험계약이 체결된 경우에는, 보험계약자는 당해 계약에 근거한 의무의 이행을 면하지 못한다. 다만, 계약에 달

리 규정되어 있거나 또는 보험계약자의 의무가 그 이익을 위하여 계약이 체결된 자에 의하여 이행될 경우에는 그러하지 아니하다.

② 손해배상계약에 근거한 보험보상금 또는 생명보험계약에 근거한 보험금의 지급에 관한 청구를 보험수익자가 제기한 경우에는, 피보험자가 보험수익자인 때를 포함하여 보험업자는 보험수익자에 대하여 보험계약자에게 부과되었으나 이행하지 아니한 의무를 포함하여 보험계약에 따른 의무이행을 청구할 수 있다. 보다 일찍 이행되어야 할 의무의 미이행 또는 시기를 놓친 이행의 효과에 대한 위험은 보험수익자가 부담한다.

제940조 【보험계약의 방식】 ① 보험계약은 서면방식으로 체결하여야 한다.

서면방식을 준수하지 아니할 경우에는 보험계약은 무효로 된다. 다만, 강제국가보험계약은 그러하지 아니하다.(제969조)

② 보험계약은 문서를 1부 작성함으로써(제434조 제2항) 또는 보험계약자의 문서에 의한 또는 말로 하는 신청에 근거하여 보험업자가 보험계약자에게 보험증서(증명서. 명세서, 영수증)를 교부함으로써 체결할 수 있다.

말로 하는 신청의 경우 보험업자가 제안한 조건에 따른 보험계약자의 체결동의는 이 항 제1단락에 명시된 문서를 보험업자로부터 보험계약자가 수리함으로써 확인된다.

③ 보험업자는 보험계약을 체결할 때에는 자기 또는 보험업자연합회가 작성한 각종 보험의 표준계약방식(보험증서)을 사용할 수 있다.

제941조 【총괄증서에 근거한 보험】 ① 여러 단위의 같은 종류의 재산(상품, 화물 등)의 같은 조건에 따른 일정기간 동안의 조직적 보험은 보험업자와 보험계약자와의 합의에 따라 1건의 보험계약(총괄증서)에 근거하여 실행할 수 있다.

② 보험계약자는 총괄증서의 효력하에 있는 재산의 각 단위에 관하여 당해 증서에 소정된 정보를 증서에 규정하는 기간 내에, 기간에 관한 규정이 없는 경우에는 정보 취득 후 곧바로 보험업자에게 통지하여야 한다. 당해 정보를 취득할 때에 보험업자가 보상하여야 할 손해의 가능성이 없어졌을 경우에도 보험계약자는 이 의무를 면할 수 없다.

③ 보험계약자의 청구에 따라 보험업자는 총괄증서의 효력하에 있는 재산의 개개의 단위마다 보험증서를 교부하여야 한다.

보험증서의 내용이 총괄증서와 일치하지 아니할 경우에는 보험증서가 우선한다.

제942조 【보험계약의 본질적 조항】 ① 손해보험계약을 체결할 때에는 보험계약자와 보험업자 사이에 다음 각호의 1에 대하여 합의가 이루어져야 한다.

1. 보험의 목적인 일정한 재산 또는 그 밖의 재산상의 이익에 대하여

2. 발생할 경우에 보험이 실행되는 사건(보험사고)의 성질에 대하여
3. 보험금의 규모에 대하여
4. 보험의 유효기간에 대하여

② 생명보험계약을 체결할 때에는 보험계약자와 보험업자 사이에 다음 각호의 1에 대하여 합의가 이루어져야 한다.

1. 피보험자에 대하여
2. 피보험자의 생활에서 발생할 경우 보험이 실행되는 사건(보험사고)의 성질에 대하여
3. 보험금의 규모에 대하여
4. 보험의 유효기간에 대하여

제943조【보험규칙에서의 보험계약조항의 확정】 ① 보험계약이 체결되는 조건은 보험업자 또는 보험업자연합회가 채택, 가결 또는 승인한 그 상응하는 종류의 표준보험규칙(보험규칙)으로 정할 수 있다.

② 보험규칙에는 있으나 보험계약(보험증서)의 본문에 포함되어 있지 아니한 조항은 계약(보험증서)에 직접 보험규칙의 적용이 명시되고, 규칙 자체가 계약(보험증서)과 같은 문서나 그 이면 또는 부속문서에 기재되어 있는 경우에는, 보험계약자(보험수익자)에 대하여 강제적이다. 규칙이 부속문서에 기재되어 있는 경우에는 계약체결시 보험계약자에 대한 보험규칙의 교부는 계약의 문언에 의하여 증명되어야 한다.

③ 보험계약을 체결할 때에는 보험계약자와 보험업자는 보험규칙의 개별규정의 변경 또는 제외 및 규정의 추가에 대하여 합의할 수 있다.

④ 보험계약자(보험수익자)는 자기의 이익을 보호하기 위하여 보험계약(보험증서)에 원용되어 있는 상응하는 종류의 보험규칙을 이 조에 따라 규칙이 보험계약자에게 강제적이지 아니할 경우에도 원용할 수 있다.

제944조【보험계약체결시 보험계약자가 제공하는 정보】 ① 보험계약체결시 보험계약자는 보험업자에 대하여 보험사고의 발생 확률과 그 발생에 따라 가능한 손해액(보험위험)을 확정하기 위하여 중대한 의의를 가지며, 보험계약자가 알고 있는 사정을 보험업자에게 통지하여야 한다. 다만, 보험계약자가 이를 알고 있는 경우와 알 수 있었던 경우에는 그러하지 아니하다.

보험계약(보험증서)의 표준방식 중에 또는 보험업자의 문서에 따른 조회로 보험업자에 의하여 명확하게 설명된 사정은 어떠한 상황에서도 모두 중대한 의의를 가지는 사정으로 된다.

② 보험업자의 어떠한 질문에 대하여 보험계약자로부터의 회답 없이 보험계약이 체결된 경우에는, 보험업자는 그 이후 보험계약자가 상응하는 사정을 통지하지 아니하였음을 이유로 계약의 해제 또는 계약의 무효인정을 청구할 수 없다.

③ 보험계약체결 후 보험계약자가 이 조 제1항에 명시된 사정에 관하여 명백히 허위의 정보를 보험업자에게 통지한 것으로 확정될 경우에는, 보험업자는 계약의 무효인정과 이 법전 제179조 제2항이 규정하는 효과의 적용을 청구할 수 있다.

보험업자는 보험계약자가 알리지 아니한 사정이 이미 소멸한 경우에는 보험계약의 무효인정을 청구할 수 없다.

제945조【보험위험의 평가에 대한 보험업자의 권리】 ① 재산보험계약을 체결할 때에는 보험업자는 피보험재산을 검사할 수 있으며, 필요한 때에는 재산의 실제 가액을 확정하기 위하여 전문감정을 지정할 수 있다.

② 생명보험계약을 체결할 때에는 보험업자는 피보험자의 실제 건강상태를 평가하기 위하여 피보험자의 건강진단을 실시할 수 있다.

③ 이 조에 근거한 보험업자에 의한 보험위험의 평가는 그 밖의 증명을 할 수 있는 보험계약자에게는 강제적이지 아니하다.

제946조【보험기밀】 보험업자는 자기의 직업상 활동 결과로서 취득한 보험계약자, 피보험자와 보험수익자에 관한 정보 및 이러한 자의 건강과 재산상태에 관한 정보를 누설하여서는 아니된다. 보험기밀의 위반에 대하여 보험업자는 침해된 권리의 종류와 침해의 성질을 막론하고 이 법전 제139조와 제150조가 정하는 규정에 따라 책임을 진다.

제947조【보험금】 ① 보험업자가 손해보험계약에 따라 보험보상금을 지급하여야 할 금액의 범위 또는 생명보험에 근거하여 지급하여야 할 금액(보험금)은 이 조가 정하는 규정에 따라 보험계약자와 보험업자의 합의로 정한다.

② 재산 또는 기업활동의 위험에 대한 보험의 경우에는 보험계약에 다른 규정이 있는 경우를 제외하고는, 보험금은 이들 실제 가액(보험가액)을 넘어서는 아니된다. 보험가액으로 의제되는 것은 다음의 것이다.

재산의 경우에는 보험계약체결일의 재산소재지에서의 실제 가액

기업활동의 위험의 경우에는 보험계약자가 예상할 수 있는 범위 내의 보험사고발생시에 입었을 기업활동의 손해

③ 생명보험계약과 민사법상의 책임에 대한 보험계약에서는 보험금은 당사자 쌍방이 자신의 판단에 근거하여 정한다.

第948条【재산의 보험가액의 이의신청】 보험계약에 명시된 재산의 보험가액은 뒤에 이의신청을 할 수 없다. 다만, 보험업자가 계약체결 전에 보험계약의 평가에 대한 자기의 권리를 행사하지 아니하고(제945조 제1항), 고의로 보험가액에 대한 착오를 일으킨 경우에는 그러하지 아니하다.

第949条【불완전한 손해보험】 재산 또는 기업활동의 위험에 대한 보험계약에서 보험금이 보험가액보다 낮게 설정된 경우 보험사고가 발생한 때에는, 보험업자는 보험가액에 대한 보험금에 비례하여 보험계약자(보험수익자)가 입은 손해의 일부를 보험계약자(보험수익자)에게 보상하여야 한다.

계약으로 보다 고액인 보험보상금을 규정할 수 있다. 다만, 보험가액을 넘어서는 아니된다.

第950条【추가손해보험】 ① 재산 또는 기업활동의 위험이 보험가액의 일부만 보험에 들었을 경우에는, 보험계약자(보험수익자)는 다른 보험업자와의 계약을 포함하여 추가손해보험을 실행할 수 있다. 다만, 모든 보험계약에 따른 총 보험금은 보험가액을 넘어서는 아니된다.

② 이 조 제1항을 준수하지 아니할 경우에는 이 법전 제951조 제4항이 규정하는 효과가 발생한다.

第951条【보험가액을 넘는 보험의 효과】 ① 재산 또는 기업활동의 위험에 대한 보험계약에 명시된 보험금이 보험가액을 넘는 경우에는, 보험가액을 넘는 보험금의 부분에 관한 계약은 무효이다.

이 경우 초과 지급된 부분의 보험료는 반환하지 아니한다.

② 보험계약에 따라 보험료가 분할지급으로 납입되고, 이 조 제1항에 명시된 사정이 확정될 때에 보험료가 전액 납입되어 있지 아니한 경우에는, 그 나머지 보험료 납입액은 보험금 감액에 비례하여 감액 납입하여야 한다.

③ 보험계약에서의 보험금 부풀리기가 보험계약자측의 허위에 의하여 발생하였을 경우에는, 보험업자는 보험의 무효인정을 청구할 수 있으며, 보험계약자로부터 수령한 초과 보험료액 내에서 이로 인하여 입은 손해의 배상을 청구할 수 있다.

④ 이 조 제1항부터 제3항에서 정하는 규정은 각각 2인 또는 수인의 보험업자가 같은 목적에 대한 보험(2중보험)에 의하여 보험금이 보험가액을 초과하였을 때에 적용한다.

이 경우에 각 보험업자가 지급하여야 할 보험보상금의 액수는 상응하는 보험계약에 따라 최초 보험금의 감액에 비례하여 감액된다.

제952조【서로 다른 보험위험에 대한 손해보험】 ① 재산과 기업활동의 위험은 다른 보험업자와의 계약을 포함하여 1건 및 여러 건의 개별보험계약에 따라 서로 다른 보험위험을 보험에 들 수 있다.

이 경우 모든 계약에 따른 총 보험금이 보험가액을 넘는 것이 허용된다.

② 이 조 제1항에 따라 체결된 2 또는 여러 건의 계약에 따라 같은 보험사고의 발생에 의한 동일한 효과에 대한 보험보상금을 수인의 보험업자가 지급할 의무가 발생하는 것으로 볼 수 있는 경우에는, 당해 계약의 상응하는 부분에는 이 법전 제951조 제4항이 정하는 규정을 적용한다.

제953조【공동보험】 보험목적은 1건의 보험계약에 따라 수인의 보험업자가 공동으로 보험을 인수할 수 있다.(공동보험) 당해 계약에 각 보험업자의 권리의무가 정하여지지 아니한 경우에는, 보험업자는 손해보험계약에 근거한 보험보상금 또는 생명보험계약에 근거한 보험금의 지급에 대하여 보험계약자(보험수익자)에게 연대하여 책임을 진다.

제954조【보험료와 보험납입금】 ① 보험료라 함은 보험계약자(보험수익자)가 보험계약이 정하는 절차와 기한에 따라 보험업자에게 지급하여야 하는 보험에 대한 요금이다.

② 보험업자는 보험계약에 따라 지급되어야 할 보험료의 액수를 정할 때에 보험목적과 보험위험의 성질을 고려하여 보험금의 각 항목에서 징수하는 보험료를 정하는 보험요금표를 독자적으로 작성하여 적용할 수 있다.

법률이 규정하는 경우에는 보험료의 금액은 국가보험감시기관이 정하거나 또는 규율하는 보험요금표에 따라 확정된다.

③ 보험계약에 보험료의 분할지급에 의한 납입이 정하여져 있는 경우에는, 계약으로 소정 기한 내의 보험납입금 미지급의 효과를 정할 수 있다.

④ 납입이 지체되고 있는 정기보험납입금의 지급 전에 보험사고가 발생할 경우에는, 보험업자는 지급하여야 할 손해보험계약에 근거한 보험보상금 또는 생명보험계약에 근거한 보험금을 정할 때에 지체한 보험납입금의 액수를 산입할 수 있다.

제955조【피보험자의 변경】 ① 손해발생에 대한 책임 위험에 관한 보험계약(제931조)에 근거하여 보험계약자 외의 타인의 책임이 보험에 인수된 경우에는, 계약에 다른 규정이 있는 경우를 제외하고는 보험계약자는 보혐사고가 발생할 때까지 언제든지 보험업자에게 서면으로 통지한 후 이 자를 타인으로 변경할 수 있다.

② 생명보험계약에 지명된 피보험자는 피보험자 자신과 보험업자의 동의를 얻은 경우에 한하여 보험계약자가 타인으로 변경될 수 있다.

第956条【보험수익자의 변경】 보험계약자는 보험업자에게 서면으로 통지한 후 보험계약에 지명된 보험수익자를 타인으로 변경할 수 있다. 생명보험계약(제934조)에 근거하여 피보험자의 동의를 얻어 지명된 보험수익자의 변경은 이 자의 동의를 얻은 경우에 한하여 허용된다.

보험수익자의 변경은 보험수익자가 보험계약에 근거하여 어떠한 의무를 이행한 경우 또는 보험업자에게 보험보상금 또는 보험금의 지급에 관한 청구를 제기한 경우 이후에는 할 수 없다.

第957条【보험계약의 효력발생】 ① 보험계약은 계약에 다른 규정이 있는 경우를 제외하고는, 보험료의 지급 또는 최초의 납입이 있는 때에 효력이 발생한다.

② 보험계약에 소정된 보험은 계약에 다른 보험효력발생시기가 규정되어 있는 경우를 제외하고는, 보험계약의 효력발생 이후에 발생한 보험사고에 미친다.

第958条【보험계약의 기한 전 해소】 ① 보험계약은 그 효력발생 후 보험사고와는 다른 사정에 의하여 보험사고의 발생 가능성이 소멸하고 보험위험이 없어졌을 경우에는, 계약기한의 도래 이전에 해소된다. 이러한 사정에 속하는 것은 특히 다음의 경우이다.

보험사고의 발생과는 다른 원인에 의하여 피보험재산이 멸실된 경우

기업활동의 위험 또는 기업활동과 관계있는 민사법상의 책임위험을 보험에 든 자가 소정 절차에 따라 기업활동을 중지한 경우

② 포기할 때에 보험사고의 발생 가능성이 이 조 제1항에 명시된 사정에 근거하여 소멸하지 아니하고 있는 경우에는, 보험계약자(보험수익자)는 언제든지 보험계약을 포기할 수 있다.

③ 이 조 제1항에 명시된 사정에 근거하여 보험계약이 기한 전에 해소될 경우에는, 보험업자는 보험이 효력을 유지하고 있는 기간에 비례하여 보험료의 일부에 대한 권리를 갖는다.

보험계약자(보험수익자)가 보험계약을 기한 전에 포기할 경우에는, 계약에 다른 규정이 있는 경우를 제외하고는 보험업자에게 이미 지급한 보험료는 반환되지 아니한다.

第959条【보험계약의 유효기간 중 보험위험의 증대의 효과】 ① 손해보험계약의 유효기간 내에 계약체결시에 보험업자에게 통지한 사정에 중대한 변화가 발생하고, 당해 변화가 보험위험의 증대에 본질적인 영향을 미칠 수 있는 경우에는, 이를 알게 된 보험계약자(보험수익자)는 곧바로 보험업자에게 통지하여야 한다.

어떠한 경우나 중대한 것으로 인정되는 변화는 보험계약(보험증서)과 보험계약자에게

교부된 보험규칙에 소정된 변화이다.

② 보험위험의 증대를 일으킨 사정에 대하여 통지를 받은 경우 보험업자는 보험계약조항의 변경 또는 위험의 증대에 상응하는 추가보험료의 지급을 청구할 수 있다.

보험계약자(보험수익자)가 보험계약조항의 변경 또는 보험료의 추가지급에 반대할 경우에는, 보험업자는 이 법전 제29장이 정하는 규정에 따라 계약의 해지를 청구할 수 있다.

③ 보험계약자 또는 보험수익자가 이 조 제1항이 규정하는 의무를 이행하지 아니할 경우에는, 보험업자는 보험계약의 해지와 계약의 해지에 의하여 입은 손해배상을 청구할 수 있다.(제453조 제5항)

④ 보험업자는 보험위험의 증대를 일으킨 사정이 이미 소멸한 경우에는 보험계약의 해지를 청구할 수 없다.

⑤ 생명보험의 경우에는 이 조 제2항과 제3항에 명시된 보험계약의 유효기간 중의 보험위험의 변경에 따른 효과는 계약에 직접 규정되는 경우에 한하여 발생할 수 있다.

제960조【피보험재산에 대한 권리의 타인으로의 이전】 피보험재산에 대한 권리가 그 이익을 위하여 보험계약이 체결된 자로부터 타인에게 이전된 경우에는, 계약에 따른 권리의무는 재산에 대한 권리를 이전받은 자에게 이전된다. 다만, 이 법전 제235조 제2항에 명시된 사유에 의한 재산의 강제수용과 소유권의 포기(제236조)의 경우에는 그러하지 아니하다.

피보험재산에 대한 권리의 이전을 받은 자는 이를 곧바로 문서로 보험업자에게 통지하여야 한다.

제961조【보험사고의 발생에 관한 보험업자에 대한 통지】 ① 손해보험계약에 따라 보험계약자는 보험사고의 발생에 대하여 알았을 때에는 곧바로 이를 보험업자 또는 그 대리인에게 통지하여야 한다. 계약으로 통지의 기한과(또는) 방법에 대하여 규정하고 있는 경우에는, 통지는 계약에 소정된 기한 내에 계약에 명시된 절차에 따라 하여야 한다.

그 이익을 위하여 보험계약이 체결된 것을 알고 있었던 보험수익자가 보험보상금에 대한 권리를 누릴 경우에는 보험수익자도 같은 의무를 부담한다.

② 이 조 제1항이 규정하는 의무에 대한 불이행이 있는 경우에는 보험업자는 보험보상금의 지급을 거절하는 권리를 취득한다. 다만, 보험업자가 보험사고의 발생에 대하여 적시에 알고 있었던 것 또는 보험업자에게 이에 관한 정보가 없어도 보험보상금을 지급

할 의무가 영향을 받지 아니한 것이 증명될 경우에는 그러하지 아니하다.

③ 이 조 제1항과 제2항에서 정한 규정은 보험사고가 피보험자의 사망 또는 피보험자의 건강에 대한 손해일 경우에는 생명보험계약에 각각 적용한다. 이 경우 계약이 정하는 보험업자에 대한 통지기한은 30일보다 짧을 수 없다.

제962조【보험사고에 따른 손해의 감소】 ① 손해보험계약이 규정하는 보험사고가 발생할 경우에는, 보험계약자는 발생할 수 있는 손해를 감소시키기 위하여 그 상황하에서 합리적인 또한 가능한 조치를 취하여야 한다.

당해 조치를 취할 때에 보험업자로부터 지시가 있는 경우에는 보험계약자는 그 지시에 따라야 한다.

② 보험업자가 보상하여야 할 손해를 감소시키기 위한 비용은 당해 비용이 필요한 경우 또는 보험업자의 지시를 수행하기 위한 것이었을 경우에는, 상응하는 조치가 성과 없는 것으로 증명될 경우에도 보험업자는 이를 보상하여야 한다.

당해 비용은 보험금이 초과될 수 있는지의 여부와 관계없이 다른 손해보상과 함께 보험가액에 대한 보험금에 비례하여 보상된다.

③ 보험업자는 보험계약자가 발생할 수 있는 손해를 감소시키기 위한 합리적인 또한 가능한 조치를 고의로 취하지 아니함으로써 발생한 손해배상을 면하지 못한다.

제963조【보험계약자, 보험수익자 또는 피보험자의 과실에 근거한 보험사고의 발생의 효과】 ① 보험사고가 보험계약자, 보험수익자 또는 피보험자의 고의로 발생하였을 경우에는, 보험업자는 보험보상금 또는 보험금의 지급책임을 면한다. 다만, 이 조 제2항과 제3항이 규정하는 경우에는 그러하지 아니하다.

보험계약자 또는 보험수익자의 중대한 과실에 의하여 보험사고가 발생하였을 경우에는, 손해보험계약에 따라 보험보상금의 지급이 면제될 경우를 법률로 규정할 수 있다.

② 생명 또는 건강에 대한 손해가 그에 책임 있는 자의 과실에 의하여 발생하였을 경우에는, 보험업자는 그 손해에 대한 민사법상의 책임에 관한 보험계약에 근거한 보험보상금의 지급책임을 면하지 못한다.

③ 생명보험계약에 따라 피보험자가 사망한 경우에 지급하여야 하는 보험금의 지급에 대하여 사망이 자살에 의한 것이며, 그때까지 보험계약이 2년 이상 유효한 경우에는 보험업자는 보험금의 지급책임을 면하지 못한다.

제964조【보험업자에 의한 보험보상금과 보험금의 지급면제사유】 ① 법률 또는 보험계약에 다른 규정이 있는 경우를 제외하고는, 보험사고가 다음 사유에 의하여 발생

한 경우에는 보험업자는 보험보상금과 보험금의 지급책임을 면한다.

핵폭발, 방사선 또는 방사능오염의 작용

군사행동, 연습 또는 그 밖의 군사조치

내전, 각종 민중소동 또는 파업

② 손해보험계약에 다른 규정이 있는 경우를 제외하고는, 보험업자는 국가기관의 명령에 따른 피보험재산의 수용, 몰수, 징발, 압류 또는 파괴에 의하여 입은 손해에 대한 보험보상금의 지급책임을 면한다.

제965조【손해의 보상에 대한 보험계약자 권리의 보험업자로의 이전〈대위청구〉】

① 손해보험계약에 다른 규정이 있는 경우를 제외하고는, 보험계약자(보험액 수취인)가 보험에 의하여 보상된 손해에 책임이 있는 자에 대하여 가지는 청구권은 보험보상금을 지급한 보험업자에게 지급한 금액의 범위 내에서 이전한다. 다만, 고의로 손해를 발생시킨 자에 대한 청구권의 보험업자로의 이전을 배제하는 계약조항은 무효이다.

② 보험업자에게 이전된 청구권은 보험계약자(보험수익자)와 손해에 책임 있는 자의 관계를 규율하는 규정을 준수하여 보험업자가 행사한다.

③ 보험계약자(보험수익자)는 보험업자에게 모든 문서와 증명서를 인도하고, 보험업자에게 이전된 청구권을 보험업자가 행사하기 위하여 필요한 모든 정보를 보험업자에게 제공하여야 한다.

④ 보험계약자(보험수익자)가 보험업자에 의하여 보상된 손해에 책임 있는 자에 대한 자기의 청구권을 포기하거나 또는 권리의 행사가 보험계약자(보험수익자)의 과실에 의하여 불가능하게 된 경우에는, 보험업자는 보험보상금의 지급책임을 전부 또는 상응하는 부분만큼 면하며, 초과 지급한 전보금액의 반환을 청구할 수 있다.

제966조【손해보험과 관계있는 청구의 소송시효】 ① 타인의 생명, 건강 또는 재산에 대한 침해를 원인으로 하여 발생하는 채무에 대한 책임위험보험계약을 제외하고는, 손해보험계약으로부터 발생하는 청구의 소송시효는 2년으로 한다.

② 타인의 생명, 건강 또는 재산에 대한 침해를 원인으로 하여 발생하는 채무에 대한 책임위험보험계약으로부터 발생하는 청구의 소송시효는 3년으로(제196조) 한다.

(전문 개정 2007. 11. 4. 연방법률 제251호)

제967조【재보험】 ① 보험계약에 따라 보험업자가 인수한 보험보상금 또는 보험금의 지급위험은 다른 보험업자와의 재보험의 체결에 따라 위험의 전부 또는 일부를 재보험에 들 수 있다.

② 재보험계약에 다른 규정이 있는 경우를 제외하고는, 이 장이 규정하는 기업활동의 위험에 대한 보험에 적용되어야 하는 규정은 재보험계약에 적용된다. 이 경우 재보험계약을 체결한 보험계약(주된 계약)에 근거하여 보험업자는 재보험계약에서의 보험계약자로 본다.

③ 재보험의 경우 주된 보험계약에 따른 보험계약자에 대하여 당해 계약에 따라 보험보상금 또는 보험금의 지급에 대하여 책임을 지는 자는 보험업자이다.

④ 연속하여 2건 또는 여러 건의 재보험계약을 체결하는 것은 허용된다.

第968조【상호보험】 ① 시민과 법인은 자기 재산과 이 법전 제929조 제2항에 명시된 그 밖의 재산상의 이익에 대하여 상호주의에 따라 이를 위하여 필요한 자금을 상호보험조합에 통합하는 방법으로 보험에 들 수 있다.

② 상호보험조합은 자기의 조합원의 재산과 그 밖의 재산상의 이익에 대한 보험을 실행하는 비영리단체이다.

상호보험조합의 법적 지위의 특수성과 그 활동의 조건은 이 법전에 따라 상호보험에 관한 법률로 정한다.

③ 상호보험조합에 의한 자기 조합원의 재산과 그 밖의 재산상의 이익에 대한 보험은 조합원의 자격에서 직접 실행된다. 다만, 조합의 설립서면에 당해 경우에서의 보험계약 체결이 규정되어 있는 경우에는 그러하지 아니하다.

이 장이 정하는 규정은 상호보험에 관한 법률, 그 밖의 규정이 있는 경우를 제외하고는, 상호보험조합과 그 조합원 사이의 보험에 관한 관계에 적용한다.(개정 2007. 11. 29. 연방법률 제287호)

④ 상호보험에 의한 강제보험의 실행은 상호보험에 관한 법률이 규정하는 경우에는 허용된다.

⑤ (효력상실)(2007. 11. 29. 연방법률 제287호)

第969조【강제국가보험】 ① 시민의 사회적 이익과 국가의 이익을 보증하기 위하여 법률로 일정한 범주의 국가공무원의 생명, 건강과 재산에 관한 강제국가보험을 정할 수 있다.

강제국가보험은 러시아연방 각 부와 그 밖의 연방권력집행기관(보험계약자)에 대하여 이 목적을 위하여 관계 예산에서 지급되는 자금에 의하여 실행한다.

② 강제국가보험은 법률과 당해 보험에 관한 그 밖의 법령에 근거하여 법령에 명시된 국가보험조직 또는 그 밖의 국가조직(보험업자)에 의하여 직접 실행되거나 또는 이들 법

령에 따라 보험업자와 보험계약자가 체결한 보험계약에 따라 실행된다.

③ 강제국가보험에 의하여 법률과 당해 보험에 관한 그 밖의 법령이 정하는 금액이 보험업자에게 지급된다.

④ 이 장이 정하는 규정은 강제국가보험에 적용한다. 다만, 법률과 당해 보험에 관한 그 밖의 법령에 달리 규정되어 있는 경우 및 보험에 관한 상응하는 관계의 본질로부터 달리 볼 수 있는 경우에는 그러하지 아니하다.

제970조【보험에 관한 일반규칙의 특수한 종류의 보험에의 적용】 이 장이 정하는 규정은 외국투자의 비영리상의 위험에 대한 보험, 해상보험, 의료보험, 은행예금보험과 연금보험에 관한 관계에 대하여 적용한다. 다만, 이들 종류의 보험에 관한 법률이 달리 정하고 있는 경우에는 그러하지 아니하다.

제49장 위 임

제971조【위임계약】 ① 위임계약에 따라 일방(수임인)은 상대방(위임인)의 명의와 비용으로 일정한 법적 행위를 하여야 한다. 수임인이 하는 법률행위에 근거하여 권리의무는 위임인에게 직접 발생한다.

② 위임계약은 수임인이 위임인 명의로 행위를 할 수 있는 기간을 표시하거나 또는 기간의 표시 없이 체결할 수 있다.

제972조【수임인의 보수】 ① 위임인은 법률과 그 밖의 법령 또는 위임계약에 규정될 경우에는 수임인에게 보수를 지급하여야 한다.

위임계약이 당사자 쌍방 또는 당사자 일방의 기업활동과 관련될 경우에는, 계약에 다른 규정이 있는 경우를 제외하고는 위임인은 수임인에게 보수를 지급하여야 한다.

② 유상의 위임계약에 보수의 금액 또는 그 지급절차에 관한 조항이 없는 경우에는, 보수는 위임의 이행 후에 이 법전 제424조 제3항에 따라 정하여지는 액수에 따라 지급된다.

③ 상업대리로서 활동하는 수임인(제184조 제1항)은 이 법전 제359조에 따라 위임계약에 근거하여 자기의 채권을 담보하기 위하여 점유하고 있는 위임인에게 인도하여야 할 물건을 유치하는 권리를 갖는다.

제973조【위임인의 지시에 따른 위임의 이행】 ① 수임인은 위임인의 지시에 따라

부여된 임무를 이행하여야 한다. 위임인의 지시는 적법하고 실행가능하며 구체적이어야 한다.

② 수임인은 상황에 따라 위임인의 이익을 위하여 필요한 경우 및 수임인이 사전에 위임인에게 조회할 수 없거나 또는 합리적인 기간 내에 조회에 대한 회답을 받지 못할 경우에는 위임인의 지시를 위반할 수 있다. 수임인은 통지할 수 있게 된 즉시 위반에 대하여 위임인에게 통지하여야 한다.

③ 상업대리로서 활동하는 수임인(제184조 제1항)에 대하여는 위임인의 이익을 위하여 사전 조회 없이 위임인의 지시를 위반할 수 있는 권리를 위임인이 제공할 수 있다. 이 경우 위임계약에 다른 규정이 있는 경우를 제외하고는, 상업대리는 합리적인 기간 내에 위반에 대하여 위임인에게 통지하여야 한다.

제974조【수임인의 의무】 수임인은 다음의 의무를 부담한다.

이 법전 제976조에 명시된 경우를 제외하고는 받은 위임을 스스로 이행하는 것

위임인의 청구에 따라 위임을 이행하는 과정에서 얻은 모든 정보를 위임인에게 제공하는 것

위임의 이행을 위하여 한 법률행위에 의하여 취득한 물건 전부를 지체 없이 위임인에게 인도하는 것

위임을 이행한 경우 또는 위임계약이 위임을 이행하기 전에 해소될 경우에는, 유효기간이 만료되지 아니한 위임장을 지체 없이 위임인에게 반환하고, 계약조항 또는 위임의 성질에 의하여 요구되는 경우에는 지출을 증명하는 문서를 붙인 보고서를 제출하는 것

제975조【위임인의 의무】 ① 위임인은 수임인에 대하여 위임계약이 규정하는 법적 행위를 하기 위한 위임장을 교부한다. 다만, 이 법전 제182조 제1항 제2단락에 규정하는 경우에는 그러하지 아니하다.

② 계약에 다른 규정이 있는 경우를 제외하고는 위임인은 다음의 의무를 부담한다.

수임인이 부담한 비용을 보상하는 것

위임의 이행을 위하여 필요한 자금을 수임인에게 보증하는 것

③ 위임인은 위임계약에 따라 수임인이 이행한 것 모두를 수임인으로부터 지체 없이 인수하여야 한다.

④ 위임인은 이 법전 제972조에 따라 위임계약이 유상일 경우에는 수임인에게 보수를 지급하여야 한다.

제976조【위임 이행의 복임】 ① 수임인은 이 법전 제187조가 규정하는 경우와 조

건하에서만 위임의 이행을 타인(복대리인)에게 이전할 수 있다.

② 위임인은 수임인이 선임한 복대리인을 거절할 수 있다.

③ 위임계약에 수임인이 선임할 수 있는 복대리인이 지명되어 있는 경우에는, 수임인은 복대리인의 선임과 복대리인의 행위에 대하여 책임을 지지 아니한다.

위임의 이행을 타인에게 이전하는 수임인의 권리가 계약에 규정되어 있지 아니하거나 또는 규정되어 있으나 복대리인이 계약에 지명되어 있지 아니한 경우에는, 수임인은 복대리인의 선임에 대하여 책임을 진다.

제977조【위임계약의 해소】 ① 위임계약은 다음 사유에 의하여 해소된다.

위임인에 의한 위임의 철회

수임인의 거절

위임인 또는 수임인의 사망, 위임인 또는 수임인 중 어느 1인의 행위무능력, 행위능력의 제한 또는 실종의 선고

② 위임인은 위임을 철회할 수 있고, 수임인은 언제든지 위임을 거절할 수 있다. 당해 권리의 포기에 관한 합의는 무효이다.

③ 일방이 상업대리로서의 수임인의 행위를 규정하는 위임계약을 거절할 경우에는, 보다 장기의 기한이 계약에 규정되어 있는 경우를 제외하고는 30일 이내에 계약의 해소에 대하여 상대방에게 통지하여야 한다.

상업대리인 법인이 조직변경한 경우에는 위임인은 사전의 통지 없이 위임을 철회할 수 있다.

제978조【위임계약의 해소의 효과】 ① 위임계약이 수임인에 의하여 위임이 완전하게 이행되기 전에 해소된 경우에는, 위임인은 위임의 이행시에 수임인이 부담한 비용을 보상하고, 수임인에게 보수를 지급하여야 할 경우에는, 수임인이 수행한 업무에 상응하는 보수를 수임인에게 지급하여야 한다. 이 규정은 수임인이 위임의 해소에 대하여 알았거나 또는 알 수 있었던 그 이후의 수임인에 의한 위임의 이행에는 적용하지 아니한다.

② 위임인에 의한 위임의 철회는 위임계약의 해소에 의하여 수임인이 입은 손해배상의 사유로 되지 아니한다. 다만, 상업대리로서의 수임인의 행위를 규정하는 계약의 해소의 경우에는 그러하지 아니하다.

③ 수임인에 의한 위임계약의 이행거절은 위임계약의 해소에 의하여 위임인이 입은 손해배상의 사유로 되지 아니한다. 다만, 수임인의 거절이 위임인이 자기의 이익을 보

증할 가능성을 상실하지 아니할 것을 조건으로 하고 있는 경우 및 상업대리로서의 수임인의 행위를 규정하는 계약이행을 거절할 경우에는 그러하지 아니하다.

제979조【수임인의 상속인과 수임인인 법인의 청산인의 의무】 수임인이 사망한 경우에는 그 상속인이 위임계약의 해소에 관한 통지를 위임인에게 하고, 위임인의 재산, 특히 위임인의 물건과 문서를 보호하기 위하여 필요한 조치를 취한 후에 위임인에게 재산을 인도하여야 한다.

수임인인 법인의 청산인도 같은 의무를 부담한다.

제50장 위임 없이 타인의 이익을 위하여 한 행위

제980조【타인의 이익을 위한 행위의 조건】 ① 이해관계인의 위임, 그 밖의 지시 또는 사전 승낙 없이 이해관계인의 신체 또는 재산에 대한 손해의 방지, 이해관계인의 채무이행 또는 이해관계인의 법에 반하지 아니하는 그 밖의 이익을 위한 행위(타인의 이익을 위한 행위)는 이해관계인의 명백한 이익이나 효용 및 이해관계인의 실제 또는 추정된 의사에 근거하여 사무의 상황에 따른 필요한 배려를 한 후 신중하게 하여야 한다.

② 이 장이 정하는 규정은 국가기관과 지방자치기관이 그 활동목적의 하나로서 하는 타인의 이익을 위한 행위에는 적용하지 아니한다.

제981조【이해관계인의 이익을 위한 행위에 관한 이해관계인에 대한 통지】 ① 타인의 이익을 위한 행위를 하는 자는 기회가 있는 대로 이 취지를 이해관계인에게 통지하고, 합리적인 기간 동안 실행한 행위에 대한 승인 또는 부인에 관한 이해관계인의 결정을 기다려야 한다. 다만, 그 사이에 이해관계인에게 중대한 손해가 발생하지 아니하는 경우에 한한다.

② 행위가 이해관계인의 입회하에 실행될 경우에는 이해관계인의 이익을 위한 행위에 대하여 이해관계인에게 특별히 통지할 필요는 없다.

제982조【이해관계인의 이익을 위한 행위의 이해관계인에 의한 승인의 효과】 이해관계인이 그의 이익을 위하여 위임 없이 실행된 행위를 승인할 경우에는, 말로 한 승인일지라도 그 이후의 당사자 쌍방의 관계에 대하여는 위임계약 또는 실행된 행위의 성질과 일치하는 그 밖의 계약에 관한 규정을 적용한다.

제983조【이해관계인의 이익을 위한 행위의 이해관계인에 의한 부인의 효과】 ①

행위를 하는 자가 타인을 위한 행위가 이해관계인에 의하여 승인되지 아니하였음을 알게 된 후에 타인의 이익을 위한 행위가 실행된 경우에는, 행위를 한 자나 제3자에 대하여도 이해관계인의 의무는 발생하지 아니한다.

② 위험한 상태에 빠진 자의 생명의 위험을 막기 위한 행위는 그 자의 의사에 반할 경우에도 허용되며, 사람의 부양에 근거한 의무를 당해 의무를 지는 자의 의사에 반하여 이행하는 것도 허용된다.

제984조【타인의 이익을 위한 행위를 한 자에 대한 손해배상】 ① 이 장이 정하는 규정에 따라 타인의 이익을 위하여 행위를 한 자의 필요비와 그 밖의 실제의 손해는 이해관계인이 배상하여야 한다. 다만, 이 법전 제983조 제1항에 명시된 행위에 따라 발생한 지출은 제외된다.

필요비와 그 밖의 실제의 손해배상에 대한 권리는 타인의 이익을 위한 행위가 예정된 결과를 이끌어내지 아니할 때에도 또한 보유된다. 다만, 타인의 재산에 대한 손해를 방지하였을 경우에는 배상액은 그 재산의 가액을 넘어서는 아니된다.

② 타인의 이익을 위한 행위를 한 자가 이해관계인의 승인을 얻은 후에 실행한 행위(제982조)와 관계있는 지출과 그 밖의 손해는 상응하는 종류의 계약에 관한 규정에 따라 배상된다.

제985조【타인의 이익을 위한 행위에 대한 보수】 타인의 이익을 위한 행위가 이해관계인에게 긍정적인 결과를 가져오고, 보수를 취득하는 권리가 법률 및 이해관계인과의 합의 또는 거래관습에 규정된 경우에는, 그 행위를 한 자는 보수를 취득할 수 있다.

제986조【타인의 이익을 위한 법률행위의 효과】 타인의 이익을 위하여 체결한 법률행위에 따른 의무는 그 이익을 위하여 행위가 실행된 자가 당해 법률행위를 승인하는 것을 조건으로 하고, 법률행위의 상대방이 당해 의무의 이전에 반대하지 아니하는 경우 또는 법률행위를 체결할 때에 상대방이 타인의 이익을 위하여 법률행위가 체결되는 것을 알았거나 또는 알 수 있었던 경우에는, 그 이익을 위하여 행위가 실행된 자에게 이전된다.

법률행위에 따른 의무가 그 이익을 위하여 행위가 실행된 자에게 이전될 경우에는, 이 자에게는 당해 법률행위에 따른 권리도 이전되어야 한다.

제987조【타인의 이익을 위한 행위에 의한 부당이득】 행위를 한 자가 자기의 이익을 위하여 행위를 하고 있는 것으로 잘못 추정을 한 경우를 포함하여, 행위가 타인의 이익의 확보에 직접 지향하지 못하고 타인의 부당이득을 일으킨 경우에는, 이 법전 제

60장이 정하는 규정을 적용한다.

제988조【타인의 이익을 위한 행위에 의하여 입은 손해의 배상】 타인의 이익을 위한 행위에 의하여 이해관계인이 입은 손해의 배상에 관한 관계에 대하여는 이 법전 제59장이 정하는 규정에 따라 규율한다.

제989조【타인의 이익을 위한 행위를 한 자의 보고】 타인의 이익을 위한 행위를 한 자는 그 이익을 위하여 행위가 실행된 자에 대하여 취득한 수익 및 지출된 비용과 그 밖의 손해를 기재한 보고서를 제출하여야 한다.

제51장 위 탁

제990조【위탁계약】 ① 위탁계약에 따라 일방(수탁자)은 상대방(위탁자)의 위임에 근거하여 위탁자의 부담으로 보수를 받고, 자기의 이름으로 하나 또는 수개의 법률행위를 하여야 한다.

위탁자가 법률행위에서 지명되거나 또는 위탁자가 법률행위의 이행과 관련하여 제3자와 직접적인 관계에 참여하였을 경우에도, 수탁자가 제3자와 맺은 법률행위에 근거하여 수탁자는 권리를 취득하고 의무를 부담한다.

② 위탁계약은 일정한 기간 동안 또는 유효기간을 명시하지 아니하고, 계약이행지역을 명시하거나 또는 명시함이 없이, 수탁자에게 실시가 위임된 법률행위를 제3자가 위탁자의 이익을 위하여 그의 부담으로 실시할 권리를 제3자에게 제공하지 아니할 위탁자의 의무를 붙이거나 또는 의무를 붙이지 아니하고 또한 위탁의 목적인 상품의 품목에 관한 조건을 붙이거나 또는 조건을 붙이지 아니하고 체결할 수 있다.

③ 법률과 그 밖의 법령에 따라 개별 종류의 위탁계약의 특수성을 규정할 수 있다.

제991조【위탁보수】 ① 위탁자는 수탁자에게 보수를 지급하여야 한다. 수탁자가 제3자에 의한 법률행위의 이행보증(매수인지급보증)을 인수한 경우에는, 위탁계약이 정하는 액수와 절차에 따른 추가보수를 지급하여야 한다.

계약에 보수액 또는 그 지급절차가 규정되어 있지 아니하고 계약조항으로 보수액을 정할 수 없는 경우에는, 보수는 이 법전 제424조 제3항에 따라 정하여지는 액수에 따라 계약이행 후에 지급된다.

② 위탁계약이 위탁자에 의한 이유로 이행되지 아니할 경우에는, 수탁자는 위탁보수

에 대한 권리와 지출한 비용의 보상에 대한 권리를 보유한다.

제992조 【위탁사항의 이행】 인수한 위탁에 대하여 수탁자는 위탁자의 지시, 위탁계약에 지시가 없는 경우에는 거래관습 또는 통상 제시되는 요건에 따라 위탁자에게 가장 유리한 조건으로 이행하여야 한다.

수탁자가 위탁자의 지시에 비하여 보다 유리한 조건으로 법률행위를 한 경우에는, 추가이익은 위탁자와 수탁자의 사이에 동등하게 분배된다. 다만, 쌍방의 합의로 달리 규정하는 경우에는 그러하지 아니하다.

제993조 【위탁자를 위하여 체결한 법률행위의 불이행에 대한 책임】 ① 수탁자는 위탁자의 부담으로 제3자와 체결한 법률행위의 제3자에 의한 불이행에 대하여 위탁자에 대한 책임을 지지 아니한다. 다만, 수탁자가 제3자를 선택할 때에 필요한 주의를 다하지 아니한 경우 또는 법률행위의 이행보증(매수인지급보증)을 인수한 경우에는 그러하지 아니하다.

② 수탁자가 제3자와 체결한 법률행위의 제3자에 의한 불이행이 있는 경우에는, 수탁자는 이 취지를 곧바로 위탁자에게 통지하고 필요한 증거를 수집하여야 하며, 위탁자의 청구에 따라 채권양도에 관한 규정(제382조부터 제386조, 제388조, 제389조)을 준수하여 당해 법률행위에 근거한 권리를 위탁자에게 양도하여야 한다.

③ 이 조 제2항에 따라 법률행위에 근거한 권리의 위탁자로의 양도는 그러한 양도를 금지 또는 제한하는 수탁자와 제3자와의 합의와 관계없이 허용된다. 이 경우 수탁자는 제3자에 대하여 권리양도의 금지 또는 제한에 관한 합의를 위반한 권리양도에 관한 책임을 면할 수 없다.

제994조 【재위탁】 ① 위탁계약에 다른 규정이 있는 경우를 제외하고는, 수탁자는 위탁계약을 이행하기 위하여 위탁자에 대한 재수탁자의 행위에 대한 책임을 유지하며, 타인과 재위탁계약을 체결할 수 있다.

재위탁계약에 따라 수탁자는 재수탁자에 대한 관계에서 위탁자의 권리의무를 취득한다.

② 위탁계약이 해소될 때까지 위탁자는 수탁자의 동의 없이 재수탁자와의 직접적인 관계에 들어갈 수 없다. 다만, 위탁계약이 달리 규정하고 있는 경우에는 그러하지 아니하다.

제995조 【위탁자의 지시위반】 ① 수탁자는 사무의 상황에 따라 위탁자의 이익을 위하여 필요하며 또한 수탁자가 위탁자에게 사전에 조회할 수 없거나 또는 합리적인 기

간 내에 자기의 조회에 대한 회답을 받지 못할 경우에는 위탁자의 지시를 위반할 수 있다. 수탁자는 통지를 할 수 있게 될 경우에는 즉시 지시위반에 대하여 위탁자에게 통지하여야 한다.

기업가로서 활동하는 수탁자에게는 위탁자의 사전 조회 없이 위탁자의 지시를 위반할 수 있는 권리를 부여할 수 있다. 이 경우 수탁자는 합리적인 기간 내에 지시위반에 대하여 위탁자에게 통지하여야 한다. 다만, 위탁계약이 달리 규정하고 있는 경우에는 그러하지 아니하다.

② 수탁자가 위탁자와 합의한 가격보다 싼 가격으로 재산을 판매한 경우에는 수탁자는 차액을 위탁자에게 배상하여야 한다. 다만, 합의한 가격으로 재산을 판매할 가능성이 없었던 사실 및 저가격에 의한 판매로 손해를 최소한으로 방지하였음을 증명할 경우에는 그러하지 아니하다. 수탁자가 사전에 위탁자에게 조회할 의무를 질 경우에는, 수탁자는 위탁자의 지시위반에 대한 동의를 사전에 위탁자로부터 받을 가능성이 없었음을 증명하여야 한다.

③ 수탁자가 위탁자와 합의한 가격보다 높은 가격으로 재산을 구매한 경우에는, 당해 수매를 희망하지 아니하는 위탁자는 수탁자로부터 제3자와의 법률행위의 실행에 관한 통지를 받은 후 합리적인 기간 내에 수탁자에게 구매를 희망하지 아니한다는 취지를 신고하여야 한다. 이를 게을리한 경우에는 구매는 위탁자가 수령한 것으로 본다.

수탁자가 자기부담으로 차액을 인수하는 통지를 한 경우에는 위탁자는 위탁자를 위하여 체결된 법률행위를 거절할 수 없다.

제996조【위탁목적의 물건에 대한 권리】 ① 수탁자가 위탁자로부터 받은 물건 또는 위탁자의 부담으로 수탁자가 취득한 물건은 위탁자의 소유물이다.

② 수탁자는 이 법전 제359조에 따라 자기 점유하에 있는 위탁자 또는 위탁자가 지정한 자에게 인도하여야 할 물건을 위탁계약에 따라 자기의 채권을 담보하기 위하여 유치할 수 있다.

위탁자가 지급불능(파산)선고를 받은 경우에는 수탁자의 위의 권리는 소멸하고, 위탁자에 대한 채권은 이 법전 제360조에 따라 피담보채권과 마찬가지로 수탁자가 유치한 물건의 가액범위 내에서 채무변제를 받는다.

제997조【위탁자에게 지급되어야 할 금액으로부터의 수탁자의 채권에 대한 변제】 수탁자는 이 법전 제410조에 따라 위탁자의 부담으로 수탁자가 수령한 금액 전액에서 위탁계약에 따라 수탁자에게 지급되어야 할 금액을 공제할 수 있다. 다만, 위탁자

의 채권자가 채무변제의 순위에서 담보권자보다 선순위일 경우에는, 채권자는 수탁자가 유치한 금액에서 자기 채권에 대한 채무변제를 받을 권리를 상실하지 아니한다.

제998조【위탁자 재산의 분실, 결손 또는 훼손에 대한 수탁자의 책임】 ① 수탁자는 자기의 점유하에 있는 위탁자 재산의 분실, 결손 또는 훼손에 대하여 위탁자에 대한 책임을 진다.

② 위탁자가 송부한 재산 또는 위탁자를 위하여 수탁자에게 교부하는 재산을 수탁자가 수령하고 또한 외관상의 검사로 알 수 있는 훼손 또는 결손을 재산에서 발견한 경우 및 수탁자의 점유하에 있는 위탁자의 재산에 손해가 가하여졌을 경우에는, 수탁자는 위탁자의 권리를 보호하기 위한 조치를 취하고, 필요한 증거를 수집하여 이들 모두를 지체 없이 위탁자에게 통지하여야 한다.

③ 수탁자가 자기의 점유하에 있는 위탁자의 재산을 보험에 들 수 없는 경우에는, 위탁자가 위탁자의 부담으로 재산을 보험에 드는 것을 수탁자에게 지시하거나 또는 수탁자에 의한 재산보험이 위탁계약 또는 거래관습에 규정되는 경우에 한하여 수탁자는 책임을 진다.

제999조【수탁자의 보고】 위탁을 이행한 경우에는 수탁자는 위탁자에게 보고서를 제출하고, 위탁계약에 따라 취득한 것을 모두 위탁자에게 인도하여야 한다. 위탁자가 보고에 대하여 이의를 가질 경우에는 보고서를 접수한 날로부터 보다 다른 기한이 쌍방의 합의에 정하여진 경우를 제외하고는, 30일 이내에 이의에 대하여 수탁자에게 통지하여야 한다. 이를 게을리한 경우에는 다른 합의가 없으면 보고서는 접수된 것으로 본다.

제1000조【위탁자에 의한 위탁계약에 따른 이행물의 수령】 위탁자는 다음의 의무를 부담한다.

수탁자로부터 위탁계약에 따라 이행된 것 모두를 수령하는 것

위탁자를 위하여 수탁자가 취득한 재산을 검사하고, 재산에서 발견한 하자를 지체 없이 수탁자에게 통지하는 것

위탁사항의 이행에 근거하여 수탁자가 책임질 제3자에 대한 의무를 면제하는 것

제1001조【위탁사항의 이행에 대한 지출의 보상】 위탁자는 위탁보수의 지급 외에 해당될 경우에는 매수인지급보증에 대한 추가보수를 지급하고, 위탁사항의 이행을 위하여 지급된 금액을 수탁자에게 보상하여야 한다.

수탁자는 법률 또는 위탁계약에 달리 정하고 있는 경우를 제외하고는, 수탁자의 점유하에 있는 위탁자의 재산을 보관하기 위한 비용의 보상에 대한 권리를 가지지 아니한다.

제1002조【위탁계약의 해소】 위탁계약은 다음의 사유에 의하여 해소된다.

위탁자의 계약이행의 거절

법률 또는 계약이 규정하는 경우의 수탁자의 계약이행의 거절

수탁자의 사망, 수탁자의 행위무능력, 행위능력의 제한 또는 실종의 선고

수탁자인 개인사업자의 지급불능(파산)선고

수탁자가 지급불능(파산)선고된 경우에는 수탁자가 위탁자의 지시를 이행하기 위하여 위탁자를 위하여 체결한 법률행위에 따른 권리의무는 위탁자에게 이전된다.

제1003조【위탁사항의 위탁자에 의한 취소】 ① 위탁자는 언제든지 위탁사항을 취소하고, 위탁계약의 이행을 거절할 수 있다. 수탁자는 위탁의 취소에 의하여 발생한 손해배상을 청구할 수 있다.

② 위탁계약이 유효기간을 명시하지 아니하고 체결된 경우에는 위탁자는 보다 장기의 기한이 계약에 명시되어 있는 경우를 제외하고는, 30일 이내에 계약의 해소에 대하여 수탁자에게 통지하여야 한다.

이 경우 위탁자는 계약 해소 전에 수탁자가 한 법률행위의 보수를 수탁자에게 지급하고, 계약 해소 전에 수탁자가 지출한 비용을 보상하여야 한다.

③ 위탁을 취소할 경우에는 위탁자는 위탁계약이 정하는 기간 내에, 기간의 정함이 없는 경우에는 조속히 수탁자의 관리하에 있는 위탁자의 재산을 처분하여야 한다.

위탁자가 이 의무를 이행하지 아니할 경우에는 수탁자는 위탁자의 부담으로 재산을 임치하거나 또는 가능한 한 위탁자에게 유리한 가격으로 매각할 수 있다.

제1004조【수탁자에 의한 위탁계약이행의 거절】 ① 위탁계약에 다른 규정이 있는 경우를 제외하고는 수탁자는 계약이행을 거절할 수 없다. 다만, 계약이 유효기간을 명시하지 아니하고 체결된 경우에는 그러하지 아니하다. 이 경우 수탁자는 보다 장기의 기한이 계약에 명시되어 있는 경우를 제외하고는, 30일 내에 계약의 해소에 대하여 위탁자에게 통지하여야 한다.

수탁자는 위탁자의 재산보전을 확보하기 위하여 필요한 조치를 취하여야 한다.

② 위탁자는 수탁자로부터 위탁의 이행거절에 관한 통지를 받은 날로부터 다른 기한이 위탁계약에 정하여져 있는 경우를 제외하고는, 15일 내에 수탁자의 관리하에 있는 자기 재산을 처분하여야 한다. 위탁자가 이 의무를 이행하지 아니할 경우에는 수탁자는 위탁자의 부담으로 재산을 임치하거나 또는 가능한 한 위탁자에게 유리한 가격으로 매각할 수 있다.

③ 위탁계약에 다른 규정이 있는 경우를 제외하고는 수탁자가 위탁의 이행을 거절할 경우에는, 계약의 해소 전에 수탁자가 한 법률행위의 위탁보수와 그때까지 지출한 비용의 보상에 대한 권리는 보유된다.

제52장 대리상

제1005조【대리상계약】 ① 대리상계약에 따라 일방(대리상)은 상대방(위탁자)의 위탁에 근거하여 위탁자의 부담으로 자기의 이름 또는 위탁자의 이름으로 법적 행위와 그 밖의 행위를 보수를 받고 하여야 한다.

대리상이 위탁자의 부담으로 자기의 이름으로 제3자와 맺은 법률행위에 근거하여 위탁자가 법률행위에 명시되거나 또는 위탁자가 법률행위의 이행에 관하여 제3자와 직접적인 관계에 들어갔을 경우에도 대리상은 권리를 취득하고 의무를 부담한다.

대리상이 위탁자의 부담으로 위탁자의 이름으로 제3자와 맺은 법률행위에 따른 권리 의무는 위탁자에게 직접 발생한다.

② 서면방식으로 체결된 대리상계약에 위탁자의 이름으로 법률행위를 하는 대리상의 기본적 권한이 규정되어 있는 경우에는, 위탁자는 제3자와의 관계에서 대리상에 상응하는 권한이 없었음을 원용할 수 없다. 다만, 제3자가 대리상의 권한 제한에 대하여 알았거나 또는 알 수 있었음을 증명할 경우에는 그러하지 아니하다.

③ 대리상계약은 일정한 기간 동안 또는 유효기간을 명시하지 아니하고 체결할 수 있다.

④ 법률로 개별 종류의 대리상계약의 특수성을 규정할 수 있다.

제1006조【대리보수】 위탁자는 대리상계약이 정하는 액수와 절차에 따라 대리상에게 보수를 지급하여야 한다.

대리상계약에 대리보수가 규정되어 있지 아니하고 계약조항으로 이를 정할 수 없는 경우에는, 보수는 이 법전 제424조 제3항에 따라 정하여지는 액수에 따라 지급되어야 한다.

계약에 대리상보수의 지급절차에 관한 조항이 없는 경우에는, 위탁자는 대리상이 전기(前期) 보고서를 위탁자에게 제출한 때로부터 1주 이내에 보수를 지급하여야 한다. 다만, 계약의 본질 또는 거래관습에 따라 다른 보수지급절차가 있는 것으로 볼 수 있는 경우에는 그러하지 아니하다.

제1007조【대리상계약에 따른 위탁자와 대리상의 권리 제한】 ① 대리상계약에 따라 계약이 정하는 영역에서 활동하는 그 밖의 대리상과 유사한 대리상계약을 체결하지 아니하거나 또는 당해 영역에서의 독립한 활동 또는 대리상계약의 목적을 구성하는 유사한 활동을 규제하는 위탁자의 의무를 규정할 수 있다.

② 대리상계약에 따라 계약에 명시된 영역과 전부 또는 부분적으로 중복되는 영역에서 이행하여야 할 유사한 대리상계약을 그 밖의 위탁자와 체결하지 아니할 대리상의 의무를 규정할 수 있다.

③ 대리상계약조항에 따라 대리상이 상품을 판매하고 업무를 수행하거나 또는 일정한 종류의 매수인(도급인) 또는 계약이 정하는 영역에 소재지 또는 주소지가 있는 매수인(도급인)에게만 서비스를 제공할 수 있는 경우에는 당해 대리상계약조항은 무효이다.

제1008조【대리상의 보고】 ① 대리상계약을 이행하는 과정에서 대리상은 계약이 규정하는 절차와 기한에 따라 위탁자에게 보고서를 제출하여야 한다. 계약에 상응하는 조항이 없는 경우에는, 보고서는 계약의 이행에 따라 또는 계약의 유효기간이 만료된 때에 대리상이 제출한다.

② 대리상계약에 다른 규정이 있는 경우를 제외하고는, 보고서에는 위탁자의 부담으로 대리상이 지출한 비용에 관하여 필요한 증명을 붙여야 한다.

③ 위탁자가 대리상의 보고서에 이의를 가질 경우에는 당사자 쌍방의 합의에 다른 기한이 정하여진 경우를 제외하고는, 보고서를 수리한 날로부터 30일 이내에 대리상에게 그 취지를 통지하여야 한다. 이를 게을리할 경우에는 보고서는 위탁자에게 접수된 것으로 본다.

제1009조【재대리상계약】 ① 대리상계약에 다른 규정이 있는 경우를 제외하고는, 대리상은 계약을 이행하기 위하여 위탁자에 대한 재대리상의 행위에 대한 책임을 자기에게 유보하고 타인과 재대리상계약을 체결할 수 있다. 대리상계약으로 계약의 구체적인 조항을 명시하거나 또는 명시하지 아니하고 재대리상계약을 체결할 대리상의 의무를 규정할 수 있다.

② 재대리상은 대리상계약에 따라 위탁자의 이름으로 제3자와 법률행위를 체결할 수 없다. 다만, 이 법전 제187조 제1항에 따라 재대리상이 재위임에 근거하여 행동할 수 있는 경우에는 그러하지 아니하다. 이러한 재위임의 절차와 효과는 이 법전 제976조에서 정한 규정에 따라 정한다.

제1010조【대리상계약의 해소】 대리상계약은 다음 사유에 의하여 해소된다.

유효기간의 만료기한을 확정하지 아니하고 체결한 계약을 당사자 일방이 이행을 거절할 경우

대리상의 사망, 대리상의 행위무능력, 행위능력의 제한 또는 실종의 선고

대리상인 개인사업자의 지급불능(파산)선고

제1011조【위임계약과 위탁계약에 관한 규정의 대리상관계에의 적용】 대리상계약에 따라 발생하는 관계에는 대리상이 대리상계약조항에 따라 위탁자의 이름 또는 자기의 이름으로 활동하는가에 따라 이 법전 제49장 또는 제51장의 상응하는 규정을 적용한다. 다만, 당해 규정이 이 장의 규정 또는 대리상계약의 본질에 반하는 경우에는 그러하지 아니하다.

제53장 재산의 신탁관리

제1012조【재산신탁관리계약】 ① 재산신탁관리계약에 따라 일방(관리설정자)은 상대방(신탁관리인)에게 재산을 일정기간 동안 신탁관리에 인도하고, 상대방(신탁관리인)은 관리설정자 또는 관리설정자가 지명하는 자(수익자)의 이익을 위하여 당해 재산의 관리를 하여야 한다.

재산의 신탁관리로의 인도는 신탁관리인으로의 재산소유권의 이전을 수반하지 아니한다.

② 재산의 신탁관리를 실시할 경우에는 신탁관리인은 당해 재산에 대하여 재산신탁관리계약에 따라 수익자의 이익을 위하여 모든 법적 행위와 사실상의 행위를 할 수 있다.

법률 또는 계약에 따라 재산신탁관리에 근거하여 개별행위에 대한 제한을 규정할 수 있다.

③ 신탁관리에 인도된 재산에 관한 법률행위는 신탁관리인이 신탁관리인의 자격에서 활동하고 있음을 표시하고 자기의 이름으로 한다. 당해 조건은 서면방식이 요구되지 아니하는 행위를 할 때에는, 신탁관리인이 그 자격에서 행위를 하는 것을 상대방이 알고 있는 경우 서면문서에 신탁관리인의 성명 또는 명칭 뒤에 「D.U.(신탁관리인)」를 기재함으로써 준수된 것으로 본다.

신탁관리인이 그 자격에서 행위를 하는 것에 관한 표시가 없는 경우에는, 신탁관리인

은 제3자에 대하여 개인적으로 의무를 지고, 자기에게 속하는 재산에 대하여서만 책임을 진다.

④ 출자에 의한 투자펀드에 대한 재산신탁관리의 특수성은 법률로 규정한다.(추가 2007. 12. 6. 연방법률 제334호)

⑤ 연방 차원의 자동차공용도로에 대한 재산신탁관리의 특수성은 법률로 규정한다.(추가 2007. 12. 6. 연방법률 제334호)

第1013条【신탁관리의 객체】 ① 기업과 그 밖의 재산복합체, 부동산에 속하는 개별 물건, 유가증권, 비서면의 유가증권에 의하여 표창되는 권리, 배타적 권리와 그 밖의 재산은 신탁관리의 객체로 될 수 있다 .

② 금전은 신탁관리의 독자적인 객체로 될 수 없다. 다만, 법률이 규정하는 경우에는 그러하지 아니하다.

③ 경영관리하 또는 운용관리하에 있는 재산은 신탁관리로 인도될 수 없다. 경영관리하 또는 운용관리하에 있는 재산의 신탁관리로의 인도는 재산을 경영관리하 또는 운용관리하에 점유하고 있는 법인의 해산 후 또는 재산에 대한 경영관리권 또는 운용관리권의 소멸 후 및 법률이 규정하는 그 밖의 사유에 따라 재산이 소유자의 점유로 이전된 후에 한하여 가능하다.

第1014条【관리설정자】 신탁관리의 설정자는 재산의 소유자이며, 이 법전 제1026조가 규정하는 경우에는 그 외의 사람이다.

第1015条【신탁관리인】 ① 개인사업자 또는 단일기업을 제외한 영리단체는 신탁관리인으로 될 수 있다.

재산의 신탁관리가 법률이 규정한 사유에 근거하여 실시될 경우에는, 기업가가 아닌 시민 또는 시설을 제외한 비영리단체는 신탁관리인으로 될 수 있다.

② 재산은 국가기관 또는 지방자치기관에 신탁관리로 인도될 수 없다.

③ 신탁관리인은 재산신탁관리계약에 따라 수익자가 될 수 없다.

第1016条【재산신탁관리계약의 본질적 조항】 ① 재산신탁관리계약에는 다음 사항이 규정되어야 한다.

신탁관리로 인도하는 재산의 구성

그 이익을 위하여 신탁관리가 이루어지는 법인의 명칭 또는 시민의 성명(관리설정자 또는 수익자)

계약에 보수의 지급이 규정될 경우에는 관리인에 대한 보수액과 방식

계약의 유효기간

② 재산신탁관리계약은 5년 이내의 기간으로 체결한다. 신탁관리로 이전하는 개별 종류의 재산에 대하여는 계약을 체결할 수 있는 별도의 상한기간을 법률로 정할 수 있다.

당사자 일방으로부터 계약의 유효기간의 만료에 근거하여 계약 해소에 관한 신고가 없는 경우에는, 계약은 계약이 규정하는 같은 기간과 같은 조항에 따라 연장된 것으로 본다.

제1017조【재산신탁관리계약의 방식】 ① 재산신탁관리계약은 서면방식으로 체결하여야 한다.

② 부동산의 신탁관리계약은 부동산의 매매계약을 위하여 규정된 방식으로 체결하여야 한다. 부동산의 신탁관리로의 인도는 당해 재산에 대한 소유권이전과 같은 절차에 따라 국가등기를 하여야 한다.

③ 재산신탁관리계약의 방식 또는 부동산의 신탁관리로의 인도 등기에 관한 요건을 준수하지 아니할 경우에는 계약은 무효로 된다.

제1018조【신탁관리하에 있는 재산의 분리】 ① 신탁관리로 인도된 재산은 관리설정자의 그 밖의 재산과 신탁관리인의 재산으로부터 분리된다. 당해 재산은 신탁관리인의 개별 대차대조표에 반영되며, 당해 대차대조표에 근거하여 독립된 기장(記帳)이 행하여진다. 신탁관리와 관계있는 행위에 근거한 결제를 위하여 별개의 은행계좌가 개설된다.

② 관리설정자의 채무에 근거하여 신탁관리로 인도된 재산에 대한 강제징수는 관리설정자의 지급불능(파산)의 경우를 제외하고는 허용되지 아니한다. 관리설정자가 파산한 경우에는 당해 재산의 신탁관리는 해소되며, 재산은 파산재단에 포함된다.

제1019조【담보로 제공된 재산의 신탁관리로의 인도】 ① 담보재산이 신탁관리로 인도될 경우에도, 담보권자는 당해 재산에 대한 강제징수의 권리를 상실하지 아니한다.

② 신탁관리인은 인도된 재산이 담보에 제공되어 있는 것에 대하여 예고하여야 한다. 신탁관리인이 신탁관리를 위하여 인도받은 재산에 대한 담보에 대하여 몰랐고 또한 알 수 없었을 경우에는, 신탁관리인은 재산신탁관리계약의 해지와 계약에 따라 신탁관리인에게 지급되어야 할 1년분의 보수의 지급을 법원에 청구할 수 있다.

제1020조【신탁관리인의 권리의무】 ① 신탁관리인은 법률과 재산신탁관리계약이 규정하는 범위 내에서 신탁관리로 인도된 재산에 관한 소유자의 권한을 행사한다. 부동산의 처분에 대하여는 신탁관리인은 신탁관리계약이 규정하는 경우에 실시한다.

② 재산의 신탁관리에 관한 행위에 의하여 신탁관리인이 취득하는 권리는 신탁관리로 인도된 재산의 구성에 포함된다. 신탁관리인의 당해 행위에 의하여 발생하는 의무는 당해 재산의 부담으로 이행한다.

③ 신탁관리하에 있는 재산에 대한 권리를 보호하기 위하여 신탁관리인은 권리침해의 모든 배제를 청구할 수 있다.(제301조, 제302조, 제304조, 제305조)

④ 신탁관리인은 관리설정자와 수익자에 대하여 재산신탁관리계약이 정하는 기한과 절차에 따라 자기의 행위에 관한 보고서를 제출한다.

제1021조【재산의 신탁관리로의 양도】 ① 신탁관리인은 이 조 제2항이 규정하는 경우를 제외하고는 재산의 신탁관리를 독자적으로 실시한다.

② 신탁관리인은 신탁관리계약에 따라 타인에게 위임할 수 있는 권한을 부여받고 있는 경우, 관리설정자로부터 서면방식의 동의를 얻고 있는 경우, 관리설정자 또는 수익자의 이익을 확보하기 위하여 상황에 의하여 부득이하고 또한 합리적인 기간 내에 관리설정자로부터 지시를 받는 가능성이 없었을 경우에는, 재산관리를 위하여 필요한 행위를 신탁관리인의 이름으로 하는 것을 타인에게 위임할 수 있다.

신탁관리인은 자신이 선임한 수임인의 행위에 대하여 자기의 행위와 같은 책임을 진다.

제1022조【신탁관리인의 책임】 ① 신탁관리인이 재산의 신탁관리에서 수익자 또는 관리설정자의 이익에 대하여 상응하는 배려를 하지 아니할 경우에는, 신탁관리인은 수익자에 대하여는 재산의 신탁관리기간 동안의 일실이익을 보상하고, 관리설정자에 대하여는 그가 입은 재산의 분실 또는 훼손에 따른 손해를 자연적 마모를 고려하여 배상하고 또한 일실이익을 보상한다.

신탁관리인은 손해가 불가항력 또는 수익자나 관리설정자의 행위에 의하여 발생하였음을 증명할 경우를 제외하고는 입은 손해에 대하여 책임을 진다.

② 신탁관리인이 자기에게 부여된 권한을 넘거나 또는 정하여진 제한을 위반하여 한 법률행위에 근거한 채무는 신탁관리인이 개인적으로 부담한다. 법률행위에 참가하는 제3자가 권한의 일탈 또는 정하여진 제한에 대하여 몰랐거나 또는 알 수 없었을 경우에는, 발생된 채무는 이 조 제3항이 정하는 절차에 따라 이행되어야 한다. 관리설정자는 이 경우 입은 손해의 배상을 신탁관리인에게 청구할 수 있다.

③ 재산의 신탁관리에 따라 발생한 채무로 인한 부채는 당해 재산으로 상환된다. 재산이 부족한 경우에는 신탁관리인의 재산에 대하여 강제징수를 할 수 있다. 신탁관리인의 재산도 부족한 경우에는 신탁관리로 인도되지 아니하고 있는 관리설정자의 재산에 대하

여 강제징수를 할 수 있다.

④ 재산신탁계약은 관리설정자 또는 수익자가 신탁관리계약의 부적절한 이행에 따라 입을 수 있는 손해의 배상을 보증하기 위하여 신탁관리인에 의한 담보의 제공을 규정할 수 있다.

제1023조【신탁관리인에 대한 보수】 신탁관리인은 재산신탁관리계약이 규정하는 보수에 대한 권리를 가지며, 재산의 신탁관리에 지출한 필요비를 재산의 사용·수익에 의하여 보상하는 권리를 갖는다.

제1024조【재산신탁관리계약의 해소】 ① 재산신탁관리계약은 다음 사유에 의하여 해소된다.

계약에 다른 규정이 있는 경우를 제외하고는 수익자인 시민의 사망 또는 수익자인 법인의 해산

계약에 다른 규정이 있는 경우를 제외하고는 계약에 근거한 수익자의 이익수령 거절

신탁관리인인 시민의 사망, 시민의 행위무능력, 행위능력의 제한 또는 실종의 선고 및 개인사업자의 지급불능(파산)선고

신탁관리인이 독자적으로 재산의 신탁관리를 실시할 수 없는 것에 의한 신탁관리인 또는 관리설정자의 신탁관리실시의 거절

이 항 제5단락에 명시된 사유 외의 그 밖의 원인에 근거하고 신탁관리인에게 계약에 소정된 보수를 지급하는 조건에 따른 계약의 관리설정자에 의한 거부

관리설정자인 기업가인 시민의 지급불능(파산)선고

② 당사자 일방이 재산신탁관리계약을 거절할 경우에는, 계약에 다른 기한이 명시되어 있는 경우를 제외하고는 계약해소 3개월 전까지 상대방에게 이 취지를 통지하여야 한다.

③ 재산신탁관리계약이 해소될 경우에는 신탁관리하에 있는 재산은 계약에 다른 규정이 있는 경우를 제외하고는 관리설정자에게 인도된다.

제1025조【유가증권의 신탁관리로의 인도】 유가증권이 신탁관리로 이전될 경우에는 그 외의 자에 의하여 신탁관리로 인도되는 유가증권의 통합을 규정할 수 있다.

유가증권의 처분에 근거하여 신탁관리인의 권한은 신탁관리계약으로 정한다.

유가증권의 신탁관리의 특수성은 법률로 정한다.

이 조의 규정은 비서면유가증권에 의하여 표창되는 권리에 적용한다.(제149조)

제1026조【법정사유에 근거한 재산의 신탁관리】 ① 재산의 신탁관리는 다음의 경우에도 설정될 수 있다.

이 법전 제38조가 규정하는 경우 중 피후견인의 재산의 항상적 관리를 위하여 필요한 경우

유언집행인을 지명하는 유언에 근거할 경우(유언집행자)

그 밖의 법정사유에 근거할 경우

② 이 장이 정하는 규정은 이 조 제1항에 명시된 사유에 근거하여 설정된 재산의 신탁관리에 관한 관계에 적용한다. 다만, 법률에 다른 규정이 있거나 또는 당해 관계의 본질로부터 달리 볼 수 있는 경우에는 그러하지 아니하다.

이 조 제1항에 명시된 사유에 근거하여 재산의 신탁관리가 설정된 경우에는, 이 장이 규정하는 관리설정자의 권리는 후견 및 보좌기관, 유언집행자 또는 법률에 명시된 다른 사람에게 귀속한다.

제54장 상업이권(商業利權)

제1027조【상업이권계약】 ① 상업이권계약에 따라 일방(권리보유자)은 상대방(이용자)에 대하여 권리보유자에게 속하는 배타적 권리의 총체를 이용자의 기업활동에 사용하는 권리를 일정기간 동안 또는 기간을 명시하지 아니하고 보수를 받고 제공하여야 하며, 배타적 권리의 총체에는 권리보유자의 상표, 서비스표에 대한 권리 및 계약이 규정하는 그 밖의 배타적 권리의 대상에 대한 권리, 상업표기, 생산기밀(노하우)이 포함된다.(개정 2006. 12. 18. 연방법률 제231호)

② 상업이권계약은 권리보유자의 배타적 권리의 총체, 실무의 평판과 영업 경험의 일정량의 사용(특히 최소와〈또는〉 최대사용량을 설정)을 기업활동의 일정한 분야(권리보유자로부터 수령한 상품 또는 이용자가 제조한 상품의 판매, 그 밖의 상업활동의 실시, 업무수행, 서비스의 제공)에 따라 사용영역을 표시하거나 또는 표시하지 아니하고 규정한다.

③ 영리단체와 개인사업자로서 등록된 시민은 상업이권계약의 당사자로 될 수 있다.

④ 이 장의 규정 및 상업이권계약의 본질로부터 달리 볼 수 있는 경우를 제외하고는, 사업이권계약에 대하여는 이 법전 제7편 전용실시계약(라이선스계약)에 관한 해당 규정을 적용한다.(추가 2006. 12. 18. 연방법률 제231호)

제1028조【상업이권계약의 방식과 등기】 ① 상업이권계약은 지적 소유에 대한 연방권력기관에 국가등기를 하여야 한다. 이 요건을 준수하지 아니할 경우에는 계약은 당

연무효로 인정된다.

계약의 서면방식을 준수하지 아니할 경우에는 계약은 무효로 된다. 당해 계약은 완전무효로 본다.

② 상업이권계약은 지적 활동에 대한 연방권력집행기관에 국가등기를 하여야 한다. 이 요건을 준수하지 아니하는 경우에는 계약은 당연무효로 인정된다.(개정 2006. 12. 18. 연방법률 제231호)

제1029조【상업재이권】 ① 상업이권계약에 따라 이용자에게 제공된 배타적 권리의 총체 또는 그 일부를 타인이 권리보유자와 합의하는 재이권의 조건 또는 상업이권계약이 정하는 재이권의 조건에 따라 사용할 것을 허가하는 이용자의 권리를 규정할 수 있다. 일정기간 동안 일정 인원수에게 재이권의 조건에 따라 위의 권리의 사용권을 제공할 이용자의 의무를 계약에 규정할 수 있다.

상업재이권계약은 그 체결의 기초인 상업이권계약보다 장기로 체결할 수 없다.

② 상업이권계약이 무효일 경우에는 그에 근거하여 체결된 상업재이권계약도 무효이다.

③ 일정한 기간으로 체결된 상업이권계약에 다른 규정이 있는 경우를 제외하고는, 계약이 기한 전에 해소될 경우에 상업재이권계약에 따라 재권리보유자(상업이권계약에 따라 이용자)의 권리의무는 권리보유자가 당해 계약에 따라 권리의무의 인수를 거부하지 아니할 경우에는 권리보유자에게 이전한다. 이 규정은 기간을 명시하지 아니하고 체결된 상업이권계약의 해제의 경우에도 각각 적용된다.

④ 상업이권계약에 다른 규정이 있는 경우를 제외하고는, 이용자는 재이용자의 행위에 의하여 권리보유자가 입은 손해에 대하여 보충책임을 진다.

⑤ 상업재이권계약에는 이 장의 상업이권계약에 관한 규정을 적용한다. 다만, 재이권의 특수성으로부터 달리 볼 수 있는 경우에는 그러하지 아니하다.

제1030조【상업이권계약에 따른 보수】 상업이권계약에 따른 보수는 정액의 일회지급 또는 정기지급, 매각대금으로부터의 공제, 권리보유자가 전매를 위하여 인도한 상품의 소매가격의 할증가격 또는 계약이 규정하는 그 밖의 방식으로 지급할 수 있다.

제1031조【권리보유자의 의무】 ① 권리보유자는 다음의 의무를 부담한다.

이용자에게 기술문서와 상업문서를 인도하고, 상업이권계약에 따라 이용자에게 제공된 권리를 행사하기 위하여 필요한 그 밖의 정보를 이용자에게 제공하며, 권리행사에 관한 문제에 대하여 이용자와 그 종업원을 지도하는 것(개정 2006. 12. 18. 연방법률 제

231호)

② 상업이권계약에 다른 규정이 있는 경우를 제외하고는 권리보유자는 다음의 의무를 부담한다.

상업이권계약의 국가등기를 하는 것(제1028조 제2항)(개정 2006. 12. 18. 연방법률 제231호)

이용자의 종업원에 대한 교육과 기능향상에 대한 지원을 포함하여 이용자에게 항상적인 기술지원과 조언을 하는 것

상업이권계약에 따라 이용자가 제조한(수행, 제공한) 상품(업무, 서비스)의 품질을 관리하는 것

제1032조【이용자의 의무】 이용자가 실시하는 활동의 성질과 특수성을 고려하여 이용자는 상업이권계약에 따라 다음의 의무를 부담한다.

계약이 규정하는 활동을 할 때에는 계약에 명시된 방법에 따라 권리보유자의 상업표지, 상표, 서비스표 또는 그 밖의 개별화수단을 사용하는 것(개정 2006. 12. 18. 연방법률 제231호)

권리보유자가 직접 제조, 수행 또는 제공하는 유사상품, 업무 또는 서비스의 품질과 계약에 근거하여 이용자가 제조, 수행 또는 제공하는 상품, 업무 또는 서비스의 품질을 일치시키는 것

배타적 권리의 총체의 성질, 그 사용방법과 사용조건을 권리보유자의 수법과 일치시키기 위한 권리보유자의 지도와 지시를 준수하는 것. 당해 지시에는 계약에 따라 이용자에게 제공된 권리를 행사할 때에 이용자가 사용하는 상업시설의 외장과 내장에 관한 지시가 포함된다.

매수인(도급인)이 권리보유자로부터 직접 상품(업무, 서비스)을 구입(발주)할 때에는 기대할 수 있는 모든 추가 서비스를 매수인(도급인)에게 제공하는 것

권리보유자의 생산기밀(노하우)과 권리보유자로부터 얻은 그 밖의 영업상의 기밀정보를 누설하지 아니하는 것(개정 2006. 12. 18. 연방법률 제231호)

계약으로 의무가 규정될 경우에는 미리 결정할 수 있는 수량의 재이권을 제공하는 것

이용자가 상업이권계약에 따라 상업표지, 상표, 서비스표 또는 그 밖의 개별화 수단을 사용하는 것에 대하여 매수인(도급인)에게 가장 명백한 방법으로 알리는 것(개정 2006. 12. 18. 연방법률 제231호)

제1033조【상업이권계약에 따른 당사자 권리의 제한】 ① 상업이권계약으로 당해 계약에 따라 당사자의 권리에 대한 제한을 규정할 수 있다. 특히 다음 사항에 대하여 규

정할 수 있다.

이용자가 고정된 영역에서 유사한 배타적 권리의 총체를 사용할 권리를 타인에게 제공하지 아니할 권리보유자의 의무 또는 이 영역에서 자신의 유사한 활동을 정지할 권리보유자의 의무

권리보유자에게 속하는 배타적 권리를 사용하여 하는 이용자가 실행하는 기업활동에 대하여 상업이권계약의 효력이 미치는 영역에서 권리보유자와 경합하지 아니할 이용자의 의무

권리보유자의 경쟁자(잠재적 경쟁자)로부터 상업이권계약에 따라 유사한 권리를 취득하는 것을 이용자가 거절하는 것

계약에 따라 제공된 배타적 권리를 행사할 때에 사용하는 상업시설의 소재지와 그 외장과 내장에 대하여 권리보유자와 조정할 이용자의 의무

제한조항은 상응하는 시장의 상황과 당사자의 경제상태를 고려하여 당해 제한조항이 반독점 법령에 반할 경우에는, 반독점기관 또는 그 밖의 이해관계인의 청구에 따라 무효로 인정될 수 있다.

② 상업이권계약에 따라 당사자의 권리를 제한하는 다음의 조항은 무효이다.

이용자에 의한 상품판매가격 또는 이용자가 수행(제공)하는 업무(서비스)의 가격을 정하거나 또는 이들 가격의 상한 또는 하한을 정할 수 있는 권리보유자의 권리

일정범주의 매수인(도급인) 또는 계약이 정하는 영역에 소재지(주소지)를 가지는 매수인(도급인)에게만 상품을 판매하고 업무를 수행하거나 또는 서비스를 제공할 수 있는 이용자의 권리

第1034조【이용자에게 제기된 청구에 따른 권리보유자의 책임】 권리보유자는 상업이권계약에 따라 이용자가 판매(수행, 제공)하는 상품(업무, 서비스)의 품질 부적합에 관한 청구가 이용자에게 제기될 경우에는 보충책임을 진다.

권리보유자의 제품(상품) 제조자로서의 이용자에게 청구가 제기될 경우에는 권리보유자는 이용자와 연대하여 책임을 진다.

第1035조【새로운 기간의 상업이권계약을 체결하는 이용자의 권리】 ① 이용자가 자기의 의무를 적정하게 이행할 경우에는, 상업이권계약의 기간이 만료한 때에 새로운 기간 동안 같은 조건으로 계약을 체결할 권리를 갖는다.

② 권리보유자는 상업이권계약의 기간이 만료한 날로부터 3년 내에는 타인과 유사한 상업이권계약을 체결하지 아니하며, 해소된 계약이 효력을 유지하고 있는 같은 영역에

효력이 미치는 유사한 상업재이권계약의 체결에 동의하지 아니할 것을 조건으로 하여 새로운 기간의 상업이권계약의 체결을 거절할 수 있다. 3년 내에 권리보유자가 해소된 계약에 근거하여 이용자에게 제공되어 있는 같은 권리를 임의의 자에게 제공할 것을 희망하는 경우에는, 권리보유자는 이용자에게 새로운 계약체결을 제안하거나 또는 입힌 손해를 배상하여야 한다. 새로운 계약을 체결할 경우에는 그 조항은 해소된 계약조항보다 이용자에게 유리하여야 한다.

제1036조【상업이권계약의 변경】 ① 상업이권계약은 이 법전 제29장이 정하는 규정에 따라 변경할 수 있다.

② 상업이권계약의 변경은 이 법전 제1028조 제2항이 규정하는 절차에 따라 국가등기를 하여야 한다.(전문 개정 2006. 12. 18. 연방법률 제231호)

제3자와의 관계에서 상업이권계약당사자는 이 법전 제1028조 제2항이 정하는 절차에 따라 계약 변경을 등기한 때에 한하여 계약 변경을 원용할 수 있다. 다만, 제3자가 사전에 계약의 변경에 대하여 알았거나 또는 알 수 있었음을 증명할 경우에는 그러하지 아니하다.

제1037조【상업이권계약의 해소】 ① 기간을 명시하지 아니하고 체결한 상업이권계약의 각 당사자는 보다 장기의 기한이 계약에 규정되어 있는 경우를 제외하고는, 6개월 전까지 상대방에게 통지한 후 언제든지 계약을 포기할 수 있다.

② 기간을 명시하여 체결한 상업이권계약의 기한 전의 해제와 기간을 명시하지 아니하고 체결한 상업이권계약의 해제는 이 법전 제1028조 제2항이 정하는 절차에 따라 국가등기를 하여야 한다.(개정 2006. 12. 18. 연방법률 제231호)

③ 권리보유자에게 속하는 상업표지에 대한 권리가 이와 같은 권리가 상업이권계약에 따라 이용자에게 제공되는 배타적 권리의 총체에 포함되고, 새로운 유사권리로 대체되지 아니하고 소멸할 경우에는 상업이권계약은 해소된다.(개정 2006. 12. 18. 연방법률 제231호)

④ 권리보유자 또는 이용자가 지급불능(파산)으로 선고될 경우에는 상업이권계약은 해소된다.

제1038조【당사자 변경의 경우 상업이권계약의 보전】 ① 이용자에게 제공된 배타적 권리의 총체에 포함되는 어떠한 배타적 권리의 타인으로의 이전은 상업이권계약의 변경 또는 해제의 사유로 되지 아니한다. 새로운 권리보유자는 배타적 권리에 속하는 권리의무 중 이전을 받은 부분에 대하여 당해 계약의 당사자로 된다.

② 권리보유자가 사망할 경우에는 상업이권계약에 따른 권리보유자의 권리의무는 상속인이 개인사업자로서 등록되어 있거나 또는 상속개시일로부터 6개월 내에 개인사업자로서 등록할 것을 조건으로 하여 상속인에게 이전된다. 그러하지 아니할 경우에는 계약은 해소된다.

사망한 권리보유자의 권리행사와 의무이행은 상속인이 이들 권리의무를 승계하기 전 또는 상속인이 개인사업자로서 등록되기 전에는 공증인이 지명한 관리인이 실행한다.

제1039조【상업표지의 변경 효과】 권리보유자가 상업이권계약에 따라 이용자에게 제공되는 배타적 권리의 총체에 포함되는 상업표지를 변경할 경우에는, 이용자가 계약의 해제와 손해배상을 청구하는 경우를 제외하고는, 상업이권계약은 권리보유자의 새로운 상업표지에 대하여 계속적으로 유효하다. 계약이 계속 유효할 경우에는 이용자는 권리보유자에게 지급하여야 할 보수에 대하여 상응하는 감액을 청구할 수 있다.(전문 개정 2006. 12. 18. 연방법률 제231호)

제1040조【상업이권계약에 따라 사용에 제공된 배타적 권리의 소멸 효과】 상업이권계약의 유효기간 중 계약에 따라 사용이 제공된 배타적 권리의 유효기간이 만료될 경우 또는 이러한 권리가 그 밖의 사유에 근거하여 소멸할 경우에는, 상호이권계약은 소멸한 권리에 속하는 조항을 제외하고는 계속하여 유효하다. 다만, 계약에 다른 규정이 있는 경우를 제외하고는, 이용자는 권리보유자에게 지급하여야 할 보수에 대하여 상응하는 감액을 청구할 수 있다.

권리보유자에게 속하는 상표, 서비스표 또는 상업표지에 대한 배타적 권리가 소멸할 경우에는 이 법전 제1037조 제2항과 제1039조가 규정하는 효과가 발생한다.(개정 2006. 12. 18. 연방법률 제231호)

제55장 일반조합

제1041조【일반조합계약】 ① 일반조합계약(또는 공동활동에 관한 계약)에 따라 2인 또는 수인(조합원)은 수익을 취득하기 위하여 또는 법률에 반하지 아니하는 그 밖의 목적을 달성하기 위하여 각자의 출자를 결합하여 법인 형태를 취하지 아니하고, 공동으로 활동하여야 한다.

② 개인사업자와(또는) 영리단체만이 기업활동을 수행하기 위하여 체결된 일반조합계

약의 당사자로 될 수 있다.

제1042조【조합원의 출자】 ① 금전, 그 밖의 재산, 전문적 및 그 밖의 지식, 기능과 솜씨 및 사업상의 평판과 연계를 포함하여 공동사업에 제공되는 모든 것이 조합원의 출자로 된다.

② 조합원의 출자는 등가(等價)의 것으로 추정한다. 다만, 일반조합계약에 근거하거나 또는 실제의 상황에 따라 달리 볼 수 있는 경우에는 그러하지 아니하다. 조합원 출자의 화폐가치는 조합원 사이의 협의로 정한다.

제1043조【조합원의 공동재산】 ① 조합원이 출자한 조합원 소유의 재산 및 공동활동의 결과로서 생산된 산출물과 당해 활동으로부터 취득한 천연과실과 법정과실은 조합원의 공유재산으로 한다. 다만, 법률 또는 일반조합계약이 달리 정하거나 채무의 본질로부터 달리 볼 수 있는 경우에는 그러하지 아니하다.

조합원이 출자한 재산 중 소유권 외의 권원에 근거하여 조합원이 보유하는 재산은 전 조합원의 이익을 위하여 사용되고 또한 조합원의 공유재산과 함께 조합원의 공동재산을 형성한다.

② 조합원의 공동재산에 대한 회계계산은 일반조합계약에 참가하는 법인 중 하나에 위탁하여 할 수 있다.

③ 조합원의 공동재산사용은 조합원의 공동협의에 따라 하며, 협의가 이루어지지 아니할 경우에는 법원이 확정하는 절차에 따라 한다.

④ 공동재산의 관리에 관한 조합원의 의무와 당해 의무 이행과 관계있는 비용의 보상절차는 일반조합계약으로 정한다.

제1044조【조합공동사무의 관리】 ① 공동사무를 관리할 때에는 각 조합원은 전 조합원의 이름으로 활동할 권리를 가진다. 다만, 일반조합계약이 일반조합계약의 특정참가자 또는 전 참가자가 공동으로 조합사무를 관리할 것을 정하고 있는 경우에는 그러하지 아니하다.

공동사무를 관리할 때에 각 법률행위의 실행에는 전 조합원의 공동의 동의가 있어야 한다.

② 제3자와의 관계에서 전 조합원의 이름으로 법률행위를 하는 조합원의 권한은 그 나머지의 조합원이 그에게 수여한 위임장 또는 서면방식으로 체결된 일반조합계약으로 증명된다.

③ 제3자와의 관계에서 각 조합원은 조합공동사무의 관리에 관한 법률행위를 하는 조

합원의 권리의 제한을 원용하지 못한다. 다만, 계약 체결시에 제3자가 그러한 제한의 존재를 알았거나 또는 알 수 있었음을 증명할 경우에는 그러하지 아니하다.

④ 전 조합원의 이름으로 법률행위를 한 조합원이 법률행위의 실행에 관하여 조합공동사무의 관리에 관한 권리에 제한을 받았거나 또는 자기 이름으로 전 조합원의 이익을 위하여 계약을 체결하였을 경우, 당해 계약이 전 조합원의 이익을 위하여 필수적이었음을 단정할 만한 충분한 이유가 있을 경우에는, 그 조합원은 자기가 부담한 비용의 보상을 청구할 수 있다. 당해 법률행위의 결과로 손해를 입은 조합원은 손해배상을 청구할 권리를 갖는다.

⑤ 공동사무에 관한 조합원의 결의는 일반조합계약이 달리 규정하는 경우를 제외하고는 조합원 공동협의로 채택된다.

제1045조【조합원의 정보에 대한 권리】 각 조합원은 조합공동사무의 관리에 관한 수권 여부와 관계없이 사무관리에 관한 모든 문서자료를 열람할 권리를 갖는다. 이 권리의 거절 또는 제한은 조합원의 협의에 따른 거절과 제한을 포함하여 무효이다.

제1046조【조합원의 공동비용과 손해】 조합원의 공동활동과 관계있는 비용 및 손해의 충당절차는 조합원의 협의로 정한다. 그에 관한 협의가 없는 때에는 각 조합원은 그 조합공동사무에 대하여 각자의 출자 비례에 따라 비용과 손해를 부담한다.

공동비용과 손해의 충당에서 어느 한 조합원의 분담을 완전히 면제하는 협의는 무효이다.

제1047조【공동채무에 대한 조합원의 책임】 ① 일반조합계약과 그 참가자가 실행하는 기업활동이 무관할 경우에는, 각 조합원은 계약상의 공동채무에 대하여 그 공동사무에 대한 각자의 출자 비례에 따라 자기의 전 재산으로 책임을 진다.

조합원은 계약으로부터 발생하지 아니한 공동채무에 대하여 연대책임을 진다.

② 일반조합계약과 그 참가자가 실행하는 기업활동이 관계있는 경우에는, 조합원은 채무발생의 근거 여하와 관계없이 공동채무 전부에 대하여 연대책임을 진다.

제1048조【이익분배】 조합원의 공동활동의 결과로서 조합원이 취득한 이익은 그 공동사무에 대한 조합원의 출자 비례에 따라 분배된다. 다만, 일반조합계약 또는 조합원 사이의 그 밖의 협의로 달리 규정한 경우에는 그러하지 아니하다. 이익분배에서 어느 조합원을 배제하는 협의는 무효이다.

제1049조【조합원의 채권자의 청구에 따른 당해 조합원의 지분 분할】 일반조합계약 참가자의 채권자는 이 법전 제255조의 규정에 따라 공동재산 중 당해 참가자의 지

분 분할에 대하여 청구를 제출할 권리를 갖는다.

제1050조【일반조합계약의 해소】 ① 일반조합계약은 다음의 사유로 해소된다.

어느 조합원의 행위무능력, 행위능력의 제한 또는 실종의 선고. 다만, 일반조합계약 또는 그 이후의 협의로 그 나머지 조합원 사이의 관계에서 계약의 존속을 규정할 경우에는 그러하지 아니하다.

어느 조합원의 지급불능(파산자) 선고. 다만, 이 항 제2단락에 명시된 예외의 경우에는 그러하지 아니하다.

조합원의 사망 또는 조합계약참가법인의 청산이나 조직변경. 다만, 일반조합계약 또는 그 이후의 협의로 그 나머지 조합원 사이의 관계에서 계약의 존속을 규정할 경우 또는 그 상속인(권리승계인)이 사망한 조합원(또는 청산이나 조직변경법인)의 대체를 규정할 경우에는 그러하지 아니하다.

어느 조합원의 존속기간의 정함이 없는 일반조합계약에의 계속적인 참가 거절. 다만, 이 항 제2단락에 명시된 예외의 경우에는 그러하지 아니하다.

조합원 중 1인이 그 나머지 조합원과의 관계에서의 청구에 따른 기한의 정함이 있는 일반조합계약의 해지. 다만, 이 항 제2단락에 명시된 예외의 경우에는 그러하지 아니하다.

일반조합계약의 기간만료

조합원 채권자의 청구에 따른 당해 조합원의 지분 분할. 다만, 이 항 제2단락에 명시된 예외의 경우에는 그러하지 아니하다.

② 일반조합계약이 해소된 때에는 조합원의 공동점유와(또는) 사용에 인도된 물건은 무상으로 당해 물건을 인도하였던 조합원에게 반환된다. 다만, 당사자 사이의 협의로 달리 규정하는 경우에는 그러하지 아니하다.

일반조합계약이 해소된 때로부터 그 참가자는 제3자에 관한 미이행의 공동채무에 대하여 연대책임을 진다.

조합원의 공유재산과 이미 발생한 공동청구권의 분할은 이 법전 제252조가 정하는 절차에 따라 한다.

특정물을 공유재산으로 출자한 조합원은 일반조합계약이 해소된 때에는, 그 나머지 조합원과 채권자의 이익에 따르는 조건하에 사법절차에 따라 당해 물건의 반환을 청구하는 권리를 갖는다.

제1051조【존속기간의 정함이 없는 일반조합계약에서의 탈퇴】 존속기간의 정함이 없는 일반조합계약의 탈퇴에 관한 조합원의 통고는 계약에서의 탈퇴 제안 3개월 전에

이루어져야 한다.

존속기한의 정함이 없는 일반조합계약에서의 탈퇴할 수 있는 권리를 제한하는 협의는 무효이다.

제1052조【일방의 청구에 따른 일반조합계약의 해소】 이 법전 제450조 제2항에 명시된 근거와 함께 기간을 정하여 체결하거나 또는 해제조건으로서 목적을 정하여 체결한 일반조합계약의 일방 당사자는 정당한 이유에 따라 계약의 해지로 그 나머지 조합원에게 입힌 실제의 손해를 배상하고, 자기와 그 나머지 조합원 사이의 계약의 해지를 청구할 권리를 갖는다.

제1053조【일반조합계약해지에 관한 조합원의 책임】 참가자 중 어느 1인의 조합에의 계속적 참가로부터의 탈퇴에 관한 통고 또는 조합원 중 어느 1인의 청구에 따른 계약해지에 따라 일반조합계약이 해소된 것이 아닐 경우에는, 해소된 조합계약에 참가하였던 자는 그 참가한 계약기간 내에 발생한 공동채무에 대하여 일반조합계약에 그대로 남아 있는 조합원과 마찬가지로 제3자에 대하여 책임을 진다.

제1054조【익명조합】 ① 일반조합계약으로 당해 계약의 존재를 제3자에게 공개하지 아니할 것을 규정할 수 있다.(익명조합) 이 장이 규정하는 일반조합계약에 관한 규정은 익명조합계약에 적용한다. 다만, 이 조가 달리 규정하거나 또는 익명조합의 본질로부터 달리 볼 수 있는 경우에는 그러하지 아니하다.

② 익명조합의 각 참가자는 제3자와의 관계에서는 자기 이름으로 조합원의 공동이익을 위하여 행한 법률행위에 대하여 자기의 전 재산으로 책임을 진다.

③ 조합원 사이의 관계에서는 그 공동활동과정 중에 발생한 채무관계는 공동채무관계로 본다.

제56장 현상광고

제1055조【현상지급의무】 ① 광고 중에 광고에서 명시된 기간 내에 명시된 합법행위를 완성한 자 누군가에게 금전적 보수의 지급 또는 그 밖의 현상의 급부를 공개적으로 공고한 자는 특히 유실물을 습득한 자 또는 현상을 공고한 자에게 필요한 정보를 고지한 자를 포함하여, 상응하는 행위를 완성한 어떠한 자에게 약정된 현상을 지급하여야 한다.

② 현상을 지급할 의무는 현상의 약정에서 누군가를 약정된 현상자로 정할 수 있는 때

에 발생한다. 약정에 응한 자는 약정에 관한 서면확인을 청구할 권리를 가지며, 현상에 관한 광고가 실제로는 광고 중에 명시된 자에 의하여 이루어지지 아니한 것이 확실할 경우에는 당해 청구에 대한 미제출에 따른 위험에 대하여 책임진다.

③ 상금의 액수가 현상광고 중에 명시되지 아니한 경우에는, 현상을 약정한 자와의 협의에 따라 정하며, 다툼이 있을 때에는 법원이 정한다.

④ 현상을 지급할 의무는 완성된 상응하는 행위가 광고에 공고된 것과 일치하는가의 여부 또는 그에 관한 것인지의 여부와 관계없이 발생한다.

⑤ 광고에 명시된 행위를 완성한 자가 수인인 경우에는, 현상을 받을 권리는 그 수인 중 가장 먼저 당해 행위를 완성한 자가 취득한다.

광고에 명시된 행위를 완성한 자가 2인 또는 그 이상이고 누가 가장 먼저 당해 행위를 완성하였는가를 확정할 수 없는 경우 및 그 행위가 2인 또는 그 이상의 자에 의하여 동시에 완성된 경우에는, 현상은 그들 사이에 평등하게 분배되거나 그들 사이의 협의로 규정한 다른 액수로 분배된다.

⑥ 현상에 관한 광고에 달리 규정되어 있지 아니하거나 그에 규정된 행위의 성질로부터 달리 볼 수 있는 경우를 제외하고는, 완성된 행위가 광고 중에 지정된 내용과 일치하는가의 여부는 현상을 공개적으로 약정한 자가 정하며, 다툼이 있는 경우에는 법원이 정한다.

제1056조【현상광고의 철회】 ① 공개적으로 현상의 지급을 광고한 자는 같은 방식으로 당해 약정을 철회할 권리를 갖는다. 다만, 당해 광고 자체에 철회 불가가 규정되어 있거나 또는 광고로부터 알 수 있거나, 현상이 약정된 행위를 완성하기 위하여 부여된 일정한 기간 또는 광고시에 철회에 관하여 광고한 때에 그에 응한 1인 또는 수인이 광고 중에 명시된 행위를 이미 완성한 경우에는 그러하지 아니하다.

② 현상광고의 철회는 현상을 광고한 자가 광고에 명시된 행위의 완성과 관련하여 현상에 응한 자가 입은 비용의 배상을 면제하지 아니한다. 다만, 광고 중에 명시된 현상을 한도로 한다.

제57장 현상공모

제1057조【현상공모의 조직】 ① 우수작품 또는 그 밖의 성과 달성에 대한 상금의 지급 또는 그 밖의 상의 수여(또는 상금의 지급)에 대하여 공시한 자는 현상의 실시 조건

에 따라 승자로 인정된 자에 대하여 약정된 상금(상)을 지급하여야 한다.(현상공모)

② 현상공모는 사회적으로 유익한 목적 달성을 위하여 하여야 한다.

③ 현상공모는 주최자가 인쇄물 또는 그 밖의 매스미디어에 정보를 공시하는 방법에 따라 희망자 모두에게 참가를 공표할 경우에는 공개로, 주최자의 선택에 근거하여 일정 범위의 자에게 참가를 초대할 경우에는 비공개로 할 수 있다.

공개현상은 주최자가 참가 희망자의 사전선발을 실시할 때에는, 참가자의 사전 예비 기능을 조건으로 할 수 있다.

④ 현상공모의 공시는 적어도 과제의 요점, 작품의 성과 또는 그 밖의 성과에 대한 평가표준과 평가방법, 작품 등을 제출하는 장소, 기간과 절차, 상의 규모와 방식, 현상결과의 발표 방법과 시기를 규정하는 조건을 포함하고 있어야 한다.

⑤ 현상의 승자와 계약을 체결할 의무를 내용으로 하는 현상공모에는 이 법전 제447조부터 제449조에 그 밖의 규정이 있는 경우를 제외하고는, 이 장이 정하는 규정을 적용한다.

제1058조【현상공모조건의 변경과 중지】 ① 현상공모를 공시한 자는 작품 제출을 위하여 정하여진 기간 전반(前半)에 한하여 현상의 조건을 변경하거나 또는 현상을 중지할 수 있다.

② 현상의 조건 변경 또는 중지에 관한 통지는 현상이 공시된 경우와 같은 방법으로 하여야 한다.

③ 현상의 조건을 변경 또는 중지할 경우에는 현상을 공시한 자는 공시에 규정된 작품을 수행하기 위하여 임의인이 지출한 비용에 대하여 그 자가 현상의 조건변경 또는 현상의 중지를 알았을 때 또는 알 수 있었을 때까지의 지출을 보상하여야 한다.

현상을 공시한 자는 작품이 현상과는 무관하게 수행된 것 특히 현상의 공시 전에 수행된 것 또는 현상의 조건과 명백히 일치하지 아니하였음을 증명할 경우에는 지출을 보상할 의무를 면한다.

④ 현상의 조건이 변경된 때 또는 현상이 중지된 경우 또는 이 조 제1항 또는 제2항에 명시된 요건에 대한 위반이 있는 경우에는, 현상을 공시한 자는 공시에 명시된 조건을 충족시키는 작품을 수행한 자에게 상금을 지급하여야 한다.

제1059조【상금의 지급에 관한 결정】 ① 상금의 지급에 관한 결정은 현상에 관한 공시에 규정하는 절차에 따라 소정기간 내에 하며, 현상참가자에게 보고되어야 한다.

② 공시에 명시된 작품이 2인 또는 그 이상의 자에 의하여 공동으로 수행된 경우에는,

상금은 그들 사이에 이루어진 합의에 따라 분배된다. 합의가 이루어지지 아니할 경우에는 상금의 분배방법은 법원이 정한다.

제1060조【수상한 과학, 문학과 예술작품의 사용】 현상공모의 대상이 과학, 문학과 예술작품의 창작으로서 현상조건에 그 밖의 규정이 있는 경우를 제외하고는, 현상공모를 공시한 자는 상응하는 보수를 지급하고, 수상한 작품의 저자와 작품의 사용에 관한 계약을 우선적으로 체결하는 권리를 취득한다.

제1061조【현상공모참가자에 대한 제출작품의 반환】 현상공모를 공시한 자는 현상에 관한 공시에 다른 규정이 있고 수행된 작품의 성질로부터 달리 볼 수 있는 경우를 제외하고는, 상을 받지 못한 작품을 참가자에게 반환하여야 한다.

제58장 도박과 사행성 경기의 실시

제1062조【도박과 사행성 경기의 조직과 그 활동 참가에 관한 청구】 ① 도박과 사행성 경기의 조직 또는 그 참가와 관련한 시민과 법인의 청구는 사법적 보호를 받지 못한다. 다만, 사기, 폭력, 협박 또는 도박 및 사행성 경기의 개최자와 그 대리인의 악의의 내통에 영향을 받고 도박 및 사행성 경기에 참가한 자의 청구 및 이 법전 제1063조 제5항에 명시된 청구는 그러하지 아니하다.(개정 2007. 1. 26. 연방법률 제5호)

② 상품, 유가증권의 가격, 해당 외환환율, 이자의 크기, 인플레이션 정도의 변화나 위의 지수의 총합에 근거하여 산출되는 가치 또는 법률이 정하고 있는 그 밖의 상황의 발생 및 발생 여부가 명확하지 아니한 상황에 의존하여 당사자 또는 당사자들의 금전지급채무를 정하는 법률행위의 참가와 관련된 청구에 대하여는 이 장의 규정은 적용하지 아니한다. 당사자 중 일방이라도 은행업무의 허가를 취득하거나 또는 증권시장에서 전문활동의 수행허가를 취득한 법인 또는 증권시장에서 이루어진 법률행위 당사자 중 일방이라도 증권시장에서의 법률행위를 할 수 있는 허가를 취득한 법인인 경우에는 위의 청구는 사법적 보호를 받는다.

이 항에서 규정한 시민의 참가와 관련된 청구는 증권시장에서 당해 법률행위가 이루어진 경우에만 법적 보호를 받는다.(추가 2007. 1. 26. 연방법률 제5호)

제1063조【국가 및 지방자치기관이 실시하거나 그에 관한 허가를 얻고 실시하는 복권, 사행성 경기 및 그 밖의 도박】 ① 러시아연방, 러시아연방구성체, 지방자치단

체 또는 수권된 국가기관이나 지방자치기관으로부터 법률이 규정하는 절차에 따라 이러한 도박 실시에 대한 권리를 취득한 자 및 복권인 경우 법인으로서 복권, 경마(내기 걸기) 및 위험에 근거한 그 밖의 도박조직자와 도박참가인 사의의 관계는 계약에 기초한다.(개정 2003. 1. 10. 연방법률 제15호, 2003. 11. 11. 연방법률 제138호)

② 도박조직자가 규정하는 경우에는 도박조직자와 그 참가자 사이의 계약은 복권, 영수증, 그 밖의 증빙의 발행 또는 그 밖의 방식으로 체결된다.(개정 2003. 11. 11. 연방법률 제138호)

③ 이 조 제1항이 규정하는 계약의 체결에 관한 청약에는 경기 실시의 기간과 상금확정절차 및 상금액에 관한 조항이 포함되어야 한다.

도박성 경기조직자가 소정된 기간 내에 경기개최를 취소할 경우에는, 경기참가자는 조직자에게 경기취소 또는 경기연기로 인하여 입은 실제의 손해배상을 청구하는 권리를 갖는다.

④ 도박조직자는 복권, 마권 또는 그 밖의 도박 실시의 규정에 따라 우승자로 될 자에게 도박 실시의 규정에 정하여진 상금액, 방식(금전 또는 현물) 및 기간에 따라 상금을 지급하여야 하며, 당해 조항에 기간이 명시되지 아니한 경우에는 도박의 결과를 정하는 때로부터 10일 또는 법률이 정하여진 그 밖의 기간 내에 지급하여야 한다.(개정 2003. 11. 11. 연방법률 제138호)

⑤ 도박조직자가 이 조 제4항에 명시된 의무를 이행하지 아니할 경우에는 복권, 마권 및 그 밖의 도박에 참가한 우승자는 도박조직자로부터 우승상금의 지급을 청구할 권리를 가지며, 조직자측의 계약위반으로 입은 손해배상을 청구할 수 있다.

제59장 가해행위로 인한 채무

제1절 손해배상에 관한 일반규정

제1064조【가해행위에 대한 책임의 일반사유】 ① 시민의 신체 또는 재산이 입은 손해와 법인의 재산이 입은 손해는 가해자가 완전하게 배상하여야 한다.

법률에 따라 손해배상의 책임을 가해자 아닌 자에게 부과할 수 있다.

법률 또는 계약에 따라 손해배상 외에 피해자에게 보상금을 지급할 가해자의 의무를 규정할 수 있다.

② 가해자는 손해가 자기의 과실에 의하지 아니하였음을 증명할 경우에는 손해배상에서 면제된다. 법률로 가해자에게 과실이 없는 경우의 손해배상을 규정할 수 있다.

③ 적법한 행위에 의하여 입은 손해는 법률이 규정하는 경우에는 배상하여야 한다.

손해가 피해자의 의뢰 또는 피해자의 동의에 의한 것으로 가해자의 행위가 사회적 윤리규칙에 반하지 아니하고 있는 경우에는 손해배상을 거부할 수 있다.

제1065조【가해행위의 방지】 ① 장래의 가해행위의 위험은 당해 위험을 초래하는 활동의 금지에 관한 청구의 사유로 될 수 있다.

② 입은 손해가 기업, 건조물의 조업 또는 그 밖의 생산활동의 결과로서 당해 활동에 계속 손해를 가하거나 또는 새로운 손해를 가할 우려가 있는 경우에는, 법원은 피고에 대하여 손해배상 외에 상응하는 활동의 중단 또는 중지의 의무를 부과할 수 있다.

법원은 활동의 중단 또는 중지가 사회적 이익에 반할 경우에 한하여 활동의 중단 또는 중지에 관한 청구를 거부할 수 있다. 활동의 중단 또는 중지가 거부된 경우에도 피해자는 당해 활동에 의하여 입은 손해의 배상에 대한 권리를 상실하지 아니한다.

제1066조【정당방위 상태에서의 가해행위】 정당방위 상태에서 입은 손해는 정당방위의 범위를 넘는 경우를 제외하고는 배상하지 아니한다.

제1067조【긴급피난 상태에서의 가해행위】 긴급피난 상태에서의 손해라 함은 주어진 상황 하에서는 그 밖의 방법으로 제거할 수 없었던 가해자 자신 또는 그 밖의 사람을 위협하는 위험을 제거하기 위한 손해를 말하며, 이는 가해자가 배상하여야 한다.

법원은 손해를 입은 상황을 고려하여 가해자의 행동으로 이익을 얻은 제3자에게 손해배상의 의무를 지게 하거나 또는 제3자와 가해자로부터 손해배상의 전부 또는 일부를 면제할 수 있다.

제1068조【법인 또는 시민의 종업원이 입힌 손해에 대한 법인 또는 시민의 책임

① 법인 또는 시민은 그 종업원이 노동(직무상, 공무상)의무를 이행하면서 입힌 손해를 배상한다.

이 장이 정하는 규정에 근거하여 노동계약(계약서)에 따라 업무를 수행하는 시민 및 민사법상의 계약에 따라 업무를 수행하는 시민이 당해 법인 또는 시민의 계획과제에 근거하여 법인 또는 시민의 안전한 업무수행의 감독하에서 활동하고 있었거나 또는 활동하여야 하는 경우에는 종업원으로 본다.

② 물적 회사와 생산협동조합은 그 참가인(조합원)이 기업활동, 생산활동 또는 회사나

협동조합의 그 밖의 활동을 하면서 입힌 손해를 배상한다.

제1069조【국가기관, 지방자치기관 및 이들 직원이 입힌 손해에 대한 책임】 국가기관과 지방자치기관 또는 이들 직원의 위법행위(부작위)에 의하여 시민 또는 법인이 입은 손해는 법률 또는 그 밖의 법령과 일치하지 아니하는 국가기관과 지방자치기관의 법령의 공포에 따른 손해를 포함하여 배상되어야 한다. 손해는 각각 러시아연방 국고, 러시아연방구성체 또는 지방자치기관의 예산에 의하여 배상된다.

제1070조【수사기관, 취조기관, 검찰과 법원의 위법행위에 의한 손해에 대한 책임】 ① 위법한 유죄판결, 위법한 형사책임의 추궁, 위법한 구류, 보전처분 또는 거주구역을 떠나지 아니할 것에 관한 서약, 행정구류 형태의 위법한 행정책임의 추궁에 의하여 시민이 입은 손해와 활동정지 형태의 위법한 행정책임의 추궁에 의하여 법인이 입은 손해는 수사기관, 취조기관, 검찰과 법원의 직원의 과실과 관계없이 러시아연방의 국고에 의하여, 법률이 규정하는 경우에는 러시아연방구성체 또는 지방자치기관의 예산에 의하여 법률이 규정하는 절차에 따라 완전하게 배상된다.(개정 2005. 5. 9. 연방법률 제45호)

② 이 조 제1항이 규정하는 효과가 발생하지 아니하는 수사기관, 취조기관, 검찰의 위법행위에 의하여 시민 또는 법인이 입은 손해는 이 법전 제1069조가 규정하는 사유와 절차에 따라 배상된다. 재판을 하면서 입은 손해는 재판관의 과실이 법적 효력을 발생하는 법원의 판결에 의하여 증명될 경우에는 배상된다.

제1071조【손해배상에서 국고의 이름으로 행위를 하는 기관과 사람】 이 법전 또는 그 밖의 법률에 따라 손해가 러시아연방 국고 또는 러시아연방구성체 또는 지방자치기관의 예산에 의하여 배상되어야 할 경우, 국고의 이름으로 행위를 하는 것은 상응하는 재정기관이다. 다만, 이 법전 제125조 제3항에 따라 당해 의무가 그 밖의 기관, 법인 또는 시민에게 부과되어 있는 경우에는 그러하지 아니하다.

제1072조【자기 책임을 보험에 든 자에 의한 손해의 배상】 피해자의 이익을 위하여 임의보험 또는 강제보험의 절차에 따라 자기 책임을 보험에 든 법인 또는 시민(제931조, 제935조 제1항)은 입힌 손해를 완전하게 배상하기 위하여 보험보상금이 미달하는 때에는, 보험보상금과 실제의 손해액과의 차액을 배상한다.

제1073조【14세 미만의 미성년자가 입힌 손해에 대한 책임】 ① 14세 미만의 미성년자(어린이)가 입힌 손해에 대하여는 손해가 자기의 과실에 의하지 아니하고 발생하였음을 증명할 경우를 제외하고는, 그 부모(양부모) 또는 후견인이 책임을 진다.

② 부모의 보살핌 없이 방치된 고아 및 부모의 보살핌 없이 방치된 아동(러시아연방가족법전 제155조 제1항)을 수용하는 기관의 보호하에 있는 경우, 당해 기관은 손해가 기관의 과실에 의하지 아니하고 발생하였음을 증명할 경우를 제외하고는, 어린이가 입힌 손해를 배상하여야 한다.(개정 2008. 4. 24. 연방법률 제49호)

③ 어린이가 교육시설, 의료기관, 치료시설, 어린이를 감독할 의무를 지는 그 밖의 기관 또는 계약에 따라 감독을 하는 자 밑에 있는 사이에 손해를 입혔을 경우에는, 당해 시설 또는 감독자는 입힌 손해가 감독을 하였을 때의 과실에 의하지 아니하고 발생하였음을 증명할 경우를 제외하고는, 손해에 대한 책임을 진다.(개정 2008. 4. 24. 연방법률 제49호)

④ 어린이에 의한 손해배상에 근거하여 부모(양부모), 후견인, 교육시설, 의료기관, 치료시설, 그 밖의 기관의 의무는 어린이가 성인에 도달한 경우 또는 어린이가 손해배상을 위하여 충분한 재산을 취득한 경우에도 소멸하지 아니한다.(개정 2008. 4. 24. 연방법률 제49호)

부모(양부모), 후견인 또는 이 조 제3항에 명시된 그 밖의 시민이 사망하거나 또는 피해자의 생명 또는 건강에 입힌 손해를 배상하기 위한 충분한 자금을 가지고 있지 아니하며, 가해자 자신이 완전한 행위능력을 가지고 이러한 자금을 보유할 경우에는, 법원은 피해자와 가해자의 재산상태와 그 밖의 사정을 고려하여 가해자 자신에 의한 손해의 완전한 또는 부분적인 배상에 관한 결정을 할 수 있다.

제1074조【14세 이상 18세 미만의 미성년자가 입힌 손해에 대한 책임】 ① 14세 이상 18세 미만의 미성년자는 일반적인 사유에 의한 손해에 대하여 독자적으로 책임을 진다.

② 14세 이상 18세 미만의 미성년자가 손해를 배상하기 위하여 충분한 수입 또는 그 밖의 재산을 소유하지 아니하고 있는 경우에는, 그 부모(양부모) 또는 후견인은 손해가 자기의 과실에 의하지 아니하고 발생하였음을 증명할 경우를 제외하고는, 손해의 전부 또는 부족부분을 배상하여야 한다.

후견이 필요한 14세 이상 18세 미만의 미성년자가 부모의 보살핌 없이 방치된 고아 및 부모의 보살핌 없이 방치된 아동을 수용하는 기관의 보호하에 있는 경우(가족법전 제155조 제1항)에는, 당해 기관은 손해가 기관의 과실에 의하지 아니하고 발생하였음을 증명할 경우를 제외하고는, 손해의 전부 또는 부족부분을 배상하여야 한다.(개정 2008. 4. 24. 연방법률 제49호)

③ 14세 이상 18세 미만의 미성년자가 입힌 손해의 배상에 근거하여 부모(양부모), 후견인에 상응하는 기관의 의무는 가해자가 성년에 달한 경우 또는 가해자가 성년에 달할 때에 손해배상을 위하여 충분한 수입 또는 그 밖의 재산을 얻을 경우 또는 성년에 달하기 전에 행위능력을 취득할 경우에 소멸한다.(개정 2008. 4. 24. 연방법률 제49호)

제1075조【친권을 상실한 부모의 미성년자가 입힌 손해에 대한 책임】 가해행위를 일으킨 자녀의 행동이 부모 의무의 부적절한 이행의 결과인 경우에는, 친권을 상실한 부모에 대하여 법원은 부모가 친권을 상실한 후 3년 내에 그 미성년의 자녀가 입힌 손해에 대한 책임을 부과할 수 있다.

제1076조【행위무능력이 선고된 시민이 입힌 손해에 대한 책임】 ① 행위무능력이 선고된 시민이 입힌 손해는 그 후견인 또는 그 감독을 행할 의무를 지는 조직이 자기의 과실에 의하지 아니하고 손해가 발생하였음을 증명할 경우를 제외하고는 배상한다.

② 행위무능력이 선고된 시민이 입힌 손해의 배상에 근거하여 후견인 또는 감독의무를 지는 조직의 의무는 시민이 그 후에 행위능력을 회복한 것으로 인정될 경우에도 소멸하지 아니한다.

③ 후견인이 사망하거나 또는 피해자의 생명 또는 건강에 입힌 손해를 배상하기 위하여 충분한 자금을 소유하고 있지 아니하며, 가해자 자신이 자금을 소유하고 있는 경우에는, 법원은 피해자와 가해자의 재산상태와 그 밖의 사정을 고려하여 손해의 전부 또는 일부에 대하여 가해자 자신에 의한 배상에 관한 결정을 할 수 있다.

제1077조【행위능력의 제한이 선고된 시민이 입힌 손해에 대한 책임】 주류 또는 약품의 남용에 의하여 행위능력이 제한된 시민이 입힌 손해는 가해자가 독자적으로 배상한다.

제1078조【자기 행위의 의미를 이해할 수 있는 능력이 없는 시민이 입힌 손해에 대한 책임】 ① 행위능력이 있는 시민과 14세 이상 18세 미만의 미성년자가 자기 행위의 의미를 이해 또는 관리할 수 없는 상태에서 손해를 가한 경우에는 입힌 손해에 대한 책임을 지지 아니한다.

피해자의 생명 또는 건강에 손해를 가한 경우에는 법원은 피해자와 가해자의 재산상태와 그 밖의 사정을 고려하여 손해의 전부 또는 일부의 배상에 관한 의무를 가해자에게 부과할 수 있다.

② 가해자가 자기 행위의 의미를 이해 또는 관리할 수 없는 상태를 음주, 마취성 약품의 사용 또는 그 밖의 방법으로 스스로 야기한 경우에는 가해자는 책임을 면하지 못한다.

③ 정신장애로 자기 행위의 의미를 이해 또는 관리할 수 없는 자에 의한 손해인 경우에는, 손해배상의 의무는 가해자의 정신장애에 대하여 알고 있었음에도 불구하고 법원에 대하여 가해자의 행위무능력선고를 제기하지 아니하고, 가해자와 동거하는 행위능력이 있는 배우자, 부모, 성년인 자녀에게 부과할 수 있다.

제1079조【주위에 고도의 위험을 초래하는 활동으로 입힌 손해에 대한 책임】 ① 법인 또는 시민은 그 활동이 주위에 대하여 고도의 위험을 수반할 경우(수송기관, 기계, 고압전기에너지, 원자력에너지, 폭발물, 극약 등의 사용, 건설사업과 그와 관계있는 그 밖의 활동의 실시)에는, 손해가 불가항력 또는 피해자의 고의에 의하여 발생하였음을 증명할 경우를 제외하고는 고도위험원에 의하여 발생한 손해를 배상하여야 한다. 고도위험원의 소유자는 법원에 의하여 또한 이 법전 제1083조 제2항과 제3항이 규정하는 사유에 근거하여 책임을 완전 또는 부분적으로 면제될 수 있다.

손해배상의 의무는 소유권, 경영관리권 또는 운용관리권 또는 그 밖의 법적 사유(임차권, 수송기관의 운전권의 위임, 고도위험원의 양도에 관한 관계기관의 명령 등)에 근거하여 고도위험원을 점유하는 법인 또는 시민이 부담한다.

② 고도위험원의 점유자는 타인의 위법행위에 의하여 고도위험원의 점유가 이탈되었음을 증명할 경우에는, 고도위험원에 의하여 발생한 손해에 대하여 책임을 지지 아니한다. 이 경우 고도위험원에 의하여 발생한 손해에 대한 책임은 위법하게 고도위험원을 점유한 자가 부담한다. 고도위험원이 그 소유자로부터 위법하게 점유가 침탈되었을 때에 소유자에게 과실이 있는 경우에는, 책임은 소유자와 위법하게 고도위험원을 점유한 자에게 부담하게 할 수 있다.

③ 고도위험원의 복수의 점유자는 이 조 제1항이 규정하는 사유에 근거하여 고도위험원의 상호작용에 의하여 제3자에게 입힌 손해(수송기관의 충돌 등)에 대한 책임을 연대하여 부담한다.

복수의 고도위험원의 상호작용에 의하여 이들 점유자가 입은 손해는 일반사유(제1064조)에 근거하여 배상한다.

제1080조【공동으로 입힌 손해에 대한 책임】 공동가해자는 피해자에 대하여 연대책임을 진다.

피해자의 신청에 따라 또한 그의 이익을 위하여 법원은 가해자에 대하여 이 법전 제1081조 제2항의 규정에 따라 정하여지는 지분의 책임을 공동으로 부담하게 할 수 있다.

제1081조【가해자에 대한 구상권】 ① 타인(직무상, 공직상의 의무 또는 그 밖의 노동의

무를 이행 중인 종업원, 수송기관의 운전기사 등)이 입힌 손해를 배상한 자는 타인에 대하여 지급한 배상액의 반대채권(구상권)을 가진다. 다만, 법률에 다른 금액이 정하여져 있는 경우에는 그러하지 아니하다.

② 공동으로 입힌 손해를 배상한 가해자는 그 밖의 가해자 각자에 대하여 당해 가해자의 과실의 정도와 일치하는 액수에 따라 피해자에게 지급한 배상의 지분을 청구할 수 있다. 과실의 정도를 정할 수 없는 경우에는 지분은 같은 것으로 본다.

③ 러시아연방, 러시아연방구성체 또는 지방자치기관은 수사기관, 취조기관, 검찰 또는 법원의 직원에 의한 손해(제1070조 제1항)를 배상한 경우에는, 직원의 과실이 법적 효력을 발생하는 법원의 판결에 의하여 증명된 때에 당해 직원에 대한 구상권을 가진다.

④ 이 법전 제1073조부터 제1076조에 명시된 사유에 근거하여 손해를 배상한 자는 가해자에 대한 구상권을 가지지 아니한다.

제1082조【손해배상의 방법】 손해배상에 관한 청구를 만족시킬 경우에는 법원은 사건의 상황에 따라 가해행위에 대하여 책임 있는 자에게 현물에 의한 손해의 배상(같은 종류 및 같은 품질의 물건 제공, 훼손한 물건의 수리 등) 또는 입은 손실의 배상의무를 부과할 수 있다.(제15조 제2항)

제1083조【피해자의 과실과 가해자의 재산상태의 평가】 ① 피해자의 고의에 의하여 발생한 손해는 배상되지 아니한다.

② 피해자 자신의 중대한 부주의에 의하여 손해의 발생 또는 손해의 증대를 일으킨 경우에는, 피해자와 가해자의 과실의 정도에 따라 손해액은 감액되어야 한다.

피해자의 중대한 부주의가 있고 가해자의 과실은 없으나 가해자의 책임이 과실과 관계없이 발생할 경우에는, 법률에 다른 규정이 있는 경우를 제외하고는 손해배상액은 감액되어야 하거나 또는 손해배상은 거부될 수 있다. 시민의 생명 또는 건강에 대한 가해행위의 경우에는 손해배상의 거부는 허용되지 아니한다.

피해자의 과실은 추가지출의 배상(제1085조 제1항), 부양자의 사망에 의한 손해의 배상(제1089조)과 매장비용의 배상(제1094조)의 경우에는 고려되지 아니한다.

③ 법원은 시민이 입힌 손해의 배상액을 그 재산상태를 고려하여 감액할 수 있다. 다만, 손해가 고의행위로 발생된 경우에는 그러하지 아니하다.

제2절 시민의 생명 또는 건강에 대한 손해의 배상

제1084조【계약 또는 그 밖의 의무이행시 시민의 생명 또는 건강에 입힌 손해의 배상】 계약의무를 이행할 때 및 군무와 경찰에서의 근무의무와 그 밖의 상응하는 의무를 이행할 때에 시민의 생명 또는 건강에 입힌 손해는 이 장이 정하는 규정에 따라 배상된다. 다만, 법률 또는 계약에 보다 고액의 책임이 규정되어 있는 경우에는 그러하지 아니하다.

제1085조【건강장애에 따른 손해의 배상 규모와 성질】 ① 시민이 신체장애 또는 그 밖의 건강장애를 입은 때에는, 피해자가 취득하고 있었거나 또는 취득하는 것으로 확정될 수 있었던 상실된 급여(수입) 및 치료비용, 추가 식비, 의약품 구입비, 의지(義肢)와 외부간호의 비용, 요양소와 요양지에서의 요양비용, 특별 이동수단의 구입비, 직업준비 비용을 포함하여 건강장애에 따라 발생한 그 밖의 추가지출은 피해자가 이들 종류의 지원과 간호를 필요로 하고, 이를 무상으로 얻는 권리가 없는 것으로 확정된 경우에는 배상되어야 한다.

② 상실한 급여(수입)를 확정할 때에는 신체장애 또는 건강장애에 따라 피해자에게 지급이 결정된 신체장애연금은 건강에 대한 가해행위 이전과 이후에 지급이 결정된 연금, 수당과 그 밖의 유사한 지급과 마찬가지로 고려되지 아니하며, 손해배상의 액수의 감액을 가져오지 아니한다.(손해배상의 산정에 산입되지 아니한다) 건강장애 후에 피해자가 받는 급여(수입)도 손해배상의 산정에 산입하지 아니한다.

③ 이 조에 따라 피해자에게 지급되어야 할 손해배상의 규모와 액수는 법률 또는 계약으로 증액할 수 있다.

제1086조【건강장애에 의하여 상실한 급여〈수입〉의 확정】 ① 피해자가 상실한 급여(수입)의 배상액은 신체장애 또는 그 밖의 건강장애 발생 전 또는 노동능력상실 전의 피해자의 월 평균 급여(수입)에 대한 피해자의 직업상의 노동능력의 상응하는 상실비율, 직업상의 노동능력이 없는 경우에는 일반적 노동능력의 상실비율과 일치하는 비율에 따라 정한다.

② 피해자가 상실한 급여(수입)에는 소득세를 부담하는 주된 근무지와 겸직지에서의 노동계약과 민법상의 계약에 따른 모든 종류의 노동의 대가가 포함된다. 일시적 성질을 가지는 지급 특히 미사용 휴가의 보상과 해고시의 퇴직수당은 산입하지 아니한다. 일시적 노동불능 또는 임신과 출산에 따른 휴가기간 동안 지급되는 수당은 산입한다. 기업

활동에 따른 수익과 저작자 보수는 상실한 급여에 포함되며, 이 경우 기업활동에 따른 수익은 세무감독기관의 정보에 근거하여 정한다.

모든 종류의 급여(수입)는 세금이 공제되기 전의 액수로 계산한다.

③ 피해자의 월 평균급여(수입)는 건강장애 발생 전 12개월간의 피해자의 급여(수입)의 총액을 12로 나누는 방법으로 산정한다. 피해자가 손해를 입을 때까지의 근무기간이 12개월 미만인 경우에는, 월 평균급여(수입)는 건강장애 발생 전에 실제로 근무한 월수의 급여(수입)의 총액을 당해 월수로 나누는 방법으로 산정한다.

피해자가 전부 근무하지 못한 달의 것은 피해자의 희망에 따라 그 이전에 전부 근무한 달의 것으로 대체하거나 또는 그 대체가 불가능한 때에는 당해 월의 것은 산정에서 제외한다.

④ 피해자가 가해행위시에 근무하지 아니하고 있는 경우에는, 피해자의 희망에 따라 해고 전의 급여 또는 그 특정장소에서 피해자와 동등한 능력을 가진 종업원의 일반적인 보수액으로 계산한다. 다만, 법률에 따라 정하여진 러시아연방 전역의 노동능력 있는 주민의 최저임금액을 밑돌아서는 아니된다.(개정 2002. 11. 26. 연방법률 제152호)

⑤ 신체장애 또는 그 밖의 건강장애를 입기 전에 피해자의 재산상태를 개량하는 안정적인 변화(직무에 근거한 급여의 상승, 보다 높은 급여를 받는 업무로의 이동, 통학교육에 따른 교육시설졸업 후의 취직과 피해자의 노동보수의 안정적인 변화 또는 변화 가능성이 증명되는 그 밖의 경우)가 피해자의 급여(수입)에 발생하였을 경우에는, 피해자의 월 평균급여(수입)를 정할 때에 피해자가 상응하는 변화 후에 수령하거나 또는 수령하였어야 할 급여(수입)만이 계산된다.

제1087조【성년에 달하지 아니한 자의 건강장애의 경우 손해의 배상】 ① 14세 미만(어린이)과 급여(수입)가 없는 미성년자가 신체장애 또는 그 밖의 건강장애를 입은 경우에는, 입힌 손해에 대하여 책임 있는 자는 건강장애에 따라 발생한 비용을 배상하여야 한다.

② 어린이인 피해자가 14세에 달하였을 경우 및 14세 이상 18세 미만의 급여(수입)가 없는 미성년자가 손해를 입은 경우에는, 입힌 손해에 대하여 책임 있는 자는 건강장애에 따라 발생한 비용 외에 법률에 따라 정하여진 러시아연방 전역의 노동능력 있는 주민의 최저임금액에 근거하여 피해자의 노동능력 상실 또는 감소와 관련 있는 손해를 배상하여야 한다.(개정 2002. 11. 26. 연방법률 제152호)

③ 미성년자가 건강장애를 입을 당시 급여를 받고 있는 경우에는 손해는 당해 급여액

에 근거하여 배상된다. 다만, 법률에 따라 정하여진 러시아연방 전역의 노동능력 있는 주민의 최저임금액을 밑돌아서는 아니된다.(개정 2002. 11. 26. 연방법률 제152호)

④ 노동활동을 개시한 후 그 이전에 건강장애를 입은 미성년자는 수령한 급여에 근거하여 손해배상액의 증액을 청구할 수 있다. 다만, 미성년자의 직무에 근거하여 정하여진 보수액 또는 미성년자의 근무지에서의 같은 능력의 종업원의 급여를 밑돌아서는 아니된다.

제1088조【부양자의 사망에 의하여 손실을 입은 자에 대한 손해의 배상】 ① 피해자(부양자)가 사망한 경우에는 손해배상에 대한 권리는 다음의 자가 갖는다.

사망한 자가 부양한 노동무능력자 또는 사망한 날까지 부양을 받을 권리를 가진 노동무능력자

사망 후에 출생한 사망한 자의 자녀

노동능력과 관계없이 근로하지 아니하고, 14세 미만 또는 14세에 달하였으나 의료기관의 판단에 따른 건강상태로 보아 외부간호를 필요로 하며, 사망한 자가 부양한 그 자녀, 손자녀, 형제자매가 돌보는 부모, 배우자 또는 그 밖의 가족

사망한 자가 부양하고 그의 사망 후 5년 내에 노동무능력으로 된 자

근로하지 아니하고, 사망한 자의 자녀, 손자녀, 형제자매가 돌보며 보살핌을 받는 기간 동안 노동무능력으로 된 부모, 배우자 또는 그 밖의 가족은 이들의 보살핌이 종료된 후에도 손해배상에 대한 권리를 보유한다.

② 손해는 다음에 정하는 때까지 배상된다.

미성년자가 18세에 이를 때까지

18세 이상의 학생이 23세에 이르고, 통학교육에 따른 교육시설에서의 교육을 졸업할 때까지

50세 이상의 여성과 60세 이상의 남성에게는 종신

신체장애자에게는 신체장애 기간 동안

사망한 자가 부양한 그 자녀, 손자녀, 형제자매가 돌보고 있는 부모, 배우자 또는 그 밖의 가족은 피부양자가 14세에 달할 때까지 또는 건강상태가 바뀔 때까지

제1089조【부양자 사망의 경우 손해배상액】 ① 부양자의 사망에 따라 손해배상권을 가지는 자에 대하여는 당해 청구권자가 사망자 생존시 자기 부양을 위하여 수령하거나 또는 수령할 권리를 가지고 있는 급여(수입) 부분에서 이 법전 제1086조의 규정에 따라 정하여지는 액수에 따라 손해가 배상된다. 이 자에 대한 손해배상을 정할 때에는 급여(수입)와 함께 사망자 생존시 수령한 연금과 종신부양 및 그 밖의 유사한 지급이 사망

자의 수입에 포함된다.

② 손해배상액을 정할 때에는 부양자의 사망에 따라 이 자에게 지급이 결정된 연금과 부양자의 사망 전 및 사망 후에 지급이 결정된 그 밖의 종류의 연금 및 이 자가 받는 급여(수입)와 장학금은 모두 손해배상의 산정에 고려되지 아니한다.

③ 부양자의 사망에 따른 손해배상의 권리를 가지는 각 자에게 정하여지는 손해배상액은 다음의 경우를 제외하고는 더 이상 재계산되지 아니한다.

부양자의 사망 후에 자녀가 출생한 경우

사망한 부양자의 자녀, 손자녀, 형제자매가 돌보는 자에 대한 배상 지급의 결정 또는 중지의 경우

손해배상액은 법률 또는 계약으로 증액할 수 있다.

제1090조【손해배상액의 사후변경】 ① 피해자가 부분적으로 노동능력을 상실한 경우 피해자의 노동능력이 손해배상결정시까지 존재하였던 노동능력에 비하여 건강장애에 따라 그 후에 감소한 경우에는, 손해배상의 의무를 지는 자에 대하여 언제든지 상응하는 배상액의 증액을 청구할 수 있다.

② 피해자의 건강에 입힌 손해의 배상의무를 지는 자는 피해자의 노동능력이 손해배상결정시까지 존재하였던 노동능력에 비하여 증대한 경우에는, 상응하는 손해액의 감액을 청구할 수 있다.

③ 손해배상의무가 부과된 자의 재산상태가 개선되고, 그 배상액이 이 법전 제1083조 제3항에 따라 감액되었던 경우에는, 피해자는 손해배상액의 증액을 청구할 수 있다.

④ 법원은 손해를 입힌 시민의 청구에 따라 신체장애 또는 연금수급 연령에 달함으로써 당해 시민의 재산상태가 손해배상결정시의 상태에 비하여 악화한 경우에는 손해배상액의 감액을 결정할 수 있다. 다만, 손해가 고의에 의한 행위로 발생하였을 경우에는 그러하지 아니하다.

제1091조【생활비의 상승에 따른 손해배상액의 증액】 (2002. 11. 26. 법률에 의한 개정) 시민에게 지급되는 피해자의 생명 또는 건강에 대한 손해배상액은 생활비의 상승이 있는 경우에는 법률이 정하는 절차에 따라 연동하여 수정하여야 한다(제318조).(개정 2002. 11. 26. 연방법률 제152호)

제1092조【손해배상에 근거한 지급】 ① 피해자의 노동능력의 감소 또는 사망을 일으킨 손해의 배상은 매월 지급한다.

정당한 이유가 있는 때에는 법원은 가해자의 능력을 고려하고, 손해배상권을 가지는

시민의 청구에 따라 일시금의 지급을 명할 수 있다. 다만, 3년 이상의 배상인 경우에는 일시금 지급을 적용하지 아니한다.

② 추가비용의 배상에서의 금액(제1085조 제1항)은 의료감정의 판단에 근거하여 정하여지는 기간의 범위 내에서 장래 지급하여야 할 비용 및 여행권 구입비, 이동비용, 특별이동수단 비용의 지급을 포함한 상응하는 서비스와 재산 가액을 사전지급할 필요가 있는 때에는 지급을 결정할 수 있다.

제1093조【법인 해산의 경우 손해배상】 ① 생명 또는 건강에 대한 손해에 대하여 소정절차에 따라 책임 있는 것으로 인정된 법인이 조직변경할 경우에는, 상응하는 지급에 관한 의무는 그 권리승계인이 부담한다. 손해배상에 관한 청구는 권리승계인에 대하여도 제기된다.

② 생명 또는 건강에 대한 손해에 대하여 소정절차에 따라 책임 있는 것으로 인정된 법인이 해산할 경우에는, 상응하는 지급은 법률 또는 그 밖의 법령이 정하는 규정에 따라 피해자에 대한 지급을 위하여 자본화되어야 한다.

법률 또는 그 밖의 법령으로 지급의 자본화를 할 수 있는 그 밖의 경우를 정할 수 있다.

제1094조【매장비용의 배상】 피해자의 사망을 일으킨 손해에 대하여 책임 있는 자는 매장을 위하여 필요한 비용을 이를 부담한 자에게 배상하여야 한다.

매장비용을 부담한 시민이 수취하는 매장수당은 손해배상의 산정에 산입되지 아니한다.

제3절 상품, 업무 또는 서비스의 하자로 인한 손해의 배상

제1095조【상품, 업무 또는 서비스의 하자로 인한 손해배상의 사유】 상품, 업무 또는 서비스의 구조상, 처방상의 하자 또는 그 밖의 하자 및 상품(업무, 서비스)에 관한 불확실 또는 불완전한 정보에 의하여 시민의 생명 또는 건강 또는 법인재산이 입은 손해는 상품의 매도인 또는 제조자와 업무를 수행하거나 또는 서비스를 제공한 자(집행자)가 그 과실과 피해자와의 계약관계의 유무와 관계없이 배상하여야 한다.

이 조가 정하는 규정은 상품의 구입(업무수행, 서비스의 제공)이 기업활동에 사용하기 위하여서가 아니고 소비목적이었던 경우에 한하여 적용한다.

제1096조【상품, 업무 또는 서비스의 하자로 인한 손해에 대하여 책임 있는 자】 ① 상품의 하자로 인한 손해는 피해자의 선택에 근거하여 매도인 또는 제조자가 배상하

여야 한다.

② 업무 또는 서비스의 하자로 인한 손해는 업무를 수행하거나 또는 서비스를 제공한 자(집행자)가 배상하여야 한다.

③ 상품(업무, 서비스)에 관한 완전한 또는 확실한 정보가 제공되지 아니한 것에 의한 손해는 이 조 제1항과 제2항에 명시된 자가 배상하여야 한다.

제1097조【상품, 업무 또는 서비스의 하자로 인한 손해의 배상기간】 ① 상품, 업무 또는 서비스의 하자로 인한 손해는 상품(업무, 서비스)의 규정된 유효기간 또는 내용(耐用) 기간 동안에 발생한 경우에는 배상되어야 하고, 유효기간 또는 내용기간이 규정되어 있지 아니한 경우에는 상품(업무, 서비스)이 제조(수행, 제공)된 날로부터 10년 내에 배상하여야 한다.(개정 1999. 12. 17. 연방법률 제213호)

② 기간을 막론하고 손해를 배상하여야 하는 것은 다음의 경우이다.

법률의 요건에 반하여 유효기간 또는 내용기간이 정하여지지 아니한 경우

상품을 판매한 자, 그 자를 위하여 업무를 수행하거나 또는 서비스를 제공한 자가 유효기간 또는 내용기간만료 후의 필요한 행위 및 위 행위를 이행하지 아니할 경우 가능한 효과에 대하여 예고하지 아니한 경우 또는 상품(업무, 서비스)에 관한 완전 또한 확실한 정보를 제공하지 아니하는 경우(개정 1999. 12. 17. 연방법률 제213호)

제1098조【상품, 업무 또는 서비스의 하자로 인한 손해에 대한 책임의 면제】 상품의 매도인 또는 제조자, 업무 또는 서비스의 집행자는 손해가 불가항력에 의하여 발생하였거나, 소비자가 규정된 상품, 업무, 서비스성과에 관한 사용규칙을 위반하거나 또는 보관규칙을 위반하여 발생하였음을 증명할 경우에는 책임을 면한다.

제4절 정신적 손해의 보상

제1099조【일반규정】 ① 시민에 대한 정신적 손해의 보상사유와 액수는 이 장과 이 법전 제151조가 정하는 규정에 따라 정한다.

② 시민의 재산권을 침해하는 행위(부작위)에 의하여 발생한 정신적 손해는 법률이 규정하는 경우에는 보상하여야 한다.

③ 정신적 손해의 보상은 배상하여야 할 재산적 손해와 관계없이 실행된다.

제1100조【정신적 손해의 보상의 사유】 정신적 손해의 보상은 가해자의 과실을 막론하고 다음의 경우에 실행된다.

고도위험원에 의하여 시민의 생명 또는 건강에 손해가 발생하였을 경우

위법한 유죄판결, 위법한 형사책임의 추궁, 위법한 구류보전처분 또는 거주구역을 떠나지 아니한 것에 관한 서약, 구류 또는 강제취업에 의한 위법한 행정벌에 의하여 시민이 손해를 입은 경우

명예와 존엄, 업무상의 사회적 평가를 훼손하는 정보의 유포에 의하여 손해를 입은 경우

법률이 규정하는 그 밖의 경우

제1101조【정신적 손해보상의 방법과 액수】 ① 정신적 손해의 보상은 금전에 의하여 실행된다.

② 정신적 손해보상의 액수는 피해자에게 준 신체적 고통과 정신적 고통의 성질 및 과실이 손해배상의 사유인 경우에는 가해자의 과실의 정도에 따라 법원이 정한다. 손해의 보상액을 정할 때에는 합리성과 공정의 요청을 고려하여야 한다.

신체적 고통과 정신적 고통의 성질은 정신적 손해를 입을 당시의 실제상황과 피해자의 개인적 특성을 고려하여 법원이 평가한다.

제60장 부당이득으로 인한 채무

제1102조【부당이득반환의무】 ① 법률, 그 밖의 법령 또는 계약이 정하는 원인 없이 타인(손실자)의 비용으로 재산을 취득 또는 보전하는 자(수익자)는 근거 없이 취득 또는 보전한 재산(부당이득)을 손실자에게 반환하여야 한다. 다만, 이 법전 제1109조가 규정하는 경우에는 그러하지 아니하다.

② 이 장이 정하는 규정은 부당이득이 재산취득자, 손실자 본인, 제3자의 행위의 결과 또는 그들의 의지 이외의 원인으로 발생한 것인가의 여부와 관계없이 적용된다.

제1103조【부당이득반환에 관한 청구권과 민사권리보호에 관한 그 밖의 청구권과의 상호관계】 이 법전, 그 밖의 법률 또는 그 밖의 법령이 달리 정한 경우와 상관관계의 본질로부터 달리 볼 수 있는 경우를 제외하고는, 이 장이 정하는 규정은 다음 각호의 1의 청구에 적용하여야 한다.

1. 무효인 법률행위에 근거하여 이행된 것의 반환청구
2. 재산소유자의 그 밖의 불법점유자로부터의 재산 요청과 취득의 청구

3. 채무자의 일방이 당해 채무에 관하여 타방의 반환청구에 대하여 이미 이행한 채무
4. 부당이득자의 선의 아닌 행위로 인한 손해의 배상을 포함한 손해배상청구

제1104조【원물에 의한 부당이득의 반환】 ① 수익자의 부당이득을 구성하는 재산은 손실자에게 원물로 반환되어야 한다.

② 수익자가 부당이득에 관하여 알았거나 알 수 있었던 후에 발생한 부당이득으로 취득 또는 보존한 재산의 의외의 부족 또는 손괴를 포함하여, 어떠한 부족 또는 손괴에 대하여도 수익자는 손실자에 대하여 책임을 진다. 그 이전에는 수익자는 고의 또는 중대한 과실에 한하여 재산의 부족 또는 손괴에 대하여 책임을 진다.

제1105조【부당이득의 가액배상】 ① 부당이득 또는 취득한 재산을 원물로 반환을 할 수 없는 경우에는, 수익자는 취득한 당해 재산의 취득시의 실제 가치에 따라 손실자에게 배상하여야 하며, 수익자가 부당이득에 관하여 안 후 곧바로 그 재산적 가치를 배상할 수 없는 경우에는, 그 이후의 당해 재산가치의 변경으로 입은 손해를 배상하여야 한다.

② 타인의 재산을 취득할 의도 없이 타인의 재산을 근거 없이 임시로 사용하거나 타인의 노무를 이용한 자는 사용이 종료된 때 및 사용이 발생한 곳의 실제 가격에 따라 수익자에 대하여 당해 사용으로 취득한 이익을 배상하여야 한다.

제1106조【근거 없는 타인으로의 권리이전의 효과】 부존재 또는 무효인 채무에 근거하여 청구권의 양도방식 또는 그 밖의 형식으로 자기에게 속하는 권리를 타인에게 양도한 자는 양도된 권리를 증명하는 문서의 반환을 포함하여 원상회복을 청구할 권리를 갖는다.

제1107조【손실자의 예상수익의 배상】 ① 부당하게 재산을 취득 또는 보존하는 자는 부당이득에 관하여 알았거나 알 수 있었던 때로부터 당해 재산에서 취득하거나 취득하여야 하였을 모든 수익을 수익자에게 반환 또는 배상하여야 한다.

② 부당하게 취득한 금전에 대하여는 수익자가 그 부당이득을 알았거나 알 수 있었던 때로부터 취득한 자금을 타인의 자금으로 사용한 때까지(제395조)의 이자를 가산하여야 한다.

제1108조【반환하여야 할 재산에 관한 비용의 배상】 부당하게 취득 또는 보존한 재산의 반환(제1104조) 또는 그 가치의 배상(제1105조)의 경우, 수익자는 그 취득한 이익을 공제하는 외에 그 수익을 반환하여야 할 때(제1106조)로부터 재산의 유지와 관리에 지출된 필요비에 대하여 손실자에게 배상을 청구할 권리를 갖는다. 수익자가 고의로 반

환하여야 할 재산을 유치하고 있는 때에는 당해 비용의 배상청구권은 상실된다.

제1109조【반환하지 아니하는 부당이득】 다음 각호의 1의 재산은 부당이득반환으로 반환하지 아니한다.

1. 이행기 도래 전에 채무이행으로 인도한 재산. 다만, 채무에 다른 규정이 있는 경우에는 그러하지 아니하다.

2. 소송시효기간만료 후의 채무이행으로 인도한 재산

3. 발생한 급여와 급여에 상당하는 보수, 연금, 수익, 장학금, 생명 또는 건강에 입힌 손해배상금, 부양비 및 생활비로 시민에게 지급되는 그 밖의 금전. 다만, 그 일방에게 부정행위 및 계산상의 착오가 있는 때에는 그러하지 아니하다.

4. 수익자가 재산반환을 청구하는 자가 채무의 부존재를 알았거나 또는 자선을 목적으로 당해 재산을 제공하였음을 증명할 경우, 부존재의 채무이행을 위하여 급부된 금전 또는 그 밖의 재산

제3부

(제정 2001. 11. 26. 시행 2002. 3. 1.)

개정 2004. 12. 2. 연방법률 제156호
2006. 6. 3. 연방법률 제73호
2006. 12. 18. 연방법률 제231호
2006. 12. 29. 연방법률 제258호
2007. 11. 29. 연방법률 제281호
2008. 4. 29. 연방법률 제54호
2008. 6. 30. 연방법률 제105호

제5편 상속법

제61장 상속에 관한 일반규정

제1110조【상속】 ① 상속의 경우 피상속인의 재산(상속, 상속재산)은 이 법전의 규정으로부터 달리 볼 수 있는 경우를 제외하고는, 포괄적인 법적 승계의 방법 즉 단일체로서 변경되지 아니한 형태로 동시에 타인에게 이전된다.

② 상속은 이 법전과 그 밖의 법률에 따라 규율되며 또한 법률과 그 밖의 법령이 규정하는 경우에도 규제된다.

제1111조【상속의 기초】 상속은 유언 및 법률의 규정에 따라 실행된다.

법정상속은 유언에 의하여 변경되지 아니한 때와 변경되지 아니하는 범위에서 발생하며 또한 이 법전이 정하는 다른 경우에도 발생한다.

제1112조【상속재산】 상속재산의 범위는 상속개시일에 피상속인에게 속하였던 물건과 그 밖의 재산 및 재산적 권리의무로 한다.

피상속인의 일신전속적 권리의무 특히 연금권, 시민의 생명 또는 건강에 대하여 발생한 손해배상청구권 및 이 법전 또는 다른 법률이 상속에 의한 이전을 허용하지 아니하는 권리의무는 상속재산의 범위에 속하지 아니한다.

제1113조【상속의 개시】 상속은 시민의 사망에 의하여 개시된다. 법원에 의한 시민의 사망선고는 시민의 사망과 동일한 법적 효과를 가진다.

제1114조【상속개시시】 ① 상속개시일은 시민의 사망일이다. 시민이 사망선고된 때에는 상속개시일은 시민의 사망선고에 관한 법원 판결의 법적 효력발생일이며 또한 이 법전 제45조 제3항에 따라 시민이 사망선고된 때에는, 그가 사망한 것으로 추정되는 날 – 법원의 판결에 명시된 사망일이다.

② 같은 날 사망한 시민은 상속재산의 법적 승계를 위하여는 동시에 사망한 것으로 보며 또한 서로 간에 상속하지 아니한다. 이 경우 그들 각자의 상속인이 상속인으로 된다.

제1115조【상속개시의 장소】 상속개시의 장소는 피상속인의 최후 주소(제20조)이다.

러시아연방 영역 내에 재산을 소유한 피상속인의 최후 주소를 알 수 없거나 재산이 러시아연방 영역 외에 소재하고 있는 경우에는, 러시아연방 내의 상속개시의 장소는 당해 상속재산의 소재지로 한다. 당해 상속재산이 여러 곳에 소재하고 있는 경우에는 상속개시의 장소는 상속재산의 범위 내에 속하는 부동산소재지 또는 상속재산 중 최고가의 부동산소재지이며 또한 부동산이 없는 경우에는 동산소재지 또는 상속재산 중 최고가의 동산소재지이다. 재산의 가액은 당해 재산의 시장가격에 근거하여 정한다.

제1116조【상속인으로 될 수 있는 자】 ① 상속개시일에 생존하고 있는 시민 및 피상속인 생존 중에 포태되어 상속개시일 후에 출생한 자는 상속인으로 될 수 있다.

유언에 명시되고 상속개시일에 현존하는 법인도 또한 유언에 의하여 상속인으로 될 수 있다.

② 러시아연방, 러시아연방 구성체, 지방자치단체, 외국 및 국제단체는 유언에 의하여 상속인으로 될 수 있으며 또한 법률의 규정에 따라 – 이 법전 제1151조에 따라 러시아연방, 러시아연방구성체, 지방자치단체는 상속인으로 될 수 있다.(개정 2007. 11. 29. 연방법률 제281호)

제1117조【상속결격자】 ① 피상속인, 피상속인의 어떤 상속인에 대한 고의적인 불법행위 또는 유언에 표시된 피상속인의 최후의 유언의 실행에 반하는 고의적인 불법행위에 의하여 자신 또는 그 밖의 자가 상속인으로 될 수 있게 조장하였거나 조장을 시도한 시민 또는 자신이나 그 밖의 자에게 속하여야 할 상속분의 증가를 조장하였거나 조장을 시도한 시민은 이러한 상황이 재판절차에서 확인될 경우에는, 법률의 규정 또는 유언에 의한 상속인으로 되지 못한다. 다만, 상속권을 상실한 후에 피상속인으로부터 재산을 유증받은 시민은 수증된 재산을 상속할 권리를 가진다.

재판절차로 자녀에 대한 친권이 박탈되고 상속개시일까지 친권이 회복되지 아니한 부모는 자녀와의 관계에서는 법률의 규정에 의한 상속인으로 되지 못한다.

② 법원은 피상속인의 부양에 관하여 법률에 따라 자신에게 부과된 의무이행을 악의로 회피한 시민에 대하여는 이해관계인의 청구에 따라 법률에 의한 상속에서 배제한다.

③ 이 조(상속결격자)에 기초하여 상속권을 가지지 못하거나 상속에서 배제된 시민은 이 법전 제60장의 규정에 따라 상속재산에서 법률상 원인 없이 자신이 받은 모든 재산을 반환하여야 한다.

④ 이 조의 규정은 상속재산에 유류분권을 가지고 있는 상속인에게 적용한다.

⑤ 이 조의 규정은 각각 유증(제1137조)에 적용한다. 유증의 주체가 수유결격자에 대하여 정하여진 업무를 이행하였거나 또는 그에게 정하여진 서비스를 제공하였을 때에는, 수유결격자는 유증을 이행한 상속인에게 수유결격자에 대하여 이행한 업무 또는 그에게 제공한 서비스의 가액을 배상하여야 한다.

제62장 유언상속

제1118조【일반규정】 ① 누구든지 유언을 하는 것만으로도 사망의 경우에서의 재산을 처분할 수 있다.

② 유언을 하는 때에 완전한 행위능력을 가진 시민은 유언을 할 수 있다.

③ 유언은 유언자가 직접 하여야 한다. 대리인에 의한 유언은 허용되지 아니한다.

④ 단지 한 시민의 처분권만이 하나의 유언에 포함될 수 있다. 2인 또는 그 이상의 시민이 행한 하나의 유언은 허용되지 아니한다.

⑤ 유언은 상속개시 후에 권리의무를 발생하게 하는 단독행위이다.

제1119조【유언의 자유】 ① 유언자는 임의로 재산을 누구에게나 유증하고, 상속에서의 상속인의 상속분을 임의로 결정하며, 박탈에 대한 이유를 명시함이 없이 법정상속인의 1인, 수인 또는 전원의 상속권을 박탈하며, 이 법전이 정하는 경우에는 유언에 그 밖의 처분을 포함시킬 수 있다. 유언자는 이 법전 제1130조의 규정에 따라 행하여진 유언을 철회 또는 변경할 수 있다.(개정 2006. 12. 18. 연방법률 제231호)

유언의 자유는 상속에서의 유류분(제1149조)에 관한 규정에 의하여서만 제한된다.

② 유언자는 유언의 내용, 결과, 변경 또는 철회에 대하여 누구에게도 배상할 의무를 지지 아니한다.

제1120조【유증권】 유언자는 그가 장래 취득할 재산을 포함하여 어떠한 재산에 관한 처분을 포함하는 유언을 할 수 있다.

유언자는 하나 또는 수개의 유언을 작성하여 자신의 재산 또는 그 중 일부를 처분할 수 있다.

제1121조【유언에 의한 상속인 지정 및 보충지정】 ① 유언자는 법정상속인 그룹 범위 내(제1116조) 및 범위 외의 1인 또는 수인의 이익을 위하여 유언을 할 수 있다.

② 유언자는 본인이 유언으로 지정한 상속인 또는 유언자의 법정상속인이 상속개시 전에 사망하거나, 유언자와 동시에 사망하거나, 상속개시 후 상속을 승인함이 없이 사망한 경우, 그 밖의 사유로 상속을 승인하지 아니하거나 상속을 포기한 경우 또는 상속권을 가지지 아니하거나 상속결격자로서 상속에서 배제되는 경우에는 또 다른 상속인(상속인 보충)을 유언에 명시할 수 있다.

제1122조【유증된 재산에서의 상속인의 지분】 ① 상속재산에서의 지분을 명시하지 아니한 경우와 상속재산 범위 내의 어떤 물건 또는 권리가 어느 상속인에게 귀속되

는가를 명시하지 아니하고 2인 또는 수인에게 유증된 재산은 균분의 지분으로 상속인에게 유증된 것으로 본다.

② 하나의 불가분물(제133조)의 부분에 관하여 각 상속인에게 현물로 줄 것을 유언에 명시한 것은 유언의 무효를 발생하지 아니한다. 그 물건은 당해 부분의 가액에 상응하여 균분의 지분으로 유증된 것으로 본다. 상속인이 당해 불가분물을 사용하기 위한 절차는 유언으로 상속인에게 주고자 한 그 물건의 부분에 따라 정하여진다.

상속인의 지분 및 당해 물건의 사용절차는 이 조에 따라 현물로 일부분씩 유증된 불가분물에 관한 상속권증서에서 상속인의 합의로 명시한다. 상속인 사이에 분쟁이 있는 경우에는 각자의 지분과 불가분물의 사용절차는 법원이 정한다.

제1123조【유언의 비밀】 공증인, 유언을 인증하는 그 밖의 자, 통역인, 유언집행자, 증인 및 유언자에 갈음하여 서명한 시민은 상속개시 전에 유언의 내용, 그 결과, 변경 또는 철회에 관한 정보를 공표할 권리를 가지지 아니한다.

유언의 비밀이 침해된 경우에는 유언자는 정신적 손해에 상응하는 배상을 청구하는 권리 및 이 법전이 규정하는 민사권리보호의 그 밖의 수단을 이용하는 권리를 가진다.

제1124조【유언성립을 위한 방식과 절차에 관한 일반규정】 ① 유언은 서면으로 작성되고, 공증인에 의하여 인증되어야 한다. 그 밖의 자에 의한 유언인증은 이 법전 제1125조 제7항, 제1127조 및 제1128조 제2항이 규정하는 경우에 허용된다.

이 법전이 정하는 유언의 서면방식 및 그 인증에 관한 규정을 따르지 아니한 유언은 무효로 된다.

단순서면방식에 의한 유언의 작성은 이 법전 제1129조가 규정하는 경우에만 예외적으로 허용된다.

② 이 법전의 규정에 따라 증인이 유언을 작성, 서명 및 인증하는 동안 입회할 때 또는 유언이 공증인에게 인도될 때에 다음의 자는 그러한 증인이 될 수 없으며 또한 유언자에 갈음하여 서명할 수 없다.

유언을 인증한 공증인 또는 그 밖의 자

유언이 그 자의 이익을 위하여 작성되거나 유증이 행하여진 경우의 본인, 본인의 배우자, 자녀 및 부모

완전행위능력을 가지지 못한 시민

문맹자

스스로 완전하게 사리의 본질을 명백히 식별할 수 없는 신체적 결함을 가지고 있는 시민

작성된 유언에서의 언어에 대하여 충분한 정도의 언어능력을 가지지 못한 자. 다만, 비공개유언이 작성된 때에는 그러하지 아니하다.

③ 이 법전의 규정에 따라 증인의 입회가 유언을 작성, 서명 및 인증하는 동안 의무적인 때 또는 유언을 공증인에게 인도하는 때에 위의 행위의 실행시 증인의 부존재는 유언의 무효를 발생하며 또한 이 조 제2항이 규정하는 적격에 부합하는 증인을 두지 못한 것은 유언이 무효로 되는 사유로 될 수 있다.

④ 유언에는 그에 관한 장소와 인증일이 명시되어야 한다. 다만, 이 법전 제1126조가 규정하는 경우에는 그러하지 아니하다.

제1125조【공증유언】 ① 공증유언은 유언자가 자서(自書)하거나 또는 공증인이 유언자의 진술을 필기하여야 한다. 유언을 자서 또는 필기하는 때에는 기술적 수단(컴퓨터, 타이프라이터 및 그 밖의 것)을 사용할 수 있다.

② 유언자의 진술을 공증인이 필기한 유언은 그에 대한 서명 전에 공증인의 입회하에 유언자가 전부 낭독하여야 한다. 유언자가 유언을 직접 낭독할 상태에 있지 못한 경우에는, 그 원문은 유언자를 위하여 공증인이 큰소리로 낭독하며, 그 원문과 관련 있는 상응하는 기록은 유언자가 직접 유언을 낭독할 수 없는 이유를 명시한 유언으로 한다.

③ 유언은 유언자가 자서(自署)하여야 한다.

신체적 결함, 중병 또는 문맹으로 인하여 유언자가 유언에 자서할 수 없는 경우에는, 본인의 의뢰에 따라 다른 시민이 공증인의 입회하에 서명할 수 있다. 유언자가 유언에 자서할 수 없는 이유는 유언에 명시되어야 하며 또한 유언자의 의뢰에 따라 유언에 서명한 시민의 동일성을 입증하는 문서에 의하여 당해 시민의 성명과 부칭(父稱) 및 주소가 명시되어야 한다.

④ 유언을 작성 및 공증인이 인증을 하는 때에는 증인은 유언자의 희망에 따라 입회할 수 있다.

유언이 증인의 입회하에 작성되고 인증될 경우에는 증인이 이에 서명하여야 하며, 유언에는 증인의 동일성을 입증하는 문서에 의하여 당해 증인의 성명, 부칭 및 주소가 명시되어야 한다.

⑤ 공증인은 증인 및 유언자에 갈음하여 유언에 서명하는 시민에 대하여 유언의 비밀(제1123조)을 준수하여야 할 필요에 관하여 통고하여야 한다.

⑥ 유언 인증시 공증인은 유언자에게 이 법전 제1149조의 내용을 설명하고, 유언에서 이에 관한 상응하는 기술을 하여야 한다.

⑦ 공증행위를 할 수 있는 권리가 법률에 따라 지방자치기관의 공무원 및 러시아연방 영사기구의 공무원에게 부여된 때에는, 유언은 유언의 방식, 그에 관한 공증인에 의한 인증절차 및 유언의 비밀에 관한 이 법전의 규정에 따라 상응하는 공무원이 공증장소에서 이를 인증할 수 있다.

제1126조【비공개유언】 ① 유언자는 유언을 하는 경우 공증인을 포함하여 유언 내용에 정통할 가능성을 가지고 있는 그 밖의 자의 참여 없이 유언(비공개유언)을 할 권리를 가진다.

② 비공개유언은 유언자가 자기 손으로 필기하고 이에 서명하여야 한다. 이 규정을 따르지 아니할 경우에는 유언의 무효로 된다.

③ 봉함봉투 내의 비공개유언은 봉투의 겉면에 서명한 2인의 증인 입회하에 공증인에게 인도된다. 증인이 서명한 봉투는 공증인 입회하에 또 다른 봉투에 봉함되며, 당해 봉투에는 공증인이 비공개유언에 응한 유언자에 관한 정보, 비공개유언의 인수장소와 일자, 동일성을 입증하는 문서에 따라 각 증인의 성명과 부칭 및 주소를 포함하는 기술을 한다.

비공개유언이 들어 있는 봉투를 유언자로부터 인수하면서 공증인은 유언자에게 이 조 제2항과 이 법전 제1149조의 내용을 설명하고, 제2 봉투에 그에 관한 상응하는 기술을 하며 또한 비공개유언의 인수를 확인하는 문서를 유언자에게 발행하여야 한다.

④ 비공개유언을 한 자의 사망에 관한 증서가 제출될 때에는, 공증인은 증서제출일로부터 15일 이내에 2인 이상의 증인과 법정상속인 중 입회를 원하는 이해관계인의 입회하에 유언에 관한 봉투를 개봉한다. 봉투를 개봉한 후에는 그 안에 들어 있는 유언의 원문은 공증인이 즉시 낭독하며, 그 후에 공증인은 유언에 관한 봉투의 개봉을 증명하고 또한 유언의 원문을 포함하는 조서를 작성하고 증인과 함께 서명한다. 유언 원본은 공증인이 이를 보관한다. 공증인에 의하여 인증된 조서 사본은 상속인에게 발급된다.

제1127조【공증유언과 동일한 유언】 ① 다음의 유언은 공증유언과 동일한 유언으로 한다.

1. 병원, 군병원 및 그 밖의 환자요양기관에 있는 시민 또는 고령자와 장애인을 위한 요양소에 거주하고 있는 시민의 유언으로서 이들 병원, 군병원 및 그 밖의 환자요양기관의 수석의사, 의료과장, 주치의 및 야전병원장, 고령자와 장애인을 위한 요양소의 관리자 또는 수석의사에 의하여 인증된 유언

2. 러시아연방의 국기를 게양하고 행해 중인 선박에 승선하고 있는 시민의 유언으로서 당해 선박의 선장에 의하여 인증된 유언

3. 채굴작업, 북극탐험 또는 이와 유사한 그 밖의 탐험 중의 시민의 유언으로서 당해 탐험대장에 의하여 인증된 유언

4. 공증인이 없는 군부대의 센터에 주둔 중인 현역군인의 유언 및 그러한 부대에 종사하고 있는 시민, 그 가족과 현역군인의 가족의 유언으로서 군부대사령관에 의하여 인증된 유언

5. 자유가 박탈된 장소에 있는 시민의 유언으로서 당해 장소의 장에 의하여 인증된 유언

② 공증유언과 동일한 유언은 유언자가 당해 유언을 인증하는 자의 입회하에 서명하고 또한 증인도 당해 유언에 서명하여야 한다.

이 법전 제1124조와 제1125조의 나머지 규정은 당해 유언에 각각 적용한다.

③ 이 조에 따라 인증된 유언은 유언을 인증한 자가 가능한 한 곧바로 법적용기능 및 공증의 감시와 감독기능을 수행하는 연방집행기관의 지역기관을 통하여 유언자의 주소지 공증인에게 송부하여야 한다. 유언을 인증한 자가 유언자의 주소를 알고 있는 경우에는 유언은 직접 관계 공증인에게 송부한다.(개정 2008. 4. 29. 연방법률 제54호)

④ 이 조 제1항이 규정하는 각호의 1에 해당하는 경우로서 유언을 하고자 하는 시민이 유언을 하기 위하여 공증인을 초청하는 희망을 표시하고, 이 희망이 실현될 수 있는 합리적인 가능성이 있는 경우에는, 위 각호의 1에 따라 유언을 인증할 권리를 부여받은 자가 유언자에게 공증인을 초청하기 위한 모든 조치를 취하여야 한다.

제1128조【은행예금에 대한 유언에 의한 처분권】 ① 예금으로서 또는 은행에서의 시민의 어떠한 그 밖의 계좌에 시민이 예금한 은행예금에 대한 권리는 당해 시민의 지시에 따라 이 법전 제1124조부터 제1127조가 규정하는 절차에 따라 유증되거나 또는 이 계좌가 있는 은행의 당해 지점에서 서면방식으로 유언에 의한 처분 방법으로 유증될 수 있다. 계좌에 있는 예금에 관한 그와 같은 유언에 의한 양도는 공증유언의 효력을 가진다.

② 은행예금에 대한 유언에 의한 처분권은 유언자가 자서(自署)하여야 하며, 그에 관한 작성일자가 명시되고 또한 그의 계좌에 있는 예금에 관하여 고객의 처분 실행에 대한 승인권을 가지고 있는 은행의 종업원이 증명하여야 한다. 은행예금의 유언에 의한 처분을 위한 절차는 러시아연방 정부가 정한다.

③ 은행에서 이루어지는 유언에 의한 처분에 근거한 은행예금에 대한 권리는 상속재산의 범위 내에 속하며, 이 법전의 규정에 따라 일반적 사유에 근거하여 상속된다. 이들 예금은 상속권에 관한 증서에 근거하여 그에 따라 상속인에게 지급된다. 다만, 이 법전 제1174조 제3항이 규정하는 경우에는 그러하지 아니하다.

④ 이 조의 규정은 시민의 현금자산을 예금 또는 그 밖의 계좌로 끌어 모으는 권리를

부여받은 그 밖의 신용조직에 각각 적용한다.

제1129조【비상상황에서의 유언】 ① 명백히 생명에 위협을 받을 처지에 있는 시민으로서, 형성된 비상상황에 의하여 이 법전 제1124조부터 1128조의 규정에 따라 유언을 할 수 있는 가능성을 박탈당한 시민은 단순서면방식으로 자신의 재산에 관한 최종유언을 실시할 수 있다.

시민이 단순서면방식으로 최종유언을 실시할 경우, 유언자가 2인의 증인의 입회하에 자필하고 문서의 내용으로 보아 유언을 기술한 것으로 볼 수 있는 문서에 서명한 경우에는 본인의 유언으로 본다.

② 이 조 제1항 제1단락에 명시된 상황하에서 이루어진 유언은 유언자가 이들 상황이 해소된 후 1개월 내에 이 법전 제1124조부터 제1128조가 규정하는 또다른 방식으로 유언을 할 가능성을 이용하지 못할 경우에는 효력을 상실한다.

③ 이 조에 따라 비상상황하에서 이루어진 유언은 이해관계인의 청구에 따라 법원이 비상상황하에서 유언이 이루어진 사실에 관한 확인을 하는 조건에서만 집행되어야 한다. 위의 청구는 상속승인에 대하여 규정된 기간만료 전에 표명되어야 한다.

제1130조【유언의 철회와 개정】 ① 유언자는 유언 후 철회나 변경을 하면서 그에 관한 이유를 명시하지 아니하고 언제든지 자신이 작성한 유언을 철회 또는 변경할 수 있다.

유언을 철회 또는 변경하기 위하여는 철회나 변경되는 유언에 상속인으로 지정된 자를 포함하여 어느 누구의 동의도 요구되지 아니한다.

② 유언자는 새로운 유언에 의하여 종전의 유언 전부를 무효로 하거나 유언에 포함된 유언에 의한 개별적 처분권에 대한 철회 또는 변경에 따라 종전의 유언을 변경할 수 있다.

종전의 유언이나 그에 포함된 유언에 의한 개별적 처분권의 철회에 관한 직접적인 지시를 포함하고 있지 아니한 후유언은 후유언과 전면적으로 또는 부분적으로 반하는 전유언을 무효로 한다.

유언자가 후유언을 전면적으로 또는 부분적으로 철회할 경우에는, 후유언에 의하여 전면적으로 또는 부분적으로 무효로 된 유언은 회복되지 아니한다.

③ 후유언이 무효인 경우에는 상속은 전유언에 따라 실행된다.

④ 유언은 또한 그 철회에 관한 지시에 의하여서도 철회될 수 있다. 유언 철회에 관한 지시는 유언 실시에 대하여 이 법전이 정하는 형식에 따라 하여야 한다. 이 조 제3항의 규정은 유언 철회에 관한 지시에 각각 적용한다.

⑤ 비상상황하에서 이루어진 유언(제1129조)은 유언에 의하여서만 철회 또는 변경될

수 있다.

⑥ 은행에서의 유언에 의한 처분(제1128조)은 상응하는 은행에서의 은행예금에 대한 유언에 의한 처분에 의하여서만 철회 또는 변경될 수 있다.

제1131조【유언의 무효】 ① 유언의 무효를 발생하거나 무효 사유와 관련 있는 이 법전의 규정을 위반할 경우에는, 유언은 법원에 의한 무효선언에 따라 무효로 되거나(무효로 될 수 있는 유언) 그러한 선언과 관계없이 무효로 된다.(당연무효인 유언)

② 유언은 이 유언에 의하여 권리나 법적 이익을 침해당한 자의 소 제기에 따라 법원에 의하여 무효로 선언될 수 있다.

상속개시 전의 유언에 관한 쟁송은 허용되지 아니한다.

③ 잘못 쓰기 및 그 밖의 작성절차, 서명 또는 인증절차의 사소한 침해는 법원이 이를 유언자의 의사표시의 이해에 영향을 주지 아니하는 것으로 확정할 경우에는, 유언 무효의 사유로 될 수 없다.

④ 유언에 포함된 유언에 의한 전체 및 개별적 처분으로서의 유언은 무효로 될 수 있다. 유언에 포함된 개별적 처분의 무효는 유언에 포함되어 있으며 또한 무효인 처분이 없는 것으로 볼 수 있는 경우에는, 그 유언의 나머지 부분에 영향을 미치지 아니한다.

⑤ 유언의 무효는 무효인 유언에 상속인 또는 수유자로 명시된 자의 법률에 의한 또는 유효한 또다른 유언에 근거한 상속권을 박탈하지 아니한다.

제1132조【유언의 해석】 공증인, 유언집행자 또는 법원이 유언을 해석할 때에는 유언에 포함된 문자와 표현의 문자적 의미를 고려한다.

유언의 어떤 조항의 문자적 의미가 애매할 경우에는 이 규정과 그 밖의 규정 및 유언의 전체 의미와 대조하는 방법으로 정한다. 이 경우 유언자의 추측된 의사의 최대한의 실행은 보장되어야 한다.

제1133조【유언의 집행】 유언의 집행은 유언에 의하여 지명된 상속인이 한다. 다만, 유언집행의 전부 또는 한정된 일부가 유언집행자(제1134조)에 의하여 실행되는 때에는 그러하지 아니하다.

제1134조【유언집행자】 ① 유언자는 상속인인가의 여부와 관계없이 유언으로 자신이 지정하는 시민인 유언집행자에게 유언의 집행을 위탁할 수 있다.

유언집행자로 되는 시민의 동의는 이 시민이 자기 자신의 손으로 당해 유언 위에 또는 유언에 부가하는 진술서나 상속개시일로부터 1개월 내에 공증인에게 제출하는 진술서에 명기하는 방법으로 표시된다.

상속개시일로부터 1개월 내에 실제로 유언집행을 개시한 경우에는, 시민은 또한 유언집행자로 되는 데 동의한 것으로 본다.

② 상속개시 후에는 법원은 시민인 유언집행자의 임무집행이 방해되는 상황이 있는 때에는, 유언집행자 본인의 청구나 상속인의 청구에 따라 유언집행자의 의무를 면제할 수 있다.

제1135조【유언집행자의 권한】 ① 유언집행자의 권한은 본인을 유언집행자로 지시한 유언에 근거하여 공증인이 발행한 증서에 의하여 인증된다.

② 유언에 달리 규정하고 있는 경우를 제외하고는 유언집행자는 다음 각호의 1의 유언집행에 필요한 조치를 취하여야 한다.

1. 유언에 표시된 유언자의 의사 및 법률에 따라 상속인에게 귀속되어야 할 상속재산의 상속인으로의 이전을 보장하는 것

2. 상속인의 이익을 위한 상속재산의 보호와 그에 관한 관리에 대한 독자적인 또는 공증인에 의한 조치를 취하는 것

3. 유언자에게 귀속되어야 할 금전 및 상속인에게 이전될 그 밖의 재산이 그 밖의 자에게 이전(제1183조 제1항)되지 아니할 경우 당해 재산을 수령하는 것

4. 유언에 의한 부담을 실행하거나 상속인에 대한 유증의 집행(제1137조) 또는 유언에 의한 부담(제1138조)을 청구하는 것

③ 유언집행자는 법원, 그 밖의 국가기관 및 국가시설을 포함하여 자기 명의로 유언집행에 관한 사무를 집행할 권리를 가진다.

제1136조【유언집행에 관한 비용의 보상】 유언집행자는 유언집행에 관한 필요비를 상속재산비용으로 보상받을 권리를 가지며 또한 유언에 규정된 경우에는 상속재산비용으로 위의 비용을 넘는 보수를 받을 권리를 가진다.

제1137조【유증】 ① 유언자는 유언 또는 법률의 규정에 의한 1인 또는 수인의 상속인에게 상속재산비용으로 의무이행(유증)을 청구할 권리를 가진 1인 또는 수인(수유자)의 이익으로 되는 재산적 성질의 어떤 의무의 이행을 부과할 수 있다.

유증은 유언으로 규정되어야 한다.

유언의 내용은 유증에 의하여 소멸될 수 있다.

② 유증의 주체는 상속재산에 속하는 물건의 소유권, 점유권, 그 밖의 물권 또는 사용권의 유증수령자에 대한 이전, 상속재산의 범위에 속하는 재산권의 유증수령자에 대한 이전, 유증수령자를 위한 취득과 그 밖의 재산의 유증수령자에 대한 인도, 유증수령자에 대하여 정하여진 업무의 완성 또는 정하여진 서비스의 제공 또는 정기지급의 유증수

령자의 이익을 위한 행위 등을 할 수 있다.

특히 유언자는 상속인에게 인도될 주택, 아파트 또는 그 밖의 주거에 대하여 타인에게 생존하는 동안 또는 다른 기간 동안 당해 주거 또는 그 정하여진 부분을 사용할 권리를 제공할 의무를 상속인에게 부과할 수 있다.

상속재산의 범위에 속하는 재산에 대한 소유권을 이어서 제3자에게 이전할 경우에는, 유증에 따라 부여된 이 재산의 사용권은 효력을 보유한다.

③ 유증수령자(채권자)와 자신에게 유증이 부과된 상속인(채무자) 사이의 관계에 대하여는 이 법전의 채무에 관한 규정을 적용한다. 다만, 이 조의 규정과 유증의 본질로부터 달리 볼 수 있는 경우에는 그러하지 아니하다.

④ 유증수령권은 상속개시일로부터 3년간 효력이 있으며, 타인에게 이전하지 못한다. 다만, 유증에 지정된 유증수령자가 상속개시 전 또는 피상속인과 동시에 사망하거나, 유증의 승인을 거부하거나, 유증을 수령할 권리를 이용하지 못하거나 또는 이 법전 제1175조 제5항의 규정에 따라 유증을 수령할 권리를 박탈당할 경우에는, 유증수령자는 유언으로 제3의 유증수령자를 보충지정할 수 있다.

제1138조【유증의 집행】 ① 유언자에 의하여 유증이 부과된 상속인은 자기에게 이전된 상속재산 중 유언자의 채무를 공제한 상속재산가액의 범위 내에서 유증을 이행하여야 한다.

유증이 부과된 상속인이 상속재산에서의 유류분권을 가지는 경우에는, 유증을 이행할 당해 상속인의 의무는 유류분액을 초과하여 자기에게 이전된 상속재산가액의 범위 내로 제한된다.

② 유증이 수인의 상속인에게 부과된 경우에는 유언으로 달리 규정하고 있는 경우를 제외하고는, 당해 유언은 상속재산에서의 상속분에 상응하여 상속재산에 대한 각 상속인의 권리를 방해한다.

③ 유증수령자가 상속개시 전 또는 피상속인과 동시에 사망하거나 유증의 승인을 거부(제1160조)하거나, 상속개시일로부터 3년 내에 유증을 수령할 권리를 향유하지 아니하거나, 이 법전 제1127조의 규정에 따라 유증을 수령할 권리를 박탈당한 경우에는, 유증을 이행하여야 할 상속인은 당해 의무를 면제받는다. 다만, 유증수령자가 제3의 유증수령자를 보충지정한 때에는 그러하지 아니하다.

제1139조【유언에 의한 부담】 ① 유언자는 유언으로 유언 또는 법률의 규정에 의한 1인 또는 수인의 상속인에게 일반적으로 유용한 목적의 달성을 위하여 지시된 재산

적 또는 비재산적 성질에 관한 어떤 행위를 이행할 의무(유언에 의한 부담)를 부과할 수 있다. 유언으로 유언에 의한 부담을 이행하기 위하여 상속재산의 일부를 선택할 것을 조건으로 당해 의무는 유언집행자에게 부과될 수 있다.

유언자는 또한 1인 또는 수인의 상속인에게 유언자 소유의 가축을 사육하고, 필요한 감독을 실시하며, 보살필 의무를 부과할 수 있다.

② 유언에 의한 부담에 대하여는 재산적 성질에 관한 행위의 주체는 각각 이 법전 제1138조의 규정을 적용받는다.

③ 이해관계인, 유언집행자 및 각 상속인은 유언으로 달리 정하고 있는 경우를 제외하고는, 재판절차에서 유언에 의한 부담의 이행을 청구할 권리를 가진다.

제1140조【유증 또는 유언에 의한 부담을 이행할 의무의 그 밖의 상속인으로의 이전】 이 법전이 규정하는 상황의 결과로서 유증 또는 유언에 의한 부담을 이행할 의무를 지는 상속인에게 귀속되어야 할 상속분이 그 밖의 상속인에게 이전될 경우에는, 그 밖의 상속인은 당해 유증과 유언에 의한 부담을 이행하여야 한다.

제63장 법정상속

제1141조【일반규정】 ① 법정상속인은 이 법전 제1142조부터 제1145조 및 제1148조가 규정하는 순위에 따라 상속인으로 된다.

각 후순위 상속인은 선순위 상속인이 없는 경우 즉 선순위의 상속인이 결원되거나, 상속권을 가진 선순위 상속인이 없거나, 선순위 상속인 전원이 상속에서 배제(제1117조)되거나, 상속에서 제외(제1119조 제1항)되거나, 상속을 승인하지 아니하거나 또는 상속을 포기하여 선순위 상속인이 없는 경우에 상속한다.

② 같은 순위의 상속인은 균분의 상속분으로 상속한다. 다만, 대습권에 의하여 상속(제1146조)하는 상속인은 그러하지 아니하다.

제1142조【제1순위의 상속인】 ① 피상속인의 배우자, 자녀, 부모는 제1순위의 법정상속인이다.

② 피상속인의 손자녀와 그 자녀는 대습권에 의하여 상속한다.

제1143조【제2순위의 상속인】 ① 제1순위의 상속인이 없는 경우 제2순위의 법정상속인은 피상속인의 전혈 또는 반혈의 형제자매 및 부계와 모계의 피상속인의 조부모이다.

② 피상속인의 전혈 및 반혈의 형제자매의 자녀〔피상속인의 질(姪) · 생질(甥姪)〕는 대습권에 의하여 상속한다.

제1144조【제3순위의 상속인】 ① 제1순위 및 제2순위의 상속인이 없는 경우에는 제3순위의 법정상속인은 피상속인의 부모의 전혈 또는 반혈의 형제자매(피상속인의 백숙부 · 외숙 및 고모 · 이모)이다.

② 피상속인의 종 · 내외이종형제자매는 대습권에 의하여 상속한다.

제1145조【후순위의 상속인】 ① 제1순위, 제2순위 또는 제3순위의 상속인(제1142조부터 제1144조)이 없는 경우에는, 선순위의 상속인에 속하지 아니하는 피상속인의 3촌, 4촌 및 5촌의 친족이 법률의 규정에 따라 상속한다.

촌수는 친족 상호간의 세수(世數)에 의하여 정하여진다. 피상속인 자신의 세수는 이 수에 산입하지 아니한다.

② 이 조 제1항에 따라 다음의 자가 상속인으로 된다.

제4순위의 상속인으로서의 3촌의 친족 – 피상속인의 증조부모

제5순위의 상속인으로서의 4촌의 친족 – 피상속인의 전혈의 종형제자매의 자녀(종손자녀) 및 피상속인의 조부모의 친형제자매(종조부모〈대고모〉)

제6순위의 상속인으로서의 5촌의 친족 – 피상속인의 종손자녀의 자녀(종증손자녀), 피상속인의 종형제자매의 자녀(종질〈내외이종질〉) 및 피상속인의 종조부모의 자녀(종백숙부〈내외숙 · 종고모 · 종이모〉)

③ 선순위의 상속인이 없는 경우에는 피상속인의 계자녀 및 계부모가 제7순위의 법정상속인으로 된다.

제1146조【대습상속】 ① 상속개시 전 또는 피상속인과 동시에 사망한 법정상속인의 상속분은 이 법전의 제1142조 제2항, 제1143조 제1항 및 제1144조 제2항이 규정하는 경우에 피상속인의 직계비속에게 대습권에 의하여 이전되며, 대습상속인 간에 균분으로 분배된다.

② 피상속인에 의하여 상속이 박탈(제1119조 제1항)된 법정상속인의 직계비속은 대습권에 의하여 상속하지 못한다.

③ 상속개시 전 또는 피상속인과 동시에 사망한 상속인 및 이 법전 제1117조 제1항에 따라 상속권을 가지지 못하는 상속인의 직계비속은 대습권에 의하여 상속하지 못한다.

제1147조【양자와 양친에 의한 상속】 ① 법정상속인 때에는 일방이 양자와 그 직계비속이고, 타방이 양친과 그의 친족인 경우에는, 혈통에 의한 친족(혈족)과 동일시된다.

② 양자와 그 직계비속은 양친의 부모 및 혈통에 의한 그 밖의 양친의 친족이 사망한 후 법률의 규정에 의하여서는 상속하지 못하며 또한 양자의 부모 및 혈통에 의한 그 밖의 양자의 친족은 양자와 그 직계비속이 사망한 후 법률의 규정에 따라서는 상속하지 못한다. 다만, 이 조 제3항에 명시된 경우에는 그러하지 아니하다.

③ 러시아연방가족법전에 따라 양자가 법원의 판결에 의하여 부모 일방 또는 혈통에 의한 그 밖의 친족과의 친족관계를 유지하는 때에는, 양자와 그 직계비속은 이들 친족이 사망한 후 법률의 규정에 따라 상속하며 또한 이들 친족도 양자와 그 직계비속이 사망한 후 법률의 규정에 따라 상속한다.

이 항에 따른 상속은 이 조 제1항에 따른 상속을 배제하지 아니한다.

제1148조【노동무능력의 피부양자에 의한 피상속인의 상속】 ① 상속개시일에 노동능력이 없으나, 상속인으로 될 수 있는 당해 순위의 상속인 그룹 범위 내에 있지 아니한 시민으로서 이 법전 제1143조부터 제1145조에 명시된 법정상속인에 속하는 시민은 피상속인의 사망 전 1년 이상 피상속인에 의하여 부양된 경우에는, 피상속인과 동거하였는가의 여부와 관계없이 당해 순위의 상속인과 함께 그리고 동등하게 법률의 규정에 따라 상속한다.

② 이 법전 제1142조부터 제1145조에 명시된 상속인 그룹 범위 내에 있지 아니한 시민이나, 상속개시일에 노동능력이 없고 피상속인의 사망 전 1년 이상 피상속인에 의하여 부양된 시민은 법정상속인에 속한다. 그 밖의 법정상속인이 있는 때에는 그들은 상속인으로 될 수 있는 당해 순위의 상속인과 함께 그리고 동등하게 상속한다.

③ 그 밖의 법정상속인이 없는 경우에는 이 조 제2항에 명시된 노동무능력의 피상속인의 피부양자는 제8순위의 상속인으로서 독자적으로 상속한다.

제1149조【상속재산에서의 유류분권】 ① 피상속인의 미성년자와 노동무능력의 자녀, 피상속인의 배우자와 노동무능력의 부모 및 피상속인의 노동무능력의 피부양자는 이 법전 제1148조 제1항과 제2항에 근거하여 상속인으로 되어야 하며, 유언의 내용과 관계없이 법정상속하는 때에 그들 각자에게 귀속되어야 할 상속분의 1/2 이상(유류분)을 상속한다.

② 상속재산에서의 유류분에 대한 권리는 비록 이것이 재산의 당해 부분에 대한 그 밖의 법정상속인의 권리의 축소를 가져올지라도, 상속재산 중 유증되지 아니한 나머지 부분에서 충족되며 또한 재산 중 유증되지 아니한 부분이 유류분권을 실행하기 위하여 불충분한 경우에는 유증된 재산 부분에서 충족된다.

③ 유류분은 당해 상속인의 이익으로 규정된 유증의 가액을 포함하여, 어떠한 근거에 의하든 상속재산으로부터 받을 당해 유류분에 대한 권리를 가지는 상속인 모두에게 속한다.

④ 상속재산에 대한 유류분권의 실행이 유류분권을 가진 상속인이 피상속인 생존 중에 사용하지 아니하였던 재산을 유언에 의한 상속인에게 이전할 수 없는 가능성을 야기할 경우 및 주거용 재산(주택, 아파트, 그 밖의 주거, 별장 등) 또는 생계수단수령의 주요원천으로서 사용하는 재산(노동도구, 창작 스튜디오 등)을 유언에 의한 상속인에게 이전할 수 없는 가능성을 야기할 경우에는, 법원은 유류분권을 가진 상속인의 재산상황을 고려하여 유류분액을 감액하거나 그 지급을 거부할 수 있다.

제1150조【상속시 배우자의 권리】 유언 또는 법률에 따라 피상속인의 생존 배우자가 재산을 상속하는 권리는 피상속인과의 혼인 중 취득한 재산 및 부부공유인 재산 부분에 관한 권리를 축소시키지 아니한다. 이 법전 제256조에 따라 정하여지는 이 재산에서의 피상속인인 배우자의 지분은 상속재산의 범위에 속하며, 이 법전이 정하는 규정에 따라 상속인에게 이전된다.

제1151조【상속인부존재인 재산의 상속】 ① 법정 및 유언상속인이 없거나, 상속할 권리를 가지는 상속인이 없거나, 상속인 전원이 상속에서 배제(제1117조)되거나, 상속인 중 누구도 상속을 승인하지 아니하거나 또는 상속인 전원이 상속을 포기하고 또한 포기하면서 상속인 중 누구도 그 밖의 상속인을 위하여 포기하는 것(제1158조)으로 명시하지 아니한 경우에는 피상속인의 재산은 상속인부존재인 재산으로 본다.

② 상속인부존재의 재산이 러시아연방영토에 소재하는 주거일 경우에는 법률의 규정에 따라 상속의 방법으로 당해 주거가 소재하고 있는 지방자치소유로 이전되며, 주거가 러시아연방구성체 - 모스크바, 상트페테르부르그 연방직할시 -에 소재하고 있는 경우에는 러시아연방구성체로 이전된다. 당해 주거는 해당 사회주거펀드에 포함된다. 그 밖의 상속인부존재인 재산은 법률의 규정에 따라 상속의 방법으로 러시아연방 소유로 이전한다.(개정 2007. 11. 29. 연방법률 제281호)

③ 상속인부존재인 재산의 상속과 등기절차 및 러시아연방구성체 또는 지방자치단체 소유로 이전하는 절차는 법률로 정한다.(개정 2007. 11. 29. 연방법률 제281호)

제64장 상속재산의 취득

제1152조【상속재산의 취득】 ① 상속재산을 취득하기 위하여는 상속인이 상속을 승인하여야 한다.

상속인부존재인 재산(제1151조)을 취득하기 위하여는 상속의 승인은 필요하지 아니하다.

② 상속인에 의한 상속의 부분승인은 상속재산이 무엇으로 구성되어 있는가 또는 어디에 소재하는가와 관계없이 본인에게 귀속되어야 할 상속재산 전부에 대한 승인을 의미한다.

조건부 또는 유보부의 상속승인은 허용되지 아니한다.

③ 1인 또는 수인의 상속인에 의한 상속의 승인은 나머지 상속인의 상속승인을 의미하지 아니한다.

④ 승인된 상속재산은 실제의 승인시기와 관계없이 또한 상속된 재산의 권리를 국가등기하여야 하는 때에도 상속된 재산에 대한 상속인의 권리에 관한 국가등기시기와 관계없이 상속개시일로부터 상속인에게 속하는 것으로 본다.

제1153조【상속승인의 방법】 ① 상속의 승인은 상속개시장소에서 상속을 승인하기 위한 상속인의 신청서 또는 상속권증서의 발급에 관한 상속인의 신청서를 공증인 또는 법률에 따라 상속에 대한 권리에 관한 증서를 발행할 권한을 부여받은 공무원에게 제출함으로써 이루어진다.

상속인의 신청서가 제3자에 의하여 공증인에게 전달되거나 우편으로 송부될 경우에는, 상속인의 신청서상의 서명은 공증인, 공증행위를 행할 권한을 부여받은 공무원(제1127조 제7항) 또는 이 법전 제185조 제3항에 따라 대리권을 증명하는 권한을 부여받은 자가 인증하여야 한다.

대리인에 의한 상속의 승인은 상속을 승인하는 권한이 대리권 범위 내에 특별히 규정된 경우에는 가능하다. 대리권은 법정대리인에 의한 상속의 승인을 위하여는 요구되지 아니한다.

② 상속인이 상속의 사실상의 승인을 증명하는 행위를 하였을 경우에는, 달리 증명될 경우를 제외하고는 상속인은 상속을 승인한 것으로 본다. 특히 다음에 정하는 행위를 한 상속인인 경우에 그러하다.

상속재산을 소유 또는 관리를 개시하는 것

상속재산의 보존 및 상속재산에 관한 침해 또는 제3자의 소에 대한 항변에 관한 조치를 취하는 것

자기 계산으로 상속재산관리비용을 부담하는 것

자기 계산으로 피상속인의 채무를 변제하거나 제3자로부터 피상속인에게 귀속되어야 할 금전자산을 수령하는 것

제1154조【상속승인기간】 ① 상속은 상속개시일로부터 6개월 내에 승인할 수 있다.

시민이 사망으로 추정되는 날 상속이 개시될 경우(제1114조 제1항)에는, 상속은 본인을 사망

으로 선언하는 법원의 판결이 법적 효력을 발생하는 날로부터 6개월 내에 승인할 수 있다.

② 상속인에 의한 상속의 포기 또는 이 법전 제1117조가 규정하는 근거에 따른 상속인 배제의 결과로서 상속권이 그 밖의 자에게 발생할 경우에는, 그 자는 자신에게 상속권이 발생한 날로부터 6개월 내에 상속을 승인할 수 있다.

③ 단지 다른 상속인이 상속을 승인하지 아니한 결과로서 상속권이 자신에게 발생한 자는 이 조 제1항에 명시된 기간만료일로부터 3개월 내에 상속을 승인할 수 있다.

제1155조【소정기간만료에 의한 상속의 승인】 ① 상속인이 상속개시를 알지 못하였고 또한 알 수 없었던 경우 또는 그 밖의 정당한 이유로 승인기간의 경과가 허용된 경우 및 상속의 승인에 대하여 소정된 기간의 경과가 허용된 상속인이 그 기간 경과에 대한 이유가 소멸된 후 6개월 내에 법원에 청구하였을 것을 조건으로, 상속의 승인에 대하여 소정된 기간(제1154조)의 경과가 허용된 상속인의 청구에 따라 법원은 이 기간을 회복시킬 수 있으며, 상속인이 상속을 승인한 것으로 볼 수 있다.

상속인이 상속을 승인한 것으로 보게 될 때에는, 법원은 상속재산에서 상속인 전원의 상속분을 결정하며 또한 필요한 때에는 자신에게 귀속되어야 할 상속분을 받을 새로운 상속인(이 조 제3항)의 권리보호에 관한 조치를 정한다. 종전에 발급된 상속권증서는 법원이 무효로 한다.

② 상속을 승인한 나머지 상속인 전원의 서면방식에 의한 동의를 조건으로, 법원에 대한 청구 없이 상속의 승인에 대하여 규정된 기간이 만료한 때에 상속인은 상속을 승인할 수 있다. 그러한 서면방식에 의한 동의가 공증인의 입회 없이 상속인에 의하여 이루어진 경우에는, 동의에 관한 서류상의 서명은 이 법전 제1153조 제1항 제2단락에 명시된 절차에 따라 인증되어야 한다. 상속인의 동의는 공증인이 종전에 발행한 상속권증서의 무효사유로 되며 또한 새로운 증서발급의 근거로 된다.

종전에 발행된 증서에 근거하여 부동산권리에 관한 국가등기가 이루어진 경우에는, 종전에 발행된 증서의 무효와 새로운 증서발급에 관한 공증문은 국가등기기재에서의 상응하는 변경에 대한 근거로 된다.

③ 이 조의 규정에 따라 소정된 기간의 만료 후에 상속을 승인한 상속인은 이 법전 제1104조, 제1105조, 제1107조 및 제1108조에 따라 그에게 귀속되어야 할 상속재산을 받을 권리를 가지며, 이 조 제2항에 명시된 경우에는 상속인 사이에 서면방식으로 체결된 약정에 달리 규정하고 있는 경우를 제외하고는 이들 조항을 적용한다.

제1156조【상속승인권의 이전〈상속재산의 이전〉】 ① 유언 또는 법률의 규정에 의

한 상속인이 소정된 기간 내에 상속을 승인하지 못하고 상속개시 후에 사망한 경우에는, 그에게 귀속되어야 할 상속승인권은 그의 법정상속인에게 이전하며 또한 모든 상속재산이 유증된 경우에는 유언에 따라 그의 상속인에게 이전한다.(상속재산의 이전) 상속재산의 이전에 따른 상속승인권은 당해 상속인의 사망 후에 개시된 상속의 상속재산의 범위에 속하지 아니한다.

② 사망한 상속인에게 속하는 상속승인권은 일반적 근거에 따라 그의 상속인이 행사할 수 있다.

상속의 승인에 대하여 정하여진 기간의 잔여부분이 상속인 사망 후 3개월 미만인 경우에는 그 기간은 3개월로 연장한다.

상속의 승인에 대하여 정하여진 기간이 만료한 때에는, 피상속인의 상속인은 법원이 이 기간 경과에 대하여 상속인에게 정당한 이유가 있다고 판단할 경우에는, 법원에 의하여 이 법전 제1155조에 따라 상속을 승인한 것으로 될 수 있다.

③ 유류분(제1149조)으로서 상속재산의 일부분을 승인할 상속인의 권리는 그의 상속인에게 이전되지 아니한다.

제1157조【상속포기권】 ① 상속인은 다른 상속인(제1158조)을 위하여 또는 누구를 위하여 상속을 포기하는지를 명시하지 아니하고 상속을 포기하는 권리를 가진다.

상속인부존재인 재산을 상속할 경우에는 상속의 포기는 허용되지 아니한다.

② 상속인은 이미 상속을 승인한 때를 포함하여 상속의 승인에 대하여 소정된 기간(제1154조) 내에 상속을 포기하는 권리를 가진다.

상속인이 상속의 사실상의 승인을 증명하는 행위(제1154조)를 한 경우에는, 법원은 당해 상속인의 청구에 따라 소정된 기간이 만료한 때에도 당해 기간 경과에 정당한 이유가 있다고 판단될 경우에는 그로 하여금 상속을 포기하게 할 수 있다.

③ 상속의 포기는 그 후 이를 변경하거나 철회하지 못한다.

④ 상속인이 미성년자, 행위무능력자 또는 제한행위무능력자인 때에는 상속의 포기는 후견 및 보좌기관의 사전수권에 따라 허용된다.

제1158조【타인을 위한 상속의 포기 및 상속의 일부포기】 ① 상속인은 대습권에 의하여 또는 상속재산의 이전(제1156조)에 의하여 상속인으로 되는 자를 포함하여, 유언에 의한 그 밖의 상속인 또는 상속에서 배제(제1119조 제1항)되지 아니한 어떠한 순위의 법정상속인을 위하여 상속을 포기할 권리를 가진다.

다음의 경우에는 위의 자 중 어느 1인을 위한 포기는 허용되지 아니한다.

피상속인의 모든 재산이 그에 의하여 지정된 상속인에게 유증된 경우, 유언에 의한 상속이 가능한 재산인 경우

상속재산에서의 유류분(제1149조)인 경우

상속인이 상속인을 보충지정(제1121조)한 경우

② 이 조 제1항에 명시되지 아니한 자를 위한 상속의 포기는 허용되지 아니한다.

유보부 또는 조건부의 상속포기는 허용되지 아니한다.

③ 상속인에게 귀속되어야 할 상속재산의 일부포기는 허용되지 아니한다. 다만, 상속인이 동시에 수개의 근거(유언 및 법률의 규정에 따라 또는 상속재산의 이전에 따라 및 상속개시의 효과로서 등)에 따라 상속인으로 될 경우에는, 이들 근거 중의 하나, 수개 또는 전부에 근거하여 그에게 귀속되어야 할 상속재산을 포기할 권리를 가진다.

제1159조【상속포기의 방법】 ① 상속의 포기는 상속개시지에서 법률에 따라 상속포기에 관한 상속인의 신고서를 상속할 권리에 관한 증서를 발행할 권한을 부여받은 공증인에게 제출함으로써 한다.

② 상속포기에 관한 신고서가 상속인 본인이 아닌 제3자에 의하여 공증인에게 제출되거나 우편으로 송부될 때에는, 상속인의 당해 신고서상의 서명은 이 법전 제1153조 제1항 제2단락에 정하여진 절차에 따라 인증되어야 한다.

③ 대리인에 의한 상속의 포기는 상속의 포기에 대한 권한이 대리권 범위 내에 특별히 규정된 경우에는 가능하다. 대리권은 법정대리인이 상속을 포기할 경우에는 요구되지 아니한다.

제1160조【유증수령의 포기권】 ① 수유자는 유증(제1137조)의 수령을 포기할 권리를 가진다. 타인의 이익을 위하여 포기를 하는 경우에는 유보부 또는 조건부의 포기는 허용되지 아니한다.

② 수유자가 동시에 상속인인 경우에는 이 조에 규정된 그의 권리는 상속을 승인 또는 포기하는 그의 권리에 영향을 받지 아니한다.

제1161조【상속분의 첨증】 ① 상속인이 상속을 승인하지 아니한 경우, 상속을 포기하면서 다른 상속인을 위하여 포기(제1158조)한다는 것을 명시하지 아니하고 상속을 포기한 경우, 상속권을 가지지 아니하는 경우 또는 이 법전 제1117조에 소정된 근거에 따라 또는 유언무효의 효과로서 상속에서 배제될 경우에는, 상속에서 제외된 당해 상속인에게 귀속되어야 할 상속재산 부분은 법정상속인에게 그 상속분에 비례하여 이전된다.

다만, 피상속인이 모든 재산을 자기가 지정한 상속인에게 유증한 때에는, 상속을 포기

한 상속인 또는 그 밖의 특정근거에 따라 상속에서 제외된 상속인에게 귀속되어야 할 상속재산 부분은 이 상속재산 부분의 분배가 유언에 의하여 달리 정하고 있는 경우를 제외하고는 유언에 의한 상속인에게 그 상속분에 비례하여 이전된다.

② 상속을 포기하거나 그 밖의 근거에 따라 상속에서 배제된 상속인이 상속인을 보충지정(제1121조 제2항)할 경우에는 이 조 제1항에 포함된 규정은 적용하지 아니한다.

제1162조【상속권증서】 ① 상속에 대한 권리에 관한 증서는 상속개시지에서 공증인 또는 법률에 따라 그러한 공증행위를 행할 권한을 부여받은 공무원이 발급한다.

증서는 상속인의 신청에 따라 발급한다. 상속인이 원하는 때에는 증서는 전체로서의 모든 상속재산 또는 그 개별적인 부분에 대하여 상속인 전원에게 동시에 또는 각 상속인에게 개별적으로 발급될 수 있다.

이러한 절차에 따라 증서는 상속인부존재인 재산이 러시아연방, 러시아연방구성체 또는 지방자치단체로 이 법전 제1151조에 따라 이전하는 경우에 발급된다.(개정 2007. 11. 29. 연방법률 제281호)

② 상속에 대한 권리에 관한 증서가 발급된 후에 그러한 증서가 발행되지 아니한 상속재산이 나타날 경우에는 추가 상속권증서가 발급된다.

제1163조【상속권증서의 발급기간】 ① 상속권증서는 상속개시일로부터 6개월이 만료하는 때에는 언제든지 상속인에게 발급된다. 다만, 이 법전이 규정하는 경우에는 그러하지 아니하다.

② 법률의 규정 또는 유언에 의하여 상속하는 때에는 상속권증서는 증서발급을 신청한 자 이외에는 상응하는 부분에 상속권을 가지는 그 밖의 상속인이 없다는 데 관한 신뢰할 만한 자료가 있는 경우에는, 상속개시일로부터 6개월이 만료하기 전에 발급될 수 있다.

③ 상속권증서의 발급은 법원의 결정에 의하여 중지되며 또한 포태되어 아직 출생하지 아니한 상속인이 있는 경우에도 중지된다.

제1164조【상속인의 공유】 법정상속시 상속재산이 2인 또는 수인의 상속인에게 이전되는 경우, 유언상속시 특정재산이 2인 또는 수인의 상속인에게 각각 상속됨을 명시하지 아니하고 유증된 경우에는, 상속재산은 상속개시일로부터 상속인의 공유로 된다.

공유에 관한 이 법전 제16장의 규정은 이 법전 제1165조부터 제1170조의 규정을 참작하여 상속재산에서의 상속인의 공유에 적용한다. 다만, 상속재산분할의 경우에는 이 법전 제1168조부터 제1170조의 규정은 상속개시일로부터 3년간 적용한다.

제1165조【상속인간의 협의에 의한 상속재산분할】 ① 2인 또는 수인의 공유인 상

속재산은 그들 사이의 협의에 따라 분할될 수 있다.

법률행위와 계약의 방식에 관한 이 법전의 규정은 상속재산분할에 관한 협의에 적용한다.

② 상속재산을 1인 또는 수인의 상속인의 지분으로 분배하는 데 관한 협의를 포함하여, 상속재산에 속하는 부동산인 상속재산의 분할에 관한 협의는 상속인에게 상속에 대한 권리에 관한 증서가 발급된 후에 상속인이 체결할 수 있다.

상속재산분할과 관련하여 부동산에 관한 협의가 체결된 경우, 상속인의 부동산에 대한 권리에 관한 국가등기는 상속재산분할에 관한 협의 및 종전에 발급된 상속권증서에 근거하여 실행되며, 상속인의 부동산에 대한 권리의 국가등기가 상속재산분할에 관한 협의가 상속인에 의하여 체결되기 전에 실행된 경우에는 상속재산분할에 관한 협의에 근거하여 유효로 된다.

③ 상속인이 체결한 협의에 따라 상속인에 의하여 실행된 상속재산분할과 상속에 대한 권리에 관한 증서에 명시된 상속분이 일치하지 아니할 경우, 이는 상속재산분할의 결과로서 수령한 부동산에 대한 상속인 권리의 국가등기를 거절하는 원인으로 되지 아니한다.

제1166조【상속재산분할시 자녀이익의 보호】 포태되어 아직 출생하지 아니한 상속인이 있는 때에는, 상속재산분할은 그 상속인의 출생 후에만 실행될 수 있다.

제1167조【상속재산분할시 미성년자, 행위무능력자 및 제한행위무능력자의 법적 이익의 보호】 상속인 중에 미성년자, 행위무능력자 및 제한행위무능력자가 있을 때에는 상속재산분할은 이 법전 제37조의 규정에 따라 실행된다.

위 상속인의 법적 이익을 보호하기 위하여 상속재산분할에 관한 협의(제1165조)의 작성 및 법원에서의 상속재산분할에 관한 사건의 심리는 후견 및 보좌기관에 통지되어야 한다.

제1168조【상속재산분할시 불가분물에 대한 우선권】 ① 피상속인과 공동으로 불가분물(제133조)의 공유권을 가지거나 상속재산의 범위에 속하는 권리의 지분을 가지는 상속인은 재산을 분할할 때에, 자기 상속분의 대가로 다른 상속인이 당해 물건을 사용하였는지의 여부와 관계없이 종전에 공유자가 아니었던 상속인에 우선하여 공유인 물건을 취득할 우선권을 갖는다.

② 상속재산의 범위에 속하는 불가분물(제133조)을 항상 사용한 상속인은 재산을 분할할 때에, 자기 상속분의 대가로 당해 물건을 사용하지 아니한 상속인 및 종전에 공유자가 아니었던 상속인에 우선하여 이 물건을 취득할 우선권을 가진다.

③ 상속재산의 범위 내에 주거(주택, 아파트 등), 성질상 분할할 수 없는 물건이 있는 경

우에는, 상속재산분할시 상속개시일에 당해 주거에 거주하는 상속인 및 다른 주거를 가지지 못한 상속인은 상속재산의 범위 내에 속하는 주거의 소유자가 아닌 그 밖의 상속인에 우선하여 자기 상속분의 대가로 당해 주거를 취득할 우선권을 가진다.

제1169조【상속재산분할시 일반가사용품에 대한 우선권】 상속개시일에 피상속인과 동거한 상속인은 상속재산분할시 자기 상속분의 대가로 일반가사용품을 취득할 우선권을 가진다.

제1170조【상속재산으로 부적합한 물건에 대한 상속분에서의 대상적 보상】 ① 상속재산으로 부적합한 물건은 이 법전 제1168조 또는 제1169조에 근거하여 상속분과 관련하여 상속인이 이를 취득할 우선권을 표명할 경우에는, 당해 상속인이 그 밖의 재산을 나머지 상속인에게 인도함으로써 또는 상응하는 금전지급을 포함하여 그 밖의 대상적 보상을 부여함으로써 상속재산에서 제외된다.

② 상속인 전원의 협의로서 달리 정하고 있는 경우를 제외하고는, 상속인 중 어느 1인에 의한 우선권의 행사는 다른 상속인에 대한 상응하는 대상적 보상을 지급한 후에 가능하다.

제1171조【상속재산의 보호와 관리】 ① 상속인, 수유자 및 그 밖의 이해관계인의 권리를 보호하기 위하여 이 법전 제1172조와 제1173조에 명시된 조치 및 상속재산의 보호와 관리에 관한 그 밖의 필요한 조치는 유언집행자 또는 상속개시지의 공증인이 한다.

② 공증인은 1인 또는 수인의 상속인, 유언집행자, 지방자치기관, 후견 및 보좌기관 또는 상속재산의 보존을 위하여 행위를 하는 그 밖의 자의 신청에 따라 상속재산의 보호와 관리에 관한 조치를 취한다. 유언집행자가 지정(제1134조)된 때에는 공증인은 유언집행자와의 협의에 따라 상속재산의 보호와 관리에 관한 조치를 취한다.

유언집행자는 단독으로 또는 1인이나 수인의 상속인의 청구에 따라 상속재산의 보호와 관리에 관한 조치를 취한다.

③ 상속재산의 구성에서 제외하고 또한 그에 관한 보호를 위하여 은행, 그 밖의 신용조직 및 그 밖의 법인은 공증인의 청구에 따라 피상속인에게 속한 재산에 관하여 입수가능한 정보를 공증인에게 통지하여야 한다. 공증인은 유언집행자와 상속인에게만 받은 정보를 전달할 수 있다.

④ 공증인은 상속재산의 성질과 가치를 고려하여 공증인이 정한 기간 동안 및 상속인이 상속재산의 소유를 개시하는 데 필요한 상속개시일로부터 6개월 미만의 기간 및 이 법전 제1154조 제2항과 제3항 및 제1156조 제2항이 규정하는 경우에는, 9개월 미만의 기간 동안 상속재산의 보호와 관리에 관한 조치를 한다.

유언집행자는 유언집행에 필요한 기간 동안 상속재산의 보호와 관리에 관한 조치를 한다.

⑤ 상속재산이 여러 곳에 소재하는 때에는 상속개시지의 공증인은 법적용기능 및 공증의 감시와 감독기능을 수행하는 연방집행기관의 지역기관을 통하여 상속재산의 각각의 부분이 소재하는 공증인에게 당해 재산의 보호와 관리에 관한 구속력 있는 집행임무를 부여한다. 재산 보호에 관한 조치를 취할 공증인이 누구인가를 상속개시지의 공증인이 알고 있는 경우에는, 당해 임무는 상응하는 공증인 또는 공무원에게 부여된다.(개정 2006. 12. 29. 연방법률 제258호)

⑥ 상속재산목록에 대한 절차를 포함하여 상속재산의 보호와 관리에 대한 절차는 공증인에 관한 입법으로 정한다. 상속재산의 임치계약 및 신탁관리계약에 근거한 보수의 최고액은 러시아연방 정부가 정한다.

⑦ 공증행위를 할 권리가 법률에 따라 지방자치기관의 공무원 및 러시아연방 영사기구의 공무원에게 부여된 때에는, 상속재산의 보호와 관리를 위하여 필요한 조치는 상응하는 공무원이 취할 수 있다.

제1172조【상속재산보호에 관한 조치】 ① 상속재산을 보호하기 위하여 공증인은 이 법전 제1124조 제2항에 소정된 적격을 갖춘 2인의 증인의 입회하에 상속재산목록을 작성한다.

유언집행자, 상속인 및 해당하는 경우의 후견 및 보좌기관의 대표자는 재산목록을 작성할 때에 입회할 수 있다.

이 항 제2단락에 명시된 자의 청구에 따라 상속재산의 가액은 상속인간의 협의로 정하여야 한다. 협의가 없는 경우에는 협의가 이루어지지 아니한 상속재산 또는 그 일부의 가액은 상속재산의 가액산정을 요구한 자의 비용으로 또는 그 후 이 비용을 각 상속인이 받은 상속재산의 가액의 비율에 따라 상속인이 서로 분담하는 것으로 하여 독자적인 감정인이 산정한다.

② 상속재산의 범위에 속하는 현금은 공증인에게 공탁되며 또한 경화(硬貨)의 귀중품, 귀금속과 보석, 그 제품 및 관리를 필요로 하지 아니하는 유가증권은 이 법전 제921조에 따라 계약에 근거하여 임치를 위하여 은행에 인도된다.

③ 공증인이 무기가 상속재산의 범위에 속하는 것을 알게 된 경우에는, 공증인은 그에 관하여 내무기관에 통지한다.

④ 상속재산의 범위 내에 속하는 재산으로서 이 조 제2항 및 제3항에 명시되지 아니

한 것은 관리를 필요로 하는 경우를 제외하고는, 임치를 위한 계약에 따라 공증인에 의하여 상속인 중의 누군가에게 인도되며, 상속인으로의 인도가 불가능한 때에는 공증인의 지시에 따라 제3자에게 인도된다.

상속이 유언집행자를 지정하고 있는 유언에 따라 실행될 때에는, 위 재산의 임치는 유언집행자가 단독으로 또는 유언집행자의 지시에 따라 상속인 중의 어느 1인 또는 제3자와 계약을 체결하는 방법으로 보장된다.

제1173조【상속재산의 신탁관리】 상속재산의 범위 내에 보호뿐만 아니라 관리를 필요로 하는 재산(기업, 회사의 정관〈납입〉자본에서의 지분, 유가증권, 배타적 권리 등)이 있는 경우에는, 공증인은 이 법전 제126조에 따라 신탁관리의 설정자로서 당해 재산에 대한 신탁관리계약을 체결한다.

상속이 유언집행자를 지정한 유언에 따라 실행될 때에는 신탁관리의 설정자에 관한 권리는 유언집행자에게 속한다.

제1174조【피상속인에 의하여 발생된 비용과 상속재산의 보호 및 관리비용의 지급】 ① 피상속인의 중병으로 인하여 발생한 필요비, 피상속인의 매장지에 관한 지급을 위한 필요비를 포함하여, 피상속인의 품위 있는 매장을 위한 비용, 상속재산의 보호와 관리를 위한 비용 및 유언집행과 관련된 비용은 상속재산의 비용으로 그 가액 범위 내에서 보상된다.

② 이 조 제1항에 명시된 비용보상에 관한 청구는 상속을 승인한 상속인에게 제기할 수 있고, 상속승인 전에는 유언집행자 또는 상속재산에 대하여 제기할 수 있다.

당해 비용은 피상속인의 채무를 지급하기 전에 또한 각 상속인에게 이전된 상속재산의 가액 범위 내에서 보상된다. 이 경우 비용은 제1순위로 피상속인의 질병과 매장에 의하여 발생한 비용, 제2순위로 상속재산의 보호와 관리를 위한 비용, 제3순위로 유언집행과 관련한 비용에 보상된다.

③ 피상속인의 품위 있는 매장을 위한 비용에 충당하기 위하여 은행예금이나 계좌를 포함하여 피상속인에게 속하는 어떠한 금전자산도 사용할 수 있다.

피상속인의 예금이나 계좌가 소재하고 있는 은행은 공증인의 결정에 따라 위 비용의 지급에 대한 공증인의 명령에 명시된 자에게 예금이나 계좌를 제공하여야 하다.

피상속인의 그 밖의 은행예금이나 계좌에 있는 금전자산 및 은행에서의 유언에 의한 처분(제1128조)에 따라 유증된 금전자산을 유증받은 상속인은 상속개시일로부터 6개월이 만료하기 전에도 언제든지 피상속인의 매장을 위하여 필요한 현금자산을 피상속인의 예금 또는 계좌로부터 받을 권리를 가진다.

이 항에 근거하여 상속인 또는 공증인의 결정에 명시된 자에게 매장을 위하여 은행이 지급하는 금액은 4만 루블을 넘을 수 없다.(개정 2004. 12. 2. 연방법률 제156호, 2008. 6. 30. 연방법률 제105호)

이 항의 규정은 각각 예금이나 그 밖의 계좌로 시민의 현금자산을 끌어 모으는 권리를 부여받은 그 밖의 신용기관에 적용한다.

제1175조【피상속인의 채무에 대한 상속인의 책임】 ① 상속을 승인한 상속인은 피상속인의 채무에 대하여 공동 또는 단독으로 책임을 진다.

각 상속인은 자기에게 이전된 상속재산의 가액 범위 내에서 피상속인의 채무에 대하여 책임을 진다.

② 상속재산의 이전(제1156조)에 따라 상속을 승인한 상속인은 상속된 당해 재산의 가액 범위 내에서 당해 재산을 소유하였던 피상속인의 채무에 대하여 책임을 지며, 상속을 승인할 권리가 자기에게 이전된 상속인의 당해 재산과 관련한 채무에 대하여는 책임을 지지 아니한다.

③ 피상속인의 채권자는 각각의 청구에 대하여 소정된 소송시효기간 내에 상속을 승인한 상속인에 대하여 자기의 청구를 제기할 권리를 가진다. 상속을 승인하기 전에는 채권자의 청구는 유언집행자 또는 상속재산에 대하여 제기될 수 있다. 후자의 경우에는 법원은 상속인이 상속을 승인하기까지 또는 상속인부존재인 재산이 이 법전 제1151조에 따라 러시아연방, 러시아연방구성체 또는 지방자치단체로 이전되기까지 사건의 심리를 중지한다.(개정 2007. 11. 29. 연방법률 제281호)

청구가 피상속인의 채권자에 의하여 제기된 때에는 각각의 청구에 대하여 소정된 소송시효기간은 중단, 정지 또는 회복되어서는 아니된다.

제65장 개별유형 재산의 상속

제1176조【회사 및 생산협동조합 참가에 관한 권리의 상속】 ① 합명회사 사원 또는 합자회사의 무한책임사원, 유한 또는 보충책임회사사원 및 생산협동조합의 조합원의 상속재산 범위 내에는 상응하는 조합, 회사 또는 협동조합의 출자(또는 정관)자본(또는 재산)에서의 당해 사원(또는 조합원)의 지분(또는 출자)이 속한다.

이 법전, 그 밖의 법률 또는 물적 회사나 생산협동조합의 설립서면에 따라 물적 회사 또는 협동조합의 다른 구성원의 동의가 상속인의 물적 회사 또는 생산협동조합에의 가입 또는 물적 회사의 정관자본에서의 지분의 상속인으로의 이전에 요구되며, 당해 동의가 상속인에 대하여 거절된 경우에는, 당해 상속인은 물적 회사 또는 협동조합으로부터 위의 경우에 적용될 수 있는 이 법전의 규정, 그 밖의 법률 또는 각각의 법인의 설립서면이 규정하는 절차에 따라 그에 상응하는 재산의 상속된 지분(또는 출자) 또는 일부의 실제 가액을 수령할 권리를 가진다.

② 합자회사의 출자자의 상속재산 범위 내에는 당해 회사의 출자자본에서의 본인의 지분이 속한다. 당해 지분을 이전받은 상속인은 합자회사의 출자자로 된다.

③ 주식회사 주주의 상속재산의 범위 내에는 그에게 귀속된 주식이 속한다. 당해 주식을 이전받은 상속인은 주식회사의 주주로 된다.

제1177조【소비협동조합 참가에 관한 권리의 상속】 ① 소비협동조합의 조합원의 상속재산 범위 내에는 그의 출자가 속한다.

주택, 별장(dacha) 또는 그 밖의 소비협동조합의 조합원의 상속인은 상응하는 조합에서의 조합원으로 승인받을 권리를 가진다. 당해 상속인은 협동조합의 조합원으로의 승인을 거절할 수 없다.

② 피상속인의 출자가 수인의 상속인에게 이전되는 때에 소비협동조합의 조합원으로 승인될 수 있는 상속인이 누구인가에 관한 문제 및 협동조합의 조합원으로 되지 못하는 상속인에게 현물재산 대신 그에게 귀속되어야 할 금액 또는 급부의 지급절차, 방법과 기간을 결정하는 것은 소비협동조합에 관한 입법과 상응하는 협종조합의 설립서면으로 정한다.

제1178조【기업의 상속】 상속개시일에 개인사업자 또는 영리단체로서 등록되어 있는 상속인이 유언에 의한 상속인으로 될 경우에는, 상속재산을 분할하는 때에 이 법전 제1170조의 규정에 따라 상속재산의 범위 내에 있는 기업(제132조)을 자기 상속분의 대가로 취득할 우선권을 가진다.

상속인 중 누구도 위의 우선권을 가지고 있지 아니하거나 이를 향유하지 아니할 때에는, 상속재산 범위 내의 기업은 분할되어서는 아니되며, 상속인에게 귀속되어야 할 상속분에 따라 상속인의 공유로 계속된다. 다만, 당해 기업이 상속재산에 포함되어 있는 상속을 승인한 상속인의 협의로 달리 규정할 경우에는 그러하지 아니하다.

제1179조【농가(또는 농장)경영 구성원의 재산상속】 ① 어느 농가(농장)경영 구성원이 사망한 후에는 상속이 개시되며, 이 경우 상속은 이 법전 제253조부터 제255조 및

제257조부터 제259조의 규정에 따라 일반적 근거에 따라 실행된다.

② 농가(농장)경영 구성원인 피상속인의 상속인 본인이 이 경영단위의 구성원이 아닌 경우에는, 당해 상속인은 경영단위 구성원의 공유인 재산에서 자신에게 상속되는 지분과 동등한 대상적 보상을 받을 권리를 가진다. 대상적 보상의 지급기간은 상속인과 그 경영단위 구성원 간의 합의로 정하며, 합의가 없는 경우에는 법원이 정하나, 그 기간은 상속개시일로부터 1년을 넘을 수 없다. 경영단위 구성원과 위 상속인 사이에 달리 정하는 데 대한 합의가 없는 경우에는, 당해 재산에서의 피상속인의 지분은 그 경영단위의 그 밖의 구성원의 지분과 동등한 것으로 본다. 상속인을 경영단위 구성원으로 승인할 경우에는 위의 대상적 보상은 상속인에게 지급되지 아니한다.

③ 피상속인이 그 경영단위의 유일한 구성원이며, 그의 상속인 중 누구도 계속하여 농가(농장)경영을 운영하기를 원하지 아니한다는 사실과의 관련을 포함하여, 농가(농장)경영 구성원이 사망한 후에 당해 경영단위가 해산(제258조 제1항)될 때에는, 농가(농장)경영의 재산은 이 법전 제258조 및 제182조의 규정에 따라 상속인 사이에 분할되어야 한다.

제1180조【거래제한물의 상속】 ① 피상속인 소유의 무기, 독극물, 마약과 향정신성약품 및 그 밖의 거래제한물건(제129조 제2항 제2문)은 상속재산의 범위에 속하며, 이 법전에 소정된 일반적 근거에 따라 상속된다. 상속재산의 범위 내에 그러한 물건이 있는 상속을 승인하기 위하여는 특별허가는 필요하지 아니하다.

② 상속재산 범위 내에 속하는 거래제한물건의 보호에 관한 조치는 상속인이 당해 물건에 대한 특별허가를 받을 경우를 제외하고는, 상응하는 재산에 대한 법률에 소정된 절차에 따라 실행된다.

상속인에 대하여 위 허가발급이 거절될 경우에는, 당해 재산에 대한 상속인의 권리는 이 법전 제238조에 따라 소멸되어야 하며, 상속인에게 이전된 재산을 현금화하여 얻은 금액에서 그 현금화를 위한 비용을 공제하여야 한다.

제1181조【토지상속】 소유권 또는 상속가능종신토지점유권이 피상속인에게 속하는 토지는 상속재산 범위 내에 속하며, 이 법전에 소정된 일반적 근거에 따라 상속된다. 상속재산의 범위 내에 위의 재산이 있는 상속을 승인하기 위하여 특별허가는 필요하지 아니하다.

토지 또는 상속가능종신토지점유권을 상속하는 경우, 법률이 달리 규정하고 있는 경우를 제외하고는 당해 토지의 경계 내에 소재하는 지표(지상), 수체(水体) 및 숲과 식물군 또한 상속에 의하여 이전된다.(개정 2006. 6. 3. 연방법률 제73호)

제1182조【토지분할에 관한 특칙】 ① 상속인에게 공유로 귀속된 토지의 분할은 상응하는 특정목적지정토지에 대하여 소정된 토지의 최소규모를 고려하여 실행된다.

② 이 조 제1항에 소정된 절차에 따라 토지를 분할하는 것이 불가능한 경우에는, 당해 토지는 자기 상속분의 대가로 당해 토지를 취득할 우선권을 가지는 상속인에게 이전된다. 나머지 상속인에 대한 대상적 보상은 이 법전 제1170조에 소정된 절차에 따라 부여된다.

제1183조【생계수단으로서 시민에게 부여된 미지급액의 상속】 ① 임금 및 이와 동일시되는 보수, 연금, 급여, 사회보험급부금, 생명 또는 건강에 입힌 손해배상금, 부양료 및 피상속인에게 지급되어야 하나 생존 중 어떠한 이유에서이든지 피상속인이 수령하지 못한 생계수단으로서 시민에게 부여된 그 밖의 금액은 피상속인과 동거하던 그의 가족구성원 및 피상속인과 동거하였는지의 여부와 관계없이 노동능력 없는 피상속인의 피부양자에게 귀속된다.

② 이 조 제1항에 근거한 금액의 지급에 관한 청구는 상속개시일로부터 4개월 내에 의무자에게 제기되어야 한다.

③ 이 조 제1항에 근거하여 피상속인에게 지급되지 아니한 금액을 받을 권리를 가지는 자가 없는 경우 또는 이 자가 소정기간 내에 위 금액의 지급에 관한 청구를 제기하지 아니할 경우에는, 각각의 금액은 상속재산의 범위 내에 포함되며, 이 법전에 소정된 일반적 근거에 따라 상속된다.

제1184조【국가나 지방자치단체가 특혜조건으로 피상속인에게 부여한 재산의 상속】 피상속인의 장애 또는 이와 유사한 그 밖의 상황과 관련하여 국가 또는 지방자치단체가 특혜조건에 근거하여 피상속인에게 부여한 운송수단 및 그 밖의 재산은 상속재산 범위 내에 속하며, 이 법전에 소정된 일반적 근거에 따라 상속된다.

제1185조【국가표창, 훈장, 기념마크의 상속】 ① 피상속인에게 수여되고 러시아연방의 국가표창에 관한 입법이 적용되는 국가표창은 상속재산 범위 내에 속하지 아니한다. 수여받은 자의 사망 후에 위의 표창의 타인으로의 이전은 러시아연방의 국가표창에 관한 입법에 소정된 절차에 따라 실행된다.

② 러시아연방의 국가표창에 관한 입법이 적용되지 아니하는 것으로 피상속인에게 속하는 국가표창, 소장품 내의 표창과 마크를 포함하여 명예 · 기념 및 그 밖의 마크는 상속재산 범위 내에 속하며, 이 법전에 소정된 일반적 근거에 따라 상속된다.

제6편 국제사법

제66장 일반규정

제1186조【외국인이 관여하는 민사법관계 또는 그 밖의 외국적 요소에 의하여 복잡화된 민사법관계에 적용하여야 할 법의 확정】 ① 외국인 또는 외국법인이 관여하는 민사법관계 또는 민사권리의 객체가 외국에 소재할 경우를 포함하여, 그 밖의 외국적 요소에 의하여 복잡화된 민사법관계에 적용하여야 할 법은 러시아연방의 국제조약, 이 법전, 그 밖의 법률(제3조 제2항) 및 러시아연방 내에서 승인된 관습에 근거하여 확정된다.

국제상사중재법원에 의하여 적용하여야 할 법의 확정의 특수성은 국제상사중재에 관한 법률이 규정한다.

② 이 조 제1항에 따라 적용하여야 할 법의 확정이 불가능할 경우에는, 외국적 요소에 의하여 복잡화된 민사법관계와 가장 밀접한 관련이 있는 국가의 법을 적용한다.

③ 러시아연방의 국제조약이 당해 관계에 적용되어야 할 물적 · 법적 규범을 포함하고 있는 경우에는, 당해 물적 · 법적 기준에 따라 완전하게 규율되는 문제에 적용하여야 할 법의 저촉규범에 따른 확정은 배제된다.

제1187조【적용하여야 할 법의 확정시 법적 개념의 분류】 ① 적용하여야 할 법을 확정할 때에, 법률로 달리 규정하고 있는 경우를 제외하고는 법적 개념에 대한 해석은 러시아법에 따라 한다.

② 적용하여야 할 법을 확정할 때에 분류를 필요로 하는 법적 개념이 러시아법에 명확하지 아니하거나, 다른 말을 의미하거나 또는 다른 의미내용으로 알려져 있는 경우 및 러시아법에 따른 해석방법으로는 확정할 수 없는 경우에는, 외국법이 법적 개념의 분류에 적용될 수 있다.

제1188조【복수의 법제도를 가지는 국가의 법적용】 복수의 법제도가 유효한 국가의 법을 적용하여야 할 경우에는, 그 국가의 법에 따라 확정되는 법제도가 적용된다. 어느 법제도를 적용할 것인가를 그 국가의 법에 따라 확정할 수 없는 경우에는, 그 관계와 가장 밀접한 관련이 있는 법제도를 적용한다.

제1189조【상호주의】 ① 러시아법이 당해 외국에서 그 종류의 관계에 적용될 수 있는가의 여부와 관계없이 외국법은 러시아연방에서 적용된다. 다만, 상호주의 원칙에

따라 외국법의 적용이 법률로 규정되어 있는 경우에는 그러하지 아니하다.

② 외국법의 적용이 상호주의에 의할 경우에는, 달리 증명되는 경우를 제외하고는 상호주의는 존재하는 것으로 추정한다.

제1190조【반정】 ① 이 편의 규정에 따른 외국법으로의 어떠한 지정도 당해 국가의 실질법에 대한 지정으로서 보아야 하며, 저촉법에 대한 지정으로 보아서는 아니된다. 다만, 이 조 제2항이 규정하는 경우에는 그러하지 아니하다.

② 외국법의 반정은 자연인의 법적 지위를 정하는 러시아법(제1195조부터 제1200조)으로의 지정의 경우에 적용될 수 있다.

제1191조【외국법의 규범내용의 확정】 ① 외국법을 적용할 때에 법원은 당해 외국에서의 공식해석, 적용사례와 학설에 따라 외국법의 규범내용을 확정한다.

② 외국법의 규범내용을 확정하기 위하여 법원은 러시아연방 법무성과 그 밖의 권한을 가지는 기관 또는 러시아연방과 외국의 조직에 대하여 소정의 절차에 따라 협력과 해석을 요청하거나 또는 이를 전문가에게 의뢰할 수 있다.

사건에 관여하는 자는 자신의 청구나 이의의 증명에 원용되는 외국법규범의 의미내용을 확인하는 문서를 제출할 수 있으며, 그 밖의 방법으로 이들 규범의 의미내용을 확정함에 있어 법원을 조력할 수 있다.

법원은 쌍방의 사업활동의 실시와 관계 있는 청구에 관하여 외국법의 규범내용의 증명 부담을 쌍방에게 부과할 수 있다.

③ 이 조에 따라 취하여진 조치에도 불구하고 외국법의 규범내용이 합리적 기간 내에 확정되지 아니할 경우에는 러시아법을 적용한다.

제1192조【강행규범의 적용】 ① 이 편의 규정은 강행규범 그 자체의 지시에 의하거나 또는 법률로 보호되는 민사거래참가자의 권리와 이익을 보장하기 위한 배려를 포함하여 그 규범의 특별한 의미를 고려하여, 적용하여야 할 법과 관계없이 당해 관계를 규제하고 있는 러시아연방 법령의 강행규범의 효력에 영향을 미치지 아니한다.

② 이 편의 규정에 따라 법원이 어느 한 국가의 법을 적용할 때에는, 그 관계와 밀접한 관련이 있는 그 밖의 나라의 법의 강행규범이 그 국가의 법에 따라 적용하여야 할 법과 관계없이 당해 관계를 규제하여야 할 경우에는 이를 고려할 수 있다. 이 경우 법원은 당해 규범의 목적과 특징 및 규범의 적용 또는 부적용의 결과를 고려하여야 한다.

제1193조【공서에 관한 규정】 이 편의 규정에 따라 적용하여야 할 외국법 규범은 그 적용의 결과가 명백히 러시아연방 법질서의 근간(공서)에 반할 경우에는 예외로서 적

용되지 아니한다. 이 경우에는 러시아법의 당해 규범이 필요한 때에는 적용된다.

외국법의 부적용은 당해 외국의 법적, 정치적 또는 경제적 제도가 러시아연방의 법적, 정치적 또는 경제적 제도와의 차이만을 근거로 할 수 없다.

제1194조【합법적 보복】 러시아연방정부는 러시아 시민과 법인의 재산권 및 인격적 비재산권에 특별한 제한을 두고 있는 국가의 시민과 법인의 재산권과 인격적 비재산권에 관한 보복적 제한(합법적 보복)을 정할 수 있다.

제67장 사람(人)의 법적 지위 확정시에 적용하여야 할 법

제1195조【자연인의 속인법】 ① 그 사람이 국적을 가지는 국가의 법을 자연인의 속인법으로 본다.

② 사람이 러시아 국적과 함께 외국국적을 가질 경우에는 그 사람의 속인법은 러시아법이다.

③ 외국시민이 러시아연방에 주소를 둘 경우에는 그 외국시민의 속인법은 러시아법이다.

④ 사람이 수개의 국적을 가질 경우에는 그 사람이 주소를 둔 국가의 법을 속인법으로 본다.

⑤ 그 사람이 주소를 둔 국가의 법을 무국적자의 속인법으로 본다.

⑥ 난민에게 보호를 준 국가의 법을 난민의 속인법으로 본다.

제1196조【자연인의 민사권리능력 확정시에 적용하여야 할 법】 자연인의 민사권리능력은 그 자연인의 속인법에 따라 확정된다. 이 경우 외국시민과 무국적자는 러시아연방에서 러시아 시민과 동등한 민사권리능력을 향유한다. 다만, 법률이 정하는 경우에는 그러하지 아니하다.

제1197조【자연인의 민사행위능력 확정시에 적용하여야 할 법】 ① 자연인의 민사행위능력은 그 자연인의 속인법에 따라 확정된다.

② 자기의 속인법에 따라 민사행위능력을 가지지 아니하는 자연인이 법률행위체결지의 법에 따라 행위능력이 있는 경우에는, 그 자연인은 자연인의 행위무능력을 원용하는 권리를 가지지 아니한다. 다만, 상대방이 행위무능력에 대하여 알았거나 또는 명백히 알 수 있었음이 증명될 경우에는 그러하지 아니하다.

③ 러시아연방에서의 자연인의 행위무능력 또는 제한행위무능력의 선고는 러시아법에 의한다.

제1198조【자연인의 성명에 대한 법의 확정시에 적용하여야 할 법】 이 법전 또는 다른 법률이 달리 규정하고 있는 경우를 제외하고는 성명, 성명의 사용과 보호에 대한 자연인의 권리는 자연인의 속인법에 따라 확정된다.

제1199조【후견과 보좌에 적용하여야 할 법】 ① 미성년자, 행위무능력자 또는 행위능력이 제한된 성년자에 대한 후견 또는 보좌는 후견 및 보좌가 설정 또는 취소되는 사람의 속인법에 따라 설정과 취소된다.

② 후견인(보좌인)과 후견(보좌)을 받을 의무는 후견인(보좌인)으로 지정되는 사람의 속인법에 따라 확정된다.

③ 후견인(보좌인)과 후견(보좌)하에 있는 사람과의 관계는 후견인(보좌인)을 지정한 기관의 국가의 법에 따라 확정된다. 다만, 후견(보좌)하에 있는 사람이 러시아연방에 주소를 둘 때에, 러시아법이 그 사람에게 유리한 경우에는 러시아법을 적용한다.

제1200조【자연인의 실종선고와 자연인의 사망선고시에 적용하여야 할 법】 러시아연방에서의 자연인의 실종선고와 자연인의 사망선고는 러시아법에 의한다.

제1201조【사업활동에 종사하는 자연인의 능력확정시에 적용하여야 할 법】 개인사업자로서 법인을 설립하지 아니하고 사업활동에 종사하는 자연인의 권리는 당해 자연인이 개인사업자로서 등록되어 있는 국가의 법에 따라 확정된다. 이 규정이 등록의무의 부존재에 따라 적용되지 아니할 경우에는, 사업활동의 주된 실시장소의 국가의 법을 적용한다.

제1202조【법인의 속인법】 ① 법인이 설립되어 있는 국가의 법을 법인의 속인법으로 본다.

② 법인의 속인법에 근거하여 특히 다음 각호의 1의 사항이 확정된다.

1. 법인으로서의 조직의 지위
2. 법인의 조직적 · 법적 형태
3. 법인의 명칭에 대한 요건
4. 법인의 설립, 권리승계에 관한 문제를 포함하여 조직변경과 해산에 관한 문제
5. 법인의 권리능력의 내용
6. 법인에 의한 민사권리의 취득과 민사의무의 부담에 대한 절차
7. 법인과 그 참가자와의 관계를 포함하는 내부관계

8. 법인의 채무변제능력

③ 법인은 법인의 기관 또는 대표가 계약을 체결하는 국가의 법에 알려져 있지 아니한 계약체결에 대한 법인의 기관 또는 대표의 권한제한을 원용할 수 없다. 다만, 계약에서의 타방 당사자가 위의 제한을 알았거나 또는 명백히 알 수 있었음이 증명될 경우에는 그러하지 아니하다.

제1203조【외국법에 따라 법인이 아닌 외국조직의 속인법】 그 조직이 설립되어 있는 국가의 법을 외국법에 따라 법인이 아닌 외국조직의 속인법으로 본다.

당해 조직의 활동에 대하여 러시아법이 적용될 경우에는, 법인의 활동을 규제하는 이 법전의 규정이 각각 적용된다. 다만, 법률, 그 밖의 법령, 또는 그 관계의 본질로부터 달리 볼 수 있는 경우에는 그러하지 아니하다.

제1204조【외국적 요소에 의하여 복잡화된 민사법관계에서의 국가의 관여】 이 편의 규정은 국가의 관여를 수반하는 외국적 요소에 의하여 복잡화된 민사법관계에 일반적 근거로 적용된다. 다만, 법률이 달리 정하는 경우에는 그러하지 아니하다.

제68장 재산과 인격적 비재산관계에 적용하여야 할 법

제1205조【물권에 적용하여야 할 법에 관한 일반규정】 ① 부동산과 동산에 대한 소유권과 그 밖의 물권의 내용, 이들 물권의 실현과 보호는 당해 재산이 소재하는 국가의 법에 따라 확정된다.

② 재산이 부동산 또는 동산에 속하는지의 여부는 그 재산이 소재하는 국가의 법에 따라 확정된다.

제1206조【물권의 발생과 소멸에 적용하여야 할 법】 ① 소유권과 그 밖의 물권의 발생과 소멸은 소유권 또는 그 밖의 물권의 발생 또는 소멸의 근거로 되는 행위 또는 그 밖의 사정이 발생한 때에 당해 재산이 소재하는 국가의 법에 따라 확정된다. 다만, 법률이 달리 규정하는 경우에는 그러하지 아니하다.

② 이동 중의 동산에 대하여 체결되는 계약에 따른 소유권 또는 그 밖의 물권의 발생과 소멸은 당해 재산이 발송되는 국가의 법에 따라 확정된다. 다만, 법률이 달리 규정하는 경우에는 그러하지 아니하다.

③ 취득시효에 의한 재산의 소유권과 그 밖의 물권의 발생은 취득시효기간의 만료 시

점에 당해 재산이 소재하는 국가의 법에 따라 확정된다.

제1207조【선박과 우주시설에 대한 물권에 적용하여야 할 법】 국가등록을 필요로 하는 항공기와 해양선박, 내항선박, 우주시설에 대한 소유권과 그 밖의 물권, 이들 소유권과 물권의 실현과 보호에 대하여는 이들 선박과 시설이 등록되어 있는 국가의 법을 적용한다.

제1208조【소송시효에 적용하여야 할 법】 소송시효는 당해 관계에 적용하여야 할 국가의 법에 따라 확정된다.

제1209조【법률행위의 방식에 적용하여야 할 법】 ① 법률행위의 방식은 그 법률행위가 성립한 장소의 법에 의한다. 다만, 러시아법의 요건을 준수한 경우에는 외국에서 성립한 법률행위는 그 방식을 따르지 아니한 효과로서 무효로 인정될 수 없다.

이 항 제1단락이 정하는 규정은 위임장의 방식에 적용한다.

② 대외경제거래의 방식은 당사자 일방이 러시아의 법인인 경우에는 거래성립장소와 관계없이 러시아법에 의한다. 이 규정은 기업활동을 하는 자연인이 당사자 일방이며, 그 자연인의 속인법이 이 법전 제1195조에 따라 러시아법일 경우에도 적용된다.

③ 부동산에 관한 법률행위의 방식은 당해 재산이 소재하는 국가의 법에 의하며, 러시아연방의 국가등기부에 기재된 부동산에 대하여는 러시아법에 의한다.

제1210조【계약당사자에 의한 법의 선택】 ① 계약당사자는 계약체결시 또는 성립 후 상호의 합의에 따라 당해 계약에 관한 쌍방의 권리의무에 적용하여야 할 법을 선택할 수 있다. 당사자에 의하여 선택된 법은 제3자의 권리를 침해할 수 없고, 동산에 대한 소유권과 그 밖의 물권의 발생과 소멸에 적용된다.

② 적용하여야 할 법의 선택에 관한 당사자의 합의는 직접 표시되거나 또는 계약조건이나 업무상황의 총체로부터 명확하게 도출되어야 한다.

③ 계약체결 후에 이루어진 당사자에 의한 적용하여야 할 법의 선택은 제3자의 권리를 침해할 수 없고, 계약체결시부터 소급효를 가지며 또한 유효로 인정된다.

④ 계약당사자는 계약 전체 또는 계약의 일부에 대하여 적용하여야 할 법을 선택할 수 있다.

⑤ 적용하여야 할 법의 선택시에 존재한 업무상황의 총체로부터 계약이 실제로는 어느 한 국가에만 관련되어 있는 것으로 볼 수 있는 경우에는, 당사자에 의한 다른 국가의 법의 선택은 계약이 실제로 관련되어 있는 국가의 강행규범의 효력에 영향을 미치지 아니한다.

제1211조【법의 선택에 관한 당사자의 합의가 없는 경우 계약에 적용하여야 할 법】 ① 계약에 적용하여야 할 법에 관한 당사자의 합의가 없는 경우에는, 계약과 가장 밀접한 관련이 있는 국가의 법을 적용한다.

② 계약 내용에 결정적 의미를 지니는 이행을 할 당사자의 주소지 또는 주된 활동지가 소재하는 국가의 법은 계약과 가장 밀접한 관련이 있는 국가의 법으로 본다. 다만, 법률, 계약의 조건이나 본질 또는 업무상황의 총체로부터 달리 볼 수 있는 경우에는 그러하지 아니하다.

③ 계약 내용에 결정적 의미를 지니는 이행을 할 당사자로 인정되는 자는 특히 다음 각호의 1의 당사자로 본다. 다만, 법률, 계약의 조건이나 본질 또는 업무상황의 총체로부터 달리 볼 수 있는 경우에는 그러하지 아니하다.

1. 매매계약에서의 매도인
2. 증여계약에서의 증여자
3. 임대계약에서의 임대인
4. 무상사용계약에서의 대주
5. 도급계약에서의 도급인
6. 운송계약에서의 운송인
7. 운송주선계약에서의 운송주선인
8. 소비대차계약(크레딧계약)에서의 대주(채권자)
9. 금전소비대차계약에서의 대주
10. 은행예금계약과 은행계좌계약에서의 은행
11. 임치계약에서의 수치인
12. 보험계약에서의 보험자
13. 위임계약에서의 수임인
14. 위탁계약에서의 수탁자
15. 대리상계약에서의 대리상
16. 상업이권양도계약에서의 권리보유자
17. 담보계약에서의 저당권설정자
18. 보증계약에서의 보증인
19. 라이선스계약에서의 라이선스제공자

④ 계약과 가장 밀접한 관련이 있는 국가의 법은 특히 다음 각호의 1의 것으로 보게

된다. 다만, 법률, 계약의 조건이나 본질 또는 업무상황의 총체로부터 달리 볼 수 있는 경우에는 그러하지 아니하다.

1. 건축도급계약과 설계 및 현지조사업무수행의 도급계약의 경우 – 당해 계약에 따라 규정된 결과가 주로 발생하는 국가의 법

2. 단순조합계약의 경우 – 당해 조합의 활동이 주로 실행되는 국가의 법

3. 경매, 입찰 또는 거래소에서 체결된 계약의 경우 – 경매, 입찰이 이루어지거나 거래소가 소재하는 국가의 법

⑤ 다양한 계약 요소를 포함하는 계약에 대하여는 일체로서 보게 되는 당해 계약과 가장 밀접한 관련이 있는 국가의 법을 적용한다. 다만, 법률, 계약의 조건이나 본질 또는 업무상황의 총체로부터 달리 볼 수 있는 경우에는 그러하지 아니하다.

⑥ 국제상거래에서 승인된 상업용어가 계약 중에 사용되어 있는 경우에는 계약에 다른 지시가 없는 때에는, 쌍방의 관계에 대하여 당해 상업용어가 지닌 의미대로 업무거래의 관습적용이 당사자에 의하여 합의되어 있는 것으로 본다.

제1212조【소비자의 관여를 수반하는 계약에 적용하여야 할 법】 ① 개인, 가족, 가정과 기업활동의 실행과 관련되지 아니한 그 밖의 필요를 위하여 동산(업무, 서비스)을 사용, 취득 또는 주문하거나 또는 이를 사용, 취득 또는 주문할 의향을 가지는 자연인이 당사자인 계약에 적용하여야 할 법의 선택은 다음 각호의 1의 사정이 발생할 경우에는, 그 자연인(소비자)으로부터 소비자주소지 국가의 법의 강행규범이 부여하는 권리의 보호를 박탈할 수 없다.

1. 계약체결에 앞서 당해 국가에서 소비자 명의의 청약 또는 광고가 선행하고 또한 소비자가 그 국가에서 계약체결에 필요한 행위를 완료한 경우

2. 소비자의 거래처 또는 거래처의 대리인이 당해 국가에서 소비자의 주문을 받은 경우

3. 소비자의 계약체결을 촉진시킬 목적으로 소비자의 거래처에 의하여 방문이 개시된 그 밖의 나라에서 소비자가 동산의 취득, 업무수행 또는 서비스 제공에 대한 주문을 한 경우

② 적용하여야 할 법에 관한 당사자의 합의가 없고 또한 이 조 제1항에 명시된 상황이 존재할 경우에는, 소비자의 관여를 수반하는 계약에는 소비자주소지의 국가의 법을 적용한다.

③ 이 조 제1항 및 제2항이 정하는 규정은 다음 각호의 1의 계약에는 적용하지 아니한다.

1. 운송계약

2. 소비자의 주소지 이외의 국가에서만 업무가 수행되거나 또는 서비스가 제공되어야 할 경우, 업무수행 또는 서비스제공에 관한 계약

이 항이 규정하는 예외는 운송과 숙박에 관한 서비스제공 총액계약(총액에 그 밖의 서비스가 포함되는가와 관계없이), 특히 여행서비스분야의 계약에는 미치지 아니한다.

제1213조【부동산에 관한 계약에 적용하여야 할 법】 ① 부동산에 관한 계약에 적용하여야 할 법에 관한 당사자의 합의가 없는 경우에는, 계약과 가장 밀접한 관련이 있는 국가의 법을 적용한다. 부동산이 소재하는 국가의 법이 당해 종류의 계약과 가장 밀접한 관련이 있는 국가의 법으로 본다. 다만, 법률, 계약의 조건이나 본질 또는 업무상황의 총체로부터 달리 볼 수 있는 경우에는 그러하지 아니하다.

② 러시아연방 영역에 소재하는 토지, 지하자원과 그 밖의 부동산에 관한 계약에는 러시아법을 적용한다.(개정 2006. 6. 3. 연방법률 제73호)

제1214조【외국의 관여를 수반하는 법인설립계약에 적용하여야 할 법】 외국의 관여를 수반하는 법인설립계약에는 계약에 따라 법인을 설립하여야 할 국가의 법을 적용한다.

제1215조【계약에 적용하여야 할 법의 효력범위】 이 법전 제1210조부터 제1214조, 제1216조의 규정에 따라 계약에 적용하여야 할 법에 의하여 특히 다음 각호의 1의 사항이 확정된다.

1. 계약의 해석
2. 계약당사자의 권리의무
3. 계약의 이행
4. 계약의 불이행 또는 부적당한 이행의 결과
5. 계약의 해소
6. 계약 무효의 효과

제1216조【청구권양도에 적용하여야 할 법】 ① 청구권양도에 관한 구채권자와 신채권자 사이의 합의에 적용하여야 할 법은 이 법전 제1211조 제1항과 제2항에 따라 확정된다.

② 청구권양도의 가능성, 신채권자와 채무자 사이의 관계, 당해 청구권이 신채권자에 의하여 채무자에게 제시할 수 있는 조건 및 채무자에 의한 채무의 내용에 좇은 이행에 관한 문제는 양도의 대상인 청구권에 적용하여야 할 법에 따라 확정된다.

제1217조【편무계약으로부터 발생하는 채무에 적용하여야 할 법】 편무계약으로부

터 발생하는 채무에 대하여는 편무계약에 따라 채무를 부담하는 당사자의 주소지 또는 주된 활동지가 소재하는 국가의 법을 적용한다. 다만, 법률, 계약의 조건이나 본질 또는 업무상황의 총체로부터 달리 볼 수 있는 경우에는 그러하지 아니하다.

위임장의 유효기한과 그 위임장의 소멸 사유는 위임장이 교부된 국가의 법에 따라 확정된다.

제1218조【이지지급에 관한 관계에 적용하여야 할 법】 금전채무에 관한 이자의 징수사유, 산출방법과 이자총액은 당해 채무에 적용하여야 할 국가의 법에 따라 확정된다.

제1219조【손해발생의 효과로서 발생한 채무에 적용하여야 할 법】 ① 손해발생의 효과로서 발생한 채무에 대하여는 손해배상에 관한 청구의 사유로 되는 행위 또는 그 밖의 사정이 발생한 국가의 법을 적용한다. 당해 행위 또는 그 밖의 사정의 결과로 손해가 다른 국가에서 발생한 경우, 가해자가 그 국가에서 손해의 발생을 예견하거나 또는 예견할 수 있었던 경우에는 당해 국가의 법을 적용할 수 있다.

② 외국에서 발생한 손해의 결과로서 발생한 채무에 대하여는 당사자가 같은 국가의 시민 또는 법인의 경우에는 그 국가의 법을 적용한다. 당해 채무의 당사자가 같은 국가의 시민은 아니나 주소가 같은 국가인 경우에는 그 국가의 법을 적용한다.

③ 손해의 원인이 된 행위가 종료되거나 또는 그 밖의 사정이 발생한 후 당사자는 손해발생의 효과로서 발생한 채무에 대하여 법원 소재지 국가의 법의 적용에 대하여 교섭할 수 있다.

제1220조【손해발생의 효과로서 발생한 채무에 적용하여야 할 법의 효력범위】 손해발생의 결과로서 발생한 채무에 적용하여야 할 법에 근거하여 특히 다음 각호의 1의 사항이 확정된다.

1. 손해발생에 대하여 책임을 지는 자의 부담능력
2. 가해자가 아닌 자에 대한 손해책임의 부과
3. 책임사유
4. 책임제한과 책임배제의 사유
5. 손해배상의 방법
6. 손해배상의 범위와 금액

제1221조【상품, 업무 또는 서비스 결함의 효과로서 발생한 손해의 책임에 적용하여야 할 법】 ① 상품, 업무 또는 서비스 결함의 효과로서 발생한 손해배상에 관한 청구에 대하여는 피해자의 선택에 따라 다음 각호의 1의 법을 적용한다.

1. 상품의 매도인, 제조업자 또는 그 밖의 가해자의 주소지 또는 주된 활동지 국가의 법
2. 피해자의 주소지 또는 주된 활동지 국가의 법
3. 업무가 수행된 국가, 서비스가 제공된 국가의 법 또는 상품을 취득한 국가의 법

이 항 제2호 또는 제3호에 규정된 피해자에 의한 법의 선택은 가해자가 본인 동의 없이 상품이 당해 국가에 반입된 것을 증명할 수 없는 경우에 한하여 허용된다.

② 피해자가 이 조에서 피해자에게 부여하는 선택권을 행사하지 아니할 경우에 적용하여야 할 법은 이 법전 제1219조에 따라 확정된다.

③ 이 조의 규정은 상품, 업무 또는 서비스에 관한 불확실하거나 또는 불충분한 정보의 효과로서 발생한 손해배상에 관한 청구에 적용한다.

제1222조【불공정한 경쟁의 효과로서 발생한 채무에 적용하여야 할 법】 불공정한 경쟁의 효과로서 발생한 채무에 대하여는 시장이 당해 경쟁과 관계 있는 국가의 법을 적용한다. 다만, 법률, 계약의 조건이나 본질 또는 업무상황의 총체로부터 달리 볼 수 있는 경우에는 그러하지 아니하다.

제1223조【부당이득의 효과로서 발생한 채무에 적용하여야 할 법】 ① 부당이득의 효과로서 발생한 채무에 대하여는 이득이 발생한 국가의 법을 적용한다.

당사자는 당해 채무에 대하여 법원 소재지 국가의 법의 적용에 대하여 교섭할 수 있다.

② 재산이 실재하거나 또는 가정된 법률관계에 근거하여 취득되거나 또는 축적되고 부당이득이 그러한 법률관계와 관련하여 발생한 경우에는, 당해 부당이득의 효과로서 발생한 채무에 대하여는 당해 법률관계가 존재하거나 또는 당해 법률관계가 종속될 수 있는 국가의 법을 적용한다.

제1224조【상속관계에 적용하여야 할 법】 ① 상속에 관한 관계는 이 조에 달리 규정하고 있는 경우를 제외하고는, 피상속인의 최후의 주소가 소재하는 국가의 법에 따라 확정된다.

부동산의 상속은 그 재산이 소재하는 국가의 법에 따라 확정되며, 러시아연방의 국가등기부에 등기된 부동산의 상속은 러시아법에 따라 확정된다.

② 부동산관계를 포함하는 유언의 작성과 철회에 대한 사람의 능력 및 당해 유언의 방식 또는 유언철회행위의 방식은 유언자가 당해 유언의 작성시 또는 철회행위시에 주소를 둔 국가의 법에 따라 확정된다. 다만, 유언 또는 유언의 철회는 그 방식이 유언의 작성지 또는 유언철회행위지 국가의 법의 요건 또는 러시아법의 요건을 충족하고 있는 경우에는, 그 방식을 따르지 아니한 효과로서 무효로 인정될 수 없다.

러시아연방민법전 제1부 시행에 관한 연방법률

(1994. 11. 30. 연방법률 제52호)

개정 2001. 4. 16. 연방법률 제45호
2001. 11. 26. 연방법률 제147호
2007. 2. 1. 연방법률 제31호
2009. 2. 1. 연방법률 제93호

제1조 러시아연방민법전 제1부(이하 '법전 제1부'라 한다)는 1995년 1월 1일부터 시행한다. 다만, 이 연방법률의 규정이 다른 시행기일을 규정하고 있는 경우에는 그러하지 아니하다.

제2조 다음 법령은 1995년 1월 1일부터 실효한다.

1964년 6월 11일 「러시아사회주의연방소비에트공화국(RSFSR) 민법전 승인에 관하여」의 러시아사회주의연방소비에트공화국법률에 의하여 승인된 러시아사회주의연방소비에트공화국 민법전의 전문, 제1편 「총칙」, 제2편 「소유권법」과 제3편 「채무법」의 제1장 '일반규정'(1964년 러시아최고소비에트공보 제24호 406항; 1966년 제32호 771항; 1972년 제33호 825항; 1973년 제51호 1114항; 1974년 제51호 1346항; 1977년 제6호 129항; 1987년 제9호 250항; 1988년 제1호 1항 · 16항 476항; 1990년 제3호 78항; 1991년 러시아인민대표대회 및 러시아최고소비에트공보 제15호 494항; 1992년 러시아연방인민대표대회 및 러시아연방최고소비에트공보 제29호 1689항, 제34호 1966항)

1964년 6월 12일 「러시아사회주의연방소비에트공화국 민법전과 민사소송법전 시행절차에 관하여」의 러시아사회주의연방소비에트 최고회의 간부령 제4항, 제5항, 제6항(러시아사회주의연방소비에트공화국 민법전 제79조가 규정하는 부분), 제7항부터 제13항(1964년 러시아최고소비에트공보 제24호 416항; 1987년 제9호 250항)

1990년 12월 24일 「러시아사회주의연방소비에트공화국에서의 소유권에 관하여」의 러시아사회주의연방소비에트공화국 법률(1990년 러시아인민대표대회 및 러시아최고소비에트공보 제30호 416항; 1992년 러시아연방인민대표대회 및 러시아연방최고소비에트공보 제34호 1966항)

1990년 12월 24일 〈「러시아사회주의연방소비에트공화국에서의 소유권에 관하여」의 러시아사회주의연방소비에트공화국 법률의 시행에 관하여〉의 러시아사회주의연방최고소비에트 결정(1990년 러시아인민대표대회 및 러시아최고소비에트공보 제30호 417항)

1990년 12월 25일 「기업 및 기업활동에 관하여」의 러시아사회주의연방소비에트공화국 법률(1990년 러시아인민대표대회 및 러시아최고소비에트공보 제30호 418항; 1992년 러시아연방인민대표대회 및 러시아연방최고소비에트공보 제34호 1966항; 1993년 제32호 1231항 및 1256항) 다만 제34조와 제35조는 제외한다.

제3조 다음 규정은 1995년 1월 1일부터 러시아연방 영역 내에서는 적용하지 아니한다.

소연방 및 연방구성공화국 민사입법의 기본원칙 제1편 「총칙」, 제2편 「소유권 및 그 밖의 물권」 및 제3편 「채무법」의 제8장 '채무에 관한 일반규정' (1991년 소련인민대표대회 및 소련최고소비에트공보 제26호 733항)

1993년 3월 3일 「러시아연방 영역 내에서의 소연방 입법의 적용에 관한 약간의 문제에 관하여」의 러시아연방최고소비에트 결정 제4항 제3단락, 제5항(1993년 러시아연방인민대표대회 및 러시아연방최고소비에트공보 제11호 393항)

제4조 러시아연방 영역 내에서 효력을 가지는 법률 및 그 밖의 법령이 법전 제1부와 일치되게 개정될 때까지는 러시아연방의 법률과 그 밖의 법령, 러시아연방 영역 내에서 효력을 가지는 소연방과 연방구성공화국의 민사입법의 기본원칙 및 소연방의 그 밖의 법령은 러시아연방헌법, 1991년 12월 12일 「독립국가공동체 결성에 관한 조약의 비준에 관하여」의 러시아사회주의연방소비에트공화국 최고소비에트 결정, 1992년 7월 14일 「경제개혁실시기간 중 민사법 관계의 규제에 관하여」 및 1993년 3월 3일 「러시아연방 영역 내에서의 소연방 입법의 적용에 관한 약간의 문제에 관하여」의 러시아연방최고소비에트 결정이 규정하는 범위와 절차 내에서 법전 제1부와 저촉되지 아니하는 한 이를 적용한다.

법전 제1부 시행 전에 제정된 러시아사회주의연방소비에트공화국 최고소비에트와 러시아연방최고소비에트의 법률이 아닌 규범적 명령 및 러시아사회주의연방소비에트공화국 최고소비에트 상임간부회의, 러시아연방대통령과 러시아연방정부의 규범적 명령 및 법전 제1부에 따라 연방법률에 의하여서만 규율되는 문제에 관한 러시아연방 영역 내에 적용될 수 있는 법률이 아닌 소연방 최고소비에트의 규범적 명령, 소연방 최고소비에트 상임간부회의, 소연방대통령과 소연방정부의 규범적 명령은 관련 법률이 시행될 때까지는 효력을 가진다.(개정 2001. 11. 26. 연방법률 제149호)

제5조 법전 제1부는 그 시행 후 발생한 민사법률관계에 적용한다.

그 시행 전에 발생한 민사법률관계에 관하여는 법전 제1부는 그 시행 후에 발생하는 권리의무에 적용한다.

제6조 ① 법전 제4장은 법전 제1부의 시행일부터 시행한다. 이 날부터 영리단체는 법전 제4장이 규정하는 조직적 · 법적 형식으로써만 설립할 수 있다.

법전 제1부의 시행 후에는 법인의 설립은 법전 제4장이 규정하는 절차에 따라 할 수 있다. 다만, 이 연방법 제8조에 달리 규정하고 있는 때에는 그러하지 아니하다.

② 합명회사(제69조부터 제81조), 합자회사(제82조부터 제86조), 유한회사(제87조부터 제94조) 및 주식회사(제96조부터 제104조)에 관한 법전 제4장의 규정은 법전 제1부 공포 전에 설립된 합명회사, 합자회사, 유한회사, 주식비공개형주식회사 및 주식공개형주식회사에 각각 적용한다.

이들 회사의 설립서면은 법전 제4장의 규정과 일치되게 개정될 때까지는 이들 규정에 반하지 아니하는 한 효력을 가진다.

③ 법전 제1부가 정식 공포되기 전에 설립된 합명회사와 합자회사의 설립서면은 1995년 1월 1일 전에 법전 제4장의 규정과 일치되게 개정하여야 한다.

④ 법전 제1부가 정식 공포되기 전에 설립된 유한회사, 주식회사 및 생산협동조합의 설립서면은 법전 제4장의 유한회사, 주식회사 및 생산협동조합에 관한 규정과 일치되게 유한회사, 주식회사 및 생산협동조합에 관한 법률을 채택하는 때에 각각 정하여지는 절차에 따라 소정기간 내에 개정하여야 한다.

⑤ 개인(가족)의 사적 기업과 회사, 사회 및 종교단체, 공동단체, 자선기금에 의하여 설립된 기업 및 완전경영관리권을 기초로 하는 국가 또는 지방자치단체소유가 아닌 그 밖의 기업은 1999년 7월 1일 전에 회사 또는 협동조합으로 전환하거나 해산하여야 한다. 이 기간이 종료하면 당해 기업은 당해 법인의 등기기관, 세무기관 또는 검사의 청구에 따라 재판절차에 따라 해산하여야 한다.

운용관리권을 기초로 하는 단일기업에 관한 법전의 규정(제113조, 제115조, 제296조, 제297조)은 위의 기업이 전환 또는 해산할 때까지는 그 재산의 소유자가 당해 기업의 설립자라는 사실을 고려하여 당해 기업에 적용한다.

⑥ 경영관리권을 기초로 하는 단일기업에 관한 법전의 규정(제113조, 제114조, 제294조, 제295조, 제299조, 제300조)과 운용관리권을 기초로 하는 단일기업에 관한 법전의 규정(제113조, 제115조, 제296조, 제297조, 제299조, 제300조)은 법전 제1부가 정식 공포되기 전에 설립된 완전경영관리권을 기초로 하는 국가 및 지방자치단체소유기업과 연방국고기업에 각각 적용한다.

이들 기업의 설립서면은 국가 및 지방자치단체소유의 단일기업에 관한 법률을 채택하는 때에 규정되는 절차에 따라 소정기간 내에 법전 제1부의 규정과 일치되게 개정하여야 한다.

⑦ 기업활동을 하지 아니하며 법전 제1부가 정식 공포되기 전에 조합 또는 주식회사 형식으로 설립된 영리단체결합체는 상응하는 형식을 보유하는 권리를 갖거나 영리단체협회 또는 연합회(제121조)로 전환할 수 있다

제7조 이 연방법률 제6조 제2항부터 제7항이 정하는 법인 및 농가(또는 농장) 경영에 대하여는 법전 제1부의 규정과 일치되게 하는 것과 관련하여 그 법적 지위의 변경을 등기하는 때에는 그 등기비용의 징수를 면제한다.

제8조 법인등기에 관한 법률과 부동산에 대한 권리 및 그에 관한 법률행위의 등기에 관한 법률이 시행되기까지는 법인등기 및 부동산과 그에 관한 법률행위의 등기에 대한 현행 절차를 적용한다.

제9조 법률행위 무효의 근거와 효과에 관한 법전의 규정(제162조, 제165조부터 제180조)은 1995년 1월 1일 이후에 당해 법률행위의 체결시와 관계없이 법원, 국가중재기관 또는 중재법원이 심리하는 법률행위의 무효확인과 효과에 관한 청구로서의 법률행위에 적용한다.

제10조 법전 제1부가 규정하는 소송시효기간 및 그 기간계산규정은 종전의 유효한 입법이 규정하는 소송제기기간이 1995년 1월 1일 전에 만료되지 아니한 소에 대하여 적용한다.(개정 2001. 11. 26. 연방법률 제149호)

종전의 유효한 입법이 당해 소에 대하여 규정하고 있었던 소송시효기간은 계쟁 중의 법률행위의 무효확인과 그 무효의 효과에 관한 법전 제181조 제2항이 규정하는 소로서 그 제소권이 1995년 1월 1일 전에 발생한 것에 이를 적용한다.

제11조 법전 제234조(취득시효)의 효력은 재산의 점유가 1995년 1월 1일 전에 개시되고 법전 제1부의 시행시까지 계속된 경우에도 미친다.

제12조 법전 제28장이 규정하는 계약체결절차는 계약체결의 청약이 1995년 1월 1

일 이후에 발송된 계약에 적용한다.

제13조 농지와 관련 있는 법률행위에 관한 법전 제1부 제17장의 규정은 러시아연방 토지법전과 농지거래에 관한 법률의 시행일부터 시행한다.(개정 2001. 4. 16 연방법률 제45호)

제14조 농업(생산 · 가공 · 농업생산자서비스)협동조합의 설립과 활동에 관한 특칙은 농업협동조합에 관한 법률로 규정한다.

제15조 국가 또는 지방자치단체의 수요를 위한 토지의 수용, 2014년 소치시의 제22회 동계 올림픽 및 제11회 동계 장애인올림픽의 조직과 개최와 관련하여 고원(高原) 휴양지로서 소치시의 개발과 관련된 토지수용에 따른 그 토지상의 부동산 양도는 "2014년 소치시의 제22회 동계 올림픽 및 제11회 동계 장애인올림픽의 조직과 개최 및 고원(高原) 휴양지로서 소치시의 개발과 러시아연방 개별입법규정의 개정에 관한" 연방법률이 달리 규정하고 있는 경우를 제외하고는 러시아연방민법전에 따라 규율된다.(추가 2007. 2. 1. 연방법률 제31호)

제16조 국가 또는 지방자치단체의 수요를 위한 토지의 수용과 2012년 블라디보스톡시의 APEC포럼 회원국의 국가 및 정부 정상회의 개최의 조직과 관련된 토지수용에 따른 그 토지상의 부동산 양도는 "2012년 블라디보스톡시의 APEC포럼 회원국의 국가 및 정부 정상회의 개최, 조직 및 아시아-태평양지역의 국제적 협력중심지로서 블라디보스톡시의 개발과 러시아연방 개별입법규정의 개정에 관한" 연방법률이 달리 규정하고 있는 경우를 제외하고는 러시아연방민법전에 따라 규율된다.(추가 2009. 2. 1. 연방법률 제93호)

러시아연방민법전 제2부 시행에 관한 연방법률

(1996. 1. 26. 연방법률 제15호)

개정 2001. 11. 26. 연방법률 제147호 2009. 4. 9. 연방법률 제56호

제1조 러시아연방 민법전 제2부(이하 법전 제2부라 한다)는 1996년 3월 1일부터 시행한다.

제2조 다음 법령은 1996년 3월 1일부터 실효한다.

1964년 6월 11일 「러시아사회주의연방소비에트공화국(RSFSR) 민법전 승인에 관하여」의 러시아사회주의연방소비에트공화국법률에 의하여 승인된 러시아사회주의연방소비에트공화국 민법전 제3편 「채무법」(1964년 러시아최고소비에트공보 제24호 406항; 1969년 제23호 783항; 1970년 제6호 511항; 1972년 제33호 825항; 1973년 제51호 1114항; 1977년 제6호 129항; 1985년 제9호 305항; 1986년 제23호 638항; 1987년 제9호 250항; 1988년 제1호 1항; 1992 러시아연방인민대표대회 및 러시아연방최고소비에트공보 제15호 768항, 제34호 1966항; 1993년 제4호 119항; 러시아연방법령집 제3호 3302항)

1964년 6월 12일 「러시아사회주의연방소비에트공화국 민법전과 민사소송법전 시행절차에 관하여」의 러시아사회주의연방소비에트공화국 최고소비에트 상임간부회의령 제3항부터 제7항 및 제15항(1964년 러시아최고소비에트공보 제24호 416항)

1992년 2월 13일 「수표에 관한 규정의 시행에 관하여」의 러시아사회주의연방최고소비에트 결정(1992년 러시아연방인민대표대회 및 러시아연방최고소비에트공보 제24호 1283항)

1993년 3월 3일 「러시아연방 영역 내에서의 소연방 입법의 적용에 관한 약간의 문제에 관하여」의 러시아연방최고소비에트 결정 제3항부터 제7항 및 제8항(소연방 및 연방구성공화국 민사입법의 기본원칙 제13장 규정의 적용에 관한 부분)(1993년 러시아연방인민대표대회 및 러시아연방최고소비에트공보 제11호 393항; 1994년 러시아연방법령집 제32호 3302항)

제3조 다음은 1996년 3월 1일부터 러시아연방 영역 내에서 적용하지 아니한다.

소연방 및 연방구성공화국 민사입법의 기본원칙 제3편 「채무법」(1991년 소련인민대표대회 및 소련최고소비에트공보 제26호 733항)

1989년 11월 23일 소연방 및 연방구성공화국의 임대차에 관한 입법의 기본원칙(1989년 소련인민대표대회 및 소련최고소비에트공보 제25호481; 1991년 제12호 325항)

1989년 11월 23일 「소연방 및 연방구성공화국의 임대차에 관한 입법의 기본원칙의 시행절차에 관하여」의 소연방최고소비에트 결정(1989년 소련인민대표대회 및 소련최고소비에트공보 제25호 482항)

제4조 러시아연방 영역 내에서 효력을 가지는 법률 및 그 밖의 법령이 법전 제2부와 일치되게 개정될 때까지는 러시아연방의 법률과 그 밖의 법령 및 러시아연방 영역 내에서 효력을 가지는 소연방 입법의 법령은 러시아연방 입법이 규정하는 범위와 절차 내에서 법전 제2부와 저촉되지 아니하는 한 이를 적용한다.

러시아사회주의연방소비에트공화국 최고소비에트와 러시아연방최고소비에트의 법률이 아닌 규범적 명령 및 러시아사회주의연방소비에트공화국 최고소비에트 상임간부회의, 러시아연방대통령과 러시아연방정부의 규범적 명령 및 법전 제2부에 따라 연방법률에 의하여서만 규율되는 문제에 관한 러시아연방 영역 내에 적용될 수 있는 법률이 아닌 소연방 최고소비에트의 규범적 명령, 소연방 최고소비에트 상임간부회의, 소연방대통령과 소연방정부의 규범적 명령은 관련 법률이 시행될 때까지는 효력을 가진다.(개정 2001. 11. 26 연방법률 제147호)

제5조 법전 제2부는 그 시행 후 발생한 채권채무관계에 적용한다. 1996년 3월 1일 전에 발생한 채권채무관계에 대하여는 법전 제2부는 그 시행 후에 발생하는 권리의무에 적용한다.

법전 제2부가 규정하는 소송시효기간 및 그 기간계산규정은 종전의 유효한 입법이 규정하는 소송제기기간이 1996년 3월 1일 전에 만료되지 아니하는 소에 대하여 적용한다.(개정 2001. 11. 26 연방법률 제147호)

제6조 각종 계약의 체결절차와 방식 및 그에 관한 국가규제에 관한 법전 제2부의 규범은 계약체결의 청약이 법전 제2부 시행 후에 발송된 계약에 적용한다. 각종 계약의 방식 및 그에 관한 국가등기에 관한 법전 제2부의 규범은 계약체결의 청약이 1996년 3월 1일 전에 발송되고 1996년 3월 31일 후에 체결된 계약에 적용한다.

부동산권리와 그에 관한 법률행위의 등기에 관한 법률이 시행되기까지는 부동산 관련 법률행위 등기에 대한 현행 절차를 적용한다.

각종 계약의 내용을 정하는 법전 제2부의 규범은 그 시행 후에 체결된 계약에 적용한다.

제7조 부동산권리와 그에 관한 법률행위 등기에 관한 연방법률이 시행되기까지는 법전 제2부가 정식 시행되기 전의 입법이 규정하는 강제적 공증계약의 강제공증규정은 러시아연방민법전 제550조, 제560조 및 제574조가 규정하는 계약에 대하여 계속 유효하다.

제8조 계약당사자 쌍방에 대하여 강제력이 있는 각종 계약의 해제에 관한 근거, 효과 및 절차에 관한 법전 제2부의 규범은 또한 당해 계약 체결일과 관계없이 법전 제2부의 시행 후에도 계속 유효한 계약에 적용한다.

계약당사자 쌍방에 대하여 강제력이 있는 계약적 채무위반책임에 관한 법전 제2부의 규범은 상응하는 위약행위가 법전 제2부가 시행된 후에 발생할 경우에도 적용한다. 다만, 1996년 3월 1일 전에 체결된 계약에서 그러한 위반행위에 대하여 다른 책임을 규정하고 있는 때에는 그러하지 아니하다.

제9조 채무의 일방 당사자가 개인적 수요를 위하여 사용, 취득 또는 주문하거나 상품(업무, 서비스)을 취득 또는 주문할 의향을 가지고 있는 시민인 때에는 당해 시민은 러시아연방민법전에 따라 채무의 일방 당사자의 권리 및 「소비자보호에 관하여」의 러시아연방법률과 그에 근거하여 공포된 그 밖의 법령이 부여하는 소비자권리를 향유한다.

제10조 (효력상실)(2009. 4. 9. 연방법률 제56호)

제11조 러시아연방 민법전 제835조 제2항과 제3항의 효력은 법전 제2부가 정식 시행되기 전에 발생하고, 법전 제2부의 시행 당시에도 유지되는 예금을 위하여 금전자금을 끌어모으는 것과 관련 있는 관계에도 미친다.

제12조 러시아연방민법전 제1069조 및 제1070조의 효력은 피해자에 손해의 원인이 1996년 3월 1일 전에 발생하고, 1993년 3월 1일 이후에도 발생된 손해가 배상되지 아니한 경우에도 미친다.

위의 법전 제1085조부터 제1094조의 효력은 시민의 생명과 건강에 대한 손해의 원인이 1996년 3월 1일 전에 발생하고, 1993년 3월 1일 이후에도 발생된 손해가 배상되지 아니한 경우에도 미친다.

제13조 토지와 관련 있는 법률행위에 관한 법전 제2부의 규범은 토지입법이 허용하는 토지거래의 범위 내에 적용한다.

러시아연방민법전 제3부 시행에 관한 연방법률

(2001. 11. 26. 연방법률 제147호)

개정 2003. 11. 11. 연방법률 제145호

제1조 러시아연방민법전 제3부(이하 법전 제3부라 한다)는 2002년 3월 1일부터 시행한다.

제2조 다음 법령은 2002년 3월 1일부터 실효한다.

러시아사회주의연방소비에트공화국 민법전 제7편「상속법」및 제8편「외국인과 무국적자의 권리능력, 외국의 민사법률 및 국제조약의 적용」(1964년 러시아최고소비에트공보 제24호 406항)

1964년 6월 12일「러시아사회주의연방소비에트공화국 민법전과 민사소송법전 시행절차에 관하여」의 러시아사회주의연방소비에트공화국 최고소비에트 상임간부회의령 제16항(1964년 러시아최고소비에트공보 제24호 416항)

1974년 12월 18일「공증에 관한 러시아사회주의연방소비에트공화국 법률시행에 관한 러시아사회주의연방소비에트공화국의 몇몇 입법의 효력상실에 대한 변경과 의제에 관하여」의 러시아사회주의연방소비에트공화국 최고소비에트 상임간부회의령 제1조 제1항, 제2항 제9단락 및 제10단락(1974년 러시아최고소비에트공보 제51호 1346항)

1977년 6월 14일「러시아사회주의연방소비에트공화국 민법전 개정과 추가 및 러시아사회주의연방소비에트공화국의 그 밖의 몇몇 입법에 관하여」의 러시아사회주의연방소비에트공화국 최고소비에트 상임간부회의령 제1조(1977년 러시아최고소비에트공보 제24호 586항)

1987년 2월 24일「러시아사회주의연방소비에트공화국 민법전 개정과 추가 및 러시아사회주의연방소비에트공화국의 그 밖의 몇몇 입법에 관하여」의 러시아사회주의연방

소비에트공화국 최고소비에트 상임간부회의령 제1조 제74항부터 제76항(1987년 러시아 최고소비에트공보 제9호 250항)

1993년 3월 3일 「러시아연방 영역 내에서의 소연방 입법의 적용에 관한 약간의 문제에 관하여」의 러시아연방최고소비에트 결정 제9항(1993년 러시아연방인민대표대회 및 러시아연방최고소비에트공보 제11호 393항)

2001년 5월 14일 「러시아사회주의연방소비에트공화국 민법전 제532조의 개정과 추가에 관하여」의 연방법률 제51호(2001년 러시아연방법령집 제21호 2060항)

제3조 소연방 및 연방구성공화국 민사입법의 기본원칙의 제6편 「상속법」과 제7편 「외국인과 외국법인의 권리능력, 외국의 민사법률 및 국제조약의 적용」(1991년 소련인민대표대회 및 소련최고소비에트공보 제26호 733항)은 2002년 3월 1일부터 러시아연방 영역 내에서 적용하지 아니한다.

제4조 러시아연방 영역 내에서 효력을 가지는 법률 및 그 밖의 법령이 법전 제3부와 일치되게 개정될 때까지는 러시아연방의 법률과 그 밖의 법령 및 러시아연방 영역 내에서 효력을 가지는 소연방 입법의 법령은 러시아연방 입법이 규정하는 범위와 절차 내에서 법전 제3부와 저촉되지 아니하는 한 적용한다.

법전 제3부가 시행되기 전에 제정된 러시아사회주의연방소비에트공화국 최고소비에트와 러시아연방최고소비에트의 법률이 아닌 규범적 명령 및 러시아사회주의연방소비에트공화국 최고소비에트 상임간부회의, 러시아연방대통령과 러시아연방정부의 규범적 명령 및 법전 제3부에 따라 연방법률에 의하여서만 규율되는 문제에 관한 러시아연방 영역 내에 적용될 수 있는 법률이 아닌 소연방 최고소비에트의 규범적 명령, 소연방 최고소비에트 상임간부회의, 소연방대통령과 소연방정부의 규범적 명령은 관련 법률이 시행될 때까지는 효력을 가진다.

제5조 법전 제3부는 그 시행 후 발생한 민사법률관계에 적용한다.

법전 제3부가 시행되기 전에 발생한 민사법률관계에 대하여는 제5편 「상속법」은 그 시행 후에 발생하는 권리의무에 적용한다.

제6조 법전 제3부가 공식 시행되기 전에 개시된 상속에 대하여는 법정상속에 의한 상속인 그룹은 상속승인기간이 법전 제3부의 공식 시행일 전에 만료되지 아니하였거나, 위의 기간은 만료되었으나 법전 제3부의 공식 시행일에 러시아사회주의연방소비에트공화국 민법전 제532조와 제548조에 규정된 상속인이 상속을 승인하지 아니하였거나, 러시아연방과 러시아연방구성체 또는 지방자치단체가 상속권증명서를 발행하지 아니하였

거나 또는 상속재산이 법률이 규정하는 그 밖의 다른 근거에 따라 상속인 소유로 이전되지 아니한 경우에는 법전 제3부의 규정과 일치되게 이를 정한다. 이들 경우 법률의 시행에 따라 러시아사회주의연방소비에트 민법전의 규정에 따라 상속인으로 될 수 없는 자이나 법전 제3부의 규정(제1142조부터 제1148조)에 따라 상속인으로 되는 자는 법전 제3부의 공식 시행일부터 6월 내에 상속을 승인할 수 있다.

러시아연방 민법전 제1142조부터 제1148조에 규정된 상속인 부존재의 경우, 어떤 상속인도 상속권을 가지지 아니하는 경우, 상속인 전원이 상속에서 배제된 경우(러시아연방민법전 제1117조), 어떤 상속인도 상속을 승인하지 아니한 경우 또는 상속인 전원이 상속을 포기한 경우 및 상속을 포기하면서 상속인 중 누구도 다른 상속인의 이익을 위하여 상속을 포기하는 것으로 명시하지 아니한 경우에는, 상속인부존재인 재산의 상속에 관한 규정은 러시아연방 민법전 제1151조가 규정하는 바를 적용한다.

제7조 유언 성립일에 유효하였던 유언의 무효 근거에 관한 규정은 법전 제3부가 공식 시행되기 전에 이루어진 유언에 적용한다.

제8조 법전 제3부가 규정하는 상속에서의 유류분에 관한 규정은 2002년 3월 1일 이후에 이루어진 유언에 적용한다.

제8-1조 러시아사회주의연방소비에트공화국 민법전 제561조에 따라 러시아연방 민법전 제3부의 시행 이전에 예금자가 자신이 사망할 경우 예금의 지급에 대하여 지시한 경우에는, 당해 예금에 있는 자금은 상속재산에 포함되지 아니하며, 이 조 제3단락이 정하는 경우를 제외하고는 이 법전 제3부 제5편 상속법의 규정은 그 지급에 관한 절차 및 조건에 적용하지 아니한다.

예금자가 사망하는 경우 지시에 명시된 자에 대한 자금의 지급은 예금자의 사망확인서에 근거하여 이루어진다.

지시에 명시된 자가 예금소유자의 사망일 전에 사망하거나 같은 날 사망한 경우에는, 사망을 조건으로 하는 지시는 그 효력을 상실하며, 예금의 자금은 예금소유자의 상속재산에 포함되어 이 법전 제3부 제5편 상속법의 규정이 그 지급에 대한 절차와 조건에 적용된다. 예금자의 사망을 조건으로 하는 지시가 1인 이상의 예금수취자를 명시한 경우에는, 이 규정은 예금소유자의 사망 다음 날 이전에 위의 자들이 모두 사망한 경우에 적용된다.(추가 2003. 11. 11. 연방법률 제145호)

제9조 1994년 11월 30일 연방법률 제52호 「러시아연방 민법전 제1부 시행에 관하여」를 다음과 같이 개정한다.

제4조 제2단락을 다음과 같이 변경한다.

「법전 제1부 시행 전에 제정된 러시아사회주의연방소비에트공화국 최고소비에트와 러시아연방최고소비에트의 법률이 아닌 규범적 명령 및 러시아사회주의연방소비에트공화국 최고소비에트 상임간부회의, 러시아연방대통령과 러시아연방정부의 규범적 명령 및 법전 제1부에 따라 연방법률에 의하여서만 규율되는 문제에 관한 러시아연방 영역 내에 적용될 수 있는 법률이 아닌 소연방 최고소비에트의 규범적 명령, 소연방 최고소비에트 상임간부회의, 소연방대통령과 소연방정부의 규범적 명령은 관련 법률이 시행될 때까지는 효력을 가진다.」

제10조 제1단락을 다음과 같이 변경한다:

「법전 제1부가 규정하는 소송시효기간 및 그 기간계산규정은 종전의 유효한 입법이 규정하는 소송제기기간이 1995년 1월 1일 전에 만료되지 아니하는 소에 대하여 적용한다.」

제10조 1996년 1월 26일 연방법률 제15호「러시아연방 민법전 제2부 시행에 관하여」를 다음과 같이 개정 및 추가한다.

제4조 제2단락을 다음과 같이 변경한다.

「러시아사회주의연방소비에트공화국 최고소비에트와 러시아연방최고소비에트의 법률이 아닌 규범적 명령 및 러시아사회주의연방소비에트공화국 최고소비에트 상임간부회의, 러시아연방대통령과 러시아연방정부의 규범적 명령 및 법전 제2부에 따라 연방법률에 의하여서만 규율되는 문제에 관한 러시아연방 영역 내에 적용될 수 있는 법률이 아닌 소연방 최고소비에트의 규범적 명령, 소연방 최고소비에트 상임간부회의, 소연방대통령과 소연방정부의 규범적 명령은 관련 법률이 시행될 때까지는 효력을 가진다.」

제5조에 다음 내용을 추가한다.

「법전 제2부가 규정하는 소송시효기간 및 그 기간계산규정은 종전의 유효한 입법이 규정하는 소송제기기간이 1996년 3월 1일 전에 만료되지 아니하는 소에 대하여 적용한다.」

■ 역자 소개

申 榮 鎬

- 고려대학교 법과대학 법학과 졸업, 동 대학원(법학석사, 법학박사)
- 동아대학교 법과대학 전임강사, 조교수, 단국대학교 법과대학 조교수, 부교수, 교수 역임
- 고려대학교 법학전문대학원 교수

[저 서]
- 공동상속론(나남출판사, 1987)
- 북한법입문(공저)(세창출판사, 1998)
- 조선전기상속법제(세창출판사, 2002)
- 가족관계등록법(세창출판사, 2009)
- 로스쿨 가족법강의(세창출판사, 2010)

러시아민법전(제1부 · 제2부 · 제3부)

2010년 12월 5일 초판 인쇄
2010년 12월 10일 초판 발행

역 자 申 榮 鎬
발행인 이 방 원
발행처 세창출판사
서울 서대문구 냉천동 182 냉천빌딩 4층
전화: 723-8660 팩스: 720-4579
E-mail: sc1992@empal.com
Homepage: www.sechangpub.co.kr
신고번호: 제300-1998-3호

정가 38,000원

ISBN 978-89-8411-323-7 93360